羅少卿注譯
周鳳五校閱

新譯說苑讀本

三民書局印行

國家圖書館出版品預行編目資料

新譯說苑讀本／羅少卿注譯. --初版.
--臺北市：三民，民85
面；　公分. --(古籍今注新譯叢書)
ISBN 957-14-2251-7 (精裝)
ISBN 957-14-2252-5 (平裝)

1.說苑-註釋

122.4　　85005673

網際網路位址　http://Sanmin.com.tw

© 新譯說苑讀本

注譯者　羅少卿
校閱者　周鳳五
發行人　劉振強
著作財產權人　三民書局股份有限公司
臺北市復興北路三八六號
發行所　三民書局股份有限公司
地址／臺北市復興北路三八六號
郵撥／〇〇〇九九九八－五號
印刷所　三民書局股份有限公司
門市部　復北店／臺北市復興北路三八六號
重南店／臺北市重慶南路一段六十一號
初　版　中華民國八十五年八月
編　號　S 03108①
基本定價　拾壹元陸角
行政院新聞局登記證局版臺業字第〇二〇〇號

ISBN 957-14-2251-7 (精裝)

刊印古籍今注新譯叢書緣起

劉振強

人類歷史發展，每至偏執一端，往而不返的關頭，總有一股新興的反本運動繼起，要求回顧過往的源頭，從中汲取新生的創造力量。孔子所謂的述而不作，溫故知新，以及西方文藝復興所強調的再生精神，都體現了創造源頭這股日新不竭的力量。古典之所以重要，古籍之所以不可不讀，正在這層尋本與啟示的意義上。處於現代世界而倡言讀古書，並不是迷信傳統，更不是故步自封；而是當我們愈懂得聆聽來自根源的聲音，我們就愈懂得如何向歷史追問，也就愈能夠清醒正對當世的苦厄。要擴大心量，冥契古今心靈，會通宇宙精神，不能不由學會讀古書這一層根本的工夫做起。

基於這樣的想法，本局自草創以來，即懷著注譯傳統重要典籍的理想，由第一部的四書做起，希望藉由文字障礙的掃除，幫助有心的讀者，打開禁錮於古老話語中的豐沛寶藏。我們工作的原則是「兼取諸家，直注明解」。一方面熔鑄眾說，擇善而從；一方面也力求明白可喻，達到學術普及化的要求。叢書自陸續出刊以來，頗受各界的喜愛，使我們得到很大的鼓勵，也有信心繼續推廣這項工作。隨著海峽兩岸的交流，我們注譯的成員，也由臺灣各大學的教授，擴及大陸各有專長的學者。陣容的充實，使我們有更多的資源，整理更多樣化的古籍。兼採經、史、子、集四部的要典，重拾對通才器識的重視，將是我們進一步工作的目標。

古籍的注譯，固然是一件繁難的工作，但其實也只是整個工作的開端而已，最後的完成與意義的賦予，全賴讀者的閱讀與自得自證。我們期望這項工作能有助於為世界文化的未來匯流，注入一股源頭活水；也希望各界博雅君子不吝指正，讓我們的步伐能夠更堅穩地走下去。

新譯說苑讀本 目次

導讀

本文從五方面介紹《說苑》：

一、《說苑》的編者

《說苑》的編者劉向，原名更生，漢成帝即位以後，他貶官復出，改名向，字子政，後世便以此名流傳。劉向是西漢王室的宗親。他的四世祖劉交是漢高祖劉邦同父異母的弟弟，好讀書，多才藝，輔佐劉邦平定天下，劉邦做皇帝後，封他為楚元王。劉向的祖父名辟彊，字少卿，愛好《詩經》，善於作文，曾官拜光祿大夫，擔任長樂衛尉。其父名德，字路叔，修黃老之術，有智略，漢宣帝時，封陽城侯。這既是一個貴族世家，也是一個書香世家。

劉向自幼聰穎，十二歲時，由其父保任，到皇宮作輦郎，陪侍皇帝的車駕。成人以後，擢為諫大夫，常在君王面前應對詔命，進獻辭賦。

漢宣帝繼承其祖父漢武帝衣缽，晚年迷信神仙方術。劉向之父劉德曾在淮南審案時，得到過有關祕籍，藏於家中。劉向幼時讀過這些書，為投宣帝所好，便把這些書獻了出來。書中有如何冶煉黃金的記載，宣帝讀後，便下令照書中的方法冶煉，結果花費了許多資財卻一無所獲。宣帝大為惱怒，將劉向關進監獄，判處死刑。劉向的哥哥花去一半家產為劉向贖罪，才保住了他的性命。

劉向出獄後，正逢朝廷立《穀梁》、《春秋》博士，因其博學多才，宣帝徵他授《穀梁》，在皇家圖書館石渠閣講論五經，官職又恢復為諫大夫。

漢宣帝死，其子即位，是為漢元帝。劉向與太傅蕭望之、少傅周堪、侍中金敞四人同心輔政，一時頗受尊任。但因反對外戚、宦官弄權，反遭讒陷，結果弄得蕭望之免官，周堪、劉向下獄。這是劉向第二次坐牢，後來雖獲赦免，終遭貶斥，遂廢居十年。

直到漢成帝即位，弄權的宦官石顯等人伏誅，劉向才又一次被起用，先後任中郎領護三輔都水、光祿大夫、中壘校尉等職。但此時朝中的大權，仍然操持在外戚手中，所不同者，元帝時是母黨許氏專政，成帝時是母黨王氏擅權。漢成帝大舅王鳳當時任大將軍，他兄弟七人皆為列侯，控制朝中一切權力。劉向對此十分不滿，多次上書勸成帝遏制王氏勢力，他說：「方今同姓疏遠，母黨專政，祿去公室，權在外家，此非所以彊漢宗，卑私門，保守社稷，安固後嗣也。」(《漢書．楚元王傳》) 劉向勸諫的態度坦直，言語激切，成帝知其精忠，不怪罪於他，但也始終未奪王氏之權。

河平三年 (西元前二十六年)，成帝詔令劉向校理圖書，當時劉向已經五十一歲，此後二十年，直到七十二歲去世為止，他一直從事此項工作。關於劉向校書，《漢書．藝文志》是這樣記載的：「至成帝時，以書頗散亡，使謁者陳農求遺書於天下，詔光祿大夫劉向校經傳、諸子、詩賦，步兵校尉任宏校兵書，太史令尹咸校數術，侍醫李柱國校方技。每一書已，向輒條其篇目，撮其旨意，錄而奏之。」先秦書籍，多亡於秦火，至漢武帝時，建藏書之策，置寫書之官，對圖書作過一次整理。劉向校書，即在此次校書的基礎上進行，但作用卻遠比前次的大。

劉向校書是有組織、有計畫，按統一步驟和體例進行的。他領導一班人，廣泛搜集資料，精心比勘編排，使散亂的殘篇斷簡，變成了完整固定的書籍形式，便於觀覽和流傳。可以這樣說，沒有劉向校書，就沒有我們今天能見到的先秦古籍。

另外，劉向在校書的同時，還對所校各書作者的生平、著作的大旨、學術的源流加以考訂，把考訂的結果寫成書論，稱為「敘錄」，上奏皇帝，這便是《漢書・藝文志》所說的「條其篇目，撮其旨意，錄而奏之。」這些敘錄除了供皇帝觀覽外還有兩種用途，一是置於編成的各書之首，作這些書的序言，二是總彙成冊，名曰《別錄》，「別錄」的含義，就是另行抄錄。《別錄》二十卷，早已失傳。作為序言的「敘錄」，極少數還隨原書保存下來，現在能見到的有〈戰國策敘錄〉、〈晏子敘錄〉、〈孫卿新書敘錄〉、〈山海經敘錄〉等。從殘存的敘錄中，我們不僅可以看到劉向等人校書所花費的巨大心血和他們一絲不苟的治學態度，還可以窺見這些文章的重要學術價值，清人章學誠稱劉向的敘錄具有「辨章學術，考鏡源流」（《校讎通義》卷二）的作用，是不為過的。

劉向對我國文化事業創造性的貢獻是首創圖書分類法。這一成果在他死後由他兒子劉歆寫成《七略》上奏皇帝。《七略》除總論群書的〈輯略〉外，另有〈六藝略〉、〈諸子略〉、〈詩賦略〉、〈兵書略〉、〈術數略〉、〈方技略〉，把所有的圖書分為六類。《七略》後來也亡佚了，班固編《漢書・藝文志》採用這一方法對圖書加以分類，從中可以窺見《七略》概貌。劉向父子的圖書分類法，為後世的圖書分類提供了重要借鑑。

劉向還是著名的經學家和文學家，平生著述頗豐，據清人嚴可均統計，有《尚書洪範五行傳論》二十卷、《五經通義》九卷、《五經要義》五卷、《世說》二卷、《別錄》二十卷、《列女傳》十五卷、《列仙傳》三卷、《新序》三十卷、《說苑》二十卷、集六卷。集中有辭賦三十三篇。這些著述多已亡佚，明人輯有《劉中壘集》。流傳至今的，除了由他編輯的《新序》、《說苑》、《列女傳》等書外，還有一些奏疏之類政治論文及前面提到的殘存敘錄，辭賦中僅留下〈九嘆〉、〈請雨華山賦〉，清人嚴可均把它們輯錄在《全漢文》中。

二、《說苑》的編纂情況

這一部分講四個問題。

(一)《說苑》的編纂目的。劉向歷事宣、元、成三帝，處於西漢由盛轉衰的時代。漢宣帝雖被後人稱為中興之主，但晚年迷信神仙方術，朝政已趨衰微。宣帝的子孫則更不肖，據史書記載，元帝「優游不斷」（《漢書·元帝紀》），成帝「湛於酒色」（《漢書·成帝紀》），當時，宦官專政，外戚擅權，至劉向晚年，西漢的統治已經岌岌可危了。

劉向身為漢室宗親，秉性鯁直，又富有敏銳的政治洞察力和卓越的政治遠見，面對王室危機，他憂心如焚，直言規勸皇帝，大膽指斥權臣。他對好友陳湯說：「外家日盛，其漸必危劉氏。吾幸得同姓末屬，累世蒙漢厚恩，身為宗室遺老，歷事三主，上以我先帝舊臣，每進見常加優禮。吾而不言，孰當言者？」（《漢書·楚元王傳》）「吾而不言，孰當言者」，劉向對挽救漢王室，就有這樣一種義不容辭、責無旁貸的責任感，在這種責任感的驅使下，劉向一生，都在與外戚和宦官作鬥爭，都在為匡正皇帝的過失、指引皇帝行正道而努力。

劉向針砭時弊的方法有兩種，一是向皇帝上書，痛切直言；二是通過作文、編書委婉諷諫。《漢書·劉向傳》載：「向睹俗彌奢淫，而趙、衛之屬起微賤，踰禮制。向以為王教由內及外，自近者始。故採取《詩》、《書》所載賢妃貞婦，興國顯家可法則及孽嬖亂亡者，序次為《列女傳》，凡八篇，以戒天子。及採傳記行事，著《新序》、《說苑》凡五十篇奏之。」這段話向我們揭示了劉向編書（包括編《說苑》）的政治目的，從中可以看出，劉向是把《說苑》等書當諫書用的。

(二)《說苑》的命名。劉向〈說苑敘錄〉云：「所校中書說苑雜事、及臣向書、民間書，誣校讎，其事類眾多，章句相溷，或上下謬亂，難分別次序。除去與《新序》復重者，其餘者淺薄，不中義理，別集以為百家，後令以類相從，一一條別篇目，更以造新事十萬言以上，凡二十篇，七百八十四章，號曰《新苑》。」這段話的文字可能有闕漏訛誤，但大意是清楚的，它告訴我們，「說苑」這個名稱，在劉向編本書以前就已經有了，它可能是一本書的專稱，也可能是一類書的泛稱；劉向當初給本書起的名字叫《新苑》，與《新序》正好相對。《新苑》後來改為《說苑》，是何人何時所改，詳情雖難考定，但料想距成書的時間不會太長，因為東漢初年的班固著《漢書》，在〈藝文志〉中所引的即是《說苑》之名，而班固不過比劉向晚出三十多年。《釋名・釋言語》：「說，述也，宣人意也。」《說文解字・言部》：「說，談說。」「說」就是敘述、談論。古代以「說」命名的篇名和書名，多有廣談諸事的含義，如《韓非子》的〈說林〉、南朝劉義慶的《世說新語》等。「苑」本指豢養禽獸、栽種樹木的場所，借以稱聚集之所。本書名《說苑》，顧名思義，即講述的故事彙編。本書收錄的，多是對話故事，以《說苑》命名，倒是名實相符的。

(三)《說苑》的取材。《說苑》的資料來源，前文所引的〈說苑敘錄〉已作過交代：是劉向在校書過程中從皇家圖書館所藏的眾多圖書中搜集來的。他對這些資料進行甄別挑選，去掉「淺薄、不中義理」者，去掉「與《新序》復重者」，編成了本書。《說苑》所選用的資料，從時間上看，上自周秦，下迄西漢；從內容上看，有周孔正論，也有百家雜說；從文體上看，有記敘也有議論。這些資料，多數現在還可以見到，有的完整保存在原書之中，有的散見於其他典籍之內。但也有一部分，因原書早已亡佚，其他文獻也不見輯錄，存亡繼絕，只有靠《說苑》一本書了。這些僅此一見的資料，對考古、校勘、輯佚的學者來說，無異於瑰寶，這正是《說苑》至今還能體現的價值之一。

(四)《說苑》的體例。《說苑》的體例有兩個特點，一是以類相從，二是對應成篇。

以類相從，就是把性質相同或相近的資料編排在一起。《說苑》編成共二十卷，即將資料按內容的不同分為二十個類別。從前有人說「類事之書，始於《皇覽》」(王應麟《玉海》)，其實在魏文帝曹丕編《皇覽》之前，類似編類書的編纂方法已經被人們使用了，本書即是一例。

再說對應成篇。全書凡二十篇，各篇以二字命名，借以概括全篇的大意。從現存各篇的內容和篇名來看，這二十篇多有對應關係。有的體現得十分明顯，如〈君道〉與〈臣術〉，〈貴德〉與〈復恩〉，〈修文〉與〈反質〉

等，它們的相對由篇名的字面也可以反映出來。另一些篇章則有內在的對應關係。如〈建本〉著重講思想修養，〈立節〉著重講行為準則。〈政理〉主張施教愛民，〈尊賢〉提倡禮賢下士——這是為君治國的道理；〈正諫〉論匡君之過，矯君之失——這是為臣盡忠的本分。〈善說〉闡述講究「談說之術」的重要意義，〈奉使〉記敘「談說之術」在外交場合的巧妙運用。〈權謀〉論說如何施權用謀——是方法論；〈至公〉提倡秉公行事——是人生觀。全書多談文教德化，而〈指武〉專論刑罰武功。劉向在編纂本書時，不論有意或是無意，把對應的體例，貫穿於內容的歸納和篇目的編次之中。

三、《說苑》的思想內容

《說苑》一書，就思想觀點看，「兼儒墨，合名法」，諸子百家，兼收並蓄；就題材性質看，或取於正經信史，或取於「街談巷議」、「道聽途說」，真偽雜糅，全書介於歷史與小說之間；就內容看，以闡述治國修身的道理為主，兼及天文、地理、名物、制度，堪稱網羅宏富，雜彩紛呈。下面著重從思想觀點方面論述之：

㈠天道觀方面。《說苑》中既有迷信天命鬼神的成分，也表現了對天命鬼神的懷疑、甚至否定。

「天垂象，見吉凶，聖人則之。」這是《周易．繫辭》中的話，《說苑》相信並引用它，認為人的命運由上天決定和顯示，人必須遵照天命行事。〈辨物〉載有兩個故事，一個故事說秦始皇及二世當政之時，各種怪異現象相繼出現，「天變動於上，群臣昏於朝，百姓亂於下」，國家遂以滅亡。另一個故事說晉平公久病不癒，夢見黃熊入於寢門，恰遇鄭子產來晉國訪問，子產說黃熊可能是大禹之父鯀所變化，於是祭鯀，平公的病五天之內便好了。這兩個故事無非說明，人間的事情，大至國家的興亡，小至個人的禍福，均由鬼神掌管。殷周時代，尊天祀鬼，這種思想對後世影響很大，《說苑》中類似上述的議論和記敘還有不少，正是受這一影響的表現。

以孔子為首的儒家，信天命而遠鬼神。〈辨物〉同時又載有這樣一個故事：子貢問孔子死人是否有知，孔子回答說：「我若說死者有知，恐怕孝子賢孫只注重對死人的安葬祭祀而忽視對活人的奉養；我若說死者無知，又怕不孝子孫將死人棄屍不葬。死者是否有知，死後自然知道，到那時了解此事並不晚。」從孔子模稜兩可的回答中，我們看到了他對鬼神的懷疑。正因有懷疑，所以他反對濫祀鬼神。〈君道〉載：楚昭王有疾，占卜的結果說是黃河之神作祟，楚大夫要用三牲祭河神，被昭王制止了。昭王說：「祭祀不應該超出一定的範圍，江、漢、淮、漳之神我應祭祀，黃河之神卻管不了我。」孔子贊揚昭王的做法，認為他「知天道」。孔子說：「非其鬼而祭之，諂也。」《論語．為政》楚昭王的故事只不過是孔子觀點在《說苑》中的形象表現。〈反質〉對祭祀作出具體規定：「天子祭天地、五嶽四瀆，諸侯祭社稷，大夫祭五祀，士祭門戶，庶人祭其先祖。」這也是從儒家的祭祀制度中抄錄的。

墨家信鬼神而不信天命，但認為鬼神的意志隨人事而變化。〈君道〉載：「殷太戊時有桑穀生於庭，昏而生，比旦而拱，史請卜之湯廟，太戊從之。卜者曰：『吾聞之：祥者，福之先者也，見祥而為不善，則福不生；殃者，禍之先者也，見殃而能為善，則禍不至。』於是乃早朝而晏退，問疾弔喪，三日而桑穀自亡。」這個卜者簡直就是墨者，這個故事是在為墨家的天道觀作驗證。

法家認為天地有自身的運行規律，人間的一切並無天神地鬼來操縱。這種思想，《說苑》也有所表現。如〈君道〉載：齊景公出獵，上山見虎，下澤見蛇，以為不祥，召晏子而問之。晏子告訴他：國有三不祥，一是有賢不知，二是知而不用，三是用而不任。山是虎的居室，澤有蛇的洞穴，在這些地方見到虎和蛇，沒有什麼不祥的。晏子的話，重的是人事，否定的是鬼神。

(二)哲學思想方面。《說苑》並沒有專論哲學，但在許多地方體現儒家「中立而不倚」的中庸思想，和道家對立轉化的觀點。〈敬慎〉載：孔子在參觀周廟時看到欹器，叫子路取水灌入其中，欹器滿則覆，虛則倚，中則正。這欹器又叫座右之器，實際上是中庸之道的實物象徵。中庸是儒家制定禮制的思想基礎，禮制確定之後，反過來規範人的思想言行，使之合於中庸之道。孔子說：「夫禮，所以制中者也。」（《禮記．仲尼燕居》）《說苑》中許多故事，是合禮的，也是合中道的。如〈君道〉載：齊人弒其君，魯襄公援戈而起，憤憤不平。魯大夫師懼卻說齊君「治之不能，任之不肖，縱一人之欲，以虐萬夫之性」，認為他「死不足惜」。該篇又載：師經鼓琴，魏文侯起舞，跳舞時吩咐別人不可違背他的話。師經拿琴撞文侯，打掉了文侯冠上的旒。文侯要殺師經，師經說：只有桀紂才怕人違背他的話，我撞的是桀紂，沒有撞我的君王。文侯放了他，並叫人把琴懸掛在城門上，作自己有過失的見證，不修補冠上的旒，讓自己引為鑒戒。《說苑》還主張人臣盡了勸諫的責任之後，如果君王仍然執迷不悟，人臣可以離他而去；他有難，臣子不必為他而死；他逃亡，臣子不必送行。封建時代的臣子必須效忠君王，但《說苑》告訴人們，對昏暴的君王，可以殺，可以打，也可以棄置不顧。〈建本〉載：曾參在父親暴怒時硬挺著挨打而不逃走，受到孔子指責。孔子要曾參學習舜對父親的做法：在父親用得著他的時候侍候在身邊，在父親氣得要殺他的時候找不著人，小打挨著，大打走開。封建時代的兒子必須孝順父母，但《說苑》告訴人們，不能孝順得無端送命。提倡盡忠盡孝卻反對愚忠愚孝，宣揚君父尊嚴卻又要君仁父慈，這中間透露出的折衷，正是中庸思想在倫理關係中的反映。中庸用於行為上，就是〈敬慎〉指出的「高而能下，滿而能虛，富而能儉，貴而能卑，智而能愚，勇而能怯，辯而能訥，博而能淺，明而能闇」。中庸之道是一種妥協哲學，既能維護統治者的統治，對被統治者的利益也有所照顧，所以能在社會上流傳幾千年，《說苑》的編者也樂於接受和宣揚它。

老子認為事物中包含大小、有無、長短、強弱、生死等對立，這種對立，互有聯繫，又互相轉化。《說苑》多處引用老子名言「禍兮福之所倚，福兮禍之所伏」，表現了對老子思想的認同和推崇。老子還有個觀點叫做「柔弱勝剛強」。〈敬慎〉引老子的話說：「人的舌頭之所以長存，是因為柔軟；牙齒之所以脫落，是因為堅硬。草木初生時柔脆，其死時枯槁。柔脆是有生機的表現，剛硬則是死亡的象徵。」這是老子觀點的形象說明。把對立轉化的思想用於權術上，就是老子所說的「將欲歙之，必固張之；將欲弱之，必固強之；將欲廢之，必固與之；將欲奪之，必固與之」（見《老子》三十六章）。〈權謀〉載：智伯向魏宣子索地，魏宣子不與。宣子的謀臣任增問：「為什麼不與？」宣子說：「他無故而索地，所以不與。」任增說：「他無故而索地，我們無故而與之，正好增長他的貪心。他一得意，就會向別國索地，別國不與，他就會攻打別國。」魏宣子給了智伯土地。智伯又向趙氏索求，趙氏不與。智伯惱怒，圍攻趙氏的晉陽，於是韓、魏、趙三家聯合起來反擊智伯，智氏滅亡。任增和魏宣子這種「以退為進」的做法，正是老子哲學的活用。

此外，《說苑》還流露出陰陽五行的思想觀點，如〈辨物〉中某些對自然現象和社會現象的解釋，就是這種學說的體現。

(三)政治觀方面。《說苑》兼取道家「無為而治」的主張，強調的卻是禮制和法治。〈君道〉一、二兩章，開宗明義，借師曠、尹文之口，說「為君之道」務在「清淨無為」，認為「事寡易從，法省易因」，「聖人寡為而天下理」。黃老之術盛行於西漢初年，《說苑》便反映出這一歷史痕跡。〈政理〉開頭有這樣的議論：「政有三品：王者之政化之，霸者之政威之，彊國之政脅之。夫此三者各有所施，而化之為貴矣。夫化之不變，而後威之，威之不變，而後脅之，脅之不變，而後刑之。夫至於刑者，則非王者之所貴也。」又說：「治國有二機，刑德是也。王者尚其德而希其刑，霸者刑德並湊，強國先其刑而後德。」這兩段話意思大致相同，推崇的是德政教化，同時又主張刑德並用，這是貫穿《說苑》全書的政治思想。

有頭腦的政治家都主張重視人民力量，對人民實行寬緩政策。孔子反對橫徵暴斂，謂「苛政猛如虎」（《禮記・檀弓下》），墨子希望「饑者得食，寒者得衣，勞者得息」（《墨子・非命》），孟子認為「民為貴，社稷次之，君為輕」（《孟子・盡心下》），荀子主張「輕田野之賦，平關市之徵」（《荀子・富國》）。《說苑》搜集了許多類似的議論，表明了編者崇尚王道、德政的政治傾向。〈政理〉載：魯哀公問政於孔子，孔子說「政在使民富且壽」，哀公問這話是什麼意思，孔子說：「薄賦斂則民富，無事則民壽。」哀公說這樣我就貧了，孔子說：「君王是百姓的父母，哪有子女富有而父母貧窮的呢？」該篇又載：武王問呂望如何治國，呂望說：「治國之道，愛民而已。」武王又問如何愛民，呂望說：「利之勿害，成之勿敗，生之勿殺，與之勿奪，樂之勿苦，喜之勿怒。」又進一步解釋說：「民失其所務，則害之也；農失其時，則敗之也；有罪者重其罰，則殺之也；重賦斂者，則奪之也；多徭役以罷民力，則苦之也；勞而擾之，則怒之也。」主張為國者「遇民如父母之愛子，兄之愛弟，聞其饑寒為之哀，見其勞苦為之悲」。〈建本〉還載有這樣一個故事：齊桓公問管仲「王者何貴」，管仲說「貴天」。桓公仰視天，管仲說：「我說的『天』，並非蒼蒼莽莽之天，人君應以百姓為天。百姓與之則安，輔之則彊，非之則危，背之則亡。」管仲的話把人民的重大作用和統治者對人民應採取的態度講得很清楚了。

儒家重教化，《說苑》也作了宣揚。〈君道〉載：帝舜時，有苗氏倚仗天險不肯歸服。禹要出兵討伐，帝舜不許，說教化還未對他們起作用。後來長時間教育感化，有苗氏請服。天下人知道後，「皆非禹之義，而歸舜之德」。這是將教化與武力對舉，肯定的是教化。〈政理〉載：魯國有父子相訟，季康子認為違背倫理，要殺那兒子。孔子卻說：「因為統治者缺少教誨，老百姓不知道父子打官司是錯誤的已經很久了，不教而誅，是殘殺無辜。」在孔子的教導下，那對父子撤除了訴訟。這是將教化與刑罰對舉，肯定的也是教化。當然，《說苑》也並非反對一切武力和刑罰，它主張的是先德教而後刑罰。

法家主張以法治天下。他們認為，作為君王，不僅要主持制定法令制度，還要掌握一定的權勢和駕馭臣下的方法，否則法令就難以貫徹執行。《說苑》是贊同這主張的。〈君道〉說：「尊君卑臣者，以勢使之也。夫勢失則權傾，故天子失道則諸侯尊矣，諸侯失政則大夫起矣，大夫失官則庶人興矣。」這是從理論上強調權勢的重要。又在〈指武〉舉例說明這一問題，該篇以五帝三皇與孔子作對比，說他們都推行仁義，五帝三皇行得通，孔子卻行不通。為什麼？就因為五帝三皇有官爵獎賞好人，有武力懲罰惡人，重賞嚴刑同時施用，天下人就會按照他們所要求的去做。而孔子認為他的弟子顏回很好卻無法賞他，認為一個叫孺悲的人很壞卻無法罰他，連獎懲一個人的權力也沒有，世人誰會聽他的？於是得出結論：「道非權不立，非勢不行」。這法、術、勢三者並重的原則，就是專制君王治國的法寶。

法家「有功必賞，有罪必罰」的主張在《說苑》中也有體現。〈復恩〉說：「君臣相與以市道接，君懸祿以待之，臣竭力以報之。」這是以買賣關係比喻君臣之間爵祿授受關係，從而說明君王行賞的必然性和必要性。有賞必有罰，賞罰均要恰當。〈復恩〉載：趙襄子在晉陽解圍後，重賞了並無大功的高赫，有大功的人不服，趙襄子說：「在危難中不失君臣之禮的唯有高赫，你們卻傲慢待我，我當然重賞他。」孔子贊成趙襄子的做法，認為他賞了一人，而使天下人臣不敢失君臣之禮。這是說君王為鞏固和加強自己的地位和威望而行賞。該篇又載：晉文公返國後，對隨他出亡的人員分三等進行賞賜：以仁義培養他德性的人為上賞，匡正他過失的人為次賞，出苦力的人為次次賞。周內史稱贊他的「先德後力」，預言他能成就霸業。這是講利用賞賜為政治目的和主張服務。〈尊賢〉載：諸侯舉兵伐齊，齊君求群臣為他出主意。博士淳于髡仰天大笑，對齊君的多次問話不作回答。齊君大怒，以為受到戲弄。淳于髡說：「我不敢戲弄你，我笑的是我的鄰人。鄰人用一碗飯、一壺酒、三尾鯽魚向鬼神祈禱，要鬼神讓他最差的田地也收最多的糧食，並保佑後世洋洋有餘。我笑他貢獻少而索取多。」於是齊君立淳于髡為上卿，賜金千斤，革車百乘。淳于髡為齊君平了諸侯之難。這說明要人辦大事就必須用重賞。〈至公〉載：楚文王的兩個王子在出兵伐鄧的途中搶了一個老人裝菜的畚箕，文王為了禁止暴行，教育後代，不因私愛兒子而拋棄法令，終於將二王子斬首以謝老人。這故事不一定真實，但意在說明，為了政治需要，有時對最親的人也不得不行重罰。

節用節葬既是墨家的主張，也是其他各家所提倡的社會風氣。《說苑》對此的宣傳隨處可見，〈反質〉力戒侈靡，載楊王孫裸葬矯俗的故事，說明費財厚葬對死者無益，對生者有害，是極端愚昧的做法。值得肯定的是，《說苑》常把作風的奢儉，提到國家興亡、人生禍福的高度來認識，向人們指出了成由勤儉敗由奢的道理。

廣開言路是《說苑》反覆強調的一條安邦治國的重要措施。書中除了不厭其煩地說明兼聽則明、偏聽則閻的道理外，還指出為君上者在廣收博採的同時，還要善於取捨和決斷，因為獨斷專行和優柔寡斷都可能傷身誤國。

舉賢任能是《說苑》議論最多的問題，除〈尊賢〉專題論述外，其他各篇幾乎都有所涉及。這一是因為使用賢能對治理國家確實有十分重大的意義，二是因為春秋戰國時期的士人為干求利祿，自然竭力向各國君王和大臣宣揚士人的作用，《說苑》輯錄士人的言行，也就把這一現象反映出來。其中有些議論比較精彩，如〈尊賢〉說：「夫朝無賢人，猶鴻鵠之無羽翼也，雖有千里之望，猶不能致其意之所欲至矣。是故絕江海者託於船，致遠道者託於乘，欲霸王者託於賢。」用比喻手法說明治國必須任賢的道理。此外，書中還列舉出許多招納和使用賢能的方法，如〈尊賢〉載：商湯用有莘氏之媵臣伊尹為三公，天下平治；齊桓公以成陰之狗盜管仲為仲父，稱霸諸侯；秦繆公用五羊皮買百里奚於道，吞併西戎；周文王得老而且賤的姜子牙，滅殷興周。從而說明民無終賤，應該唯賢是舉，不必講究出身。該篇又載：周公攝天子位七年，帶著禮物以師禮求見的士人有十二位，主動前往拜會的窮巷白屋之士有四十九位，平時向周公提供建議的有上百人，另有教士上千人。這數字不一定精確，但周公「一沐三握髮，一飯三吐餔」的典故告訴人們，處尊位者必須禮賢下士，才能招來賢能、使天下歸心。〈君道〉記燕昭王以郭隗為師，引來蘇秦、鄒衍、樂毅、屈景，使弱燕戰敗強齊。〈尊賢〉記齊桓公禮遇僅會九九算術的東野鄙人，使「四方之士相攜而並至」。從而說明招納賢人也要由小及大、由近及遠，從一點一滴做起。《說苑》還提出「進賢為賢」的見解。〈臣術〉載：子貢問誰是賢人，孔子說從前有齊國的鮑叔和鄭國的子皮是賢人。子貢又問：「管仲、子產不算賢人嗎？」孔子反問道：「是進賢為賢呢？還是用力為賢呢？」子貢承認是前者，於是孔子說：「我只聽說鮑叔推薦管仲，子皮推薦子產，未聽說管仲、子產推薦過什麼人。」管仲、子產當然是歷史上有名的賢臣，這個故事只不過借孔子的口說明能薦舉賢人的人更是賢人。

（四）道德修養方面。〈建本〉指出：做人要注重打好基礎，要有一個良好的開端。做人的基礎是什麼？書中的論述很多，但概括起來，無非是仁、義、孝、悌。「仁」是孔子所提倡的最高道德標準，仁者愛人，但這愛是要分等級的。分等級就叫做「義」，義者宜也，合禮就是宜，於是義的內涵，實際就是儒家所規定的具有尊卑、貴賤、親疏、長幼、男女等差別的禮。本篇載有這樣的故事：伯禽與康叔封見周公，三見而三次挨打。於是二人同去請教通曉禮義的商子。商子讓他們去觀看聳立而高仰的橋木和茂盛而低俯的梓樹，告訴他們：橋木象徵父道，梓樹象徵子道。二人領會了商子的教誨，第二天再見周公時，極為恭敬地行禮。這次周公不僅不打他們，還慈愛地撫摸他們的頭，設酒宴獎賞他們。這說明即使親如子姪，對長輩也不可缺禮。孔子認為「仁」的根本在於「孝」，他的弟子有若說：「其為人也孝弟（悌），而好犯上者鮮矣。不好犯上而好作亂者，未之有也。君子務本，本立而道生。孝弟也者，其為仁之本歟！」（《論語・學而》）〈建本〉云：「孝行成於內，而嘉號布於外，是謂建之於本，而繁華自茂矣。」意思是說行孝可以博得美好的名聲，同時也體現了與儒家觀點一脈相承的以孝為本的思想。該篇又載子路的話：「二親之壽，忽如過隙，草木欲長，霜露不使，賢者欲養，二親不待！」因而主張「家貧親老者，不擇祿而仕。」〈敬慎〉載：孔子出遊，中路遇丘吾子悲哭，問其原因，丘吾子說一生有「三失」，其中之一是少而好學，周遊天下，待回家時，雙親已亡。他悲歎道：「樹欲靜乎風不定，子欲養乎親不待。往而不來者，年也；不可得再見者，親也。」說完後便自殺了，孔子弟子因此而回家養親者十三人。這故事是在要人盡孝道，子路和丘吾子的話成了後世勸孝的名言。〈建本〉以「建本」、「立始」並重，指出要注重孩子的童蒙教育，要在孩子七歲的時候為他「擇明師，選良友，勿使見惡，少漸之以善，使之早化」。認為這樣做就是慎重對待人生的開始。

〈至公〉宣揚為人要有公心。該篇贊揚了不以天下私子孫的虞舜、捐棄千乘國君之位而不怨忿的季扎、攜百姓去邠至岐的古公亶父，說他們具有人君之公。要求人臣「治官事則不營私家，在公門則不言貨利，當公法則不阿親戚，奉公舉賢則不避仇讎」。還列舉許多古人為公的故事，希望人們效法。如：在伍子胥領吳兵攻破楚國郢都之後，申包胥為了救國到秦國搬兵，秦王不允，申包胥留在秦庭，七日七夜哭聲不絕，終於使秦王受到感動而發兵。但楚昭王復位後，申包胥卻拒絕封賞，從此隱居起來。這故事稱頌的是申包胥這種為國家而不為名利的精神。又如：楚令尹虞邱子推薦孫叔敖接替自己的職位，楚莊王不許。虞邱子便說自己為令尹十年，有諸多的過失，再不讓賢，就是對國家和君王的不忠。莊王只好依他的意見任孫叔敖為令尹。孫叔敖到任不久，將犯法的虞邱子家人執而戮之。虞邱子非但不怒，反而向莊王說：「我推薦的孫叔敖，果然可以掌國政，他奉國法而不偏私，施刑戮而不枉曲，真叫公平啊！」這故事既贊虞邱子的大公，也贊孫叔敖的無私。又如：晉文公問咎犯誰可為西河守，咎犯推薦了虞子羔。文公說：「他不是你的仇人嗎？」咎犯回答：「你只問誰可為西河守，沒問誰是我的仇人。」這與《左傳》中「祈奚薦賢」的故事同出一轍，不同的是這裡還有個很有意思的結尾：虞子羔得知咎犯推薦自己，前去致謝，咎犯卻對子羔說：「推薦你，是為公；怨恨你，是為私。我不以私仇害公義。你快走吧，否則我要用箭射你！」這種舉賢不避仇，施恩不圖報的行為正是至公的表現。〈至公〉還指出：有公心的人胸襟應該開闊遠大。載有這樣的故事：楚共王出獵遺失了弓，左右人要去尋找，共王制止了他們，說：「楚人丟了弓，楚人揀去，又何必尋找？」孔子聽說後說：「可惜共王的胸懷不大，應該說有人丟了弓就會有人得到弓，何須加一個『楚』字？」與共王相比，孔子的胸懷更為寬廣。

〈敬慎〉強調做人要謙虛謹慎。該篇引周公告誡伯禽的話：「有一道，大足以守天下，中足以守國家，小足以守其身，謙之謂也。」又說：「德行廣大而守以恭者榮，土地博裕而守以儉者安，祿位尊盛而守以卑者貴，人眾兵強而守以畏者勝，聰明睿智而守以愚者益，博聞多記而守以淺者廣。此六守者，皆謙德也。」又引孔子的話：「夫自損者益，自益者缺。」把為什麼要謙虛謹慎的道理說得十分深透。謙慎是一種美德，在人的個性和言行中有具體表現，《說苑》要人們注重下列幾個方面：一是為人不可過於剛硬。因為太剛則不和，不和則導致敗亡。二是凡事要有遠慮，在獲利的時候要想到危害，在成功的時候要慮及失敗，千萬不可存僥倖心理。三是不可忽略小事。因為「憂患生於所忽，禍起於細微」。〈貴德〉載：鄭伐宋，臨戰前，宋軍主帥華元殺羊餉士，卻未把羊羹分給為他駕車的僕御。戰鬥開始後，僕御說：「前日分羊羹，你作主；今日駕車，我作主。」於是把車駛入鄭軍，宋人大敗。這是一起典型的因小失大的例子，足以讓人引為鑒戒。四是慎重擇人而從。〈談叢〉說：「蓬生枲中，不扶自直；白沙入泥，與之皆黑。」這是世人皆知的道理。〈敬慎〉還載這樣一個故事：孔子看見一個捕鳥人捕到的盡是一些幼鳥，便問他為何捕不到大鳥，捕鳥人說：「幼鳥跟著大鳥飛，難以捕到；大鳥若跟著幼鳥飛，可以捕到。」於是孔子對弟子說：「君子慎所從，不得其人，則有羅網之患。」五是不可貪酒失言。〈敬慎〉又載：齊桓公請大臣飲酒，管仲後至，桓公舉杯勸飲，管子將杯中的酒喝了一半潑了一半。桓公問他：「約好了時間卻遲到，一杯酒喝一半潑一半，這合於禮嗎？」管仲回答說：「我聽說，酒入肚話就多，話多就會出錯，出錯就可能喪身。與其棄身不如棄酒。」管仲的話引得桓公發笑，卻引起世人警惕。

富貴不能淫，貧賤不能移，威武不能屈，這傳統美德，《說苑》也加以宣揚。〈反質〉載：季文子相魯，妾不衣帛，馬不食粟。仲孫它勸他說：「你是魯國的上卿，這樣做，別人會以為你吝嗇，而且對國家也不光彩。」文子回答說：「我看到國人都衣粗食蔬，所以我不敢糜費。況且我只聽說以德可以為國爭光，沒聽說用妾和馬的。我若淫於奢侈，沈溺於豪華，而不能自拔，將如何管理國家呢？」說得仲孫它羞慚而退。書中還說周公「位尊愈卑，家富愈儉」，齊國的晏嬰身為國相，穿的是「緇布之衣、麋鹿之裘」，乘的是「敝車駑馬」，客人來了，晏子將自己的食物分而食之，結果自己不能吃飽。這些人物位極人臣，富貴已極，卻自持節儉，稱得上富貴不能淫。〈立節〉載：曾子衣弊衣以耕，魯君派人送給他食邑，說為他添製衣服。他不肯接受。使者回去又來，他仍不接受。使者問：「你並未求人，是別人主動給你的，為何不受？」曾子說：「我聽說，受人者畏人，予人者驕人。縱使君王不驕慢待我，我得了他的賞賜，能不懼怕他嗎？」孔子稱贊說：「曾參的話，足以保全節操。」又載：子思居衛，縕袍無表，二十天只吃了九頓飯。田子方送他狐白之裘，他不肯接受。問他不受的原因，他說：「隨便給人東西，不如把東西棄置溝壑。我雖貧，不忍以身為溝壑。」這是貧賤不能移的例子。〈立節〉還頌揚了威武不屈的精神：佛肸在中牟縣叛亂，設置食邑和湯鼎，對當地士人說：「支持我的得食邑，反對我的下湯鼎。」眾人都順從他，唯有一個叫田基的人後到，到後就脫衣服準備下湯鼎。他說：「即使軒冕在前，不合義我不能接受；縱有斧鉞在後，合於義我理當就死！」大義凜然，視死如歸，田基的氣慨確實叫人敬佩！

加強修養的最好方法是學習，《說苑》也特別強調學習。〈建本〉引孔子說：「可以與人終日而不倦者，其惟學乎！其身體不足觀也，其勇力不足憚也，其先祖不足稱也，其族姓不足道也，然而可以聞四方而昭於諸侯者，其惟學乎！」又引河間獻王的話：「唯學問可以廣明德慧也。」借以說明學問的重要作用。書中主張人應當像以食物治療饑餓那樣以學習治療愚昧，不僅在童蒙之時加強學習，而且要活到老學到老。認為積土才能成山，積水才能成淵，積累知識才能博學。指出學習的目的全在於運用。〈談叢〉說：「君子之學也，入於耳，藏於心，行之以身。」又說：「君子博學，患其不習，既習之，患其不能行之。」〈政理〉載：孔子問其兄之子孔蔑，自做官以來有什麼收穫，孔蔑回答說，只有損失沒有收穫。損失之一是因王事煩忙，不能溫習，把從書本上學到的東西都忘掉了。孔子聽後很不高興地走了。又去問他的學生宓子賤，宓子賤的回答與孔蔑相反，他說在眾多收穫中居第一位的是「始誦之文，今履而行之，是學日益明也」。孔子連聲稱贊宓子賤是君子，肯定的正是他這種學以致用、反過來又在運用中鞏固和加強所學得的書本知識的做法。《說苑》還提倡相互學習，取長補短。〈談叢〉說：「君子不羞學，不羞問。問訊者，知之本；念慮者，知之道。此言貴因人知而加知之，不貴獨自用其知而知之。」書中關於學習方法的論述還有許多，就不一一列舉了。

有人會問，劉向是正統的儒家思想家和學者，西漢自武帝起即廢黜百家，獨尊儒術，為什麼在編《說苑》時兼取各家的思想主張呢？我想其中有兩個原因：一是儒家思想，本是個開放的體系，它隨著社會的發展變化，不斷更新和補充內容。就政治觀點而論，孔子主張「為政以德」，孟子主張重民施仁，二人就不盡相同。

至於荀子，則主張王霸並用，在儒家崇禮的基礎上注入了法治的成分。到了西漢武帝時，董仲舒提倡新儒學，借陰陽家的學說重新解釋儒家經典，確立三綱五常，使儒學更加有利於中央集權的封建統治。此時的儒學，與孔子當初創立的儒學已有很大區別了。儒家與其他各家，思想主張往往有交叉之處，呈現出你中有我，我中有你的現象，嚴格說來，儒學本身也是兼採百家的，之所以名為儒學，只不過它的本質特徵屬於儒家而已。二是因為劉向是在編書，不是在立說。編書的目的在於規勸皇帝，只要對皇帝統治國家有利的內容，就可以編進書裡去，至於思想屬於什麼範疇，觀點屬於哪一流派，可以置之不顧。

《說苑》中涉及的人物、事件、時間、地點等，多數與史實相符，但也有不少失真之處，對此，前人曾加以指責，如唐人劉知幾就說《新序》、《說苑》「廣陳虛事，多構偽辭」（《史通・雜說》），是有意欺騙世人，迷惑後代。其實，這些失真之處，許多是古書中原來就有的，劉向收集資料時，注重的是思想性，對其真偽則失於參校。如果我們把《說苑》當小說來看，就可不必求全責備了。

《說苑》除了用大量篇幅闡述治國修身的道理外，還廣泛介紹了其他知識。〈辨物〉所講的天文地理、度量權衡、鬼怪災祥、草木鳥獸，〈修文〉講的禮樂儀制等，都為我們認識和研究古代歷史、文化提供了可作借鑒的寶貴資料。

四、《說苑》的寫作特點

《說苑》雖不是劉向自己創作而是由他選編的，但在寫法上也自有特點，主要表現在兩方面：

(一)所選的內容多是對話體故事。全書除〈談叢〉是專錄一些格言式的片言隻語外，其他各篇所輯錄的多具有故事性。這些故事，有的首尾詳備，情節完整，多數則只取對話片斷。許多思想道理、觀點主張，就是通過這對話的方式表現出來的。〈政理〉載：「齊桓公問管仲曰：『國何患？』管仲對曰：『患夫社鼠。』桓公曰：『何謂也？』管仲對曰：『夫社，束木而塗之，鼠因往託焉，熏之則恐燒其木，灌之則恐敗其塗，此鼠所以不可得殺者，以社故也。夫國亦有社鼠，人主左右是也。內則蔽善惡於君上，外則賣權重於百姓，不誅之則為亂，誅之則為人主所案據，腹而有之，此亦國之社鼠也。人有酤酒者，為器甚潔清，置表甚長，而酒酸不售。問之里人其故，里人云：「公之狗猛，人挈器而入，且酤公酒，狗迎而噬之，此酒所以酸不售之故也。」夫國亦有猛狗，用事者也；有道術之士，欲明萬乘之主，而用事者迎而齕之，此亦國之猛狗也。左右為社鼠，用事者為猛狗，則道術之士不得用矣。此治國之所患也。』」全文用不足三百字記敘了君臣間進行的一次問答。管仲在回答中，巧妙運用比喻，活現了君王身邊的小人仗勢胡為、凶狠暴戾的醜惡嘴臉，從而說明因奸佞當道，賢良不得進用，國家由此而遭危害的道理。又如〈建本〉載：「晉平公問於師曠曰：『吾年七十，欲學，恐已暮矣。』師曠曰：『何不炳燭乎？』平公曰：『安有為人臣而戲其君乎？』師曠曰：『盲臣安敢戲其君乎？臣聞之，少而好學，如日出之陽；壯而好學，如日中之光；老而好學，如炳燭之明。炳燭之明，孰與昧行乎？』平公曰：『善哉！』」本篇告誡人們活到老學到老，表現方式則是更簡短的對話。

通過講故事來說明道理，可以使道理由抽象變得具體，由深奧變得淺顯，由呆板變得生動。前文已經說過，劉向是把《說苑》當諫書用的，將諫書編成故事集，是希望引起皇帝閱覽的興趣，從而受到正確思想的教育和影響。劉向的用心是良苦的。

(二)以議論為綱，統領全書。《說苑》二十篇，多數篇首有一段議論性文字。這些議論，有的從廣度上對某類問題作理論概括，如作人臣的道理千頭萬緒，〈臣術〉開頭把它們歸納為「六正」、「六邪」；天下的政治五花八門，〈政理〉的開頭把它們劃分為「三品」、「三機」。有的則從深度上對某種觀點加以闡述，如〈復恩〉的開頭說：「臣不復君之恩而苟營其私門，禍之原也；君不能報臣之功而憚行賞者，亦亂之基也。夫禍亂之原基，由不報恩生也。」作者是主張君臣相互報賞的，從反面入手，指出不行報賞會招致禍亂，這就從鞏固政權的高度來談「貴德」、「復恩」的問題了。又如〈敬慎〉前的議論，篇幅很短，卻要言不煩地說明人的存亡禍福，關鍵在於自身，而自身的關鍵又在於小心謹慎，把為人處世的道理論述得十分深刻。

另有大量議論，被安插在故事的記敘之中，往往有畫龍點睛、突現主題的作用。至於〈談叢〉所收的議論性短語及散見於其他各篇的純議論性章節，有的出言精闢，使人警醒，有的意思含蓄，耐人尋味，則不勝枚舉。

以記敘故事為主體，以議論為綱領，這便是《說苑》在寫作方面的基本特點。

五、《說苑》的流傳情況

劉向所編的《說苑》，據他自己寫給漢成帝的奏敘中稱有二十卷，《漢書・藝文志》、《隋書・經籍志》也著錄為二十卷，新、舊《唐書》載為三十卷，但北宋仁宗時編《崇文總目》，卻只有五卷殘本，其後曾鞏校書，始從士大夫家收得十五卷，與原有的五卷合為二十卷。但曾鞏整理的《說苑》，實際上祇只十九篇，〈反質〉空闕，為完二十卷之數，把〈修文〉析為二卷。後來高麗國獻書，有〈反質〉一卷，《說苑》二十卷始得完足。

宋以後的《說苑》，雖無闕篇，但篇有佚章，章有佚句，文字錯訛衍漏之處也較多。後代學者，有不少人對《說苑》進行過校訂，僅有清一代，校《說苑》的就有孫志祖、趙曦明、盧文弨、劉台拱、俞樾、孫詒讓諸人。此外，日人關嘉作《說苑纂注》，曾於十八世紀末刊行。近人向宗魯，作《說苑校證》，書未刊印而中年隕歿，遺稿由其弟子屈守元先生整理出版，這是一部校譌誤、證異同、兼釋事義的著作。

《說苑》自北宋起即雕版印行，傳世的有北宋本、南宋咸淳本、明楚府本、何良俊本、程榮本、楊鐘本、何鏜本、天一閣本，清崇文局本，當代有臺灣商務印書館民國六十六年出版的盧元駿的《說苑今註今譯》、中華書局民國七十六年出版的向宗魯的《說苑校證》等。

我的這部注譯本，是普及讀物。為求簡易，有些詞意，若能通過譯文體現的，就不另加詮釋；凡可直接解釋詞意的，就盡量不作引證。書中有的地方利用過前人成果，於向宗魯先生的《說苑校證》中得益尤多，除致謝之外，特加說明，不敢掠美。由於學力有限，書中錯漏必定不少，敬請專家、讀者指正。

卷一

君道

【題解】本篇從各個側面，說明如何才能當好君王。

晉平公❶問於師曠❷曰：「人君之道❸，如何？」對曰：「人君之道清淨無為❹，務❺在博愛，趨❻在任賢；廣開耳目，以察萬方；不固溺於流俗，不拘繫於左右；廓然❼遠見，踔然❽獨立；屢省考績，以臨❾臣下。此人君之操也。」平公曰：「善。」

【章旨】此章講要當好人君，必須博愛、任賢、廣聞，要有遠見卓識，不受習俗影響，不受身邊人控制，還要經常考核手下臣子的政績。

【注釋】❶晉平公　春秋時晉國國君，名彪，在位二十六年，謚「平」。❷師曠　晉國樂師，是一個盲人。❸道　古人把道用為抽象的概念時，賦予它極為豐富的涵義，道可表示宇宙萬物的本原，也可表示事理、規律、道德、政治主張等，還可表示方法、技藝。❹清淨無為　心底潔淨，不受外物干擾，也不干擾外物。❺務　一定。❻趨　必定。❼廓然　開闊的樣子。

❽踔然　高遠的樣子。❾臨　從高處往低處看。

【語　譯】晉平公問師曠：「怎樣才能當好君王？」師曠回答說：「做君王的應該心底潔淨，不受外界紛擾，也不紛擾別人，一定要對大眾有廣泛的憐愛同情之心；一定要選用才德超群的人才；要打通各種消息渠道，了解各個方面的情況；不被世俗束縛，不受身邊人控制；要有寬闊的胸懷，遠大的目光，見識要在眾人之上而不受眾人牽制；要經常考核官員們的政績，始終保持上對下的威嚴和明智。這便是一個君王應該做到的。」平公說：「說得對。」

齊宣王❶謂尹文❷曰：「人君之事何如？」尹文對曰：「人君之事，無為而能容下。夫事寡易從，法省易因，故民不以政獲罪也。大道容眾，大德容下，聖人寡為而天下理矣。《書》曰：『睿作聖。』❸詩人曰：『岐有夷之行，子孫其保之！』」❹宣王曰：「善。」

【章　旨】本章講作人君的，自身器量要大，干擾別人要少，則天下自然可以治理得好。

【注　釋】❶齊宣王　戰國時齊國國君，姓田，名辟彊，在位十九年。「宣」是他的諡號。❷尹文　齊國處士，著有《尹文子》一書。❸睿作聖　語出《尚書・洪範》。睿，通達而有遠見。聖，此指具有最高道德和智慧的人。❹岐有夷之行二句　此語見《詩經・周頌・清廟》。岐，岐山，是周的發祥地。夷，同「易」。簡易。

【語　譯】齊宣王問尹文說：「怎樣才能當好一國之君？」君文回答說：「要當好國君，應該少干擾別人並能寬容自己的臣民。國事不多，人們就樂於去做；法令簡易，人們就容易遵循。這樣，大家就不會因為違反政令而成為罪犯。寬大的法令能容納眾人，寬大的器量能容納下屬，明智通達之人少生事而天下之事卻辦得很好。《尚書》說：『聰明人可以當聖人。』《詩經》的作者說：『周初行政簡易，後代子孫可要繼承這種傳統！』」齊宣王說：「說得對。」

成王❶封伯禽❷為魯公，召而告之曰：「爾知為人上之道乎？凡處尊位者，必以敬下，順德❸規諫，必開不諱之門，撙節❹安靜以藉❺之。諫者勿振❻以威，毋格❼其言，博采其辭，乃擇可觀。夫有文無武，無以威下；有武無文，民畏不親。文武俱行，威德乃成。既成威德，民親以服。清白上通，巧佞下塞，諫者得進，忠信乃畜。」伯禽再拜受命而辭。

【章旨】此章講當長官的應當如何採納下屬的意見，並闡明為什麼要對下屬恩威並用的道理。

【注釋】❶成王　西周君王，名誦，在位三十七年，「成」是諡號。❷伯禽　周公之子，封於魯（今山東），公爵，曾親自率軍平定淮夷、徐戎之亂，穩定了魯國，在位四十六年。❸德　疑為「聽」之誤。❹撙節　約束；克制。❺藉　撫慰。❻振　同「震」。威嚇。❼格　禁止。

【語譯】周成王封伯禽為魯國國君，把伯禽召來告誡他說：「你知道做長官的道理嗎？凡是處在高位的人，一定要謹慎地對待下屬，虛心聽取他們的意見，一定要讓說話的人無所忌諱，要克制自己的情緒，以溫和的態度鼓勵提意見的人。對敢於直言的人不可耍威風，不可當場制止別人發言，要廣泛搜集別人的意見，然後選用可取之言。做長官的人如果只是和善而沒有威嚴，就無法使下屬敬服，如果只有威嚴而不和善，老百姓就會懼怕而不敢親近。和善、威嚴都具備了，那就是德高望重的人。一個長官有威有德，老百姓就親近他、服從他。只有這樣，清正廉潔之人才能提拔上去，阿諛迎奉之徒才能排除在外，敢於直言的人才能夠晉升，忠心誠信之人才能長留身邊。」伯禽恭敬地行禮，領受教誡，辭別成王而去。

陳靈公❶行僻而言失。泄冶❷曰：「陳其亡矣！吾驟❸諫君，君不吾聽而愈失威儀。夫上之化下，猶風靡草，東風則草靡而西，西風則草靡而東，在風所由而草為之靡。是故人君之動不可不慎也。夫樹曲木者，惡得直景❹？人君不直其行、不敬其言者，未有能保帝王之號、垂顯令之名者也。《易》曰❺：『夫君子居其室，出其言，善，則千里之外應之，況其邇者乎？居其室，出其言，不善，則千里之外違之，況其邇者乎？言出於身，加於民；行發乎邇，見乎遠。言行，君子之樞機❻。樞機之發，榮辱之主，君子之所以動天地，可不慎乎？』天地動而萬物變化。《詩》曰❼：『慎爾出話，敬爾威儀，無不柔嘉。』此之謂也。今君不是之慎而縱恣焉，不亡必弒。」靈公聞之，以泄冶為妖言而殺之。後果弒於徵舒❽。

【章　旨】本章敘陳靈公荒淫無道、行僻言失而終遭殺身之禍，說明為人上者必須小心謹慎地對待自己的一言一行。

【注　釋】❶陳靈公　春秋時陳國國君，名平國，生活荒淫靡亂，在位十五年，被陳卿夏徵舒殺死，諡「靈」。❷泄冶　陳靈公時為大夫，因直諫被殺。❸驟　屢次。❹景　同「影」。❺易曰　此處所引見《易經・繫辭上》，文字略有差異。❻樞機　樞為門的轉軸，機是弓弩上發箭的機關。此以樞機比喻做人的關鍵。❼詩曰　此處所引見《詩經・大雅・抑》。❽弒於徵舒　夏徵舒是陳國卿士，其母夏姬與陳靈公等人通姦，徵舒不堪其辱，用箭射死陳靈公。事詳《左傳》〈宣公九年〉和〈宣公十年〉。

【語　譯】陳靈公行為不正、言語失當。泄冶說：「陳國就要亡了吧！我多次勸告君王，君王不但不聽我的，反而更不像樣。在上位的人對下面人們的影響，就像風把草吹倒一樣，起東風草就向西倒，起西風草就向東倒，風的方向，決定草的倒向。因此，君王的舉動不可不謹慎。栽下彎曲的樹木，哪能得到筆直的樹影？當君王的行為不正，言語不慎，是沒有誰能保住帝王的稱號、留下顯赫的美名的。《易經》上說：『君子住在室內，如果說的話是正確的，那麼千里之外的人也會響應，何況近處的人呢？如果說的話不正確，那麼千里之外的人也會反對，何況近處的人呢？

話由自己說出口，能影響到百姓；行為由自身表現出來，能傳播到遠方。言論和行動，是君子做人的關鍵，這關鍵的作用，關係到個人的榮辱。言行的善惡，足可驚動天地，難道能不謹慎嗎？』天地的作用能影響到萬物的變化。《詩經》上說：『你說話要謹慎，你禮節要周到，那天下就無事不和順，無事不美好。』說的就是這個道理。現在君王不在言行上謹慎，反而恣意妄為，不是自行滅亡也一定會被下面的人殺死。」陳靈公聽到這些話，認為泄冶是在製造妖言而把他殺掉了。後來，陳靈公果然被夏徵舒殺死。

魯哀公❶問於孔子曰：「吾聞君子不博❷，有之乎？」孔子對曰：「有之。」哀公曰：「何為其不博也？」孔子對曰：「為其有二乘❸。」哀公曰：「有二乘則何為不博也？」孔子對曰：「為行惡道也。」哀公懼焉。有間❹曰：「若是乎君子之惡惡道之甚也？」孔子對曰：「惡惡道不能甚，則其好善道亦不能甚；好善道不能甚，則百姓之親之也亦不能甚。《詩》云：『未見君子，憂心惙惙❺；亦既見止❻，亦既覯❼止，我心則說。』❽《詩》之好善道之甚也如此！」哀公曰：「善哉！吾聞『君子成人之美，不成人之惡。』❾微孔子，吾焉聞斯言也哉！」

【章旨】本章講只有對醜惡的東西有真正的憎惡，才能對美好的東西有真正的喜愛。為人君者有強烈的愛憎，才能得到百姓擁戴。

【注釋】❶魯哀公　春秋時魯國國君，名蔣，在位二十七年，諡「哀」。❷博　古代賭輸贏的游戲，類似下棋。❸二乘　二人互相算計對手。乘有計算、謀劃之義。❹有間　不久。❺惙惙　憂愁的樣子。❻止　語氣詞。❼覯　遇見。❽我心則說　以上見《詩經．召南．草蟲》。本寫夫婦愛戀之深。此處借喻對美好事物的無比熱愛。❾君子成人之美二句　見《論語．顏淵》。

【語　譯】魯哀公問孔子說：「我聽說有德之人不玩賭輸贏的遊戲，有這回事嗎？」孔子回答說：「有這回事。」哀公問：「為什麼不賭輸贏呢？」孔子回答說：「因為彼此要算計對方。」哀公問：「為什麼因為要算計對方就不玩這種遊戲呢？」孔子回答說：「因為算計別人就是在做壞事。」哀公聽了感到恐懼。過了一會說：「有德之人憎惡做壞事是這樣到極點了嗎？」孔子回答說：「如果對壞事不憎惡到極點，那麼對好事也不會喜愛到極點；對好事不能喜愛到極點，那麼老百姓對你的愛戴也不會很深。《詩經》上說：『沒有見到你，我的憂愁滿腔；一旦見到你、一旦遇到你，我的心花怒放。』《詩經》中喜愛美好的事物竟達到這樣的程度！」哀公說：「您說得真好！我聽說『有德之人成全別人的好事，不幫助別人做壞事。』假如沒有孔子，我哪能聽到這些話呢？」

河間獻王❶曰：「堯存心於天下，加志於窮民，痛萬姓之罹罪，憂眾生之不遂也。有一民饑，則曰此我饑之也；有一人寒，則曰此我寒之也；一民有罪，則曰此我陷之也。仁昭而義立，德博而化廣，故不賞而民勸❷，不罰而民治。先恕而後教，是堯道也。當舜之時，有苗氏❸不服。其所以不服者，大山❹在其南，殿山❺在其北；左洞庭❻之波，右彭蠡❼之川，因此險也，所以不服。禹欲伐之，舜不許，曰：『諭教猶未竭也。』究❽諭教焉，而有苗氏請服。天下聞之，皆非禹之義而歸舜之德。」

【章　旨】本章記敘堯舜言行，宣揚施仁政、行教化的政治主張。

【注　釋】❶河間獻王　劉德，漢景帝第三子，立為河間王，好學，尤好古籍。諡「獻」。❷勸　勉勵。❸有苗氏　種族名，為三苗後裔，在今湖南、湖北、江西境內。❹大山　《戰國策·魏策》作「文山」，文山即岷山。文中述岷山在有苗之南，乃作者之誤。❺殿山　《戰國策．魏策》作「衡山」，衡山當在有苗之南。❻洞庭　湖名，在今湖南境內。❼彭蠡　湖名，今名鄱陽湖，在江西境內。❽究　別本作「久」。

【語　譯】河間獻王說：「堯帝對天下人都很關心，尤其重視困窘之人，憐憫百姓遭受刑懲，擔心眾人不能美滿如願。只要有一人挨餓，就說這是我使他挨餓的；有一人受凍，就說這是我使他受凍的；有一人犯罪，就說這是我造成他犯罪的。仁愛之心昭著而合宜的規範樹立，恩惠普施而教化遠傳。因此，不行賞賜而民眾奮發勉勵，不用刑罰而百姓安分。先體諒後教育，這是帝堯治理百姓的方法。在帝堯時期，有苗氏不肯歸服。他們不服的原因，在於文山在他們的南面，殿山在他們的北面，左面有洞庭湖，右面有鄱陽湖，憑藉這些天險，所以不服。大禹要討伐他們，帝舜不允許，說：『教化還未完全發揮作用。』經過長時間的教育感化，有苗氏請求歸服。天下人得知此事，都責難大禹的強制規範而感佩帝堯的恩德。」

周公❶踐天子之位❷，布德施惠，遠而逾明。十二牧❸，方三人❹，出舉遠方之民，有饑寒而不得衣食者，有獄訟而失職者，有賢才而不舉者，以入告乎天子。天子於其君之朝也，揖而進之，曰：「意朕之政教有不得者與？何其所臨之民有饑寒不得衣食者，有獄訟而失職者，有賢才而不舉者也？」其君歸也，乃召其國大夫，告用天子之言，百姓聞之皆喜曰：「此誠天子也！何居之深遠而見我之明也，豈可欺哉！」故牧者，所以辟四門，明四目，達四聰也❺。是以近者親之，遠者安之。《詩》曰：「柔遠能邇，以定我王。」❻此之謂矣。

【章　旨】本章講為人君者應當廣視聽、察民情。並肯定了出巡官員察訪、舉報的作用。

【注　釋】❶周公　西周武王弟，名旦，曾輔武王伐紂，封於曲阜為魯公，留居朝中輔佐武王。武王卒，其子成王幼，周公主持國政，平息內亂。成王長大，還政於王，就臣位。❷踐天子之位　即當上天子。踐，踏。據古書載，周公曾假為天子七年。❸牧　《白虎通・封公侯》載：「唐、虞謂之牧何？尚質，使大夫牧諸侯，故謂之牧。」據此，此文之「牧」，當是由中央派往地方的長官。❹方三人　每方派遣三人。指分天下為四方，每方派遣三人，共十二人，故上文稱十二牧。❺達四聰也　以上所引見《尚書・舜典》。❻以定我王　以上見《詩經・大雅・民勞》。

【語　譯】周公登上天子之位，廣施恩惠，對遠方之事，特別關注。向四方派遣官員，每方三人，共十二人，讓他們舉報遠方人民之事。若百姓中有挨餓受凍得不到衣食的、有訴訟案件而地方官員未能查處的、有能人賢士而未被薦舉的，出巡官員就要回朝報告天子。天子在各國諸侯來京朝覲時，便禮貌地把他們讓進朝廷，對他們說：「想來是我們行政施教有不妥之處吧？為什麼我們下面的百姓，有的受饑寒而得不到衣食，有的有冤情而無人為他們昭雪，有的有才幹而不被薦舉呢？」各諸侯回到本國，就召來本國大夫將天子的話轉告他們。百姓得知後，都很歡喜，說：「這可真是聖明天子啊！為什麼深居宮室，相距遙遠，卻對我們瞭如指掌？這樣的人豈可欺騙！」所以，那些派出的官員作用十分重大，他們使天子大開四方納賢之門，廣見廣聞四方百姓之事。有了他們，近處的百姓更加親近天子，遠處的百姓能過安定的生活。《詩經》有這樣的話：「使遠處得到安撫，使近處能夠親善，以此鞏固我王的統治」，說的正是這件事。

河間獻王曰：「禹稱：『民無食，則我不能使也；功成而不利於人，則我不能勸也。』故疏河❶以導之，鑿江❷通於九派❸，灑❹五湖而定東海，民亦勞矣，然而不怨者，利歸於民也。」

【章　旨】本章講凡事當以民眾利益為重。於民無利，事成而不足稱許；於民有利，雖勞民而民無怨。

【注　釋】❶河　黃河。❷江　長江。❸九派　眾多的河流。派，水的支流。❹灑　分散。

【語譯】河間獻王說：「夏禹說：『老百姓如果沒有飯吃，那麼我就不能驅使他們；事做成了而對眾人沒好處，這樣的成功我不能鼓勵。』所以疏通黃河而因勢利導，鑿開長江讓它與眾支流相通，分五湖之水以匯入東海，做這些事老百姓雖然也很辛苦，但他們並不抱怨，這是因為利益歸他們所有啊。」

禹出見罪人，下車問而泣之。左右曰：「夫罪人不順道，故使然焉，君王何為痛之至於此也？」禹曰：「堯舜之人，皆以堯舜之心為心。今寡人為君也，百姓各自以其心為心，是以痛之也。」《書》曰：「百姓有罪，在予一人。」❶

【章旨】本章說百姓犯罪，是君王缺少教化所致，從反面說明推行教化的重要。

【注釋】❶百姓有罪二句　今《尚書・泰誓》作「百姓有過，在予一人」。

【語譯】夏禹外出看到罪犯，就下車撫慰並哭了起來。身邊的人說：「這罪人不遵守法令，所以才會這樣，您為什麼傷心到如此程度呢？」夏禹回答說：「堯舜時代的人都以堯舜的思想為思想；現在我當上君王，百姓卻有各自的想法，所以傷心。」《尚書》說：「百姓犯了罪，責任在做君王的一人身上。」

虞人與芮人質其成❶於文王。入文王之境，則見其人民之讓為士大夫；入其國，則見其士大夫讓為公卿，二國者相謂曰：「其人民讓為士大夫，其士大夫讓為公卿，然則此其君亦讓以天下而不居矣。」二國者，未見文王之身，而讓其所爭，以為閒田❷而反。孔子曰：「大哉文王之道乎！其不可加矣！不動而變，無為而成，敬慎恭己而虞、芮自平。」故《書》曰：

「惟文王之敬忌。」❸此之謂也。

【章旨】本章闡明了為人上者「其身正，不令而行」的道理，強調了君王的表率作用。

【注釋】❶質其成　即裁決調解。質有評判之義。成，和解。❷閒田　即空地。據《詩經・大雅・緜・毛傳》、《史記・周本紀》、《孔子家語・好生》等記載，虞、芮二國曾為土地相爭，久而不平，派人請文王裁決。入境見周人處處禮讓，兩國使者羞慚而返，所爭之地空為閒田。❸惟文王之敬忌　此句見《尚書・康誥》。

【語譯】虞國人和芮國人為土地相爭，要請周文王評理。走進文王的封地，就看見人民禮讓不肯作士大夫；走進周國的都城，就看見士大夫禮讓不肯作公卿，兩國人互向對方說：「這裡的人民不肯當士大夫，這裡的士大夫不肯作公卿，由此看來，這裡的君王也會禮讓天下而不肯作君王。」兩國的人，沒有見到文王本人卻都把所爭之田讓給對方，使這塊土地變成了閒田。孔子說：「文王的德化真偉大呀！簡直是無以復加！他無須行動，別人便受到感化，他無須做什麼，事情卻自然成功，他只須自身謹慎、恭謙、克己，虞、芮的紛爭便自行平息。」所以《尚書》說：「要常思文王的敬德忌刑。」講的就是這一道理。

成王與唐叔虞❶燕居❷，剪梧桐葉以為珪❸，而授唐叔虞曰：「余以此封汝。」唐叔虞喜，以告周公，周公以請曰：「天子封虞耶？」成王曰：「余一與虞戲也。」周公對曰：「臣聞之，天子無戲言，言則史書之，工❹誦之，士稱之。」於是遂封唐叔虞於晉❺。周公旦可謂善說矣，一稱而成王益重言，明愛弟之義，有輔王室之固。

【章旨】本章講為人君者出言要慎重，要做到言出法隨。

【注釋】❶唐叔虞　周成王弟，名虞，封於唐，為晉國的始祖。❷燕居　閒處。❸珪　上圓下方之玉，古用作憑信。

❹工　古代稱樂官為工。❺晉　春秋時國名，在今山西省境內。

【語　譯】周成王與唐叔虞閒暇無事待在一起，成王把一片梧桐樹葉剪成珪的形狀，賜給唐叔虞，說：「我現在以此為憑據對你進行分封。」唐叔虞心中歡喜，把此事告訴了周公。周公問成王：「您封了叔虞嗎？」成王說：「我偶而同叔虞開玩笑的。」周公說：「我聽說，天子不說玩笑話，天子說話，史官便要記錄，樂官便要諷誦，士人便要宣揚。」於是成王就把晉國封給了唐叔虞。周公可稱得上是善於勸諫的人，他一句話便使成王以後說話更加謹慎，也使成王懂得了友愛兄弟的大義，這是有助於王室的鞏固的。

當堯之時，舜為司徒❶，契❷為司馬❸，禹為司空❹，后稷❺為田疇，夔❻為樂正，倕❼為工師，伯夷❽為秩宗❾，皋陶❿為大理，益⓫掌敺禽，堯體力便巧，不能為一焉。堯為君而九子為臣，其何故也？堯知九職之事，使九子者各受其事，皆勝其任，以成九功，堯遂成厥功，以王天下。是故知人者，王道也，知事者臣道也，王道知人，臣道知事，毋亂舊法，而天下治矣。

【章　旨】本章講君王應該知人善任。

【注　釋】❶司徒　官名。掌教化。❷契　傳說中商族始祖，帝嚳之子。❸司馬　官名。掌軍事。❹司空　官名。掌建築、器械等。❺后稷　人名，周的祖先。❻夔　人名，堯時樂官之長。❼倕　古代巧匠。❽伯夷　舜時為秩宗，掌禮儀。❾秩宗　掌禮儀之官。❿皋陶　人名，堯時掌刑法。⓫益　人名，堯時掌山澤。

【語　譯】帝堯當政之時，舜擔任司徒，契擔任司馬，禹擔任司空，后稷主管農業，夔主管音樂，倕主管工程建築，伯夷主管禮儀，皋陶主管刑法，益主管驅趕野獸，帝堯無論體力或技巧都不能承當以上任何一件事。但帝堯作君而九人作臣，這是什麼緣故？這是因為帝堯了解這九種職務的性質和作用，任命這九個人各司其職，九人都能勝任，並在九個方面取得成功，帝堯因此也取得成功而統治了天下。所以，懂得用人是當君王的本領，懂得辦事是做臣子的本領，君王會用人，臣子會辦事，不打亂原來的制度，天下就太平無事了。

湯❶問伊尹❷曰：「三公九卿，二十七大夫，八十一元士❸，知之有道乎？」伊尹對曰：「昔者堯見人而知，舜任人然後知，禹以成功舉之。夫三君之舉賢，皆異道而成功。然尚有失者，況無法度而任己直意用人，必大失矣。故君使臣自貢其能，則萬一之不失矣。王者何以選賢？夫王者得賢才以自輔，然後治也。雖有堯舜之明，而股肱❹不備，則主恩不流，化澤不行。故明君在上，慎於擇士，務於求賢，設四佐以自輔，有英俊以治官，尊其爵，重其祿，賢者進以顯榮，罷者退而勞力。是以主無遺憂，下無邪慝，百官能治，臣下樂職，恩流群生，潤澤草木。昔者虞舜左禹右皋陶，不下堂而天下治，此使能之效也。」

【章　旨】本章前部分講君王對臣子的任用要著重看他們的能力，後部分講選賢舉能的重要性。

【注　釋】❶湯　商朝開國之君，名履，在位三十年。❷伊尹　名摯，商初賢相。❸三公九卿三句　公卿、大夫、元士皆官職名。❹股肱　股指大腿，肱指手臂，股肱喻輔佐的大臣。

【語　譯】商湯問伊尹說：「要了解三公九卿、二十七大夫、八十一元士，有辦法嗎？」伊尹回答說：「從前，堯見到一個人便能把他看透，舜在使用之後才了解這個人，禹對成功之人才加以任用。這三個君王舉用賢人，方法不同卻都成就了功業。即使這樣，他們也仍有失誤，何況不依標準而只憑私意用人呢？其結果必然失誤更大。所以君王只有讓臣子自己表現出才幹，然後任用才萬無一失。君王為什麼要選用賢人？君王只有得到賢人輔佐自己，然後才能平治天下。雖有堯、舜那樣的明智，若是無人幫助，那麼君王的恩惠就不能流布，教化就不能風行。所以聖明的君王處在上位，要謹慎選用官員，盡力訪求賢才，要安排賢士在周圍輔佐自己，要用能人擔任官職，對有才有德的人，要使他們的爵位高，俸祿厚，讓才智超群的人晉陞官職以顯示榮耀，讓缺德少才的人退下去幹粗活。這樣一來，君主無憂心的事，臣下無邪惡的人，百官盡責，樂於職守，恩澤遍及百姓，雨露滋潤草木。過去，虞舜左有大禹右有皋陶，自己不必下堂理事而天下治理得很好，這是任用賢能的結果啊。」

武王問太公❶曰：「舉賢而以危亡者，何也？」太公曰：「舉賢而不用，是有舉賢之名，而不得真賢之實也。」武王曰：「其失安在？」太公望曰：「其失在君好用小善而已，不得真賢也。」武王曰：「好用小善者何如？」太公曰：「君好聽譽而不惡讒也，以非賢為賢，以非善為善，以非忠為忠，以非信為信。其君以譽為功，以毀為罪；有功者不賞，有罪者不罰；多黨者進，少黨者退；是以群臣比周❷而蔽賢，百吏群黨而多姦；忠臣以誹死於無罪，邪臣以譽賞於無功，其國見❸於危亡。」武王曰：「善！吾今日聞誹譽之情矣。」

【章　旨】本章講為人君者不可只圖舉賢之名，而要得用賢之實。要能接受賢人的批評意見，不被奸人的巴結奉承蒙蔽。

【注　釋】❶太公　即呂尚，字子牙，號太公望，本姓姜，輔武王伐紂，封於齊。❷比周　此為勾結之意。❸見　當是「免」之誤字，上脫「不」。《六韜・文韜・舉賢》作「則國不免於危亡」。

【語　譯】武王問太公：「舉用賢人反而招致危亡，這是什麼緣故？」太公說：「選拔了賢人但未真正任用他，這只有舉用賢人的美名，而未得到舉用賢人的實在好處。」武王問：「其中的問題在哪裡？」太公說：「問題出在君王只滿足於施小恩小惠，得不到真正的賢才。」武王問：「這種君王喜歡別人贊美而不討厭別人奉承，把不賢當作賢，把不善當作善，把不忠當作忠，把不誠當作誠。君王認為贊美自己的人有功，批評自己的人有罪；對真正有功的人不行賞，對真正有罪的人不處罰；人多勢眾的被進用，勢單力薄的被排斥。這樣，大臣就會相互勾結壓制賢人，眾官吏就會結黨營私大幹壞事；忠臣因敢於直言而無罪被殺，奸臣因善於奉承而有罪受賞，因此，國家難免於危亡。武王說：「說得好，我今天得知直言敢諫和阿諛奉承的真實情況了。」

武王問太公曰：「得賢敬士，或不能以為治者，何也？」太公對曰：「不能獨斷，以人言斷者，殃也。」武王曰：「何為以人言斷？」太公對曰：「不能定所去，以人言去；不能定所取，以人言取；不能定所為，以人言為；不能定所罰，以人言罰；不能定所賞，以人言賞。賢者不必用，不肖者不必退，而士不必敬。」武王曰：「善！其為國者何如？」太公對曰：「其為人惡聞其情，而喜聞人之情；惡聞其惡，而喜聞人之惡；是以不必治也。」武王曰：「善。」

【章　旨】本章講為人君者凡事要有主見，善於決斷，不可被他人左右。

【語　譯】武王問太公：「得到賢才並且敬重他們，但有時仍不能把國家治理好，這是什麼緣故？」太公回答說：「這是因為君主自己不能決斷，以別人的話作決斷，是會遭禍的。」武王問：「什麼叫以別人的話作決斷？」太公回答說：「不能斷定什麼該除掉，別人說該除掉就除掉；不能斷定什麼該採用，別人說該採用就採用；不能決定該做什麼，別人說該做什麼就做什麼；不能斷定什麼該罰，別人說該罰就罰；不能斷定什麼該賞，別人說該賞就賞。這樣，賢人不一定被舉用，不賢者不一定被黜退，對士人也不一定敬重。」武王說：「對！這樣的人對國家有什麼影響？」太公回答說：「這樣的人討厭別人知道自己的實情，而喜歡打聽別人的情況；忌惡別人了解自己的過錯，卻喜歡了解別人的過錯，所以國家不一定治理得好。」武王說：「說得對。」

齊桓公❶問於甯戚❷曰：「筦子❸今年老矣，為❹棄寡人而就世❺也，吾恐法令不行，人多失職，百姓疾怨，國多盜賊，吾何如而使姦邪不起、民足衣食乎？」甯戚對曰：「要在得賢而任之。」桓公曰：「得賢奈何？」甯戚對曰：「開其道路，察而用之，尊其位，重其祿，顯其名，則天下之士騷然舉足而至矣。」桓公曰：「既以舉賢士而用之矣，微夫子幸而臨之，則未有布衣屈奇❻之士踵門而求見寡人者。」甯戚對曰：「是君察之不明，舉之不顯，而用之疑，官之卑，祿之薄也。且夫國之所以不得士者，有五阻焉：主不好士，諂諛在傍，一阻也；言便事者，未嘗見用，二阻也；壅塞掩蔽，必因近習❼，然後見察，三阻也；訊獄詰窮其辭，以法過之，四阻也；執事適欲、擅國權命，五阻也。去此五阻，則豪俊並興，賢智求處；五阻不去，則上蔽吏民之情，下塞賢士之路。是故明王聖主之治，若夫江海無不受，故長為百川之主；明王聖君無不容，故安樂而長久。因此觀之，則安主利人者，非獨一士也。」桓公曰：「善，吾將著夫五阻以為戒本也。」

【章旨】本章講要想把國家治理好，應該廣開賢路，重用賢人，革除弊端，而不要只依靠個別士人。

【注釋】❶齊桓公　春秋時齊國國君，名小白，任管仲為相，九合諸侯，一匡天下，為五霸之首。在位四十三年，諡

「桓」。❷甯戚 春秋衛人，家貧至齊，受桓公重用，曾拜為上卿，後遷國相。❸筦子 即管仲，名夷吾，齊國宰相，曾輔佐齊桓公稱霸諸侯。筦，同「管」。❹為 相當「如」。❺就世 即「即世」。死亡之意。❻屈奇 奇異；不平凡。❼近習 君王所親幸的人。

【語譯】桓公問甯戚說：「管子現在年事已高，若是棄我而逝，我恐怕法令難以推行，官員不肯盡職，百姓憤怨，國家多盜賊，我用什麼辦法才能使壞人不產生、老百姓豐衣足食呢？」甯戚回答說：「關鍵是找到賢人並任用他們。」桓公問：「怎樣才能找到賢人？」甯戚回答說：「廣開賢路，經過考察加以任用，要提高他們的地位，多給他們俸祿，顯揚他們的名聲，這樣，普天之下有才幹的人就會蜂湧而至了。」桓公說：「即使我想舉賢任能，若沒有您親臨幫助，那也不會有異人上門來找我。」甯戚回答說：「這是因為您訪賢意圖不明確，舉賢的行動不明顯，任用賢人，又懷疑他們，所授的官職低，所給的俸祿少。而且，國家之所以不能羅致人才，有五種阻力：君王不喜歡賢人，善於吹拍的人在君王身邊，這是第一種；提了有用的意見的人未被起用，這是第二種；言路堵塞，真相被掩蓋，凡事要靠君王的親信轉達，然後君王才能知道，這是第三種；審案極力逼供，量刑超過法度，這是第四種；辦事大員隨心所欲，把持國家大權，任意更改法令，這是第五種。除掉這五種阻力，英雄豪傑都會出現，賢人智士都來求官；不除掉這五種阻力，上層的人不了解下面官員和百姓的情況，下邊的賢士也因進賢之路被堵塞而難以晉陞，因此，聖明的君主治理天下，就應該像大江大海於水無所不容，所以永遠能當眾流的首領一樣，聖明的君王能容納一切，所以能安樂長久。由此看來，要鞏固君王的統治，有利於廣大的人民，不是僅僅一個士人所能做到的。」桓公說：「您說得正確，我將記下這五種阻力作為最基本的戒律。」

齊景公❶問於晏子❷曰：「寡人欲從夫子而善齊國之政。」對曰：「嬰聞之，國具官而後政可善。」景公作色曰：「齊國雖小，則何為不具官乎？」對曰：「此非臣之所復❸也。昔先君桓公，身體墮懈，辭令不給，則隰朋❹侍；左右多過，刑罰不中，則弦章❺侍；居處肆縱，左右懾畏，則東郭牙❻侍；田野不修，人民不安，則甯戚侍；軍吏怠，戎士偷，則王子成父❼侍；德義不中，信行衰微，則筦子侍。先君能以人之長續其短，以人之厚補其薄，是以辭令窮遠而不逆，兵加於有罪而不頓。是故諸侯朝其德而天子致其胙❽。今君之失多矣，未有一士以聞者也，故曰未具。」景公曰：「善。吾聞高糾❾與夫子遊，寡人請見之。」晏子曰：「臣聞為地戰者不能成王，為祿仕者不能成政。若高糾與嬰為兄弟久矣，未嘗干嬰之過，補嬰之闕，特進仕之臣也，何足以補君？」

【章　旨】本章講國君只有在學有專長而又敢於直諫的大臣的輔佐下，才能把國家治理好。國家擁有一大批這樣的能人直士才算真正「具官」。

【注　釋】❶齊景公　春秋時齊國國君，名杵臼，在位五十八年，諡「景」。❷晏子　春秋齊人，名嬰，字平仲，景公時為相。❸復　告稟；陳述。❹隰朋　春秋齊國大夫，助管仲相桓公。❺弦章　史書多稱其為春秋齊景公時人，本文則以為桓公時人，桓、景相隔五代，可能錯在本文。❻東郭牙　齊桓公時人。❼王子成父　春秋時齊國大夫。❽致其胙　將祭肉分給參與祭祀的人。胙是祭祀所用之肉。天子致胙諸侯，這是極高的禮遇。❾高糾　與晏子同時人。

【語　譯】齊景公對晏子說：「我要聽從您的意見改善齊國的政治。」晏子回答說：「我聽說，國家具備了官員政治就可以改善。」景公臉上變色，說：「齊國雖然小，但怎說沒有具備官員呢？」晏子回答說：「這不是我回答的意思。我們的祖先桓公，當身體懈怠、辭令匱乏時，有隰朋在旁輔助；當身邊人多有過失、刑罰不夠恰當時，有弦章在旁輔助；當行為放縱、身邊人不敢勸阻時，有東郭牙在旁輔助；當農業荒廢、人民不得安寧時，有甯戚在旁輔助；當武將怠惰、戰士偷安時，有王子成父在旁輔助；當行為不合德義、不注重信譽時，有管子在旁輔助。桓公能夠將別人的長處補自己的短處，用別人的優點補自己的弱點，所以政令傳到遠方而無人違犯，武力討伐有罪而不受挫折。因此，各國諸侯佩服他的德行而歸順他，周天子給予他崇高的禮遇，送祭肉給他。而您的過失很多，卻沒有一個士人告訴您，所以說未具備官員。」景公說：「您說得正確。我聽說高繚與你交往，我想見見他。」晏子說：「我聽說為掠奪土地而發起戰爭的人不能成為仁慈的君王，為俸祿而做官的人不能理好政事。像高繚這樣的人，與我結為兄弟已經很久了，但從未批評過我的過失，彌補過我的缺陷，他不過是一個為求俸祿而做官的人，對您能有什麼補益呢？」

燕昭王❶問於郭隗❷曰：「寡人地狹人寡，齊人削取八城，匈奴驅馳樓煩❸之下，以孤之不肖，得承宗廟，恐危社稷，存之有道乎？」郭隗曰：「有，然恐王之不能用也。」昭王避席❹，請聞之，郭隗曰：「帝者之臣，其名，臣也，其實，師也；王者之臣，其名，臣也，其實，友也；霸者之臣，其名，臣也，其實，賓也；危國之臣，其名，臣也，其實，虜也。今王將東面❺，目指氣使❻以求臣，則廝役❼之材至矣；南面聽朝，不失揖讓❽之禮以求臣，則人臣之材至矣；西面等禮相亢❾，下之以色，不乘勢以求臣，則朋友之材至矣；北面拘指、逡巡❿而退以求臣，則師傅之材至矣。如此則上可以王，下可以霸，唯王擇焉。」燕王曰：「寡人願學而無師。」郭隗曰：「王誠欲興道，隗請為天下之士開路。」於是燕王常置郭隗上坐南面，居三年，蘇子⓫聞之，從周歸燕；鄒衍⓬聞之，從齊歸燕；樂毅⓭聞之，從趙歸燕；屈景⓮聞之，從楚歸燕。四子畢至，果以弱燕并彊齊；夫燕齊非均權敵戰之國也，所以然者，四子之力也。《詩》曰：「濟濟多士，文王以寧。」⓯此之謂也。

【章　旨】本章通過對燕昭王求賢復國故事的記敘，闡明了只有禮賢才能得賢，只有得賢才能強國的道理。

【注　釋】❶燕昭王　戰國時燕國國君，名平，在位三十三年，諡「昭」。❷郭隗　戰國燕人，燕昭王求賢，郭隗謂可從他開始，他若能受尊重，勝過他的人自然會來燕國。燕昭王築臺拜郭隗為師，樂毅等人聞風而至，燕國因此而強盛。❸樓煩　古國名，在今山西境內。❹避席　離開坐席，是古代表示恭敬的一種動作。❺東面　面朝東。下文的「南面」、「西面」、「北面」也是面朝南、面朝西、面朝北的意思。古代東西相對，西為尊位；南北相對，坐北朝南為尊位。本文借朝向表示對人的態度，不是實指。❻目指氣使　用眼神和臉色役使別人。形容態度驕橫傲慢。❼廝役　僕役。❽揖讓　賓主相見的禮儀。❾亢　相當；相等。❿逡巡　欲行又止。本文形容謙卑有禮的樣子。⓫蘇子　即蘇秦，字季子，戰國時有名的縱橫家，遊說秦國不用，即遊說燕、趙、韓、魏、齊、楚，合縱以抗秦，為六國之相。⓬鄒衍　戰國齊人，陰陽學家。⓭樂毅　戰國燕人，燕昭王拜為上將軍，曾率趙、楚、韓、魏、燕五國之兵伐齊，克齊七十餘城，以功封昌國，號昌國君，後降趙，封於觀津，號望諸君，卒於趙。⓮屈景　人名，爵里事跡未詳。⓯濟濟多士二句　見《詩經．大雅．文王》。

【語　譯】燕昭王問郭隗說：「我地小人少，齊國人奪走了八城，匈奴在樓煩一帶橫衝直闖，像我這樣無能的人，有幸繼承祖宗基業，但恐怕會有損於我們的國家，你有什麼辦法鞏固政權嗎？」郭隗說：「有，但怕您不能採用。」昭王離開座位，請郭隗說給他聽，郭隗說：「稱帝的人手下的大臣，他們的名義是臣，其實是帝王的老師；稱王的人手下的大臣，他們的名義是臣，其實是王者的朋友；稱霸的人手下的大臣，他們的名義是臣，其實是霸者的賓客；衰危之國的大臣，名義是臣，其實是君王的奴僕。現在你若臉朝東方，以傲慢的態度去尋求官員，那些只配聽差的人就會到來了；你若南面稱王，不失禮貌地尋求官員，那些能夠稱職的人就會到來了；你若臉朝西方，平等待人，笑臉相迎，不仗勢逞威，那些可作你朋友的人就會到來了；你若臉朝北方，謙卑有禮地尋求官員，那些可作你老師的人就會到來了。如有可作老師的人來輔佐你，你上可以稱王，下可以稱霸，希望你加以選擇。」燕昭王說：「我願意學習禮賢下士，但沒有人教我。」郭隗說：「你若真心求賢，請讓我為天下賢士開路。」於是燕王把郭隗置於尊位加以禮待，過了三年，蘇秦得知，從周來到燕國；鄒衍得知，從齊來到燕國；樂毅得知，從趙來到燕國；屈景得知，從楚來到燕國。四人都來了，果然以弱小的燕國吞併了強大的齊國。燕國和齊國並不是兩個勢均力敵的國家，之所以能這樣，靠的是這四個人的力量。《詩經》上說：「人才眾多，文王得以平天下。」說的正是這個道理。

楚莊王❶既服鄭伯❷，敗晉師，將軍子重三言而不當。莊王歸，過申侯❸之邑，申侯進飯，日中而王不食，申侯請罪，莊王喟然嘆曰：「吾聞之，其君賢者也，而又有師者王；其君中君也，而又有師者霸；其君下君也，而群臣又莫若君者亡。今我，下君也，而群臣又莫若不穀❹，不穀恐亡。且世不絕聖，國不絕賢，天下有賢而我獨不得，若吾生者，何以食為！」故戰服大國，義從諸侯，戚然憂恐聖知不在乎身，自惜不肖，思得賢佐，日中忘飯，可謂明君矣。

【章　旨】本章通過對楚莊王得勝憂國、思賢忘食的描述，再次說明任賢舉能的重要。

【注　釋】❶楚莊王　春秋時楚國國君，名旅，曾稱霸諸侯，在位二十三年，諡「莊」。❷鄭伯　鄭國國君，「伯」是爵位名稱。❸申侯　鄭國大夫。❹不穀　君王謙稱。

【語　譯】楚莊王征服了鄭國，打敗晉軍以後，楚國將軍子重多次進言都不恰當。莊王回國，途經申侯采邑，申侯設宴招待，時至中午而莊王不肯用餐，申侯以為自己得罪莊王而請求原諒，莊王感慨地說：「我聽說，國君賢能，而又有師傅輔佐的可以稱王；國君有中等才幹，而又有師傅輔佐的可以稱霸；君王才能低下，而百官又不及君王的就要亡國。現在的我，是一個才能低下的人，而百官又不如我，我真害怕國家將亡。況且，世上並不缺少聖人，楚國並不是沒有賢才，天下有賢人唯獨我得不到，像我這樣活著，為什麼還要吃飯？」楚莊王戰敗大國，稱霸諸侯，卻深深地擔憂聖明之人未投奔自己，痛惜自己無德少才，希望得到賢人輔助，日至中天而忘記用飯，可稱得上是一位聖明的君主了。

明主者有三懼：一曰處尊位而恐不聞其過，二曰得意而恐驕，三曰聞天下之至言而恐不能行。何以識其然也？越王句踐❶與吳人戰，大敗之，兼有九夷❷，當是時也，南面而立，近臣三，遠臣五。令群臣曰：「聞吾過而不告者其罪刑。」此處尊位而恐不聞其過者也。昔者晉文公❸與楚人戰，大勝之，燒其軍，火三日不滅，文公退而有憂色，侍者曰：「君大勝楚，今有憂色，何也？」文公曰：「吾聞能以戰勝而安者，其唯聖人乎！若夫詐勝之徒，未嘗不危也，吾是以憂。」此得意而恐驕者也。昔齊桓公得管仲、隰朋，辯其言❹，說其意❺。正月之朝，令具太牢❻進之先祖，桓公西面而立，管仲、隰朋東面而立，桓公贊曰：「自吾得聽二子之言，吾目加明，耳加聰，不敢獨擅，願薦之先祖。」❼此聞天下之至言而恐不能行者也。齊景公出獵，上山見虎，下澤見蛇，歸召晏子而問之曰：「今日寡人出獵，上山則見虎，下澤則見蛇，殆所謂之不祥也。」晏子曰：「國有三不祥，是不與焉。夫有賢而不知，一不祥；知而不用，二不祥；用而不任，三不祥也。所謂不祥乃此者也。今上山見虎，虎之室也，下澤見蛇，蛇之穴也，如虎之室，如蛇之穴而見之，曷為不祥也？」

【章旨】本章講為人君者有「三懼」、「三不祥」，告誡君王要勇於知過改過，戒驕慢，舉賢能。

【注釋】❶句踐　春秋時越國國君，曾臥薪嚐膽，滅吳復仇。❷九夷　泛指眾多的東方各民族。❸晉文公　春秋時晉國國君，名重耳，曾繼齊桓公之後稱霸諸侯，在位九年，諡「文」。❹辯其言　對管仲、隰朋的言論先作辨別而後加肯定。辯，通「辨」。辨別。❺說其意　喜歡、贊同他們所說的道理。說，同「悅」。❻太牢　古代祭祀以牛、羊、豕三牲為太牢。❼自吾得聽二子之言有讓祖先了解管仲、隰朋，並讓祖先在天之靈監督自己按二人的主張行事之意。

【語譯】聖明的君王有三種憂懼：一是怕身居高位而不知道自己的過失，二是怕取得成功之後驕傲自滿，三是怕知道了天下最好的意見卻不付諸行動。用什麼證明是這樣呢？越王句踐與吳國人交戰，徹底打敗了吳國，並把東方各國併為己有，在那個時候，句踐南面稱王，近處臣服的有三國，遠處臣服的有五國。句踐卻對群臣下令說：「得知我有過失而不告訴我的，要受到懲罰。」這就是身居高位而害怕不知自己的過失的人。從前晉文公與楚國人交戰，大勝楚軍，焚燒楚軍營壘，大火三日不滅。文公退下而臉帶愁容，隨從問：「君王大勝楚軍，而現在卻臉帶愁容，這是為什麼？」文公說：「我聽說，能靠武力征服而安定天下的，大約只有聖人吧！那些以欺騙取勝的人，沒有不危險的，我因此而擔憂。」這就是取得成功而害怕驕傲自滿的人。從前齊桓公得到管仲、隰朋，認為他們言論正確，贊同他們的主張。在正月元旦朝會時，下令備辦太牢之禮祭祀祖先，桓公面朝西站立，管子、隰朋面朝東站立，桓公向祖先報告說：「自從我聽到這二人的意見以後，我的眼光更加明亮，耳朵更加敏銳，我不敢獨自擁有他們，希望把他們進獻給祖先。」這就是害怕聽到天下最好的意見而不付諸行動的人。齊景公外出打獵，上山看見老虎，到水窪看見蛇，回去後把晏子找來問道：「今天我外出打獵，上山便看見老虎，到水窪便看見蛇，這大概就是人們常說的不吉利吧？」晏子說：「國家有三種情況是不吉利的，但你所說的事不在其列。有賢人卻不知道，一不吉利；知道了卻不任用，二不吉利；任用而不信任，三不吉利；人們所說的不吉利指的就是這些。現在上山看見虎，深山是虎的居室，到水窪看見蛇，水窪是蛇的洞穴，進虎窩入蛇洞而看見虎和蛇，有什麼不吉利呢？」

楚莊王好獵，大夫諫曰：「晉、楚敵國也，楚不謀晉，晉必謀楚，今王無乃耽於樂乎？」王曰：「吾獵將以求士也。其榛藂❶刺虎豹者，吾是以知其勇也；其攫犀搏兕❷者，吾是以知其勁有力也；罷田而分所得，吾是以知其仁也。」因是道也而得三士焉，楚國以安。故曰：

「苟有志則無非事者」，此之謂也。

【章　旨】本章講君王要善於隨時隨地地利用各種方法考察、選用人才。

【注　釋】❶榛薉　榛是落葉喬木。薉同「叢」。❷兕　雄性犀牛。

【語　譯】楚莊王喜歡打獵，大夫勸告說：「晉、楚是兩個實力相當的國家，楚不算計晉，晉必算計楚，而您現在難道不是太沈溺於享樂了嗎？」莊王說：「我打獵是為了尋找賢士。敢於到叢林刺殺虎豹的，我可從中看出他的勇敢；敢於同犀牛搏鬥的，我可從中看出他的強健有力；打完獵把禽獸分給別人，我可從中看出他的仁厚。」楚莊王利用這種辦法得到了三個賢士，楚國因此獲得安寧。所以說：「假如立志高遠，就沒有不該做的事。」（意為做任何事都是恰當的）說的就是楚莊王這種情況。

湯之時大旱七年，雒❶坼川竭，煎沙爛石。於是使人持三足鼎，祝山川，教之祝曰：「政不節耶？使人疾耶？苞苴❷行耶？讒夫昌耶？宮室營耶？女謁❸盛耶？何不雨之極也？」蓋言未已而天大雨。故天之應人，如影之隨形，響之效聲者也。《詩》云：「上下奠瘞，靡神不宗。」❹言疾旱也。

【章　旨】本章講天人相感應，國君要想得到神靈佑護，必須盡力做好人事。

【注　釋】❶雒　同「洛」。即洛水。❷苞苴　包物以行賄。❸女謁　通過宮中得寵的女人進行干謁、請託。❹上下奠瘞　二句見《詩經．大雅．雲漢》。奠，陳列祭品。瘞，將祭品埋於地。

【語　譯】商湯時大旱七年，洛水河底乾裂，百川枯竭，沙石灼燙焦爛。於是商湯派人捧出三足鼎祭祀山川神靈，並教祭祀的人問神靈說：「是行政不適當嗎？是人民痛恨我們嗎？是賄賂之風盛行嗎？是進讒之人太多嗎？是宮室營建過分嗎？是後宮女人干政誤國嗎？為什麼乾旱到這種程度？」話未說完而天降大雨。所以說，上天與人相感應，就像影子隨著形體，回響伴著聲音一樣。《詩經》說：「上祭天，下祭地，所有的神都受到尊奉。」這首詩就是為禳除旱災而寫的。

殷太戊❶時，有桑穀生於庭，昏而生，比❷旦而拱❸。史請卜之湯廟，太戊從之。卜者曰：「吾聞之，祥者，福之先者也；見祥而為不善，則福不生。殃者，禍之先者也；見殃而能為善，則禍不至。」於是乃早朝而晏退，問疾弔喪，三日而桑穀自亡。

【章旨】本章講禍福雖有先兆，但人的善惡可對先兆加以改變，從而宣揚了勸善懲惡的思想。

【注釋】❶太戊　商王名，曾用伊陟為相，使商中興，在位七十五年，廟號中宗。❷比　接近。❸拱　以手合抱。

【語譯】殷太戊為帝時，有桑穀在庭中長出，黃昏時發芽，等到第二天早晨就粗得需用兩手合抱了。史官請求到商湯的神廟裡去卜問吉凶，太戊同意了。占卜的人說：「我聽說，祥是福的先兆，見到吉祥的先兆而做壞事，福仍然不會產生。殃是禍的先兆，見到禍害的先兆而能做好事，那麼禍也不會來臨。」於是太戊提早上朝，延遲退朝，問候病人，安撫喪家，過了三天而桑穀自行消亡。

高宗❶者，武丁也，高而宗之，故號高宗。成湯之後，先王道缺，刑法違犯，桑穀俱生乎朝，七日大拱。武丁召其相而問焉，其相曰：「吾雖知之，吾弗得言也。聞諸祖己❷：『桑穀者，野草也，而生於朝，意者亡國乎？』」武丁恐駭，飭身修行，思先王之政，興滅國、繼絕世，舉逸民、明養老。三年之後，蠻夷❸重譯❹而朝者七國。此之謂存亡繼絕之主，是以高而尊之也。

【章　旨】本章從高宗廟號的由來說起，闡明人君只有側身行道，才能使國家興旺發達。

【注　釋】❶高宗　即武丁，商王，得傅說為相，使殷復興，在位五十九年，廟號高宗。❷祖己　殷高宗賢臣。❸蠻夷　古代對東南方民族的稱呼。❹重譯　輾轉幾次翻譯。

【語　譯】殷高宗，就是武丁，後人崇拜他，所以稱他為高宗。商湯以後，前代聖王的德政被廢黜，法令制度被破壞，桑穀都在朝廷上長出，七天便粗得雙手合圍。武丁召見他的宰相問這是怎麼回事，宰相說：「我雖知道，但我不敢說。聽祖己說：『桑穀是野生植物，而在朝廷上長出來，想是要亡國了吧？』」武丁感到畏懼，加強自身的修養，約束自己的行為，著意效法前代明君的德政，恢復滅亡的國家，承續斷絕的後代，舉用避世隱居的人才，確定養老的法規。三年之後，偏遠的國家通過輾轉翻譯前來朝見的有七個。這是位保存滅亡之國、承續斷絕之世的君王，所以人們敬仰、尊重他。

宋大水，魯人弔❶之曰：「天降淫雨，谿谷滿盈，延及君地，以憂執政，使臣敬弔。」宋人應之曰：「寡人不佞❷，齊❸戒不謹，邑封不修，使人不時，天加以殃，又遺君憂，拜命之辱。」君子聞之曰：「宋國其庶幾乎！」問曰：「何謂也？」曰：「昔者夏桀、殷紂不任其過，其亡也忽焉；成湯、文、武知任其過，其興也勃焉。夫過而改之，是猶不過。故曰其庶幾乎！」宋人聞之，夙興夜寐，早朝晏退，弔死問疾，戮力宇內，三年，歲豐政平。嚮使宋人不聞君子之語，則年穀未豐而國未寧，《詩》曰：「佛時仔肩，示我顯德行。」❹此之謂也。

【章旨】本文講知過能改，便能使年豐政平。

【注釋】❶弔 慰問。❷不佞 自謙之辭。即不才。❸齊 同「齋」。❹佛時仔肩二句 見《詩經・周頌・敬之》。佛，大。時，是。仔肩，指責任。

【語譯】宋國發生大水災，魯國派人前往慰問說：「老天長時間下雨，谿谷裡的水暴滿，漫延到您的國家，使我們的君王擔心，特派我來表示慰問。」宋國國君回答說：「我缺少才幹，祭祀神靈時不恭敬，國事沒管理好，用人不合時宜，上天把災禍降給我們，又讓你們的君王擔憂，承蒙使者來，實在不敢當。」有識之士得知此事，說：「宋國大約要振興了吧！」有人問：「為什麼這樣說？」有識之士說：「從前夏桀、殷紂不承認自己的過失，他們的覆亡便很快到來；商湯和周文王、周武王知道並承認自己的過失，他們便蓬勃興起。有過失而能改正，就像沒有過失一樣。因此，我說宋國馬上就會振興。」宋國國君聽到這些話，早起晚睡，提前上朝，延遲退朝，安撫喪家，問候病人，與臣民合力治理國家，過了三年，年成豐收，政治穩定。假使宋國人不聽有識之士的話，那麼便會糧食難獲豐收，國家難得太平。《詩經》上說：「我的責任重大呀，幫助我吧！把光明的德行顯示給我吧！」講的正是這樣的道理。

楚昭王❶有疾，卜之曰：「河為祟。」大夫請用三牲焉。王曰：「止，古者先王割地制土，祭不過望❷。江漢睢漳，楚之望也，禍福之至，不是過也。不穀雖不德，河非所獲罪也。」遂不祭焉。仲尼聞之曰：「昭王可謂知天道矣，其不失國，宜哉！」

【章　旨】本章主張不要濫祀鬼神。

【注　釋】❶楚昭王　春秋時楚國國君，名壬，在位二十七年，諡「昭」。❷望　古代祭祀山川的專稱。遙望而祭，故名。

【語　譯】楚昭王病重，占卜的結果說：「黃河的河神在作怪。」大夫要求用牛羊豬三牲祭祀黃河之神，昭王說：「不必了，古代帝王分封土地，規定祭祀山川不可超越一定的範圍。長江、漢水、睢水、漳河是楚國應該祭祀的河川，禍福的降臨，不超出它們的主宰。我雖無德，不可能得罪黃河之神。」於是不祭祀黃河。孔子知道這件事後說：「楚昭王可以說是一位知天命的人，他不喪失國家，是必然的。」

楚昭王之時，有雲如飛鳥夾日而飛，三日，昭王患之，使人乘驛❶，東而問諸太史州黎，州黎曰：「將虐於王身，以令尹❷、司馬說❸焉則可。」令尹、司馬聞之，宿齋沐浴，將自以身禱之焉。王曰：「止。楚國之有不穀也，由❹身之有匈脅也；其有令尹、司馬也，由身之有股肱也，匈脅有疾，轉之股肱，庸❺為去是人也？」

【章　旨】本章講君臣一體，不可輕易捨臣保君。

【注　釋】❶驛　驛站裡的車、馬。❷令尹　春秋時楚國最高官職。❸說　同「悅」。此為取悅之意。❹由　通「猶」。❺庸　難道。

【語　譯】楚昭王當政的時候，有一片雲彩像飛鳥一樣裹挾著太陽飛翔，這樣過了三天，昭王擔憂，派人乘驛馬到東邊詢問太史州黎，州黎說：「將要為害君王，用令尹和司馬去祈禱就能免禍。」令尹和司馬得知，齋戒沐浴，將要以自身代昭王領罪。昭王說：「不可這樣。楚國有我，就像身體上有前胸和兩脅一樣，有令尹和司馬，就像有手足一樣，胸脅有病，不能轉嫁給手足，我難道能捨去這兩個人嗎？」

邾文公❶卜徙於繹❷，史曰：「利於民，不利於君。」君曰：「苟利於民，寡人之利也。天生烝❸民而樹之君，以利之也，民既利矣，孤必與焉。」侍者曰：「命可長也，君胡不為？」君曰：「命在牧民，死之短長，時也，民苟利矣，吉孰大焉。」遂徙於繹。

【章　旨】本章讚揚邾文公捨己為民的行為，宣揚了儒家「民為貴，君為輕」的思想。

【注　釋】❶邾文公　春秋時邾國（在今山東境內）國君，名蘧蒢。❷繹　地名。❸烝　眾多。

【語　譯】邾文公占卜遷往繹地的吉凶，占卜之人說：「遷移對百姓有利而對君王不利。」文公說：「假若對百姓有利，那也對我有利。上天降生眾百姓並為他們樹立一個君王，為的是對他們有利，百姓獲利，我必定與大家一起獲利。」侍奉文公的人說：「不遷移，君王可以長壽，您為什麼不幹？」文公說：「我的使命在於養育百姓，個人生命的長短，只是個時間問題，百姓如若得利，有什麼比這更吉利的呢？」於是遷往繹地。

楚莊王見天不見❶妖而地不出孽，則禱於山川曰：「天其忘予歟！」此能求過於天，必不逆諫矣。安不忘危，故能終而成霸功焉。

【章　旨】本章讚揚楚莊王居安思危，主動求過的精神。

【注　釋】❶見　同「現」。

【語　譯】楚莊王見天上不降災害地下不出妖孽，便向山川祈禱說：「老天爺難道忘記我了嗎？」像這種能請上天指責自己過失的人，一定不會拒絕別人的勸諫。居安不忘思危，所以終於能夠成就霸業。

湯曰：「藥食先嘗於卑，然後至於貴；藥言先獻於貴，然後聞於卑。」故藥嘗乎卑，然後至乎貴，教也；藥言獻於貴，然後聞於卑，道也。故使人味食然後食者，其得味也多；使人味言然後聞言者，其得言也少。是以明王之言❶，必自他聽之，必自他聞之，必自他擇之，必自他取之，必自他聚之，必自他藏之，必自他行之❷。故道以數取之為明，以數行之為章，以數施之萬物為藏❸。是故求道者不以目而以心，取道者不以手而以耳。

【章旨】本章講正確的治國之道要經君王親自選擇、反覆思考，多次實踐之後才能確立。

【注釋】❶明王之言 當作「明上之於言」，賈誼《新書・修正語上》作「明上之於言也」，可證。❷必自他行之 以上七句中「他」字賈誼《新書》作「也」。又：「聽之」與「聞之」、「取之」與「聚之」意思重複，《新書》作「必自也聽之，必自也擇之，必自也聚之，必自也藏之，必自也行之」可從。❸藏 同「臧」。善。

【語譯】商湯說：「治病的藥物讓地位低的人先嘗，然後送給地位高的人吃；勸戒的良言首先說給地位高的人聽，然後讓地位低的人知道。」因此，吃藥物由卑至尊，便是「教」的道理；得良言由尊至卑，便是「道」的原則。讓別人先品嚐食物然後自己再吃，這樣嚐到的味道就多，讓意見先經別人取捨再聽轉達，這樣聽到的意見就少。所以明智的君王對於下面的意見，一定親自聽取，一定親自選擇，一定親自歸納，一定親自銘記，一定親自執行。所以，治理國家的方法，多次選擇便能確立，多次實行便能辨明是否正確，多次能適用於百姓便可斷定它是好的。所以尋求治國之道的人，不是用眼睛去觀察而是用頭腦去思考，索取治國之道的人不是用手去探摸而是用耳去聽取各種意見。

楚文王❶有疾，告大夫曰：「筦饒犯❷我以義，違❸我以禮，與處不安，不見不思，然吾有得焉，必以吾時爵之。申侯伯，吾所欲者勸我為之，吾所樂者先我行之，與處則安，不見則思，然吾有喪焉，必以吾時遣之。」大夫許諾，乃爵筦饒以大夫，贈申侯伯而行之。申侯伯將之鄭，王曰：「必戒之矣，而❹為人也不仁，而欲得人之政，毋以之魯、衛、宋、鄭。」不聽，遂之鄭，三年而得鄭國之政，五月而鄭人殺之。

【章旨】本章贊揚楚文王在知人方面的遠見卓識，從而說明人君不可感情用事，應舉用直臣，摒棄阿諛逢迎的人。

【注釋】❶楚文王　春秋時楚國國君，名熊貲，在位十三年，諡「文」。❷犯　冒犯，此為規勸之意。❸違　違逆，此為約束之意。❹而　通「爾」。你。下「而」字同。

【語譯】楚文王生了重病，告訴大夫說：「筦饒以義規勸我，用禮約束我，與他在一起我感到不自在，見不到他也不想念，但從他那裡我得到了益處，一定要在我活著的時候封他一個爵位。申侯伯這人，我想做的他就慫恿我去做；我喜歡的，他事先就替我辦好；同他在一起，我感到很舒適，見不到他就思念，但與他相處我丟失許多好的東西，一定要趁我活著的時候把他遣送出去。」大夫答應了，於是封筦饒為大夫，饋贈申侯伯請他離開楚國。申侯伯將要到鄭國去，楚文王對他說：「一定要當心，你為人不厚道，總想攫取別人的政權，不要到魯、衛、宋、鄭這幾國去。」申侯伯不聽，於是到了鄭國。三年之後篡奪了鄭國的政權，只過了五個月便被鄭國人殺掉。

趙簡子❶與欒激❷遊，將沈於河❸，曰：「吾嘗好聲色矣，而欒激致之；吾嘗好宮室臺榭矣，而欒激為之；吾嘗好良馬善御矣，而欒激求之。今吾好士六年矣，而欒激未嘗進一人。是進吾過而黜吾善也。」

【章　旨】本章講對只能助長自己的過惡而不能幫助自己行善的人，不僅不可以信賴，而且要加以懲罰。

【注　釋】❶趙簡子　名鞅，春秋晉定公時為卿，「簡」是諡號。❷欒激　又作「鸞徼」，趙簡子家臣。❸將沈於河　《呂氏春秋・驕恣》作「趙簡子沈鸞徼於河」。

【語　譯】趙簡子與欒激一同出遊，要把欒激沈入黃河，說：「我曾喜愛歌舞美人，欒激便為我弄來；我曾喜歡宮室樓臺，欒激便為我修建；我曾喜歡品種優良的馬和善於駕車的人，欒激便去尋找。現在我希望得到賢士已經六年了，但欒激從未推薦過一個人。這樣便只能助長我做壞事而妨礙我做好事。」

或謂趙簡子曰：「君何不更乎？」簡子曰：「諾。」左右曰：「君未有過，何更？」君曰：「吾謂❶是諾，未必有過也，吾將求以來諫者也❷，今我卻之，是卻諫者，諫者必止，我過無日矣。」

【章　旨】本章講對於別人的批評意見，不能要求全部都是正確的，否則就會堵塞言路，貽害自身。

【注　釋】❶謂　同「為」。❷吾將求以來諫者也　疑當作「吾將以來諫者也」。

【語　譯】有人對趙簡子說：「您為什麼不改過呢？」簡子說：「您說得對。」身邊的人說：「您並沒有過失，改什麼？」趙簡子說：「我做這樣的許諾，不一定非要自己已有過失，我是為了用這種態度招徠直言的人，現在我若拒絕，就是阻擋了規勸我的人，想說話的人一定會望而止步，那樣，我有過失就永無改正之日了。」

韓武子❶田，獸已聚矣，田車合矣，傳來告曰：「晉公薨。」武子謂欒懷子❷曰：「子亦知君好田獵也，獸已聚矣，田車合矣，吾可以卒獵而後弔乎？」懷子對曰：「范氏❸之亡也，多輔而少拂❹。今臣於君，輔也；畾❺於君，拂也，君胡不問於畾也？」武子曰：「盈而欲拂我乎，而拂我矣，何必畾哉？」遂輟田。

【章　旨】本章敘欒盈巧言拂韓武子之失。

【注　釋】❶韓武子　韓氏有兩武子，一名萬，一名啟章，不知本文何指。❷欒懷子　名盈，但其生平事跡與本文不合。❸范氏　春秋時晉國大夫，參與分晉，為智氏所滅。❹拂　通「弼」。矯正。❺畾　疑人名。

【語　譯】韓武子打獵，野獸已經被驅趕到一起了，打獵的馬車也組成了包圍圈，朝中使者前來報告說：「晉公去世了。」武子對欒懷子說：「你也知道國君是喜歡打獵的，現在野獸被趕到了一起，獵車形成了包圍圈，我可以打完獵再去弔喪嗎？」欒懷子回答說：「范氏的滅亡，就是因為手下人之中，按照他的意志說話辦事的人多，敢於糾正他的錯誤的人少。現在我對於您，是一個幫著辦事的人；畾對於您，則是一個糾正您過失的人，您為什麼不去問他呢？」武子說：「欒盈你要糾正我嗎？你糾正我就行了，為什麼一定要找畾呢？」於是停止了打獵。

師經❶鼓琴，魏文侯❷起舞，賦曰：「使我言而無見違。」師經援琴而撞文侯，不中，中旒❸潰之。文侯謂左右曰：「為人臣而撞其君，其罪如何？」左右曰：「罪當烹。」提師經下堂一等，師經曰：「臣可一言而死乎？」文侯曰：「可。」師經曰：「昔堯舜之為君也，唯恐言而人不違；桀紂之為君也，唯恐言而人違之。臣撞桀紂，非撞吾君也。」文侯曰：「釋之！是寡人之過也，懸琴於城門以為寡人符，不補旒以為寡人戒。」

【章　旨】本章講為人君者，應該「唯恐言而人不違」，不該「唯恐言而人違之」。

【注　釋】❶師經　戰國時人，善鼓琴，事魏文侯。❷魏文侯　戰國時魏國國君，名斯，在位三十八年，諡「文」。❸旒　古代帝王禮帽上前後懸垂的玉串。

【語　譯】師經彈琴，魏文侯按琴聲起舞，並高聲唱道：「不要讓人違反我的話。」師經拿起琴撞擊文侯，沒擊中，把文侯禮帽上懸掛著的玉串打掉了。文侯問侍從說：「臣子打君王，應當判什麼罪？」侍從說：「應當用開水煮死。」於是把師經押下堂，才走下第一級臺階，師經問：「我可以說一句話再受死嗎？」文侯說：「可以。」師經說：「從前堯舜做君王時，唯恐自己講了話別人不提相反意見；桀紂做君王時，唯恐自己的話被別人反對。我撞擊的是桀紂，並沒撞我的君王。」文侯說：「把他放開！這是我的過錯，把琴掛到城門口作為我有過的標記。帽子上的玉串也不要修補，作為對我的警戒。」

齊景公遊於蔞❶，聞晏子卒，公乘輿素服，驛而驅之。自以為遲，下車而趨，知不若車之速，則又乘，比至於國者，四下而趨，行哭而往矣，至，伏屍而號曰：「子大夫日夜責寡人，不遺尺寸，寡人猶且淫泆❷而不收，怨罪重積於百姓。今天降禍於齊國，不加寡人而加夫子，齊國之社稷危矣，百姓將誰告矣？」

【章　旨】本章通過齊景公為晏子奔喪急切、悲痛情形的描繪，表明了賢臣對君王的重大作用。

【注　釋】❶蔞　或作菑，地名。❷淫泆　放縱。

【語　譯】齊景公到蔞地出遊，聽到晏子的死訊，即穿上素服坐上馬車，像驛站傳遞快信一樣，急速往回趕路。他自認為坐車太慢，下車急跑，感到跑步沒有乘車快，又上馬車，等回到京城，已經四次下車又上車了。他邊哭邊跑來到晏子家，伏屍大哭說：「您這位大夫不分日夜地督責我，不放過我一分一毫過失，我尚且放縱而不知約束，百姓對我積怨很多。而現在老天把災禍降到齊國，不把死亡加到我的頭上卻加到您的頭上，齊國的江山很危險了！百姓有話將告訴誰呢？」

晏子沒十有七年，景公飲諸大夫酒，公射出質❶，堂上唱善，若出一口。公作色太息，播❷弓矢。弦章入，公曰：「章，自吾失晏子，於今十有七年，未嘗聞吾過不善，今射出質，而唱善者若出一口。」弦章對曰：「此諸臣之不肖也，知不足以知君之不善，勇不足以犯君之顏色。然而有一焉，臣聞之：『君好之，則臣服之；君嗜之，則臣食之。』夫尺蠖❸食黃則其身黃，食蒼則其身蒼，君其猶有諂人言乎？」公曰：「善。今日之言，章為君，我為臣。」是時海人入魚，公以五十乘賜弦章。章歸，魚乘塞塗，撫其御之手曰：「曩之唱善者，皆欲若❹魚者也。昔者晏子辭賞以正君，故過失不掩；今諸臣諂諛以干利，故出質而唱善如出一口。今所輔於君，未見於眾，而受若魚，是反晏子之義而順諂諛之欲也。」固辭魚不受。君子曰：「弦章之廉，乃晏子之遺行也。」

【章旨】本章講君上的嗜好可以影響臣下的態度，君明則臣良，君昏則臣奸。

【注釋】❶質　箭靶。❷播　捨棄。❸尺蠖　尺蠖蛾的幼蟲。❹若　此。

【語譯】晏子死後十七年，景公請眾大夫飲酒，席間景公射箭脫靶，堂上卻眾口一聲地叫好。景公臉上變色發出嘆息，把弓箭扔到一旁。弦章這時進來了，景公說：「弦章，自從我失去晏子，到現在十七年，我從未聽到有人說我的過失，今天我射箭脫了靶而叫好的竟異口同聲。」弦章回答說：「這是眾大臣無能，他們的智慧不足以察覺你的缺點，勇氣不足以冒犯你的威嚴。但還有一個原因，我聽說：『君王喜歡的衣物，臣子就愛穿戴；君王偏愛的食物，臣子就愛食用。』尺蠖吃黃色的食物身子現出黃色，吃深綠色的食物身子現出深綠色，您大概有喜歡聽阿諛迎奉之人吹吹拍拍的嗜好吧？」景公說：「你說得好。今天的對話，你是主宰，我是臣僕。」這時有漁人前來送魚，景公賜給弦章五十車魚。弦章回家時，裝魚的車把路都給堵塞了，弦章按著駕車人的手說：「剛才君前喝彩的，都是想得這些魚的人。從前晏子辭謝賞賜而能糾正君王的過失，所以君王的過失無法隱藏；現在眾大臣吹拍迎奉以求獲利，所以箭射出靶而齊聲叫好。今天我出言幫助君王，並沒能使這些話在眾大臣中起到好的作用，卻得到這些魚，這是違背晏子的做法而同那些吹拍之人的想法相合的。」弦章於是堅決拒絕接受魚。有德之人說：「弦章的廉正，是晏子留下的美好行為。」

夫天之生人也，蓋非以為君也；天之立君也，蓋非以為位也。夫為人君，行其私欲而不顧其人，是不承天意，忘其位之所以宜事也。如此者，《春秋》不予能君，而夷狄之。鄭伯惡一人而兼棄其師❶，故有「夷狄不君」之辭，人主不以此自省惟，既以失實，心奚因知之。故曰：「有國者不可以不學《春秋》。」此之謂也。

【章旨】本章講天命不是一成不變的，人君若是「行其私欲而不顧其人」，則上違天命，下失人心，其統治地位也將不穩固。

【注釋】❶鄭伯惡一人而兼棄其師　據《左傳．閔公二年》載：鄭文公憎惡他的大臣高克，以防狄寇為名，命高克領兵駐紮邊疆，過了很長時間不調軍隊回來，後來這支軍隊潰散了，高克逃亡到陳國。

【語譯】上天降下一個人來，並不是一定要讓他做君王的；上天為百姓確立一個君王，並不是此人非有這個名位不可。作為君王，只求個人欲望的滿足而不顧別人死活，這是違背天意的，是忘記了擔任這一職位所應該做的事情。對於這種人，《春秋》不稱他為君，而把他當夷、狄看待。鄭文公因為憎惡一個人而把這人帶領的軍隊全部遺棄，所以《春秋》上有「像不講禮義的夷狄而不像君王」的評議。人君若不對《春秋》上的話琢磨思考，以前的事情已經過去，又怎能從中吸取教訓。所以說：「擁有國家的人不可不讀《春秋》。」說的正是這個道理。

齊人弒其君，魯襄公❶援戈而起曰：「孰臣而敢殺其君乎？」師懼❷曰：「夫齊君治之不能，任之不肖，縱一人之欲，以虐萬夫之性，非所以立君也。其身死，自取之也。今君不愛萬夫之命而傷一人之死，奚其過也？其臣已無道矣，其君亦不足惜也。」

【章旨】本章講昏暴之君，雖殺之而不足惜。

【注釋】❶魯襄公　春秋時魯國國君，名午，在位三十一年，諡「襄」。❷師懼　師，樂師。懼，人名。

【語譯】齊國人殺死了他們的國君，魯襄公聽到後順手抓來一枝戈站起身來說：「什麼樣的臣子膽敢殺自己的君王？」師懼說：「齊國君王自己無力治理國家，任用的又是一些無能之輩，放縱自己一人的私欲而殘暴地對待眾人，不是一個應該當君王的人，他的死是自找的。現在你不憐惜眾人的生命，卻痛惜一個人的死亡，難道不是錯誤的嗎？齊國的臣子固然已失去為臣的本分，他的君王被殺也不值得可惜。」

孔子曰：「文王似元年，武王似春王，周公似正月❶。文王以王季為父，以太任為母，以太姒為妃，以武王、周公為子，以泰顛、閎夭為臣，其本美矣。武王正其身以正其國，正其國以正天下，伐無道，刑有罪，一動而天下正，其事正矣。春致其時，萬物皆及生；君致其道，萬人皆及治，周公戴❷己，而天下順之，其誠至矣。」

【章旨】本章借孔子之口，贊揚了文、武、周公為創建周朝立下的功勳和他們推行的王道德政。

【注釋】❶文王似元年三句 《春秋穀梁傳．隱公元年．楊士勛疏》：「何休注《公羊》，取《春秋緯》，黃帝受國立五始，以為元者，氣之始；春者，四時之始；王者，受命之始；正月者，政教之始；公即位者，一國之始。」本句意為：文王為帝業打下基礎，周至此始有王氣；武王正式稱王，建立周朝，如四季始有春天；周公布政施教如正月萌生萬物。❷戴 通「載」。施行

【語譯】孔子說：「文王為周奠基，武王受命稱王，周公布政施教。文王的父親是王季，母親是太任，妻子是太姒，兒子是武王、周公，大臣是泰顛、閎夭，他的根基是好的。武王修身養性然後治理朝政，治理好朝政後平定四海，討伐無道之人，懲辦有罪之人，一舉而平治天下，他所從事的事業是符合正義的。春天送來陽光雨露，萬物都能因此而生長，君王施行德政王道，萬人因此而歸服，周公身體力行，天下都順從於他，他的精誠是到了極點的。」

尊君卑臣者，以勢使之也，夫勢失則權傾。故天子失道則諸侯尊矣，諸侯失政則大夫起矣，大夫失官則庶人興矣。由是觀之，上不失而下得者，未嘗有也。

【章旨】本章講權勢的喪失，主觀原因是主要的。

【語譯】君王的地位高，臣子的地位低，這是由勢力決定的，勢力喪失了權力也就沒有了。所以天子失去權威諸侯就會稱霸，諸侯治國無方大夫就會擅權，大夫不能盡職平民就會崛起。由此看來，在上的人若不丟失權力而在下的人能夠得到權力，是從來沒有的事。

孔子曰：「夏道不亡，商德不作；商德不亡，周德不作；周德不亡，《春秋》不作❶；《春秋》作而後君子知周道亡也。」故上下相虧也，猶水火之相滅也。人君不可不察而大盛

其臣下，此私門盛而公家毀也。人君不察焉，則國家危殆矣。筦子曰：「權不兩錯，政不二門。」❷故曰：脛大於股者難以步，指大於臂者難以把，本小末大，不能相使也。

【章　旨】本章闡明君臣間的相互作用和尾大不掉的道理，從而說明君王應該控制臣子的勢力。

【注　釋】❶春秋不作　此文把《春秋》與三代並舉，是因為當時人多認為孔子作《春秋》，賞善罰惡，行王者之事，孔子即無冕之素王。❷權不兩錯二句　語見《管子·明法》。「權」原文作「威」。

【語　譯】孔子說：「夏朝如果不衰亡，商朝就不會興起；商朝如果不衰亡，周朝就不會興起；周朝如果不衰亡，《春秋》這部書就不會出現。《春秋》出現後，有識之士就知道周朝已經衰亡了。」所以上下相互損害，就像水與火相互剋制。君王對此不能不明察而讓臣子強大起來，這樣會導致卿大夫強大而國家毀滅。君王若不懂得這一道理，那麼國家就很危險了。管子說：「權力不可分兩處掌管，政令不可由兩處發出。」所以說，小腿大於大腿難以舉步，手指大於手臂難以把握，根基淺，枝葉大，是不便調遣的。

司城子罕❶相宋，謂宋君曰：「國家之危定，百姓之治亂，在君行之賞罰也。賞當則賢人勸，罰得則姦人止；賞罰不當，則賢人不勸，姦人不止。姦邪比周，欺上蔽主，以爭爵祿，不可不慎也。夫賞賜讓與者，人之所好也，君自行之；刑罰殺戮者，人之所惡也，臣請當之。」君曰：「善，子主其惡，寡人行其善，吾知不為諸侯笑矣。」於是宋君行賞賜而與子罕刑罰。國人知刑戮之威專在子罕也，大臣親之，百姓附之，居期年，子罕逐其君而專其政。故曰：「無弱君無彊大夫。」《老子》曰：「魚不可脫於淵，國之利器不可以借人。」❷此之謂也。

【章　旨】本章講君王的大權不可旁落。

【注　釋】❶司城子罕　即樂喜，曾任司城之職，掌宋國之政。❷魚不可脫於淵二句　語見《老子》三十六章。「借」原文作「示」。

【語　譯】司城子罕在宋國為相，對宋君說：「國家的安危、人民的治亂，在於君王所實行的獎勵和懲罰。獎賞合適，能人就受到鼓舞，懲罰恰當，壞人就受到抑制；賞罰若不得當，能人受不到鼓勵，壞人受不到抑制。壞人相勾結，欺騙蒙蔽君王，攫取官職俸祿，對此不可不謹慎。賞官賜爵，饋贈財物，這是每個人都喜歡的事，君王您去執行；給人處罰或判處死刑，這是每個人都憎惡的事，請讓我來承擔。」宋君說：「好，你主持眾人討厭的事；我掌管眾人喜歡的事，我料定不會被各國諸侯取笑了。」於是宋君負責獎賞，子罕負責刑罰。宋國人得知處罰殺戮大權完全控制在子罕手裡，大臣親近他，百姓依附他，過了一年，子罕把宋君趕走而奪得宋國的政權。所以說，沒有孱弱的君王就不會有強橫的大夫。《老子》上說：「魚不能離開深淵，有利於國家的寶物不可借給別人。」說的就是這一道理。

卷二

臣術

【題解】本篇講作人臣的道理。

人臣之術❶，順從而復❷命，無所敢專，義不苟合，位不苟尊，必有益於國，必有補於君，故其身尊而子孫保之。故人臣之行有六正六邪，行六正則榮，犯六邪則辱，夫榮辱者，禍福之門也。何謂六正六邪？六正者：一曰萌芽未動，形兆未見，昭然獨見存亡之幾，得失之要，預禁乎未然之前，使主超然立乎顯榮之處，天下稱孝❸焉，如此者聖臣也。二曰虛心白意，進善通道，勉主以禮誼，諭主以長策，將順其美，匡救其惡，功成事立，歸善於君，不敢獨伐❹其勞，如此者良臣也；三曰卑身賤體，夙興夜寐，進賢不解，數稱於往古之行事以厲主意，庶幾有益，以安國家社稷宗廟，如此者忠臣也。四曰明察幽，見成敗，早防而救之，引而復之，塞其間，絕其源，轉禍以為福，使君終以無憂，如此者智臣也。五曰守文奉法，任官職事，辭祿讓賜，不受贈遺，衣服端齊，飲食節儉，如此者貞臣也。六曰國家昏亂，所為不道，然而敢犯主之嚴顏，面言主之過失，不辭其誅，身死國安，不悔所行，如此者直臣也。是為六正也。六邪者：一曰安官貪祿，營於私家，不務公事，懷其智，藏其能，主饑於論，渴於策，猶不肯盡節，容容❺乎與世沈浮上下，左右觀望，如此者具臣❻也。二曰主所言皆曰善，主所為皆曰可，隱而求主之所好，即進之以快主耳目，偷合苟容與主為樂，不顧其後害，如此者諛臣也。三曰中實頗險，外貌小謹，巧言令色，又心嫉賢，所欲進則明其美而隱其惡，所欲退則明其過而匿其美，使主妄行過任，賞罰不當，號令不行，如此者姦臣也。四曰智足以飾非，辯足以行說，反言易辭而成文章，內離骨肉之親，外妒亂朝廷，如此者讒臣也。五曰專權擅勢，持抔❼國事，以為輕重，私門成黨，以富其家，又復增加威勢，擅矯主命以自顯貴，如此者賊臣也。六曰，諂主以邪，墜主不義，朋黨比周，以蔽主明，入則辯言好辭，出則更復異其言語，使白黑無別，是非無間，伺侯可推，因而附然，使主惡布於境內，聞於四鄰，如此者亡國之臣也，是謂六邪。賢臣處六正之道，不行六邪之術，故上安而下治，生則見樂，死則見思，此人臣之術也。

【章　旨】本章講人臣有「六正」、「六邪」之別，行「六正」才是正道。

【注　釋】❶術　道理；方法。❷復　實踐；履行。❸孝　同「效」。效法。❹伐　自誇。❺容容　和同不立異。❻具臣　備位充數，不稱職守之臣。❼抔　捧。

【語　譯】做臣子的道理，是順從君上的意志履行君上的命令，凡事不獨斷專行，言行符合禮義而不隨便附和別人，要小心謹慎地處於尊位，必須做對國家有好處、對君王有補益的事情，這樣，本人的職位高，子孫也能保住富貴。臣子的行為有「六正」、「六邪」，實行「六正」就會獲得榮耀，犯了「六邪」就會遭到恥辱，而榮耀和恥辱，則是福與禍降臨的門徑。什麼是「六正」「六邪」呢？「六正」是：一、事情還在萌芽階段、苗頭尚未顯露時，能獨自敏銳地看出存亡的預兆、得失的關鍵，把事情禁止在發生之前，使君王不受此事的影響而穩處榮耀顯赫的地位，讓世上的人都稱贊、效法他，這樣的人是聖明之臣。二、誠心誠意，進獻善言正理，鼓勵君王做事要合乎時宜，教給君王妙策良謀，支持他的正確做法，糾正他的過錯和失誤，事業成功之後，把成績歸於君王，自己不獨占功勞，這樣的人是賢良之臣。三、親自操勞，起早睡晚，努力推薦賢人，經常列舉一些古代的史實來策勵君王，通過潛移默化以對君王有所補益，從而鞏固江山社稷，這樣的人是盡忠之臣。四、能察覺隱蔽之事，能預見事情的成敗，對壞事能早作防備並加以補救，對問題反覆思考，堵塞漏洞，鏟除禍根，把壞事變成好事，使君王不為此事擔憂，這樣的人是明智之臣。五、是遵紀守法，恪盡職守，辭謝賞賜，拒收饋贈，衣著樸素，飲食節儉，這樣的人是有節操之臣。六、是在君王昏庸、倒行逆施之時，敢於觸犯君王的威嚴，當面指責君王的過失，不怕殺頭的危險，以個人的性命換取國家的太平而不後悔，這樣的人是正直之臣。以上這些就是「六正」。「六邪」是：一、空占官位，貪享俸祿，經營私利，不理公事，有才智不肯貢獻，有能力不肯使出來，君王渴望人臣出謀獻策，他卻不肯盡應盡的責任，和同世俗，隨波逐流，遇事左顧右盼，這樣的人，是備位充數之臣。二、凡是君王所說的，他都說好，凡君王所做的，他都贊同，暗中搜求君王喜愛的東西，進獻上去以搏取君王的歡心，曲意奉承，苟且行樂，不顧及這樣造成的惡果，像這樣的人是諂諛之臣。三、內心邪惡，外表恭謹，言語動聽，態度討好，但嫉賢妒能，他想推薦的人，就專說這人的好處不說他的壞處，他想排擠的人，就專說這人的壞處不說他的好處，這樣使得君王對臣子胡亂加以斥責或委任，賞罰不得當，君令也不能推行，像這樣的人是姦邪之臣。四、智慧足以掩飾自己的罪過，口才足以使自己的謬論迷惑人，花言巧語出口成章，對內離散骨肉之情，對外擾亂朝廷之政，像這樣的人是讒慝之臣。五、把持權柄，掌握朝政，以此使自己成為舉足輕重的人物，聯絡親信，結成黨羽，以增加私家的財富，又擴大自己的權勢，假借君王的命令來提高自己的地位，像這樣的人是禍害之臣。六、用巧言奉承君王，使君王陷於不義，相互勾結，蒙蔽君王，在君王面前盡說好的，離開君王便改口另說一套，使黑白相混，是非無別，窺伺可乘之機，便立即加以攀附，使君王惡聲流布國內，傳向四方，像這樣的人是亡國之臣。以上這些就是「六邪」。賢能的臣子按「六正」處身行事，不玩弄「六邪」的伎倆，所以君王安寧，人民平治，活著受人愛戴，死了被人思念，這就是做臣子的方法。

湯問伊尹曰：「三公、九卿、大夫、列士，其相去何如？」伊尹對曰：「三公者，知通於大道，應變而不窮，辯於萬物之情，通於天道者也，其言足以調陰陽，正四時，節風雨，如是者舉以為三公，故三公之事，常在於道也。九卿者，不失四時，通溝渠，修堤防，樹五穀，通於地理者也，能通不能通，能利不能利，如此者舉以為九卿，故九卿之事，常在於德也。大夫者，出入與民同眾❶，取去與民同利，通於人事，行猶舉繩，不傷於言，言足法於世，不害於身，通於❷關梁，實於府庫，如是者舉以為大夫，故大夫之事常在於仁也。列士者，知義而不失其心，事功而不獨專其賞，忠政❸強諫而無有姦詐，去私立公而言有法度，如是者舉以為列士，故列士之事常在於義也。故道德仁義定而天下正，凡此四者❹，明王臣而不臣。」湯曰：「何謂臣而不臣？」伊尹對曰：「君之所不名臣者四：諸父❺，臣而不名；

諸兄，臣而不名；先王之臣，臣而不名；盛德之士，臣而不名，是謂大順。」

【章　旨】本章述各級官員的職守，並指出有四種人應受到君王的特別尊重。

【注　釋】❶眾　別本作「象」。❷通於　「通於」和下文「實於」之「於」屬衍文。❸政　同「正」。❹凡此四者　疑原文有誤。此為總上之語，但聯繫上下文意觀之，實指「君之所不名臣者四」，如此，則屬用詞不當。❺諸父　對同族叔、伯一輩的通稱。

【語　譯】商湯問伊尹說：「三公、九卿、大夫、列士，他們的區別在哪裡？」伊尹回答說：「所謂三公，要精通大道理，要善於應付各種變化，要了解萬事萬物，要通曉上天的意志，他說的話要足以調和陰陽，調整四時，調節風雨，這樣的人舉用為三公，三公的職責，主要在於掌握天人之大道。所謂九卿，要不違節令，掌管好疏通溝渠、修築堤防、栽種五穀等事，他們是精通地理的人，能把不能辦通的事辦通，能把不利的事情變成有利，這樣的人舉用為九卿，九卿的職責，主要在於施恩惠於百姓。所謂大夫，在家、外出均要想到民眾，要根據民眾的利害決定取捨，要精通人事，行為符合規範，不說錯話，所說的足以成為世人的法則，而對自身絕無妨害，他們鎮守要塞，使道路暢通無阻，征收賦稅，充實國家財源，這樣的人舉用為大夫，大夫的職責，主要在於行仁政。所謂列士，要懂得道理而不喪失善心，事情辦成而不獨自邀賞，忠誠正直，敢於對上說直話，而不懷姦詐之心，要去私心、立公心，而說話要合乎法度，這樣的人舉用為列士，列士的職責，主要在於做合時宜的事。道德仁義樹立之後天下便能井然有序。有四種人，聖明的君王把他們用為輔佐卻不把他們當臣僕看待。」商湯問：「什麼是用為輔佐又不當臣僕看待？」伊尹回答說：「君王不稱臣子為臣僕的有四種人：自己的伯父、叔父為臣，不稱其為臣；眾兄長為臣，不稱其為臣；父王的老臣為臣，不稱其為臣；德高望重者為臣，不稱其為臣，這樣做才叫合乎情理。」

湯問伊尹曰：「古者所以立三公、九卿、大夫、列士者何也？」伊尹對曰：「三公者，所以參王事也；九卿者，所以參三公也；大夫者，所以參九卿也；列士者，所以參大夫也。故參而有❶參，是謂事宗；事宗不失，外內若一。」

【章　旨】本章講上下相互制約，才能把國事辦好。

【注　釋】❶有　同「又」。

【語　譯】商湯問伊尹說：「古代為什麼設立三公、九卿、大夫、列士？」伊尹回答說：「設置三公干預君王的事，設置九卿干預三公的事，設置大夫干預九卿的事，設置列士干預大夫的事。互相干預，是辦事的要領，抓住要領，朝廷內外的行政才能保持一致。」

子貢❶問孔子曰：「今之人臣孰為賢？」孔子曰：「吾未識也。往者，齊有鮑叔❷，鄭有子皮❸，賢者也。」子貢曰：「然則齊無管仲，鄭無子產乎？」子曰：「賜，汝徒知其一，不知其二，汝聞進賢為賢耶？用力為賢耶？」子貢曰：「進賢為賢。」子曰：「然。吾聞鮑叔之進管仲也，聞子皮之進子產也，未聞管仲、子產有所進也。」

【章　旨】本章強調「進賢為賢」。

【注　釋】❶子貢　即端木賜，春秋衛國人，孔子弟子。❷鮑叔　即鮑叔牙，春秋時齊國大夫，曾薦管仲於桓公。❸子皮　即罕虎，春秋時鄭國上卿，掌國政，知子產賢，授之以政。

【語　譯】子貢問孔子說：「當今的臣子誰是賢人？」孔子說：「我不知道。從前，齊國有鮑叔，鄭國有子皮，他們是賢人。」子貢說：「照你這麼說，難道齊國沒有管仲，鄭國沒有子產嗎？」孔子說：「賜，你只知其一，不知其二，你認為為國薦賢的人是賢人呢？還是為國出力的人是賢人呢？」子貢說：「推薦賢人的人更是賢人。」孔子說：「對了。我聽說鮑叔推薦管仲，子皮推薦子產，未聽說管仲、子產推薦過什麼人。」

魏文侯❶且❷置相，召李克❸而問焉，曰：「寡人將置相，置於季成子❹與翟觸❺，我孰置而可？」李克曰：「臣聞之，賤不謀貴，外不謀內，疏不謀親，臣者疏賤，不敢聞命。」文侯曰：「此國事也，願與❻先生臨事而❼勿辭。」李克曰：「君不察故也，可知矣，貴視其所舉，富視其所與，貧視其所不取，窮視其所不為，由此觀之，可知矣。」文侯曰：「先生出矣，寡人之相定矣。」李克出，過翟黃，翟黃問曰：「吾聞君問相於先生，未知果孰為相？」李克曰：「季成子為相。」翟黃作色不說曰：「觸失望於先生。」李克曰：「子何遽失望於我？子之言我於子之君也，豈與我比周而求大官哉？君問相於我，臣對曰：『君不察故也，貴視其所舉，富視其所與，貧視其所不取，窮視其所不為，由此觀之可知也。』君曰：『出矣，寡人之相定矣。』以是知季成子為相。」翟黃不說曰：「觸何遽不為相乎？西河之守❽，觸所任也；計事內史，觸所任也；王欲攻中山❾，吾進樂羊❿；無使治之臣，吾進先生；無使傅其子，吾進屈侯附⓫。觸何負於季成子？」李克曰：「不如季成子。季成子食采千鍾，什九居外一居中；是以東得卜子夏⓬、田子方⓭、段干木⓮，彼其所舉，人主之師也，子之所舉，人臣之才也。」翟黃迮⓯然而慚曰：「觸失對於先生，請自修，然後學。」言未卒，而左右言季成子立為相矣，於是翟黃默然變色，內慚，不敢出三月也。

【章旨】本章列舉了考察各類人才的不同標準，表達了薦大賢者為大賢的觀點。

【注釋】❶魏文侯　戰國時魏國國君，名斯，在位三十八年，謚「文」。❷且　將要。❸李克　魏文侯臣。❹季成子　或以為魏文侯弟。❺翟觸　即翟黃，魏下邽人，曾薦吳起、西門豹、樂羊、李克、屈侯附於文侯。❻與　「與」字衍。❼而　「而」字衍。❽西河之守　西河在今陝西境內，處黃河之西，故名。西河之守指吳起。❾中山　戰國時國名，為魏所滅。❿樂羊　魏文侯將，曾為魏滅中山國。⓫屈侯附　戰國時魏國賢人。⓬卜子夏　即卜商，孔子弟子，為西河教授，魏文侯師事之。⓭田子方　魏文侯師。⓮段干木　戰國魏人，師卜子夏，守道不仕，魏文侯以客禮師事之。⓯迮　因慚愧而變色。

【語譯】魏文侯將要設置宰相，召李克來詢問，說：「我將要設置宰相，在季成子與翟黃二人之間，我任用哪個為好？」李克說：「我聽說，地位低的人不干預地位高的人的事，關係疏遠的人不干預關係親密的人的事，我不敢回答您的問題。」文侯說：「這是國家的大事，希望先生對此不要迴避。」李克說：「這是君王您沒有觀察的緣故，其實是容易作決斷的。對地位高的人要看他是否舉薦賢才，對富有的人要看他是否把財物分給別人，對貧窮的人要看他是否對不義之財有所不取，對處於困境的人要看他是否對不義之事有所不為，從這些方面觀察就可以作出決斷。」文侯說：「您可以走了，我的宰相已經確定了。」李克出來，路過翟黃那裡，翟黃問道：「我聽說君王向您詢問設置宰相的事，不知究竟誰可當宰相？」李克說：「季成子當宰相。」翟黃臉上變色，不高興地說：「我對您太失望了。」李克說：「你為什麼對我失望？你把我推薦給你的君王，難道是要與我勾結共同謀取大官嗎？君王問我設置宰相的事，我回答說：『這是您沒有觀察的緣故，對地位高的人要看他是否舉薦賢才，對富有的人要看他是否把財物分給別人，對貧困的人要看他是否對不義之財有所不取，對處於困境的人要看他是否對不義之事有所不為，從這些方面觀察便可作出決斷。』君王回答說：『您可以走了，我的宰相已經確定了。』根據這些情況，我預料季成子將作宰相。」翟黃不高興地說：「我為什麼竟不能作宰相？西河的守將，是我推薦的；計事內史，是我推薦的；君王要進攻中山國，我舉薦了樂羊；朝廷沒有平治天下的大臣，我舉薦了你；君王的兒子無師傅，我舉薦了屈侯附。

我哪一點比不上季成子？」李克說：「你不如季成子。季成子擁有千鍾俸祿，十分之九用於別人，十分之一自己享用，所以從東邊得到了卜子夏、田子方、段干木，他舉薦的人，是君王的老師，你舉薦的人，其才幹只能做人臣。」翟黃臉上現出慚愧的顏色，說：「我冒犯了先生，以後要加強修養、學習。」話未說完，手下人說季成子已經被任命為宰相。於是翟黃默默無語，臉上變色，內心慚愧，三個月不敢出門。

楚令尹死，景公遇成公乾曰：「令尹將焉歸？」成公乾曰：「殆於屈春乎？」景公怒曰：「國人以為歸於我。」成公乾曰：「子資少，屈春資多。子義獲❶，天下之至憂也，而子以為友；鳴鶴與芻狗，其知甚少，而子玩之。鴟夷子皮❷日侍於屈春，損、頗❸為友，二人者之智，足以為令尹，不敢專其智而委之屈春，故曰：政其歸於屈春乎！」

【章旨】本章講可從一個人的嗜好、交遊看出他志趣的高下，而只有志趣崇高者始可當大任。

【注釋】❶子義獲　疑為人名。❷鴟夷子皮　人名，但非范蠡。❸損頗　據向宗魯《說苑校證》，此為二人名。

【語譯】楚國的令尹死了，景公遇到成公乾說：「令尹的職位將歸誰所有？」成公乾回答說：「大概歸於屈春吧。」景公惱火地說：「楚國人認為應當歸於我。」成公乾說：「你的資望低，屈春的資望高。子義獲這個人，是天下最大的禍害，而你卻把他作為自己的朋友；會叫的鶴和草製的狗，它們的智能低下、價值輕賤，而你卻喜愛玩賞。鴟夷子皮每天都在屈春身旁侍候，損、頗二人是屈春的朋友，這二人的才智足以擔任令尹，但他們不敢獨自表現才幹，而依附於屈春，所以說國政將可能歸於屈春。」

田子方渡西河，造翟黃。翟黃乘軒車❶，戴華蓋，黃金之勒❷，約鎮簟席❸，如此者其駟❹八十乘，子方望之以為人君也。道狹，下抵車而待之。翟黃至而睹其子方也，下車而趨，自投下風，曰：「觸。」田子方曰：「子與！吾嚮者望子疑以為人君也，子至而人臣也，將何以至此乎？」翟黃對曰：「此皆君之所以賜臣也，積三十歲，故至於此。時以閑暇，祖❺之曠野，正逢先生。」子方曰：「何子賜車轝之厚也？」翟黃對曰：「昔者西河無守，臣進吳起而西河之外寧；鄴無令，臣進西門豹而魏無趙患；酸棗無令，臣進北門可而魏無齊憂；魏欲攻中山，臣進樂羊而中山拔；魏無使治之臣，臣進李克而魏國大治。是以進此五大夫者，爵祿倍，以故至於此。」子方曰：「可。子勉之矣，魏國之相不去子而之他矣。」翟黃對曰：「君母弟有公孫季成❻者，進子夏而君師之，進段干木而君友之，進先生而君敬之，彼其所進，師也，友也，所敬者也，臣之所進者，皆守職守祿之臣也，何以至魏國相乎？」子方曰：「吾聞身賢者賢也，能進賢者亦賢也，子之五舉者盡賢，子勉之矣，子終其次也。」

【章　旨】本章再次闡明「進賢者亦賢」的思想。但細揣文意，通篇似借田子方之口，對翟黃的奢侈和自我炫耀暗含諷刺。

【注　釋】❶軒車　古代大夫以上乘坐的車。❷勒　馬籠頭。❸約鎮簟席　約，綴連。鎮，此指壓簟席的白玉。簟席，席子。❹駟　四馬拉一車為駟。❺祖　往。❻公孫季成　季成子是魏文侯之弟，公孫疑誤，魏文侯始為諸侯，文侯之弟不當有公孫之稱。

【語　譯】田子方渡過西河，拜訪翟黃。恰遇翟黃乘坐華貴的馬車而來，上罩華麗的傘蓋，以黃金作馬絡，用連串的白玉作席鎮，四馬駕一車，像這樣裝備的車共有八十輛。因道路狹窄，田子方只好下來把自己的車推到一旁等待車隊經過。翟黃到了跟前看到是田子方，下車快步走向前，站在下風，說：「是你呀！我剛才遠望你們的車隊，以為是君王駕到，你來了才曉得是大臣光臨，你是怎樣變得這樣氣派的？」翟黃回答說：「這些都是君王賞賜給我的，積攢了三十年，所以有這麼多。現在得有空閒，所以到野外來遊玩，正巧遇上了先生您。」田子方問：「為什麼賜給你這麼多車呢？」翟黃回答說：「以前西河沒有守將，我推薦了吳起，而西河之外得到安寧；鄴郡無長官，我推薦了西門豹，從此魏國不擔心趙國來騷擾；酸棗無長官，我推薦了北門可，從此魏國不害怕齊國來侵犯；魏王想進攻中山國，我推薦了樂羊，而中山國被消滅；魏國無平治天下的大臣，我推薦了李克，而魏國治理得很好。因為推薦了這五位大夫，君王封賞給我的官職和俸祿就特別優厚，就是這個原因才有這樣的結果。」田子方說：「行啊，你努力幹吧，魏國的宰相不會捨棄你而去找他人的。」翟黃回答說：「君王的同母弟有叫公孫季成的，薦舉了子夏而君王以之為師，薦舉了段干木而君王以之為友，薦舉了先生您而君王對您十分敬重。他薦舉的，是君王的老師、朋友、所尊敬的人，我推薦的，只是做官拿俸祿的人，我怎能做魏國的宰相呢？」田子方說：「我聽說自身賢能的人是賢人，能推薦賢能的人也是賢人，你推薦的五個人都是賢人，你努力吧，你終究在賢人之列的。」

齊威王❶遊於瑤臺❷，成侯卿❸來奏事，從車羅騎甚衆，王望之謂左右曰：「來者何為者也？」左右曰：「成侯卿也。」王曰：「國至貧也，何出之盛也？」左右曰：「與人者有以責之也，受人者有以易之也。王試問其說。」成侯卿至，上謁曰：「忌也。」王不應，又曰：「忌也。」王不應，又曰：「忌也。」王曰：「國至貧也，何出之盛也？」成侯卿曰：「赦其死罪，使臣得言其說。」王曰：「諾。」對曰：「忌舉田居子❹為西河而秦、梁弱；

忌舉田解子❺為南城而楚人抱羅綺而朝；忌舉黔涿子❻為冥州而燕人給牲，趙人給盛❼；忌舉田種首子❽為即墨而於齊足究❾；忌舉北郭刁勃子❿為大士⓫而九族益親，民益富。舉此數良人者，王枕而臥耳，何患國之貧哉？」

【章旨】本章講賢人對於國家有重大作用，舉賢者應享有特殊的待遇。

【注釋】❶齊威王　戰國齊國國君，名齊因，在位三十六年，諡「威」。❷瑤臺　美玉砌成的高臺。❸成侯卿　即鄒忌，齊威王時為相。❹田居子　人名，又稱田居。❺田解子　人名，又稱檀子。❻黔涿子　人名，又稱黔夫。❼盛　古代祭祀時，裝在器皿中黍稷之類的祭品。❽田種首子　人名，田為氏，名種首。❾足究　指足以搜捕賊盜。究有探求之意。《史記・田完世家》：「吾臣有種首者，使備賊盜則道不拾遺。」❿北郭刁勃子　人名。⓫大士　即大理。掌刑法的官員。

【語譯】齊威王在瑤臺遊覽，成侯卿前來稟報事情，有很多人乘車騎馬相隨，威王望見後對身邊的人說：「來的是什麼人啊？」身邊的人說：「是成侯卿。」威王說：「我們國家非常貧窮，為什麼出來這麼講排場？」身邊的人說：「給人東西的人有理由責問，受人東西的人有義務辯解，您問問他，看他有何話說。」成侯卿來到跟前，拜見威王說：「鄒忌來見。」威王不理睬，又說：「鄒忌來見。」威王仍不理睬，又說：「鄒忌來見。」威王說：「我們國家非常貧窮，為什麼你出來這樣講排場？」成侯卿說：「請赦免我的死罪，讓我說出其中的道理。」威王說：「可以。」成侯卿說：「我推薦田居子治理西河，使秦、梁二國顯得弱小；我推薦田解子治理南城，使楚國人抱著羅綺向我們朝貢；我推薦黔涿子治理冥州，使燕國人供給牲畜、趙國人供給穀物，充作我們的祭品；我推薦田種首子治理即墨，使齊國能夠維持治安；我推薦北郭刁勃子任大理官職，使九族更加親密，百姓更加富有。我推薦這些賢能，使君王您高枕無憂，還擔心國家貧窮嗎？」

秦穆公❶使賈人載鹽於衛，徵諸賈人❷，賈人買百里奚❸以五羖羊之皮，使將車之秦。

秦穆公觀鹽，見百里奚牛肥，曰：「任重道遠以險，而牛何以肥也？」對曰：「臣飲食以時，使之不以暴；有險，先後之以身，是以肥也。」穆公知其君子也，令有司具沐浴為衣冠與坐，公大悅。異日與公孫支❹論政，公孫支大不寧曰：「君耳目聰明，思慮審察，君其得聖人乎！」公曰：「然，吾悅夫奚之言，彼類聖人也。」公孫支遂歸，取鴈以賀曰：「君得社稷之聖臣，敢賀社稷之福。」公不辭，再拜而受。明日，公孫支乃致上卿以讓百里奚，曰：「秦國處僻民陋，以愚無知，危亡之本也。臣自知不足以處其上，請以讓之。」公不許，公孫支曰：「君不用賓相而得社稷之聖臣，君之祿也；臣見賢而讓之，臣之祿也。今君既得其祿矣，而使臣失祿可乎？請終致之！」公不許。公孫支曰：「臣不肖而處上位，是君失倫也，不肖失倫，臣之過。進賢而退不肖，君之明也。今臣處位，廢君之德而逆臣之行也，臣將逃。」公乃受之，故百里奚為上卿以制之，公孫支為次卿以佐之也。

【章　旨】本章贊頌公孫支「見賢而讓之」的行為。

【注　釋】❶秦穆公　春秋五霸之一，名任好，既立，舉賢任能，富國強民，在位三十九年，諡「穆」。❷徼諸賈人　「徼」乃「衛」之譌。「賈人」與下文「賈人」不當重疊。❸百里奚　春秋時虞國大夫，知虞將亡而至秦國，恥為媵，逃至楚國，秦穆公後聞其賢，以五羖羊皮贖之，授以國政，相秦七年而霸。❹公孫支　秦大夫，善於知人舉賢。

【語　譯】秦穆公派商人到衛國去運鹽，到衛國去的商人用五張黑色公羊皮買下了百里奚，並要他押送鹽車回秦國。秦穆公參觀運回的鹽，看到百里奚用來駕鹽車的牛很肥，問道：「車載很重，路途遙遠且多險阻，你的牛為什麼還很肥呢？」百里奚回答說：「我按時給牠飲食，不用殘暴的手段使用牠，遇到危險，我自己緊隨在牠的前後，所以牠長得很肥。」秦穆公明白了百里奚是一個有才有德的人，命令官員安排他沐浴、賜給他衣帽，與他座談後，穆公內心十分高興。第二天，百里奚與公孫支談論政事，公孫支聽後十分激動，說：「您耳目聰明，思路清晰，我們的君王難道找到了一個聖人嗎？」秦穆公說：「你說得對，我喜歡百里奚說的話，他就像個聖人。」公孫支便回到家中，拿來一隻雁表示祝賀，說：「君王得到了可以委以重任的大臣，我為我們的國家祝福。」秦穆公沒有拒絕，還禮之後收下這隻雁。第二天，公孫支便要辭去上卿的官職並把它讓給百里奚，說：「秦國地處偏遠，人民愚昧，而愚昧無知，是國家危亡的根本原因。我自知能力不足，職位不應在百里奚之上，請允許我讓給他吧。」秦穆公不同意，公孫支說：「君王不用迎賓之禮而得重臣，這是君王的福分，我見賢而讓賢，這是我的福分。現在您已經得福，而讓我失去這一福分應該嗎？我還是要求辭職！」秦穆公仍不同意。公孫支說：「臣子無能而居上位是君王行事錯亂的表現，臣子無能、君王錯亂，罪過還在臣子身上。舉用賢能摒退無能，才是聖明的君王。現在我居上位，毀壞了君王的聖明德性，違失了臣子應有的行為，我將要逃走。」秦穆公這才接受了他的請求，於是任百里奚為上卿主持國事，任公孫支為次卿輔佐百里奚。

趙簡主❶從晉陽❷之邯鄲❸，中路而止，引車吏進問何為止，簡主曰：「董安于❹在後。」吏曰：「此三軍之事也，君奈何以一人留三軍也？」簡主曰：「諾。」驅之百步又止，吏將進諫，董安于適至，簡主曰：「秦道之與晉國交者，吾忘令人塞之。」董安于曰：「此安于之所為後也。」簡主曰：「官之寶璧，吾忘令人載之。」對曰：「此安于之所為後也。」簡主曰：「行人燭過❺年長矣，言未嘗不為晉國法也，吾行忘令人辭且聘焉。」對曰：「此安于之所以為後也。」簡主可謂內省外知人矣哉！故身佚國安，御史大夫周昌曰：「人主誠能如趙簡主，朝不危矣。」

【章　旨】本章講知人善任者，身佚國安。

【注　釋】❶趙簡主　即趙鞅，春秋時晉國國卿，諡「簡」。❷晉陽　春秋晉邑，故址在今山西省太原市。❸邯鄲　春秋衛邑，後屬晉，即今河北省邯鄲市。❹董安于　趙氏家臣。❺行人燭過　行人是官職名，掌朝覲聘問。燭過人名。

【語　譯】趙簡主從晉陽到邯鄲，中途停止前進，引路的官員上前詢問為什麼停下來，趙簡主說：「董安于在後面。」官吏說：「這行軍打仗是三軍的大事，您為什麼因一個人而滯留三軍？」趙簡主說：「說得對。」前行了百步又停住，官員正要再勸諫，董安于恰好趕到了。簡主說：「秦晉兩國的通道，我忘了派人堵塞。」董安于說：「這正是我後來的原因。」簡主說：「公家的珍寶，我忘了叫人帶來。」董安于回答說：「這正是我後來的原因。」簡主說：「行人燭過年事已高，他說的話沒有不是晉國應該遵從的，我臨行時忘了派人去問候探訪他。」董安于回答說：「這正是我後來的原因。」簡主可稱得上善於察己和知人的了，因此，他自身安逸而國家安寧，御史大夫周昌說：「人君真能像趙簡主，國家就沒有危險了。」

晏子侍於景公，公曰：「朝寒，請進熱食。」對曰：「嬰非君之廚養臣也，敢辭。」公曰：「請進服裘。」對曰：「嬰非田澤❶之臣也，敢辭。」公曰：「然。夫子於寡人奚為者也？」對曰：「社稷之臣也。」公曰：「何謂社稷之臣？」對曰：「社稷之臣，能立社稷，辨上下之宜，使得其理；制百官之序，使得其宜；作為辭令，可分布於四方。」自是之後，君不以禮不見晏子也。

【章　旨】本章講用人必須尊重人，即使君王對臣下也應如此。

【注　釋】❶田澤　或疑為「茵席」之誤。《晏子春秋．雜篇》作「嬰非君茵席之臣也」。

【語　譯】晏子陪侍齊景公，景公說：「早晨寒冷，請給我送點熱食來。」晏子回答說：「我不是您的管飲食的臣子，恕不從命。」景公說：「請給我送件毛衣來。」晏子回答說：「我不是您的管被服的臣子，恕不從命。」景公說：「說的都對。但你究竟是一個為我做什麼事的人呢？」晏子說：「我是社稷之臣。」景公說：「什麼是社稷之臣？」晏子說：「社稷之臣，能夠安定江山社稷，辨別君臣本分，使之符合道理；建立百官制度，使之各司其職；草擬規章法令，可以傳布四方。」從此以後，齊景公不合禮儀不會見晏子。

齊侯問於晏子曰：「忠臣之事其君何若？」對曰：「有難不死，出亡不送。」君曰：「裂地而封之，疏❶爵而貴之，吾有難不死，出亡不送，可謂忠乎？」對曰：「言而見用，終身無難，臣何死焉！謀而見從，終身不亡，臣何送焉！若言不見用，有難而死之，是妄死也；諫而不見從，出亡而送之，是詐為❷也。故忠臣者，能納善於君而不能與君陷難者也。」

【章　旨】本章講忠臣之「忠」，主要表現在使君王免於遭難而不在於與君王共同赴難。

【注　釋】❶疏　分。❷為　同「偽」。

【語　譯】齊侯問晏子說：「忠臣應該怎樣侍奉他的君王。」晏子回答說：「君有難臣不死，君逃亡臣不送。」君王說：「劃出土地分封給他，分出爵位使他顯貴，我有難他不效命，我出逃他不送行，這稱得上忠嗎？」晏子回答說：「忠臣說的話被君王採用，君王一輩子不會有難，臣子為什麼要去死！忠臣出的計謀被君王聽從，君王一輩子不會出逃，臣子為什麼要去送！如果臣子說話不被採用，君王有難而臣子送命，這是白死了的；臣子勸諫而君王不聽，君王出逃而臣子送行，這是虛偽的行為。因此，忠臣應該是一種能使君王接受正確的意見而不是同君王共趨滅亡的人。」

晏子朝，乘敝車，駕駑馬。景公見之曰：「嘻！夫子之祿寡耶？何乘不任之甚也？」晏子對曰：「賴君之賜，得以壽❶三族，及國交遊皆得生焉，臣得暖衣飽食，敝車駑馬，以奉其身，於臣足矣。」晏子出，公使梁丘據❷遺之輅車乘馬❸，三返不受。公不悅，趣召晏子，晏子至，公曰：「夫子不受，寡人亦不乘。」晏子對曰：「君使臣臨百官之吏，臣節其衣服飲食之養，以先齊國之人，然猶恐其侈靡而不顧其行也；今輅車乘馬，君乘之上，臣亦乘之下，民之無義，侈其衣食而不顧其行者，臣無以禁之。」遂讓不受也。

【章　旨】本章提倡節儉，並強調處上位者以身作則的重要。

【注　釋】❶壽　保養。❷梁丘據　齊景公嬖臣。❸輅車乘馬　四馬拉的大車。

【語　譯】晏子上朝，乘破車，駕劣馬，景公看到後說：「唉！你的俸祿太少嗎？為什麼乘坐的車馬這樣差呢？」晏子回答說：「依靠您的賞賜，使我能夠養活我父母妻子家族中的人，以至我的朋友也因此而能生存，我可以穿得暖吃得飽，破車劣馬，供我使用，有這樣我就滿足了。」晏子出朝，景公派梁丘據送去一輛四匹馬拉的大車，晏子三次退回而不肯接受。景公不高興，急忙把晏子召來，晏子到來後，景公說：「你如果不接受，我也不乘坐車馬了。」晏子回答說：「您派我掌管文武百官，我節衣省食，做齊國人的榜樣，但仍然擔心眾人奢侈浪費胡搞亂來；現有四馬拉的大車，上有君王乘坐，下有我當臣子的乘坐，老百姓若因此不顧大義，衣食靡費而行為越軌，我將無法加以禁止。」於是辭讓終不肯接受。

景公飲酒，陳桓子❶侍，望見晏子而復於公曰：「請浮❷晏子。」公曰：「何故也？」

對曰：「晏子衣緇❸布之衣，麋鹿之裘，棧軫❹之車，而駕駑馬以朝，是隱君之賜也。」公曰：「諾。」酌者奉觴而進之曰：「君命浮子。」晏子曰：「何故也？」陳桓子曰：「君賜之卿位以尊其身，寵之百萬以富其家，群臣之爵莫尊於子，祿莫厚於子，今子衣緇布之衣，麋鹿之裘，棧軫之車，而駕駑馬以朝，則是隱君之賜也，故浮子。」晏子避席曰：「請飲而後辭乎？其辭而後飲乎？」公曰：「辭然後飲。」晏子曰：「君賜卿位以顯其身，嬰不敢為顯受也，為行君令也；寵之百萬以富其家，嬰不敢為富受也，為通君賜也。臣聞古之賢君，臣有受厚賜而不顧其國族，則過之；臨事守職不勝其任，則過之。君之內隸，臣之父兄，若有離散在於野鄙者，此臣之罪也；君之外隸，臣之所職，若有播亡在四方者，此臣之罪也；兵革不完，戰車不修，此臣之罪也。若夫敝車駑馬以朝，主❺者非臣之罪也。且臣以君之賜，臣父之黨無不乘車者，母之黨無不足以衣食者，妻之黨無凍餒者，國之簡❻士待臣而後舉火者數百家，如此為隱君之賜乎？彰君之賜乎？」公曰：「善，為我浮桓子也。」

【章旨】本章講節儉不是過失，以財分人，通君之賜則是美德。

【注釋】❶陳桓子　人名，不詳。❷浮　罰。❸緇　黑色。❹棧軫　竹木散材做成的車。❺主　《晏子春秋·內篇·雜下》作「意」。❻簡　《晏子春秋》作「閒」。

【語譯】齊景公飲酒，陳桓子在旁陪侍，遠遠看見晏子前來而回告景公說：「請罰晏子飲酒。」景公問：「為什麼呢？」陳桓子回答說：「晏子穿黑色布衣，套麋鹿毛皮，乘柴車，駕劣馬上朝，這樣做埋沒了君王對他的賞賜。」

景公說：「好吧。」斟酒的人捧著酒杯走到晏子跟前說：「君王下令罰你飲酒。」晏子問：「為什麼？」陳桓子說：「君王賜給你上卿的爵位使你尊貴，賞你百萬的錢財使你家富有，群臣的爵位沒有人比你更高，俸祿沒有人比你更多，你現在穿黑色布衣、套麋鹿毛皮，乘柴車、駕劣馬上朝，這樣是埋沒了君王的賞賜，所以罰你。」晏子離席，說：「讓我飲了酒再說話呢？還是讓我說話了再飲酒呢？」景公說：「說了再飲。」晏子說：「君王賜給我卿位使我地位顯赫，我卻不敢為貪圖榮顯而接受這爵位，為的是執行君王的命令；賞我百萬使我家富有，我卻不敢為貪圖富有而接受這錢財，為的是要把君王的恩惠分給眾人。我聽說古代聖明的君王，當臣子得到重賞而不顧國家宗族時則加以責備，辦事任職不合要求時，則加以責備。君王的親戚，就像是我的父兄，若有失散到遠處的，這是我的罪過；君王的外臣，屬我管轄的，若有流亡到四方的，這是我的罪過；武器盔甲不完備，戰車未修理好，這是我的罪過。至於這乘破車、駕劣馬來朝見君王，我自以為不是我的罪過。況且我利用君王的賞賜，使我父親家族中的人無人不乘車，母親家族中的人無人不豐衣足食，妻子家族中的人沒有挨凍受餓的，我國無業之人靠我的接濟才能生火做飯的有幾百家，這樣做是埋沒了君王的賞賜呢？還是宣揚了君王的賞賜呢？」景公說：「你說得正確，替我罰陳桓子飲酒。」

晏子方食，君之使者至，分食而食之，晏子不飽。使者返，言之景公，景公曰：「嘻！夫子之家若是其貧也！寡人不知也，是寡人之過也。」令吏致千家之縣一於晏子，晏子再拜而辭曰：「嬰之家不貧。以君之賜，澤覆三族，延及交遊，以振百姓，君之賜也厚矣，嬰之家不貧也。嬰聞之，厚取之君而厚施之人，代君為君也，忠臣不為也；厚取之君而藏之，是筐篋❶存也，仁人不為也；厚取之君而無所施之，身死而財遷，智者不為也。嬰也聞為人臣進不事上以為忠，退不克下以為廉，八升❷之布，一豆❸之食，足矣。」使者三返，遂辭不受也。

【章　旨】本章通過晏子拒絕接受齊景公額外重賞故事的記敘，說明不可過多追逐財富的道理。

【注　釋】❶筐筴　皆竹製容器。❷升　布八十縷為一升。❸豆　古代盛食物的器皿，形似高腳盤。

【語　譯】晏子正在吃飯，君王的使者來了，晏子把自己的食物分給使者吃，自己卻未吃飽。使者回去，把這事告訴了景公，景公說：「唉！晏子的家裡竟窮到這樣的程度！我不知道，這是我的過失。」於是派官員把一個有千家人口的縣邑送給晏子，晏子恭敬行禮之後謝絕說：「我家不貧窮。因為有君王的賞賜，我所有的親族都得到了恩惠，我的朋友也得到好處，連百姓也受到接濟，君王對我的賞賜已經非常優厚，我家不貧窮。我聽說，從君王那裡多多地領取而又多多地施捨給別人，是代替君王作君王，忠臣是不會這樣做的；從君王那裡多多的領取而又把領取的錢財貯藏起來，這就像把東西收揀到箱子裡一樣，仁德的人是不會這樣做的；從君王那裡多多領取而又不肯分給別人，自己死了之後財產必然轉移到他人手裡，聰明的人是不會這樣做的。我聽說作人臣的不巴結上司便算忠臣，不剋扣下級便是廉潔，有粗布之衣，飽腹之食，就足夠了。」派去的官員多次要晏子收下，晏子始終堅拒不受。

陳成子❶謂鴟夷子皮❷曰：「何與常也？」對曰：「君死吾不死，君亡吾不亡。」陳成子曰：「然。子何以與常？」對曰：「未死去死，未亡去亡，其有何死亡矣？」

【章　旨】本章講防患於未然則禍患不起。

【注　釋】❶陳成子　即田常，曾弒齊簡公，自立為君。事詳《左傳．哀公十四年》。❷鴟夷子皮　人名，但並非范蠡。（詳見向宗魯《說苑校證》卷二）

【語　譯】陳成子問鴟夷子皮說：「您應該怎樣對待我？」鴟夷子皮回答說：「您死我不死，您逃我不逃。」陳成子說：「可以。那您究竟可以為我做些什麼？」鴟夷子皮回答說：「在死亡的危險到來之前去掉這一危險，在逃亡的危險到來之前去掉這一危險，又怎會有死亡和逃亡呢？」

從命利君謂之順，從命病君謂之諛，逆命利君謂之忠，逆命病君謂之亂。君有過不諫諍，將危國殞社稷也。有能盡言於君，用則留之，不用則去之謂之諫；用則可生，不用則死，謂之諍；有能比❶知同力，率群下相與彊矯君，君雖不安，不能不聽，遂解國之大患，除國之大害，成於尊君安國謂之輔；有能亢君之命，反君之事，竊君之重，以安國之危，除主之辱，攻伐足以成國之大利，謂之弼。故諫諍輔弼之人，社稷之臣也，明君之所尊禮，而闇君以為己賊；故明君之所賞，闇君之所殺也。明君好問，闇君好獨，明君上賢使能而享其功，闇君畏賢妒能而滅其業。罰其忠而賞其賊，夫是之謂至闇，桀、紂之所以亡也。《詩》云：「曾是莫聽，大命以傾。」❷此之謂也。

【章　旨】本章對諫、諍、輔、弼的含意作了具體說明，並指出具有這四種行為的人是國家重臣，君王為國家利益著想：應對他們進行獎賞重用，決不能畏忌殺戮。

【注　釋】❶比　合。❷曾是莫聽二句　見《詩經．大雅．蕩》。

【語　譯】按君王的命令去做而所作之事對君王有利叫做恭順，一味聽從君王的命令而所作之事對君王有害叫做討好，違背君王的命令而所作之事對君王有利叫做忠心，違犯君王的命令而所作之事對君王有害叫做叛離。君王有過失而不直言規勸，將危害國家。有能力向君王進言，君王肯採納就留在他身邊，不肯採納就離去，這叫做勸諫；君王肯採納就活著，不肯採納就以死相勸，這叫做死諫；有能力集合眾人的智慧和力量，率領群臣共同糾正君王的過失，君王雖不情願，但不能不聽從，通過這種辦法解除國家的大災難，除掉國家的大禍害，完成尊君安國的大功業，這叫做輔佐；有能力違抗君王的命令，對君王要辦的事反其道而行之，借用君王的權力，平定國家的危亂，洗刷君王的恥辱，掌握征伐大權，用戰爭為國家謀取利益，這叫做匡弼。能做到諫、諍、輔、弼的人，是國家的重臣。對這些人，聖明的君王尊敬他們並加以禮遇，而昏庸的君王則認為他們是自己的禍害，所以這些人成了明君封賞的功臣、昏君殺戮的對象。明君喜歡徵詢別人的意見，昏君喜歡獨斷專行，明君尊重賢士使用能人而坐享賢士能人建立的功業，昏君嫉賢妒能而使自己的基業毀滅。懲罰忠良，獎掖奸讒，這是最昏憒的做法，這就是夏桀、商紂滅亡的原因。《詩經》上說：「因為不守常規，以致國滅身毀」說的就是這道理。

簡子有臣尹綽、赦厥❶。簡子曰：「厥愛我，諫我必不於眾人中；綽也不愛我，諫我必於眾人中。」尹綽曰：「厥也愛❷君之醜，而不愛君之過也；臣愛君之過而不愛君之醜。」孔子曰：「君子哉，尹綽！面訾❸不譽也。」

【章　旨】本章講人臣可當眾指責君王的過失而不必曲意迴護。

【注　釋】❶尹綽赦厥　二人皆趙簡子家臣。❷愛　顧惜。❸訾　指責；非議。

【語　譯】簡子有尹綽、赦厥兩個家臣。簡子說：「赦厥顧惜我，不在眾人面前勸誡我；尹綽不顧惜我，勸誡我一定要當著眾人的面。」尹綽說：「赦厥顧惜你的羞恥而不顧惜你犯錯誤，我顧惜你犯錯誤而不顧惜你的羞恥。」孔子說：「尹綽真是一個高尚的人啊！敢於當面指責君王而不曲意奉承。」

高繚❶仕於晏子三年，無故，晏子逐之。左右諫曰：「高繚之事夫子三年，曾無以爵位，而逐之，其義可乎？」晏子曰：「嬰，仄陋❷之人也，四維之然後能直。今此子事吾三年，未嘗弼吾過，是以逐之也。」

【章旨】本章講不能發現和糾正上司過失的人不是好下屬。

【注釋】❶高繚　人名。❷仄陋　地位卑賤。

【語譯】高繚在晏子那裡做事三年，無緣無故就被晏子趕走了。晏子身邊的人勸告說：「高繚事奉你三年，未給他一官半職，反而把他趕走，這樣做合適嗎？」晏子說：「我是一個卑賤的人，靠人從四方維護才能行直道，現在這人為我辦事已經三年了，從未糾正我的過失，因為這個緣故才把他趕走。」

子貢❶問孔子曰：「賜為人下，而未知所以為人下之道也。」孔子曰：「為人下者，其猶土乎！種之則五穀生焉，掘之則甘泉出焉，草木植焉，禽獸育焉，生人立焉，死人入焉，多其功而不言，為人下者，其猶土乎！」

【章旨】本章講「為人下之道」如土。

【注釋】❶子貢　即端木賜，孔子弟子。

【語譯】子貢問孔子說：「我是別人的下屬，但不知如何當下屬。」孔子說：「當別人下屬的人，大約就像土地吧！在上面播種便有五穀從那裡長出，把它挖開便有泉水從那裡湧現，草木從那裡生長，禽獸從那裡蕃育，活人在那裡生存，死人在那裡埋葬，他的功勞很多而從不表白。當別人下屬的人，大約就像土地吧！」

孫卿❶曰：「少事長，賤事貴，不肖事賢，此天下之通義也。有人貴而不能為人上，賤而羞為人下，此姦人之心也。身不離姦心，而行不離姦道，然而求見譽於眾，不亦難乎？」

【章旨】本章講統治者與被統治者之間的關係並說明二者各自安於本分，始能見譽於眾。

【注釋】❶孫卿 即荀況，時人尊之為卿，漢人避宣帝劉詢諱，改稱孫卿。

【語譯】孫卿說：「年紀輕的事奉年紀大的，地位低的事奉地位高的，才能低下的事奉才能傑出的，這是天下普遍的道理。有的人地位高但不滿足所處的領導地位，有的人地位低但以被人領導為恥辱，這是邪惡之人的心理。內心邪惡，行為也自然不正，這樣的人想被眾人稱贊不是很難嗎？」

公叔文子❶問於史叟❷曰：「武子勝❸事趙簡子久矣；其寵不解❹，奚也？」史叟曰：「武子勝博聞多能而位賤，君親而近之，致敬以愻❺，藐而疏之，則恭而無怨色，入與謀國家，出不見其寵，君賜之祿，知足而辭，故能久也。」

【章旨】本章講人臣怎樣才能長久地受到人主的信任。

【注釋】❶公叔文子 或以為即衛國大夫公孫枝。❷史叟 人名。或以為當作史臾。❸武子勝 人名。❹解 同「懈」。鬆弛。❺愻 同「遜」。恭謙。

【語譯】公叔文子問史叟說：「武子勝事奉趙簡子時間很長了，但受到的寵信經久不衰，這是為什麼呢？」史叟說：「武子勝見聞廣博，本領很多而地位低下，君王想與他親近時，他反應敏銳態度謙遜，君王藐視而疏遠他時，則表現得恭恭敬敬而臉上沒有怨望之色，進朝與君王共商國家大事，出朝不顯出驕寵得意的樣子，君王賜給他的俸祿，他懂得知足而謝絕多餘，因此能夠持久。」

〈泰誓〉❶曰：「附下而罔上者死，附上而罔下者刑；與聞國政而無益於民者退，在上位而不能進賢者逐。」此所以勸善而黜惡也。故傳❷曰：「傷善者國之殘也，蔽善者國之讒也，愬無罪者國之賊也。」

【章旨】本章講什麼樣的人對國家有害而應加以斥逐和懲罰。

【注釋】❶泰誓　即《尚書》中的〈泰誓〉篇，但今本〈泰誓〉篇無此文。❷傳　即注釋。

【語譯】〈泰誓〉說：「籠絡下屬欺蒙上司的人應當處死，依仗上司欺蒙下屬的人應當受刑法制裁，參與議論國家大事而所言對百姓毫無益處的人應當退位，身居上位而不能薦賢舉能的人應當被驅逐。」這些話是用來勉勵人們行善而警戒人們作惡的。所以《尚書》的注解說：「中傷好人的人是損害國家的人，隱瞞賢人的人是讒害國家的人，誣告無罪的人是殘害國家的人。」

〈王制〉❶曰：「假於鬼神時日❷卜筮以疑於眾者，殺也。」

【章旨】這句話表明儒家反對妖妄迷信的思想。

【注釋】❶王制　《禮記》中的篇名。❷時日　以日期時辰斷吉凶禁忌。

【語譯】〈王制〉說：假借鬼神時日進行占卜而迷惑大眾的人應該殺掉。

子路為蒲❶令，備水災，與民春修溝瀆，為人煩苦，故予人一簞❷食，一壺漿。孔子聞之，使子貢復❸之。子路忿然不悅，往見夫子曰：「由也以暴雨將至，恐有水災，故與人修溝瀆以備之，而民多匱於食，故與人一簞食一壺漿，而夫子使賜止之，何也？夫子止由之行仁也！夫子以仁教而禁其行仁也，由也不受！」。子曰：「爾以民為餓，何不告於君發倉廩以給食之，而以爾私饋之？是汝不明君之惠，見汝之德義也。速已則可矣，否則爾之受罪不久矣。」子路心服而退也。

【章旨】本章講臣子對君王應當揚善而不可掠美。

【注釋】❶蒲　地名。❷簞　圓形竹器，可用以盛飯。❸復　別本作「覆」，傾倒之意。

【語譯】子路做蒲地的長官，為預防水災，同老百姓在春季修築溝渠，給百姓帶來勞苦，因而發給每人一點食物和米漿。孔子得知此事，派子貢去把子路的飯食米漿倒掉了。子路十分氣忿，前去見孔子說：「我因為暴雨即將來臨，怕有水災，所以同大家一起修築溝渠以作防備，許多百姓缺少糧食，所以才給每人發一點食物和米漿，而您派子貢阻止我，這是為什麼？您是在阻礙我施行仁愛呀！您用仁愛的思想教誨別人，卻禁止別人行仁愛，我不能接受！」孔子說：「你知道百姓挨餓，為什麼不報告君王散發倉庫裡的糧食供他們食用，卻用你私人的食物贈送他們？你這樣做沒有顯示君王的恩惠，卻突出了你個人的仁德。趕快停止還可以挽回，否則不久你就會獲罪。」子路認錯離去。

卷三

建本

【題解】本篇主要說明不論為人還是處事，首先都要把基礎打好。

孔子曰：「君子務本，本立而道生。」❶夫本不正者末必倚，始不盛者終必衰。《詩》云：「原隰既平，泉流既清。」❷本立而道生。《春秋》之義，有正春❸者無亂秋❹，有正君者無危國。《易》曰：「建其本而萬物理，失之毫釐，差以千里。」❺是故君子貴建本而重立始。

【章旨】本章強調要注重德行等根基的培養、注重事情的開端。

【注釋】❶君子務本二句　這二句話，《論語・學而》作「有子曰」。❷原隰既平二句　見《詩經・小雅・黍苗》。❸正春　此意為正當的開始。❹亂秋　災亂性的結束。❺建其本三句　今本《易經》無此文。

【語譯】孔子說：「君子致力於根本，根本樹立起來了，道也就隨著產生。」那根基不正的，它的末稍必然歪斜，開始不強盛的，最後必然衰敗。《詩經》上說：「高原洼地已經平整，流過的河水自然清澈。」根本建立了，道也隨著產生。按《春秋》上的道理，有正春就不會有亂秋，有行正道的君王就不會有遭危難的國家。《易經》說：「建立起根本，萬事萬物都可以理順，若有一毫一釐的失誤，將會導致無窮無盡的差錯。」所以有德有才之人重視樹立根本，重視事情的開端。

魏武侯❶問「元年」於吳子❷，吳子對曰：「言國君必慎始也。」「慎始奈何？」曰：「正之。」「正之奈何？」曰：「明智。」「智不明，何以見正？」「多聞而擇焉，所以明智也。是故古者君始聽治，大夫而一言，士而一見，庶人有謁必達，公族請問❸必語，四方至者勿距，可謂不壅蔽矣；分祿必及，用刑必中，君心必仁，思君❹之利，除民之害，可謂不失民眾矣；君身必正，近臣必選，大夫不兼官，執民柄者不在一族，可謂不權勢矣。此皆《春秋》之意，而元年之本也。」

【章旨】本章講君王即位之初，必須從各方面打好鞏固君位的基礎，要有一個良好的開端。

【注釋】❶魏武侯　戰國時魏國國君，名擊，在位十六年，諡「武」。❷吳子　指吳起。❸問　或以為「聞」字之誤。❹君　或以為「民」字之誤。

【語譯】魏武侯問吳子為什麼《春秋》一書中注重「元年」，吳子回答說：「這是說君王必須謹慎對待開始。」問：「怎樣才叫謹慎對待開始？」回答說：「要行正道。」問：「怎樣才能行正道？」回答說：「要有聰明才智。」問：「假如沒有聰明才智，怎麼行正道？」回答說：「多聽意見並從中加以選擇，便能使人變得聰明起來。所以古代的君王開始執政時，慎重聽取大夫的每一句話，慎重對待同士人的每一次見面，對平民百姓的求見也一定接待，王族的人要求私下拜訪，也要與他們商談，對四方來客不要謝絕，這樣才使言路不被堵塞，真相不被掩蓋。分發俸祿一定要合理，施行刑罰一定要恰當。君王一定要有仁愛之心，要考慮百姓的利益，清除百姓的禍害。這樣就可以不失去民眾。君王自身品行一定要端正，常處身邊的人一定要加以選擇，大夫不可兼任多種職務，掌管百姓的大權不要落在同一族人手中，這樣就可以不讓別人獨擅權勢。所有這些都是《春秋》中的意思，也是這部書注重「元年」的根本原因。」

孔子曰：「行身有六本，本立焉，然後為君子。立體有義矣，而孝為本；處喪有禮矣，而哀為本；戰陣有隊矣，而勇為本；治政有理矣，而能❶為本；居國有禮矣，而嗣為本；生才❷有時矣，而力為本。置本不固，無務豐末；親戚不悅，無務外交；事無終始，無務多業；聞記不言❸，無務多談；比近不說，無務修❹遠。是以反本修邇，君子之道也。」

【章旨】本章講為人處世要注重從六個方面打好基礎，要從身邊的事做起。

【注釋】❶能　別本作「農」。❷才　同「財」。❸不言　疑為「而闇」之誤。《墨子》書中有「舉物而闇，無務博聞」的句子可證。❹修　疑「倈」字之誤，倈，通「來」。《墨子》作「近者不親，無務來遠」。

【語譯】孔子說：「作人要注意六個基本的方面，根基建立起來了，才能成為一個德才兼備的人。修身養性有很多應該做的事，但要以行孝道為根本；守孝期間要遵守許多禮節，但要以真心哀悼為根本；治理國家有許多事要做，但要以發展農業為根本；做君王要注意許多禮儀制度，但要特別注意培養好繼承人；發財需要好時機，但主要靠花大氣力去爭取。打下的基礎不牢固，就不要想得到豐碩的成果；不能取得親戚的喜歡，就不要去和關係疏遠的人打交道；辦事有頭無尾，就不要攬更多的事來做；聽到的話未弄明白意思，不要多加談論；得不到周圍人們的喜愛，就不要想招徠遠方的人。所以反覆打好根基，做好身邊的事，是有德有才之人立身處世的方法。」

天之所生，地之所養，莫貴乎人。人之道，莫大乎父子之親，君臣之義。父道聖，子道仁；君道義，臣道忠。賢父之於子也，慈惠以生之，教誨以成之，養其誼，藏其偽，時其節，慎其施。子年七歲以上，父為之擇明師，選良友，勿使見惡，少漸之以善，使之早化。故賢子之事親，發言陳辭，應對不悖乎耳；趣走進退，容貌不悖乎目；卑體賤身，不悖乎心。君子之事親以積德。子者親之本也，無所推❶而不從命，推而不從命者，惟害親者也。故親之所安，子皆供之。賢臣之事君也，受官之日，以主為父，以國為家，以士人為兄弟。故苟有可以安國家、利人民者，不避其難，不憚其勞，以成其義。故其君亦有❷助之以遂其德。夫君臣之與百姓，轉相為本，如循環無端，夫子❸亦云：「人之行莫大於孝。」孝行成於內而嘉號布於外，是謂建之於本而榮華自茂矣。君以臣為本，臣以君為本；父以子為本，子以父為本，棄其本，榮華槁矣。

【章旨】本章強調為人要盡孝道，而「孝」是一切美德的根本。

【注釋】❶推　或以為是「往」的誤字。❷有　幫助之意。❸夫子　此指孔子，《漢書・禮樂志》引文與此文相同，而標明「孔子曰」。

【語譯】上天降生的、大地養育的，沒有什麼比人更寶貴的了。做人的道理，沒有什麼比父子間的親情、君臣間的大義更重要的了。做父親的要聖明，做兒子的要仁愛，做君王的要合理，做臣子的要忠心。賢德的父親對於兒子，要慈愛地撫育他，不倦地教育他，培養他的美德，去掉他的虛偽，經常節制他，謹慎給予他。孩子到了七歲以後，父親要為他挑選明理的老師，挑選良好的朋友，不要讓他看到邪惡的人和事，要逐步使他朝好的方向發展，使他早日變得成熟起來。賢良的兒子侍奉父母，訴說或交談的言語不要讓父母聽來不順耳，出進行動的樣子，不要讓父母看來不順眼，態度要恭敬有禮，不要讓父母不順心。君子就是借助侍奉父母來積累自己的美德。兒子是父母最大的希望，對父母的任何要求都應唯命是從，父母有要求而不照辦，只會傷害父母。所以凡是能使父母得到安樂的東西，兒子都應該提供。賢良的臣子侍奉君王，從擔任官職的那天起，就要把君王當作自己的父親，把國當作自己的家，把士人當作自己的兄弟。假若有可以使國家安寧、人民獲利的事情，當臣子的就應該不逃避困難、不害怕勞苦、盡自己應盡的義務。而君王也應該幫助臣子以完善自己的德性。君臣與百姓的關係，是互為根本，就像回環不已的圓圈一樣。孔子也說過：「人的行為沒有什麼比行孝更重要的了。」盡孝道是在家庭之內，而美好的名聲卻傳播在外，這就是說培養好了根基而花朵自然繁茂。君王以臣子為根本，臣子以君王為根本，父親以兒子為根本，兒子以父親為根本。丟掉根本，花兒就枯萎了。

子路曰：「負重道遠者，不擇地而休；家貧親老者，不擇祿而仕。昔者由事二親之時，常食藜藿❶之實而為親負米百里之外。親沒之後，南遊於楚，從車百乘，積粟萬鍾❷，累茵而坐❸，列鼎而食，願食藜藿為親負米之時❹不可復得也。枯魚銜索，幾何不蠹；二親之壽，忽如過隙。草木欲長，霜露不使，賢者欲養，二親不待。故曰：家貧親老不擇祿而仕也。」

【章旨】本章講為了及時奉養雙親，做兒子的應該不講條件地工作。

【注釋】❶藜藿　植物嫩葉，可充饑。❷鍾　六斛四斗為一鍾。❸累茵而坐　把幾條席子重疊起來坐，形容富有。茵，席子。❹之時　疑為衍文，《孔子家語》無此二字。

【語　譯】子路說：「負重荷而行遠路的人，不管地方如何都肯停下來休息；家境貧寒父母年老的人，不論待遇如何都肯出去做官。過去我侍奉父母的時候，經常吃野菜豆葉而為父母從百里之外揹米回來。父母死了以後，到了南方的楚國，出行時有百輛大車跟隨，家中儲存的糧食達到萬鍾，就坐時座位上的席子重疊鋪墊，用餐時盛食物的鼎成隊排列，此時再想要吃野菜豆葉為雙親揹米也不可能了。串在繩索上的乾魚，過不了幾天就要腐爛；父母的壽命，快得就像陽光從門縫裡一晃而過。草木想要生長，嚴霜寒露加以損害；賢良之人想奉養父母，父母的生命卻不能停留。所以說：家境貧寒雙親年老的人，不必選擇地位待遇而應出去做官。」

伯禽❶與康叔封❷朝於成王，見周公，三見而三笞。康叔有駭色，謂伯禽曰：「有商子❸者，賢人也，與子見之。」康叔封與伯禽見商子曰：「某某也，日吾二子者朝乎成王，見周公，三見而三笞，其說何也？」商子曰：「二子盍相與觀乎南山之陽？有木焉，名曰橋。」二子者往觀乎南山之陽，見橋竦焉實而仰，反以告乎商子，商子曰：「橋者父道也。」商子曰：「二子盍相與觀乎南山之陰？有木焉，名曰梓。」二子者往觀乎南山之陰，見梓勃焉實而俯，反以告商子，商子曰：「梓者，子道也。」二子者明日見乎周公，入門而趨，登堂而跪，周公拂其首，勞而食之曰：「安見君子？」二子對曰：「見商子。」周公曰：「君子哉！商子也。」

【章　旨】本章講臣見君、子見父、晚輩見長輩，要恭順有禮。

【注　釋】❶伯禽　周公之子。❷康叔封　周成王同母弟，名封。❸商子　人名。

【語　譯】伯禽與康叔封朝見周成王，拜見周公，三次見面而三次挨打。康叔封十分驚懼，對伯禽說：「有一位商子，是個賢人，我與你一起去求見他吧。」康叔封與伯禽拜見商子，說：「我們是伯禽與康叔封，前幾天朝見成王，拜見周公，三次見面而三次挨打，這是什麼道理？」商子說：「你二人何不一起到南山的南面去看看呢？那裡有棵樹，名叫做橋。」二人來到南山的南面，看見橋木高高聳立枝葉朝天挺出，返回後把這一情況告訴商子，商子說：「橋象徵父道。」又說：「你二人何不一起到南山的北面去看看呢？那裡有棵樹，名叫做梓。」二人來到南山的北面，看見梓樹蓬勃茂盛枝葉匍匐下垂，返回後把這一情況告訴商子，商子說：「梓象徵子道。」二人第二天拜見周公，一進門就快步向前，登上廳堂就跪下叩拜，周公撫摸他們的頭，安排食物慰勞他們，問道：「你們見到哪一位懂禮儀的高人？」二人回答說：「見到商子。」周公說：「商子真是一位君子啊！」

曾子❶芸瓜而誤斬其根，曾晳❷怒，援大杖擊之。曾子仆地，有頃，蘇，蹶然❸而起，進曰：「曩者參得罪於大人，大人用力教參，得無疾乎？」退屏❹鼓琴而歌，欲令曾晳聽其歌，令知其平也。孔子聞之，告門人曰：「參來勿內也！」曾子自以無罪，使人謝❺孔子，孔子曰：「汝聞瞽叟有子名曰舜，舜之事父也，索而使之，未嘗不在側，求而殺之，未嘗可得；小箠則待，大箠則走，以逃暴怒也。今子委身以待暴怒，立體而不去，殺身以陷父不義。不孝，孰是大乎？汝非天子之民邪？殺天子之民罪奚如？」以曾子之材，又居孔子之門，有罪不自知，處義難乎！

【章　旨】本章講做兒子的對父親的「大箠」應該迴避，以免其父因「暴怒」殺子而陷於不義。

【注　釋】❶曾子　即曾參，字子輿，春秋魯國人，孔子弟子。❷曾皙　即曾點，皙是其字，曾參之父。❸蹶然　急忙的樣子。❹屏　退。❺謝　謝有告訴之意，此用為「申訴」。

【語　譯】曾參在瓜地裡除草，失手鋤斷了瓜根，曾皙大怒，順手拿起一根大棍打他。曾參被打倒在地，過了一陣子才蘇醒過來，急忙從地上爬起來，走到曾皙面前說：「剛才得罪了您，您用力教導我，您不會因用力過猛而受傷吧？」說完退下彈琴並唱起歌來，想讓曾皙聽到他的歌聲，知道他內心的平靜。孔子聽到此事，指示弟子說：「曾參來了不要讓他進門！」曾參自認為沒有罪，派人向孔子申訴。孔子說：「你聽說過嗎？瞽叟有個兒子名叫舜，舜事奉他的父親，當父親找他使喚時，從來都在身邊，當父親要殺他時，絕對難以找到；用小鞭子抽打就挨著，用大鞭子抽打就逃走，借以避開一時的暴怒。現在你把自己送上前等著你父親發大火，硬挺在那裡而不離去，毀殺自身而讓父親陷於不義，有什麼行為比這更不孝的嗎？你不是天子的臣民嗎？殺天子的臣民將是什麼罪？」像曾參這樣的人，又在孔子的門下當學生，有了罪過自己還不知道，要使自己的言行合乎規範可真難呵！

伯俞❶有過，其母笞之，泣。其母曰：「他日笞子，未嘗見泣，今泣何也？」對曰：「他日俞得罪，笞嘗痛，今母力衰，不能使痛，是以泣。」故曰父母怒之，不作於意，不見於色，深受其罪，使可哀憐，上也；父母怒之，不作於意，不見其色，其次也；父母怒之，作於意，見於色，下也。

【章　旨】本章通過伯俞挨打感覺到母親身體日衰，因而悲泣的故事，宣揚了儒家的孝道：要求做兒女的時時刻刻關心父母的健康，體諒父母的苦衷。

【注　釋】❶伯俞　人名。

【語　譯】伯俞有過失，他的母親打他，他哭了起來。他的母親問道：「以前我打你，你從未哭過，現在卻哭了，是什麼原因?」伯俞說:「以前我犯了錯,挨打就感到疼,現在您的身體衰弱了,不能使我感到疼痛,所以哭。」所以說,在父母發怒時,內不起怨心,臉不生怨色,沈痛地領受責罰,使父母心生憐惜,這是最孝順的表現;在父母發怒時,內不起怨心,臉不生怒色,這是比較孝順的表現;在父母發怒時,內起怨心,臉生怨色,這是不孝順的表現。

成人有德,小子有造❶,大學❷之教也。時禁於其未發❸之曰預,因其可❹之曰時,相觀於善之曰磨❺,學不陵❻節而施之曰馴❼。發然後禁,則扞格❽而不勝;時過然後學,則勤苦而難成;雜施而不遜,則壞亂而不治;獨學而無友,則孤陋而寡聞。故曰有昭辟雍❾,有賢泮宮❿,田里周行⓫,濟濟鏘鏘⓬,而相從執質⓭,有族以文。

【章　旨】本章從正反兩方面闡明了儒家的某些教育思想,並展望興學施教後所出現的教育興旺發達的景象。

【注　釋】❶成人有德二句　《詩經・大雅・思齊》作:「肆成人有德,小子有造。」此無「肆」字。❷大學　指大學聖賢,非小學技藝。❸未發　據《禮記・學記・鄭玄注》,此指小孩十五歲以前,情欲未生。❹可　據《禮記・學記・鄭注・孔(穎達)疏》,此指二十歲之時,德業已成,受教之端,是時最可。❺磨　相切磋。❻陵　同「淩」。超越。❼馴　與下文的「遜」意同,即順著之意。❽扞格　格格不入。❾辟雍　周朝所設的大學。❿泮宮　學宮。⓫周行　大道。⓬濟濟鏘鏘　眾多而高大的樣子。⓭質　同「贄」。古代拜見尊長時所送的禮物。

【語　譯】成年人要具備好的品德,青少年要好好加以造就,這就是為什麼要學習聖賢的道理。在小孩情欲未生之時及時禁止他涉獵邪惡的東西叫做預防;在最容易接受教育的年齡施以正當的教育叫做及時;讓受教育者相互觀摩對方的長處叫做切磋;對受教育者不超越限度地進行教育叫做順應規律;在情欲發生後再對邪惡加以禁止,則會遭到抵制而難以成功;時機過了再去學習,雖下苦功而難以學好;亂施教育不遵循規律,就會把人心攪亂而收不到好的教學效果；獨自學習而沒有朋友，就會見識淺薄。所以說如果有了類似「辟雍」和「泮宮」這樣的好學校，鄉間大道上，就會湧現出眾多的昂首挺胸的學子，他們前後相隨，手持拜師的禮物，同類相聚而彬彬有禮。

周召公❶年十九，見正❷而冠，冠則可以為方伯諸侯矣。人之幼稺童蒙之時，非求師正本，無以立身全性。夫幼者必愚，愚者妄行，愚者妄行，不能保身。孟子曰：「人皆知以食愈饑，莫知以學愈愚。」故善材之幼者，必勤於學問以修其性。今人誠能砥礪其材，自誠其神明❸，睹物之應，通道之要，觀始卒之端，覽無外❹之境，逍遙乎無方❺之內，彷徉乎塵埃之外，卓然獨立，超然絕世，此上聖之所以遊神也。然晚世之人莫能，閒居靜思，鼓琴讀書，追觀上古，友賢大夫，學問講辯，日以自虞，疏遠世事，分明利害，籌策得失，以觀禍福，設義立度，以為法式，窮追本末，究事之情；死有遺業，生有榮名，此皆人材之所能逮也，然莫能為者，偷慢懈墮，多暇日之故也，是以失本而無名。夫學者，崇名立身之本也，儀狀齊等而飾貌者好，質性同倫而學問者智。是故砥礪琢磨非金也，而可以利金；《詩》《書》壁立❻，非我也，而可以厲心。夫問訊之士，日夜興起，厲中益知，以分別理，是故處身則全，立身不殆。士苟欲深明博察，以垂榮名，而不好問訊之道，則是伐智本而塞智原也，何以立軀也？騏驥雖疾，不遇伯樂，不致千里；干將❼雖利，非人力不能自斷焉；烏號❽之弓雖良，不得排檠❾，不能自任；人才雖高，不務學問，不能致聖。水積成川，則蛟龍生焉；土積成山，則豫樟⑩生焉；學積成聖，則富貴尊顯至焉。千金之裘，非一狐之皮；臺廟之榱⑪，非一木之枝；先王之法，非一士之智也。故曰：訊問者智之本，思慮者智之道也。《中庸》曰：「好問近乎智，力行近乎仁，知恥近乎勇。」積小之能大者，其惟仲尼乎！學者所以反情治性盡才者也，親賢學問，所以長德也，論交合友，所以相致也。《詩》云：「如切如磋，如琢如磨。」⑫此之謂也。

【章　旨】本章著重強調要加強學問，修養德性，以建立為人的根本。

【注　釋】❶周召公　即召公，名奭，文王庶子。❷見正　據向宗魯《說苑校證》，「見正」謂見其志趣已正。❸神明　精神。❹無外　指極大的範圍。❺無方　沒有極限。❻壁立　疑為「群言」之誤。❼干將　寶劍名。❽烏號　良弓名。❾排檠　輔正弓弩的器具。❿豫樟　樹木名。⓫榱　屋椽。⓬如切如磋二句　見《詩經．衛風．淇澳》。

【語　譯】周召公年滿十九歲，長輩見他志趣已正，便為他舉行加冠的禮儀，加冠以後就可以擔任方伯諸侯了。人在幼年時期，若不尋求老師扶正根本，無法樹立自身也無法保持完好的德性。年幼的時候一定是愚昧無知的，愚昧的人便會胡亂行動，愚昧妄動則難以保全自己。孟子說：「人們都懂得用食物治療饑餓，卻不懂得用學習來治療愚昧。」所以一個本性善良的小孩，一定要勤奮學習以修養自己的德性。現在的人如果都能磨礪自己的才幹，使自己誠信不欺，細看萬物間的聯繫，了解並把握事物的主要規律，觀察事情的始末，放眼無窮無盡的廣大世界，自由自在地神游於無邊無際的宇宙之中，馳騁於塵世之外，超出眾人而不與眾人同流，遠離世俗而不與世俗合汙，這是最聰明的人所嚮往的境界。但後世的人們達不到這種境界。深居簡出，靜心思考，彈琴讀書，追思古人古事，親近敬仰大夫，研討學問，每日以此取樂，避開人間之事，辨別利害關係，計算孰得孰失，借以觀察禍福，樹立規範，建立法度，以作為準則，深究事物的本原及發展，探求事物之真情，死了有功業遺留人間，活著有名聲顯耀世上，所有這些都是憑人力能夠達到的，但仍然無人達到，這是因為怠慢懈惰，白白放過好時光的緣故。所以說失去做人的根本，就難以成名。對一位學者來說，崇尚名節，這是立身的根本，形貌相當的人，會打扮的顯得美好，資質相近的人，肯學習的更有才智。磨礪雕琢本身不是金屬，但可以使金屬更鋒利；《詩》、《書》上的言論非我所作，但可以使人的才智更敏睿。日夜努力，磨勵精神增進才智，明辨事理，這樣便能保全自己、使自己立於不敗之地。士人都想深明事理、廣知世事，而在世上留下顯赫的名聲，卻不喜歡求學問道，這是毀壞智慧的根本，堵塞智慧的源泉，這樣做怎能立身處事？騏驥雖然跑得快，遇不上伯樂，無法達到千里之遠；干將雖然鋒利，不憑藉人力，不能自斷別物；烏號之弓雖然精良，得不到輔正，不能獨自發揮發射利箭的作用；人的才能雖然很高，不致力學問，難以達到大智大慧。匯集眾水而成河流，蛟龍便在那裡出現；堆積土壤而成山丘，豫樟便在那裡生長；積累學問而成聖明之人，富貴榮耀便會到來。價值千金的裘服，不是由一隻狐狸的皮毛做成的；高臺寺廟的屋椽，不是用一棵樹木的樹枝充當的；古代聖王的法制，不是靠一個士人的智慧確立的。所以說，勤學好問是獲取智慧的根本途徑，深思熟慮是保持智慧的重要方法。《中庸》上說：「喜歡詢問的人接近於智慧，努力實踐的人接近於仁愛，懂得羞恥的人接近於勇敢。」善於積小成大的人，大約只有孔子吧！一個有學問的人，應該是一個返樸歸真、修養德性、發揮才智的人。親近賢人，勤學好問，可以增長美德；交接朋友，可以互相幫助。《詩經》說：「像製造骨器、玉器那樣切磋琢磨。」說的就是這樣的道理。

今夫辟❶地殖❷穀，以養生送死，銳❸金石，雜草藥以攻疾，各知構室屋以避暑雨，累臺榭❹以避潤濕，入知親其親，出知尊其君，內有男女之別，外有朋友之際：此聖人之德教，儒者受之傳之，以教誨於後世。今夫晚世之惡人，反非儒者曰：「何以儒為？」如此人者，是非本也。譬猶食穀衣絲，而非耕織者也；載於船車，服而安之，而非工匠者也；食於釜甑❺，須以生活，而非陶冶者也。此言違於情而行矇於心者也。如此人者，骨肉不親也，秀士不友也，此三代之棄民也，人君之所不赦也。故《詩》云：「投畀❻豺虎，豺虎不食，投畀有北❼，有北不受，投畀有昊❽。」此之謂也。

【章旨】本章肯定了儒者的作用。通篇言辭激烈，表現了作者儒家立場的堅定和對反儒者的憤慨。

【注釋】❶辟　同「闢」。開闢。❷殖　種植。❸鋭　精心研究。❹榭　築於土臺上的房屋。❺釜甑　釜是煮食物的鍋。甑是做飯所用的陶器。❻畀　給予。❼有北　「有」是語氣詞，「北」指北方荒涼之地。❽昊　昊天。以上所引見《詩經·小雅·巷伯》。

【語譯】現在開墾土地種植穀物，借以供養活人、安葬死人，各人都懂得修建房屋以躲避暑熱風雨，修建臺榭以躲避潮潤濕氣，在家庭內懂得愛自己的親人，到社會上懂得尊敬尊長，內有男女之分別，外有朋友之交往：所有這些都是聖人所施的恩德教化，由儒生接受並加以傳授，用以教導後世之人的。而後世的惡人，反而否定儒生說：「要儒生做什麼？」像這樣的人，是否定了根本。就像吃糧食穿絲帛，卻否定耕田織布一樣；就像乘坐車船，又順利又安穩，卻否定工匠一樣；就像利用釜甑弄熟食物，賴以生活，卻否定製造陶器的人一樣。這是一種言語違背人情、行動昧著良心的人。像這樣的人，與他有血緣關係的人也不會去親近他，俊傑之士不會以他作朋友，這是夏、商、周三代所遺棄的人，君王對他是不肯饒恕的。所以《詩經》上說：「將這種人投給豺狼虎豹，豺狼虎豹不肯吃他；再投給北方蠻荒之地，北方蠻荒之地不肯要他；再投給上天，由上天裁取。」指的就是這種人。

孟子曰：「人知糞❶其田，莫知糞其心；糞田莫過利苗得粟，糞心易行而得其所欲。何

謂糞心？博學多聞；何謂易行？一性止淫也。」❷

【章旨】本章強調「糞心」、「易行」，以保持自身的完善。

【注釋】❶糞　施肥，此引申為培補。❷人知糞其田等句　這段話見於《外書・性善辨》。古人多認為《外書》不是孟子所作。

【語譯】孟子說：「人們都懂得培補自己的田地，卻不懂得培補自己的心靈；培補田地不過是利於禾苗生長而多打糧食，培補心靈可以改變自己的行為而得到自己想要得到的東西。什麼叫培補心靈？就是要多學習、廣聽聞；怎樣改變行為？就是要保持善良的本性，禁止淫邪。」

子思曰：「學所以益才也，礪❶所以致刃也。吾嘗幽處而深思，不若學之速；吾嘗跂❷而望，不若登高之博見。故順風而呼，聲不加疾而聞者眾；登丘而招，臂不加長而見者遠。故魚乘於水，鳥乘於風，草木乘於時。」

【章旨】本章以各種比喻說明學習的重要作用。

【注釋】❶礪　磨刀石。此用為動詞。❷跂　踮起後腳跟。

【語譯】子思說：「學習是增進才智的途徑，磨礪是使刀刃鋒利的方法。我曾經靜處而深思，比不上學習來得快；我曾經踮起後腳跟遠望，比不上登上高處看見的多。所以順著風向呼叫，聲音並沒加大而眾多的人能聽到；登上山丘去招手，手臂並沒加長而遠處的人能看得見。所以魚憑藉水才能游，鳥憑藉風才能飛，草木憑藉時令才能生長。」

孔子曰：「可以與人終日而不倦者，其惟學乎！其身體不足觀也，其勇力不足憚也，其先祖不足稱也，其族姓不足道也；然而可以聞四方而昭於諸侯者，其惟學乎！《詩》曰：『不僭不亡❶，率由舊章。』夫學之謂也。」

【章　旨】本章強調學問的重要。

【注　釋】❶不僭不亡　今本作「不愆不忘」。見《詩經．大雅．假樂》。

【語　譯】孔子說：「可以同人終日相伴而不使人感到怠倦的，大概唯有學問吧！一個人的身體不值得觀賞，他的勇氣和力量不值得畏懼，他的祖先不值得贊譽，他的家族不值得稱道；但可以使他在四方聞名並顯揚於諸侯的，大概唯有學問吧！《詩經》上說：『不超越不遺忘，全部遵循舊時的禮法吧。』大約指的就是學習先代聖賢的禮法吧。」

孔子曰：「鯉❶，君子不可以不學，見人不可以不飾。不飾則無根❷，無根則失理，失理則不忠，不忠則失禮，失禮則不立❸。夫遠而有光者，飾也；近而逾明者，學也。譬之如汙池，水潦注焉，菅蒲❹生之，從上觀之，誰知其非源也。」

【章　旨】本章講注意禮儀形貌的重要性。

【注　釋】❶鯉　孔子之子。❷根　或以為「貌」之訛字。❸失禮則不立　以上幾句《大戴禮記．勸學》作「不飾無貌，無貌不敬，不敬無禮，無禮不立。」文意較本篇為長。❹菅蒲　菅，多年生的草。蒲，多年生水草。

【語　譯】孔子說：「鯉，高尚的人不能不學習，會見別人的時候不能不修飾自己。不修飾自己就不會有好的形貌，沒有好的形貌是對別人的不敬，不敬就是無禮，無禮之人難以在世上立身。從遠望去鮮明光亮的，是文飾；愈接近愈使人明白的，是學問。就像一片低窪的水池，雨水匯聚其中，菅蒲在裡面生長，從上面觀看，誰知道這水池並不是源泉呢？」

公扈子❶曰：「有國者不可以不學《春秋》。生而尊者驕，生而富者傲，生而富貴、又無鑑❷而自得者鮮矣。《春秋》，國之鑑也，《春秋》之中，弒君三十六，亡國五十二，諸侯奔走不得保其社稷者甚眾，未有不先見而後從之者也。」

【章　旨】本章說明執掌國家權柄的人要善於借鑑往事，不可一味地安於富貴尊榮。

【注　釋】❶公扈子　人名。❷鑑　鑑戒。

【語　譯】公扈子說：「一國之君不能不學習《春秋》。生來就尊貴的人驕縱，生來就富有的人傲慢，生來就富有尊貴、又不以往事為鑑戒的人，想自己得以保持固有的地位是很少的。《春秋》這部書，是治理國家的鏡子，《春秋》之中，記載臣子殺死君王的事件有三十六起，亡國事件五十二起，諸侯逃亡不能保住自己國家的事情很多，沒有誰不是先見別人覆亡而自己重蹈覆轍的。」

晉平公問於師曠曰：「吾年七十欲學，恐已暮矣。」師曠曰：「何不炳❶燭乎？」平公曰：「安有為人臣而戲其君乎？」師曠曰：「盲臣安敢戲其君乎？臣聞之，少而好學，如日出之陽；壯而好學，如日中之光；老而好學，如炳燭之明。炳燭之明，孰與昧行乎？」平公曰：「善哉！」

【章　旨】本章闡明人要活到老學到老的道理。

【注　釋】❶炳　光明。此用為動詞，意為點亮。

【語　譯】晉平公問師曠說：「我七十歲了還想學習，恐怕已經晚了吧。」師曠說：「（時間既然晚了）為什麼不點起燭火呢？」平公說：「哪有作臣子的戲弄他的君王的？」師曠說：「我這瞎眼之臣怎敢戲弄自己的君王？我聽說，年輕的時候喜歡學習，就像初生的陽光；壯年而喜歡學習，就像當頂的陽光；年老而喜歡學習，就像燭火點著的光亮。有燭光照明比摸黑走路哪一種好些呢？」平公說：「說得好啊！」

河間獻王曰：「湯稱學聖王之道者，譬如日焉；靜居獨思，譬如火焉。夫捨學聖王之道，若捨日之光，何乃獨思火之明也❶！可以見小耳，未可用❷大知，惟學問可以廣明德慧也。」

【章　旨】本章把「學」與「思」作比較，強調「學」的重要。

【注　釋】❶夫捨學聖王之道三句　這三句話文字有脫誤，當作「夫捨學聖王之道而靜居獨思，譬若捨日之明而就火之光也。」❷用　同「以」。

【語　譯】河間獻王說：「商湯說學習聖王的大道，就像面對太陽一樣；躲在無人之處獨自思考，就像面對著火光一樣。那種捨棄學習聖王之道而躲在一處冥思苦想的人，就像是捨棄太陽的光明而取用火焰的光亮一樣。靠靜居獨思，可以弄明白小問題，不能使人獲得大智慧，惟有學問可以使人懂得道理擴大智慧。」

梁丘據謂晏子曰：「吾至死不及夫子矣。」晏子曰：「嬰聞之，為者常成，行者常至；嬰非有異於人也，常為而不置，常行而不休者，故難及也。」

【章　旨】本章講不斷努力向前，便能取得別人難以企及的成就。

【語　譯】梁丘據對晏子說：「我到死也趕不上您。」晏子說：「我聽說：不停地做便一定能把事情做成功，不停地走便一定能達到目的地；我與別人並沒有什麼不同，只是個做個不停，走個不休的人，所以你難以趕上。」

甯越❶，中牟❷鄙人也，苦耕之勞，謂其友曰：「何為而可以免此苦也？」友曰：「莫如學，學二十年則可以達矣。」甯越曰：「請十五歲。人將休，吾將不休；人將臥，吾不敢臥。」十五歲學而周威公❸師之。夫走者之速也，而過二里止；步者之遲也，而百里不止。今以甯越之材而久不止，其為諸侯師，豈不宜哉！

【章　旨】本章講學習只要勤奮不懈、持之以恆，便能有所成就。

【注　釋】❶甯越　戰國時人，為周威公老師。❷中牟　地名。❸周威公　是東周考王的姪兒。其父桓公是考王之弟，被封於河南，稱西周桓公。桓公死，威公代立。詳見《史記·周本紀》。

【語　譯】甯越是中牟地方的鄉野之人，苦於耕作的勞苦，問他的朋友說：「怎樣做才能擺脫這種辛苦？」朋友說：「不如去讀書，讀二十年書就可以發達了。」甯越說：「允許我用十五年吧。別人休息，我不休息；別人睡覺，我不睡覺。」十五年學成而周威公請他作老師。跑是很快的，但跑了二里就停下來；走是很慢的，但走了百里仍不停止。現在甯越有才幹而又努力不懈，他成為諸侯的老師，豈不是應該的嗎！

孔子謂子路曰：「汝何好？」子路曰：「好長劍。」孔子曰：「非此之問也。謂以汝之所能，加之以學，豈可及哉！」子路曰：「學亦有益乎？」孔子曰：「夫人君無諫臣則失政，士無教友則失聽。狂馬不釋其策，操❶弓不返於檠。木受繩則直，人受諫則聖。受學重問，孰不順成？毀仁惡士，且近於刑。君子不可以不學。」子路曰：「南山有竹，弗揉自直，斬而射之，通於犀革，又何學為乎？」孔子曰：「括❷而羽之，鏃而砥礪之，其入不益深乎？」子路拜曰：「敬受教哉！」

【章旨】本章否定人生來就能成材的說法，指出學習是成材的必由之路。

【注釋】❶操　疑為「燥」字之誤。❷括　箭之末端。

【語譯】孔子問子路說：「你喜歡什麼？」子路說：「喜歡長劍。」孔子說：「我問的不是這。而是說以你的專長，加上學習，誰能比得上你？」子路問：「學習對我有益處嗎？」孔子說：「君王沒有敢於直言的臣子就會對政事失察，士人沒有對自己有教益的朋友就會聽不到好的意見。對狂奔的馬不能丟掉鞭子，對乾燥定型的弓才不必再加以矯正。木料經過繩墨便能裁直，人接受勸戒便能變得聰明起來。接受知識，注重求教，做什麼事情不能順利成功？詆毀仁愛，憎惡士人，將會遭到刑法的懲處。高尚的人不可不學習。」子路說：「南山上有竹子，不用人力加工便長得筆直，砍來作箭，可以射穿犀牛皮，這哪裡是學習的結果？」孔子說：「在箭尾安上羽毛，把箭頭加以磨礪，射進去不是更深些嗎？」子路拜謝說：「領受老師的指教。」

子路問於孔子曰：「請釋古之學而行由之意，可乎？」孔子曰：「不可。昔者東夷慕諸夏之義，有女，其夫死，為之內私婿，終身不嫁，不嫁則不嫁矣，然非貞節之義也。蒼梧❶之弟，娶妻而美好，請與兄易，忠則忠矣，然非禮也。今子欲釋古之學而行子之意，庸知子用非為是、用是為非乎？不順其初，雖欲悔之，難哉！」

【章　旨】本章講要克制自己，真正按古代聖賢制定的禮義行事。

【注　釋】❶蒼梧　有的書上寫作「蒼梧嬈」或作「蒼梧繞」，人名。

【語　譯】子路問孔子說：「拋開對古代禮義的學習而按我自己的意願行事，可以嗎？」孔子回答說：「不可以。從前東方少數民族中有個人羨慕華夏的禮義，他有個女兒，死了丈夫，就暗中為她招一個女婿，而公開卻讓女兒一輩子不嫁人，不嫁是不嫁，但並沒有遵守女子要守貞節的禮義。蒼梧的弟弟，娶了個漂亮的妻子，要求與他的哥哥對換，他對哥哥倒是忠心，但不符合禮義。現在你要捨棄學習古人而按自己的意願行事，哪知你不是以非為是，或者以是為非呢？不按照古代聖賢制定的禮義去做，後來雖然後悔，也難以挽回了。」

豐牆磽下❶未必崩也，流行❷潦至，壞必先矣；樹本淺，根垓❸不深，未必橛❹也，飄風起，暴雨至，拔必先矣。君子居於是國，不崇仁義，不尊賢臣，未必亡也，然一旦有非常之變，車馳人走，指而禍至，乃始乾喉燋脣，仰天而歎，庶幾焉天其救之，不亦難乎？孔子曰：「不慎其前，而悔其後，雖悔無及矣。」《詩》曰：「啜其泣矣，何嗟及矣！」❺言不先正本而成憂於末也。

【章　旨】本章講做人做事都要預先打好基礎，防患於未然。

【注　釋】❶豐牆磽下　當作「高牆豐上磽下」。豐，此指厚重。磽，土地脊薄堅硬。❷行　衍文。《韓詩外傳》作「流潦至」，可證。❸垓　當作「荄」。草木之根。此文「樹本淺，根荄不深」兩句意思重複。❹橛　「撅」之訛字。撅，拔起。

❺啜其泣矣二句　見《詩經．王風．中谷有蓷》。

【語　譯】高牆上面厚重，牆基的土地脊薄，未必崩裂，但雨水澆洗不停，這堵牆一定先倒塌毀壞。樹木紮根不深未必倒伏，但大風起，暴雨淋，這棵樹一定先連根拔起。君子生活在一國之中，不崇尚仁義，不尊敬賢臣，不一定滅亡，但一旦發生非常的變化，人們四散奔走，災禍指日將至，此時叫喊得喉乾脣燥，仰天長嘆，希望老天救援，不是很難嗎？孔子說：「不在開始的時候就慎重行事，而在事後失悔，雖知悔悟也來不及了。」《詩經》上說：「哭泣抽噎，嘆息都來不及了。」這是說不先把基礎打好，而到末了有無窮的憂患。

虞君問❶盆成子曰：「今工者久而巧，色者老而衰。今人不及壯之時，益積心技之術，以備將衰之色。色者必盡乎老之前，知謀無以異乎幼之時。可好之色，彬彬❷乎且盡，洋洋❸乎安託無能之軀哉？故有技者不累身而未嘗滅，而色不得以常茂。」

【章　旨】本章以「色」「技」為喻，說明表相過眼即逝，根本才能長留不衰，從而說明為人應該注重培植根本。

【注　釋】❶問　當作「謂」。❷彬彬　有文采貌。❸洋洋　美盛貌。

【語　譯】虞君對盆成子說：「現在的手藝人，時間愈久手藝愈巧，而人的美貌卻會因年老而衰敗。現在有些人不等到壯年，就蓄積智謀、技藝，以防備將來年老色衰之時。美貌一定在年老以前衰退，智謀卻是年老年輕沒有區別。叫人喜愛的美貌，將會完結，這美貌怎會長久保留在無用的軀體上呢？所以說，有技藝的人他的技藝不會成為自身的拖累，並且不會中途消滅，而一個人的美貌卻不會長存不衰。」

齊桓公問管仲曰：「王者何貴？」曰：「貴天。」桓公仰而視天，管仲曰：「所謂天者，非謂蒼蒼莽莽之天也，君人者以百姓為天。百姓與之則安，輔之則彊，非之則危，背之則亡。《詩》云：『人而無良，相怨一方』❶。民怨其上，不遂亡者，未之有也。」

【章　旨】本章闡明「君以民為天」的道理。

【注　釋】❶人而無良二句　見《詩經・小雅・角弓》。

【語　譯】齊桓公問管子說：「作君王的以什麼為貴？」管子說：「以天為貴。」桓公仰視天空，管子說：「我所說的天，並不是指這廣大無邊的青天，統治百姓的人應該以老百姓為天。百姓順著你則天下安定，輔助你則國家強大，說你的壞話則有危險，背叛你則會滅亡。《詩經》說：『人人都沒安好心，互相在一旁怨恨。』如果百姓都怨恨他們的君王，而這君王竟不敗亡，是沒有過的。」

河間獻王曰：「管子稱：『倉廩實，知禮節；衣食足，知榮辱。』❶夫穀者，國家所以昌熾，士女所以姣好，禮義所以行，而人心所以安也。《尚書》五福，以富為始❷，子貢問為政，孔子曰：『富之。』❸既富，乃教之也，此治國之本也。」

【章　旨】本章講治國之道，首先在於富民。

【注　釋】❶倉廩實等句　見《管子・牧民》。❷以富為始　今本《尚書・洪範》所載「五福」以「壽」為始。❸富之　見《論語・子路》。

【語　譯】河間獻王說：「管子說過：『糧倉裡充實了，才知道講禮節；豐衣足食，才能顧及榮辱。』糧食，是國家之所以昌盛，士子美女之所以漂亮，禮義之所以得以推行，人心之所以安定的基本保證。《尚書》裡所載的『五福』，把『富』放在第一位，子貢問行政的方法，孔子說：『先使老百姓富起來。』等百姓富裕以後，再施教化，這是治理國家的最根本方法。」

文公見咎季❶，其廟傅❷於西牆，公曰：「孰處而❸西？」對曰：「君之老臣也。」公曰：「西益而宅。」對曰：「臣之忠，不如老臣之力，其牆壞而不築。」公曰：「何不築？」對曰：「一日不稼，百日不食。」公出而告之僕，僕頓首於軫❹曰：「〈呂刑〉❺云：『一人有慶，兆民賴之』。君之明，群臣之福也。」乃令於國曰：「毋淫宮室，以妨人宅，板築❻以時，無奪農功。」

【章旨】本章記敘文公受到兩位大臣不擴建住宅的啟示，下令不可濫造宮室。

【注釋】❶咎季　人名，亦作「臼季」。❷傅　同「附」。憑藉。❸而　你。❹軫　車後橫木。❺呂刑　《尚書》中的篇名。❻板築　築牆時以兩板夾土，用杵搗結實。此指建造房屋。

【語譯】文公探望咎季，看見他的家廟靠近西牆，文公問：「誰住在你家的西面？」咎季回答說：「是您的老臣。」文公說：「把你的住宅朝西邊擴展。」咎季說：「我為朝廷出的力，沒有您那老臣出的力人，而他的牆壞了卻沒有重修。」文公問：「他為什麼不重修？」咎季回答說：「一天不種莊稼，百日都沒資格吃飯。」文公出去把這事告訴了僕人，僕人在車後橫木上叩頭說：「〈呂刑〉上講：『一人有喜慶之事，億萬人都會沾他的光。』君王您如此聖明，是我們眾臣子的幸福啊！」文公於是向全國下令：「不要濫造宮室，妨礙別人居住，要選好時令興建土木，不要影響農業生產。」

楚恭王❶多寵子，而世子❷之位不定。屈建❸曰：「楚必多亂。夫一兔走於街，萬人追之，一人得之，萬人不復走。分未定則一兔走使萬人擾；分已定，則雖貪夫知止。今楚多寵子而嫡位無主，亂自是生矣。夫世子者，國之基也，而百姓之望也。國既無基，又使百姓失望，絕其本矣。本絕則撓亂，猶兔走也。」恭王聞之，立康王❹為太子，其後猶有令尹圍❺、公子棄疾❻之亂也。

【章　旨】本章借楚恭王的故事說明早日確定國君繼承人的重要性。

【注　釋】❶楚恭王　又作「共王」，名審，春秋楚國國君，在位三十一年，諡「共」。❷世子　太子。❸屈建　字子木，曾為楚國令尹。❹康王　名招，在位十五年，諡「康」。❺令尹圍　康王弟公子圍，為令尹，主兵事，故稱令尹圍。❻公子棄疾　亦康王弟。

【語　譯】楚恭王有好幾個受寵愛的兒子，而太子難以確定。屈建說：「楚國一定多內亂。一隻兔子在街上跑，上萬人追逐，一人抓到後，萬人就不再追趕了。歸誰所有未確定之前，一隻兔子奔跑會使萬人紛擾；歸誰所有確定之後，即使貪心的人也會停止追逐。現在楚國有眾多受寵的王子而太子沒有確立，內亂將由此而產生。世子，是未來的國君，老百姓的希望。國家無繼業之人，又讓老百姓失去希望，這是斷絕國家的根本。根本斷絕就會產生混亂，就像兔子在街上跑一樣。」恭王聽到這些話，立康王為太子，後來仍有令尹圍和公子棄疾的亂事發生。

晉襄公❶薨，嗣君少，趙宣子❷相，謂大夫曰：「立少君，懼多難，請立雍❸。雍長，出在秦，秦大，足以為援。」賈季❹曰：「不若公子樂❺。樂有寵於國，先君愛而仕之翟❻，翟足以為援。」穆嬴❼抱太子❽以呼於庭曰：「先君奚罪？其嗣亦奚罪？舍嫡嗣不立而外求君乎？」出朝，抱以見宣子，曰：「惡難也，故欲立長君，長君立而少君壯，難乃至矣。」宣子患之，遂立太子也。

【章旨】本章記敘了晉公室圍繞國君繼承人問題展開的一場爭論。從中我們看出確立國家繼承人的重要性。

【注釋】❶晉襄公　名驩，晉文公之子。❷趙宣子　即趙盾，晉大夫。❸雍　晉文公子，襄公之庶弟。❹賈季　春秋時晉國中軍統帥。❺公子樂　雍之弟。❻翟　即狄。西北少數民族。❼穆嬴　晉襄公夫人。❽太子　此指襄公子，名夷皋，即有名的昏君晉靈公。

【語譯】晉襄公死了，繼位的太子年幼，趙宣子為宰相，對大夫說：「把年幼的太子立為君王，恐怕給國家帶來很多災難，請同意立雍為君吧。雍已成年，一直在秦國，秦國強大，足以作為外援。」賈季說：「不如立公子樂。樂在狄國，也足以作為外援。」穆嬴抱著太子在朝廷哭號，說：「去世的君王有什麼罪過？他的兒子又有什麼罪過？為什麼要捨棄君王親生兒子而到外邊去找人當君王？」出朝之後，穆嬴抱著太子去找宣子，說：「你害怕出亂子，所以要立成年的君王，這成年人當了君王，年幼的也會長大，禍難仍會到來。」宣子害怕這一點，於是把太子立為君王。

趙簡子以襄子❶為後，董安于曰：「無恤不才，今以為後，何也？」簡子曰：「是其人能為社稷忍辱。」異日智伯❷與襄子飲，而灌襄子之首，大夫請殺之，襄子曰：「先君之立我也，曰能為社稷忍辱，豈曰能刺人哉？」處十月❸，智伯圍襄子於晉陽❹，襄子疏隊而擊之，大敗智伯，漆其首以為酒器。

【章　旨】本章記趙襄子為社稷忍辱，而終於報仇雪恨的故事，從而說明為大處著想，有時不得不忍辱負重的道理。

【注　釋】❶襄子　名無恤。趙簡子（鞅）次子，趙鞅以其賢，廢太子伯魯而立之。死後諡「襄」。❷智伯　晉國六卿之一。❸十月　當是「十年」之誤。據《史記·趙世家》記載：智伯曾以酒灌擊無恤，十年之後襄子滅智氏。❹晉陽　今山西太原。

【語　譯】趙簡子立襄子為繼承人，董安于說：「無恤沒有才幹，現在把他立為繼承人，這是為什麼？」簡子說：「這是因為他能夠為國家忍受恥辱。」有一天，智伯同襄子飲酒，故意把酒澆到襄子頭上，大夫請襄子把智伯殺掉，襄子說：「君王立我為繼承人，是因為我能為國家忍受恥辱，難道是因為我能殺人嗎？」過了十年，智伯把襄子包圍在晉陽，襄子分兵攻打智伯，把他打得大敗，把他的腦袋砍下來塗上油漆當酒器。

卷四

立節

【題解】本篇闡明士人君子要立節行義，並反覆敘說故事，贊美盡忠行孝之人。

士君子之有勇而果於行者，不以立節行誼而以妄死非名，豈不痛哉！士有殺身以成仁，觸害以立義，倚於節理而不議死地，故能身死名流於來世。非有勇斷，孰能行之？子路曰：「不能甘勤苦，不能恬貧窮，不能輕死亡，而曰我能行義，吾不信也。」昔者申包胥❶立於秦庭，七日七夜哭不絕聲，遂以存楚，不能勤苦，安能行此？曾子布衣縕袍❷未得完，糟糠之食、藜藿之羹❸未得飽，義不合則辭上卿，不恬貧窮，安能行此？比干❹將死而諫逾忠，伯夷、叔齊❺餓死于首陽山❻而志逾彰，不輕死亡，安能行此？故夫士欲立義行道，毋論難易而後能行之；立身著名，無顧利害而後能成之。《詩》曰：「彼其之子，碩大且篤。❼」

非良篤修激之君子，其誰能行之哉？王子比干殺身以成其忠，伯夷、叔齊殺身以成其廉，尾生❽殺身以成其信。此三子者，皆天下之通士也，豈不愛其身哉？以為夫義之不立，名之不著，是士之恥也，故殺身以遂其行。因此觀之，卑賤貧窮，非士之恥也；夫士之所恥者，天下舉忠而士不與焉，舉信而士不與焉，舉廉而士不與焉。三者在乎身，名傳於後世，與日月並而不息，雖無道之世不能汙焉。然則非好死而惡生也，非惡富貴而樂貧賤也，由其道，遵其理，尊貴及己，士不辭也。孔子曰：「富而可求，雖執鞭之士吾亦為之；富而不可求，從吾所好。」❾大聖之操也。《詩》云：「我心匪石，不可轉也。我心匪席，不可卷也。」❿言不失己也。能不失己，然後可與濟難矣，此士君子之所以越眾也。

【章　旨】本章強調士人君子應該「立節行誼」，並說明如何才能保有完好的節操。

【注　釋】❶申包胥　春秋時楚國大夫。伍子胥借吳國之兵攻入楚國首都，申包胥到秦國求救，秦不發兵，申包胥倚秦庭痛哭七日，終於感動秦君，乃出兵定其國難。❷縕袍　內填舊絲絮的袍子。❸藜藿之羹　以野菜做的羹。❹比干　商紂王叔父，因勸諫紂王被紂王殺害。❺伯夷叔齊　商朝孤竹君的兩個兒子。父死之後，二人相互推讓，都不肯繼位。武王伐紂，二人諫阻。周朝建立之後，二人恥食周粟，隱於首陽山，採薇而食，終於餓死。❻首陽山　在山西省永濟縣。❼彼其之子二句　見《詩經．唐風．椒聊》。❽尾生　傳說戰國時魯國的一個堅守信約的人。他與女子約會於橋下，女子未來，河水上漲，仍不去，抱橋柱淹死。❾富而可求等句　見《論語．述而》，文字略有差異。這裡說的「執鞭之士」據楊伯峻《論語譯注》引《周禮》：古代有兩種人執鞭，一種是天子及諸侯出入之時，有二至八人拿著皮鞭使行路之人讓道。一種是市場的守門人。❿我心匪石等句　見《詩經．邶風．柏舟》。

【語　譯】一個有勇氣而行動又果敢的士人君子，不去樹立名節做應該做的事，而為無聊的事情去輕易送死，難道不令人痛心嗎？有的士人犧牲自己，成就仁愛，抵制壞人壞事，樹立正義，遵循節操真理，而不考慮死於何地，所以他們身死而美名留傳於後世。不是勇敢果斷的人，誰能做出這樣的事情？子路說：「不能吃苦耐勞，不能安貧樂賤，不能視死如歸，而說自己能夠行大義，我是不相信的。」從前申包胥立於秦庭，七日七夜哭聲不止，終於保存了楚國。不肯吃苦耐勞，哪能做到這樣？曾子粗劣的衣服難以蔽體，粗劣的食物難以果腹，認為於義不合便斷然辭去上卿的官職。不安貧樂賤，哪能做到這樣？比干面對死亡仍然直言勸諫，表現了對國家的忠誠；伯夷叔齊在首陽山餓死，更顯示他們的節操，不視死如歸，哪能做到這樣？所以，士人要想立大義行大道，就應該不管難易，堅持到底，要想在世上樹立聲名，就應該不顧利害一直幹下去。《詩經》上說：「他這個人啦，高大忠厚。」如果不是善良忠厚正直的人，誰能做到這樣？王子比干犧牲自己顯示忠心，伯夷叔齊犧牲自己顯示廉潔，尾生犧牲自己顯示誠信。這三人也是一般的人，難道不愛自己的生命？因為大義未樹立，名聲未昭著，認為這是士人的恥辱，所以犧牲自己來實現自己的願望。由此看來，卑賤貧窮，不是士人的恥辱；士人的恥辱是：天下盡有忠心的人而自己不在其列，天下盡有誠信的人而自己不在其列，天下盡有廉潔的人而自己不在其列。若這三者自己都具備，美名流傳於後世，與日月同輝永不磨滅，雖然遇上昏暗的世道也不會遭到汙損。雖然如此，士人並不是喜歡死而討厭生，也並不是討厭富貴而喜歡貧賤，如果符合道理，尊貴落到自己身上，士人是不會拒絕的。孔子說：「如果可以求得財富，雖是拿鞭子的差使我也幹；如果求它不到，還是幹我喜歡幹的事吧。」這是大聖人的操守。《詩經》說：「我的心不像石頭，是不可滾動的，我的心也不像竹席，是不可捲裹的。」這是形容不改變意志。能夠不改變意志，然後才可與他共渡難關，這便是士人君子超越眾人的地方。

楚伐陳，陳西門燔，因使其降民修之。孔子過之，不軾❶，子路曰：「禮，過三人則下車，過二人則軾。今陳修門者人數眾矣，夫子何為不軾？」孔子曰：「丘聞之，國亡而不知，不智；知而不爭，不忠；忠而不死，不廉❷；今陳修門者不行一於此，丘故不為軾也。」

【章　旨】本章講不智、不忠、不廉之人，不能受到別人的尊敬。

【注　釋】❶軾　軾是古代車廂前的橫木。此用為動詞，意為扶著軾敬禮。❷廉　本指有稜有角，有鋒芒。此指勇敢。

【語　譯】楚國討伐陳國，燒壞了陳國的西城門，楚人便派陳國的俘虜去修繕。孔子路過此地，坐在車上不站起來行禮，子路問：「按禮儀規定，行路遇到三人以上，就要下車行禮，遇到兩人應該扶軾致敬。現在陳國修城門的人很多，您為什麼不站起來行禮？」孔子說：「我聽說，國家亡了還不知道，是不明智，知道了而不去鬥爭，是對國家的不忠誠，想盡忠但不願以死報效，是不勇敢的表現。眼前這些陳國修門的人沒有做到其中任何一點，因此我不向他們行禮。」

孔子見齊景公，景公致廩丘❶以為養，孔子辭不受，出謂弟子曰：「吾聞君子當功以受祿，今說景公，景公未之行，而賜我廩丘，其不知丘亦甚矣！」遂辭而行。

【章　旨】本章講士人無功不能受祿。

【注　釋】❶廩丘　齊邑。在今山東省范縣。

【語　譯】孔子見到齊景公，景公把廩丘送給他做食邑，孔子拒絕不受。出來對弟子說：「我聽說有德之人應當在立了功勞之後才接受俸祿，我現在遊說景公，景公沒有實行我的主張，卻賜給我廩丘，他真是太不了解我了。」於是辭別齊王，離開齊國。

曾子衣弊衣以耕，魯君使人往致邑焉，曰：「請以此修衣。」曾子不受。反，復往，又不受。使者曰：「先生非求於人，人則獻之，奚為不受？」曾子曰：「臣聞之，受人者畏人，予人者驕人。縱君有賜，不我驕也，我能勿畏乎？」終不受。孔子聞之曰：「參之言，足以全其節也。」

【章　旨】俗語說：「吃人的口軟，得人的手軟。」本文講的即這一道理。

【語　譯】曾參穿著破舊的衣服耕田，魯國君王派使者前去賜給他采邑，說：「請你用這為自己添製衣服。」曾參不肯接受。使者回去之後又轉來，曾參仍然不接受。使者說：「您並沒有求助於人，是別人主動送給您的，為什麼不接受？」曾子說：「我聽說，得了別人東西的人怕別人，給予別人東西的人盛氣淩人。即使君王賜給我東西後，不以驕橫的態度對待我，我能夠不怕君王嗎？」始終不肯接受。孔子聽到此事說：「曾參的話，足以保全他的節操。」

子思❶居於衛，縕袍無表，二旬而九食。田子方聞之，使人遺狐白之裘，恐其不受，因謂之曰：「吾假人，遂忘之；吾與人也，如棄之。」子思辭而不受。子方曰：「我有子無，何故不受？」子思曰：「伋聞之，妄與不如棄物於溝壑。伋雖貧也，不忍以身為溝壑，是以不敢當也。」

【章　旨】本章講君子不能接受別人的「妄與」之物。

【注　釋】❶子思　孔子之孫，名伋，字子思。

【語　譯】子思住在衛國，穿一件用爛絮鋪成、沒有面子的袍子，二十天只吃了九餐飯。田子方聽到這事後，派人送給他白狐皮衣，怕他不肯接收，叫這人對他說：「我借給別人東西，立即便會忘記；送給別人的東西，就像扔掉一樣。」子思拒絕不肯接受。田子方說：「我有你沒有，為何不接受？」子思說：「我聽說，亂給別人東西，不如把東西扔進溝壑裡，我雖然貧窮，不甘心把自身與溝壑等同，因此不能接受。」

宋襄公茲父❶為桓公太子，桓公有後妻子曰公子目夷，公愛之，茲父為公愛之也，欲立之，請於公曰：「請使目夷立，臣為之相以佐之。」公曰：「何故也？」對曰：「臣之舅在衛，愛臣，若終立，則不可以往，絕跡於衛，是背母也。且臣自知不足以處目夷之上。」公不許，彊以請公，公許之。將立公子目夷，目夷辭曰：「兄立而弟在下，是其義也。今弟立而兄在下，不義也。不義而使目夷為之，目夷將逃。」乃逃之衛，茲父從之。三年，桓公有疾，使人召茲父：「若不來，是使我以憂死也。」茲父乃返，公復立之，以為太子，然後目夷歸也。

【章旨】本章借兄弟互讓國君繼承人位置的故事，宣揚了儒家禮讓的思想。

【注釋】❶宋襄公茲父　襄公是春秋時宋國國君，茲父是其名。

【語譯】宋襄公茲父是桓公的太子，桓公後妻有個兒子叫公子目夷，桓公很喜愛他，茲父因為桓公喜愛目夷，想讓目夷取代自己，向桓公請求說：「請把目夷立為太子，我願意作宰相輔助他。」桓公問：「為什麼這樣做？」茲父回答說：「我的舅父在衛國，喜歡我，如果最後把我立為太子，我就不能到舅父那裡去，與衛國斷絕來往，是背叛母親的行為。而且我自知不夠格處於目夷之上。」桓公不允許，茲父盡力爭取，桓公便答應了。將要把目夷立為太子時，目夷拒絕，說：「哥哥當太子，弟弟在其下，是合理的。現在立弟弟為太子，而哥哥在其下，是不合理的。讓我去幹不合事理的事，我將出逃。」於是逃往衛國，茲父也跟了去。過了三年，桓公得了重病，派人招茲父回國並帶信說：「如果不回來，就是要我憂鬱而死。」茲父這才回來，桓公重新立茲父為太子，此後目夷才回國。

晉驪姬❶譖太子申生於獻公❷，獻公將殺之。公子重耳謂申生曰：「為此者，非子之罪也，子胡不進辭？辭之必免於罪。」申生曰：「不可。我辭之，驪姬必有罪矣。吾君老矣，微驪姬寢不安席，食不甘味，如何使吾君以恨終哉？」重耳曰：「不辭則不若速去矣。」申生曰：「不可。去而免於死，是惡吾君也。夫彰父之過而取美，諸侯孰肯納之？入困於宗，出困於逃，是重吾惡也。吾聞之，忠不暴君，智不重惡，勇不逃死。如是者，吾以身當之。」遂伏劍死。君子聞之曰：「天命矣夫，世子！」《詩》曰：「萋兮斐兮❸，成是貝錦❹。彼譖人者，亦已太甚！」❺

【章旨】本章旨在肯定臣子對君王的忠心，兒子對父親的孝心（儘管在今天看來，申生所為不過愚忠愚孝而已）。

【注釋】❶驪姬　驪戎男之女，晉獻公戰勝驪戎後得之，遂立為夫人。❷獻公　春秋時晉國國君，名詭諸，在位二十六年，諡「獻」。❸萋兮斐兮　花紋錯雜貌。❹貝錦　織成貝形花紋的錦緞。此處用織錦貝比喻羅織別人罪狀。❺亦已太甚　以上四句見《詩經・小雅・巷伯》。

【語譯】驪姬在晉獻公面前說太子申生的壞話，獻公將要處死申生。公子重耳對申生說：「弄到這種地步，並不是你的罪過，你為什麼不在父親面前申辯？說清楚了一定可以免遭罪責。」申生說：「不能這樣。我若加以說明，驪姬就有罪。我們的君王年紀老了，沒有驪姬，睡不好，吃不好，怎能讓我們的君王含恨而死呢？」重耳說：「不申辯就應該趕快逃走。」申生說：「不能這樣。我逃走可免一死，但這樣做表示了我對君王的厭惡。暴露父親的過惡而顯示自己的美好，諸侯誰肯接受我？我現在既不能留在家族中，又不能出外逃跑，因為這樣做都會加重我的罪過。我聽說：忠心的人不暴露君王的過惡，聰明的人不犯第二次錯誤，勇敢的人不怕死。這樣一來，我只能由自己承當一切。」於是用劍自殺而死。有德之人聽到此事，感嘆地說：「這是老天的安排喲，太子！」《詩經》上說：「給別人羅織罪名，就像織花紋繁複的錦緞一樣，那些說別人壞話的人，也太過分了！」

晉獻公之時，有士焉，曰狐突❶，傅太子申生。公立驪姬為夫人，而國多憂，狐突稱疾不出。六年，獻公以譖誅太子。太子將死，使人謂狐突曰：「吾君老矣，國家多難，傅一出以輔吾君，申生受賜以死不恨。」再拜稽首而死。狐突乃復事獻公。三年，獻公卒，狐突辭於諸大夫曰：「突受太子之詔，今事終矣，與其久生亂世也，不若死而報太子。」乃歸自殺。

【章旨】本章肯定了狐突對太子申生的忠誠。

【注釋】❶狐突 晉大夫，字伯行。

【語譯】晉獻公的時候，有一位士人名叫狐突，是太子申生的老師。獻公把驪姬立為夫人，晉國多禍亂，狐突藉口有病不出來理事。獻公六年，獻公聽信讒言要殺太子。太子將死之時，派人對狐突說：「我們的君王老了，國家面臨許多禍難，只要師傅出來輔佐君王，我死了也不感到遺憾。」申生對狐突行過大禮之後死去。狐突於是重新為獻公辦事。過了三年，獻公去世，狐突向眾大夫告別說：「我按太子的命令辦事，現在事辦完了，與其長期活在亂世，不如一死來報答太子。」於是歸家自殺。

楚平王使奮揚❶殺太子建❷，未至而遣之，太子奔宋。王召奮揚，使城父❸人執之以至，王曰：「言出於予口，入於爾耳，誰告建也？」對曰：「臣告之。王初命臣曰：『事建如事余。』臣不佞，不能貳也。奉初以還，故遣之。已而悔之，亦無及也。」王曰：「而敢來，何也？」對曰：「使而失命，召而不來，是重過也，逃無所入。」王乃赦之。

【章　旨】本章肯定了表面看來是違犯君命，實際上是忠於君王的行動。

【注　釋】❶奮揚　楚國城父司馬。❷殺太子建　因為有人告太子建與伍奢合夥謀反，所以平王要殺建。❸城父　地名，在今安徽省亳縣東南。

【語　譯】楚平王派奮揚殺太子建，奮揚在未到城父之前把太子建放走，太子建逃到了宋國。平王下令抓奮揚，讓城父人解押他回去。平王問：「殺太子建的話從我口裡說出，只有你一個人聽到，是誰把消息告訴太子建的？」奮揚回答說：「是我告訴他的。您當初命令我說：『事奉太子建要像事奉我一樣。』我很笨，不會執行兩種命令。按照您當初的命令回到城父，所以把太子放了。後來後悔，也來不及了。」平王問：「你為什麼竟敢回來？」奮揚說：「接受差使而未完成任務，若召而不來，則犯了雙重罪過，這是逃都無處逃的。」平王於是寬宥了他。

晉靈公❶暴，趙宣子驟諫，靈公患之，使鉏之彌❷賊之。鉏之彌晨往，則寢門闢矣，宣子盛服將朝，尚早，坐而假寢。之彌退，歎而言曰：「不忘恭敬，民之主也。賊民之主，不忠。棄君之命，不信。有一於此，不如死也。」遂觸槐而死。

【章　旨】本章贊揚鉏之彌講「忠」、「信」兩全，但並未指出與暴君講「信」是錯誤的。

【注　釋】❶晉靈公　晉國有名的昏暴之君。❷鉏之彌　一作鉏麑，晉國力士。

【語　譯】晉靈公殘暴，趙宣子多次勸諫，靈公感到厭惡，派鉏之彌去刺殺他。鉏之彌清早到了趙家，趙宣子寢室的門已經打開，本人穿戴整齊準備上朝，因時間還早，坐著打瞌睡。之彌退出來，歎息說：「宣子兢兢業業地對待職責，是百姓的好主事人。殺害百姓的好主事人，是對國家的不忠。違反君王的命令，又是不講信用。不忠不信只要有一種在身上，不如去死。」於是撞死在槐樹上。

齊人有子蘭子者，事白公勝❶。勝將為難，乃告子蘭子曰：「吾將舉大事於國，願與子共之。」子蘭子曰：「我事子而與子殺君，是助子之不義也。畏患而去子，是遁子於難也。故不與子殺君以成吾義，契領❷於庭，以遂吾行。」

【章旨】本章肯定了子蘭子的「義」和「行」。

【注釋】❶白公勝　楚國太子建之子，幼在吳國，後回楚國為白公，作難，失敗後自縊而死。❷契領　自刎。契，斷。領，項。

【語譯】齊國有個名叫子蘭子的人，為白公勝辦事。白公勝將要造反，告訴子蘭子說：「我將要在楚國幹大事，希望與你合作。」子蘭子說：「我事奉您卻同您一道去殺君王，是幫您做不義之事。若是害怕災禍臨頭而離開您，又是在您遇難的時候臨陣脫逃。所以我不同您去殺君以保持我的大義，在庭前自刎以顯示我的操守。」

楚有士申鳴者，在家而養其父，孝聞於楚國。王欲授之相，申鳴辭不受。其父曰：「王欲相汝，汝何不受乎？」申鳴對曰：「舍父之孝子而為王之忠臣，何也？」其父曰：「使有祿於國，立義於庭，汝樂吾無憂矣，吾欲汝之相也。」申鳴曰：「諾。」遂入朝，楚王因授之相。居三年，白公為亂，殺司馬子期，申鳴將往死之。父止之曰：「棄父而死，其可乎？」申鳴曰：「聞夫仕者身歸於君而祿歸於親。今既去父事君，得無死其難乎？」遂辭而往，因以兵圍之。白公謂石乞曰：「申鳴者，天下之勇士也，今以兵圍我，吾為之奈何？」石乞曰：「申鳴者，天下之孝子也，往劫其父以兵，申鳴聞之必來，因與之語。」白公曰：「善。」則往取其父，持之以兵，告申鳴曰：「子與吾，吾與子分楚國。子不與吾，子父則死矣。」申鳴流涕而應之曰：「始吾父之孝子也，今吾君之忠臣也。吾聞之也，食其食者死其事，受其祿者畢其能。今吾已不得為父之孝子矣，乃君之忠臣也，吾何得以全身？」援桴鼓之，遂殺白公，其父亦死。王賞之金百斤，申鳴曰：「食君之食，避君之難，非忠臣也。定君之國，殺臣之父，非孝子也。名不可兩立，行不可兩全也。如果而生，何面目立於天下？」遂自殺也。

【章旨】本章贊揚申鳴在忠、孝不能兩全的時候捨小我而取大義的行為。

【語譯】楚國有個士人名叫申鳴。在家中奉養他的父親，孝子之名傳遍楚國。楚王要授予他相的官職，申鳴拒不接受。他父親說：「君王要立你為相，你為什麼不接受？」申鳴回答說：「為什麼不當父親的孝子而去當君王的忠臣呢？」他父親說：「假如能造福於國家，在朝廷樹立大義，你高興我也不擔憂，我希望你去為相。」申鳴說：「好吧。」於是到了朝中，楚王拜他為相。過了三年，白公作亂，殺了司馬子期，申鳴將要去赴死。父親阻止他說：「拋棄父親而去死，對嗎？」申鳴說：「聽說做官的人，身體為君王所有，俸祿為父母所有。現在既已離開父親奉侍君王，能夠不為君王之難而獻身嗎？」於是辭別父親前往，用兵包圍了白公勝。白公對石乞說：「那個申鳴，是天下有名的勇士，現在帶兵包圍我，我將怎麼辦？」石乞說：「那申鳴，還是個天下有名的孝子，我們前往他家以武力劫持他的父親，申鳴聽到後一定趕來，借此再同他交涉。」白公說：「行。」於是前去劫取申鳴父親，武裝解押而來，白公對申鳴說：「你順從我，我同你平分楚國；你不順從我，你的父親就會被殺掉。」申鳴哭著回答說：「過去我是父親的孝子，現在我是君王的忠臣。我聽說，吃別人的飯就要為別人之事效命，得別人的好處就要為別人盡全力。現在我已經不能為父親當孝子了，而要作君王的忠臣，我怎能保全自身？」拿起鼓槌擊鼓進兵，於是殺死白公。他的父親也被殺死。楚王賞給申鳴百斤金子，申鳴說：「吃君王飯而在君王有難之時逃避，不是忠臣所為，為了安定君王的國家而讓自己的父親被殺，不是孝子所為。名聲不能從忠孝兩方面樹立，行動上難做到兩全其美，像這樣活著，有什麼臉面見天下人？」於是自殺。

齊莊公❶且伐莒❷，為五乘之賓❸，而杞梁、華舟❹獨不與焉，故歸而不食。其母曰：「汝生而無義，死而無名，則雖五乘，孰不汝笑也；汝生而有義，死而有名，則五乘之賓盡汝下也。」趣食乃行。杞梁、華舟同車，侍於莊公而行至莒。莒人逆之，杞梁、華舟下鬥，獲甲首三百。莊公止之曰：「子止，與子同齊國。」杞梁、華舟曰：「君為五乘之賓，而舟、梁不與焉，是少吾勇也；臨敵涉難，止我以利，是汙吾行也。深入多殺者，臣之事也，齊國之利，非吾所知也。」遂進鬥，壞軍陷陣，三軍弗敢當。至莒城下，莒人以炭置地，二人立有間不能入。隰侯重❺為右❻，曰：「吾聞古之士，犯患涉難者，其去遂於物也❼，來，吾踰子！」隰侯重仗楯伏炭，二子乘而入，顧而哭之，華舟後息。杞梁曰：「汝無勇乎？何哭之久也？」華舟曰：「吾豈無勇哉！是其勇與我同也，而先吾死，是以哀之。」莒人曰：「子毋死，與子同莒國。」杞梁、華舟曰：「去國歸敵，非忠臣也；去長受賜，非正行也。且雞鳴而期，日中而忘之，非信也。深入多殺者，臣之事也，莒國之利非吾所知也。」遂進鬥，殺二十七人而死。其妻聞之而哭，城為之陁而隅為之崩，此非所以起也。

【章　旨】本章贊揚杞梁、華舟的「義」和「勇」。

【注　釋】❶齊莊公　春秋時齊國國君，名光，在位六年，被大夫崔杼殺死，諡「莊」。❷莒　春秋國名。❸五乘之賓　乘是古代的地積單位，九夫為井，四井為邑，四邑為丘，四丘為乘（詳見《禮記・郊特牲・孔穎達疏》）。五乘之賓即以五乘的待遇供養的賓客（武士）。據《左傳・襄公二十一年》載，齊莊公曾設爵位以命勇士。❹杞梁華舟　二武士名。❺隰侯重　人名。❻右　即車右。古代車戰，一車乘三人，主帥居中，御者在左，車右是勇力之士，任務是執干戈禦敵。❼其去遂於物也　此句意思不明，譯文按上下文意擬定。

【語　譯】齊莊公將要討伐莒國，用享有五乘待遇的武士出征，而杞梁、華舟竟不在其列，所以氣得回家不肯吃飯。他的母親說：「如果你活著不做正當的事，死後未留下好名聲，即使享有五乘的待遇，誰不譏笑你；如果你活著做了應該做的事，死了留下好名聲，那麼那些享有五乘待遇的武士全在你之下。」催他吃了飯便出發。杞梁、華舟同乘一輛車，陪侍莊公來到莒國。莒國人迎敵，杞梁、華舟下車搏殺，獲得敵人首級三百個。莊公要他們停止戰鬥，說：「你們不要打了，我與你們共享齊國。」杞梁、華舟說：「君王設立五乘的爵位供養賓客，而我們兩人不在其中，是嫌我們勇力不足；當我們為國赴難臨陣殺敵之時，卻用利益阻止我們，這是對我們行為的汙辱。深入敵陣多殺敵人，是我們的本職，齊國要給我們的好處，並不是我們想得到的。」於是繼續向前衝殺，打敗敵軍攻陷敵陣，敵人三軍不敢阻擋。直至莒國城下，莒國人將燒紅的火炭鋪在地上，兩人停步站了好一會不能進城。隰侯重為車右，說：「我聽說古代的勇士，在奔赴國難時，視死如歸，來吧，我伏在地上，讓你們踩著過去！」隰侯重拿著盾牌伏在火炭上，二人乘勢衝了過去，回過頭來為隰侯重大哭，華舟的哭聲後止。杞梁說：「你沒有勇氣了嗎？為什麼哭這樣長的時間？」華舟說：「我哪裡是沒有勇氣？隰侯重的勇氣與我一樣，而比我先死，所以為他哀傷。」莒國人說：「你們不必戰死，我們與你們同掌莒國。」杞梁、華舟說：「背叛本國歸附敵人，不是忠臣；背離自已的君王接受敵人的賞賜，不是正當的行為。而且早晨與別人相約，中午就把誓約忘掉，這是不講信用。深入敵陣多殺敵人，是我們為臣的本分，莒國的好處不是我們想要得到的。」於是向前搏鬥，殺了二十七個敵人才死去。杞梁的妻子得知丈夫死去而痛哭，城牆在哭聲中崩塌，這可不是國家興旺的好兆頭。

越甲至齊，雍門子狄❶請死之。齊王曰：「鼓鐸❷之聲未聞，矢石未交，長兵未接，子何務死之？為人臣之禮邪？」雍門子狄對曰：「臣聞之，昔者王田於囿，左轂鳴，車右請死之，而王曰：『子何為死？』車右對曰：『為其鳴吾君也。』王曰：『左轂鳴，工師之罪也，子何事之有焉？』車右曰：『臣不見工師之乘，而見其鳴吾君也。』遂刎頸而死。知有之乎？」齊王曰：「有之。」雍門子狄曰：「今越甲至，其鳴吾君也，豈左轂之下哉？車右可以死左轂，而臣獨不可以死越甲也？」遂刎頸而死。是日越人引甲而退七十里，曰：「齊王有臣，鈞❸如雍門子狄，擬使越社稷不血食❹。」遂引甲而歸。齊王葬雍門子狄以上卿之禮。

【章旨】本章贊雍門子狄勇於為君王而死。但用現在的觀點來看，文中的雍門子狄和車右武士都死得毫無意義。

【注釋】❶雍門子狄　人名。❷鐸　大鈴，用來指揮退兵。❸鈞　同「均」。❹血食　古代殺牲取血，用以祭祀。

【語譯】越國軍隊進犯齊國，雍門子狄請求為國而死。齊王說：「戰場上的金鼓之聲尚未聽到，箭石尚未相互發射，長柄兵器尚未交鋒，你為什麼要求死？這是人臣應當做的嗎？」雍門子狄回答說：「我聽說，過去您在獵場打獵，您所乘車的左輪發出響聲，車右的武士要求自殺，而您說：『你為什麼要死？』車右武士回答說：『就為車子左輪的響聲震驚了我的君王。』您說：『左輪有響聲，是工匠的過失，關你什麼事呢？』車右武士說：『我看不到工匠造的車子，只看到這聲音震驚了我的君王。』於是刎頸而死。不知是否有這件事？」齊王說：「有這事。」雍門子狄說：「現在越兵來犯，對您的震懾，難道在左車輪的響聲之下嗎？車右武士可以為左車輪的響聲而死，而我就不能為越兵來犯而死嗎？」於是也刎頸而死。當日越國統帥引兵退卻七十里，說：「齊王的大臣，都像雍門子狄一樣，將要使越國的社稷之神得不到祭祀。」於是引兵而歸。齊王用葬上卿的禮節安葬了雍門子狄。

楚人將與吳人戰，楚兵寡而吳兵眾，楚將軍子囊❶曰：「我擊此國必敗，辱君虧地，忠臣不忍為也。」不復於君，黜兵而退。至於國郊，使人復於君曰：「臣請死。」君曰：「子大夫之遁也，以為利也。而今誠利，子大夫毋死！」子囊曰：「遁者無罪，則後世之為君臣者，皆入不利之名，而效臣遁，若是則楚國終為天下弱矣。臣請死。」退而伏劍。君曰：「誠如此，請成子大夫之義。」乃為桐棺三寸，加斧質❷其上，以徇❸於國。

【章旨】本章意在肯定子囊不惜一死以保全楚國軍事實力的舉動，但所記與史實不合，讀者不可盡信。

【注釋】❶子囊　楚莊王之子公子貞之字。❷質　同「鑕」。古代腰斬刑具的墊座。❸徇　示眾。

【語譯】楚國人與吳國人交戰，楚兵少而吳兵多，楚國將軍子囊說：「我們攻打吳國一定會失敗，使君王受辱、國家失地，忠臣是不忍心這樣做的。」不向君王報告，便把軍隊撤回。到了京城的郊外，派人報告君王說：「我願當死罪。」楚王說：「你的撤退，是為了國家利益。現在又確實對國家有好處，你不要死！」子囊說：「如果臨陣脫逃不算有罪，那麼後代給君王當臣子的人都會以對國家不利為借口，學著我逃跑，像這樣，楚國就會成為世上最虛弱的國家了。我願意去死。」退下伏劍自殺。楚王說：「既然如此，讓我來成全子囊的遺願。」於是用三寸厚的桐木棺材裝殮了子囊，棺木上放置斧鑕，在京城示眾。

宋康公攻阿❶，屠單父❷，成公趙❸曰：「始吾不自知，以為在千乘則萬乘不敢伐，在萬乘則天下不敢圖。今趙在阿而宋屠單父，則是趙無以自立也，且往誅宋。」趙遂入宋，三月不得見。或曰：「何不因鄰國之使而見之？」成公趙曰：「不可。吾因鄰國之使而刺之，則使後世之使不信，荀❹節之信不用，皆曰趙使之然也，不可。」或曰：「何不因群臣道❺徒處之士❻而刺之？」成公趙曰：「不可，吾因群臣道徒處之士而刺之，則後世之臣不見信，辯士不見顧，皆曰趙使之然也，不可。吾聞古之士怒則思理，危不忘義，必將正行以求之耳。」期年，宋康公病死，成公趙曰：「廉士不辱名，信士不惰行。今吾在阿，宋屠單父，是辱名也；事誅宋王，期年不得，是惰行也。吾若是而生，何面目而見天下之士！」遂立槁於彭山之上。

【章旨】本章意在肯定成公趙的所謂「正行」，客觀上卻描繪了一個酸氣十足的書呆子形象。

【注釋】❶阿　即東阿，春秋齊邑。❷單父　齊邑。即今山東省單縣。❸成公趙　人名。❹荀　疑為「符」字之誤。❺道　由；因。❻徒處之士　即處士。有才德而隱居不仕之人。

【語譯】宋康公向東阿進攻，在單父屠殺，成公趙說：「原來我不知道，以為在千乘之國萬乘之國就不敢來討伐，在萬乘之國天下就無人敢謀取。現在我藏在東阿而宋國屠殺單父，這樣會使我無處安身，我將去刺殺宋王。」成公趙到了宋國，三個月過去了，見不到宋王。有人說：「為何不借鄰國使臣朝見的機會去見宋王？」成公趙說：「不行。我若混入鄭國使臣中去刺殺宋王，那麼後世的使臣就不被信任，用作憑證的符節也會失去效用，那時都會說這是成公趙造成的，這樣做不行。」又有人說：「何不混在群臣之中或借隱士之名以朝謁為由刺殺他？」成公趙說：「不行。我若借群臣或隱士朝見的機會殺宋王，那麼後世的臣子就不會被信任，才辯之士就無人理睬，到時則都會說這是成公趙造成的，這樣做不行。我聽說古代的士人在發怒的時候頭腦也是清醒的，在危急的時候仍不忘大義，我一定要用光明正大的辦法找到宋王。」過了一年，宋康公病死了，成公趙說：「廉正之人不使自己的名聲受到汙辱，講信用的人不放鬆行動。現在我在東阿，而宋人屠殺單父，這是對我名聲的汙辱；想謀殺宋王，過了一年還未成功，是我行動懈惰的表現。我像這樣活著，有什麼臉面見天下士人！」於是站在彭山之上枯槁而死。

佛肸❶用中牟❷之縣畔❸，設祿邑❹炊鼎，曰：「與我者受邑，不與我者其烹。」中牟之士皆與之。城北餘子田基獨後至，祛衣將入鼎，曰：「基聞之，義者軒冕❺在前，非義弗受；斧鉞於後，義死不避。」遂祛衣將入鼎，佛肸播而止之。趙簡子屠中牟，得而取之，論有功者，用田基為始。田基曰：「吾聞廉士不恥人，如此而受中牟之功，則中牟之士終身慚矣。」襁負其母，南徙於楚。楚王高其義，待以司馬。

【章　旨】本章贊揚田基義不避死和恥於受功。

【注　釋】❶佛肸　趙簡子家臣，中牟宰。❷中牟　趙之都城。❸畔　同「叛」。❹祿邑　作封賞的土地。❺軒冕　卿大夫的軒車冕服。代指官位爵祿。

【語　譯】佛肸憑藉中牟縣起兵叛亂，把土地作為封賞、把盛有沸水的鼎作為刑具，說：「與我一起幹的可以得到土地，不同我合作的我將把他煮死。」中牟縣的士人都依從他。城北餘子田基獨自一人後到，一邊脫衣入鼎一邊說：

「我聽說，重道義的人面對高官厚祿，若得之不當他決不接受；背加快刀利斧，若死得其所他決不逃避。」於是繼續脫衣準備跳入鼎中，佛肸把他推開了。趙簡子平定了中牟的叛亂，收復了縣城，議論有功人員，把田基評為第一。田基說：「我聽說廉正之士不使別人感受恥辱，像我這樣做就能在中牟立功，那中牟的士人終身都會感到慚愧。」背起他的母親，來到了南方的楚國。楚王敬他能行大義，以司馬的待遇對待他。

齊崔杼❶弒莊公，邢蒯聵❷使晉而反，其僕曰：「崔杼弒莊公，子將奚如？」邢蒯聵曰：「驅之！將入死而報君。」其僕曰：「君之無道也，四鄰諸侯莫不聞也。以夫子而死之，不亦難乎？」刑蒯聵曰：「善，能❸言也，然亦晚矣！子早言我，我能諫之，諫不聽，我能去。今既不諫又不去。吾聞食其祿者死其事，吾既食亂君之祿矣，又安得治君而死之？」遂驅車入死。其僕曰：「人有亂君，人猶死之；我有治長，可毋死乎？」乃結轡自刎於車上。君子聞之曰：「邢蒯聵可謂守節死義矣。死者人之所難也，僕夫之死也，雖未能合義，然亦有志士之意矣。《詩》云：『夙夜匪懈，以事一人。』❹邢生之謂也。孟子曰：『勇士不忘喪其元。』❺僕夫之謂也。」

【章　旨】本章贊揚了邢蒯聵「守節死義」的精神和車夫「不忘喪其元」的志氣。

【注　釋】❶崔杼　齊國大夫，曾殺死齊莊公。❷邢蒯聵　人名。❸能　當作「而」。猶「爾」。第二人稱代詞。❹夙夜匪懈二句　見《詩經．大雅．烝民》。❺勇士不忘喪其元　見《孟子．萬章下》。

【語　譯】齊國崔杼殺死莊公後，邢蒯聵從晉返回齊國，他的車夫說：「崔杼殺死了莊公，你將怎麼辦？」邢蒯聵說：「快趕車走！我要以死報君王。」車夫說：「君王昏暴，四方諸侯無人不知，為這樣一個人去死，不是沒有必要嗎？」邢蒯聵說：「你很會說話，但說晚了！你早些告訴我，我還能夠規勸君王，勸他不聽，我還能離開他。而現在既沒有勸諫又沒有離去。我聽說吃了別人的飯就要為別人出死力，我已經吃了昏君的俸祿又能從哪裡找到一個明君讓我為他效命？」於是驅車赴死。他的車夫說：「別人有個昏亂的君王尚且願意以死報效，我有個懂得大義的主人，我能不為他去死嗎？」於是挽起轡繩，在車上自刎。有德之人聽到此事說：「邢蒯聵可稱得上是保住了節操、為大義而死的人了。死，是人們難以自願去做的，車夫的死雖然不合大義，但也是有志氣的表現。《詩經》說：『早晚不懈，事奉君王。』說的就是邢蒯聵這樣的人。孟子說：『勇敢的人隨時隨地都不忘記奉獻自己的頭顱。』說的就是車夫這樣的人。」

燕昭王❶使樂毅❷伐齊，閔王❸亡。燕之初入齊也，聞蓋邑❹人王歜❺賢，令於三軍曰：「環蓋三十里毋入。」以歜之故。已而使人謂歜曰：「齊人多高子之義，吾以子為將，封子萬家。」歜固謝燕人，燕人曰：「子不聽，吾引三軍而屠蓋邑。」王歜曰：「忠臣不事二君，貞女不更二夫。齊王不聽吾諫，故退而耕於野。國既破亡，吾不能存，今又劫之以兵，為君將，是助桀為暴也。與其生而無義，固不如烹。」遂縣其軀於樹枝，自奮絕脰而死。齊亡大夫聞之曰：「王歜布衣，義猶不背齊向燕，況在位食祿者乎？」乃相聚如莒❻，求諸公子，立為襄王。

【章旨】本章宣揚了「忠臣不事二君」的思想。

【注釋】❶燕昭王 戰國時燕國國君，名平，為破齊復國，曾卑身厚幣，以招賢者。後以樂毅為上將軍，下齊七十餘城。

在位三十三年，諡「昭」。❷樂毅 為燕昭王亞卿，曾率趙、楚、韓、魏、燕五國之兵伐齊，下齊七十餘城。以功封昌國君。後至趙國，趙封之於觀津，號望諸君，卒於趙。❸閔王 指齊湣王。❹蓋邑 春秋齊邑名。❺王歜 人名。❻莒 在齊國東境。

【語譯】燕昭王派樂毅討伐齊國，齊閔王逃走。燕軍剛進入齊國的時候，就聽說蓋邑王歜是位賢人，樂毅命令三軍說：「蓋邑周圍三十里不許進入。」這是因為王歜住在這裡的緣故。不久派人對王歜說：「齊國很多人敬重你的德操，我將推舉你作將軍，封你萬戶之邑。」王歜堅決拒絕燕人。燕人說：「你若不從，我引三軍屠殺蓋邑。」王歜說：「忠臣不事奉兩個君王，貞潔的女子不嫁兩個丈夫。齊王不聽從我的勸諫，所以我離開朝廷到鄉下種田。國家已經滅亡，我也不能生存下去，現在你們又以武力相劫持，要我作你們的將軍，這是要我幫助夏桀幹壞事，與其苟且偷生，不如去死。」於是把自己吊在樹枝上，自己用力勒斷脖子而死。齊國的一些遺臣知道此事後說：「王歜只是一個普通百姓，尚且不肯背叛齊國順從燕國，何況我們這些有職位享俸祿的人呢？」於是聚集到莒地，找到太子，立為齊襄王。

左儒友於杜伯，皆臣周宣王❶。宣王將殺杜伯而非其罪也，左儒爭之於王，九復之而王弗許也。王曰：「別君而異❷友，斯汝也。」左儒對曰：「臣聞之：君道友逆，則順君以誅友；友道君逆，則率友以違君。」王怒曰：「易而言則生，不易而言則死。」左儒對曰：「臣聞古之士，不枉義以從死，不易言以求生，故臣能明君之過，以死❸杜伯之無罪。」王殺杜伯，左儒死之。

【章旨】本章贊揚左儒堅持真理，敢於以死而違君的精神。

【注　釋】❶周宣王　名靜。曾使周朝復興。在位四十六年，諡「宣」。❷異　或作「黨」。❸死　或作「正」。

【語　譯】左儒同杜伯是朋友，都是周宣王的臣子。周宣王將要殺杜伯而杜伯並無罪過，左儒在宣王面前力爭，多次上奏而宣王不許。宣王說：「與君王離心與朋友結黨，就是你這個樣子。」左儒回答說：「我聽說：君王有道而朋友無道，就應該順從君王譴責朋友；朋友有道而君王無道，就應該夥同朋友抵制君王。」宣王惱怒，說：「改正你的話你可以活著，不改正就要把你處死。」左儒回答：「我聽說古代士人不會不顧大義輕易去死，也不會改變正確的言論去求活命，所以我能夠指出君王的過失，冒死表明杜伯無罪。」宣王殺了杜伯，左儒為杜伯而死。

莒穆公有臣曰朱厲附，事穆公，不見識焉。冬處於山林食杼❶栗，夏處於洲澤食菱藕。穆公以難死，朱厲附將往死之。其友曰：「子事君而不見識焉，今君難，吾子死之，意者其不可乎！」朱厲附曰：「始我以為君不吾知也，今君死而我不死，是果不知我也；吾將死之，以激天下不知其臣者。」遂往死之。

【章　旨】本章寫一個不被君王賞識、重用的臣子，在君王遇難之後以身殉君，從而贊美他對君王的絕對忠誠。

【注　釋】❶杼　別本作「橡」。

【語　譯】莒穆公有個臣子叫朱厲附，朱厲附為穆公辦事，但並不被穆公賞識。他冬天居住在山林吃橡子、栗子，夏天住在河邊吃菱角、蓮藕。穆公死於難，朱厲附要前往相殉，他的朋友說：「你為君王辦事，但不為君王賞識，現在君王遇難，你要去陪死，我認為不恰當。」朱厲附說：「當初我認為君王不了解我，現在君王死了，而我不去死，就會讓君王永遠不了解我；我要為君王而死，為的是啟發天下那些不了解臣屬的君王。」於是前往殉難。

楚莊王獵於雲夢❶，射科雉❷得之，申公子倍攻而奪之，王將殺之，大夫諫曰：「子倍自好者也，爭王雉必有說，王姑察之。」不出三月，子倍病而死。邲❸之戰，楚大勝晉，歸而賞功，申公子倍之弟請賞於王曰：「人之有功也於軍旅，臣兄之有功也於車下❹。」王曰：「奚謂也？」對曰：「臣之兄讀故記曰：『射科雉者，不出三月必死』，臣之兄爭而得之，故夭死也。」王命發乎府而視之，於記果有焉，乃厚賞之。

【章　旨】本章歌頌申公子倍不惜以身替君王去死的忠君行為。

【注　釋】❶雲夢　雲夢澤，在今湖北省。❷科雉　野雞名。❸邲　地名，在今河南省鄭縣東面。❹人之有功也於軍旅二句　原作「人之有功也賞於車下」，據向宗魯《說苑校證》改。

【語　譯】楚莊王在雲夢澤狩獵，射中了一隻科雉，申公子倍強行搶走了。莊王要殺他，大夫勸阻說：「子倍是一個自愛的人，爭奪您的野雞必有緣故，您暫且把事情弄清楚再說。」沒過三個月，子倍病死。邲之戰，楚國大勝晉國，回師後論功行賞，申公子倍的弟弟向楚王要賞賜，他說：「別人的功勞建立在軍隊裡，我哥哥的功勞卻在戰車下。」莊王問：「為什麼這樣說？」申公子倍的弟弟說：「我的哥哥讀古書，古書上說：『射野雞的人，不超過三個月一定會死去』，我哥哥搶走野雞，所以短命死了。」莊王下令打開書庫查看，古書上果然有這樣的記載，於是重賞申公子倍的弟弟。

卷五

貴德

【題解】本篇闡述貴德施仁的重要性和必要性。

聖人之於天下百姓也，其猶赤子乎！饑者則食之，寒者則衣之；將❶之養之，育之長之，惟恐其不至於大也。《詩》云：「蔽芾❷甘棠❸，勿剪勿伐，召伯所茇❹。」❺《傳》曰：「自陝❻以東者周公主之，自陝以西者召公主之。」❼召公述職❽當桑蠶之時，不欲變民事，故不入邑中，舍于甘棠之下而聽斷焉，陝間之人皆得其所。是故後世思而歌詠之。善之故言之，言之不足，故嗟嘆之，嗟嘆之不足，故歌詠之。夫詩，思然後積，積然後滿，滿然後發，發由其道而致其位焉。百姓嘆其美而致其敬，甘棠之不伐也，政教惡乎不行？孔子曰：「吾於〈甘棠〉，見宗廟之敬也甚❾。尊其人必敬其位，順安萬物，古聖人道幾哉！」

【章　旨】本章講統治者如果施德於民，不僅本人受百姓尊敬、贊美，就連與他有些許關聯的東西也會受到百姓的珍惜和保護，從而說明施德政、行教化的重要。

【注　釋】❶將　養。❷蔽芾　樹木茂盛貌。❸甘棠　木名，即今之棠梨樹，果味甘美。❹茇　在草間住宿。❺蔽芾甘棠三句　見《詩經・召南・甘棠》。這首詩反映了這樣一個故事：西周成王時，其叔父召公奭到民間巡察，曾在一棵甘棠樹下休息並處理民事。後來這棵甘棠樹被百姓恭敬地保護著，成了清官愛民的象徵。❻陝　此指河南省陝縣。❼自陝以東者周公主之二句　見《公羊・隱公五年傳》。❽述職　本指到任。此指外出巡察。

【語　譯】聖人對待老百姓，就像對待小孩子一樣，餓了就給他食物吃，冷了就給他衣服穿，養育他，使他成長，生怕他不能長大。《詩經》說：「茂盛的甘棠樹，不要剪斷，不要砍伐，因為這是召伯住宿過的地方。」《公羊傳》說：「陝縣以東的地方由周公管轄，陝縣以西的地方由召公管轄。」召公外出巡察是在養蠶正忙的春天，為了不干擾百姓的農事，所以不到村子中去，而在一棵甘棠樹下住下來處理民間事務，把當地百姓的各種事情都處理得很好。因此後世之人懷念他，喜歡他。對某個人或事，喜歡、贊同才加以誇獎，認為誇獎還不夠便加以贊嘆，認為贊嘆還不夠便加以歌詠。那詩歌，便是詩人情感積累、充斥、爆發的結果，情感的表達有一定的方式，並能收到一定的效果。老百姓贊嘆召公的美行，並表達出他們對召公的敬意，保護著甘棠不讓它被砍伐。這樣，德政教化為什麼不能推行？孔子說：「我從〈甘棠〉這首詩中受到啟發，見到宗廟便生出特別的敬意。尊敬一個死去的人一定要敬重他的牌位。讓萬物各得其所，這是接近古代聖人治國安民之道的。」

　　仁人之德教也，誠惻隱❶於中，悃愊❷於內，不能已於其心。故其治天下也，如救溺人，見天下強陵弱，眾暴❸寡；幼孤羸露，死傷係虜，不忍其然。是以孔子歷七十二君，冀道之一行而得施其德，使民生於❹全育，烝庶❺安土，萬物熙熙❻，各樂其終，卒不遇。故睹麟而泣❼，哀道不行，德澤不洽❽，於是退作《春秋》，明素王❾之道，以示後人，思施其惠，未嘗輟忘。是以百王尊之，志士法焉，誦其文章，傳今不絕，德及之也。《詩》曰：「載馳載驅，周爰咨謀。」❿此之謂也。

【章旨】本章講仁人懷仁心施仁政。孔子一生的作為，即為此目的而努力。

【注釋】❶惻隱　同情。❷悃愊　至誠。❸暴　欺淩。❹於　疑為衍文。❺烝庶　百姓。❻熙熙　和樂貌。❼睹麟而泣　據《公羊．哀公十四年傳》載，當時獵獲一隻麒麟，孔子認為象徵大道衰微，掩面大哭。❽洽　霑濡。❾素王　無冕之王，指孔子。❿載馳載驅二句　見《詩經．小雅．皇皇者華》。載，虛詞。

【語譯】有仁慈心腸的人之所以施行德政教化，實則因為內心藏有同情、至誠之意，又不能讓它們不表現出來。所以仁人治理天下，就像拯救溺水的人一樣，他們看到世上強大的欺淩弱小的，人多的欺淩人少的，年幼無依者羸弱而沒人庇護，死的死，傷的傷，有的被囚繫，有的當俘虜，內心實在不忍。所以孔子游說七十二位君王，希望推行大道而施行德政，使百姓得以保全、蕃衍，眾人獲得土地，萬物和樂，各得其所，但始終沒遇上明君。所以看到麒麟被獵獲而痛哭，為大道不能推行、恩惠不能廣布而悲傷，於是回家作《春秋》，闡明自己的理想，昭示後人，他想把恩惠普施於人間，從未中斷。因此歷代君王尊重他，志士效法他，誦讀他的文章，至今不斷絕，這是孔子大德所產生的影響。《詩經》說：「乘著車四處奔走，忠實地探求良謀。」就是對此而言的。

聖王布德施惠，非求報於百姓也；郊望禘嘗❶，非求報於鬼神也。山致其高，雲雨起焉；水致其深，蛟龍生焉；君子致其道德，而福祿歸焉。夫有陰德者，必有陽報，有隱行者必有昭名。古者溝防不修，水為人害，禹鑿龍門❷，闢伊闕❸，平治水土，使民得陸處；百姓不親，五品❹不遜，契教以君臣之義，父子之親，夫婦之辨，長幼之序；田野不修，民食不足，后稷教之闢地墾草，糞土樹穀，今百姓家給人足。故三后❺之後，無不王者，有陰德也。周室衰，禮義廢，孔子以三代之道，教導於後世，繼嗣至今不絕者，有隱行也。

【章　旨】本章講廣布恩德，不圖報賞而報賞必至；多做好事，不求聲名而聲名自顯。

【注　釋】❶郊望禘嘗　四者皆古代祭名。「郊」是祭天。「望」是祭日月、星辰、山川。「禘」、「嘗」是祭宗廟。❷龍門　山名，在河南省洛陽縣南。❸伊闕　即龍門。❹五品　即五常。父、母、兄、弟、子。❺三后　夏禹、商湯、周文王。

【語　譯】聖明的君王行德政施恩惠，並不希望百姓來報答；舉行各種祭祀活動，也並不希望鬼神來報答，山達到一定的高度，雨雲便從那裡興起，水達到一定的深度，蛟龍便從那裡產生；君子行道布德，福祿便歸他所有。暗中積德的人一定會得到公開的報賞，暗中做好事的人，一定會有顯赫的名聲。從前沒有修築溝渠堤壩，大水成災，大禹鑿開了龍門山，治水整土，使百姓能在陸地上居住；百姓相互不親近，父子兄弟之間不和順，契教導人們如何處理君臣、父子、夫婦、長幼之間的關係；田地荒蕪，百姓糧食不足，后稷教導人民開地除草，施肥種糧，使家家戶戶豐衣足食。所以禹、契、稷的後代夏、商、周，沒有哪一朝沒有行王道的帝王，這是因為他們的祖先積了陰德的結果。周朝衰敗，禮義廢弛，孔子用夏、商、周的聖賢之道教導後世之人，使大道至今承續不斷，這是孔子為後代做的好事。

〈周頌〉曰：「豐年多黍❶多稌❷，亦有高廩❸，萬億及秭❹，為酒為醴❺，烝畀❻祖妣，以洽❼百禮，降福孔❽偕❾。」❿《禮記》曰：「上牲損則用下牲⓫，下牲損則祭不備物。」以其外⓬之為不樂也。故聖人之於天下也，譬猶一堂之上也，今有滿堂飲酒者，有一人獨索然⓭向隅而泣，則一堂之人皆不樂矣。聖人之於天下也，譬猶一堂之上也，有一人不得其所，則孝子不敢以其物薦進。

【章旨】本章講聖人遍施德澤，不遺漏一人。

【注釋】❶黍 小米。❷稌 稻。❸廩 糧倉。❹秭 數量單位，或以為億億為秭。❺醴 甜酒。❻烝畀 獻給。❼洽合。❽孔 甚。❾偕 遍。❿豐年多黍多稌等句 見《詩經・周頌・豐年》。⓫上牲損則用下牲 古代祭祀所用的祭品，因祭祀者的身分不同各不相同。據《禮記・雜記・孔穎達正義》載：天子、諸侯及天子大夫常祭用太牢（以一頭牛作供品），若凶年，降用少牢（以一頭羊作供品）；諸侯之卿大夫，常用少牢，降用特豕（以一頭豬作供品）；上常用特豕，降用特豚（以一頭小豬作供品）。由此看來，常用者為「上牲」，降用者為「下牲」。⓬舛 錯亂。⓭索然 流淚貌。

【語 譯】《周頌》說：「豐年黍稻吃不完，米倉糧食億萬石，用這新米造新酒，獻給歷代男女祖先嚐個夠。子孫祭祀樣樣合禮義，神靈降福又大又普及。」《禮記》說：「沒有上等祭品就用下等的，沒有下等的就不用別的東西代替。」因為胡亂祭祀會使神靈不高興。所以聖明的君王看待天下人，就像一家之主看待一家人一樣，現在滿屋坐著人飲酒，卻有一個人對著牆壁抽泣流淚，那麼一屋人都會感到掃興。聖明的君王對待天下人，就像祖先對待自家的後代一樣，若家中有一人未得到妥善的安置，便內心悽惶不安。此時，即使是孝子也不敢向他進獻祭品。

魏武侯❶浮西河而下，中流，顧謂吳起❷曰：「美哉乎！河山之固也，此魏國之寶也。」吳起對曰：「在德不在險。昔三苗❸氏左洞庭，右彭蠡，德義不修，而禹滅之；夏桀之居，左河濟，右太華❹，伊闕在其南，羊腸❺在其北，修政不仁，湯放之；殷紂之國，左孟門❻而右太行，常山❼在其北，大河經其南，修政不德，武王伐之。由此觀之，在德不在險。若君不修德，船中之人盡敵國也。」武侯曰：「善。」

【章旨】本章講國家的鞏固和安全，主要在於君王推行德政而不在於軍事上扼守險要。

【注釋】❶魏武侯　戰國時魏文侯之子。❷吳起　魏國大將。❸三苗　南方諸苗族。❹太華　即華山。❺羊腸　即羊腸阪，在山西省交城縣東南。❻孟門　山名，在太行山東面。❼常山　即恆山。

【語譯】魏武侯泛舟，沿黃河東下，船至河中，回頭對吳起說：「真美呀！河山如此堅固，這可是魏國最寶貴的東西。」吳起說：「國家的鞏固，在於行德政不在於據守險要。從前，三苗氏左有洞庭湖，右有鄱陽湖，因為不講德義，大禹消滅了他；夏桀所在之地，左有黃河、濟水，右有華山，龍門山在他的南面，羊腸阪在他的北面，由於不施仁政，商湯趕走了他；商紂王的國家，左有孟門，右有太行，恆山在北面，黃河在南面，由於不行德政，周武王討伐他。由此看來，重要的是施德而不是據險。如果您不行德政，這船中之人都是您的敵人。」武侯說：「您說得對。」

武王克殷，召太公而問曰：「將奈其士眾何？」太公對曰：「臣聞愛其人者，兼屋上之烏；憎其人者，惡其餘胥❶。咸劉❷厥敵，使靡有餘，何如？」王曰：「不可。」太公出，邵公入，王曰：「為之奈何？」邵公對曰：「有罪者殺之，無罪者活之，何如？」王曰：「不可。」邵公出，周公入，王曰：「為之奈何？」周公曰：「使各居其宅，田其田，無變舊新，唯仁是親，百姓有過，在予一人。」武王曰：「廣大乎平天下矣。」凡所以貴士君子者，以其仁而有德也。

【章 旨】本章講為了平治天下，即使對俘虜也應該懷仁施德。

【注 釋】❶餘胥 亦作「儲胥」。木柵藩籬之類，作防衛之用。❷劉 殺。

【語 譯】武王滅了殷朝後，召見太公問道：「應該怎樣處理殷朝眾多的士人？」太公回答說：「我聽說，喜歡某個人，連這人屋上的烏鴉也看得順眼；憎恨某個人，連他屋旁的藩籬也深惡痛絕。把這些士人全都殺掉，不讓一個留著，怎麼樣？」武王說：「不行。」太公退出，邵公進去，武王問：「應該怎麼辦？」邵公回答說：「有罪的殺掉，無罪的讓他活著，怎麼樣？」武王說：「不行。」邵公退出，周公進去，武王問：「應該怎麼辦？」周公回答說：「讓他們各住自己的房屋，種自己的田地，無論是新來的殷朝遺民還是周朝原來的百姓，一律對待，誰講仁義就親近誰。這些士人過去犯有過錯，責任在殷王一人身上。」武王說：「你的眼光遠大，胸懷寬廣，天下可平定了。」

凡是愛護士人君子的人，心懷仁愛而行有道德。

孔子曰：「里仁為美，擇不處仁，焉得智？」❶夫仁者，必恕然後行，行一不義，殺一無罪，雖以得高官大位，仁者不為也。夫大仁者，愛近以及遠，及其有所不諧，則虧小仁以就大仁。大仁者，恩及四海；小仁者，止於妻子。妻子者❷，以其知營利，以婦人之恩撫之，飾其內情，雕畫其偽，孰知其非真？雖當時蒙榮，然士君子以為大辱。故共工❸、驩兜❹、符里❺、鄧析❻，其智非無所識也，然而為聖王所誅者，以無德而苟利也。豎刁❼、易牙❽，毀體殺子以干利，卒為賊於齊。故人臣不仁，篡弒之亂生；人臣而仁，國治主榮；明主察焉，宗廟大寧。夫人臣猶貴仁，況於人主乎！故桀紂以不仁失天下，湯武以積德有海土，是以聖王貴德而務行之。孟子曰：「推恩足以及四海；不推恩不足以保妻子。」古人所以大過人者無

他焉，善推其所有而已。」❾

【章　旨】本章講無論為臣為君，均要注重仁德。

【注　釋】❶里仁為美三句　見《論語·里仁》。❷妻子者　疑當作「止於妻子者」。❸共工　相傳為堯的大臣，和驩兜、三苗、鯀並為四凶，被堯流於幽州。❹驩兜　傳為堯時四凶之一，被堯流放於崇山。❺符里　人名，或以為即「付里乙」，見《荀子·宥坐》。❻鄧析　春秋鄭國大夫，是名家的代表人物。❼豎刁　齊桓公宮中寺人。❽易牙　齊桓公饔人（掌飲食之事），傳說烹其子以進桓公，深受寵幸，桓公卒，與豎刁等作亂。❾推恩足以及四海等句　見《孟子·梁惠王上》。

【語　譯】孔子說：「居住在有仁德的地方才好，選擇住處卻不找有仁德的地方，怎算是聰明呢？」一個有仁德的人，凡事都先替別人想想然後才付諸行動，做一件不義的事，殺一個無辜的人，雖然可以因此而獲得大官顯爵，仁德的人是不會幹的。特別重仁德的人，愛身邊的人並把這種愛播及遠方，當事情出現矛盾時，就犧牲小仁而成就大仁。大仁是指把恩惠施於普天之下，小仁是指把恩惠施於妻子兒女。只顧自己的妻子兒女的人，能用自己的智慧謀取利益，對別人施一點小恩小惠，掩蓋內心想法，製造各種假象，以為誰都不知道這不是他的真面目。這種人雖然一時蒙受榮寵，但士人君子卻認為這是最可恥的事。所以共工、驩兜、符里、鄧析這幫人，他們的智能並非低到對這些道理不能理解，但他們被聖明的君王誅殺，其原因在於他們不講仁德而苟且取利。豎刁、易牙，殘毀自己的身體，並不惜殺死自己的兒子來謀求個人的好處，終於為害齊國。所以做臣子的不講仁義，篡位弒君的禍亂便會產生；做臣子的講仁義，則國家太平、君王榮耀。君王明智，則王位永固。人臣尚且要重視仁德，何況君王呢！桀紂因為不施仁德而丟掉天下，湯武因為廣施德政而據有四海。所以聖明的君王注重德政並堅決貫徹實行。孟子說：「施恩惠可以控制天下，不施恩難以保住妻子兒女。古代聖人之所以能大大超過一般人，並無其他原因，只是善於把好處分給別人罷了。」

晏子飲景公酒，令器必新。家老❶曰：「財不足，請斂於民。」晏子曰：「止。夫樂者上下同之，故天子與天下，諸侯與境內，自大夫以下各與其僚，無有獨樂。今上樂其樂，下傷其費，是獨樂者也，不可。」

【章旨】本章講統治者要與人民共享歡樂，而不可把自身的享樂建立在人民的痛苦之上。

【注釋】❶家老　家臣。

【語譯】晏子要請景公飲酒，吩咐器皿一定用新的。家臣說：「錢不夠，請向百姓收取。」晏子說：「算了吧。行樂要上下共同進行，所以天子與天下人同樂，諸侯與本國人同樂，自大夫以下的官員各與自己的僚屬同樂，沒有獨自取樂的。現在在上位的人只顧自己享樂，在下的人卻要為此花費錢財，這是獨自取樂，是不應該的。」

齊桓公北伐山戎氏❶，其道過燕，燕君逆而出境。桓公問筦仲曰：「諸侯相逆，固出境乎？」筦仲曰：「非天子不出境。」桓公曰：「然則燕君畏而失禮也，寡人不道而使燕君失禮。」乃割燕君所至之地以與燕君。諸侯聞之，皆朝於齊。《詩》云：「靖恭爾位，好是正道，神之聽之，介爾景福。」❷此之謂也。

【章旨】本章講燕君和桓公均因恭謙有禮而獲得好處，從而說明行「正道」的重要。

【注釋】❶山戎氏　古代北方民族名，亦稱北戎。❷靖恭爾位四句　見《詩經・小雅・小明》。

【語譯】齊桓公討伐山戎，路過燕國，燕國君王走出燕國國境到齊國來迎接。桓公問管仲說：「諸侯迎接諸侯，本應該走出自己的國境嗎？」管仲說：「不是迎接天子不應該走出國境。」桓公說：「這樣看來，燕國國君是因為害怕我，才做出這種不合禮儀的事來的。我不講道義而導致燕國君王失禮。」於是把燕君所經過的齊國土地割讓給燕君。諸侯聽說此事，都到齊國來朝拜。《詩經》上說：「恭敬地對待你的職守，愛好那些正道，神靈知道後，就會賜給你大福。」說的就是這類事。

景公探爵鷇❶，鷇弱，故反之。晏子聞之，不待請而入見。景公汗出惕然。晏子曰：「君胡為者也？」景公曰：「我探爵鷇，鷇弱，故反之。」晏子逡巡❷北面再拜而賀之：「吾君有聖王之道矣。」景公曰：「寡人探入爵鷇，鷇弱，故反之，其當聖王之道者何也？」晏子對曰：「君探爵鷇，鷇弱，故反之，是長幼也。吾君仁愛，禽獸之加焉，而況於人乎？此聖王之道也。」

【章旨】本章寫晏子抓住齊景公不忍心傷害弱鳥之事，借題發揮，說明行仁政的重要。

【注釋】❶爵鷇　須母鳥哺食的雛鳥。爵，通「雀」。❷逡巡　遲疑徘徊，欲行又止。

【語譯】景公探取巢中雛鳥，雛鳥非常弱小，便放還巢中。晏子聽說此事，不等召見便進宮見景公。景公滿頭出汗而內心愧懼。晏子問：「您幹了什麼事？」景公說：「我探取巢中的雛鳥，雛鳥弱小，便放回去了。」晏子慢慢上前面對君王鄭重行禮並祝賀說：「您具備了聖王的大道了。」景公說：「我探取雛鳥，雛鳥弱，便放回去了，這怎麼是符合聖王之道呢？」晏子回答說：「您探取雛鳥，雛鳥弱小，便放回巢中，這是想讓弱小的東西健康成長。您有仁愛之心，施加到禽獸身上，何況對於人呢？這便是聖王之道。」

景公睹嬰兒有乞於途者，公曰：「是無歸夫？」晏子對曰：「君存，何為無歸？使養之，可立而以聞。」

【章 旨】本章講君王是人民的依靠，為君者應該憐幼惜貧。

【語 譯】景公看見路上有一個乞討的幼兒，問道：「他是無家可歸吧？」晏子回答說：「有您君王在，怎會無家可歸？假如收養了他，此事便可立即傳揚出去。」

景公遊於壽宮，睹長年負薪而有饑色，公悲之，喟然嘆曰：「令吏養之。」晏子曰：「臣聞之，樂賢而哀不肖，守國之本也。今君愛老而恩無不逮，治國之本也。」公笑有喜色。晏子曰：「聖王見賢以樂賢，見不肖以哀不肖。今請求老弱之不養，鰥寡之不室者，論而供秩焉。」景公曰：「諾。」於是老弱有養，鰥寡有室。

【章 旨】本章講安養百姓是治國之本。

【語 譯】景公到壽宮遊覽，看見一個老人揹柴而面帶饑餓之色，景公認為可憐，嘆惜說：「叫官吏贍養他吧。」晏子說：「我聽說，喜歡賢人而同情無能的人，是維持國家統治的根本。現在您惜憐老人並把恩惠施及所有的人，這是把國家治理好的根本。」景公現出笑容，十分得意。晏子說：「聖明的君王看到賢人就喜歡他，見到不賢的就憐憫他。現在我請求您將年老體弱而無人奉養的人，鰥夫寡婦沒有家室的人，分別情況而加以供養安頓。」景公說：「可以。」於是老弱有人供養，鰥寡有了家室。

桓公之平陵❶，見家人❷有年老而自養者，公問其故，對曰：「吾有子九人，家貧無以妻之，吾使傭而未返也。」桓公取外御者五人妻之。管仲入見曰：「公之施惠不亦小矣。」公曰：「何也？」對曰：「公待所見而施惠焉，則齊國之有妻者少矣。」公曰：「若何？」管仲曰：「令國丈夫三十而室，女子十五而嫁。」

【章旨】本章講對於男婚女嫁、養老送終等人民的基本問題，統治者要從根本上加以解決，而不能以施小惠的方法解決個別的困難。

【注釋】❶平陵　齊邑。❷家人　平民；百姓。

【語譯】齊桓公來到平陵，看見民家有一個年老而獨自過活的人，桓公問其緣故，老人回答說：「我有九個兒子，家中貧窮無法娶妻，我叫他們出外幫工而沒有回來。」桓公把五個宮女送給他家為妻。管仲進來見桓公說：「您所施的恩惠不是太小了嗎？」桓公問：「什麼意思？」管仲回答說：「您只是等親自看到後才施給人家恩惠，那麼齊國有妻子的人就會很少。」桓公問：「應該怎麼辦？」管仲說：「下令要齊國的男子三十歲一定成家，女子十五歲一定出嫁。」

孝宣皇帝❶初即位，守廷尉吏路溫舒❷上書言尚德緩刑，其詞曰：「陛下初即至尊，與天合符，宜改前世之失，正始受之統，滌煩文，除民疾，存亡繼絕，以應天德，天下幸甚。臣聞往者秦有十失，其一尚存，治獄吏是也。昔秦之時，滅文學，好武勇，賤仁義之士，貴治獄之吏，正言謂之誹謗，謁❸過謂之妖言。故盛服先生❹，不用於世，忠良切言，皆鬱於胸，譽諛之聲，日滿於耳，虛美薰心，實禍蔽塞，此乃秦之所以亡天下也。方今海內賴陛下厚恩，無金革❺之危、饑寒之患，父子夫婦，戮力安家，天下幸甚。然太平之未洽者，獄亂之也。夫獄，天下之命，死者不可生，斷者不可屬。《書》曰：『與其殺不辜，寧失不經。』❻今治獄吏則不然，上下相驅，以刻為明，深者獲公名，平者多後患；故治獄吏皆欲人死，非憎人也，自安之道，在人之死。是以死人之血，流離於市，被刑之徒，比肩而立，大辟❼之計，歲以萬數，此聖人所以傷，太平之未洽，凡以是也。人情安則樂生，痛則思死，捶楚之下，何求而不得？故囚人不勝痛，則飾誣詞以示之；吏治者利其然，則指道以明之；上奏恐卻，則鍛煉❽而周內之；蓋奏當之成，雖皋陶❾聽之，猶以為死有餘罪。何則？成鍊之者眾，而文致之罪明也。是以獄吏專為深刻，殘賊而無理，偷為一切，不顧國患，此世之大賊也。故俗語云：『畫地作獄，議不可入；刻木為吏，期不可對。』此皆疾吏之風，悲痛之辭也。故天下之患，莫深於獄，敗法亂政，離親塞道，莫甚乎治獄之吏。此臣所謂一尚存也。臣聞烏鷇之卵不毀，而後鳳凰集；誹謗之罪不誅，而後良言進。故《傳》曰：『山藪藏疾，川澤納汙，國君含垢，天之道也。』❿臣昧死上聞，願陛下察誹謗，聽切言，開天下之口，廣箴諫之路，改亡秦之一失，遵文、武之嘉德，省法制，寬刑罰，以廢煩獄，則太平之風可興於世，福履⓫和樂，與天地無極，天下幸甚。」書奏，皇帝善之。後卒於臨淮太守。

【章旨】本章反對酷吏專行，主張「省法制，寬刑罰，廢煩獄」。

【注　釋】❶孝宣皇帝　即漢宣帝劉詢。❷路溫舒　字長君，西漢昭、宣二帝時為臣，曾官守廷尉史、臨淮太守等職。❸謁　告發；告訴。❹盛服先生　盛服指衣冠整齊，盛服先生此借指爵位顯耀而心底正直之人。❺金革　金指兵器，革指甲冑，金革即戰爭的代稱。❻與其殺不辜二句　見《尚書・大禹謨》。❼大辟　死刑。❽鍛煉　羅織罪名。❾皐陶　傳說為舜時的獄官之長。❿山藪藏疾四句　見《左傳・宣公十五年》。⓫履　祿。即福。

【語　譯】孝宣皇帝剛剛登基，守廷尉史路溫舒便向皇帝上書，談崇尚仁德，寬緩刑罰，書中說：「陛下剛登帝位，與天意相合，應該改正以前的失誤，端正剛承接的統治，廢掉煩瑣的規章制度，解除人民的疾苦，保存滅亡了的事物，賡續斷絕了的世系，以合上天的恩德，若能如此，天下人會感到莫大的幸運。我聽說以前的秦朝有十大失誤，其中有一種至今還存在，那便是仍有辦案子的官員弄權害人。從前的秦朝，滅絕文化，崇尚武力，輕視講仁義的士人，重用辦案子的官吏，把正確的言論視為別有用心的攻擊，把揭露過失的意見當作蠱惑人心怪論。因此，正直勤勉的官員，不被世上任用，忠誠善良的真話，鬱積在心中無從發表，歌功頌德之詞，每天充塞君王的耳際，君王被虛偽的贊美蒙蔽心竅，實際上卻由於不了解真情而遭受禍患，這便是秦朝之所以失去天下的原因。現在全國依賴君王您的大恩，沒有戰爭危機，沒有饑寒災患，父與子、夫與妻，合力建好家庭，天下人都非常幸運。但世道尚未達到太平，這是亂斷官司造成的。斷案，關係到天下人的生命，死了的不能復生，斷了的不能連接起來。《尚書》上說：「與其濫殺無罪之人，不如自己犯違反常法之過失。」現在的辦案官員卻不是這樣，上下級之間相互爭比，把苛刻當作精明，特別嚴厲的人能得到公正的名聲，而處事公平的人卻有許多的後患；所以辦案的官員都想把別人整死，並不是他們恨這些人，而是因為保全自己的方法，在於整死別人。所以死人的鮮血，流滿街市，受刑的犯人，並肩站立，殺人之數，每年上萬。聖人之所以哀傷天下未達到太平，都是因為這些原故。按人之常情，安寧便希望活著，痛苦便希望死去，在重刑拷打之下，有什麼口供不能逼到？囚犯忍受不了苦刑，便編造假話迎合獄官；獄官為了辦案方便，便定出口供來誘導犯人；上報案情時怕被駁回，便把案卷做得非常周密；當材料湊成上報後，便是皐陶來審理這件案子，也會認為這犯人死有餘辜。為什麼呢？因為對案情琢磨加工的人多，給犯人羅織的罪狀明顯。所以獄官一味地嚴厲苛毒，殘暴而不講道理，苟且應付當前，不顧國家後患，這是世上的大害。俗話說：「畫地為牢，公正的議論傳不進去；刀筆之吏，做成的案子無法反駁。』這都是痛恨獄吏專橫成風，內心無比悲痛的感慨。所以說，天下的禍害，沒有比辦案殺人更大的了。敗壞法紀擾亂朝政、離散親人堵塞正道，沒有誰比治獄之吏來得更厲害的了。這便是我所說的秦朝的一種過失至今仍然存在。我聽說雀鳥的蛋不遭毀壞，然後鳳凰才會聚集；指責過失不被誅殺，然後良言才會進上。所以《左傳》上說：『山嶺沼澤藏有隱患，河流湖泊容納汙穢，國君忍受恥辱，這是上天的安排。』我冒死講了這些話，希望您明察指責過失的意見，聽取真切的言論，使天下人敢於說話，擴大勸諫的言路，改正亡秦的這一過失，遵循文王、武王的美德，簡化法令制度，寬緩刑罰，廢棄苛煩的訟獄，那麼太平的景象便能在世上出現，人間的幸福、祥和、歡樂，便能與天地長存，天下人將因此而感到非常幸運。」奏章送上，皇帝認為意見很好。路溫舒後來死在臨淮太守任上。

晉平公春築臺，叔向曰：「不可。古者聖王貴德而務施，緩刑辟而趨民時。今春築臺，是奪民時也。夫德不施則民不歸，刑不緩則百姓愁，使不歸之民，役愁怨之百姓，而又奪其時，是重竭也。夫牧百姓，養育之而重竭之，豈所以定命安存，而稱為人君於後世哉？」平公曰：「善！」乃罷臺役。

【章　旨】本章通過叔向勸平公不可誤農時而興徭役的記敘，表達了希望統治者注重百姓根本利益的思想。

【語　譯】晉平公要在春季修築高臺，叔向說：「不應該這樣做。古代的聖明君王注重行德政而努力施恩惠，寬緩刑法而鼓勵百姓按時耕種。現要在春天修築高臺，這便耽誤百姓的農時。如果不施恩德，百姓便不會歸服，刑罰不寬緩，百姓便感到憂懼，役使滿腹愁怨的老百姓，又耽誤他們的農時，這是加倍地剝削他們。統治百姓，一面說要養育他們，一面又重重盤剝他們，這難道是使他們安身立命的辦法嗎？這樣的君王能讓後代稱為好君王嗎？」平公說：「你說得對。」於是免除百姓築臺的勞役。

趙簡子春築臺於邯鄲，天雨而不息，謂左右曰：「可無趨種乎？」尹鐸對曰：「公事急，厝種而懸之臺，夫雖欲趨種，不能得也。」簡子惕然，乃釋臺罷役，曰：「我以臺為急，不如民之急也。民以不為臺故，知吾之愛也。」

【章　旨】本章講不可因興徭役而誤農事，急民之所急才是愛民。

【語　譯】趙簡子春天在邯鄲築臺，天不斷下雨，簡子對身邊人說：「可以不叫百姓去種地嗎？」尹鐸回答說：「築臺的公事緊急，百姓只好把種地的事擱在一邊，全力以赴來築臺，他們雖然想去種地，也是不可能的。」簡子警惕，於是放棄築臺，免除勞役，他說：「我把築臺當急事，但這比不上百姓的農事急。老百姓將因為不築臺，知道我對他們的愛心。」

中行獻子❶將伐鄭，范文子❷曰：「不可。得志於鄭，諸侯讎我，憂必滋長。」郤至❸又❹曰：「得鄭是兼國也，兼國則王，王者固多憂乎？」文子曰：「王者盛其德而遠人歸，故無憂。今我寡德而有❺王者之功，故多憂。今子見無土而欲富者樂乎哉？」

【章　旨】本章講求王者之功必須行仁德之政，以武力征服只會給自己帶來禍患。

【注　釋】❶中行獻子　即荀偃，晉厲公時佐上軍。❷范文子　即士燮，晉國大夫。❸郤至　晉國大夫。❹又　衍文。❺有　《國語・晉語》作「求」。

【語　譯】中行獻子將要討伐鄭國，范文子說：「不行。打敗了鄭國，各國就要敵視我國，我國的憂患必然增多。」郤至說：「打敗鄭國便能吞併它的國土，擴大了領土便能稱王，稱王會增加憂患嗎？」文子說：「稱王的人廣施恩德而遠方的人都來歸附，因而沒有憂患。現在我們恩德施得很少，卻想追求帝王的功業，所以多憂患。現在你看到沒有土地而企求富貴的人快樂嗎？」

季康子謂子游曰：「仁者愛人乎？」子游曰：「然。」「人亦愛之乎？」子游曰：「然。」康子曰：「鄭子產死，鄭人丈夫舍玦珮❶，婦人舍珠珥❷，夫婦巷哭，三月不聞竽❸瑟之聲。仲尼之死，吾不聞魯國之愛夫子，奚也？」子游曰：「譬子產之與夫子，其猶浸水❹之與天雨乎？浸水所及則生，不及則死，斯民之生也，必以時雨，既以生，莫愛其賜。故曰：譬子產之與夫子也，猶浸水之與天雨乎？」

【章旨】本章說給部分人好處，能得到回報；普遍施惠於人，這恩惠卻被眾人忽視。

【注釋】❶玦珮　環形而有缺口的佩玉叫玦，繫在身上作裝飾品的玉叫珮。❷珠珥　珍珠做的耳飾。❸竽　一種像笙的樂器。❹浸水　灌溉的水。

【語譯】季康子問子游說：「仁慈的人愛別人嗎？」子游說：「愛。」「別人也愛他嗎？」子游說：「愛。」康子說：「鄭國的子產死了以後，鄭國的男人去掉佩玉，婦女去掉耳飾，男女在里巷痛哭，三個月聽不到音樂之聲。仲尼死後，我沒聽說魯國人這樣愛戴他，是什麼緣故？」子游說：「子產與孔子相比，大概就像地下人工灌溉的水與天上的雨水一樣吧！灌溉的水所到之處則萬物生長，不到的地方則萬物死亡。那些百姓的生存，一定靠及時雨的滋潤，已經靠雨水活了下來，就不會再有人珍惜老天的賜予了。所以說：子產與孔子相比，大概就像地下的浸水與天上的雨水一樣吧！」

中行穆子❶圍鼓❷，鼓人有以城反者，不許。軍吏曰：「師徒不勤，可得城，奚故不受？」曰：「有以吾城反者，吾所甚惡也；人以城來，我獨奚好焉？賞所甚惡，是失賞也，若所好何？若不賞，是失信也，奚以示民？」鼓人又請降，使人視之，其民尚有食也，不聽。鼓人告食盡力竭而後取之。克鼓而反，不戮一人。

【章　旨】本章主張攻取以正道而不招降納叛。

【注　釋】❶中行穆子　即荀吳，晉平公時為大夫。❷鼓　春秋時夷國名，從屬鮮虞，被晉國所滅。

【語　譯】中行穆子包圍鼓城，鼓城有人願意獻城叛變，中行穆子不允許。軍中的官吏說：「不動用兵將，就可以得城，為什麼不接受？」中行穆子說：「如果有人出賣我的城並背叛我，我一定非常憎恨他；別人獻城來，我為什麼偏偏要喜歡呢？獎賞所痛恨的人，是錯誤的賞賜，（這樣做若可行）對所喜歡的人又該怎麼辦？若是不行獎勵，這便失去信用，怎樣向百姓交待？」鼓城人再次要求投降，中行穆子派人察看，見他們的百姓還有糧食，便不准許。直到鼓城人宣告糧食吃盡，力量用完，才取下鼓城。攻下鼓城即收兵而歸，未屠殺一人。

孔子之楚，有漁者獻魚甚強，孔子不受。獻魚者曰：「天暑市遠，賣之不售，思欲棄之，不若獻之君子。」孔子再拜受，使弟子掃除，將祭之。弟子曰：「夫人將棄之，今夫子將祭之，何也？」孔子曰：「吾聞之，務施而不腐餘財者，聖人也。今受聖人之賜，可無祭乎？」

【章　旨】本章通過孔子受魚而祭的描述，肯定了「務施而不腐餘財」的行為。

【語　譯】孔子到楚國去，有位打魚人非要把魚送給孔子不可，孔子不接受。送魚的人說：「天氣熱，街市遠，賣不出去，本想扔掉，不如送給你。」孔子鄭重行禮之後把魚接了下來，命弟子們打掃周圍，要舉行一個受魚儀式。弟子說：「別人將要扔掉的東西，我們老師卻要為它舉行儀式，這是為什麼？」孔子說：「我聽說，喜歡施捨而不讓多餘財物廢棄的人，是聖人。現在得到聖人的賞賜，能不舉行儀式嗎？」

鄭伐宋，宋人將與戰，華元❶殺羊食士，其御羊斟❷不與焉。及戰，曰：「疇昔之羊羹，子為政；今日之事，我為政。」與華元馳入鄭師，宋人敗績。

【章旨】本章講小事不慎則可能誤大事。

【注釋】❶華元　宋國大夫。此次戰爭的主帥。❷羊斟　羊肉和酒。或以為御者之名。

【語譯】鄭國討伐宋國，宋國人將要應戰，華元殺羊給士兵吃，但給他駕車的人卻未分到羊肉和酒。到了戰鬥開始，駕車的人說：「以前分羊羹，你作主；今天駕戰車，我作主。」把馬車與華元一起趕到鄭軍之中，宋國大敗。

楚王問莊辛❶曰：「君子之行奈何？」莊辛對曰：「居不為垣牆，人莫能毀傷；行不從周衛，人莫能暴害，此君子之行也。」楚王復問：「君子之富奈何？」對曰：「君子之富，假貸人不德也，不責❷也。其食飲人不使也，不役也。親戚愛之，眾人喜之，不肖者事之，皆欲其壽樂而不傷於患，此君子之富也。」楚王曰：「善。」

【章旨】本章講處身光明正大便不怕別人加害，周濟別人而不圖報賞便能得到眾人的擁護。

【注釋】❶莊辛　楚人，事楚襄王，知楚國危殆，離楚至趙，過了五個月，秦取楚鄢郢之地。後被襄王封為陽陵君。
❷責　同「債」。

【語　譯】楚王問莊辛說：「君子的行為應該怎樣？」莊辛說：「居住的地方不做圍牆，沒人能傷害；出行不帶護衛，沒人能行兇；這便是君子的行為。」楚王又問：「君子的財富應該怎樣？」回答說：「君子對於財富，借給別人錢財不要別人感恩，不收利息。把食物給別人吃不輕侮別人，不役使別人。親人愛戴他，大家喜歡他，才能不高的人事奉他，都希望他能長壽快樂而不被禍患傷害。這便是君子的財富。」楚王說：「說得好。」

丞相西平侯于定國❶者，東海下邳❷人也。其父號曰于公，為縣獄吏決曹掾❸，決獄平法，未嘗有所冤。郡中離文法者，于公所決，皆不敢隱情。東海郡中為于公生立祠❹，命曰于公祠。東海有孝婦，無子，少寡，養其姑甚謹，其姑欲嫁之，終不肯。其姑告鄰之人曰：「孝婦養我甚謹，我哀其無子，守寡日久，我老，累丁壯奈何？」其後，母自經死。母女告吏曰：「孝婦殺我母。」吏捕孝婦，孝婦辭不殺姑，吏欲毒治，孝婦自誣服，具獄以上府。于公以為養姑十年以孝聞，此不殺姑也。太守不聽。數爭不能得，於是于公辭疾去吏。太守竟殺孝婦，郡中枯旱三年。後太守至，卜求其故，于公曰：「孝婦不當死，前太守強殺之，咎當在此。」於是殺牛祭孝婦冢，太守以下自至焉，天立大雨，歲豐熟。郡中以此益敬重于公。于公築治廬舍，謂匠人曰：「為我高門，我治獄未嘗有所冤，我後世必有封者，令容高蓋駟馬車。」及子封為西平侯。

【章　旨】本章通過于公故事的記敘，表達了作者「決獄平法」的願望。

【注　釋】❶于定國　西漢時人，曾從其父于公學法，為獄吏。後官至丞相，封西平侯。❷東海下邳　在今山東省濟寧縣。

❸縣獄吏決曹掾　據《漢書》載，于公曾任縣獄史和郡決曹掾。「掾」是屬官的通稱。縣獄吏和郡決曹掾是縣郡兩級辦理案件的屬官。❹生立祠　即立生祠。生祠是為活人所立的祠廟。

【語譯】丞相西平侯于定國，是東海下邳人。他的父親名叫于公，擔任過縣裡的獄吏和郡裡的決曹掾，辦案公正執法，沒有冤枉過人。郡中觸犯法令的人，在于公審理的時候，都不敢隱瞞真情。東海郡內為于公修建生祠，名為于公祠。東海郡有一位孝婦，沒有兒子，很年輕就守了寡，奉養她的婆婆非常恭敬，婆婆要她改嫁，她始終不答應。婆婆對鄉人訴說：「孝婦奉養我十分恭敬，我可憐她沒有兒子，守寡的日子很久，我年老了，怎能拖累年輕人呢？」過後，這婆婆上吊而死。婆婆的女兒向官吏控告說：「孝婦殺了我母親。」官吏逮捕了孝婦，孝婦辯解說沒有殺婆婆，官吏要用毒刑，孝婦只好以假話招供，結案上報。于公認為奉養婆婆十年而以孝順聞名鄉里，這便是未殺婆婆的證據。太守不聽從于公的意見，于公多次爭辯沒有結果，便藉口有病而棄官不做。太守竟殺了孝婦，郡中乾旱了三年。後任太守到職，詢問緣故，于公說：「孝婦不應該死，前任太守硬殺了她，過錯就在這裡。」於是殺牛在孝婦墳上祭奠，自太守以下的官員都到場，天上立刻降下大雨，當年莊稼豐收。郡中人因此更加敬重于公。于公修建房屋時，對工匠說：「把我的屋門做高些，我辦案子沒有冤枉過人，我的後代一定有人會受到封賞，要讓屋門能通過裝有高大車篷、由四匹馬駕馭的馬車。」到了他的兒子，果然被封為西平侯。

孟簡子相梁並衛，有罪而走齊，管仲迎而問之曰：「吾子相梁並衛之時，門下使者幾何人矣？」孟簡子曰：「門下使者有三千餘人。」管仲曰：「今與幾何人來？」對曰：「臣與三人俱。」仲曰：「是何也？」對曰：「其一人父死無以葬，我為葬之；一人母死無以葬，亦為葬之；一人兄有獄，我為出之。是以得三人來。」管仲上車曰：「嗟茲乎！我窮必矣，吾不能以春風風人；吾不能以夏雨雨人，吾窮必矣。」

【章　旨】本章講只有像春風夏雨一樣施惠於人，在危困之時才能得到別人的幫助。

【語　譯】孟簡子做過梁國和衛國的相，後來獲罪而逃往齊國，管仲迎著他並問道：「您在梁國和衛國為相時，門下供使喚的有多少人？」孟簡子說：「門下供使喚的共有三千多人。」管仲說：「現在您與多少人同來？」回答說：「我與三人同來。」管仲問：「這三個是什麼人？」回答說：「其中一人父親死了無錢安葬，我為他安葬了；一人母親死了無錢安葬，我也為他安葬了；另外一人的哥哥坐牢，我把他弄了出來。因此有這三人跟我同來。」管仲上車說：「哎呀！我一定會遭危困的，我不能像春風那樣，讓別人得到和暖的吹拂；我不能像夏雨那樣，讓別人得到及時的滋潤，我一定會遭危困的！」

凡人之性，莫不欲善其德，然而不能為善德者，利敗之也；故君子羞言利名，言利名尚羞之，況居而求利者也？

【章　旨】本章講貪圖名利會敗壞人的美德。

【語　譯】一般人的本性，沒有不希望把自己的品德修養好的，但也有人不能做到這樣，這是因為圖利而敗壞了好品德；所以品德高尚的人羞於談論名利，談論名利尚且感到羞恥，更何況存心謀利呢？

周天子使家父毛伯求金於諸侯，《春秋》譏之。故天子好利則諸侯貪，諸侯貪則大夫鄙，大夫鄙則庶人盜。上之變下，猶風之靡草也。故為人君者，明貴德而賤利以道下，下之為惡尚不可止，今隱公貪利而身自漁濟上❶，而行八佾❷，以此化於國人，國人安得不解於義？解於義而縱其欲，則災害起而臣下僻矣。故其元年始書螟❸，言災將起，國家將亂云爾。

【章　旨】本章講上好利則會導致下貪鄙，上下皆好利，則禍難生、國家危。

【注　釋】❶隱公貪利而身自漁濟上　據隱公五年《春秋》經和《公羊傳》載，魯隱公曾到濟水之邊的棠邑取魚，與民爭利。❷而行八佾　「而」疑為「又」字之誤。佾，古代舞蹈，八人排為一行，稱一佾。八佾即八八六十四人排成八隊跳舞。這是天子才能用的規格，其他人用了，便是僭禮。❸元年始書螟　《春秋・隱公五年》記載魯國發生螟蟲之災。此「元年」當是「五年」之誤。

【語　譯】周天子派家父毛伯向諸侯要錢，《春秋》加以譏諷。天子喜歡錢財諸侯就會貪婪，諸侯貪婪則大夫貪鄙，大夫貪鄙則百姓為盜賊。在上的人影響在下的人，就像風把草吹倒一樣。做人君的應懂得重視德化而輕視錢財，並以此引導下面的人，下面的人做壞事尚且難以禁止，現在隱公貪圖利益親自到濟水邊取魚，又用八佾之舞，以這些影響國內之人，國內之人怎會不放鬆行義？放鬆行義而恣行私欲，便會使災禍興起，臣下邪僻。所以《春秋》在隱公元年便記上了當年發生的蟲災，預示災難將要發生，國家將遭動亂。

孫卿❶曰：「夫鬥者，忘其身者也，忘其親者也，忘其君者也。行須臾之怒，而鬥❷終身之禍，然乃為之，是忘其身也。家室離散，親戚被戮，然乃為之，是忘其親也。君上之所致惡，刑法之所大禁也，然乃犯之，是忘其君也。今禽獸猶知近父母，不忘其親也。人而下忘其身，內忘其親，上忘其君，是不若禽獸之仁也。凡鬥者，皆自以為是而以他人為非。己誠是也，人誠非也，則是己君子而彼小人也，夫以君子而與小人相賊害，是人之所謂以狐白補犬羊❸，身塗其炭，豈不過甚矣哉！以為智乎，則愚莫大焉。以為利乎，則害莫大焉。以為榮乎，則辱莫大焉。人之有鬥何哉？比之狂惑疾病乎？則不可，面目人也，而好惡多同❹

人之鬥誠愚惑失道者也。《詩》云：『式號式呼，俾晝作夜。』❺言鬥行也。」

【章旨】本章講鬥毆的危害。

【注釋】❶孫卿 即荀子。❷鬥 造成。此「鬥」與上下文之「鬥」意思不同。❸所謂以狐白補犬羊 此句意不甚明。《荀子・榮辱》作「所謂以狐父之戈钃牛矢也。」狐父是地名，出名戈。钃，或訓為刺。矢即屎。譯文取此。❹面目人也而好惡多同 此句語意不完，《荀子・榮辱》作「我欲屬之狂惑疾病邪？則不可，聖王又誅之。我欲屬之鳥鼠禽獸邪？則不可，其形體又人，而好惡多同。」譯文取此大意。❺式號式呼二句 見《詩經・大雅・蕩》。

【語譯】孫卿說：「好鬥的人，是忘掉自我的人，是忘掉親人的人，是忘掉君上的人。發洩一時的憤怒，而造成終身的禍患，但仍然這樣做，這是忘掉了自我的表現。搞得家庭分裂，親人被殺，但仍然這樣做，這是忘掉了親人的表現。鬥毆是君王最為厭惡的，刑法嚴加禁止的，但仍然這樣做，是忘掉了君王的表現。禽獸還曉得親近父母，沒有忘記牠們的情親。一個人對下忘掉自身，對內忘掉父母，對上忘掉君上，這是連禽獸的仁愛也沒有的人。所有好鬥的人，都認為自己正確別人錯誤。即使自己確實正確，別人確實錯誤，那麼自己就是君子別人就是小人，君子與小人相互殘害，則是人們所說的用名戈去戳牛屎，滿身沾汙穢，難道不是十分錯誤的嗎？對於鬥毆，以為是聰明的嗎？沒有比這更愚蠢的了。以為有利嗎？沒有比這更有害的了。以為是光榮嗎？沒有比這更可恥的了。人與人為什麼會相鬥呢？把他們視為迷失本性的瘋子吧，這不可能，因為君王把他們當作常人，要繩之以法。把他們視為禽獸吧，也不可能，因為他們的面目還是人，而且好惡多與常人相同。好鬥的人實在是愚蠢不明道理的人。《詩經》上說：『狂呼亂叫，鬧得黑白顛倒。』這是說毆鬥的情況的。」

子路持劍，孔子問曰：「由，安用此乎？」子路曰：「善古❶者固以善之；不善古者固以自衛。」孔子曰：「君子以忠為質，以仁為衛，不出環堵之內，而聞千里之外；不善以忠化，寇暴以仁圉❷，何必持劍乎？」子路曰：「由也請攝齊❸以事先生矣。」

【章旨】本章提倡以忠信、仁德來感化人，反對訴諸武力。

【注釋】❶古　當為「吾」之誤字，下「古」字同。《韓詩外傳》載子路語曰：「人善我，我亦善之，人不善我，我不善之。」可證。❷圉　防禦。❸攝齊　齊是裳之下襬。攝齊即提著下襬，以示恭敬。

【語譯】子路拿著劍，孔子問道：「仲由，為什麼用這個東西？」子路說：「對我友好的人，我當然友好對他，對我不友好的我就要自衛。」孔子說：「君子以忠為根本，以仁作防衛，不出家門之內，聞名千里之外，對兇惡用忠誠來感化，對殘暴用仁德來防禦，何必要拿劍呢？」子路說：「請讓我提著衣襬事奉您吧。」

樂羊❶為魏將以攻中山。其子在中山❷，中山縣其子示樂羊，樂羊不為衰志，攻之愈急。中山因烹其子而遺之羹，樂羊食之盡一杯。中山見其誠也，不忍與之戰，果下之。遂為魏文侯開地，文侯賞其功而疑其心。孟孫❸獵得麑❹使秦西巴❺持歸，其母隨而鳴，秦西巴不忍，縱而與之。孟孫怒逐秦西巴。居一年，召以為太子傅。左右曰：「夫秦西巴有罪於君，今以為太子傅，何也？」孟孫曰：「夫以一麑而不忍，又將能忍吾子乎？」故曰：巧詐不如拙誠。樂羊以有功而見疑，秦西巴以有罪而益信，由仁與不仁也。

【章旨】本章以有功見疑和有罪益信作對比，說明居心仁愛的人才真正受人信任。

【注釋】❶樂羊　戰國時魏文侯將領。❷中山　國名。❸孟孫　春秋魯國公族，為魯國下卿。❹麑　小鹿。❺秦西巴　魯國孟孫氏家臣。

【語譯】樂羊任魏國將軍，進攻中山國。他的兒子在中山國，中山國人把他兒子吊起來給他看，樂羊不因此而動搖鬥志，進攻得更加激烈。中山國人把他的兒子煮熟了並送給他肉羹，樂羊把一碗肉羹吃盡。中山人見他這樣忠誠，不忍心與他打仗。中山國最後被攻下了，於是為魏文侯擴大了國土。文侯對他的功勞加以賞賜，對他的為人卻表示懷疑。孟孫獵獲一隻小鹿，派秦西巴捉回去，母鹿跟在小鹿後面叫喚，秦西巴不忍心，把小鹿放還給母鹿。孟孫一怒之下把秦西巴趕走。過了一年，又把他召回作為太子的老師。身邊人問：「秦西巴得罪了你，現在讓他當太子的老師，這是為什麼？」孟孫說：「對一隻小鹿都不忍心（傷害），又怎忍心不教好我的兒子呢？」所以說：巧妙的虛偽比不上笨拙的誠實。樂羊由於有功反被懷疑，秦西巴由於有罪而更受信任，這是因為一個講仁愛一個不講仁愛的緣故。

智伯❶還自衛，三卿❷燕於藍臺❸。智襄子❹戲韓康子❺而侮段規❻。智果❼聞之，諫曰：「主弗備難，難必至。」曰：「難將由我，我不為難，誰敢興之？」對曰：「異於是。夫郤氏有車轅之難❽，趙有孟姬之讒❾，欒有叔祁之訴❿，范、中行有亟治之難⓫，皆主之所知也。《夏書》有之曰：『一人三失，怨豈在明，不見是圖。』⓬《周書》有之曰：『怨不在大，亦不在小。』⓭夫君子能勤小物，故無大患。今主一謀⓮而媿人君相⓯，又弗備，曰不敢興難，毋乃不可乎？嘻！不可不懼！蚋蟻蜂蠆皆能害人，況君相乎？」不聽，自是五年而有晉陽⓰之難，段規反而殺智伯于師，遂滅智氏。

【章旨】本章講結怨不在大小，小怨亦可變為大患。

【注釋】❶智伯　據《國語》，此「智伯」當是「智襄子」。❷三卿　智襄子、韓康子、魏桓子。❸藍臺　地名。❹智襄子即智伯，名瑤。❺韓康子　名虎。❻段規　魏桓子之相。❼智果　字伯國，晉大夫，智氏之族。❽郤氏有車轅之難　郤犨與長魚矯爭田，執而梏之，將其父母妻子同繫一轅。其後，長魚矯得寵於晉厲公而滅三郤。見《左傳．成公十七年》。❾趙有孟姬之讒　晉成公之女孟姬與趙嬰私通，趙嬰之兄趙同、趙括放逐趙嬰，孟姬慚怨，向晉景公進讒言，景公誅殺趙同、趙括。見《左傳．成公八年》。❿欒有叔祁之訴　欒指欒盈。叔祁是范宣子之女、欒盈之母，與人通姦，欒盈十分痛恨。叔祁訴之于范宣子，遂滅欒氏。見《左傳．襄公二十一年》。⓫范中行有亟治之難　范中行即中行寅。亟治是范皋夷的封邑。皋夷為亂范氏，驅逐范吉射和中行寅。見《左傳．定公十三年》。⓬一人三失三句　見《逸書》。⓭怨不在大二句　見《尚書．康誥》。此句的意思是，大怨由小怨引起，小怨可以變成大怨。⓮誄　或以為「讟」之誤字，即宴欒。⓯君相　指魏桓子和段規。⓰晉陽　今山西太原。

【語譯】智伯從衛國回來，三卿在藍臺擺宴。智襄子戲弄韓康子並侮辱段規。智果聽到此事，勸告智襄子說：「您不預防禍難，禍難一定會到來。」襄子回答說：「有無患難將取決於我，我不作難，誰敢作難？」智果說：「不是這樣的。郤氏因在車轅上拘繫長魚矯而遭難，趙同、趙括因孟姬的讒言而遭難，欒氏因叔祁的控告而遭難，范中行遭亟治皋夷之難，這些都是您知道的。《夏書》有記載說：『一人多次失誤，與人結怨豈在明處，怨敵在暗中計算你。』《周書》有記載說：『結怨不在大，也不在小。』君子能夠注重小事，所以沒有大禍患。現在您在一次宴會上羞辱了人家卿相二人，又不加防備，只說他們不敢作難，這難道不是不行嗎？哎！不能不警惕，蚊子、螞蟻、毒蜂、蠍子都可以害人，何況是卿、相呢？」智襄子不聽，自此五年之後遭到晉陽之難，段規在軍隊裡謀反，殺掉智伯，並滅了智氏。

智襄子為室美，士茁❶夕❷焉。智伯曰：「室美夫！」對曰：「美則美矣，抑臣亦有懼也。」智伯曰：「何懼？」對曰：「臣以秉筆事君，記有之曰：『高山峻原❸，不生草木，松柏之地，其土不肥。』今土木勝，人臣懼其不安人也。」室成三年而智氏亡。

【章 旨】本章講世事往往不兩與，奢侈的生活可能導致享樂者的危亡。

【注 釋】❶士茁 智伯家臣。❷夕 夕往。❸峻原 險峻之陸地。

【語 譯】智襄子修築了漂亮的宮室，士茁晚上到那裡去。智伯說：「房子漂亮吧！」士茁回答說：「漂亮是漂亮，但我也感到害怕。」智伯問：「伯什麼？」回答說：「我是靠執筆寫文章來侍奉您的，史書上說：『高山險要之地，不生長草木；松柏生長的地方，土地不肥沃。』現在大興土木，我擔心這裡難以使人安寧。」房子建成三年後智氏滅亡。

卷六

復恩

【題解】本篇主張為人上者不吝施恩；受人恩惠者莫忘報恩。

孔子曰：「德不孤，必有鄰。」❶夫施德者貴不德，受恩者尚必報。是故臣勞勤以為君而不求其賞，君持施以牧下而無所德。故《易》曰：「勞而不怨，有功而不德，厚之至也。」❷君臣相與，以市道❸接，君縣祿以待之，臣竭力以報之；逮臣有不測之功，則主加之以重賞；如主有超異之恩，則臣必死以復之。孔子曰：北方有獸，其名曰蟨❹，前足鼠，後足兔。是獸也，甚矣其愛蛩蛩❺、巨虛❻也，食得甘草，必齧以遺蛩蛩、巨虛，蛩蛩、巨虛見人將來，必負蟨以走。蟨非性之愛蛩蛩、巨虛也，為其假足之故也。二獸者亦非性之愛蟨也，為其得甘草而遺之故也。夫禽獸昆蟲猶知比假而相有報也，況於士君子之欲與名利於天下者乎？夫臣不復君之恩而苟營其私門，禍之源也；君不能報臣之功而憚行賞者，亦亂之基也。夫禍亂之原基，由不報恩生矣。

【章　旨】本章說君臣之間，要相互報賞。

【注　釋】❶德不孤二句　見《論語・里仁》。❷勞而不怨三句　見《易・繫辭上》。❸市道　集市交易之道。❹蟨　獸名。❺蛩蛩　獸名。❻巨虛　獸名。

【語　譯】孔子說：「有德之人不孤單，一定有志同道合的人與他為夥。」施恩於人的人的可貴之處在於不圖別人感恩，接受別人恩惠的人則一定要注重報賞。所以為臣的要努力為君王辦事而不圖他的賞賜，君王掌握封賞以駕馭下屬而不圖他們感恩戴德。《易經》上說：「辛勞而不報怨，有功而不求報賞，這是最厚道的。」君臣之間，應以集市貿易的方式交往，君王標出爵祿等待臣子，臣子竭盡全力回報君王。等到臣子立下難以估量的大功，君王就該對他加以重賞，如果受到君王特別大的恩惠，臣子就必須以死來回報。孔子說：北方有野獸，名字叫蟨，牠的前腿短，後腿長。這種獸，特別喜歡蛩蛩和巨虛，找到了甘草，一定嚼碎了餵蛩蛩和巨虛，蛩蛩和巨虛若看見有人要來，一定揹起蟨逃走。蟨的本性並不愛蛩蛩和巨虛，為的是要借助牠們的四條腿。這兩種野獸，也不是本性就愛蟨，為的是蟨得到甘草就餵食牠們的緣故。那些禽獸昆蟲，尚且懂得相互利用、相互報答，何況士人君子想要在世上立名求利呢？臣子不報君恩而苟且經營一己的私利，這是災禍的根源；君王不能回報臣子的功勞而吝於頒行賞賜，也是禍亂的根基。禍亂的根源，由不報恩產生。

趙襄子見圍於晉陽，罷圍，賞有功之臣五人，高赫無功而受上賞，五人皆怒。張孟談謂襄子曰：「晉陽之中，赫無大功，今與之上賞，何也？」襄子曰：「吾在拘厄之中，不失臣主之禮，唯赫也。子雖有功，皆驕寡人，與赫上賞，不亦可乎？」仲尼聞之曰：「趙襄子可謂善賞士乎！賞一人而天下之人臣莫敢失君臣之禮矣。」

【章　旨】本章講為君上者，不僅要不吝於行賞，而且要善於行賞，借以維護自己的尊嚴。

【語　譯】趙襄子被圍困在晉陽，解圍之後，賞賜了五位有功之臣，高赫沒有功，卻得到上等賞賜，五人都為此發怒。張孟談對襄子說：「晉陽的戰鬥中，高赫沒有立大功，現在給他上等賞賜，這是為什麼？」襄子說：「在我被圍困的時候，不失臣子對君王禮節的人，唯有高赫。你們雖有功勞，但對我都很傲慢，給高赫上等賞，不是應該的嗎？」仲尼聽說此事，說：「趙襄子可稱得上善於賞賜士人！賞了一個人而天下為人臣子的無人再敢不注重君臣之間的禮節了。」

晉文公亡時，陶叔狐從。文公反國，行三賞而不及陶叔狐。陶叔狐見咎犯❶曰：「吾從君而亡十有三年，顏色黎黑，手足胼胝❷。今君反國，行三賞而不及我也，意者君忘我與？我有大故與？子試為我言之君。」咎犯言之文公，文公曰：「嘻！我豈忘是子哉？夫高明至賢，德行全誠，耽我以道，說我以仁，暴浣❸我行，昭明我名，使我為成人者，吾以為上賞。防我以禮，諫我以誼，蕃援❹我使我不得為非，數引我而請於賢人之門，吾以為次賞。夫勇壯強禦，難在前則居前，難在後則居後，免我於患難之中者，吾又以為之次。且子獨不聞乎？死人者不如存人之身，亡人者不如存人之國。三行賞之後，而勞苦之士次之。夫勞苦之士，是子固為首矣！豈敢忘子哉？」周內史叔輿聞之曰：「文公其霸乎！昔聖王先德而後力，文公其當之矣，《詩》云：『率履不越。』❺此之謂也！」

【章　旨】本章主張治理國家「先德而後力」，即使頒行賞賜，也要以此為標準。

【注　釋】❶咎犯　一作舅犯，晉文公重耳之舅。❷胼胝　手腳長繭。❸暴浣　曝曬、清洗。❹蕃援　《韓詩外傳》作「藩援」。保護、援助之意。❺率履不越　見《詩經．商頌．長發》。

【語　譯】晉文公逃亡時，陶叔狐跟隨著。文公回國，頒行了三次賞賜而未賞到陶叔狐。陶叔狐求見咎犯說：「我跟隨君王逃亡十三年，臉上曬黑了，手腳起了繭。現在君王回國，三次行賞而未賞到我，有人猜測，君王大約忘記了我吧？或是我有什麼大過失吧？你為我向君王說說看。」咎犯把此事對文公說了，文公說：「唉！我哪能忘記這個人呢？凡是聖明卓異，德劭心誠，引導我追求正道，勸說我施行仁義，消除我的污點，昭明我的名聲，使我成熟的人，我對他行上等賞賜。教我遵禮、勸我行義，保護我使我不做錯事，經常引導我向賢人求教的人，我對他行次等賞賜。勇猛強壯，為我防身，危險在前則上前，危險在後則向後，使我免遭傷害的人，我對他行又次一等的賞賜。而且，你難道沒聽說過嗎？要殺一個人，不如保全這人的身體，驅趕一個人，不如留他在本國。三等賞行過之後，就要輪到勞苦之士了。在勞苦之士中，這人就該數第一了，我哪敢忘記這人呢？」周內史叔輿聽到此事，說：「文公可能要稱霸了！從前的聖明君王，把德置於首位然後才講勇力，文公正符合這種做法！《詩經》上說：『遵循禮制不僭越。』說的也是這道理。」

晉文公入國，至於河，令棄籩豆茵席❶，顏色黎黑、手足胼胝者，在後。咎犯聞之，中夜而哭。文公曰：「吾亡也十有九年矣，今將反國，夫子不喜而哭，何也？其不欲吾反國乎？」對曰：「籩豆茵席，所以官❷者也，而棄之；顏色黎黑、手足胼胝，所以執勞苦者也，而皆後之。臣聞國君蔽士，無所取忠臣；大夫蔽遊，無所取忠友。今至於國，臣在所蔽之中矣，不勝其哀，故哭也。」文公曰：「禍福利害不與咎氏同之者，有如白水。」祝之，乃沈璧而盟。介子推❸曰：「獻公之子九人，唯君在耳。天未絕晉，必將有主，主晉祀者非君而何？唯二三子者以為己力，不亦誣乎？」文公即位，賞不及推，推母曰：「盍亦求之❹？」推曰：「尤而效之，罪又甚焉。且出怨言，不食其食。」其母曰：「亦使知之。」推曰：「言，身之文也；身將隱，安用文？」其母曰：「能如是，與若俱隱，至死不復見。」推從者憐之，乃懸書宮門曰：「有龍矯矯，頃失其所，五蛇從之，周遍天下。龍饑無食，一蛇割股。龍反其淵，安其壤土。四蛇入穴，皆有處所。一蛇無穴，號於中野。」文公出見書曰：「嗟！此介子推也。吾方憂王室，未圖其功。」使人召之，則亡。遂求其所在，聞其入綿上山中。於是文公表綿上山中而封之，以為介推田，號曰介山。

【章旨】本章講患難之交不可忘。

【注釋】❶籩豆茵席　籩豆是食器，茵席是臥具。❷官　別本作「資」，語意較明。❸介子推　又稱介之推。從晉文公出亡十九年，及還，賞不及，遂與其母隱於綿山。文公求之不得，令焚山以使其出。乃焚山，竟不出而焚死。文公哀之，改綿山為介山。後世寒食之節，傳說民間以焚山之日禁火起。❹盍亦求之　此下別本有「以死誰懟」句，加之語意較完整。

【語譯】晉文公回國，來到黃河邊，下令把食器臥具扔掉，臉色黝黑、手腳起繭的人排在後面。咎犯聽到後，半夜哭了起來。文公說：「我逃亡十九年了，現在即將回國，你不高興反而啼哭，為什麼？難道不要我回國嗎？」回答說：「食器臥具是供我們生活的東西，卻要拋棄它，臉色黝黑、手腳起繭，是因為歷盡辛苦的緣故，卻要這些人向後。我聽說，國君摒棄了士人，就無法找到忠臣；大夫摒棄了交游，就無法找到摯友。現在回到了晉國，我也在摒棄之中，忍受不了這悲哀，所以啼哭。」文公說：「禍福利害如果不與你共同承當，這黃河之神可以明鑒。」於是對黃河祝告，把璧玉沈入河中而立誓。介子推說：「獻公有九個兒子，唯君王健在。老天不讓晉國滅亡，一定會使晉國有人掌管，主持晉國祭祀的人除了君王還會有誰？卻有那麼些人認為晉國有今天是自己的力量起了作用，這不是很虛妄嗎？」文公做了國君，賞賜沒有給介子推，介子推的母親說：「為什麼不去求賞？因此而死，又怨誰？」介子推說：「我明知別人自居功臣是錯誤的卻又效法他們的過錯，就會罪加一等。況且我已發出怨言，就不該吃君王的俸祿了。」介子推母親說：「也應該說給君王知道。」介子推說：「言語，是用來文飾自身的；自身將要隱居，哪裡用得著替自己說好話？」介子推的母親說：「能這樣，我與你一同隱居，到死不再見君王。」跟隨介子推的人同情他，在文公的家門上寫了幾句話：「有一條龍不平常，突然失去藏身的地方。五條蛇緊緊跟隨著它，走遍了海角天涯。龍無食餓難挨，有條蛇把腿上的肉也割了下來。龍終於返回深淵，安頓好自己的家園。四條蛇進了蛇窩，它們都各得其所。一條蛇無穴可棲，在野外號叫哭泣。」文公外出看到寫的這些話，說：「哎呀！這是指介子推啊。我正在為王室的事操心，沒有顧及到他的功勞。」派人請他來，但介子推已經逃走了。於是察訪他的去處，聽說進了綿上山中。於是文公宣布，把綿上山中賜給介子推，作為他的祿邑，綿山從此稱為介山。

晉文公出亡，周流天下，舟之僑❶去虞而從焉。文公反國，擇可爵而爵之，擇可祿而祿之，舟之僑獨不與焉。文公酌諸大夫酒，酒酣，文公曰：「二三子盍為寡人賦乎？」舟之僑進曰：「君子為賦，小人請陳其辭，辭曰：『有龍矯矯，頃失其所；一蛇從之，周流天下。

龍反其淵，安寧其處。一蛇耆❷乾，獨不得其所。』❸」文公瞿然曰：「子欲爵邪？請待日之期；子欲祿邪？請今命廩人。」舟之僑曰：「請而得其賞，廉者不受也。言盡而名至，仁者不為也。今天油然作雲，沛然下雨，則苗草興起，莫之能禦。今為一人言施一人，猶為一塊土下雨也，土亦不生之矣。」遂歷階而去。文公求之不得，終身誦〈甫田〉❹之詩。

【章　旨】本章情節、作意均與前篇介子推故事相似。

【注　釋】❶舟之僑　本虢國臣，下文「虞」乃「虢」之誤。❷耆　同「鰭」。❸有龍矯矯等句　此詩已見於介子推故事。舟之僑在城濮之戰時，未得軍令而先歸，為晉文公所殺（見《左傳・僖公二十八年》）。事實與本文所載「文公求之不得，終身誦〈甫田〉之詩」不符。據此，此詩當非舟之僑所作。❹甫田　《詩經》〈齊風〉與〈小雅〉俱有〈甫田〉。

【語　譯】晉文公出外流亡，周遊天下，舟之僑離開虞國跟隨他。文公回國，選擇應該封爵的封爵，應該食祿的賜給俸祿，唯有舟之僑不在其列。文公請眾大夫飲酒，到酒興正濃時，文公說：「諸位為什麼不為我賦詩呢？」舟之僑上前說：「君子賦詩，請讓我獻上一首，其詞是：『有一條龍不平常，突然失去藏身的地方。有一條蛇跟隨著牠，走遍了海角天涯。龍終於返回深淵，安頓好自己的家園。這條蛇卻筋骨乾枯，得不到一個居處。』」文公十分警懼，問道：「你要爵位嗎？請稍等幾天。你要俸祿嗎？我現在就可以給管糧倉的人下令。」舟之僑說：「請求之後才得到賞賜，廉潔的人是不接受的。說盡好話才得到名譽，仁德的人是不肯要的。老天烏雲密布，大雨滂沱，苗草勃生，誰也阻擋不了。現在因為一個人說了話就對這人加以施捨，就好像為一塊地而下雨，這塊地上也不會有生機。」於是走下臺階而離去。文公找不著他，終身常唸〈甫田〉這首詩。

邴吉❶有陰德於孝宣皇帝微時，孝宣皇帝即位，眾莫知，吉亦不言。吉從大將軍長史轉遷至御史大夫，宣帝聞之，將封之。會吉病甚，將使人加紳❷而封之，及其生也。太子太傅夏侯勝曰：「此未死也。臣聞之，有陰德者必饗其樂，以及其子孫。今此未獲其樂而病甚，非其死病也。」後病果愈，封為博陽侯，終饗其樂。

【章　旨】本章講做好事者必得好報。

【注　釋】❶邴吉　亦作丙吉，字少卿。漢宣帝生下數月，因衛太子事繫獄，賴邴吉得以保全。宣帝即位後，封為博陽侯。❷紳　大帶。《論語．鄉黨》載：孔子有疾，國君來探問，他便把朝服披在身在，拖著大帶，會見君王。此處用這一典故，以「紳」代表官服。

【語　譯】邴吉在孝宣皇帝未顯達之時有恩於他，孝宣皇帝繼承君位之後，眾人不知此事，邴吉也不肯說。邴吉由大將軍長史轉調為御史大夫，宣帝聽說，將要給他封爵，剛好遇上邴吉生大病，便派人把紳帶覆蓋在他身上，趁在他在世的時候便加封他。太子太傅夏侯勝說：「此人不會死。我聽說：積了陰德的人一定能享受到快樂，並延及他的子孫。現在這人未得到快樂而害重病，這不是致命的病。」後來邴吉的病果然痊愈，被封為博陽侯，終於享受到快樂。

魏文侯攻中山，樂羊將，已得中山，還反報文侯，有喜功之色。文侯命主書曰：「群臣賓客所獻書操以進。」主書者舉兩篋以進，令將軍視之，盡難攻中山之事也。將軍還走，北面再拜曰：「中山之舉也，非臣之力，君之功也。」

【章　旨】本章告誡人臣不可在君王面前居功自傲。

【語譯】魏文侯進攻中山國，樂羊為將，已經奪得中山後，回來報告文侯，臉上帶有居功自傲的表情。文侯命令管文書的官員說：「把群臣賓客送來的書信拿來。」管文書的官員舉著兩隻箱子呈上，文侯命令樂羊看信，全是責難樂羊在進攻中山時所犯的過失。樂羊轉身，臉朝北面叩行大禮，說：「攻下中山，不是我的力量，是君王的功勞。」

平原君❶既歸趙，楚使春申君❷將兵救趙，魏信陵君❸亦矯奪晉鄙軍往救趙，未至，秦急圍邯鄲，邯鄲急且降，平原君患之，邯鄲傳舍❹吏子李談謂平原君曰：「君不憂趙亡乎？」平原君曰：「趙亡即勝虜，何為不憂？」李談曰：「邯鄲之民，炊骨易子而食之，可謂至困；而君之後宮數百，婦妾荷綺縠，廚餘粱肉。士民兵盡，或剡木為矛戟；而君之器物、鐘磬自恣。若使秦破趙，君安得有此？使趙而全，君何患無有？君誠能令夫人以下，編於士卒間，分工而作之，家所有盡散以饗食士，方其危苦時，易為惠耳。」於是平原君如其計，而勇敢之士三千人皆出死，因從李談赴秦軍，秦軍為卻三十里。亦會楚魏救至，秦軍遂罷。李談死，封其父為孝侯。

【章旨】本章講統治者只有與百姓共患難，才能渡過難關。

【注釋】❶平原君　戰國趙武靈王之子，名勝，封於平原，為趙相。與楚之春申，齊之孟嘗，魏之信陵，以養士著稱。❷春申君　名黃歇，戰國楚人，曾為楚相。❸信陵君　戰國魏安釐王異母弟。魏安釐王二十年，秦圍趙，魏派將軍晉鄙領兵救趙，鄙懼秦兵勢強，按兵不動。信陵使如姬從王宮竊取調兵虎符，殺鄙，率兵救趙。❹傳舍　古代供官員外出時休止住宿的處所。

【語　譯】平原君回到趙國後，楚國派春申君率兵救趙，魏國信陵君也假借君命奪取晉鄙的軍隊前來救趙。兩軍尚未到達，秦軍迅急包圍邯鄲，邯鄲危急，將要投降。平原君非常耽心，管理邯鄲傳舍官吏的兒子李談對平原君說：「你不擔心趙國滅亡嗎？」平原君說：「趙國亡了我就會當俘虜，為什麼不擔心？」李談說：「邯鄲的百姓，把人骨當柴燒，交換著殺孩子充饑，可以說艱難困苦到了極點，而你的宮中有數百名宮女，她們都穿著綾羅綢緞，廚房裡剩著糧食和肉；士民的武器用完了，有的人削木頭作矛戟而你的器物鐘磬卻用來自己放縱取樂。假如秦軍攻破趙國，你怎能享有這些？假如趙國得以保全，你又怎怕沒有這些？你若真能把夫人以下的人，編列在士卒之間，分配事情給她們做，把你家中的食物全部拿出來分給士兵吃就好了，正當危急困苦之時，是最容易施恩惠的。」平原君按照他出的主意去做，三千名勇士都挺身而出願意死戰，他們跟隨李談迎戰秦軍，秦軍因此退卻三十里。恰逢楚、魏救兵到了，秦軍於是停止了進攻。李談死了，趙王封他的父親為孝侯。

秦繆公嘗出而亡其駿馬，自往求之，見人已殺其馬，方共食其肉，繆公謂曰：「是吾駿馬也。」諸人皆懼而起。繆公曰：「吾聞食駿馬肉，不飲酒者殺人。」即以次飲之酒。殺馬者皆慚而去。居三年，晉攻秦繆公，圍之，往時食馬肉者，相謂曰：「可以出死報食馬得酒之恩矣。」遂潰圍。繆公卒得以解難，勝晉獲惠公以歸。此德出而福反也。

【章　旨】本章講施惠於人，自身也可因之而得到好處。

【語　譯】秦繆公曾經外出而所乘之駿馬逃走，親自前往尋找，看見有人已經把他的馬殺死，正在一起吃馬肉，繆公說：「這可是我的駿馬啊！」眾人都恐懼地站了起來。繆公說：「我聽說吃駿馬的肉，不飲酒會傷人。」便挨次給這些人敬酒。殺馬的人全都羞慚而去。過了三年，晉國進攻秦國，並包圍了秦繆公，昔日吃馬肉的人相互說：「可以挺身死戰回報吃馬肉飲酒的恩情了。」於是打破重圍，終於解除了繆公的危險，戰勝了晉國，把晉惠公俘虜回去。

這是因為施惠於人而自身得到了好處。

楚莊王❶賜群臣酒，日暮酒酣，燈燭滅，乃有人引美人之衣者，美人援絕其冠纓，告王曰：「今者燭滅，有引妾衣者，妾援得其冠纓，持之，趣❷火來上，視絕纓者。」王曰：「賜人酒，使醉失禮，奈何欲顯婦人之節而辱士乎？」乃命左右曰：「今日與寡人飲，不絕冠纓❸者不懽。」群臣百有餘人皆絕去其冠纓而上火，卒盡懽而罷。居二年，晉與楚戰，有一臣常在前，五合五獲首，卻敵，卒得勝之。莊王怪而問曰：「寡人德薄，又未嘗異子，子何故出死不疑如是？」對曰：「臣當死，往者醉失禮，王隱忍不暴而誅也。臣終不敢以蔭蔽之德，而不顯報王也。常願肝腦塗地，用頸血湔❹敵久矣。臣乃夜絕纓者。」遂敗晉軍，楚得以強，此有陰德者必有陽報。

【章旨】本章講暗中施惠於人者，必得公開的報償。

【注釋】❶楚莊王　穆王之子，名旅，有雄才，在位二十三年，為春秋五霸之一。❷趣　同「取」。或以為同「促」。催促之意。❸絕冠纓　按字面理解是解開帽帶，解帽帶即脫帽子，為求符合情理，譯文取後者之意。❹湔　別本作「濺」。

【語譯】楚莊王賜群臣飲酒，天色已晚而酒興正濃，燈火突然熄滅，有人拉莊王美人的衣服，美人拉斷了他的帽帶，告訴莊王說：「現在燭滅，有人拉我的衣服，我拉斷了他的帽帶。您拿著吧，等點燃燭火，您就可以看到誰的帽帶斷了。」莊王說：「賞別人飲酒，使他喝醉後失禮，為什麼要為顯示一個婦人的節操而羞辱一個士人呢？」於是命令身邊的人說：「今天同我飲酒，不把帽子取下不能盡歡。」等群臣一百多人都取下帽子才點起燈火，最後盡歡而散。過了兩年，晉國同楚國交戰，楚軍中有一個人總是衝在前面，五次交鋒五次斬下敵人首級，打退了敵人，最後取得勝利。莊王感到奇怪，問這人說：「我德行淺薄，又沒有特別優待你，你為什麼這樣毫不猶豫地死戰？」這人回答說：「我該死。以前醉後失禮，您隱瞞下來不把我殺掉。我始終不敢受了您暗中所施的恩德，而不公開報答您。一直希望犧牲自己，與敵人血戰。我就是當晚被拉斷帽帶的人。」於是趕走了晉軍，楚國得以強大。這就是暗中施恩惠於人的人必然能得到公開的報償。

趙宣孟❶將上之絳❷，見翳桑❸下有臥餓人，不能動，宣孟止車為之下飧，自含而餔❹之。餓人再咽而能視，宣孟問：「爾何為饑若此？」對曰：「臣居於絳，歸而糧絕，羞行乞而憎自取，以故至若此。」宣孟與之壺飧脯二朐❺，再拜頓首受之，不敢食。問其故，對曰：「向者食之而美，臣有老母，將以貢之。」宣孟曰：「子斯食之，吾更與汝。」乃復為之簞食，以脯二束與錢百，去之絳。居三年，晉靈公欲殺宣孟，置伏士於房中，召宣孟而飲之酒。宣孟知之，中飲而出。靈公命房中士疾追殺之。一人追疾，先及宣孟，向宣孟之面，曰：「吁，固是君邪！請為君反死。」宣孟曰：「子名為誰？」反走，且對曰：「何以名為？臣是夫翳桑下之餓人也。」還鬥而死，宣孟得以活。此所謂德惠也。故惠君子，君子得其福；惠小人，小人盡其力。夫德一人活其身，而況置惠於萬人乎？故曰德無細，怨無小，豈可無樹德而除怨，務利於人哉？利施者福報，怨往者禍來，形於內者應於外，不可不慎也。此《書》❻之所謂「德無小」者也。《詩》云：「赳赳武夫，公侯干城。」❼「濟濟多士，文王以寧。」❽人君胡可不務愛士乎？

【章　旨】本章講恩怨不在大小，終有回報，「利施者福報，怨往者禍來」。而為人君者必須時刻注意愛惜士人。

【注　釋】❶趙宣孟　即趙盾。❷絳　地名，在今山東省新絳縣北。❸翳桑　各家解釋不一，今依杜預《左傳注》釋為枝葉繁密的桑樹。❹餔　餵。❺脯二朐　脯、朐都是乾肉。❻書　此指《尚書》逸文。❼赳赳武夫二句　見《詩經．召南．兔罝》。❽濟濟多士二句　見《詩經．大雅．文王》。

【語　譯】趙宣孟將要到絳城去，看見大桑樹下有一個饑餓的人睡著，不能動彈，宣孟停車，為他拿出食物，親自餵他。餓人吞下兩口食物後才能看見東西。宣孟問：「你為什麼餓到這種地步？」回答說：「我住在絳城，現在要回去而斷了口糧，羞於向別人乞討，更不願搶劫別人，所以到了這一地步。」宣孟給他酒飯乾肉，此人行大禮後收下，卻不敢吃。宣孟問他原因，他回答說：「剛才吃了覺得味道鮮美，我有老母，將把食物送給她吃。」宣孟說：「你這就吃掉，我另外給你一些。」於是又給他食物，有兩條乾肉和一百文錢，然後離開他去絳城。過了三年，晉靈公要殺宣孟，在房裡安排伏兵，召來宣孟請他飲酒。宣孟覺察了這一陰謀，在宴席中途出逃。靈公命房中伏兵趕緊追殺。有一個人追得很快，最先趕上宣孟，看清了宣孟的面孔後說：「啊！原來是你呀，現在請讓我為你反戈戰死吧。」宣孟問：「你叫什麼名字？」此人轉身奔跑，邊跑邊回答說：「何必問名字，我就是大桑樹下餓倒的人。」此人返身搏鬥而死，宣孟因此保住性命。這就是人們所說的以德報恩。施恩於君子，君子能得到好處；施恩於小人，小人能出力報答。施恩於一人尚且可以保全自己的性命，何況施恩於千萬人呢？所以說施恩沒有大小，結怨也沒有大小，難道能不樹德除怨、盡力為別人做好事嗎？給別人做好事別人就以好處回報，與別人結怨禍患就會到來，在內有所顯示在外就有所反應，對此不能不謹慎。這就是逸書上說的「德無大小」。《詩經》上說：「威武的戰士，公侯的保衛者。」「眾多的人才，文王安寧的保證。」人君怎能不竭力愛惜士人呢？

孝景時，吳楚反，袁盎❶以太常使吳。吳王欲使將，不肯，欲殺之，使一都尉以五百人圍守盎。盎為吳相時，從史與盎侍兒私通，盎知之不泄，遇之如故。人有告從史，從史懼，亡歸。盎自追，遂以侍兒賄之，復為從史。及盎使吳，見圍守，從史適為守盎校司馬❷，夜引盎起曰：「君可以去矣，吳王期旦日斬君。」盎不信，曰：「公何為者也？」司馬曰：「臣故為君從史，盜侍兒者也。」盎乃敬謝曰：「公有親，吾不足以累公。」司馬曰：「君去，臣亦且亡，避吾親，君何患！」乃以刀決帳，從醉卒道出，分背去，盎遂歸報。

【章旨】本章仍是宣揚施恩可以得福的思想。

【注釋】❶袁盎　亦作爰盎。名絲，西漢楚國人，曾為吳王相。吳楚反，盎入朝請誅鼂錯以謝吳。後為梁王所殺。❷校司馬　武官名。

【語譯】孝景帝時，吳、楚等國謀反，當時袁盎以太常的身分出使吳國。吳王要袁盎為將，袁盎不肯，吳王要殺他，派一個都尉帶了五百人包圍看守他。袁盎在吳國為相時，手下的從史與袁盎的婢女私通，袁盎了解此事，卻不揭穿，像平常一樣對待從史。有人把這事告訴從史，從史恐懼，偷跑回家，袁盎親自把從史追回，並把婢女贈送給他，仍然要他作從史。到了袁盎出使吳國，被圍困看守時，那從史恰好擔任看守袁盎的校司馬，夜間校司馬拉起袁盎說：「你可以逃走了，吳王準備明天殺你。」袁盎不相信，問：「你是何人？」司馬說：「我當過你的從史，是與你侍婢私通的那個人。」袁盎這才感激地拒絕說：「你有親人，我不值得連累你。」司馬說：「你離開後，我也將會逃走，並把我的親人隱藏起來，你又何必擔心？」於是用刀砍開帳蓬，引袁盎從喝醉酒的士兵所守的門口逃出，分手而出，袁盎這才能夠回朝報告。

智伯與趙襄子戰於晉陽下而死。智伯之臣豫讓者怒，以其精氣能使襄子動心，乃漆身變形，吞炭更聲。襄子將出，豫讓偽為死人，處於梁下，駟馬驚不進，襄子動心，使使視梁下，得豫讓，襄子重其義不殺也。又盜為❶抵罪，被刑人赭衣❷，入繕宮，襄子動心，則曰：「必豫讓也。」襄子執而問之曰：「子始事中行君，智伯殺中行君，子不能死，還反事之；今吾殺智伯，乃漆身為癘❸，吞炭為啞，欲殺寡人，何與先行異也？」豫讓曰：「中行君眾人畜臣，臣亦眾人事之；智伯朝士❹待臣，臣亦朝士為之用。」襄子曰：「非義也，子壯士也！」乃自置車庫中，水漿毋入口者三日，以禮豫讓，讓自知，遂自殺也。

【章旨】通過豫讓漆身吞炭為智伯報仇的故事，說明厚遇於人者得厚報的道理。

【注釋】❶盜為　疑「為盜」之倒文。❷赭衣　紅色衣，古代囚徒所服。❸癘　惡瘡。❹朝士　別本作「國士」。即被重用的士人。

【語譯】智伯與趙襄子在晉陽交戰，智伯戰死。智伯家臣豫讓憤怒，由於他的精氣能使襄子心神震動，便把油漆塗在身上使形貌改變，吞下火炭使聲音改變。襄子將要外出，豫讓偽裝死人，躺在橋梁之下，襄子的馬受驚不肯向前，襄子心悸，派人察看橋下，抓到豫讓，襄子敬重豫讓的義行，沒有殺他。豫讓又去作小偷故意讓人抓去抵罪，身穿著囚犯的紅衣，到襄子宮中去搞修建，襄子心悸，就說：「一定又是豫讓來了。」襄子把豫讓抓來問道：「你開始事奉中行君，智伯把中行君殺了，你沒有為中行君去死，反而事奉智伯。現在我殺了智伯，你卻把油漆塗在身上讓全身長惡瘡，吞下木炭使喉嚨變啞，一直要殺害我。為什麼與當初的表現不一樣呢？」豫讓說：「中行君把我當一般人對待，我也用一般人的態度事奉他；智伯把我當朝士對待，我就要以朝士的身分為他所用。」襄子說：「你的行為是不對的。但你卻是一位壯士！」於是襄子把自己關進車庫之中，三天水漿不入口，以此表示對豫讓的敬意。豫讓知道後，便自殺了。

晉逐欒盈❶之族，命其家臣有敢從者死。其臣曰：「辛俞從之。」吏得而將殺之，君曰：「命汝無得從，敢從何也？」辛俞對曰：「臣聞三世仕於家者君之，二世者主之；事君以死，事主以勤，為其賜之多也。今臣三世於欒氏，受其賜多矣，臣敢畏死而忘三世之恩哉？」晉君釋之。

【章旨】本章講知恩而報恩的行為能得別人的體諒。

【注釋】❶欒盈　即欒懷子，以武力叛晉，事敗，故晉君逐其族。其事見《左傳·襄公二十三年》。

【語譯】晉君要驅逐欒盈家族，命令他的家臣，若有敢於跟隨的即處以死刑。有一人說：「辛俞跟去了。」官吏逮捕了辛俞將要殺掉，晉君問辛俞說：「下令不許你們跟從，為什麼還敢去呢？」辛俞回答說：「我聽說三代在大夫家做家臣的人，把大夫視為君王；兩代做家臣的，把大夫視為主人；事奉君王要不惜生命，事奉主人要勤勉，這是因為他們給了很多賞賜的緣故。我家三代事奉欒氏，得到很多賞賜，我敢畏懼死亡而忘卻三代的恩情嗎？」晉君釋放了辛俞。

留侯張良❶之大父開地相韓昭侯、宣惠王、襄哀王。父平相釐王、悼惠王。悼惠王二十三年平卒，二十歲❷秦滅韓。良年少，未宦事韓。韓破，良家童三百人，弟死不葬，良悉以家財求刺客刺秦王，為韓報仇，以大父、父、五世相韓故。遂學禮淮陽；東見滄海君，得力士，為鐵椎，重百二十斤，秦皇帝東遊，良與客狙擊秦皇帝於博浪沙，誤中副車。秦皇帝大怒，大索天下，求購甚急。良更易姓名，深之匿，後卒隨漢報秦。

【章　旨】本章記敘張良為亡韓復仇。

【注　釋】❶留侯張良　字子房，其家五世相韓，秦滅韓，良招納刺客，椎擊秦始皇於博浪沙，未遂，逃匿下邳。後為劉邦謀士，佐漢滅秦、楚，因功封為留侯。❷二十歲　惠王在位三十四年，韓國王安九年亡，距張平死二十年。

【語　譯】留侯張良的祖父張開地輔佐韓昭侯、宣惠王、襄哀王。他的父親張平輔佐韓釐王、悼惠王。悼惠王二十三年張平去世。二十年後秦國滅了韓國。那時張良年紀小，未在韓國做官。韓國滅亡時，張良家富有，有三百名僮僕，他的弟弟死而未葬，他卻把全部家財用來收買刺客，要行刺秦王，為韓國報仇，這是因為祖輩、父輩五代輔佐韓國的緣故。於是到淮陽學禮、到東邊拜會滄海君，找到大力士，造了一個一百二十斤重的鐵椎。秦始皇到東邊巡察，張良與刺客在博浪沙進行狙擊，誤中了副車。秦始皇大怒，在全國搜捕、懸賞捉拿，情況十分緊急。張良更換姓名，隱密地躲藏起來，後來終於跟隨漢王向秦國報了仇。

鮑叔死，管仲舉上衽❶而哭之，泣下如雨。從者曰：「非君父子也，此亦有說乎？」管仲曰：「非夫子所知也。吾嘗與鮑子負販於南陽，吾三辱於市，鮑子不以我為怯，知我之欲有所明也。鮑子嘗與我有所說王者❷，而三不見聽，鮑子不以我為不肖，知我之不遇明君也。鮑子嘗與我臨財分貨，吾自取多者三，鮑子不以我為貪，知我之不足於財也。生我者父母，知我者鮑子也。士為知己者死，而況為之哀乎！」

【章　旨】本章記鮑叔死後，管子對他行孝子之禮，以報知遇之恩。

【注　釋】❶舉上衽　撩起衣襟。舉上衽而哭是父母死後，孝子所行的禮節。❷王者　或以為「王」為「主」之誤字。

【語　譯】鮑叔死後，管仲撩起衣襟痛哭，淚下如雨。隨從問道：「你們又不是父子，你這樣做有什麼理由嗎？」管仲說：「這不是你能理解的。我曾經同鮑叔在南陽挑著擔子做買賣，多次在街上被人欺侮，鮑叔不認為我膽小怕事，知道我的隱忍是要辨明是非。鮑叔曾經向別人推薦過我，但多次都未成功，鮑叔不認為我才智低下，知道我是沒遇上明主。鮑叔曾經與我一起分錢財，我多次擅自多拿，鮑叔不認為我貪婪，知道我的錢不夠花。生我的人是父母，了解我的人是鮑叔。士人可以為知己的人去死，何況是為他舉哀呢？」

晉趙盾舉韓厥❶，晉君以為中軍尉。趙盾死，子朔嗣為卿，至景公三年，趙朔為晉將，朔取成公姊為夫人。大夫屠岸賈，欲誅趙氏。初，趙盾在時，夢見叔帶持龜要而哭❷，甚悲，已而笑，拊手且歌。盾卜之，占兆絕而後好。趙史援占曰：「此甚惡，非君之身，乃君之子，然亦君之咎也。」至子趙朔，世益衰。屠岸賈者，始有寵於靈公，乃至於晉景公，而賈為司寇，將作難，乃治靈公之賊，以至趙盾。偏告諸將曰：「趙穿弒靈公，盾雖不知，猶為首賊。臣殺君，子孫在朝，何以懲罪？請誅之。」韓厥曰：「靈公遇賊，趙盾在外，吾先君以為無罪，故不誅；今諸君將誅其後，是非先君之意而後妄誅，妄誅謂之亂臣。有大事而君不聞，是無君也。」屠岸賈不聽。厥告趙朔趨亡，趙朔不肯，曰：「子必不絕趙祀，朔死且不恨。」韓厥許諾，稱疾不出。賈不請而擅與諸將攻趙氏於下宮，殺趙朔、趙括、趙嬰齊，皆滅其族。

朔妻成公姊有遺腹，走公宮匿，後生男，乳，朔客程嬰持亡匿山中。居十五年，晉景公疾，卜之曰：「大業之後不遂❸者為祟。」景公疾問韓厥，韓厥知趙孤在，乃曰：「大業之後在晉絕祀者，其趙氏乎？夫自中衍皆嬴姓也，中衍人面鳥喙，降佐殷帝太戊❹；及周天子，皆有明德，下及幽厲無道，而叔帶去周適晉，事先君文侯；至於成公，世有立功，未嘗有絕祀。今及吾君，獨滅之趙宗，國人哀之，故見龜策，唯君圖之。」景公問曰：「趙尚有後子孫乎？」韓厥具以實對。於是景公乃與韓厥謀立趙孤兒，召而匿之宮中。諸將入問疾，景公因韓厥之眾，以脅諸將而見趙孤，孤名曰武。諸將不得已，乃曰：「昔下宮之難，屠岸賈為之；矯以君令，並命群臣，非然，孰敢作難？微君之疾，群臣固且請立趙後，今君有令，群臣之願也。」於是召趙武、程嬰徧拜諸將軍。將軍遂返與程嬰、趙武攻屠岸賈，滅其族。復與趙武田邑如故。故人安可以無恩？夫有恩於此故復於彼。非程嬰則趙孤不全，非韓厥則趙後不復。韓厥可謂不忘恩矣。

【章旨】本章講為人不可不施恩於人，施恩於此則得報於彼。

【注釋】❶韓厥　即韓獻子，其事跡見《左傳・宣公十二年》及〈成公三年〉等篇。❷叔帶持龜要而哭　叔帶是趙氏祖先。「龜」是衍文。「要」同「腰」。❸遂　成就。❹太戊　商王名，即位之後，任用伊陟、巫咸等人，使商朝中興。

【語譯】晉國趙盾舉薦了韓厥，晉君任韓厥為中軍尉。趙盾死後，他的兒子趙朔繼任為卿，到了晉景公三年，趙朔作了晉國的將軍。他娶晉成公的姊姊作夫人。晉大夫屠岸賈，想誅殺趙朔全族。以前，趙盾在世時，曾夢見叔帶捫著腰哭泣，非常悲傷，過一會又笑了起來，一面拍手一面唱歌。趙盾進行卜問，兆紋前段斷裂後段完好。趙氏家中一位管占卜名叫援的官員說：「這是非常兇惡的兆象，災禍不會落到你的身上，但要落在你兒子身上，可這是你的過失造成的。」到了兒子趙朔這一代，趙氏越來越衰弱。屠岸賈這個人，原先受晉靈公寵愛，到了晉景公當政時，當上了司寇，他將要在晉國作難，便以追查殺害晉靈公的兇手為名，牽扯到趙盾。屠岸賈對所有的將領說：「趙穿殺害了靈公，趙盾雖然事先不知道，但仍是罪魁禍首。臣子殺了君王，而他的子孫卻仍在朝廷做官，這叫別人以後怎麼懲辦罪犯？請大家誅滅趙氏。」韓厥說：「靈公遇害，趙盾在外，我們已去世的君王認為他無罪，所以沒殺他；現在眾位要殺他的後人，是否定先君的看法而濫行殺戮，而濫行殺戮的人是亂臣。要幹大事而不讓君王知道，是目無君王的表現。」屠岸賈不肯聽從。韓厥把此事告訴了趙朔並要他逃走，趙朔不肯，說：「你一定不要讓趙氏的香火斷絕，我即使死了也不感到遺憾。」韓厥答應了，假稱有病不出來理事。屠岸賈不請示君王就擅自夥同眾將在趙氏的居處下宮攻打趙氏，殺了趙朔、趙括、趙嬰齊，把整個趙氏家族滅掉了。趙朔的妻子也就是成公的姊姊懷有遺腹子，逃到王宮躲藏，後來生了一個男孩，尚在吃奶，就由趙朔的門客程嬰抱著逃往山中隱藏。過了十五年，晉景公得了重病，卜問的結果說：「是建立了大功業而在晉國絕了香火的神靈在作怪。」景公急忙問韓厥，韓厥知道趙氏孤兒還在人世，便說：「建立了大功業卻沒落得好結果的，大約是趙氏吧？他家從中衍起都姓嬴，中衍人臉鳥嘴，來到人間輔佐商王太戊。到了周初，幾位天子都很聖明仁德，下至周幽王和周厲王才昏庸無道，而叔帶此時離開了周王室來到晉國，事奉先君文侯，直到晉成公時，趙氏代代有人建立功業，他家的子嗣也從未斷絕。如今到了您執政，偏偏滅了趙氏全族，國內人痛惜他們，所以在卜兆中顯示出來，請您對此作決斷吧。」景公問：「趙氏還有後代子孫嗎？」韓厥都以實話回答。於是景公與韓厥一起商量重新封賞趙氏孤兒，把孤兒找回藏在王宮中。景公假裝有病，眾將領前去探問，景公借韓厥的軍隊，脅迫眾將去見趙氏孤兒，孤兒名字叫武。眾將無法，才說：「從前在下宮發生的禍難，是屠岸賈造成的，他假借君王的命令，驅使群臣，不然，誰敢作難？如果君王您不生病，我們本來將要請求重立趙氏後代，現在您有了命令，這正是我們的願望啊！」景公叫來趙武、程嬰，讓他們對眾將一一拜謝。眾將便反過來與程嬰、趙武一同去攻打屠岸賈，滅了他的家族。景公又按原樣賜給趙武土地。所以說為人怎能不施恩於人呢？在此處施恩於人，在彼處便能得到回報。沒有程嬰，趙氏孤兒不能保全；沒有韓厥，趙氏後代不能恢復。韓厥可稱得上是不忘恩啊！

蘧伯玉❶得罪於衛君，走而之晉。晉大夫有木門子高者，蘧伯玉舍其家。居二年，衛君赦其罪而反之。木門子高使其子送之至於境，蘧伯玉曰：「鄙❷夫之子返矣。」木門子高後得罪於晉君，歸蘧伯玉。伯玉言之衛君曰：「晉之賢大夫木門子高得罪於晉君，願君禮之。」於是衛君郊迎之，竟以為卿。

【章旨】本章記蘧伯玉厚報在自己遭難時救助過自己的木門子高。

【注釋】❶蘧伯玉　春秋衛國大夫，名瑗，伯玉是其字。❷鄙　此指邊境、邊邑。

【語譯】蘧伯玉得罪了衛君，逃亡到了晉國。晉大夫有個叫木門子高的人，蘧伯玉就住在他家裡。過了兩年，衛君赦免蘧伯玉的罪過讓他回到衛國。木門子高派他的兒子把蘧伯玉送到晉國邊境，蘧伯玉說：「守邊人的兒子回去吧。」木門子高後來也得罪了晉君，逃到蘧伯玉那裡。蘧伯玉對衛君說：「晉國的賢大夫木門子高得罪了晉君，希望您能以禮待他。」於是衛君到郊外迎接木門子高，居然將他任為卿士。

北郭騷踵❶門見晏子曰：「竊悅先生之義，願乞所以養母者。」晏子使人分倉粟、府金而遺之，辭金而受粟。有間，晏子見疑於景公，出奔。北郭子召其友而告之曰：「吾悅晏子之義而嘗乞所以養母者。吾聞之曰：『養其親者，身更❷其難。』今晏子見疑，吾將以身白之。」遂造公庭，求復者曰：「晏子天下之賢者也，今去齊國，齊國必侵矣，方❸必見國之侵也，不若先死，請絕頸以白晏子。」逡巡而退，因自殺也。公聞之大駭，乘馳❹而自追晏子，及之國郊，請而反之。晏子不得已而反，聞北郭子之以死白己也，太息而歎曰：「嬰不肖，罪過固其所也，而士以身明之，哀哉！」

【章　旨】本章通過北郭騷以死白晏子故事的記敘，宣揚了施恩能夠得報的思想。

【注　釋】❶踵　走到。❷更　同「伉」。承當。❸方　將要。❹馳　「馹」字之誤。馹是古代驛站專用車。

【語　譯】北郭騷登門求見晏子，說：「我敬佩你的義舉，希望你給我一點奉養母親的東西。」晏子派人把倉庫的糧食和家裡的金錢贈送給他，北郭騷拒收金錢而接受了糧食。過了不久，晏子被景公猜疑，便離朝出走。北郭騷把他的朋友找來，告訴他們說：「我敬佩晏子的大義，曾向他乞求過奉養母親的東西。我聽別人說：『給養用到你的雙親身上，你就要為送給養的人承當災難。』現在晏子被猜疑，我將以一死來為他洗刷。」於是來到朝廷，對傳話的人說：「晏子，是天下的賢人，現在要離開齊國，齊國必然會遭侵犯，與其將要看到國家受侵犯，不如先死掉，請允許我用一死來為晏子表白。」徘徊退出，便自殺了。景公聽到後，大為驚駭，乘著驛車親自追趕晏子，在國境上追到了他。晏子不得已返回，聽到北郭騷以死為自己表白，深深嘆息說：「我無德無能，獲罪是應該的，而勇士卻以性命為我表白，真叫人痛心啊！」

吳赤市使於智氏，假道於衛。甯文子具紵絺❶三百製❷，將以送之，大夫豹曰：「吳雖大國也，不壤交，假之道，則亦敬矣，又何禮焉？」甯文子不聽，遂致之。吳赤市至於智氏，既得事，將歸吳，智伯命造舟為梁，吳赤市曰：「吾聞之，天子濟於水，造舟為梁，諸侯維舟，大夫方舟。方舟，臣之職也，且敬太甚，必有故。」使人視之，則用兵在後矣，將以襲衛。吳赤市曰：「衛假吾道而厚贈我，我見難而不告，是與為謀也。」稱疾而留，使人告衛，衛人警戒。智伯聞之，乃止。

【章旨】本章借敘吳赤市因受衛國「借道」、「厚贈」之恩為衛國通風報信，使之免遭侵襲的故事，宣揚施恩必能得報的思想。

【注釋】❶紵絺　麻布稱紵；細葛布稱絺。❷製　同「制」。長度單位，或以為四丈為制，或以為一丈八尺為制。

【語譯】吳國赤市出使智氏，向衛國借道。甯文子準備了三百制紵絺，將要送給吳赤市。大夫豹說：「吳國雖是大國，但與我國並非近鄰，我們借給它道路，也算是對它很恭敬了，又何必送禮呢？」甯文子不聽從，終於把禮物送給了吳赤市。吳赤市到了智氏那裡，辦完事，將要回到吳國。智伯下令造船搭浮橋，吳赤市說：「我聽說：天子要過河，造船搭浮橋，諸侯渡河，將許多船併在一起，大夫渡河，把兩隻船併在一起。用兩隻船渡我過河，符合我的身分。對我過分恭敬，其中必有緣故。」派人察看，發現後面安排有軍隊，將借機偷襲衛國。吳赤市說：「衛國借給我道路並給我很多饋贈，我若看見它有難而不告訴它，這是合夥謀害它。」假裝有病停留在智氏那裡，派人到衛國報信，衛國人作了防備。智伯得知後，停止了行動。

楚、魏會於晉陽，將以伐齊。齊王患之，使人召淳于髡❶曰：「楚、魏謀欲伐齊。願先生與寡人共憂之。」淳于髡大笑而不應。王復問之，又復大笑而不應。三問而不應。王怫然❷作色曰：「先生以寡人國為戲乎？」淳于髡曰：「臣不敢以王國為戲也，臣笑臣鄰之祠❸田也，以奩❹飯與一鮒魚，其祝曰：『下田洿邪❺，得穀百車，蟹堁❻者宜禾。』臣笑其所以祠者少而所求者多。」王曰：「善。」賜之千金，革車百乘，立為上卿。

【章旨】本章講施予的少則不可望收回的多。

【注釋】❶淳于髡 戰國齊人，事齊威王，滑稽多智。❷怫然 不悅貌。❸祠 祭祀祈禱。❹奩 疑「甌」誤字。❺洿邪 地勢低下的田地。❻蟹堁 高地。

【語譯】楚、魏兩國軍隊在晉陽會合，將要討伐齊國。齊王擔心，派人請來淳于髡，說：「楚、魏要攻打我國，希望你能為我分憂。」淳于髡大笑而不回答。齊王又問他，又是大笑而不回答。第三次詢問仍然不回答。齊王惱著臉問：「你拿我的國家開玩笑嗎？」淳于髡說：「我不敢拿您的國家開玩笑，我笑我的鄰居祭田的情景，他拿一碗飯和一條鯽魚，禱告說：『下邊的田低窪，希望收一百車穀，上邊的田太高，希望能長出好禾苗。』我笑他用以祭祀的東西少，而要求神靈賜予的多。」齊王說：「說得好。」賜給淳于髡千金，兵車百輛，拜為上卿。

陽虎❶得罪於衛，北見簡子曰：「自今以來，不復樹人矣。」簡子曰：「何哉？」陽虎對曰：「夫堂上之人，臣所樹者過半矣；朝廷之吏，臣所立者亦過半矣；邊境之士，臣所立者亦過半矣。今夫堂上之人，親卻❷臣於君；朝廷之吏，親危臣於法；邊境之士，親劫臣於兵。」簡子曰：「唯賢者為能報恩，不肖者不能。夫樹桃李者，夏得休息，秋得食焉。樹蒺藜❸者，夏不得休息，秋得其刺焉。今子之所樹者，蒺藜也，非桃李也。自今以來，擇人而樹，毋已樹而擇之。」

【章　旨】本章講「唯賢者能報恩，不肖者不能」，因而培養人要選擇賢者。

【注　釋】❶陽虎　即陽貨，春秋時魯國季氏家臣。❷卻　當為「郤」之誤，「郤」同「隙」，離間之意。❸蒺藜　草名，一名茨，實有刺。

【語　譯】陽虎在衛國獲罪，到北方見簡子，說：「從今以後，再不扶植人了。」簡子問：「為什麼？」陽虎回答說：「朝堂上的大員，由我扶植的超過一半；各部門的官吏，由我扶植的，也超過一半；邊境上的士人，由我扶植的同樣超過一半。現在朝堂的大員，親自挑撥我與君王的關係；朝廷裡的官吏，親自借法令來迫害我；邊境上的士人，親自用武器威脅我。」簡子說：「唯有賢人能夠報恩，不賢的人不能夠。栽下桃李，夏天可以在樹蔭下休息，秋天可以吃到果實；栽下蒺藜，夏天不能在下面休息，秋天只能得到刺。現在你栽培的，是蒺藜，而不是桃李。從今以後，要先選擇人而後培植，不要先培植而後選擇。」

魏文侯與田子方語，有兩僮子衣青白衣，而侍於君前，子方曰：「此君之寵子乎？」文侯曰：「非也。其父死於戰，此其幼孤也，寡人收之。」子方曰：「臣以君之賊心為足矣，今滋甚！君之寵此子也，又且以誰之父殺之乎？」文侯愍然曰：「寡人受令矣。」自是以後，兵革不用。

【章　旨】本章講施恩惠的目的要正確，不要讓受惠者作無謂的犧牲。

【語　譯】魏文侯與田子方談話，有兩個穿青白色衣服的小孩，侍立在文侯身邊，田子方問：「這是你的愛子嗎？」文侯說：「不是。他們的父親死於戰爭，這是小孤兒，我收養了他們。」田子方說：「我以為你殺人的欲望已經滿足了，沒想到如今更強烈！你撫恤這些孩子，又將要誰的父親去作犧牲呢？」文侯傷心地說：「我接受你的教訓。」從此以後，沒發動戰爭。

吳起為魏將，攻中山，軍人有病疽❶者，吳子自吮其膿，其母泣之，旁人曰：「將軍於而子如是，尚何為泣？」對曰：「吳子吮此子父之創，而殺之於涇水之戰，戰不旋踵❷而死。今又吮之，安知是子何戰而死？是以哭之矣！」

【章旨】本章講吳起吮傷在於積恩感下，最終目的是讓士兵為他拼死效力。作者反對侵略戰爭，因而對吳起這一做法也不贊同。

【注釋】❶疽　一種毒瘡。❷旋踵　轉足之間，形容迅速。

【語譯】吳起擔任魏國的將軍，攻打中山國，戰士中有人長了毒瘡，吳起親自吮吸膿血；這戰士的母親哭了起來，旁邊的人問：「將軍像這樣對待你的兒子，還為什麼要哭呢？」回答說：「吳將軍吮過這孩子父親的傷口，孩子的父親在涇水之戰中身亡，剛一交戰就送了命。現在又給這孩子吮傷，誰知道這孩子在什麼戰鬥中戰死？所以為他哭泣。」

東閭子嘗富貴而後乞，人問之，曰：「公何為如是？」曰：「吾自知，吾嘗相六七年，未嘗薦一人也；吾嘗富三千萬者再，未嘗富一人。不知士出身之咎然也。」孔子曰：「物之難矣；小大多少，各有怨惡，數之理也。人而得之在於外假之也。」

【章　旨】本章講不肯幫助別人的人，自己得不到別人的幫助。

【語　譯】東閭子曾經享有富貴而後來淪為乞丐，有人問他說：「你為什麼會這樣？」回答說：「原因我自己知道。我曾經為相六七年，未曾推薦過一個人；我曾兩次擁有三千萬的財富，未曾使一人富有。這怪我不懂得士人是需要富貴者提攜和幫助的。」孔子說：「辦事真難啊！不論事情的大小多少，總有人反對，這便是事物的規律。人自身有所得在於借助外物。」

齊懿公之為公子也，與邴歜❶之父爭田，不勝。及即位，乃掘而刖之，而使歜為僕。奪庸織❷之妻，而使織為參乘❸。公游於申池，二人浴於池，歜以鞭抶織，織怒，歜曰：「人奪女妻而不敢怒，一抶❹女庸何傷！」織曰：「與刖其父而不病奚若？」乃謀殺公，納之竹中。

【章　旨】本章講作惡有惡報。

【注　釋】❶邴歜　亦稱丙戎，其事見《左傳・文公十八年》。❷庸織　春秋齊人，其妻美，懿公奪之。❸參乘　陪乘的人。❹抶　鞭打。

【語　譯】齊懿公作公子的時候，與邴歜的父親爭奪獵物，未取勝。登上王位以後，就把已經死了的邴歜的父親從墳墓中挖出來，砍了他的雙足，而讓邴歜作車夫。又強奪庸織的妻子，讓庸織當陪乘。懿公到申池遊覽，邴歜、庸織二人在池中洗浴，邴歜用鞭子抽打庸織，庸織發怒，邴歜說：「別人奪走了你的妻子，你不敢怒。打了你一下，又有何妨？」庸織說：「這同別人砍了父親的雙足而不敢恨別人相比，怎麼樣？」於是二人商量後把懿公殺死，扔進竹林中。

楚人獻黿❶於鄭靈公，公子家見公子宋之食指動，謂公子家曰：「他日我如是，必嘗異味。」及食大夫黿，召公子宋而不與。公子宋怒，染指於鼎，嘗之而出。公怒，欲殺之。公子宋與公子家謀先，遂殺靈公。子夏曰：「《春秋》者，記君不君，臣不臣，父不父，子不子者也，此非一日之事也，有漸以至焉。」

【章旨】本章講君臣父子之間失禮，就會導致以怨報怨。

【注釋】❶黿　大鱉。

【語譯】楚國人把大鱉送給鄭靈公，公子家看見公子宋的食指動彈，公子宋對公子家說：「改天我到這裡來，一定要嚐嚐美味。」等到請眾大夫吃黿肉的時候，請了公子宋卻不給他鱉肉。公子宋生氣，把食指伸進鼎中蘸了一下，嚐了味道便出來了。鄭靈公大怒，要殺公子宋。公子宋與公子家搶先謀劃，便殺了靈公。子夏說：「《春秋》這本書，記載著君王不像君王，臣子不像臣子，父親不像父親，兒子不像兒子之類的事，這不是一天就變成這樣的，是逐漸形成的。」

卷七

政理

【題解】本篇闡述君臣治國理政的原理和方法。

政有三品：王者之政化之，霸者之政威之，強者之政脅之。夫此三者各有所施，而化之為貴矣。夫化之不變而後威之，威之不變而後脅之，脅之不變而後刑之。夫至於刑者，則非王者之所得已也。是以聖王先德教而後刑罰，立榮恥而明防禁，崇禮義之節以示之，賤貨利之弊❶以變之；修近理內，政❷橛機❸之禮，壹妃匹之際，則莫不慕義禮之榮，而惡貪亂之恥。其所由致之者，化使然也。

【章旨】本章講行政有三種方法，雖各有用途，但以德化為貴。

【注釋】❶弊　同「幣」。貨幣。❷政　同「正」。❸橛機　門內之位。

【語　譯】政治有三種：行王道的感化人，行霸道的威服人，行強暴的逼迫人。這三種方法各有用處，以感化為好。靠感化不行再加以威懾，靠威懾不行再加以逼迫，靠逼迫不行再加以刑懲。到了用刑罰的地步，就是行王道的人不得已的做法了。所以聖王先推行德政教化、後施用刑罰，定立榮辱標準，公布防禁法令，是倡禮義並把它昭示於人，輕視錢財以改變人心，管理好身邊的事，整頓好內宮使之合禮，規定好后妃的職分不使混亂，這樣在下的人就沒有人不敬慕恭行禮義的光榮，厭惡貪饞作亂的恥辱。能有這樣的結果，提進行德化的緣故。

季孫問於孔子曰：「如殺無道，以就有道，何如？」孔子曰：「子為政，焉用殺！子欲善而民善矣。君子之德風也，小人之德草也，草上❶之風必偃。」❷言明其化而已也。

【章　旨】本章以風可靡草為喻，說明上對下有直接影響，進而說明統治者施行教化的重大作用。

【注　釋】❶上　加。❷子為政等句　語見《論語・顏淵》。

【語　譯】季孫向孔子問道：「如果殺掉無道之人，親近有道之人，怎麼樣？」孔子說：「你施行政治，哪裡用得著殺戮！你要行善，百姓就會跟著行善。君子的作風就像風，小人的作風就像草，草被風吹動必然倒伏。」這些話闡說了宣揚教化的作用。

治國有二機，刑德是也。王者尚其德而希其刑，霸者刑德並湊。強國先其刑而後德。夫刑德者，化之所由興也。德者，養善而進闕❶者也；刑者，懲惡而禁後者也。故德化之崇者至於賞，刑罰之甚者至於誅。夫誅賞者，所以別賢不肖而列❷有功與無功也。故誅賞不可以繆，誅賞繆則善惡亂矣。夫有功而不賞，則善不勸，有過而不誅，則惡不懼。善不勸而能以行化乎天下者，未嘗聞也。《書》曰：「畢力賞罰。」❸，此之謂也。

【章旨】本章講施德行刑是治國的兩種基本方法，只有將此二法運用得當，國家才能治理好。

【注釋】❶進闕　詞意不明。譯文取全句大意。❷列　分解；分別。❸畢力賞罰　見《尚書・康王之誥》。

【語譯】治理國家有兩種辦法，那就是用刑罰和施德政。行王道的人重視施德政而極少用刑罰，行霸道的人刑罰德政並用。要使國家強盛，先用刑罰後施德政。使用刑罰和德政，是實現教化的手段。施德政，可以培植善良彌補缺失；用刑罰，可以懲戒兇惡禁止再犯。施行德化的最後辦法是進行賞賜，用刑罰的最後辦法是加以殺戮。賞賜和殺戮，是用來區別賢和不賢、有功和無功的標誌。所以殺戮和賞賜都不能錯亂，殺戮和賞賜錯亂了，善和惡也就分不清了。如果有功勞而不加賞賜，做好事的人就得不到鼓勵；有罪惡而不加殺戮，罪惡之人就不會畏懼。行善受不到鼓勵，作惡毫不懼怕，而想感化天下人，這樣的事沒聽說過。《尚書》上說：「用一切力量行好賞罰。」說的正是這一道理。

水濁則魚困，令苛則民亂，城峭則必崩，岸竦則必阤。故夫治國，譬若張琴，大絃急則小絃絕矣，故曰急轡御者非千里御也。有聲之聲，不過百里，無聲之聲，延及四海。故祿過其功者損，名過其實者削，情行合而民副之，禍福不虛至矣。《詩》云：「何其處也？必有與也；何其久也？必有以也。」❶此之謂也。

【章旨】本章闡述「不為已甚」的道理。

【注　釋】❶何其處也四句　見《詩經·邶風·旄丘》。

【語　譯】水太渾濁魚兒難以生長，政令苛煩百姓將出現騷亂，城牆陡峭一定要坍塌，崖岸險峻一定會崩潰。治理國家就像調琴絃，大絃繃得太緊小絃就會繃斷。所以說，拚命趕馬的人不是行千里路的好車夫。聽得見的聲音傳不到百里之外，聽不見的聲音，可以播及四面八方。祿位超過功勞的人應該減損祿位，名聲超過實際的人應該縮小名聲，名實相合百姓才會歸服，禍和福都不會無端到來。《詩經》說：「為什麼安居不動呢？一定有原因；為什麼這樣持久呢？一定有原因。」說的正是這道理。

公叔文子為楚令尹，三年，民無敢入朝。公叔子見曰：「嚴矣。」文子曰：「朝廷之嚴也，寧云妨國家之治哉？」公叔子曰：「嚴則下喑，下喑則上聾，聾喑不能相通，何國之治也？蓋聞之也，順針縷者成帷幕，合升斗者實倉廩，并小流而成江海，明主者有所受命而不行，未嘗有所不受也。」

【章　旨】本章講要把國家治理好，必須上下相溝通。

【語　譯】公叔文子擔任楚國令尹，三年，百姓中沒人敢上朝廷。公叔子見文子說：「太嚴了。」文子說：「朝廷嚴，難道說會妨礙國家的治理嗎？」公叔子說：「太嚴則下面人就像啞巴一樣不敢說話，下面人不說話，在上位的人就像聾子一樣聽不到情況，一個聾，一個啞，兩邊不能相通，還談什麼治理國家？聽說，順著針線可以把布縫合成帷帳，用升斗量入糧食可以把糧倉裝滿，匯集小河可以變成江海。聖明的君王可以聽後不照辦，未曾有拒聽別人意見的。」

衛靈公謂孔子曰：「有語寡人：為國家者，謹之於廟堂之上而國家治矣，其可乎？」孔子曰：「可。愛人者則人愛之，惡人者則人惡之，知得之己者，亦知得之人。所謂不出於環堵❶之室而知天下者，知反之己者也。」

【章旨】本章強調統治者要善於反省，要能夠推己及人。

【注釋】❶環堵　圍牆之內。

【語譯】衛靈公對孔子說：「有人對我說：國家的領導人，只要在朝廷裡嚴謹處事，國家就能治理好，這樣可以嗎？」孔子說：「可以。愛護別人的人別人就會愛戴他，厭惡別人的人別人就會厭惡他。要明白自己可以得到的東西，別人也可以得到。人們所說的不走出自己的屋子而能了解天下情況的人，是那些懂得反省自己的人。」

子貢問治民於孔子，孔子曰：「懍懍❶焉如以腐索御奔馬。」子貢曰：「何其畏也？」孔子曰：「夫通達之國皆人也，以道導之，則吾畜也；不以道導之，則吾讎也。若何而毋畏？」

【章旨】本章講管理百姓要小心謹慎。

【注釋】❶懍懍　戰戰兢兢的樣子。

【語譯】子貢向孔子問治理百姓的道理，孔子說：「要時刻警惕，就像用一根腐朽了的繩子駕馭一匹奔馳著的馬一樣。」子貢說：「為什麼這樣可怕？」孔子說：「道路四通八達的都城到處都是人，把他們引向正道，他們便受我驅使；不把他們引向正道，他們便成了我的仇人。為什麼不感到可怕？」

齊桓公謂管仲曰：「吾欲舉事於國，昭然如日月，無愚夫愚婦皆曰善，可乎？」仲曰：「可。然非聖人之道。」桓公曰：「何也？」對曰：「夫短綆不可以汲深井，知鮮不可以與聖人之言。惠士可與辨物，智士可與辨無方❶，聖人可與辨神明。夫聖人之所為，非眾人之所及也。民知十己，則尚與之爭，曰不如吾也，百己則疵其過，千己則誰❷而不信。是故民不可稍而掌❸也，可并而牧也；不可暴而殺也，可麾而致也；眾不可戶說也，可舉而示也。」

【章旨】本章述治民的方法。

【注釋】❶無方　方指品類。無方指無固定的品類。❷誰　疑「譙」之誤字。譙，責怪。❸稍而掌　疑為「稱而賞」之誤。

【語譯】齊桓公對管仲說：「我要在國內辦事，明朗得如日月一樣，不論愚夫愚婦都說好，行嗎？」管仲說：「行，但這並非聖人的做法。」桓公問：「為什麼？」回答說：「短的井繩不能從深井裡打水，知識少的人不能同聖人對話。對聰慧的人，可以與他談論一般的事物；對明智的人，可以與他談論各種事物；對聖明的人，可以與他談論神鬼精神。聖人的所作所為，不是一般人趕得上的。百姓了解的東西十倍於己，尚可與他們爭論，說他們比不上自己，百倍於己則挑他們的毛病，千倍於己則指責他們、不信任他們。所以百姓不可以抬得太高，而可以集中起來領導；不可以殘暴對待、大肆殺戮，而可以指揮他們、讓他們歸順自己；對眾人不能家家戶戶去說服，可以做出榜樣給他們示範。」

衛靈公問於史鰌❶曰：「政孰為務？」對曰：「大理❷為務。聽獄不中，死者不可生也，斷者不可屬也，故曰大理為務。」少焉，子路見公，公以史鰌言告之，子路曰：「司馬❸為務。兩國有難，兩軍相當，司馬執枹以行之，一鬥不當，死者數萬，以殺人為非也，此其為殺人亦眾矣，故曰司馬為務。」少焉，子貢入見，公以二子言告之，子貢曰：「不識哉！昔禹與有扈氏❹戰，三陳而不服，禹於是修教一年，而有扈氏請服。故曰：去民之所事，奚獄之所聽？兵革之不陳，奚鼓之所鳴？故曰教為務也。」

【章旨】本章講施政當以「教為務」。

【注釋】❶史鰌　字子魚，衛國史官。❷大理　掌刑法之官。❸司馬　掌軍事之官。❹有扈　古國名。

【語譯】衛靈公問史鰌說：「施政以什麼為最重要？」回答說：「掌管刑法最重要。案子辦得不恰當，被處死的人不能復生，被砍斷的肢體不能接起來，所以說掌管刑法最重要。」不久，子路見靈公，靈公把史鰌的話講給他聽，子路說：「掌管軍事最重要。兩國要打仗，雙方軍隊對陣，指揮作戰的人拿起鼓槌擊鼓進軍，若有一點失誤，就有數萬人喪命。判案的錯殺一人，大家都認為是不對的，而戰場上若是指揮失誤，死的人可就多了。所以說掌管軍事最重要。」又過了不久，子貢進來相見，靈公把前兩人的話告訴子貢，子貢說：「你難道不知道嗎？從前夏禹與有扈氏交戰，打了三仗而有扈氏不肯投降，夏禹於是用一年時間施行教化，有扈氏後來自動歸順。所以說：消除了民間的糾紛，哪裡用得著審案子？戰爭不爆發，哪裡用得著擊戰鼓？因此說施行教化是最重要的。」

齊桓公出獵，逐鹿而走，入山谷之中，見一老公，而問之曰：「是為何谷？」對曰：「為愚公之谷。」桓公曰：「何故？」對曰：「以臣名之。」桓公曰：「今視公之儀狀，非愚人也，何為以公名？」對曰：「臣請陳之：臣故畜牸牛❶，生子而大，賣之而買駒，少年曰：

『牛不能生馬。』遂持駒去。傍鄰聞之，以臣為愚，故名此谷為愚公之谷。」桓公曰：「公誠愚矣！夫何為而與之？」桓公遂歸，明日朝，以告管仲，管仲正衿❷再拜曰：「此夷吾之過也。使堯在上，咎繇❸為理，安有取人之駒者乎？若有見暴如是叟者，又必不與也。公知獄訟之不正，故與之耳。請退而修政。」孔子曰：「弟子記之桓公，霸君也，管仲，賢佐也，猶有以智為愚者也，況不及桓公、管仲者也！」

【章旨】本章講當政者應該注意使政治清明，以免人民以智為愚。

【注釋】❶牸牛　母牛。❷衿　同「襟」。❸咎繇　即皐陶。傳為舜之臣，掌訟獄之事。

【語譯】齊桓公外出打獵，追趕一隻鹿，進入山谷之中，看見一位老漢，問道：「這叫什麼山谷？」回答說：「叫愚公之谷。」桓公問：「為什麼叫這樣的名字？」回答說：「這是用我的名字命名的。」桓公說：「現在看你的樣子，並不是愚昧之人，為什麼說用你的名字命名呢？」回答說：「請讓我說給你聽：我原先養了一頭母牛，生了一頭很大的小牛，我把牠賣了，買回一匹小馬，有一個青年人說：『牛不可能生出馬來』，便把小馬牽走了。鄰居們聽說，都認為我很愚蠢，所以把我居住的山谷稱為愚公之谷。」桓公說：「你確實很蠢，為什麼把小馬送給別人？」桓公說完便回去了。第二天上朝，把此事說給管仲聽，管仲聽後整理衣襟向桓公行大禮，說：「這是我的過失。假如帝堯當政，咎繇做獄官，哪裡會有人搶奪別人的小馬呢？當時若有人像這個老漢一樣遭受強暴，一定不會把小馬交出去的。這老人知道現在斷案的風氣不正，才把小馬給了別人。」孔子說：「徒弟們記住：桓公是一位稱霸的君王，管仲是一位賢明的輔臣，有時尚且誤把智慧當愚笨，何況比不上桓公、管仲的人呢？」

魯有父子訟者，康子曰：「殺之。」孔子曰：「未可殺也。夫民不知子父訟之不善者久矣，是則上過也。上有道，是人亡矣。」康子曰：「夫治民以孝為本，今殺一人以戮不孝，不亦可乎？」孔子曰：「不教而誅之，是虐殺不辜也。三軍大敗，不可誅也；獄訟不治，不可刑也；上陳之教而先服之，則百姓從風矣，躬行不從而後俟之以刑，則民知罪矣。夫一仞❶之牆，民不能踰，百仞之山，童子升而遊焉，陵遲❷故也。今是仁義之陵遲久矣，能謂民弗踰乎？《詩》曰：『俾民不迷。』❸昔者君子導其百姓不使迷，是以威厲而不至，刑錯而不用。」於是訟者聞之，乃請無訟。

【章　旨】本章主張對百姓先教而後刑。

【注　釋】❶仞　古代八尺為一仞。❷陵遲　本指緩延的斜坡，此有緩慢漸進之意。❸俾民不迷　見《詩經．小雅．節南山》。

【語　譯】魯國有兒子跟父親打官司的，康子說：「把兒子殺掉。」孔子說：「不能殺。老百姓不知道兒子與父親打官司是不對的已經很久了，這是統治者的過失。如果統治者行正道，這樣的人就不會出現。」康子說：「治理百姓要用孝道作根本，現在殺一個人懲辦不孝，不也可以嗎？」孔子說：「不教導就加以誅殺，是殘殺無辜。三軍打了敗仗，不可殺戰敗之人；案子未審理清楚，不可給犯人判罪。在上位的人要公布施教的法令，並且率先按法令要求去做，百姓就會立刻跟著去做，如果在上位的人做到了別人還不跟著去做，就可施以刑罰，這時百姓就明瞭自己犯了什麼罪。一仞高的牆，百姓不能踰越，百仞高的山，小孩卻能登上去遊玩，這是因為坡子很緩可以逐步上去的緣故。仁義漸衰已有很長時間了，能叫百姓不踰越嗎？《詩經》上說：『使百姓不迷惑。』從前的統治者引導百姓不讓他們迷路，所以具有威嚴而不施展，擱置刑罰而不使用。」要打官司的人聽到這番話以後，就請求停止訴訟。

魯哀公問政於孔子，對曰：「政有使民富且壽。」哀公曰：「何謂也？」孔子曰：「薄賦斂則民富，無事則遠罪，遠罪則民壽。」公曰：「若是則寡人貧矣。」孔子曰：「《詩》云：『凱悌君子，民之父母』❶，未見其子富而父母貧者也。」

【章旨】本章主張薄賦斂、輕刑罰。

【注釋】❶凱悌君子二句　見《詩經‧大雅‧泂酌》。凱悌，和樂；平易。

【語譯】魯哀公向孔子詢問如何行政，回答說：「推行好的政治，可以使百姓富有而且長壽。」哀公問：「此話是什麼意思？」孔子說：「減輕賦稅，老百姓就會富有；不挑起事端，老百姓就可以不犯罪，不犯罪就會長壽。」哀公說：「像這樣我可就貧窮了。」孔子說：「《詩經》上說：『平易近人的長官，是百姓的父母。』沒見過兒子富有而父母貧窮的。」

文王問於呂望❶曰：「為天下若何？」對曰：「王國富民，霸國富士，僅存之國富大夫，亡道之國富倉府。是謂上溢而下漏。」文王曰：「善。宿❷善不祥。」是日也，發其倉府，以振❸鰥寡孤獨。

【章旨】本章講王者富民。

【注釋】❶呂望　即姜子牙、姜太公。❷宿　停留。❸振　同「賑」。

【語譯】文王問呂望說：「怎樣治理天下？」回答說：「行王道的國家使百姓富有，行霸道的國家使士人富有，僅能維持的國家使大夫富有，無道的國家使倉庫堆滿。這就是所說的上面漫了出來才可能漏到下面去。」文王說：

「您說得好。不把這種好意見付諸實施是不吉祥的。」就在當天，打開倉庫，賑濟鰥寡孤獨。

武王問於太公曰：「治國之道若何？」太公對曰：「治國之道，愛民而已。」曰：「愛民若何？」曰：「利之而勿害，成之勿敗，生之勿殺，與之勿奪，樂之勿苦，喜之勿怒，此治國之道，使民之誼也，愛之而已矣。民失其所務，則害之也；農失其時，則敗之也；有罪者重其罰，則殺之也；重賦斂者，則奪之也；多徭役以罷民力，則苦之也；勞而擾之，則怒之也。故善為國者遇民，如父母之愛子，兄之愛弟，聞其饑寒為之哀，見其勞苦為之悲。」

【章　旨】本章中心意思是「治國之道，愛民而已」。

【語　譯】武王問太公說：「治國的方法是什麼？」太公回答說：「治國的方法，在於愛護百姓。」問：「怎樣做才叫愛護百姓？」說：「為他們謀利而不要對他們加害，成全他們而不要壞他們的事，使他們生息蕃衍而不要加以殺害，向他們施捨而不要掠奪，使他們快樂不使他們痛苦，讓他們高興不讓他們發怒。這便是說，治理國家的方法，統治人民的措施，全都建立在愛護百姓的基礎上。老百姓如果無事可幹，便是害了他們；耽誤農時，便是壞了他們的大事；他們犯了罪而懲罰過度，便是殘殺他們；加重賦稅，便是掠奪他們；大興徭役使民力疲憊，便是增加他們的痛苦；把他們攪擾得不得安寧，便會激怒他們。所以善於治理國家的人，對待百姓就像父母愛惜兒子，哥哥愛護弟弟一樣，聽到他饑寒就為他哀傷，看到他勞苦就為他悲愁。」

武王問於太公曰：「賢君治國何如？」對曰：「賢君之治國，其政平，其吏不苛，其賦斂節，其自奉薄，不以私善害公法，賞賜不加於無功，刑罰不施於無罪，不因喜以賞，不因怒以誅，害民者有罪，進賢舉過者有賞，後宮不荒，女謁❶不聽，上無婬慝❷，下不陰害，不幸❸宮室以費財，不多觀游臺池以罷民，不雕文刻鏤以逞耳目，官無腐蠹之藏，國無流餓之民，此賢君之治國也。」武王曰：「善哉！」

【章旨】本章從多方面描述了理想中的賢君治國的情景。

【注釋】❶女謁　通過後宮寵嬖的女子進行干求請託。❷婬慝　放縱邪惡。❸幸　疑「華」誤字。

【語譯】武王問太公說：「賢君如何治國？」回答說：「賢君治理國家，政令平易，官員不苛刻，賦稅有節制，自己的待遇低，不以個人的喜好違犯國家的法度，不給無功的人加賞，不給無罪的人加刑，不因為自己高興而行賞，不因為自己憤怒而殺人，對推薦賢人、舉報壞人的人要獎賞，後宮不恣肆淫樂，所寵幸的女人為別人講的話不予理睬，在上的人沒有縱逸邪惡的行為，在下的人沒有隱祕不軌的舉動，不為大舉修建華麗的宮室而浪費錢財，不經常遊覽臺池而勞損民力，不雕鏤花飾以供觀賞，官府沒有多餘腐爛了的儲藏之物，國內沒有流離失所的饑餓之民，這便是賢君治國的情況。」武王說：「說得好啊！」

武王問於太公曰：「為國而數更法令者何也？」太公曰：「為國而數更法令者，不法法，以其所善為法者也，故令出而亂，亂則更為法，是以其法令數更也。」

【章旨】本章講治國者應以法為法，不能以其所善為法。

【語譯】武王問太公說：「有人治國而多次更改法令，這是為什麼？」太公說：「治國而多次更改法令，說明他不把法令當法令，而以自己的喜好作法令，這樣，他的命令一發出，下面便出現混亂，一亂便又更改命令，所以他的法令多次更改。」

成王問政於尹逸❶曰：「吾何德之行而民親其上？」對曰：「使之以時而敬順❷之，忠而愛之，布令信而不食言。」王曰：「其度安至？」對曰：「如臨深淵，如履薄冰。」王曰：「懼哉！」對曰：「天地之間，四海之內，善之則畜也，不善則讎也。夏、殷之臣，反讎桀紂而臣湯武，夙沙❸之民，自攻其主而歸神農氏，此君之所明知也，若何其無懼也？」

【章旨】本章述君王治民應該小心謹慎。

【注釋】❶尹逸　周成王師。❷順　亦作「慎」。義通。❸夙沙　古國名。

【語譯】成王向尹逸詢問施政的方法，說「我採取什麼辦法，才能讓百姓親近我？」回答說：「按時使用他們而態度要恭敬慎重，一心為他們辦事並且愛護他們，頒布的命令要真實可靠還要說到做到。」成王問：「應該謹慎到什麼程度？」回答說：「就像面臨著深淵，腳踩著河面上的薄冰。」成王說：「太可怕了！」回答說：「天下四方的眾百姓，你若好好對待，他們便被你畜養，不好生對待便成為你的讎人。夏、商兩代的臣民，反叛桀、紂而臣服湯、武，夙沙國的百姓攻擊自己的君王而歸順神農，這一切都是你知道的，怎會不可怕呢？」

仲尼見梁君，梁君問仲尼曰：「吾欲長有國，吾欲列都之得，吾欲使民安不惑，吾欲使士竭其力，吾欲使日月當時，吾欲使聖人自來，吾欲使官府治，為之奈何？」仲尼對曰：「千乘之君，萬乘之主，問於丘者多矣，未嘗有如主君問丘之術也，然而盡可得也。丘聞之，兩君相親，則長有國；君惠臣忠，則列都之得；毋殺不辜，毋釋罪人，則民不惑；益士祿賞，則竭其力；尊天敬鬼，則日月當時；善為刑罰，則聖人自來；尚賢使能，則官府治。」梁君曰：「豈有不然哉！」

【章　旨】本章借孔子之口，闡述治國安天下的系列辦法。

【語　譯】仲尼會見梁國君王，梁國君王問仲尼說：「我想永保國家，我想得到眾多的城邑，我想使百姓馴服而不迷惑，我想使士人使出全力，我想使日月正常運行，我想使聖人自己來投奔，我想使官府治理得好，怎麼辦？」仲尼回答說：「擁有千乘戰車的君王，擁有萬乘戰車的天子，向我詢問的夠多了，沒有像你這樣的問法，但你的要求完全可以達到。我聽說，相鄰君王相互親善，可以永保國家；君王施恩，臣子盡忠，可以得到很多城邑；不殺害無罪之人，不放過有罪之人，百姓不會迷惑；增加對士人的封賞，士人就肯盡力；尊敬上天鬼神，月日就會正當運行；適當地使用刑罰，聖人就會自己到來；尊重賢人任用能人，官府就治理得好。」梁國君王說：「難道不正是這樣嗎！」

子貢曰：「葉公問政於夫子，夫子曰：『政在附近而來遠。』，魯哀公問政於夫子，夫子曰：『政在於諭臣』。齊景公問政於夫子，夫子曰：『政在於節用』。三君問政於夫子，夫子應之不同，然則政有異乎？」孔子曰：「夫荊之地廣而都狹，民有離志焉，故曰在於附近而來遠。哀公有臣三人，內比周公以惑其君，外障諸侯賓客，以蔽其明，故曰政在諭臣。齊景公奢於臺榭，淫於苑囿，五官❶之樂不解，一旦而賜人百乘之家者三，故曰政在於節用。此三者政也，《詩》不云乎：『亂離斯瘼❷，爰❸其適歸』❹，此傷離散以為亂者也。『匪其止共❺，惟王之邛❻』，此傷姦臣蔽主以為亂者也。『相亂蔑❼資，曾莫惠我師❽』，此傷奢侈不節以為亂者也。察此三者之所欲，政其同乎哉？」

【章旨】本章講確定治國措施，應當根據本國的實際需要對症下藥。

【注釋】❶五官　樂官名。❷瘼　疾苦。❸爰　何。❹亂離斯瘼二句　見《詩經・小雅・四月》。❺匪其止共　「匪」同「非」。止，禮。「共」借為「恭」。此句意為：以禮敬為非。❻邛　毛病。此詩見《詩經・小雅・巧言》。❼蔑　相當「無」。❽師　眾。此詩見《詩經・大雅・板》。

【語譯】子貢問：「葉公問您如何治國，您說：『治國在於使周圍的人依附、遠方的人歸服。』魯哀公問您如何治國，您說：『治國在於了解臣屬。』齊景公問您如何治國，您說：『治國在於節省費用。』三個君王都向您問政，而您的回答不同，難道治國的方法有各種各樣嗎？」孔子說：「荊這個地方土地遼闊而都城窄狹，百姓都想離去，所以說葉公的政治在於使近人依附、遠人歸服。哀公有三位大臣，對內結黨營私哄騙君王，對外阻止諸侯和賓客，使君王耳目蔽塞，所以說哀公行政著重要了解臣屬。齊景公大肆修建歌臺舞榭，沈溺於獵場射獵，五官的歌舞不斷，一次就封賞了多人為百乘之家，所以說他的行政在於節省財用。這三家的政治狀況，《詩經》上不是說了嗎？『離難困苦，老百姓怎能返回家園？』這是哀傷造成人民顛沛流離的禍亂。『破壞君臣大禮，使君王犯錯誤。』這是哀傷姦臣欺瞞君主而造成的禍亂。『大肆揮霍，資財耗盡，卻不給大眾絲毫好處。』這是哀傷奢侈靡費而造成的禍亂。看看這三種政治狀況的需求，救治的方法應該相同嗎？」

公儀休❶相魯，魯君死，左右請閉門❷。公儀休曰：「止，池淵吾不稅，蒙山吾不賦，苛令吾不布，吾已閉心❸矣，何閉於門哉？」

【章旨】本章講抑制貪欲重在意志堅定而不在做出的姿態。

【注釋】❶公儀休　漢代魯國博士，以高第為魯相。❷閉門　古語有「上士閉心，中士閉口，下士閉門」。❸閉心　損欲之意。

【語譯】公儀休為魯國相，魯國君王死後，身邊人請公儀休關門。公儀休說：「不必。對池淵我不收稅，對蒙山我不斂賦，我也不頒布苛刻的法令，我已經抑制自己的欲望了，何必關門呢？」

子產相鄭，簡公謂子產曰：「內政毋出，外政毋入。夫衣裘之不美，車馬之不飾，子女之不潔，寡人之醜也。國家之不治，封疆之不正，夫子之醜也。」子產相鄭，終簡公之身，內無國中之亂，外無諸侯之患也。子產之從政也，擇能而使之：馮簡子善斷事，子太叔善決而文❶，公孫揮知四國之為，而辨於其大夫之族姓，變而立至❷，又善為辭令，裨諶善謀，於野則獲，於邑則否。有事，乃載裨諶與之適野，使謀可否，而告馮簡子斷之，使公孫揮為之辭令，成，乃受子太叔行之，以應對賓客，是以鮮有敗事也。

【章旨】本章講子產集眾人之長為己之長，因而「鮮有敗事」。

【注釋】❶子太叔善決而文　此句《左傳‧襄公三十一年》作「子太叔美秀而文」，杜預注：「其貌美，其才秀」。與通篇文意相合，譯文取此。❷變而立至　語有訛錯，意不可解。《左傳‧襄公三十一年》全句為「公孫揮能知四國之為，而辨於其大夫之族姓、班位、貴賤、能否」。今據以翻譯。

【語譯】子產在鄭國為相，簡公對子產說：「宮內的事我管，朝中的事你管。衣服不美觀，車馬無裝飾，子女不潔淨，是我的恥辱。國家混亂，邊境未管理好，是你的恥辱。」子產輔佐鄭國，直至簡公去世，國內未發生禍亂，國外無諸侯侵擾。子產治理國家，善於選擇能人而加以使用，馮簡子善於判斷事物，子太叔外貌舉止優美而且富有文彩，公孫揮了解各國的情況，而且明察各國大夫的姓氏、官職、貴賤、能力，又擅長說話寫文章，裨諶善於謀劃，但在郊野謀劃則其謀得當，在城邑謀劃則其謀失當。凡有事，子產便以車載裨諶與他同到郊外，讓他考慮是否可行，然後告訴馮簡子請他決斷，再叫公孫揮作語言上的修飾，一切辦妥之後，交給子太叔去執行，用以應付賓客，所以很少做錯事。

董安于治晉陽，問政於蹇老，蹇老曰：「曰忠、曰信、曰敢。」董安于曰：「安忠乎？」曰：「忠於主。」曰：「安信乎？」曰：「信於令。」曰：「安敢乎？」曰：「敢於不善人。」董安于曰：「此三者足矣。」

【章旨】本章講為官者要做到忠、信、敢。

【語譯】董安于治理晉陽，向跛足老人詢問治理方法。跛足老人說：「這方法叫做忠、信、敢。」董安于問：「忠於誰？」答：「忠於君王。」問：「做什麼要講信用？」答：「對發布的命令要講信用。」問：「敢於幹何事？」答：「敢於除掉不善之人。」董安于說：「有這三種足夠了。」

魏文侯使西門豹往治於鄴，告之曰：「必全功、成名、布義。」豹曰：「敢問全功、成名、布義為之奈何？」文侯曰：「子往矣！是無邑不有賢豪辯博者也，無邑不有好揚人之惡，蔽人之善者也。往必問豪賢者，因而親之；其辯博者，因而師之；問其好揚人之惡，蔽人之善者，因而察之；不可以特聞從事。夫耳聞之不如目見之，目見之不如足踐之，足踐之不如手辨之。人始入官，如入晦室，久而愈明，明乃治，治乃行。」

【章　旨】本章主張對各種事物作全面、深入地了解。

【語　譯】魏文侯派西門豹去治理鄴郡，告訴他說：「一定要完全成功，一定要使自己成名，一定要施政得當。」西門豹問：「怎樣做才能使自己成功、成名、使施政得當？」文侯說：「你此番前去，無處沒有賢人豪傑和善辯博學之士，也無處沒有喜歡說別人的壞話、隱藏別人優點的人。去後一定要訪問賢人豪士，借此親近他們；對善辯博學的人，借此拜他們為師；對愛說別人壞話、隱藏別人優點的人，也要借此加以了解；不可只聽到一點什麼就輕率從事。耳朵聽到的不如眼睛看到的，眼睛看到的不如親自經歷的，親自經歷的不如親手處理的。人剛到官場，就像進入了暗房，時間長了便能慢慢看得清，看清楚了才能加以治理，進行了治理才能產生影響。」

宓子賤❶治單父❷，彈鳴琴，身不下堂而單父治。巫馬期❸亦治單父，以星出，以星入，日夜不處，以身親之，而單父亦治。巫馬期問其故於宓子賤，宓子賤曰：「我之謂任人，子之謂任力；任力者固勞，任人者固佚。」人曰：「宓子賤，則君子矣，佚四肢，全耳目，平心氣而百官治，任其數而已矣。巫馬期則不然，弊性事情，勞煩教詔，雖治猶未至也。」

【章　旨】本章講為政者要善於利用眾人的力量辦事。

【注　釋】❶宓子賤　名不齊，孔子學生。❷單父　地名。❸巫馬期　名施，也是孔子學生。

【語　譯】宓子賤治理單父，彈琴取樂，人不走出廳堂而單父治理得很好。巫馬期也治理單父，頂著星星出去，頂著星星回來，日夜不得安處，凡事都親自辦理，單父也治理得很好。巫馬期向宓子賤問原因，宓子賤說：「我的做法叫做使用人才，你的做法叫做使用氣力；使用氣力當然費勁，使用人才當然省力。」有人說：「宓子賤真是一位能幹人，讓四肢閒散，使耳目聰明，平心靜氣便使各個部屬把事情辦好，他只需掌握事物的規律就行了。巫馬期卻不是這樣，被事務纏擾而損傷精神，為施教布令而勞動筋骨，雖能把政事管好卻未達到最高境界。」

孔子謂宓子賤曰：「子治單父而眾說，語丘所以為之者。」曰：「不齊父其父，子其子，恤諸孤而哀喪紀。」孔子曰：「善小節也，小民附矣，猶未足也。」曰：「不齊也，所父事者三人，所兄事者五人，所友者十一人。」孔子曰：「父事三人，可以教孝矣；兄事五人，可以教弟矣；友十一人，可以教學矣。中節也，中民附矣，猶未足也。」曰：「此地民有賢於不齊者五人，不齊事之，皆教不齊所以治之術。」孔子曰：「欲其大者，乃於此在矣。昔者堯、舜清微其身，以聽觀天下，務來賢人。夫舉賢者，百福之宗也，而神明之主也，不齊之所治者小也，不齊所治者大，其與堯舜繼矣。」

【章旨】本章講為政之道，重在舉賢任能。

【語譯】孔子對宓子賤說：「你治理單父而眾人認為好，告訴我你是怎樣做的。」答：「我把那裡的老人當自己的父親，小孩當自己的孩子，撫恤孤寡之人，同情喪亡之家。」孔子說：「做得對，但這是小事，只能讓少數百姓歸附，仍然不夠。」宓子賤說：「在單父，我奉為父親的有三個人，視為兄長的有五個人，當作朋友的有十一個人。」孔子說：「把三人當作父親，可以教百姓行孝；把五人當作兄長，可以教百姓敬兄愛弟；把十一人當作朋友，可以教百姓互相學習。這是做的中等事，可以讓一般的百姓歸附。但仍然不夠。」宓子賤說：「這地方的人超過我的有五個人，我事奉他們，他們教我治理單父的方法。」孔子說：「要想辦大事就得做到這一點。從前堯、舜出身輕微而統治天下，就是致力於招徠賢人。舉用賢人，是百福之源，是精神的支柱。你管理的地方小，但管理的方法正確，是對堯、舜的繼承。」

宓子賤為單父宰，辭於夫子，夫子曰：「毋迎而距也，毋望而許也；許之則失守，距之則閉塞。譬如高山深淵，仰之不可極，度之不可測也。」子賤曰：「善，敢不承命乎！」

【章　旨】本章講為政者不可輕易拒人於門外，也不可輕易作出許諾。

【語　譯】宓子賤要去作單父宰，向孔子辭行，孔子說：「不要一見面就拒絕別人，不要一看到某事就作出許諾；輕許便喪失原則，拒絕便會使自己難以了解情況。就像面對著高山和深淵，抬頭看不到頂，用尺又難以測量。」宓子賤說：「您說得對，我能不聽從您的教導嗎？」

宓子賤為單父宰，過於陽晝曰：「子亦有以送僕乎？」陽晝曰：「吾少也賤，不知治民之術，有釣道二焉，請以送子。」子賤曰：「釣道奈何？」陽晝曰：「夫投綸錯餌❶，迎而吸之者，陽橋❷也，其為魚薄而不美；若存若亡，若食若不食者，魴也，其為魚也博而厚味。」宓子賤曰：「善。」於是未至單父，冠蓋迎之者交接於道，子賤曰：「車驅之，車驅之。」夫陽晝之所謂陽橋者至矣。」於是至單父，請其耆老尊賢者，而與之共治單父。

【章　旨】本章講能輕易得到的，往往不是真正的賢人。

【注　釋】❶投綸錯餌　投擲釣絲安放魚食。❷陽橋　魚名。

【語譯】宓子賤到單父去做官，路過陽晝那裡，說：「你也有什麼可以送給我嗎？」陽晝說：「我從小出身微賤，不懂得治理百姓的道理，有兩個釣魚的經驗，讓我送給你吧。」宓子賤說：「什麼釣魚經驗？」陽晝說：「一投出釣絲一安下魚食，立即就來吞食的，是陽橋，這種魚，形體單薄味道不美；又像在鉤旁轉又像游走，又像咬鉤又像沒咬鉤的魚，是魴魚，牠體大味美。」宓子賤說：「說得好。」將要到單父，車馬服飾華麗的人前來迎接的沿路不斷，宓子賤說：「快趕車，快趕車！這就是陽晝所說的陽橋來了。」於是來到單父，請出當地年高、德劭、位尊、才賢的人來，與他們一道治理單父。

孔子兄子有孔蔑者，與宓子賤皆仕，孔子往過孔蔑，問之曰：「自子之仕者，何得何亡？」孔蔑曰：「自吾仕者未有所得，而有所亡者三，曰：王事若襲❶，學焉得習，以是學不得明也，所亡者一也；奉祿少，鬻鬻❷不足及親戚，親戚益疏矣，所亡者二也；公事多急，不得弔死視病，是以朋友益疏矣，所亡者三也。」孔子不悅，而復往見子賤曰：「自子之仕，何得何亡？」子賤曰：「自吾之仕，未有所亡而所得者三：始誦之文，今履而行之，是學日益明也，所得者一也；奉祿雖少，鬻鬻得及親戚，是以親戚益親也，所得者二也；公事雖急，夜勤弔死視病，是以朋友益親也，所得者三也。」孔子謂子賤曰：「君子哉若人！君子哉若人！魯無君子也，斯焉取斯？」

【章旨】本章講對同一事物，因各人的主觀看法不同，往往會得出截然相反的結論。而本文作者無疑同孔子一樣，是贊同宓子賤對待事物的態度的。

【注釋】❶襲　《孔子家語·弟子行》作「譬」。譬，前後相因。❷饘鬻　稠粥。

【語譯】孔子哥哥的兒子孔蔑，與宓子賤都在做官，孔子路過孔蔑那裡，問他說：「從你做官以來，有什麼收穫和損失？」孔蔑說：「從我做官以來，沒有收穫，卻有三點損失，它們是：君王的事沒完沒了，學到的知識哪有時間溫習？所以所學的東西沒有真正弄懂，這是第一點損失；待遇低，親人連一碗粥也分不到，親人對我越來越疏遠，這是第二點損失；公事多數是急著要辦的，不能去悼念死者、探望病人，所以朋友也越來越疏遠，這是第三點損失。」孔子不高興，又去見宓子賤，問道：「從你做官以來，有什麼收穫和損失？」宓子賤說：「從我做官以來，沒有損失，卻有三點收穫：原先所讀的書，現在加以實踐，這樣對所學的知識便更明確了，這是第一點收穫；待遇雖然低，但稠粥能分給親人，所以親人對我更親了，這是第二點收穫；公事雖然緊急，但夜晚可以用來悼念死者、探望病人，所以朋友與我更親密了，這是第三點收穫。」孔子對宓子賤說：「你這人真是一位君子啊！你這人真是一位君子啊！假若魯國沒有君子，這種人從哪裡來？」

晏子治東阿❶，三年，景公召而數之曰：「吾以子為可，而使子治東阿，今子治而亂，子退而自察也，寡人將加大誅於子。」晏子對曰：「臣請改道易行，而治東阿，三年不治，臣請死之。」景公許之。於是明年上計❷，景公迎而賀之曰：「甚善矣，子之治東阿也。」晏子對曰：「前臣之治東阿也，屬託不行，貨賂不至，陂❸池之魚，以利貧民，當此之時，民無饑者，而君反以罪臣；今臣後之治東阿也，屬託行，貨賂至，并會❹賦斂，倉庫少內，便事左右，陂池之魚，入於權家，當此之時，饑者過半矣，君乃反迎而賀臣。愚不能復治東阿，願乞骸骨，避賢者之路。」再拜便辟。景公乃下席而謝之曰：「子強復治東阿，東阿者，子之東阿也，寡人無復與焉。」

【章　旨】本章講傳言有時可能與事實相反，為君上者不可偏聽偏信。

【注　釋】❶東阿　地名。在今山東省陽穀縣。❷上計　年終向朝廷報告地方上的人口、錢糧、訟獄等情況。❸陂　池塘。❹會　疑「曾」之誤字，「曾」即「增」。

【語　譯】晏子在東阿做了三年官，景公把他召回，指責他說：「我以為你還行，才讓你去治理東阿，現在你把那裡搞亂了，你回去反省吧，我將要重重的懲罰你。」晏子回答說：「我要求換一種方法去治東阿，如果三年還不能把東阿治好，我情願為此而死。」景公同意了。第二年回朝彙報，景公迎著晏子向他祝賀說：「很好！你把東阿治理得很好！」晏子回答說：「以前我治東阿，請託之風不行，行賄受賄的現象沒有，池塘裡的魚，用來養貧窮之人，百姓沒有挨餓的，而你反而怪罪我；現在我治東阿，請託之風盛行，賄賂現象也出現了，賦稅增加了，國庫收入卻減少了，我身邊的人都得到了許多的好處，池塘裡的魚，歸於權勢之家，這個時候，有一半以上的人在挨餓，而你卻迎著向我祝賀。我再不能去治理東阿了，請讓我退休，以免擋了賢人進陞之路。」行過大禮之後便退向一邊。景公於是走下座位道歉說：「請你勉強再治東阿吧，東阿是你的東阿，我再不干涉那裡的事了。」

子路治蒲，見於孔子曰：「由願受教。」孔子曰：「蒲多壯士，又難治也。然吾語汝，恭以敬，可以攝❶勇；寬以正，可以容眾；恭以潔，可以親上。」

【章　旨】本章主張行政要恭敬、正直、寬大、廉潔。

【注　釋】❶攝　收斂。

【語　譯】子路要到蒲地去做官，拜望孔子說：「我希望得到你的指教。」孔子說：「蒲這個地方壯勇之士很多，又難以管理。但我有幾句話對你說，態度恭敬，可以使兇猛的氣焰收斂；寬大正直，可以容納眾人；恭敬廉潔，可以與尊長親近。」

子貢為信陽令，辭孔子而行，孔子曰：「力之順之，因天之時，無奪無伐，無暴無盜。」子貢曰：「賜少而事君子，君子固有盜邪？」孔子曰：「夫以不肖伐賢，是謂奪也；以賢伐不肖，是謂伐也；緩其令，急其誅，是謂暴也；取人善以自為己，是謂盜也。君子之盜，豈必當財幣乎？吾聞之曰：知為吏者，奉法利民，不知為吏者，枉法以侵民，此皆怨之所由生也。臨官莫如平，臨財莫如廉，廉平之守，不可攻也。匿人之善者，是謂蔽賢也；揚人之惡者，是謂小人也；不內相教而外相謗者，是謂不足親也。言人之善者，有所得而無所傷也；言人之惡者，無所得而有所傷也。故君子慎言語矣，毋先己而後人，擇言出之，令口如耳。」

【章　旨】本章闡述了一系列做官和做人的道理。

【語　譯】子貢當上了信陽令，向孔子辭行，孔子說：「要努力去幹，要順應自然，要遵循天意。不要強取，不要攻伐，不要淩虐，不要盜竊。」子貢說：「我年幼的時候就師事有地位的人，有地位的人還會盜竊嗎？」孔子說：「沒有才德的人攻擊有才德的人，這叫做劫奪；有才德的人攻擊沒有才德的人，這叫做討伐；命令鬆弛，誅殺嚴厲，這叫做暴虐；把別人做的好事算到自己身上，這叫做盜竊。有地位的人所盜竊的，一定是錢財嗎？我聽人說：懂得做官的人，遵守法令，為百姓謀利益；不懂得做官的人，歪曲法令，侵奪百姓，這便是仇怨產生的原因。對於做官沒有比平正更好的了，對於錢財沒有比廉潔更好的了，廉潔平正的官員，是攻擊不倒的。隱瞞別人的好處，便是埋沒賢才；宣揚別人過惡的，便是一個小人；對人當面不加教導而背後公開進行指責，這種人不值得親近。說別人的好話，自己會有所獲而無所失；說別人的壞話，自己無所獲而有所失。所以君子要謹慎說話，不要搶在人前先說，要撿該說的說，要讓自己口中說出的話自己的耳朵聽得舒服。」

楊朱❶見梁王，言治天下如運諸掌然。梁王曰：「先生有一妻一妾不能治，三畝之園不能芸，言治天下如運諸手掌，何以？」楊朱曰：「臣有之。君不見夫羊乎？百羊而群，使五尺童子荷杖而隨之，欲東而東，欲西而西。君且使堯牽一羊，舜荷杖而隨之，則亂之始也。臣聞之，夫吞舟之魚不游淵，鴻鵠高飛不就汙池，何則？其志極遠也。黃鐘大呂❷，不可從繁奏之舞，何則？其音疏也。將治大者不治小，成大功者不小苛，此之謂也。」

【章旨】本章講「將治大者不治小，成大功者不小苛」。

【注釋】❶楊朱　戰國魏人，字子君，又稱楊子。❷黃鐘大呂　皆為古樂十二律中的樂律。其音洪大。

【語譯】楊朱見梁王，說他若治理天下，就能把天下置於手掌之中任意運轉。梁王說：「你連一妻一妾都管不好，三畝大的果園也懶得除草，怎麼說能把天下運於手掌之內呢？」楊朱說：「我確實有這個本事。你沒看見羊嗎？上百隻羊合成一群，讓一個五尺高的小孩扛一根棍子跟在後面，要羊群往東便往東，要羊群向西就向西。你要是讓堯牽一頭羊，讓舜扛一根棍子隨後，這就要開始亂套。我聽說，能吞下舟船的大魚不在淵潭裡游動，高飛的大雁不會停息在一小塊積水的地方，為什麼？因為牠們的志向高遠。黃鐘、大呂，不可為繁雜的舞蹈伴奏，因為它的節奏疏闊。能做大事的人不做小事，能成大功的人不計微功，所說的正是這一道理。」

景差相鄭，鄭人有冬涉水者，出而脛寒，後景差過之，下陪乘而載之，覆以上衽。晉叔向聞之曰：「景子為人國相，豈不固❶哉！吾聞良吏居之三月而溝渠修，十月而津梁❷成，六畜且不濡足，而況人乎？」

【章　旨】本章講好事要從根本做起，不可只施小恩小惠。

【注　釋】❶固　鄙陋。❷津梁　橋梁。

【語　譯】景差在鄭國為相。鄭國有人冬天涉水過河，出水後腿子發冷，正好景差路過那裡，叫陪乘的人下車把這人讓到車上，並用自己的上衣把他蓋好。晉國叔向聽說此事，說：「景差身為別人的國相，不是太鄙陋了嗎？我聽說好的官員任職三個月就要修築溝渠，十個月就要建成橋梁，六畜都不涉水，何況人呢？」

魏文侯問李克曰：「為國如何？」對曰：「臣聞為國之道，食有勞而祿有功，使有能而賞必行，罰必當。」文侯曰：「吾賞罰皆當而民不與，何也？」對曰：「國其有淫民❶乎？臣聞之曰：奪淫民之祿以來四方之士。其父有功而祿，其子無功而食之，出則乘車馬，衣美裘，以為榮華；入則修竽琴鐘石之聲，而安其子女之樂，以亂鄉曲❷之教，如此者奪其祿以來四方之士，此之謂奪淫民也。」

【章　旨】本章主張「奪淫民」。

【注　釋】❶淫民　此指不勞而獲，安逸享樂之人。❷鄉曲　鄉下。以其偏處一隅，故名鄉曲。

【語譯】魏文侯問李克說：「怎樣治理國家？」回答說：「我聽說治國的方法是：給付出辛勞的人飯吃，給建立了功勛的人祿位，任用有能力的人，賞賜要頒行，處罰要適當。」文侯說：「我賞、罰都恰當，但百姓仍然不歸順我，這是為什麼？」回答說：「國內大概有淫民吧？我聽說，剝奪淫民的利祿，可以招徠各地的士人。父親有功勞而擁有祿位，他的兒子沒有功勞卻還享受它，出門就乘車騎馬，穿著華麗，以顯示富貴榮耀，回家則吹拉彈唱，安享子女之樂，從而破壞了連鄉曲之士都應當遵守的禮儀制度。對於這種人，要剝奪他的祿位以招徠四方的士人，這就叫做奪淫民。」

齊桓公問管仲曰：「國何患？」管仲對曰：「患夫社鼠❶。」桓公曰：「何謂也？」管仲對曰：「夫社束木而塗之，鼠因往託焉，熏之則恐燒其木，灌之則恐敗其塗，此鼠所以不可得殺者，以社故也。夫國亦有社鼠，人主左右是也。內則蔽善惡於君上，外則賣權重於百姓，不誅之則為亂，誅之則為人主所案據，腹而有之，此亦國之社鼠也。人有酤酒者，為器甚潔清，置表❷甚長，而酒酸不售，問之里人其故，里人云：『公之狗猛，人挈器而入，且酤公酒，狗迎而噬之，此酒所以酸不售之故也。』夫國亦有猛狗，用事者也；有道術之士，欲明萬乘之王，而用事者迎而齕❸之，此亦國之猛狗也。左右為社鼠，用事者為猛狗，則道術之士不得用矣，此治國之所患也。」

【章旨】本章指出，要謹防「社鼠」、「猛狗」作祟。

【注釋】❶社鼠　神社裡的老鼠。❷表　標幟。❸齕　咬。

【語　譯】齊桓公向管仲問道：「國家最值得擔憂的是什麼？」管仲回答說：「擔心社鼠。」桓公問：「什麼意思？」管仲回答說：「神社由木材連結而成並塗上了油漆，老鼠借此棲身，用煙熏怕燒毀了木料，用水灌怕沖壞了油漆，這便是老鼠不能滅除的原因，是因為礙於神社的緣故。一國之中也有社鼠，那便是君王的親信，他們內使君王受蒙蔽不了解善和惡，外借勢弄權欺壓百姓，不殺他們他們便要作亂，殺他們他們又依仗著君王的保護，是君王的心腹，這就是國中的社鼠。有一個賣酒的人，用了很潔淨的器皿，掛上了很長大的旗幟，但酒放酸了也賣不出去，向鄰居詢問原因，鄰居說：『你的狗太兇猛了，別人拿著酒器進你家，將要買你的酒，狗撲向別人嘶咬，這就是酒放酸了還賣不出去的原因。』國中也有猛狗，便是那些辦事的官員；有政治頭腦的人，想把自己的主張奏明君王，而辦事的官員撲上去嘶咬，這便是國中的猛狗。身邊親近的人像社鼠，辦事的官員像猛狗，那些有政治頭腦的人不能被啟用，這便是治理國家時最值得擔心的問題。」

齊侯問於晏子曰：「為政何患？」對曰：「患善惡之不分。」公曰：「何以察之？」對曰：「審擇左右，左右善，則百僚各得其所宜而善惡分。」孔子聞之曰：「此言也信矣。善進，則不善無由入矣；不進，則善無由入矣。」

【章　旨】本章強調執政者要分清善惡。

【語　譯】齊侯問晏子說：「執政最擔心的是什麼？」回答說：「擔心善惡不分。」齊侯又問：「怎麼才能分清善惡？」回答說：「審慎地挑選身邊的人，身邊的人好，下屬的官員也就會任用得當，善惡也自然分得清楚。」孔子聽到後說：「這話是對的。好的能上去，壞的就無從進入，壞的上去了，好的就無從進入。」

復稾之君朝齊，桓公問治民焉，復稾之君不對，而循口操衿抑心，桓公曰：「與民共甘苦饑寒乎？夫以我為聖人也，故不用言而諭。」因禮之千金。

【章　旨】本章主張為政者「與民共甘苦饑寒」。

【語　譯】復稾的君王朝謁齊國，桓公問他怎樣治理百姓，復稾的君王不回答，用手摸摸嘴巴，提提衣襟，按按胸口，桓公說：「大概能與百姓同甘苦共饑寒吧？他認為我是聰明人，所以不用言語告訴我。」於是送他千金之禮。

晉文公時，翟人有獻封狐❶文豹❷之皮者，文公喟然歎曰：「封狐、文豹何罪哉？以其皮為罪也。」大夫欒枝曰：「地廣而不平，財聚而不散，獨非狐、豹之罪乎？」文公曰：「善哉！說之。」欒枝曰：「地廣而不平，人將平之；財聚而不散，人將爭之。」於是列地以分民，散財以賑貧。

【章　旨】本章講土地、財物過分集中，會招致災禍。

【注　釋】❶封狐　大狐。❷文豹　有花紋的豹。

【語　譯】晉文公的時候，翟國有人向他進獻大狐皮和花豹皮，文公感嘆地說：「大狐、花豹有什麼罪過？就因有一張好皮便遭死罪。」大夫欒枝說：「土地廣闊但分配不均勻，財物收來卻不肯散發給別人，難道不是也有狐豹之罪嗎？」文公說：「說得好！說下去。」欒枝說：「土地多而分配不均，人們就會去均分，財物收來不散發，人們就會去爭奪。」於是把土地劃分給老百姓，把財物分散賑濟窮人。

晉文侯問政於舅犯，舅犯對曰：「分熟不如分腥❶，分腥不如分地。割以分民而益其爵祿，是以上得地而民知富，上失地而民知貧，古之所謂致師而戰者，其此之謂也。」

【章旨】本章講把國家利益與人民利益聯繫在一起，人民就肯為國家效力。

【注釋】❶腥 生肉。

【語譯】晉文侯向舅犯詢問行政的方法，舅犯回答說：「分熟肉不如分生肉，分生肉不如分土地。把土地劃分給人民，提高他們的待遇，這樣，君王擴大了領土，人民就感到富足，君王喪失了領土，人民就感到貧困，古代講的要發動群眾參加戰爭，正是這一道理。」

晉侯問於士文伯曰：「三月朔，日有蝕之。寡人學惛焉，《詩》所謂：『彼日而蝕，于何❶不臧❷』者，何也？」對曰：「不善政之謂也。國無政，不用善，則自取謫於日月之災，故不可不慎也。政有三而已：一曰因民，二曰擇人，三曰從時。」

【章旨】本章講為政不善，將遭「日月之災」。

【注釋】❶于何 相當「如何」、「多麼」之意。❷臧 善。這二句詩見《詩經・小雅・十月之交》。

【語譯】晉侯問士文伯說：「三月初一，有日蝕。我學得不好，沒弄明白《詩經》上所說的『這次日蝕，是多麼不吉利啊！』的意思，它為什麼那樣說呢？」回答說：「這是針對政治不好而說的。國家沒有好政治，不用好人，就會受到日月所降災禍的懲罰，因此不能不謹慎。行政要做到三點：一要依靠老百姓，二要選擇適當的人，三要順從時勢。」

延陵季子❶游於晉，入其境曰：「嘻，暴哉國乎！」入其都曰：「嘻，力屈哉國乎！」立其朝曰：「嘻，亂哉國乎！」從者曰：「夫子之入境未久也，何其名之不疑也？」延陵季子曰：「然。吾入其境，田畝荒穢而不休❷，雜增❸崇高，吾是以知其國之暴也。吾入其都，新室惡而故室美，新牆卑而故牆高，吾是以知其民力之屈也。吾立其朝，君能視而不下問，其臣善伐而不上諫，吾是以知其國之亂也。」

【章旨】本章講從表象可以看到實質。

【注釋】❶延陵季子　即吳國季扎。❷休　同「茠」。除草。❸增　此用「增」字，文意不通，疑「穭」字誤。穭，野生植物。

【語譯】延陵季子到晉國去，進入國境，說：「唉！這是一個殘暴的國家啊！」進入國都，說：「這是個虛弱的國家啊！」站在朝廷，說：「唉！這是個混亂的國家啊！」隨從問道：「你到晉國時間不長，為什麼這樣肯定地作結論？」延陵季子說：「是這樣的，我走進它的國內見田地荒蕪而不耕耘，雜草長得很深，我因此而知道此國殘暴。我走進它的都城，看到新房子做得很差而老房子都很好，新牆矮而老牆高，我因此知道民力虛弱。我站在它的朝廷，看到它的君王能管事，卻不肯向臣子徵求意見，臣子喜歡自誇卻不對君王進行勸告，我因此知道此國很混亂。」

齊之所以不如魯者，太公之賢不如伯禽。伯禽與太公俱受封而各之國，三年，太公來朝，周公問曰：「何治之疾也？」對曰：「尊賢，先疏後親，先義後仁也。此霸者之跡也。」周公曰：「太公之澤及五世。」五年，伯禽來朝，周公問曰：「何治之難？」對曰：「親親，先內後外，先仁後義也。此王者之跡也。」周公曰：「魯之澤及十世。」故魯有王跡者，仁厚也；齊有霸跡者，武政也。齊之所以不如魯也，太公之賢不如伯禽也。

【章　旨】本章講行王道強於行霸道。

【語　譯】齊國比不上魯國的原因，是因為太公的才德比不上伯禽。伯禽與太公都受到分封各自前往封國，過了三年，太公來朝覲，周公問道：「怎麼治理得這麼快？」回答說：「尊重賢人，凡事把與自己關係疏遠的人放在前面，把關係親近的人放在後面，先考慮是否恰當再顧及施行仁愛。這是稱霸的人應該做到的事。」周公說：「太公的恩澤可以延及他的第五代。」五年後，伯禽來朝覲，周公問：「治理怎麼這樣艱難？」回答說：「親近可親之人，凡事先從內部做起，然後再讓外部去做，先施仁政後行大義。這是行王道的人應該做到的事。」周公說：「魯國的恩澤可以延及第十代。」所以魯國有王道傳統，就是仁愛敦厚；齊國有霸者傳統，就是威武強霸。齊國之所以不如魯國，是由於太公的才德比不上伯禽。

景公好婦人而丈夫飾者，國人盡服之。公使吏禁之，曰：「女子而男子飾者，裂其衣，斷其帶。」裂衣斷帶相望而不止。晏子見，公曰：「寡人使吏禁女子而男子飾者，裂其衣，斷其帶，相望而不止者，何也？」對曰：「君使服之於內而禁之於外，猶懸牛首於門而求買馬肉也。公胡不使內勿服，則外莫敢為也。」公曰：「善！」使內勿服，不旋月，而國莫之服也。

【章　旨】本章講要求別人做到的必須自己做到，否則，將禁而不止。

【語　譯】景公喜歡女人作男人打扮，全國的女人都穿起男人的衣服。景公令官員禁止，說：「女人作男人打扮的，撕破她的衣服，扯斷她的衣帶。」被撕衣斷帶的前後相連而女扮男裝的風氣不止。晏子進見，景公說：「我命令官吏禁止女子著男裝，撕破了她們的衣服，扯斷了她們的衣帶，受罰的人隨處可見而女扮男裝之風不止，這是什麼緣故？」回答說：「你讓內宮的女子著男裝卻在外面加以禁止，這就像在掛著牛頭的門前要求買馬肉一樣。你為什麼不禁止內宮的女子穿男裝呢？這樣，宮外就沒人敢穿了！」景公說：「對！」下令內宮不准穿，不到一個月，全國無人再穿了。

齊人甚好轂❶擊相犯以為樂，禁之不止，晏子患之。乃為新車良馬，出與人相犯也，曰：「轂擊者不祥。臣其祭祀不順❷，居處不敬乎？」下車棄而去之，然後國人乃不為。故曰：「禁之以制，而身不先行也，民不肯止，故化其心莫若教也。」

【章　旨】本章講對作壞事，禁之以制不如禁之以身，同時指出，「化其心莫若教」。

【注　釋】❶轂　本是車輪中心的圓木，周圍與車輻的一端相連，中有圓孔，可安軸。此泛指車輛。❷順　通「慎」。

【語　譯】齊國人非常喜歡駕車相撞取樂，禁止不住，晏子很擔心。於是備好新車良馬，駕出去與別人相撞，事後說：「撞車是不吉利的。這大概是我祭祀不小心，平時生活不謹慎的緣故吧？」於是下車，丟掉車馬而離去。此後國內的人再不撞車取樂了。所以說：用法令制度來加以禁止，而自己不作出表率，百姓是不肯罷手的。要感化百姓的思想，用什麼也比不上行教化。

魯國之法，魯人有贖臣妾於諸侯者，取❶金於府。子貢贖人於諸侯而還其金❷。孔子聞之曰：「賜失之矣。聖人之舉事也，可以移風易俗，而教導可施於百姓，非獨適其身之行也。

今魯國富者寡而貧者眾，贖而受金則為不廉；不受則後莫復贖，自今以來，魯人不復贖矣。」

孔子可謂通於化矣。故老子曰：「見小曰明。」

【章　旨】本章講國家官員不可以個人好惡隨意更改國家的法令。

【注　釋】❶取　拿出。❷子貢贖人於諸侯而還其金　這句話意思不明。從全文看，是子貢將別人的贖金退還了本人，譯文照此譯出。

【語　譯】魯國的法令規定，魯國人向國家贖取臣妾，要拿出錢來交給國庫。子貢卻讓人把臣妾贖走而把贖金退還本人。孔子聽到此事，說：「端木賜做錯了。聖人辦事，要想改變風俗，可以對百姓施教化，而不要只按自認為可行的去做。現在魯國富人少而窮人多，接受別人的贖金是不廉潔的，不接受以後就不會有人再用錢贖，從今以後，魯國無人再贖臣妾了。」孔子可稱得上精通教化的了。所以老子說：「能從小中見大，便是聖明。」

孔子見季康子，康子未說❶，孔子又見之。宰予曰：「吾聞之夫子曰：『王公不聘不動。』今吾子之見司寇也少數矣❷。」孔子曰：「魯國以眾相陵，以兵相暴之日久矣，而有司不治，聘我者孰大乎於是？」魯人聞之曰：「聖人將治，何以不先自為刑罰乎？」自是之後，國無爭者。孔子謂弟子曰：「違山十里，蟪蛄❸之聲猶尚存耳。政事無如膺❹之矣。」

【章　旨】本章講為了國家大事，可以折節事人。又說明做事先造聲勢的重要。

【注　釋】❶說　同「悅」。❷今吾子之見司寇也少數矣　此句有誤。《孔子家語・子路初見》作「今夫子之於司寇日少，而屈節數矣。」譯文從之。❸蟪蛄　寒蟬別名。❹膺《孔子家語》作「應」。

【語　譯】孔子去見季康子，季康子不高興，孔子又去拜見。宰予說：「我聽你說過：『王公不請我不去。』現在你任司寇的日子少而折節事人的次數卻很多！」孔子說：「在魯國，以多欺少、以武力行強暴的日子已經很久了，而官府不管，季氏不歡迎我，與此事相比哪個重要？」魯國人聽到後，說：「聖人為了治理國家，能不先嚴格要求自己嗎？」從此之後，國內沒有爭鬥了。孔子對弟子說：「離山十里遠，寒蟬的叫聲還在耳邊回響。（這說明先聲奪人的重要）處理政事不也要像這樣嗎？」

古之魯俗，塗里之閭❶，羅門之羅，妝❷門之魚，獨得於禮，是以孔子善之。夫塗里之閭，富家為貧者出；羅門之羅，有親者取多，無親者取少；妝門之魚，有親者取巨，無親者取小。

【章　旨】本章借此宣揚孝道。

【注　釋】❶閭　古代居民組織，二十五家為閭。❷妝　疑「魰」之誤，「魰」即「漁」的假借字。

【語　譯】古代魯國的習俗中，鄉里之間獵戶所獲獵物和漁人所捕魚的分配方法，特別符合禮制，因此受到孔子贊美。鄉里規定，富家給窮人資助；獵戶打的獵物，有父母的人家拿得多，無父母的人家拿得少；打魚人家捕的魚，有父母的人家拿大的，無父母的人家拿小的。

《春秋》曰：「四民均則王道興而百姓寧。所謂四民者，士農工商也。」婚姻之道廢，則男女之道悖，而淫泆之路興矣。

【章　旨】本章似有缺文。涉及國民收入和男女關係兩個問題。

【語譯】《春秋》上說：「四種國民的收入相差不遠，王道就會興隆，百姓就會安寧。所說的四種國民是：士人、農人、工人、商人。」婚姻制度被破壞了，男女關係便變得混亂，縱欲之路由此開通。

卷八

尊賢

【題解】本篇通過大量事例，從正反兩面說明舉賢任能對於君王治國平天下的重大意義和作用，其中還論及如何求取、選擇和使用人才的問題。

人君之欲平治天下而垂榮名者，必尊賢而下士。《易》曰：「自上下下，其道大光。」❶又曰：「以貴下賤，大得民也。」❷夫明王之施德而下下也，將懷遠而致近也。夫朝無賢人，猶鴻鵠之無羽翼也，雖有千里之望，猶不能致其意之所欲至矣。是故絕江海者託於船，致遠道者託於乘，欲霸王者託於賢。伊尹、呂尚、管夷吾、百里奚，此霸王之船乘也。釋父兄與子孫，非疏之也；任庖人、釣屠與仇讎、僕虜，非阿之也；持社稷、立功名之道，不得不然也。猶大匠之為宮室也，量小大而知材木矣，比功校❸而知人數矣。是故呂尚聘，而天下知商將亡而周之王也，管夷吾、百里奚任而天下知齊、秦之必霸也，豈特船乘哉！夫成王霸固有人，亡國破家亦有人。桀用干莘，紂用惡來，宋用唐鞅，齊用蘇秦，秦用趙高，而天下知其亡也。非其人而欲有功，譬其若夏至之日而欲夜之長也，射魚指天而欲發之當也；雖舜、禹猶亦受困，而又況乎俗主哉！

【章旨】本章講人君欲平治天下，必須尊賢下士。

【注釋】❶自上下下二句　見《易經・益卦・彖傳》。❷以貴下賤二句　見《易經・屯卦・初九象辭》。❸功校　校，有人認為是「杖」的訛字。功杖，即功力尺丈。

【語譯】人君想要治理好天下並在世上留下美好的名聲，必須尊重賢人，禮遇士人。《易經》說：「由在上位的人禮遇在下位的人，統治之道健全完美。」又說：「讓地位高的人尊重地位低的人，能得到民眾的普遍擁護。」聖明的君王布施恩德禮遇下人，將使遠方的人感戴，近處的人歸服。朝廷裡沒有賢人，就像大雁沒有翅膀，雖然有遠飛千里的願望，仍然不能到達心中想要到達的地方。所以橫渡江河的人要借助於船隻，走遠路的人要借助於車輛，要稱王稱霸的人要借助於賢人。伊尹、呂尚、管夷吾、百里奚，這些人都是稱王稱霸者的船隻和車輛。丟下父兄子孫，並不是故意與他們疏遠，任用廚子、釣徒、屠夫，同仇人、僕役、俘虜打交道，並不是向他們獻媚，出於掌管國家、建立功名的需要，不得不這樣做。正像高明的匠人修造房屋，測量了房屋的大小便知需用多少木料，計算了工程的規模便知需用多少人力。所以呂尚被任用，天下人就知道商將覆滅而周將稱王，管夷吾、百里奚被任用，天下人就知道齊國和秦國必然會稱霸，這些人的作用難道只是船隻和車輛嗎？幫助成就王霸之業的固然有人，導致國破家亡的也有人。夏桀用干莘，商紂用惡來，宋國用唐鞅，齊國用蘇秦，秦國用趙高，天下人就知道它們要亡國。所用非人而又想建立功業，就好像在夏至那天希望黑夜很長、對天射魚而希望箭發射得正確一樣。在這種情況下，即使是虞舜、夏禹也會遭受困擾，更何況一般的君王呢？

春秋之時，天子微弱，諸侯力政，皆叛不朝，眾暴寡，強劫弱，南夷與北狄交侵，中國之不絕若線。桓公於是用管仲、鮑叔、隰朋、賓胥無、甯戚，三存亡國，一繼絕世❶，救中國，攘戎狄，卒脅荊蠻，以尊周室，霸諸侯。晉文公用咎犯、先軫、陽處父，強中國，敗強楚，合諸侯，朝天子，以顯周室。楚莊王用孫叔敖、司馬子反、將軍子重，征陳從鄭，敗強晉，無敵於天下。秦穆公用百里子、蹇叔子、王子廖及由余，據有雍州，攘敗西戎。吳用延州萊季子，并冀州，揚威於雞父❷。鄭僖公富有千乘之國，貴為諸侯，治義不順人心，而取弒於臣者，不先得賢也。至簡公用子產、裨諶、世叔、行人子羽，賊臣除，正臣進，去強楚，合中國，國家安寧，二十餘年，無強楚之患。故虞有宮之奇，晉獻公為之終夜不寐，楚有子玉、得臣，文公為之側席而坐。遠乎！賢者之厭難折衝❸也。夫宋襄公不用公子目夷之言，大辱於楚；曹不用僖負羈之諫，敗死於戎。故共惟五始❹之要，治亂之端，在乎審己而任賢也。國家之任賢而吉，任不肖而凶，案往世而視己事，其必然也如合符，此為人君者不可以不慎也。國家惛亂而良臣見。魯國大亂，季友之賢見，僖公即位而任季子，魯國安寧，外內無憂，行政二十一年。季子之卒後，邾擊其南，齊伐其北，魯不勝其患，將乞師於楚以取全耳。故傳曰：「患之起，必自此始也。」❺公子買不可使戍衛❻，公子遂不聽君命而擅之晉，內侵於臣下，外困於兵亂，弱之患也。僖公之性，非前二十一年常賢，而後乃漸變為不肖也，此季子存之所益，亡之所損也。夫得賢失賢，其損益之驗如此，而人主忽於所用，甚可疾痛也。夫智不足以見賢，無可奈何矣。若智能見之，而強不能決，猶豫不用，而大者死亡，小者亂傾，此甚可悲哀也。以宋殤公不知孔父之賢乎❼？安知孔父死己必死，趨而救之？趨而救之者，是知其賢也。以魯莊公不知季子之賢乎？安知疾將死，召季子而授之國政？授之國政者，是知其賢也。此二君知能見賢而皆不能用，故宋殤公以殺死，魯莊公以賊嗣❽。使宋殤蚤任孔父，魯莊素用季子，乃將靖鄰國，而況自存乎！

【章　旨】本章列舉前代正反事例，說明任賢舉能的重要性。

【注　釋】❶繼絕世　齊桓公曾為周襄王定天子之位。❷雞父　地名。❸折衝　折是折回，衝指戰車。折衝，本義是使戰車後撤，引申為打敗敵人。❹五始　公羊家所說的五個開端：元年、春、王、正月、公即位。元為氣之始，春為四時之始，王者受命之始，正月政教之始，公即位者一國之始。❺患之起二句　見《公羊傳・僖公二十六年》。❻公子買不可使戍衛　公子買戍衛事見《左傳・僖公二十八年》。公子買字子叢，是魯國大夫，當時晉、楚交惡，而楚、魯、衛三國交好，為了幫助衛國，魯僖公命公子買戍衛，為了不得罪晉國，後來又把公子買殺掉，為了應付楚國，便詐稱公子買沒辦好戍衛之事。❼以宋殤公不知孔父之賢乎　宋督要殺殤公，知大夫孔父必會加以保衛，故先攻孔父之家。宋殤公知孔父死自己必死，故趨往救之。結果二人皆死。事見《公羊傳・桓公二年》。❽魯莊公以賊嗣　魯莊公死後，魯國發生了內亂，莊公二弟叔牙擁護莊公大弟慶父，被三弟季友毒死，季友立莊公子子般為君，慶父又殺死子般，最後立了閔公。事見《公羊傳・莊公三十二年》。

【語　譯】春秋時期，天子力量虛弱，諸侯把持政權，都叛離天子而不肯服從，人多的欺壓人少的，力量強的凌虐力量弱的，南夷和北狄交替入侵，中原各國十分危急。齊桓公在此時任用管仲、鮑叔牙、隰朋、賓無胥、甯戚，保存了三個要滅亡的國家，為周襄王定天子之位，拯救了中原各國，趕走西戎北狄，終於脅迫南方蠻族，使他們尊從周王室，而自己稱霸諸侯。晉文公任用咎犯、先軫、陽處父，使中原各國強盛，打敗強大的楚國，聯合諸侯事奉天子，使周王室顯赫一時。楚莊王任用孫叔敖、司馬子反、將軍子重，征伐陳國，降服鄭國，打敗強大的晉國，使自己天下無敵。秦穆公任用百里奚、蹇叔、王子廖和由余，占領雍州，趕走西戎。吳國任用延州萊季子，吞併冀州，在雞父之戰大顯威風。鄭僖公擁有戰車千乘的大國，又有諸侯這一尊貴的地位，治國的方法不合人心，而被臣子殺死，這是因為事先不用賢人的緣故。到了簡公，任用子產、裨諶、世叔、行人子羽，禍國之臣被除掉，正派之人被進用，抵禦了強大楚國的侵略，團結了中原各國，國家得到安寧，二十多年，不遭楚國侵擾。虞國有了宮之奇，晉獻公因此而終夜睡不著覺，楚國有子玉、得臣，晉文公因此坐不安席。想得真遠啊！賢人為消除禍患擊敗敵人！宋襄公不聽公子目夷的話，大受楚國的欺辱，曹國不聽僖負羈的勸告，在西戎手中敗亡。所以人君要深刻認識到，五始的要領，治亂的關鍵，在於認清自己和任用賢人。國家任用賢人就吉利，任用不賢的人就會遭凶險，考察以往的事再看看自己的事，二者必然相合，這一問題作人君的不可不慎重對待。國家的政治昏亂，好的臣子就會出現。魯國大亂，季友這樣的賢人就出來了，僖公登上君位之後，任用季子，魯國安寧，沒有內憂外患，季子共執政二十一年。季子死後，邾國從南邊攻魯，齊國從北邊攻魯，魯國受不了他們的攻擊，只好向楚國求救兵以保全自己。所以《公羊傳》說：「禍患的產生，必定從這裡開始。」魯君不應該讓公子買去戍守衛國，這樣導致公子遂不遵君命擅自跑到晉國，魯國內受臣下干擾，外遭戰爭威脅，因國勢虛弱，而產生禍患。魯僖公的本質，並不是前二十一年一直聖明，後來才逐漸變得無能的，這是因為季子活著的時候對他有幫助，死後對他造成損失。得到賢人和失掉賢人，對國家利弊的效應如此明顯，而人君輕視用人之道，這真叫人痛心啊！人君的才智如果不足以發現賢人，這是沒有辦法的事，如果能夠發現人才，卻不能決斷，遲遲不加任用，嚴重的導致國破身亡，一般的造成紛亂傾覆，這真叫人痛心啊！像宋殤公這樣的人不知道孔父是賢人嗎？他怎會知道孔父死後自己也一定會死，因而趕去相救，就說明他知道孔父是賢人。像魯莊公這樣的人不知道季子是賢人嗎？他為什麼在自己病重將死的時候，召季子來託他主持國事呢？託他主持國事，就說明他知道季子是賢人。這兩個君王能夠識別和發現賢能，但都不能任用賢能，所以宋殤公被殺死，魯莊公死後便接著發生內亂。假如宋殤公早用孔父，魯莊公早用季子，連鄰國都將會被平定，何況自保其身呢？

鄒子❶說梁王曰：「伊尹故有莘氏之媵臣❷也，湯立以為三公，天下之治太平。管仲故城陰❸之狗盜也，天下之庸夫也，齊桓公得之以為仲父。百里奚乞食於路，傳賣五羊之皮，秦穆公委之以政。甯戚故將車人也，叩轅行歌於康之衢，桓公任以國。司馬喜髕腳於宋，而卒相中山。范睢折脅拉齒於魏，而後為應侯。太公望故老婦之出夫也，朝歌❹之屠佐也，棘津❺迎客之舍人也，年七十而相周，九十而封齊。故詩曰：『緜緜之葛，在於曠野，良工得之，以為絺紵，良工不得，枯死於野。』此七士者，不遇明君聖主，幾行乞丐，枯死於中野，譬猶緜緜之葛矣。」

【章旨】本章通過七個出身微賤的人被明君聖主重用之後，使國家強盛的事實，說明國家用人不可以只考慮其身分的貴賤，而應唯賢是舉。同時說明賢人只有受明主的重用，才能充分發揮作用。

【注釋】❶鄒子 指鄒衍。❷媵臣 陪嫁的人。❸城陰 地名。❹朝歌 地名。❺棘津 渡口名。

【語譯】鄒子對梁王說：「伊尹本是有莘氏隨嫁的奴僕，商湯把他立為三公之一，天下因此得以太平。管仲本是城陰的盜狗之徒，天下平庸之輩，齊桓公得到他，尊為仲父。百里奚在路上討飯，以五張羊皮作身價被轉賣，秦穆公卻把國政委託於他。甯戚本是一個拉車的，敲著車轅在大路上唱歌，齊桓公把國家的重任交給他。司馬喜在宋國被砍了腳，而最後成了中山國相。范睢在魏國被打得斷了脅骨、掉了牙齒，而後來在秦國封為應侯。太公望本是被一個老婦人趕出門的丈夫、朝歌屠戶的幫工、棘津客舍的接待人員，七十歲到周室為相，九十歲被封為齊國諸侯。所以有歌謠說：『葛藤纏繞長又長，生在寬闊的原野上，能工巧匠得到它，織成葛布做衣裳，能工巧匠得不到，任它在野外枯與黃。』這七個人，如果遇不到聖明的君主，差不多要當叫花子，枯死在野外，就像那長長的葛藤一樣。」

眉睫之微，接而形於色，聲音之風，感而動乎心。甯戚擊牛角而商歌，桓公聞而舉之；鮑龍❶跪石而登嶮❷，孔子為之下車；堯舜相見❸，不違桑陰❹；文王舉太公，不以日久。故賢聖之接也，不待久而親；能者之相見也，不待試而知矣。故士之接也，非必與之臨財分貨，乃知其廉也；非必與之犯難涉危，乃知其勇也。舉事決斷，是以知其勇也；取與有讓，是以知其廉也。故見虎之尾，而知其大於貍也；見象之牙，而知其大於牛也。一節見則百節知矣。由此觀之，以所見可以占未發，睹小節固足以知大體矣。

【章旨】本章講聖賢之間，內心相通，易於相互了解。並說明看人可以由微知著，由此知彼。

【注釋】❶鮑龍　人名。❷嶮　蹺嶮，特起貌。❸堯舜相見　此句《劉子．知人》作「堯之知舜」。❹不違桑陰　據《戰國策．趙策》載：從前帝堯見到舜時，舜正坐在田間桑樹蔭下，交談了一陣，桑蔭移動，堯便把天下大事交給舜。

【語譯】眉睫之間細微的表情，可以擴展開來顯露在臉上，聲音傳出，可以震撼人心。甯戚敲著牛角唱歌，桓公聽到後任用了他；鮑龍跪在高高的石頭上，孔子下車對他行禮；堯很快就看準了舜，只用了太陽下的桑樹影子移動的短暫時間便把天下託付給舜；文王舉用太公，沒用很長時間便作出決定。聖君賢臣相來往，不須很長時間便很親密；有才幹的人見面後，不須試探便能互相了解。所以與士人打交道，不是一定要同他一起分取錢物，才知道他的廉潔；也不是一定要同他共渡患難，才知道他的勇敢。辦事果斷，從而可知他的勇敢；收進付出能禮讓，從而可知他的廉潔。看到虎尾，就知道虎大於貍；看到象牙，就知道象大於牛；看到一段，就知道一百段是什麼樣子。由此看來，從已經看到的可以推測尚未發現的，看到一小部分就足以知道整體。

禹以夏王，桀以夏亡。湯以殷王，紂以殷亡。闔廬以吳戰勝無敵於天下，而夫差以見禽於越。文公以晉國霸，而厲公以見弒於匠麗之宮。威王以齊強於天下，而湣王以弒死於廟梁。穆公以秦顯名尊號，而二世以劫於望夷❶。其所以君王者同，而功跡不等者，所任異也。是故成王處襁褓而朝諸侯，周公用事也。趙武靈王五十年而餓死於沙丘❷，任李兌故也。桓公得管仲，九合諸侯，一匡天下，失管仲，任豎刁、易牙，身死不葬，為天下笑。一人之身，榮辱俱施焉，在所任也。故魏有公子無忌，削地復得；趙任藺相如，秦兵不敢出；鄢陵❸任唐雎，國獨特立；楚有申包胥，而昭王反位；齊有田單，襄王得國。由此觀之，國無賢佐俊士，而能以成功立名、安危繼絕者，未嘗有也。故國不務大而務得民心；佐不務多，而務得賢俊。得民心者民往之，有賢佐者士歸之。文王請除炮烙之刑而殷民從，湯去張網者之三面而夏民從，越王不隳舊冢而吳人服，以其所為之順於民心也。故聲同則處異而相應，德合則未見而相親，賢者立於本朝，則天下之豪，相率而趨之矣。何以知其然也？曰：管仲，桓公之賊也，鮑叔以為賢於己而進之為相，七十言而說乃聽，遂使桓公除報讎之心而委國政焉。桓公垂拱無事而朝諸侯，鮑叔之力也。管仲之所以能北走桓公無自危之心者，同聲於鮑叔也。紂殺王子比干，箕子被髮而佯狂，陳靈公殺泄冶而鄧元去陳。自是之後，殷兼於周，陳亡於楚，以其殺比干、泄冶而失箕子與鄧元也。燕昭王得郭隗，而鄒衍、樂毅以齊、趙至，蘇子、屈景以周、楚至，於是舉兵而攻齊，棲閔王於莒，燕校地計眾，非與齊均也，然所以能信意至於此者，由得士也。故無常安之國，無恆治之民，得賢者則安昌，失之者則危亡，自古及今，未有不然者也。明鏡所以照形也，往古所以知今也，夫知惡往古之所以危亡，而不務襲跡於其所以安昌，則未有異乎卻走而求逮前人也。太公知之，故舉微子之後而封比干之墓，夫聖人之於死尚如是其厚也，況當世而生存者乎！則其弗失可識矣。

【章旨】本章列舉前朝正反事例，說明任賢舉能的重要。

【注釋】❶望夷　宮殿名。秦丞相趙高殺二世於此。❷沙丘　宮名。❸鄢陵　此指戰國時安陵國君。「鄢」，音與「安」通。

【語譯】禹憑藉夏朝稱王，桀擁有夏朝亡身。湯憑藉殷朝稱王，紂擁有殷朝亡身。闔廬憑藉吳國的力量取得戰爭勝利，從此天下無敵，夫差卻擁有吳國而被越人擒獲。文公憑藉晉國稱霸，厲公擁有晉國而被人殺死在匠麗宮。威王憑藉齊國在天下逞強，湣王擁有齊國卻被人吊死在房梁之上。穆公憑藉秦國顯揚名聲，秦二世擁有秦朝卻在望夷宮被殺。作君王的條件相同，而結果不一樣，是因為所任用的人不同。周成王在襁褓之中而諸侯來朝，這是由於周公在管理朝政。趙武靈王五十歲餓死在沙丘宮，這是因為任用了李兌的緣故。桓公得到管仲，多次為諸侯盟主，統一匡扶天下；失去管仲，任用豎刁和易牙，死了得不到安葬，被天下人恥笑。在同一個人身上顯示了榮耀，也顯示了恥辱，也是由於用人不同的緣故。魏國有了公子無忌，割讓出去的國土失而復得；趙國任用藺相如，秦國不敢出兵侵犯；安陵君任用唐雎，國家得以獨立；楚國有了申包胥，昭王能夠恢復王位；齊國有了田單，襄王得到了國家。由此看來，國家如果沒有能人賢士輔佐，而要建立功業，顯揚名聲，安定危亡，續接絕世，是不曾有過的。國家不必求大而必求得民心；輔臣不必求多而必求得賢良。得民心的百姓嚮往，有賢臣的士人來投奔。周文王請求廢除炮烙之刑，殷朝百姓歸順於他，商湯讓四面張網捕禽獸的人去掉三面網，夏朝百姓歸順於他，越王不毀吳國的墳墓，吳國百姓歸順於他，這是因為他們的做法合乎民心。聲音相同，在不同的地方會相互呼應；志趣相同，即使未曾見面也相互親善，有才幹的人在朝廷任職，天下的豪傑，將會接連不斷地前來投奔。怎知會這樣呢？舉例來說吧：管仲，曾傷害過桓公，鮑叔認為他比自己強，推薦他做齊國的相，向桓公推薦了七十次桓公才同意，使桓公消除了報仇的想法，而把國家大事委託給他。桓公後來不費氣力而使諸侯拱服，得力於鮑叔。管仲之所以能在打敗桓公之後，重到桓公身邊而不感到危險，也因為他與鮑叔心意相通。商紂王殺了王子比干，箕子披散著頭髮假裝瘋癲，陳靈公殺了泄冶，鄧元離開了陳國，從此以後，殷朝被周人吞併，陳國被楚國消滅，這是因為殺了比干、泄冶，失去了箕子、鄧元的緣故。燕昭王得到郭隗而鄒衍、樂毅分別從齊國和趙國來到燕國，蘇子、屈景分別從周室和楚國來到燕國，於是發兵進攻齊國，使齊閔王逃到莒城棲身，衡量燕國的土地和人口，不能與齊國相比，之所以能隨心所欲到這種地步，是由於得到了賢士。世上沒有永遠安定的國家，也沒有永遠順從的老百姓，得到賢人則國家安寧昌盛，失去賢人則危殆傾覆，從古至今，沒有不是這樣的。明鏡可以用來照見形體，歷史可以用來照見現實，知道否定以前導致危亡的過失，而不努力沿襲以前達到安定昌盛的成功經驗，這與一邊後退一邊卻希望趕上前人沒有區別。姜太公知道這一道理，所以舉用微子的後代，並為比干封墓。聖人對於死者，尚且如此優厚，何況對待活在當世的人呢？不可忽視重賢舉能的道理是非常清楚的。

齊景公問於孔子曰：「秦穆公其國小，處僻而霸，何也？」對曰：「其國小而志大，雖處僻而其政中，其舉果，其謀和，其令不偷；親舉五羖大夫❶於係縲❷之中，與之語，三日而授之政，以此取之，雖王可也，霸則小矣。」

【章　旨】以秦穆公任用百里奚，使偏小的秦國稱霸為例，說明舉賢的重要。

【注　釋】❶五羖大夫　指百里奚。❷係縲　指囚犯。

【語　譯】齊景公問孔子說：「秦穆公的國家小，地處偏僻，而能稱霸，是什麼原因？」回答說：「他的國家小而本人的志氣大，雖然地處偏遠但政道適中，他的行動果斷，謀略協調，政令不馬虎；穆公親自把百里奚從囚徒之中提拔出來，與他談話，三天之後把政事委託給他。像這樣任用人才，稱王都可以，稱霸還嫌小呢。」

或曰：將謂桓公仁義乎？殺兄而立，非仁義也。將謂桓公恭儉乎？與婦人同輿，馳於邑中，非恭儉也。將謂桓公清潔乎？閨門之內，無可嫁者❶，非清潔也。此三者亡國失君之行也，然而桓公兼有之，以得管仲、隰朋，九合諸侯，一匡天下，畢朝周室，為五霸長，以其得賢佐也；失管仲、隰朋，任豎刁、易牙，身死不葬，蟲流出戶。一人之身，榮辱俱施者何也？其所任異也。由此觀之，則任佐急矣。

【章　旨】本章以桓公因任人不同而「榮辱俱施」為例，說明選賢任能是急切要解決的問題。

【注　釋】❶閨門之內無可嫁者　古籍多載齊桓公好色，淫於姑姊妹。

【語　譯】有人說：要說桓公講仁義嗎？殺死兄長自立為君，不是仁義的行為。要說桓公恭敬儉省嗎？與婦人同車招搖過市，不是恭敬儉省的行為。要說桓公清白嗎？閨房之中沒有可嫁的處女，他的行為也不清白。這三種行為都會使國家滅亡、使君位喪失，但桓公兼而有之，他因為得到管仲、隰朋，所以多次作諸侯的盟主，統一、匡扶天下，讓各國朝謁周王室，使自己成為五霸之首，這是因為得到了賢臣的輔佐；後來失去管仲、隰朋，任用豎刁、易牙，死後得不到安葬，屍體上的蛆蟲流出房門。為什麼在同一個人身上，榮耀和恥辱都顯示出來呢？就是因為任用的人不同。由此看來，任用賢人來輔佐自己是急待解決的問題。

周公旦白屋之士❶所下者七十人，而天下之士皆至；晏子所與同衣食者百人，而天下之士亦至；仲尼修道行，理文章，而天下之士亦至矣。

【章旨】本章講招徠賢士有各種方法。

【注釋】❶白屋之士 貧寒的士人。

【語譯】周公旦對貧寒的士人加以禮待的有七十人，天下的士人都來投奔；晏子與百人同衣共食，天下的士人也來投奔；仲尼講求德行，研究文章，天下的士人也來投奔。

伯牙子鼓琴，鍾子期聽之，方鼓而志在太山，鍾子期曰：「善哉乎鼓琴！巍巍乎若太山。」少選之間，而志在流水，鍾子期復曰：「善哉乎鼓琴！湯湯乎若流水。」鍾子期死，伯牙破琴絕絃，終身不復鼓琴，以為世無足為鼓琴者。非獨鼓琴若此也，賢者亦然，雖有賢者而無以接之，賢者奚由盡忠哉！驥不自至千里者，待伯樂而後至也。

【章旨】本章講賢人須得良主的賞識、任用才能發揮作用。

【語譯】伯牙子彈琴，他的朋友鍾子期聽，剛彈到表現太山的曲子時，鍾子期說：「琴彈得真好啊！氣勢巍巍，就像太山一樣。」過了一會，彈到表現流水的曲子，鍾子期又說：「琴彈得真好啊！浩浩蕩蕩，就像流水一樣！」鍾子期死後，伯牙把琴摔破把琴弦割斷，終身不再彈琴，認為世上無人值得自己為他彈琴。不僅彈琴是這樣，賢人也是這樣。雖然有賢人，如果沒有人接納他，賢人為誰去盡忠呢？良馬不會自動跑千里遠，是要等伯樂來才肯啟程。

周威公問於甯子❶曰：「取士有道乎？」對曰：「有。窮者達之，亡者存之，廢者起之，四方之士則四面而至矣。窮者不達，亡者不存，廢者不起，四方之士則四面而畔矣。夫城固不能自守，兵利不能自保，得士而失之，必有其間。夫士存則君尊，士亡則君卑。」周威公曰：「士壹至如此乎？」對曰：「君不聞夫楚乎？王有士曰楚傒胥、丘負客，王將殺之，出亡之晉，晉人用之，是為城濮之戰❷。又有士曰苗賁皇，王將殺之，出亡走晉，晉人用之，是為鄢陵之戰❸。又有士曰上解于，王將殺之，出亡走晉，晉人用之，是為兩棠之戰❹。又有士曰伍子胥，王殺其父兄，出亡走吳，闔閭用之，於是興師而襲郢❺。故楚之大得罪於梁、鄭、宋、衛之君，猶未遽至於此也；此四得罪於其士，三暴其民骨，一亡其國。由是觀之，士存則國存，士亡則國亡。子胥怒而亡之，申包胥怒而存之，士胡可無貴乎？」

【章旨】本章以楚國事例為證，闡明士人可貴的道理。

【注釋】❶甯子　甯越，周威公師。❷城濮之戰　春秋時晉楚戰於城濮，晉弱楚強，但晉軍攻楚軍薄弱之處，最後大敗楚軍。詳《左傳・僖公二十八年》。❸鄢陵之戰　詳見《左傳・成公十六年》。❹兩棠之戰　兩棠為地名，在鄭國，又稱邲。本文所指的晉楚兩棠之戰，以楚國失敗告終，必非發生在《春秋・宣公十二年》的邲之戰，邲之戰楚莊王大勝晉，與本文所敘事實不符。❺郢　楚國國都，在今湖北省江陵縣東北。

【語譯】周威公問甯越說：「任用士人有一定的方法嗎？」回答說：「有。使陷入困境的人得以顯達，使趨於滅亡的國家得以保存，使被廢黜的人得以興起，那麼，各種的士人就會從四面八方來投奔。如果不讓困窘的人顯達，不讓趨於滅亡國家存留，不讓被廢黜的人興起，各種的士人就會從四面八方反叛。城牆再堅固，自己守衛不了自己，武器再鋒利，自己保全不了自己。得到了士人而又失去他，一定會結下仇怨。有了士人，人主就尊貴，失去士人，人主就卑賤。」周威公說：「士人竟如此重要嗎？」回答說：「你難道沒聽說過楚國的事嗎？楚王有士人叫楚傒胥、丘負客，楚王將要殺他們，他們逃到了晉國，晉人任用他們，由此導致城濮之戰。又有個士人叫苗賁皇，楚王將要殺他，他出奔到晉國，晉人任用他，由此導致鄢陵之戰。又有個士人叫上解于，楚王將要殺他，他出奔到晉國，晉人任用了他，由此導致兩棠之戰。又有個士人叫伍子胥，楚王殺了他的父親和哥哥，他出奔到吳國，吳王闔閭任用了他，他於是發兵襲擊了楚國都城。楚國曾嚴重冒犯過梁、鄭、宋、衛的國君，尚未立即遭到這樣的報復；而四次冒犯他的士人，便三次使百姓白骨棄於荒野，一次使都城陷落。由此看來，士人在則國家在，士人不在則國家危亡。子胥一怒使楚國滅亡，申包胥一怒又使楚國亡而復興，士人難道可以不尊重嗎？」

哀公問於孔子曰：「人若何而可取也？」孔子對曰：「毋取拑者❶，毋取健者❷，毋取口銳者❸。」哀公問：「何謂也？」孔子曰：「拑者大給利，不可盡用；健者必欲兼人，不可以為法也；口銳者多誕而寡信，後恐不驗也。夫弓矢和調，而後求其中焉，馬愨❹愿順，然後求其良材焉，人必忠信厚重，然後求其知能焉。今人有不忠信厚重，而多智能，如此人者，譬猶豺狼與，不可以身近也。是故先其仁信之誠者，然後親之，於是有智能者，然後任之。故曰：親仁而使能。夫取人之術也，觀其言而察其行。夫言者所以抒其胸而發其情者也，能行之士，必能言之，是故先觀其言而揆❺其行。夫以言揆其行，雖有姦軌之人，無以逃其情矣。」哀公曰：「善。」

【章　旨】本章說取人之道，以德為首，主張「親仁而使能」。

【注　釋】❶拑者　脅持、挾制別人的人。❷健者　驕悍之人。❸口銳者　花言巧語之人。❹愨　此指溫馴。❺揆　揣度。

【語　譯】哀公問孔子說：「什麼樣的人可以取用？」孔子回答說：「不要取用愛脅制別人的人，不要取用驕悍的人，不要取用花言巧語的人。」哀公問：「為什麼這樣說？」孔子說：「好脅制別人的人，往往會給別人很多好處，但這種人不可放手任用；驕悍的人總認為自己一人可以敵得上兩人，這種態度也不可效法；花言巧語的人多虛妄而少信用，到後來恐怕難以兌現。弓和箭配合好了，然後才有希望射中目標；馬兒溫順善良，然後才能希望牠跑快致遠，對人必須首先求其忠誠厚道，然後才要求他有知識才幹。假若現在有一個人，不忠厚誠實，而有很高的才幹，這種人，就像豺狼一樣兇狠，人們是不能靠近他的。所以先要認定某人是個仁信的老實人，然後才去親近他，從中選定有才幹的，然後才加以任用。這便是古人說的，親近仁人、任用賢人。選用士人的辦法是：聽他怎麼說、看他怎麼做。一個人的言語，是可以抒發他的胸臆、表達他的情感的，會幹的人，一定會說，所以要先看他怎麼說，再揣摩他怎麼做。從言論來考察行動，即使有壞人，也無法掩蓋真象。」哀公說：「說得對。」

周公攝天子位七年，布衣之士執贄❶所師見者十二人，窮巷白屋所見者四十九人，時進善者百人，教士者千人，官朝者萬人。當此之時，誠使周公驕而且悋❷，則天下賢士至者寡矣；苟有至者，則必貪而尸祿❸者也。尸祿之臣，不能存君矣。

【章　旨】本章以周公禮賢下士為例，說明尊重賢人的重要。

【注　釋】❶贄　古代初次拜見尊長所送的禮物。❷悋　吝嗇。❸尸祿　空受俸祿而不治事。

【語　譯】周公在代行天子之事的七年中，帶著禮物以師禮拜見的普通士人有十二個，會見的貧寒之士有四十九個，隨時任用的優秀人才上百個，培養的士人上千個，在朝中做官的有上萬個。在那個時候，如果周公傲慢吝嗇，天下賢士前來投奔的就會很少；即使有人前來，一定是些貪婪而不能辦事的。只會拿俸祿而不能辦事的人，是不能鞏固君王的地位的。

齊桓公設庭燎❶，為士之欲造見者。朞年而士不至。於是東野鄙人以九九❷之術見者，桓公曰：「九九何❸足以見乎？」鄙人對曰：「臣非以九九為足以見也。臣聞主君設庭燎以待士，朞年而士不至；夫士所以不至者，以君天下賢君也，四方之士，皆自以論而❹不及君，故不至也。夫九九薄能耳，而君猶禮之，況賢於九九者乎？夫太山不辭壤石，江海不逆小流，所以成大也。《詩》云：『先民有言，詢於芻蕘❺。』言博謀也。」桓公曰：「善。」乃因禮之。朞月，四方之士相攜而並至矣。《詩》曰：「自堂徂基，自羊徂牛。」❻言以內及外，以小及大也。

【章旨】本章講求賢不必求全責備，有一技之長皆可為用，任用了有一技之長的人，勝過一技之長的人就會到來。

【注釋】❶庭燎　在庭中燃火炬照明。❷九九　算法名。❸何　「何」字衍。❹論而　衍文。❺芻蕘　割草叫芻，打柴叫蕘。此指割草打柴的人。上引詩見《詩經・大雅・板》。❻自堂徂基三句　見《詩經・周頌・絲衣》。本詩的意思是：在宴請客人時，周王親自巡視宴會的環境和供食用的牛、羊。

【語譯】齊桓公在庭中設置火炬，為的是給前來求見的士人照明。但整整一年過去了，士人並未到來。此時，東野鄉鄙之人自恃善於九九算法前來求見，桓公說：「懂得九九算法就有資格求見嗎？」鄉鄙之人說：「我並不認為會九九算法就足以求見。我聽說您在內庭設置火炬等待士人，過了一年而士人不來；士人不來的原因，是因為您是天下的賢君，各處的士人，都自認為比不上您，所以不來。九九算法只不過是個小技能，對有小技的人君王尚且能夠禮遇，何況勝過會九九算法的人呢？太山不拒絕土壤石頭，江海不拒絕小水細流，因此才變得高大深廣。《詩經》上說：『前人說過，要不恥於向樵夫求教。』說的就是要廣泛採納意見。」桓公說：「說得對。」於是禮待鄉鄙之人。過了一個月，四面八方的士人接連到來。《詩經》說：「從堂上走到牆腳，從羊看到牛。」即說辦事要從內到外，從小到大。

齊景公伐宋，至於岐堤❶之上，登高以望，太息而歎曰：「昔我先君桓公，長轂❷八百乘，以霸諸侯；今我長轂三千乘，而不敢久處於此者，豈其無管仲歟？」弦章對曰：「臣聞之，水廣則魚大，君明則臣忠。昔有桓公，故有管仲；今桓公在此，則車下之臣盡管仲也。」

【章　旨】本章講只有明君才能得到賢臣，並發揮賢臣的作用。

【注　釋】❶岐堤　地名。❷長轂　戰車。

【語　譯】齊景公討伐宋國，來到岐堤之上，登高遠眺，感嘆地說：「從前我的先祖桓公，只有戰車八百輛，但他在諸侯中稱霸；現在我有戰車三千輛，而不敢在此久留，這大概是因為沒有管仲吧？」弦章回答說：「我聽說，水深而廣則魚兒肥大，君王聖明則臣子忠心。過去因為有桓公，所以才有管仲；現在如果桓公在此，那麼車下的臣子全都是管仲。」

趙簡子游於西河而樂之，歎曰：「安得賢士而與處焉？」舟人古乘跪而對曰：「夫珠玉無足，去此數千里，而所以能來者，人好之也；今士有足而不來者，此是吾君不好之乎！」趙簡子曰：「吾門左右客千人，朝食不足，暮收市徵；暮食不足，朝收市徵，吾尚可謂不好士乎？」舟人古乘對曰：「鴻鵠高飛遠翔，其所恃者六翮❶也，背上之毛，腹下之毳❷，無尺寸之數，去之滿把，飛不能為之益卑；益之滿把，飛不能為之益高；不知門下左右客千人者，亦有六翮之用乎？將盡毛毳也？」

【章　旨】本章講人主愛士而士人自來。得士求賢不必貪多。

【注　釋】❶六翮　健羽。❷毳　鳥獸細毛。

【語　譯】趙簡子在西河遊賞得正高興，突然嘆息說：「怎樣才能得到賢士來共事啊？」駕船人古乘跪下來回答說：「珍珠寶玉沒長腳，離這裡數千里遠，它們之所以能到來，是因為人們喜歡它；現在賢人有腳而不來，這是因為您不喜歡他們吧！」趙簡子說：「我家有門客上千人，早上食物不足，晚上就到市上徵收；晚上食物不足，早上便到市上徵收，我難道還不愛賢士嗎？」駕船人古乘說：「大雁飛得高和遠，憑藉的是六根健羽，背上的羽毛，腹下的絨毛，多得數不清，拔去一大把，大雁不會飛得比原來低，增加一大把，大雁不會飛得比原來高；不知您家中上千名門客，是起了六根健羽的作用呢？還是盡是些細毛呢？」

齊宣王坐，淳于髡侍，宣王曰：「先生論寡人何好？」淳于髡曰：「古者所好四，而王所好三焉。」宣王曰：「古者所好，何如寡人所好？」淳于髡曰：「古者好馬，王亦好馬；古者好味，王亦好味；古者好色，王亦好色；古者好士，王獨不好士。」宣王曰：「國無士耳，有則寡人亦說之矣。」淳于髡曰：「古者有驊騮、騏驥❶，今無有，王選於眾，王好馬矣；古者有豹、象之胎，今無有，王選於眾，王好味矣；古者有毛嬙、西施❷，今無有，王選於眾，王好色矣。王必將待堯、舜、禹、湯之士而後好之，則禹、湯之士亦不好王矣。」宣王默然無以應。

【章旨】本章講只有誠心好士，士人才會到來。

【注釋】❶驊騮、騏驥　二者皆駿馬名。❷毛嬙、西施　二者皆美女名。

【語譯】齊宣王坐著，淳于髡陪侍，宣王說：「您說說我喜歡什麼？」淳于髡說：「古人喜歡的有四種，而您喜歡其中的三種。」宣王說：「古人喜歡的與我喜歡的有什麼異同？」淳于髡說：「古人喜歡駿馬，您也喜歡駿馬；古人喜歡美味，您也喜歡美味；古人喜歡女色，您也喜歡女色；古人喜歡賢士人，您單單不喜歡賢士。」宣王說：「國內沒有賢士，如果有，我也會喜歡的。」淳于髡說：「古代的驊騮、騏驥，現在沒有，但您從眾馬中挑選，這是因為您喜歡駿馬；古代的豹胎和象胎，現在沒有，但您從許多佳肴中挑選，這是因為您喜歡美味；古代有毛嬙、西施，現在沒有，但您從眾美女中挑選，這是因為您喜歡女色。您一定要等有了堯、舜、禹、湯那樣的賢人才去喜歡，那禹、湯之類的賢人也不會喜歡您的。」宣王沈默著，無言回答。

衛君問於田讓曰：「寡人封侯盡千里之地，賞賜盡御府繒帛，而士不至，何也？」田讓對曰：「君之賞賜，不可以功及也，君之誅罰，不可以理避也，猶舉杖而呼狗，張弓而祝❶雞矣，雖有香餌而不能致者，害之必也。」

【章旨】本章講賞罰不當，不能招徠賢士。

【注釋】❶祝 同「咒」。呼雞聲。

【語譯】衛君問田讓說：「我分封官職用盡了千里之地，頒行賞賜用盡了內府的絲綢，但賢士仍然不來，這是為什麼？」田讓回答說：「您的賞賜，不能憑藉功勞得到，您的誅罰，不能依仗理由避免，這就像舉起棍棒來喚狗，張著弓箭來呼雞，雖然備有香餌，仍不能把牠們招來，因為牠們感到來了一定會遭害。」

宗衛相齊，遇逐，罷歸舍，召門尉田饒等二十有七人問焉，曰：「士大夫誰能與我赴諸侯者乎？」田饒等皆伏而不對。宗衛曰：「何士大夫之易得而難用也？」饒對曰：「非士大夫之難用也，是君不能用也。」宗衛曰：「不能用士大夫何若？」田饒對曰：「廚中有臭肉，則門下無死士。今夫三斗之稷，不足於士，而君雁鶩有餘粟；紈素綺繡，靡麗堂楯❶，從風而弊，而士曾不得以緣衣；果園梨栗，後宮婦人摭以相擿❷，而士曾不得一嘗。且夫財者，君之所輕也，死者，士之所重也，君不能用所輕之財，而欲使士致所重之死，豈不難乎哉？」於是宗衛面有慚色，逡巡❸避席而謝曰：「此衛之過也。」

【章旨】本章講主人只有優待士人，士人才肯為主人出力效命。

【注釋】❶楯 本指欄杆的橫木。此指欄杆。❷擿 投擲。❸逡巡 徘徊不前的樣子。

【語譯】宗衛在齊國為相，後來被驅逐，免職回到家中，召集門尉田饒等二十七人問道：「你們之中有誰能與我一道投奔別國？」田饒等人都伏地不回答。宗衛說：「為什麼你們這些士人容易得到卻難以為用呢？」田饒回答說：

「並不是士人難以為用，是您不能用士人？」宗衛說：「為什麼說我不能用士人？」田饒回答說：「廚房裡有多餘的肉放臭了不給人吃，那麼你家中就不會有士人為你效命。現在你連三斗糧食，也不能滿足士人，而你餵養的家禽，卻是穀米吃不完；綾羅綢緞，裝飾著華麗的宮室，隨時可能被風撕破，而士人卻得不到一件著了邊飾的衣服；果園裡的梨、栗，被內院裡的婦人摘來扔著玩耍，而士人竟不能品嚐一口。財富，對您並不重要，死亡，對士人十分重要，您不能施捨對您並不重要的財富，卻要士人不顧對他們十分重要的死亡，難道不是很難嗎？」於是，宗衛面現慚愧之色，離開座位，徘徊不前，道歉說：「這是我的過錯。」

魯哀公問於孔子曰：「當今之時，君子誰賢？」❶對曰：「衛靈公。」公曰：「吾聞之，其閨門之內，姑姊妹無別。」對曰：「臣觀於朝廷，未觀於堂陛❷之間也。靈公之弟曰公子渠牟，其知足以治千乘之國，其信足以守之，而靈公愛之；又有士曰王林，國有賢人必進而任之，無不達也，不能達，退而與分其祿，而靈公尊之；又有士曰慶足，國有大事，則進而治之，無不濟也，而靈公說之；史鰌去衛，靈公邸舍三月琴瑟不御，待史鰌之入也而後入；臣是以知其賢也。」

【章旨】本章講善遇賢士的君王便是賢君。

【注釋】❶當今之時二句　《孔子家語》作「當今之君，誰為最賢」文意較此為明。❷堂陛　陛是臺階。堂陛，此指內宮。

【語譯】魯哀公問孔子說：「當代的君王，哪個最好？」回答說：「衛靈公。」哀公說：「我聽說，他在內宮，淫及姑姊妹。」回答說：「我只看他在朝廷行政，未看他在內宮的行為。靈公有個弟弟叫公子渠牟，他的才智足以治理千乘之國，他的信譽也足以把國家管理好，而靈公喜歡他；還有個士人叫王林，國內有賢人他一定推薦並讓他做官，他的推舉無有不成功的，即使不成功，王林也回去與被推薦的人分享自己的俸祿，而靈公尊重王林；還有個士人叫慶足，國家一有大事，便挺身出來承當，每次都能把事情辦好，靈公也很喜歡他；史鰌離開衛國後，靈公的府邸三個月不演奏音樂，到史鰌回來後樂隊才回到家中；我從這一系列的情況知道靈公是位賢君。」

介子推❶行年十五而相荊，仲尼聞之，使人往視之，還，曰：「廊下有二十五俊士，堂上有二十五老人。」仲尼曰：「合二十五人之智，智於湯武；并二十五人之力，力於彭祖，以治天下，其固免矣乎！」

【章旨】本章講治理天下須群策群力。

【注釋】❶介子推 《孔子家語・六本》作「荊公子」。

【語譯】介子推十五歲作荊國的相，仲尼聽到後，派人前往觀看，派去的人回來後，說：「介子推的廊下有二十五位壯士，堂上有二十五位老人。」仲尼說：「匯集二十五人的智慧，要勝過商湯、周武王；合併二十五人的力量，要勝過彭祖，以此治理天下，一定能免遭禍難。」

孔子閒居，喟然而歎曰：「銅鞮伯華❶而無死，天下其有定矣。」子路曰：「願聞其為人也何若？」孔子曰：「其幼也，敏而好學；其壯也，有勇而不屈；其老也，有道而能以下人。」子路曰：「其幼也敏而好學，則可；其壯也有勇而不屈，則可；夫有道又誰下哉？」孔子曰：「由不知也。吾聞之，以眾攻寡，而無不消也；以貴下賤，無不得也。昔在周公旦，制天下之政，而下士七十人，豈無道哉？欲得士之故也。夫有道而能下於天下之士，君子乎哉！」

【章　旨】本章講即使自身有道，仍需禮待天下士人。

【注　釋】❶銅鞮伯華　名赤，字伯華，食邑於銅鞮。

【語　譯】孔子無事閒處，感歎地說：「假若銅鞮伯華不死，天下就能安定了。」子路說：「我希望知道他是怎樣一個人。」孔子說：「他小的時候，敏捷好學；成人以後，有勇氣而不屈服；他老的時候，德才兼備而能禮賢下士。」子路說：「他小時候聰明好學，是可能的；壯年勇敢不屈，也是可能的；有德有才又需要禮敬何人？」孔子說：「你不懂得其中的道理。我聽說，用多數攻打少數，沒有攻不下的；以尊貴的身分禮待卑賤的人，沒有達不到目的的。從前的周公旦，掌握天下大權，卻恭敬地對待七十位賢士，難道周公沒有才德嗎？他是為得到士人才這樣做的。有德有才而能禮待天下的士人，這才是高尚的君子啊！」

魏文侯從中山奔命安邑，田子方從❶，太子擊遇之，下車而趨，子方坐乘如故，告太子曰：「為我請君待我朝歌。」太子不說，因謂子方曰：「不識貧窮者驕人？富貴者驕人乎？」子方曰：「貧窮者驕人，富貴者安敢驕人。人主驕人而亡其國，吾未見以國待亡者也；大夫驕人而亡其家❷，吾未見以家待亡者也；貧窮者若不得意，納履而去，安往而不得貧窮乎？貧窮者驕人，富貴者安敢驕人！」太子及文侯，道田子方之語，文侯歎曰：「微吾子之故，吾安得聞賢人之言！吾下子方以行，得而友之；自吾友子方也，君臣益親，百姓益附，吾是以知友士之功。我欲伐中山，吾以武下樂羊，三年而中山為獻於我，我是以知友武之功。吾所以不少進於此者，吾未見以智驕我者也；若得以智驕我者，豈不及古之人乎！」

【章　旨】本章講身居富貴者，尤應禮賢下士，只有這樣才能保住現有的地位。

【注　釋】❶從　別本作「後」。❷家　大夫的封地。

【語　譯】魏文侯從中山前往安邑，田子方落在後面。太子擊遇到田子方，下車快步向前施禮，而田子方在車上坐著不動，對太子說：「替我向君王說，請他在朝歌等我。」太子不高興，於是對田子方說：「不知是貧窮者應該對人傲慢呢還是富貴者應該對人傲慢？」田子方說：「貧窮者可以對人傲慢，富貴者哪敢對人傲慢？君王對人傲慢就會亡國，我沒見過拿著國家等待滅亡的；大夫對人傲慢就會亡家，我沒見過拿著家等待滅亡的；貧窮的人若感到不滿意，穿上鞋子就可以離去，到哪裡會得不到貧窮？貧窮者可以傲慢對人，富貴者哪敢對人傲慢？」太子追上魏文侯，敘說了田子方的話，文侯感歎地說：「沒有我兒子的緣故，我怎能聽到賢人的這些話！我因為田子方有好的德行而禮待他，從而得到他，使他成為我的朋友；自從我以田子方為朋友，君臣關係更親密，有更多的百姓歸順我，我從中懂得了以士人為朋友的作用。我想討伐中山國，因為樂羊十分武勇而禮待他，過了三年中山國就被我攻下，我從中懂得了以武將為朋友的作用。我之所以不能在現有水平上再進一步，是因為我沒遇上憑著智慧傲視我的人；如果遇上以智慧傲視我的人，我會不如古人嗎？」

晉文侯行地登隧，大夫皆扶之，隨會不扶。文侯曰：「會，夫為人臣而忍其君者，其罪奚如？」對曰：「其罪重死。」文侯曰：「何謂重死？」對曰：「身死，妻子為戮焉。」隨會曰：「君奚獨問為人臣忍其君者，而不問為人君而忍其臣者耶？」文侯曰：「為人君而忍其臣者，其罪何如？」隨會對曰：「為人君而忍其臣者，智士不為謀，辯士不為言，仁士不為行，勇士不為死。」文侯援綏❶下車，辭大夫曰：「寡人有腰髀之病，願諸大夫勿罪也。」

【章旨】本章講為人君者不可「忍其臣」，否則，臣不為君所用。

【注釋】❶綏　車上的繩子，登車時作拉手用。

【語譯】晉文侯出行經過隧道，眾大夫都去攙扶，唯有隨會不去。文侯說：「隨會，做人臣的忍心不幫助君王，該當何罪？」回答說：「死有餘辜。」文侯問：「什麼叫死有餘辜？」回答說：「本人處死，妻兒也要被殺。」隨會又說：「君王您為什麼只問人臣忍心不幫助君王，而不問君王忍心不管臣子呢？」文侯說：「君王忍心不管臣子，該當何罪？」隨會回答說：「君王若忍心不管臣子死活，智慧之士不替他策劃，善辯之士不替他說話，仁德之士不替他出力，勇敢之士不替他效命。」文侯拉著車繩下了車，向大夫道歉說：「我腰腿有病，希望諸位不要見怪。」

齊將軍田瞶出將，張生郊送曰：「昔者堯讓許由❶以天下，洗耳而不受，將軍知之乎？」曰：「唯，然，知之。」「伯夷、叔齊❷，辭諸侯之位而不為，將軍知之乎？」曰：「唯，然，知之。」「於陵仲子❸辭三公之位而傭，為人灌園，將軍知之乎？」曰：「唯，然，知之。」「智過❹去君弟，變姓名，免為庶人，將軍知之乎？」曰：「唯，然，知之。」「孫叔敖❺三去相而不悔，將軍知之乎？」曰：「唯，然，知之。」「此五大❻夫者，名辭之而實羞之。今將軍方吞一國之權，提鼓擁旗，被堅執銳，旋回十萬之師，擅斧鉞之誅，慎勿以士之所羞者驕士。」田瞶曰：「今日諸君皆為瞶祖道❼，具酒脯；而先生獨教之以聖人之大道，謹聞命矣。」

【章　旨】本章提醒士人，勿以權勢驕人。

【注　釋】❶許由　傳說中高人，堯以天下讓之，不受，隱於潁水之陽，箕山之下。又召為九州長，由以此言汙耳，洗耳於潁水之濱。❷伯夷叔齊　孤竹君之二子。其父將死，遺命立叔齊。父卒，叔齊讓位伯夷，伯夷遵父命不受，逃去，叔齊亦不立而逃。武王伐紂，夷齊叩馬而諫。及勝商而有天下，夷、齊恥食周粟，隱於首陽山，採薇而食，遂餓死。❸於陵仲子　又稱陳仲子，居於楚國於陵，楚王聞其賢，使人持金百鎰往聘之。仲子拒而不受，出逃為人灌園。❹智過　智氏族人。事見《戰國策・趙策》及《韓非子・十過》。❺孫叔敖　春秋楚國人，曾三得相而不喜，三去相而不悔。❻大　疑「丈」之誤。❼祖道　出行時祭路神。

【語　譯】齊國將軍田瞶出征，張生送至郊外，說：「從前唐堯要把天下讓給許由，許由用水洗自己的耳朵不肯接受，您知道嗎？」回答說：「嗯，有這回事，我知道。」「伯夷、叔齊辭去諸侯的位置而不受任，您知道嗎？」回答說：「嗯，有這回事，我知道。」「於陵仲子辭去三公的位置當傭工，替人灌園，您知道嗎？」回答說：「嗯，有這回事，我知道。」「智過離開智伯瑤府第，改換姓氏，由官降為普通百姓，您知道嗎？」回答說：「嗯，有這回事，我知道。」「孫叔敖多次離開相位而不感到懊悔，您知道嗎？」回答說：「嗯，有這回事，我知道。」「這五位大丈夫，表面上是辭謝，實際上是以做官為羞恥。您現在正掌握著全國的大權，指揮進軍的戰鼓由您操持，遮天蔽日的軍旗把您簇擁，您身披堅固的甲衣，手執銳利的武器，十萬大軍由您調度，誅殺大權集中在您手中，可千萬不要以士人所鄙視的權勢來傲視士人啊。」田瞶說：「今天眾人都準備了酒宴為我餞行，而您單單用聖賢的重要道理教導我，我一定謹記在心。」

魏文侯見段干木，立倦而不敢息；及見翟璜，踞堂而與之言，翟璜不說。文侯曰：「段干木官之則不肯，祿之則不受；今汝欲官則相至，欲祿則上卿；既受吾賞，又責吾禮，毋乃難乎？」

【章旨】本章講得了別人的好處，便難以受到別人的尊重。

【語譯】魏文侯會見段干木的時候，站累了也不敢坐下休息；到了見翟璜的時候，坐在廳堂上同他說話，翟璜為此不高興。文侯說：「段干木，要他做官他不肯，給他俸祿他不要；現在你要官職便給你相當，要祿位便給你上卿；已經得了我的賞賜，又要我對你恭恭敬敬，不是很難嗎？」

孔子之郯❶，遭程子於途，傾蓋❷而語終日。有間，顧子路曰：「取束帛一以贈先生。」子路不對。有間，又顧曰：「取束帛一以贈先生。」子路屑然❸對曰：「由聞之也，士不中而見，女無媒而嫁，君子不行也。」孔子曰：「由，《詩》不云乎：『野有蔓草，零露溥兮；有美一人，清揚婉兮，邂逅相遇，適我願兮。』❹今程子天下之賢士也，於是不贈，終身不見。大德毋踰閑❺，小德出入可也。」

【章旨】本章闡明「大德勿踰閑，小德出入可也。」的道理，表現了儒家行禮而從權的靈活性。

【注釋】❶郯　古國名，在今山東省郯城縣。❷蓋　車上的傘蓋。❸屑然　輕蔑的樣子。❹野有蔓草等句　見《詩經・鄭風・野有蔓草》。❺閑　本指柵欄。此指界限。

【語譯】孔子到郯國去，在路上碰到程子，停車傾蓋交談了一整天。一會兒，回頭對子路說：「拿一束帛來送給程先生。」子路沒回答。過了一會，又回頭說：「拿一束帛來送給程先生。」子路輕蔑地回答說：「我聽說，士人不通過介紹而相見，女子不通過媒人而出嫁，有德行的人是不會這樣做的。」孔子說：「仲由，《詩經》上不說過嗎：『野外生蔓草，露珠附其上，有一位美人，多姿又漂亮，偶然來相遇，正合我所望。』現在程子是天下的賢人，對這樣的人不贈送禮物，以後恐怕永遠見不著了。原則問題不要超過界限，非原則問題小有出入是可以的。」

齊桓公使管仲治國，管仲對曰：「賤不能臨貴。」桓公以為上卿，而國不治，桓公曰：「何故？」管仲對曰：「貧不能使富。」桓公賜之齊國市租一年，而國不治，桓公曰：「何故？」對曰：「疏不能制親。」桓公立以為仲父，齊國大安，而遂霸天下。孔子曰：「管仲之賢，而不得此三權者，亦不能使其君南面而霸矣。」

【章旨】本章講任用賢人要授之以權力，才能更好地發揮賢人的作用。

【語譯】齊桓公讓管仲治理國家，管仲對他說：「地位低的不能統治地位高的。」桓公封他為上卿，但國家未治理好，桓公問：「這是為什麼？」管仲回答說：「貧窮的不能調動富有的。」桓公把齊國一年的租稅賜給他，但國家仍未治理好，桓公問：「這是為什麼？」管仲回答說：「與您關係疏遠的管不住與您關係親密的。」桓公立管仲為仲父，齊國從此太平，並稱霸天下。孔子說：「像管仲這樣的賢人，如果得不到這三種權力，也不能使他的君王南面稱霸。」

桓公問於管仲曰：「吾欲使爵腐於酒❶，肉腐於俎，得無害於霸乎？」管仲對曰：「此極非其貴❷者耳，然亦無害於霸也。」桓公曰：「何如而害霸？」管仲對曰：「不知賢，害霸；知而不用，害霸；用而不任，害霸；任而不信，害霸；信而復使小人參之，害霸。」桓公曰：「善。」

【章　旨】本章講知賢、任賢、信賢的重要意義。

【注　釋】❶爵腐於酒　別本作「酒腐於爵」，與下句「肉腐於俎」句法同。❷貴　別作「善」。

【語　譯】桓公問管仲說：「我要讓酒多得在酒杯裡變壞，肉多得在肉碗裡變壞，這樣做能妨害我稱霸嗎？」管仲回答說：「這確實不是什麼好行為，但也不妨害稱霸。」桓公問：「怎麼做才會妨害稱霸？」管仲回答說：「不了解誰是賢人，妨害稱霸；了解了而不起用，妨害稱霸；用了卻不委以重任，妨害稱霸；重用而不信任，妨害稱霸；信任而又讓小人參與其間，妨害稱霸。」桓公說：「說得好。」

魯人攻鄪❶，曾子辭於鄪君曰：「請出。寇罷而後復來，請姑毋使狗豕入吾舍。」鄪君曰：「寡人之於先生也，人無不聞。今魯人攻我，而先生去我，我胡守先生之舍？」魯人果攻鄪而數之罪十，而曾子之所爭者九。魯師罷，鄪君復修曾子舍而後迎之。

【章　旨】本章記曾子甘受鄪君誤解，不當面對鄪君作口頭承諾，而背後為鄪國紓難解圍。

【注　釋】❶鄪　春秋國名，在今山東省魚臺縣西南。

【語　譯】魯國人要進攻鄪國，曾子向鄪君辭行，說：「請允許我離開，等敵人退了再來。請暫且不要讓狗和豬到我家中去。」鄪君說：「我與你的交往，無人不知。現在魯國人攻打我，你卻要離開我，我為什麼要為你看守房子？」魯國人果然來攻打鄪國並列舉鄪國十大罪狀，而曾子為鄪國辯駁了九條。魯軍撤退以後，鄪君為曾子重修房屋迎接他。

宋司城子罕❶之貴子韋也，入與共食，出與共衣；司城子罕亡，子韋不從，子罕來，復召子韋而貴之。左右曰：「君之善子韋也，君亡不從，來又復貴之，君獨不愧於君之忠臣乎？」子罕曰：「吾唯不能用子韋，故至於亡；今吾之得復也，尚是子韋之遺德餘教也，吾故貴之。且我之亡也，吾臣之削跡❷拔樹以從我者，奚益於吾亡哉？」

【章　旨】本章講對從根本上幫助自己的人，要予以特別尊重和優待。

【注　釋】❶司城子罕　春秋宋人，樂氏，名喜，為司城（即司寇）之官，執宋政。❷削跡　消除車輾的痕跡。

【語　譯】司城子罕尊重子韋，在家與他共食，出外與他共衣；司城子罕出逃，子韋不跟隨，子罕回來後，又把子韋請回並尊奉他。身邊人說：「您待子韋太好了，您逃亡他不跟隨，您回來又尊奉他，您難道不對另一些真正忠於您的人感到慚愧嗎？」子罕說：「我正因為沒有任用子韋，所以才落得逃亡；現在我之所以能夠回來，仍然是子韋過去對我的教導在起作用，因此我要尊重他。況且，我逃亡時，我手下那些幫我掩蓋車跡、拔樹開路的人，對我避免逃亡有什麼作用？」

楊因見趙簡主曰：「臣居鄉三逐，事君五去，聞君好士，故走來見。」簡主聞之，絕食而歎，跽而行，左右進諫曰：「居鄉三逐，是不容眾也；事君五去，是不忠上也。今君有士，見過八矣。」簡主曰：「子不知也。夫美女者，醜婦之仇也；盛德之士，亂世所疏也；正直之行，邪枉所憎也。」遂出見之，因授以為相，而國大治。由是觀之，遠近之人，不可以不察也。

【章旨】本章講對士人要作全面的了解和分析，不可以別人對他的態度輕意作出取捨。

【語譯】楊因求見趙簡主，說：「我住在鄉間，三次被驅逐，事奉君王，五次被趕走，聽說您喜歡賢士，所以跑來見您。」簡主聽後，停止吃飯，而大發感歎，來不及站起來，以膝蓋前行，身邊人勸告說：「居鄉三次被逐，可見他不為眾人所容，事君五次離位，可見他對主子不忠。您現在要見的士人，可犯了八次過失啊。」簡主說：「您不懂。美貌的女子，是醜陋婦人的仇敵；有大德的士人，在亂世被疏遠；正直的行為，遭邪曲之人憎惡。」於是出來相見，拜他為相，從此國家大治。由此看來，對各種各樣的人，都不能不加以考察。

應侯與賈午子坐，聞其鼓琴之聲，應侯曰：「今日之琴，一何悲也！」賈午子曰：「夫張急調下，故使人悲耳。張急者，良材也，調下者，官卑也，取夫良材而卑官之，安能無悲乎？」應侯曰：「善哉。」

【章旨】本章講大材不能大用，會傷害士人的積極性。

【語譯】應侯與賈午子同坐，聽到他彈的琴聲，應侯說：「今天的琴聲，為何竟這樣悲傷！」賈午子說：「弦繃得緊，調子很低，所以使人聽來感到悲傷。弦能繃得緊，證明琴是好材料做的，調子低沈，表明官職卑下，找來好材料而委之以低下的官職，怎能沒有悲傷呢？」應侯說：「說得好。」

十三年❶，諸侯舉兵以伐齊。齊王聞之，惕然而恐，召其群臣大夫，告曰：「有智為寡人用之。」於是博士淳于髡仰天大笑而不應。王復問之，又大笑不應。三問，三笑不應。王艴然作色不悅曰：「先生以寡人語為戲乎？」對曰：「臣非敢以大王語為戲也，臣笑臣鄰之祠田也，以一奩飯、一壺酒、三鮒魚，祝曰：『蟹堁❷者宜禾，洿邪❸者百車，洋洋有餘。』臣笑其賜鬼薄而請之厚也。」於是王乃立淳于髡為上卿，賜之千金，革車百乘，與平諸侯之事，諸侯聞之，立罷其兵，休其士卒，遂不敢攻齊，此非淳于髡之力乎？

【章旨】 本章講對士人的待遇要優厚，不可賜之少而求之多。

【注釋】 ❶十三年　即齊威王十三年。❷蟹堁　高地。❸洿邪　低窪之地。

【語譯】 齊威王十三年，諸侯舉兵討伐齊國，齊王知道後，十分害怕，召集群臣大夫，說：「有什麼計謀請為我獻出來。」此時，博士淳于髡仰天大笑而不回答。齊王第二次詢問，淳于髡還是大笑不回答，第三次仍然笑而不答。齊王臉色大變，非常不高興地說：「你把我的話當玩笑嗎？」回答說：「我不敢把您的話當玩笑，我是笑我的鄰居祭田的情景，他用一盒飯，一壺酒，三條鯽魚，祝告說：『高地適合種禾苗，低地產出百車穀，糧食多得吃不完。』我笑他給予鬼的少而要求鬼的多。」於是，齊王立即封淳于髡為上卿，賜給他千金、戰車百輛，參與平息諸侯發動的戰爭。諸侯聽說此事，馬上停止用兵，讓士卒休止，再也不敢進攻齊國。這難道不是淳于髡的功勞嗎？

田忌去齊奔楚❶，楚王郊迎至舍，問曰：「楚萬乘之國也，齊亦萬乘之國也，常欲相并，為之奈何？」對曰：「易知耳。齊使申孺將，則楚發五萬人，使上將軍將之，至擒將軍首而反耳；齊使田居將，則楚發二十萬人，使上將軍將之，分別而相去也；齊使眄子❷將，則楚發四封之內，王自出將而忌從，相國、上將軍為左右司馬，如是則王僅得存耳。」於是齊使申孺將，楚發五萬人使上將軍至，擒將軍首反❸。於是齊王忿然，乃更使眄子將，楚悉發四封之內，王自出將，田忌從，相國、上將軍為左右司馬，益王車屬九乘，僅得免耳。至舍，王北面正領齊袪❹，問曰：「何先生知之早也？」田忌曰：「申孺為人，侮賢者而輕不肖者，賢不肖俱不為用，是以亡也；田居為人，尊賢者而賤不肖者，賢者負任，不肖者退，是以分別而相去也；眄子之為人也，尊賢者而愛不肖者，賢不肖俱負任，是以王僅得存耳。」

【章　旨】本章講賢與不肖各有作用，對二者都應予以適當的重視。

【注　釋】❶田忌去齊奔楚　田忌，齊將，為鄒忌中傷，亡齊之楚，事詳《戰國策・楚策》及《史記・田完世家》。❷眄子　當作「盼子」。下同。❸擒將軍首反　下有脫文，當據上文補為：「齊使田居將，楚發二十萬人，使上將軍將之，分別而相去。」如此方與上下文相應。❹袪　衣袂。

【語　譯】田忌離開齊國投奔楚國，楚王到城郊把他迎至住所，問他說：「楚國是萬乘之國，齊國也是萬乘之國，常想互相吞併，這事該怎麼辦？」回答說：「這容易知道。如果齊國派申孺領兵，那麼楚國出動五萬人，讓上將軍率領，兵到之後可以把齊將的首級提回來；如果齊國派田居領兵，那麼楚國出動二十萬人，讓上將軍率領，可以戰個平手各自收兵；如果齊國派盼子領兵，那麼楚國出動四境之內的全部人馬，您親自作統帥，我在一旁相隨，相國、上將軍作左右司馬，即使這樣，也只能使您個人得以保全。」後來，齊派申孺為將，楚派五萬人由上將軍率領迎敵，把齊將的首級提了回來。因此齊王大怒，就另派盼子為將，楚國出動四境之內的全部人馬，楚王親自率領，田忌跟隨，相國、上將軍作左右司馬，把楚王的護衛屬車增加了九乘，結果僅使楚王免遭於難。回到家中，楚王恭敬地整理衣衫，問田忌說：「為什麼你把這一切早就預料到了？」田忌說：「申孺為人，慢侮賢人輕視不肖的人，賢人和不肖的人都不肯為他出力，所以他要滅亡；田居為人，尊重賢人而輕視不肖的人，賢人出力，不肖的人退避，所以齊楚旗鼓相當而各自收兵；盼子為人，尊重賢人，愛護不肖之人，賢人和不肖之人都肯為他出力，所以您僅僅得以保全。」

魏文侯觴大夫於曲陽❶，飲酣，文侯喟然歎曰：「吾獨無豫讓❷以為臣。」蹇重舉酒敬曰：「臣請浮❸君。」文侯曰：「何以？」對曰：「臣聞之，有命之父母，不知孝子；有道之君，不知忠臣。夫豫讓之君，亦何如哉？」文侯曰：「善。」受浮而飲之，嚼❹而不讓。曰：「無管仲、鮑叔以為臣，故有豫讓之功也。」

【章旨】本章講君王用人，主要求其為自己生前建功立業，而不求其在敗亡後，為自己雪恥報仇。

【注釋】❶曲陽　地名。在今河北保定。❷豫讓　戰國晉人，事智伯。趙襄子合韓、魏滅智氏，豫讓漆身吞炭，易容變聲，謀刺趙襄子，以圖為智伯報仇。❸浮　罰酒。❹嚼　同「釂」。把酒飲盡。

【語譯】魏文侯請眾大夫在曲陽飲酒，酒酣，文侯感歎地說：「我偏偏找不到同豫讓一樣的人來做臣子。」蹇重舉起酒杯說：「我要求罰您飲酒。」文侯問：「為什麼？」回答說：「有福的父母，不知兒子在行孝；有道的君王，不知臣子在盡忠。那豫讓的主子算得上什麼？」文侯說：「說得對。」接下所罰的酒，一口喝乾而不推讓，說：「沒有管仲、鮑叔作臣子，才會有豫讓建功勞。」

趙簡子曰：「吾欲得范、中行氏之良臣。」史黶❶曰：「安用之？」簡子曰：「良臣，人所願也，又何問焉？」曰：「臣以為無良臣故也。夫事君者，諫過而薦可，章善而替否，獻能而進賢，朝夕誦善敗而納之，聽則進，否則退。今范、中行氏之良臣也，不能匡相其君，使至於難，出在於外，又不能入，亡而棄之，何良之為？若不棄，君安得之？夫良，將營其君，使復其位，死而後止，何曰❷以來？若未能，乃非良也。」簡子曰：「善。」

【章　旨】本章講不能為君王盡忠的人不是良臣，對這種人不必企羨謀求。

【注　釋】❶史黶　即晉大夫史墨。❷曰　疑「由」誤。

【語　譯】趙簡子說：「我想得到范氏、中行氏的良臣。」史黶問：「得到後有什麼用處？」簡子說：「良臣，人人都希望得到，又何必問呢？」史黶說：「我認為范氏、中行氏沒有良臣才這樣說。事奉君王的人，要阻止君王的過失，促進可行之事，贊揚好的貶斥壞的，進獻能人舉薦賢士，早晚講述歷代成敗的道理供君王採納，君王聽從則不斷呈進，不聽則退下。現在范氏、中行氏的臣子，不能匡扶他們的君王，致使君王遭難，出逃在外，又不能使君王回國，而自己棄君出逃，這樣的人怎稱得上「良」？這些人若不棄君，您怎能得到他們？若是良臣，應該為君王謀劃，使君王復位，要做到死而後已。既是如此，怎會來投奔您？如果不能做到上述那些，則不是良臣。」簡子說：「說得對。」

子路問於孔子曰：「治國如何？」孔子曰：「在於尊賢而賤不肖。」子路曰：「范、中行氏尊賢而賤不肖，其亡何也？」曰：「范、中行氏尊賢而不能用也，賤不肖而不能去也；賢者知其不己用而怨之，不肖者知其賤己而讎之。賢者怨之，不肖者讎之，怨讎並前，中行氏雖欲無亡得乎？」

【章　旨】本章講要想把國家治理好，除了要有正確的認識，還得有正確的行動。

【語　譯】子路問孔子說：「怎樣治理國家？」孔子說：「在於尊重賢人輕視不肖的人。」子路說：「范、中行氏尊重賢人輕視不肖的人，他為什麼滅亡？」孔子說：「范、中行氏尊敬賢人但不任用他們，輕視不肖之人但不能除掉他們；賢人知道不會任用自己而怨恨中行氏，不肖的人知道輕視自己而仇視中行氏。賢人怨恨，不肖的人仇視，怨仇一起降臨在面前，中行氏雖想不亡，可能嗎？」

晉、荊❶戰於邲❷，晉師敗績。荀林父❸將❹歸請死，昭公將許之，士貞伯曰：「不可，城濮之役，晉勝於荊，文公猶有憂色，曰：『子玉❺，憂未歇也。困獸猶鬥，況國相乎？』及荊殺子玉，乃喜曰：『莫予毒也。』今天或者大警晉也。林父之事君，進思盡忠，退思補過，社稷之衛也；今殺之，是重荊勝也。」昭公曰：「善。」乃使復將。

【章旨】本章講對敗軍之將要慎重處理，稍有不當，則可能損傷自己而有益於敵人。

【注釋】❶荊　楚。❷邲　地名，在今河南省鄭縣東。❸荀林父　晉將，亦稱中行垣子。❹將　衍文。❺子玉　楚令尹，即文中所說的「國相」。

【語譯】晉楚在邲交戰，晉軍大敗。荀林父回國請求處死自己，昭公將要同意，士貞伯說：「不能這樣。城濮之戰，晉國戰勝了楚國，文公仍然面帶憂色，說：『子玉還活著，憂患尚未消除，被圍困的野獸尚且會作垂死的掙扎，何況楚國的相國呢？』到了楚國殺了子玉，文公才高興地說：『再沒人危害我了。』現在上天可能是對晉國作嚴重警告。林父侍奉君王，上朝便想到如何盡忠，下朝便想到如何補過，他可是國家的屏障啊！現在把他殺掉，是使楚國獲得雙重勝利。」昭公說：「說得對。」於是讓荀林父重掌兵權。

卷九

正諫

【題解】本篇闡明各種形式的勸諫對於君上治國保身的重要作用。

《易》曰：「王臣蹇蹇，匪躬之故。」❶人臣之所以蹇蹇為難而諫其君者，非為身也，將欲以匡君之過，矯君之失也。君有過失者，危亡之萌也；見君之過失而不諫，是輕君之危亡也。夫輕君之危亡者，忠臣不忍為也。三諫而不用則去，不去則身亡；身亡者，仁人之所不為也。是故諫有五：一曰正諫❷，二曰降諫❸，三曰忠諫❹，四曰戇諫❺，五曰諷諫❻。孔子曰：「吾其從諷諫乎！」夫不諫則危君，固諫則危身，與其危君寧危身。危身而終不用，則諫亦無功矣。智者度君權時，調其緩急，而處其宜，上不敢危君，下不以危身。故在國而國不危，在身而身不殆。昔陳靈公不聽泄治之諫而殺之，曹羈三諫曹君不聽而去，《春秋》

序義雖俱賢，而曹羈合禮。

【章旨】本章講諫君的意義、作用，勸諫的方法，勸諫者應取的態度。

【注釋】❶王臣蹇蹇二句　見《周易．蹇卦》。蹇蹇，艱難貌。❷正諫　正言勸諫。❸降諫　別本作「譎諫」。即委婉勸諫。❹忠諫　忠心勸諫。❺戇諫　剛直地勸諫。❻諷諫　以婉言隱語相勸諫。

【語譯】《周易》說：「王臣盡力勞神，卻不是為了自己。」人臣之所以盡力勞神勸阻君王，不是為自己打算，而是為了匡正君王的過錯，糾正君王的失誤。如果君王有過失，這便是國家危亡的開始；看到君王有過失而不勸阻，這是不重視君王的危亡。不把君王的危亡放在心上，忠臣是不忍心做的。多次勸阻而不聽，就應該離開君王，如果不離開，自身就會滅亡，滅亡自身，仁人是不幹的。所以對君王的勸諫有五種：一名正諫，二名降諫，三名忠諫，四名戇諫，五名諷諫。孔子說：「我是比較贊成諷諫的。」不對君王加以勸諫君王會出危險，固執地勸諫君王自身會遭危險；與其君王遭危險，寧可自身遭危險。自身冒著危險勸諫而君王仍不採用，說明勸諫沒有作用了。聰明人要分析君王、權衡時宜，分清事情的緩急，使自己處於恰當的位置，對上不至危害君王，對下不至危害自身，這樣做，既不害國家，也不害自己。從前陳靈公不聽泄冶的勸告並殺害了他，曹羈多次勸曹君不聽而離開曹君，《春秋》中雖然都論定為賢人，而曹羈的做法更合符禮。

齊景公遊於海上而樂之，六月不歸，令左右曰：「敢有先言歸者，致死不赦。」顏燭趨❶進諫曰：「君樂治海上而六月不歸，彼儻有治國者，君且安得樂此海也？」景公援戟將斫之。顏燭趨進，撫衣待之，曰：「君奚不斫也？昔者桀殺關龍逢❷，紂殺王子比干；君之賢，非此二主也，臣之材，非此二子也，君奚不斫？以臣參此二人者，不亦可乎？」景公說，遂歸，中道聞國人謀不內矣。

【章　旨】本章記敘顏燭趨冒死進諫，贊揚了他對君王的忠心和料事的遠見。

【注　釋】❶顏燭趨　人名，亦作涿聚、濁鄒。❷關龍逢　夏之賢臣，被夏桀所殺。

【語　譯】齊景公在海上遊樂，六個月不回去，對身邊的人下令說：「有膽敢說要回去的，一定要處死而不饒恕。」顏燭趨進前勸告說：「您在海上遊樂六個月不回去，假若有人取代您治理國家，您又怎能在這裡玩樂呢？」景公拉過戟來要砍顏燭趨，顏燭趨上前，按著衣服等待說：「您為什麼不砍？從前夏桀殺關龍逢，商紂殺王子比干，您的賢能比不上這兩個君王，我的才幹也比不上這兩個大臣，您為什麼不砍？把我歸於這兩個人之中，不是很好嗎？」把景公說得笑起來，於是便回去，中途聽說齊國人正在商量拒絕景公回國。

楚莊王立為君，三年不聽朝，乃令於國曰：「寡人惡為人臣而遽諫其君者。今寡人有國家，立社稷，有諫則死無赦。」蘇從曰：「處君之高爵，食君之厚祿，愛其死而不諫其君，則非忠臣也。」乃入諫。莊王立鐘鼓之間，左伏楊姬，右擁越姬，左裯衽❶，右朝服，曰：「吾鼓鐘之不暇，何諫之聽！」蘇從曰：「臣聞之：好道者多資，好樂者多迷，好道者多糧，好樂者多亡。荊國亡無日矣，死臣敢以告王。」王曰：「善。」左執蘇從手，右抽陰刀，刎鐘鼓之懸，明日授蘇從為相。

【章　旨】本章記楚莊王聽從勸諫，斷絕聲色玩樂。

【注　釋】❶裯衽　裯是單被。衽是席子。

【語譯】楚莊王登上君位，三年不理朝政，在國內下令說：「我討厭做人臣的囉囉嗦嗦地勸告他的君王，現在我享有國家，掌管江山社稷，如果有人來勸我，我一定要處死他而決不饒恕。」蘇從說：「做君王的高官，吃君王的厚祿，如果怕死而不勸諫君王，就不是君王的忠臣。」於是進宮勸諫。莊王正站在鐘鼓樂器之間，左手抱著楊姬，右手摟著越姬，左邊是被褥，右邊是朝服，說：「我聽音樂的時間都不夠，哪還聽你的什麼勸諫？」蘇從說：「我聽說，喜歡道的人資財多，喜歡玩樂的人迷惑多，喜歡道的人糧食多，喜歡玩樂的人危亡多；楚國過不了多久就要亡了，我冒死大膽地告訴您吧。」莊王說：「說得好。」左手拉著蘇從的手，右手抽出暗藏的刀，割斷懸掛鐘鼓的繩，第二天拜蘇從為相。

晉平公好樂，多其賦斂，不治城郭，曰：「敢有諫者死。」國人憂之。有咎犯❶者，見門大夫曰：「臣聞主君好樂，故以樂見。」門大夫入言曰：「晉人咎犯也，欲以樂見。」平公曰：「內之。」止坐殿上，則出鐘磬竽瑟。坐有頃，平公曰：「客子為樂。」咎犯對曰：「臣不能為樂，臣善隱❷。」平公召隱士十二人。咎犯曰：「隱臣竊願昧死御。」平公曰：「諾。」咎犯申其左臂而詘五指，平公問於隱官曰：「占之為何！」隱官皆曰：「不知！」平公曰：「歸之。」咎犯則申其一指曰：「是一也，便遊❸赭畫❹不峻城闕；二也，柱梁衣繡，士民無褐；三也，侏儒有餘酒，而死士渴；四也，民有饑色，而馬有粟秩❺；五也，近臣不敢諫，遠臣不得達。」平公曰：「善。」乃屏鐘鼓，除竽瑟，遂與咎犯參治國。

【章旨】本章記晉平公聽從勸諫，「屏鐘鼓，除竽瑟」，從耽樂中自拔。

【注釋】❶咎犯　非文公時狐偃，當另為一人。❷隱　打隱語。❸便遊　安適地遊覽。❹赭畫　紅色的圖畫。❺秩　《太平御覽》卷四五六作「秼」。

【語譯】晉平公喜歡音樂，加重賦稅，不修城廓，說：「凡是敢勸阻的人處死。」晉國人為此感到擔憂。有一個叫咎犯的人，求見王宮守門人說：「我聽說君王喜歡音樂，所以帶著樂器來相見。」守門大夫進去報告：「晉人咎犯，帶著樂器來求見。」平公說：「放他進來。」咎犯在殿上坐定，擺出鐘磬竽瑟，坐了一會，平公說：「你演奏吧。」咎犯回答說：「我不會演奏，我會打謎語。」平公召來十二個善於猜謎的人。咎犯說：「我願冒死進獻。」平公說：「好。」咎犯伸出左臂而收攏五指，平公問猜謎的人說：「猜猜這是什麼意思？」猜謎的人都說：「不知道。」平公說：「回去吧。」咎犯伸出一指說：「這是第一，您遊樂之處像圖畫一樣富麗堂皇，而供守衛用的城牆卻很低矮；第二，柱梁之上裝飾著錦繡，而士民連粗布衣服也沒有；第三，供您玩樂的矮子小丑有多餘的酒，而為您效命的士人卻感到乾渴；第四，百姓面有饑餓之色，而您的馬卻有糧食作飼料；第五，您身邊的人不敢勸告您，遠方的人不來歸順您。」平公說：「你說得好。」於是撤去鐘鼓，除掉竽瑟，讓咎犯參與治理國家。

孟嘗君將西入秦，賓客諫之百通則不聽也，曰：「以人事諫我，我盡知之；若以鬼道諫我，我則殺❶之。」謁者入曰：「有客以鬼道聞。」曰：「請客入。」客曰：「臣之來也，過於淄水上，見一土耦人❷，方與木梗人❸語，木梗謂土耦人曰：『子先土也，持子以為耦人，遇天大雨，水潦並至，子必沮壞。』應曰：『我沮乃反吾真耳。今子東園之桃也，刻子以為梗，遇天大雨，水潦並至，必浮子泛泛乎不知所止。』今秦，四塞之國也，有虎狼之心，恐其有木梗之患。」於是孟嘗君逡巡而退，而無以應，卒不敢西嚮秦。

【章　旨】本章講失去根基，若遇禍患，則無退身之地。

【注　釋】❶殺　「殺」為誤字，有人疑為「試」字之誤。❷土耦人　泥人。❸木梗人　木偶。

【語　譯】孟嘗君將要到西邊的秦國去，門客們上百次勸阻都不聽，說：「如果對我講人事，我全知道，如果對我講鬼道，可以不妨試試。」守門人進來通報說：「有客人要對您講鬼道。」孟嘗君說：「請客人進來。」客人說：「我來的時候，經過淄水，看見一個泥人，正和一個木偶談話，木偶對泥人說：『你的前身是泥土，把你捏為泥人，若碰上大雨，天上地上的水一齊到來，你一定被毀壞。』回答說：『我就是毀了也不過恢復我的原樣。而你呢？你是東園的桃樹，把你刻成木偶，遇上天下大雨，天上地上的水一齊到來，一定把你飄浮起來，茫茫無際，不知會把你飄到哪裡。』現在的秦國，是四面都有險要作屏障的強國，有併吞天下的虎狼之心，我怕您有木偶那樣的後患。」於是孟嘗君徘徊後退，無話回答，終於不敢到西邊的秦國去。

吳王欲伐荊，告其左右曰：「敢有諫者死。」舍人❶有少孺子者，欲諫不敢，則懷丸操彈，遊於後園，露沾其衣，如是者三旦。吳王曰：「子來，何苦沾衣如此。」對曰：「園中有樹，其上有蟬，蟬高居悲鳴飲露，不知螳螂在其後也；螳螂委身曲附欲取蟬，而不知黃雀在其傍也；黃雀延頸欲啄螳螂，而不知彈丸在其下也；此三者皆務欲得其前利而不顧其後之有患也。」吳王曰：「善哉！」乃罷其兵。

【章　旨】本章講事不可只求眼前利益而不顧後患。

【注　釋】❶舍人　官名。《周禮・地官》有舍人，掌宮中之政。

【語　譯】吳王要討伐楚國，對身邊人說：「有敢勸阻的處死。」舍人少孺子，想勸阻而不敢，於是懷著彈丸拿著彈弓，在後園遊逛，露水把他的衣服都打濕了，這樣做了三個早晨。吳王問：「你來的時候，為什麼把衣服弄得這樣濕？」回答說：「後園裡有樹，樹上有蟬，蟬在高高的樹枝上悲聲鳴叫吸飲露水，不知道螳螂就在牠的身後；螳螂彎曲著身子貼在樹枝上想捕捉蟬，但不知黃雀就在牠的身旁；黃雀伸長頸子要啄食螳螂，但不知彈丸就在牠的下面；這三者，都一心想獲取眼前的利益，卻不顧身後有禍患。」吳王說：「說得好啊。」於是停止進兵。

楚莊王欲❶伐陽夏❷，師久而不罷，群臣欲諫而莫敢。莊王獵於雲夢，椒舉進諫曰：「王所以多得獸者，馬也；而王國亡，王之馬豈可得哉？」莊王曰：「善，不穀❸知詘❹強之可以長諸侯也，知得地之可以為富也；而忘吾民之不用也。」明日飲諸大夫酒，以椒舉為上客，罷陽夏之師。

【章　旨】本章記椒舉勸楚莊王不可不顧百姓利益，為個人爭彊好富而對外長期用兵。

【注　釋】❶欲　衍文。下文「師久而不罷」，則是已伐，不得言「欲伐」。❷陽夏　地名，在今河南省太康縣。❸不穀　王者謙稱。❹詘　與「屈」通。

【語　譯】楚莊王討伐陽夏，出師很長時間而不收兵，群臣想勸阻而無人敢當面說。楚莊王到雲夢澤打獵，椒舉上前勸諫說：「您想多得的獸，無非是馬，而您的國家亡了，您想要的馬難道可以得到嗎？」莊王說：「說得對！我只想到抑制強國可以稱霸諸侯、奪取別人的土地可使自己富有，卻忘記了這些對我國百姓沒有用處。」第二天，莊王請眾大夫飲酒，把椒舉待為上賓，收了陽夏之兵。

秦始皇帝太后不謹，幸郎嫪毐，封以為長信侯，為生兩子。毐專國事，浸益驕奢，與侍中左右貴臣俱博飲，酒醉爭言而鬥，瞋目大叱曰：「吾乃皇帝之假父也，窶人子❶何敢乃與我亢❷！」所與鬥者走行白皇帝，皇帝大怒，毐懼誅，因作亂，戰咸陽宮。毐敗，始皇乃取毐四肢車裂之，取其兩弟囊撲殺之，取皇太后遷之于萯陽宮，下令曰：「敢以太后事諫者，戮而殺之！從蒺藜❸其脊肉❹幹四肢而積之闕下。」諫而死者二十七人矣。齊客茅焦乃往上謁曰：「齊客茅焦願上諫皇帝。」皇帝使使者出問：「客得無以太后事諫也？」茅焦曰：「然。」使者還白曰：「果以太后事諫。」皇帝曰：「走往告之，若不見闕下積死人邪？」使者問茅焦，茅焦曰：「臣聞之天有二十八宿，今死者已有二十七人矣，臣所以來者，欲滿其數耳，臣非畏死人也，走入白之。」茅焦邑子同食者，盡負其衣物行亡。使者入白之，皇帝大怒曰：「是子故來犯吾禁，趣炊鑊湯煮之，是安得積闕下乎！趣❺召之入。」皇帝按劍而坐，口正沫出。使者召之入，茅焦不肯疾行，足趣相過耳，使者趣之，茅焦曰：「臣至前則死矣，君獨不能忍吾須臾乎？」使者極哀之，茅焦至前再拜謁起，稱曰：「臣聞之，夫有生者不諱死，有國者不諱亡。諱死者不可以得生，諱亡者不可以得存。死生存亡，聖主所欲急聞也，不審陛下欲聞之？」皇帝曰：「何謂也？」茅焦對曰：「陛下有狂悖之行，陛下不自知邪！」皇帝曰：「何等也？願聞之。」茅焦對曰：「陛下車裂假父，有嫉妒之心；囊撲兩弟，有不慈之名；遷母萯陽宮，有不孝之行；從蒺藜於諫士，有桀紂之治。今天下聞之，盡瓦解無嚮秦者，臣竊恐秦亡，為陛下危之。所言已畢，乞行就質❻。」乃解衣伏質。皇帝下殿，左手接之，右手麾左右曰：「赦之！先生就衣，今願受事。」乃立焦為仲父，爵之為上卿。皇帝立駕千乘萬騎，空左方，自行迎太后萯陽宮，歸於咸陽。太后大喜，乃大置酒待茅焦，及飲，太后曰：「抗枉令直，使敗更成，安秦之社稷；使妾母子復得相會者，盡茅君之力也。」

【章旨】本章記茅焦冒死對秦始皇曉以大義，使秦國安寧，秦皇母子復得相會。

【注釋】❶窶人子　貧窮人家的子弟。❷亢　同「抗」。❸蒺藜　有刺的植物。❹肉　衍文。❺趣　同「促」。❻質　同「鑕」。古刑置人鑕上，以斧斷腰。

【語譯】秦始皇的母親私生活不嚴謹，寵幸嫪毐，封他為長信侯，與他生了兩個兒子。嫪毐專擅國家大權，漸漸變得驕橫奢侈，與侍中及身邊的貴人一起賭博飲酒，酒醉爭吵搏鬥，嫪毐睜圓眼睛大聲叱罵說：「我是皇帝的假父，你們這些窮小子怎敢同我相比！」與他相鬥的人跑到皇帝那裡報告，皇帝大怒，嫪毐怕皇帝殺他，乘機作亂，攻打咸陽宮。嫪毐失敗，秦始皇把嫪毐的四肢綁在馬車上撕裂開來，把兩個弟弟裝在口袋裡打死，把自己的母親遷移到萯陽宮，下令說：「凡是以太后的事勸我的，我便要把他殺掉！我要用蒺藜刺他的軀幹四肢，把他的屍體扔到城闕之下。」為太后事勸秦始皇而被殺的共有二十七人。齊人茅焦前往求見說：「齊人茅焦希望勸諫皇帝。」皇帝讓傳話人出來問：「你總不會是為太后的事情來勸諫吧？」茅焦說：「正為此事。」傳話人回話說：「果然為太后的事來勸諫。」皇帝說：「快去告訴他：你沒看見城闕下堆積的死人嗎？」傳話人問茅焦，茅焦說：「我聽說，天上有二十八個星宿，現在已有二十七個人死了，我之所以前來，是為了湊滿二十八個之數。我不是怕死的人。快進去把我的話轉告一下吧。」茅焦的同鄉中與他一同生活的人，見茅焦這樣做，全都捲起衣物逃走了。傳話人進去報告，皇帝大怒：「這人故意來觸犯我的禁令，快燒湯鍋把他煮死，看他怎能到城下與二十七人做伴！現在快把他叫進來。」皇帝按劍坐在那裡，氣得口裡出大氣。傳話人出來叫茅焦，茅焦不肯快走，只是一步挨一步，傳話人催促他，茅焦說：「我走到皇帝跟前就要被殺，你難道忍心不讓我多活一會兒嗎？」傳話人非常同情他。茅焦走到皇帝跟前，行過大禮後說：「我聽說，活著的人不忌諱死，有國家的人不忌諱國家滅亡。忌諱死的人不可能長生，忌諱亡國的人不可能使江山永固。死生存亡，是聰明的君王急切想知道的事，不知您是否想聽我說？」皇帝說：「你要說什麼？」茅焦回答說：「您的行為瘋狂違背常理，您自己不知道嗎？」皇帝說：「怎麼回事？我希望知道。」茅焦回答說：「您車裂假父，說明您有嫉妒之心；把兩個弟弟裝在袋子裡打死，致使您有不慈之名；把母親遷到萯陽宮，表明您有不孝之行；把蒺藜加在勸您的人身上，顯示您像桀、紂那樣殘忍。現在天下人聽說此事，紛紛叛離而心不向秦國，我害怕秦國危亡，為您感到擔心。我的話說完了，請讓我去就刑吧。」於是解開衣服，伏在砧板之上。皇帝走下殿來，左手撫摸著茅焦，右手揮開身邊的人說：「饒恕他。請您穿好衣服，現在我要把國事託付給您。」便把茅焦立為仲父，封他上卿爵位。皇帝立即帶領千萬乘車馬，空出自己坐位的左邊，親自到萯陽宮迎接太后，回到咸陽。太后非常高興，便大設酒筵招待茅焦，到宴會開始時，太后說：「使錯誤變成正確，使失敗變為成功，安定秦國的天下，使我們母子重逢，全是茅先生的功勞啊！」

楚莊王築層臺，延石千重❶，延壤百里，士有反三月之糧者。大臣諫者七十二人皆死矣。有諸御己者，違楚百里而耕，謂其耦曰：「吾將入見於王。」其耦曰：「以身乎？吾聞之，說人主者，皆閒暇之人也，然且至而死矣。今子特草茅之人耳。」諸御己曰：「若與子同耕，則比力也，至於說人主，則不與子比智矣。」委其耕而入見莊王。莊王謂之曰：「諸御己來，汝將諫邪？」諸御己曰：「君有義之用，有法之行。且己聞之，土負水者平，木負繩者正，君受諫者聖。君築層臺，延石千重，延壤百里，民之釁咎❷，血成於通塗，然且未敢諫也，己何敢諫乎？顧臣愚，竊聞昔者，虞不用宮之奇而晉并之，陳不用子家羈而楚并之，曹不用僖負羈而宋并之，萊不用子猛而齊并之，吳不用子胥而越并之，秦人不用蹇叔之言而秦國危，桀殺關龍逢而湯得之，紂殺王子比干而武王得之，宣王殺杜伯而周室卑；此三天子，六諸侯，皆不能尊賢用辯士之言，故身死而國亡。」遂趨而出，楚王遽而追之曰：「己，子反矣，吾將用子之諫。先日說寡人者，其說也不足以動寡人之心，又危❸加諸寡人，故皆至而死；今子之說，足以動寡人之心，又不危加諸寡人，故吾將用子之諫。」明日今曰：「有能入諫者，吾將與為兄弟。」遂解層臺而罷民，楚人歌之曰：「薪乎萊乎！無諸御己，訖無子乎！萊乎薪乎！無諸御己，訖無人乎！」

【章　旨】本章講勸諫君王，理由要充分，態度要謙和，才能收到好的效果。

【注　釋】❶重　疑為「里」之誤。下同。❷釁咎　過失。❸危　疑為「色」之誤。下同。

【語　譯】楚莊王修築高臺，從千里之外運石頭，從百里之外運泥土，築臺之人走一趟須備三個月的乾糧。大臣中有七十二人勸阻，都被殺害了。有個叫諸御己的人，住在離楚都百里之外的地方務農，他對他的夥伴說：「我將要去見楚王。」同伴說：「去送死嗎？我聽說，勸說楚王的，盡是些做官的人，他們尚且被殺死，你可只是個草野村夫啊！」諸御己說：「我與你一起種田，力氣與你們相當，至於勸說人主，智慧卻與你們不同。」丟下莊稼活去見莊王。莊王向他問道：「你前來是要勸我嗎？」諸御己說：「您有大義作準則，有法度可遵循（用得著我來勸諫嗎）。但我聽說，土壤經過水的沖刷就會平坦，樹木經過墨繩的矯正就會挺直，君王接受勸諫就會聖明。您修築高臺，到千里外取石料，到百里外取泥土，百姓稍有過失便遭屠殺，鮮血流滿道路，即使這樣我也不敢勸阻您，我怎敢勸阻您呢？我很愚魯，但我聽說從前的事：虞君不聽宮之奇的話而晉國吞併了虞國，陳君不聽子家羈的話而楚國吞併了陳國，曹君不聽僖負羈的話而宋國吞併了曹國，萊君不聽子猛的話而齊國吞併了萊國，吳君不聽伍子胥的話而越國吞併了吳國，秦王不聽蹇叔的話而秦國遭遇危險，夏桀殺了關龍逢而商湯得了夏朝的天下，商紂王殺了王子比干而周武王得了商朝的天下，周宣王殺了杜伯而周王室地位日降。這三位天子六位諸侯，都不能尊重和採用賢人辯士的意見，所以身死國亡。」諸御己說罷便立刻走出去。楚王迅速追上他，說：「諸御己，你回來！我將採用你的勸告！以前勸我的人，他們的話不足以打動我的心，又對我不恭敬，所以都落了個死的下場；你現在對我說的話，足以打動我的心，又不給我臉色看，所以我要採用你的勸告。」第三天楚王下令說：「如果有人進宮勸我，我將與他結為兄弟。」於是停止修高臺，解除了百姓的傜役。楚國人作歌謠唱道：「柴火啊野草，沒有諸御己，你到現在就活不了！野草啊柴火，沒有諸御己，楚國現在就無人活！」

齊桓公謂鮑叔曰：「寡人欲鑄大鐘，昭寡人之名焉，寡人之行，豈避堯、舜哉？」鮑叔曰：「敢問君之行？」桓公曰：「昔者吾圍譚❶三年，得而不自與者，仁也；吾北伐孤竹❷，剗❸令支❹而反者，武也；吾為葵丘之會❺，以偃天下之兵者，文也；諸侯抱美玉而朝者九國，寡人不受者，義也。然則文武仁義，寡人盡有之矣，寡人之行豈避堯舜哉？」鮑叔曰：「君直言，臣直對。昔者，公子糾❻在上位而不讓，非仁也；背太公之言而侵魯境，非義也；壇場之上詘於一劍❼，非武也；姪娣不離懷衽，非文也。凡為不善遍於物不自知者，無天禍必有人害。天處甚高，其聽甚下；除君過言，天且聞之。」桓公曰：「寡人有過乎？幸記之，是社稷之福也。子不幸教，幾有大罪以辱社稷。」

【章　旨】本章講為人君者，不僅要看到自己的長處，也要看到自己的短處。

【注　釋】❶譚　國名。《春秋．莊公十年》載：「齊師滅譚。」❷孤竹　國名。❸剗　削平。❹令支　地名。❺葵丘之會　葵丘是地名，在今山東省臨淄縣西。葵丘之會在魯僖公九年，齊桓公主盟。❻公子糾　齊桓公兄。❼壇場之上詘於一劍　《史記．齊世家》載：齊桓公五年伐魯，魯師敗，魯莊公獻地求和，與桓公盟於柯。魯勇士曹沫以匕首劫桓公於壇上，要求歸還所侵之地，桓公許之。

【語　譯】齊桓公對鮑叔說：「我要鑄造大鐘，來顯揚我的名聲。我的事跡，難道比堯、舜遜色嗎？」鮑叔說：「請問您有哪些事跡？」桓公說：「從前，我圍困譚國三年，攻下後自己不要，這便是仁德；我北伐孤竹，削平令支凱旋歸來，這便是武勇；我主持葵邱會盟，使天下戰事平息，這便是文治；九國諸侯帶著美玉來朝拜，我不接受禮品，這便是大義。這樣，文、武、仁、義，我全有了。我的行為，難道比堯、舜遜色嗎？」鮑叔說：「您的言語直率，我的回答也應直率。從前，公子糾的地位在您之上而您不肯謙讓，這是不仁；違背太公的話而侵犯魯國，這是不義；在會盟的壇場上，被一把短劍折服，這是不武；姪娣不離懷抱，這是不文。凡是做遍了壞事還不自知的人，不遭天災即遭人禍。天高高在上，卻能明察地下的一切。糾正您的過失的這些話，上天也將知道。」桓公說：「我有過失，幸虧你幫我記著，這是國家的福分。若不得虧你記住，我幾乎要犯大錯而給國家帶來恥辱。」

楚昭王欲之荊臺❶游，司馬子綦進諫曰：「荊臺之游，左洞庭之波，右彭蠡之水；南望獵山，下臨方淮❷。其樂使人遺老而忘死，人君游者盡以亡其國，願大王勿往游焉。」王曰：「荊臺乃吾地也，有地而游之，子何為絕我游乎？」怒而擊之。於是令尹子西，駕安車四馬，經於殿下曰：「今日荊臺之游，不可不觀也❸。」王登車而拊其背曰：「荊臺之游，與子共樂之矣。」步馬十里，引轡而止曰：「臣不敢下車，願得有道，大王肯聽之乎？」王曰：「第言之。」令尹子西曰：「臣聞之，為人臣而忠其君者，爵祿不足以賞也，為人臣而諛其君者，刑罰不足以誅也。若司馬子綦者忠君也，若臣者諛臣也；願大王殺臣之軀，罰臣之家，而祿司馬子綦。」王曰：「若我能止聽，公子獨能禁我游耳。後世游之，無有極時，奈何？」令尹子西曰：「欲禁後世易耳，願大王山陵崩阤❹，為陵於荊臺；未嘗有持鐘鼓管絃之樂而游於父祖之墓上者也。」於是王還車，卒不游荊臺，令罷先置。孔子從魯聞之曰：「美哉！令尹子西，諫之於十里之前，而權之於百世之後者也。」

【章　旨】本章講人君尚極樂之游，則有喪身亡國之憂。

【注　釋】❶荊臺　臺名。❷方淮　亦作「方湟」、「彷徨」。是山是水，不可知。❸不可不觀也　《孔子家語》、《渚宮舊事》二皆作「不可失也」。❹山陵崩阤　古代以此喻帝王去世。

【語　譯】楚昭王要到荊臺遊覽，司馬子綦上前勸道，「荊臺那地方，左有洞庭湖，右有鄱陽湖，南邊有獵山，下面臨著方淮，在那裡遊覽可以使人忘掉老邁和死亡，人君凡遊此地，都斷送了國家。希望您不要前往。」昭王說：「荊臺是我的管轄之地，在我自己的地方遊覽，你為什麼要阻攔？」大發脾氣，打了司馬子綦。於是令尹子西用四馬駕車，一直來到殿前，說：「今日到荊臺的遊覽活動，不可不進行。」昭王上車後用手撫摸他的後背說：「到荊臺遊覽，與你共同取樂。」趕著馬走了十里遠，令尹子西勒住韁繩停住車，說：「我不敢下車，但有些話想說，您肯聽嗎？」昭王說：「姑且說說罷。」令尹子西說：「我聽說，做臣子的忠於他的君王，爵祿不足以獎賞他；做臣子的對君王阿諛迎奉，刑罰不足以誅殺他。像司馬子綦這樣的人是對君王盡忠的人，像我這樣的人是迎奉君王的人；希望您殺掉我，懲罰我的全家，而給司馬子綦祿位。」昭王說：「即使我聽了你的話停止行動，你也只能禁止我一人出遊，後代要去遊樂，沒完沒了，怎麼辦？」令尹子西說：「要禁止後代人是很容易的，希望在您去世之後，把陵墓築在荊臺；不會有兒子帶著鐘鼓管弦之類的樂器到先人的墓前玩樂的。」於是昭王回車，終於不去遊荊臺，並下令把先前準備到荊臺的一切布置撤掉。孔子在魯國聽到此事，說：「好啊！令尹子西，在十里之前勸阻了君王，卻為百年之後作了打算。」

荊文王得如黃❶之狗，箘簬之矰❷，以畋於雲夢，三月不反；得丹之姬，淫，朞年不聽朝。保申諫曰：「先王卜以臣為保吉，今王得如黃之狗，箘簬之矰，畋於雲澤，三月不反；乃得丹之姬，淫，朞年不聽朝，王之罪當笞。」王曰：「不穀免於襁褓，託於諸侯矣，願請變更而無笞。」保申曰：「臣承先王之命，不敢廢，王不受笞，是廢先王之命也。臣寧得罪於王，無負於先王。」王曰：「敬諾。」乃席王❸，王伏，保申束細箭五十，跪而加之王背，如此者再，謂王：「起矣！」王曰：「有笞之名一也，遂致之❹。」保申曰：「臣聞之，君子恥之，小人痛之。恥之不變，痛之何益？」保申趨出，欲自流❺，乃請罪於王，王曰：「此不穀之過，保將何罪？」王乃變行從保申，殺如黃之狗，折箘簬之矰，逐丹之姬，務治乎荊，兼國三十。今荊國廣大至於此者，保申敢極言之功也。蕭何、王陵聞之曰：「聖主能奉先世之業，而以成功名者，其惟荊文王乎！故天下譽之，至今明主忠臣孝子以為法。」

【章旨】本章記保申極言規勸楚文王，致使文王「能奉先世之業以成功名」。

【注釋】❶如黃　犬名。❷箘簬之矰　箘、簬都是美竹名。矰，用以射雀鳥的短箭。用生絲繫住，射出後可以收回。❸乃席王　別本作「乃引席」。❹遂致之　《呂氏春秋・直諫》高誘注：「遂痛致之」。❺欲自流　別本作「自流於淵」。

【語譯】楚文王得到如黃之狗、箘簬之矰，到雲夢澤打獵，三個月不回來；得到美女丹姬之後，縱情淫樂，整整一年不理朝政。保申勸諫說：「先王派我保護您，現在您得到如黃之狗、箘簬之矰，到雲夢打獵，三月不歸；得到美女丹姬，縱情淫樂，整年不理朝政；對您的過失應當處以笞刑，趴下，我將用竹片打您！」文王說：「我自從襁褓裡出來，就有了做君王的身分，希望你通融一下不要打我。」保申說：「我遵照先王的命令，不敢馬虎；您不接受笞刑，這可是違犯先王之命啊。我寧可得罪您，也不能辜負先王。」文王說：「那就照你說的辦罷。」於是鋪上席子，讓文王伏在席子之上，保申把五十根竹箭捆在一起，跪著將箭放到文王背上，像這樣做了兩次，對文王說：「可以站起來了！」文王說：「這只是使我有了挨打的名義，還應該讓我感到疼痛。」保申說：「我聽說，對挨打，君子感到可恥，小人感到疼痛。對君子感到可恥的事情還照樣去做，即使被打痛了又有什麼用處？」保申說完快步走了出去，要投水而死，以向文王謝罪。文王說：「這是我的過惡，你有什麼罪？」文王於是聽從保申的規勸一改過去的行為，殺掉如黃之狗，折斷箘簬之箭，驅走美女丹姬，精心治理楚國，吞併了三十個鄰國。致使楚國如此遼闊強大，完全是保申敢於直言勸諫的功勞。蕭何、王陵聽到此事，說：「聖明的君王能繼承前代的基業並成就自己的功名的，大概祇有楚文王吧！因此天下人稱贊他，直至現在，明主、忠臣、孝子還以他為楷模。」

晉平公使叔向聘於吳，吳人拭❶舟以逆之，左五百人，右五百人；有繡衣而豹裘者，有錦衣而狐裘者，叔向歸以告平公，平公曰：「吳其亡乎！奚以敬舟？奚以敬民？」叔向對曰：「君為馳底❷之臺，上可以發千兵，下可以陳鐘鼓，諸侯聞君者，亦曰：『奚以敬臺，奚以敬民？』所敬各異也。」於是平公乃罷臺。

【章　旨】本章記叔向巧言諫阻平公築臺。

【注　釋】❶拭　同「飾」。❷馳底　又作「虒祈」、「施夷」。臺名。

【語　譯】晉平公派叔向到吳國訪問，吳人在船上張燈結彩迎接他，左邊排列五百人，右邊也排列五百人，有的穿豹皮繡衣，有的穿狐皮錦衣。叔向回國後把此事告訴平公，平公說：「吳國大概要滅亡了吧！是舟船重要，還是百姓重要？」叔向回答說：「您修築馳底之臺，臺上可以排列上千人馬，臺下可以陳設鐘鼓樂器，諸侯得知您的舉動，也會問：『是高臺重要，還是百姓重要？』您與吳王，只是偏愛有所不同而已。」於是平公停止了築臺。

趙簡子舉兵而攻齊，令軍中有敢諫者罪至死，被甲之士，名曰公盧，望見簡子大笑。簡子曰：「子何笑？」對曰：「臣有夙笑。」簡子曰：「有以解之則可，無以解之則死。」對曰：「當桑之時，臣鄰家夫與妻俱之田，見桑中女，因往追之，不能得，還反，其妻怒而去之。臣笑其曠也。」簡子曰：「今吾伐國失國，是吾曠也。」於是罷師而歸。

【章　旨】本章旨在反對侵略別國。

【語　譯】趙簡子興兵攻打齊國，對軍中下令說，如果有人勸阻，一定處以死刑。有位戰士名叫公盧，望著簡子大笑，簡子問：「你為什麼發笑？」回答說：「我想起以前的一個笑話。」簡子說：「說得出理由可以饒恕你，說不出理由就殺掉你。」回答說：「在採桑葉的時候，我鄰居的丈夫和妻子都到田間去，丈夫看見桑林中有個姑娘，便去追趕，沒有追到，空手回來，而他的妻子因惱他而離去。我笑這人兩頭落空。」簡子說：「現在我討伐別國而可能失去自己的國家，我也將會兩頭落空。」於是收兵而回。

景公為臺，臺成，又欲為鐘，晏子諫曰：「君不勝欲為臺，今復欲為鐘，是重斂於民，民之哀矣。夫斂民之哀而以為樂，不祥。」景公乃止。

【章旨】本章記晏子諫景公不可「斂民之哀而以為樂」。

【語譯】景公修築高臺，臺成之後，又要鑄鐘，晏子勸阻說：「您克制不住自己的欲望修築了高臺，現在又要鑄鐘，這就要向百姓徵收雙重的賦稅，百姓會感到很痛苦。向痛苦的百姓徵收賦稅來供自己享樂，這很不吉利。」景公於是取消了造鐘的打算。

景公有馬，其圉人❶殺之，公怒，援戈將自擊之。晏子曰：「此不知其罪而死，臣請為君數❷之，令知其罪而殺之。」公曰：「諾。」晏子舉戈而臨之曰：「汝為吾君養馬而殺之，而罪當死；汝使吾君以馬之故殺圉人，而罪又當死；汝使吾君以馬故殺人，聞於四鄰諸侯，汝罪又當死。」公曰：「夫子釋之！夫子釋之！勿傷吾仁也。」

【章旨】本章記晏子巧諫景公不可重物輕人，更不可因物而殺人。

【注釋】❶圉人 養馬之人。❷數 一一列舉。

【語譯】景公有馬，養馬人把牠餵死了，景公大怒，拉過一枝戈要親自把馬夫打死。晏子說：「像這樣他就是死了也不知道自己犯了什麼罪，請讓我為您列舉他的罪狀，使他知道自己犯了什麼罪才被殺的。」景公說：「好吧。」晏子舉起戈對著養馬人說：「你為我們的君王養馬卻把馬弄死了，你的罪當死；你使我們的君王因為一匹馬的原故而殺死一個養馬人，你的罪又當死；你使我們的君王因馬而殺人，讓各國諸侯都知道，你的罪還是當死。」景公說：「您把他放了吧！您把他放了吧！不要損害了我的仁德。」

景公好弋❶，使燭雛主鳥而亡之，景公怒而欲殺之，晏子曰：「燭雛有罪，請數之以其罪，乃殺之。」景公曰：「可。」於是乃召燭雛數之景公前曰：「汝為吾君主鳥而亡之，是一罪也；使吾君以鳥之故殺人，是二罪也；使諸侯聞之以吾君重鳥而輕士，是三罪也。」數燭雛罪已畢，請殺之。景公曰：「止。」勿殺而謝之。

【章　旨】本章情節、涵義均與前章相同。

【注　釋】❶弋　射獵。

【語　譯】景公喜歡射鳥，派燭雛管鳥，但燭雛卻把鳥放跑了，景公發怒要殺燭雛，晏子說：「燭雛是有罪，讓我列舉他的罪狀，再殺他。」景公說：「可以。」於是晏子把燭雛叫到景公面前列舉他的罪行，說：「你為我們君王管鳥卻把鳥放跑了，這是第一個罪行；使我們君王因為鳥的原故而殺人，這是第二個罪行；讓諸侯聽到，認為我們君王重鳥而輕士，這是第三個罪行。」把燭雛的罪行一一列舉完畢，晏子便請景公殺燭雛。景公說：「算了吧。」不殺燭雛反而向他道歉。

景公正晝被❶髮乘六馬，御婦人出正閨，刖跪❷擊其馬而反之，曰：「爾非吾君也。」

公慚而不朝。晏子睹裔敖❸而問曰：「君何故不朝？」對曰：「昔者君正晝被髮乘六馬，御婦人出正閨，刖跪擊其馬而反之曰：『爾非吾君也。』公慚而反，不果出，是以不朝。」晏子入見，公曰：「昔者寡人有罪，被髮乘六馬以出正閨，刖跪擊其馬而反之，曰：『爾非吾君也。』寡人以天子大夫之賜，得率百姓以守宗廟，今見戮❹於刖跪以辱社稷，吾猶可以齊於諸侯乎？」晏子對曰：「君無惡焉。臣聞之，下無直辭，上有隱君；民多諱言，君有驕行。古者明君在上，下有直辭；君上好善，民無諱。今君有失行，而刖跪有直辭，是君之福也，故臣來慶，請賞之，以明君之好善；禮之，以明君之受諫！」公笑曰：「可乎？」晏子曰：「可。」於是令刖跪倍資無正，時朝無事。

【章旨】本章記晏子諫景公善取良言，不以勸諫者行為的冒犯和言語的直率為羞恥。

【注釋】❶被　同「披」。❷刖跪　跪可訓足。刖跪，此指被砍了足的人。❸裔敖　當作「裔欸」。人名。❹戮　同「辱」。

【語譯】景公大白天披著頭髮，乘著六匹馬拉的車，帶著婦人闖出閨門，有一個被砍了腳的人襲擊景公的馬使他返回，這人說：「你不配作我的君王。」景公感到羞愧而不上朝理事。晏子碰到裔欸後問道：「君王因什麼原因不上朝？」回答說：「前幾天，君王大白天披散著頭髮，乘著六馬拉的車，帶著婦人，走出閨門，被一個砍了腳的人打馬返回，這人說：『你不配做我的君王。』君王感到羞愧回來了，最後沒出去，因此不上朝。」晏子進去見景公，景公說：「前幾天，我犯了過錯，我披散著頭髮，乘六馬出閨門，被一個砍了腳的人擊馬返回，他說：『你不配做我的君王。』我被天子封為大夫，擁有領導百姓、守護祖先基業的權力，現在被一個砍了腳的人侮辱，從而使國家蒙上羞恥，我今後還可以與諸侯平起平坐嗎？」晏子說：「您不要忌恨這件事。我聽說，下面的人不說直話，上面就有受蒙蔽的君王；百姓有話不肯說，君王的行為就會驕縱。古代聖明的君王在上位，下面的人就敢於說直話；君王喜歡行善，百姓就暢所欲言。現在您有錯誤的舉動，而斷足之人有直率的言語，這正是您的福分啊！所以我前來慶賀。請您獎賞他，以表明您喜歡行善，請您禮待他，以表明您願意聽勸告。」景公笑著問：「這樣行嗎？」晏子說：「行。」於是景公請斷足之人更加注意糾正他的過失，在自己無事之時經常來相見。

景公飲酒，移於晏子家，前驅報閭❶曰：「君至。」晏子被玄端❷立於門曰：「諸侯得微有故乎？國家得微有故乎？君何為非時而夜辱❸？」公曰：「酒醴之味，金石之聲，願與夫子樂之。」晏子對曰：「夫布薦席❹，陳簠簋❺者有人，臣不敢與焉。」公曰：「移於司馬穰苴❻之家。」前驅報閭曰：「君至。」司馬穰苴介冑操戟立於門曰：「諸侯得微有兵乎？大臣得微有叛者乎？君何為非時而夜辱？」公曰：「酒醴之味，金石之聲，願與夫子樂之。」對曰：「夫布薦席，陳簠簋者有人，臣不敢與焉。」公曰：「移於梁丘據❼之家。」前驅報閭曰：「君至。」梁丘據左操瑟，右挈竽，行歌而至，公曰：「樂哉！今夕吾飲酒也，微彼二子者何以治吾國！微此一臣者何以樂吾身？」君子曰：「賢聖之君皆有益友，無偷樂之臣。景公弗能及，故兩用之，僅得不亡。」

【章旨】本章講景公賢臣、嬖臣兩用之，僅得不喪身亡國，從而指出：要治國興邦，必須重用賢人。

【注釋】❶閭　里巷之門。❷玄端　黑布衣。古代諸侯、大夫、士之禮服。❸辱　謙詞。意為使你受辱。❹薦席　供坐臥的席子。❺簠簋　盛食物的器具，方形的叫簠，圓形的叫簋。❻司馬穰苴　齊將。❼梁丘據　齊國嬖大夫。

【語譯】齊景公要把飲酒的地方挪到晏子家，前途開道的人給晏子的門人報信說：「君王來了。」晏子穿上黑色禮服站在門口，問道：「別國沒有什麼變故吧？本國沒有什麼變故吧？君王您為什麼反常在夜間光臨我家？」景公說：「甜酒的美味，金石的美聲，希望與你共享。」晏子說：「給你鋪席子、擺食器有專人負責，我不敢參入到裡面去。」景公說：「那就挪到司馬穰苴家中去。」開道的人向門人報信說：「君王來了。」司馬穰苴身披盔甲，拿著戟站在門口，問道：「別國沒有發動戰爭吧？大臣沒有搞叛亂吧？君王您為什麼反常在夜間光臨我家？」景公說：「甜酒的美味，金石的美聲，希望與你共享。」回答說：「給你鋪席子、擺食器有專人負責，我不敢參入到裡面去。」景公說：「挪到梁丘據家中去。」開道的人向門人報信說：「君王來了。」梁丘據左手拿著瑟，右手提著竽，邊唱邊走而來，景公說：「好快活啊，今夜我飲酒，沒有前面兩個人靠誰治理國家？沒有梁丘據這個人我怎樣取樂？」有德之人說：「聖賢的君王都有對自己有好處的朋友，而沒有貪圖享樂的大臣，景公比不上聖賢之君，所以賢臣、嬖臣兩者都任用，這樣做僅僅保住了不亡國。」

吳以伍子胥、孫武之謀，西破強楚，北威齊、晉，南伐越。越王句踐迎擊之，敗吳於姑蘇，傷闔廬指。軍卻，闔廬謂太子夫差曰：「爾忘句踐殺而父乎？」夫差對曰：「不敢。」是夕闔廬死。夫差既立為王，以伯嚭為太宰，習戰射，三年伐越，敗越於夫湫❶。越王句踐乃以兵五千人棲於會稽山上，使大夫種厚幣遣吳太宰嚭以請和，委國為臣妾，吳王將許之。伍子胥諫曰：「越王為人能辛苦，今王不滅，後必悔之。」吳王不聽，用太宰嚭計與越平。其後五年，吳王聞齊景公死，而大臣爭寵，新君弱，乃興師北伐齊。子胥諫曰：「不可。句踐食不重味，弔死問疾，且能用人，此人不死，必為吳患。今越，腹心之疾，齊猶疥癬❷耳，而王不先越，乃務伐齊，不亦謬乎？」吳王不聽，伐齊，大敗齊師於艾陵❸，遂與鄒、魯之君會以歸，益疏子胥之言。其後四年，吳將復北伐齊，越王句踐用子貢之謀，乃率其眾以助吳，而重寶以獻遺太宰嚭。太宰嚭既數受越賂，其愛信越殊甚，日夜為言於吳王，王信用嚭之計。伍子胥諫曰：「夫越，腹心之疾，今信其游辭偽詐而貪齊，譬猶石田，無所用之。〈盤庚〉曰：『古人有顛越不恭』。是商所以興也，願王釋齊而先越，不然，將悔之無及也。」吳王不聽，使子胥於齊。子胥謂其子曰：「吾諫王，王不我用，吾今見吳之滅矣，女與吳俱亡無為也。」乃屬其子於齊鮑氏而歸報吳王。太宰嚭既與子胥有隙，因讒曰：「子胥為人，剛暴少恩，其怨望猜賊為禍也，深恨前日王欲伐齊，子胥以為不可，王卒伐之，而有大功，子胥計謀不用，乃反怨望。今王又復伐齊，子胥專愎強諫，沮毀用事，徼幸吳之敗。以自勝其計謀耳。今王自行，悉國中武力以伐齊，而子胥諫不用，因輟佯病不行，王不可不備，此起禍不難。且臣使人微伺之，其使齊也，乃屬其子於鮑氏。夫人臣內不得意，外交諸侯，自以先王謀臣，今不用，常怏怏，願王早圖之。」吳王曰：「微子之言，吾亦疑之。」乃使使賜子胥屬鏤❹之劍，曰：「子以此死。」子胥曰：「嗟乎！讒臣宰嚭為亂，王顧❺反誅我，我今若父霸，又若立時，諸子弟爭立，我以死爭之於先王，幾不得立，若既立，欲分吳國與我，我顧不敢當，然若之若何聽讒臣殺長者！」乃告舍人曰：「必樹吾墓上以梓，今可以為器，而抉吾眼著之吳東門，以觀越寇之滅吳也。」乃自刺殺。吳王聞之，大怒，乃取子胥屍盛以鴟夷❻革，浮之江中。吳人憐之，乃為立祠於江上，因名曰胥山。後十餘年，越襲吳，吳王還與戰，不勝，使大夫行成於越，不許，吳王將死，曰：「吾以不用子胥之言至於此，令死者無知則已，死者有知，吾何面目以見子胥也！」遂蒙絮覆面而自刎。

【章　旨】本章記敘了吳王夫差聽信太宰嚭讒言，拒受伍子胥勸諫，並殺害伍子胥，最後落得國滅身亡的故事。

【注　釋】❶夫湫　又作「夫椒」。山名。❷疥癬　疥瘡。❸艾陵　春秋齊地。❹屬鏤　劍名。❺顧　卻；反而。❻鴟夷　革囊。

【語　譯】吳國採用伍子胥、孫武的計謀，攻破西面強大的楚國，威脅北方的齊國和晉國，在進攻南方的越國時，越王句踐迎戰痛擊，在姑蘇打敗吳軍，殺傷吳王闔廬手指，吳軍退了下來，闔廬對太子夫差說：「你會忘記句踐殺你父親嗎？」夫差說：「不敢。」當天夜晚闔廬便死了。夫差做了吳王以後，讓伯嚭作太宰，演習軍事，過了三年，討伐越國，在夫湫把越國打敗。越王句踐帶領五千士兵躲進會稽山裡，派大夫種備厚禮送給吳國太宰伯嚭請求和解，表示越國願以卑賤的身分侍奉吳國，吳王將要同意。伍子胥勸諫說：「越王為人能吃苦，您現在如果不把他除掉，以後一定會後悔。」吳王不聽，採用太宰嚭的意見與越講和。過了五年，吳王聽說齊景公死後，齊國大臣爭奪權勢，而新君又很懦弱，於是發兵北伐齊國。子胥勸阻說：「不能這樣做。句踐每餐不吃兩樣菜，弔念死者安撫病人，還能知人善任，這人不死，一定是吳國的後患。現在的越國，是吳國內臟裡的疾病，齊國不過是皮膚上的瘡癬，而您不把對付越國放在首位，卻集中力量討伐齊國，不是很荒謬嗎？」吳王不聽，仍然討伐齊國，在艾陵把齊軍打得大敗，便與鄒國和魯國的君王會盟，然後歸來，從此對伍子胥的話更不肯聽從了。又過了四年，吳王又要北伐齊國，越王句踐採用子貢的計謀，率領自己的軍隊幫助吳王，又將許多珍寶送給太宰嚭。太宰嚭多次得到越國的財物，對越國也就特別的偏愛信任，日夜在吳王面前為越國說好話，吳王也相信並採納太宰嚭的計謀。伍子胥勸吳王說：「越國，是我們腹心裡的疾病，現在輕信虛言假行去貪求齊國，而齊國就像一塊石田，得到了也沒有用處。〈盤庚篇〉中說：『前人悖亂不恭謹』，這便是商朝興起的原因。希望您放下齊國先對付越國，否則，將後悔不及。」吳王不聽，派子胥出使齊國。子胥對他的兒子說：「我勸君王，君王不採納我的意見，我就要看到吳國的滅亡了，你卻沒必要與吳一起滅亡。」於是把兒子託付給齊國的鮑氏而自己回來復命。太宰嚭早就和伍子胥有仇怨，乘機向吳王進讒言說：「伍子胥為人，殘暴刻薄，懷著仇恨猜忌之心總想乘機作亂，深深懷恨您以前要討伐齊國，他認為不可，但您終於進行了討伐，並取得大勝，伍子胥的意見未被採用，因此對您產生怨恨。現在您又要伐齊，伍子胥專橫固執地阻攔您，詆毀朝中辦事之人，希望吳國失敗，以此證明自己意見的正確。現在您按自己的打算行事，調動全國的兵力征伐齊國，而伍子胥因為個人意見未被採用，便裝病不參加，對此您不可不防備，伍子胥這時作亂是很容易的。何況，我派人暗中監視伍子胥，他在出使齊國的時候，把自己的兒子託付給了鮑氏。一個臣子在國內不得意，卻與外國的諸侯相勾結，伍子胥自認為是先王的謀臣，現在不被重用，總是心懷不滿，希望您及早對他採取措施。」吳王說：「就是沒有你這些話，我也懷疑他。」便派人給伍子胥送去屬鏤之劍，對他說：「你就用這把劍自殺。」子胥說：「可歎啊，讒臣伯嚭要作亂，君王反而要殺我，我使你的父親稱霸，又在你立為太子時，你的眾兄弟爭持不下，我冒死在先王面前為你力爭，你差一點當不了太子，你立為君王之後，要把吳國的一部分分給我，我卻不敢接受，但為什麼要聽讒臣的話來殺長輩呢？」於是對家中的人說：「一定在我的墓上栽上梓樹，使它長成材，把我的眼珠挖出來放到吳國都城的東門之上，以便我觀看越軍來滅吳國。」說完便自殺。吳王聽到此事，大發雷霆，便把伍子胥的屍體裝到皮袋子裡，扔到長江中飄流。吳國人同情伍子胥，為他在江邊建立祠廟，建廟的山因此名叫胥山。後來過了十多年，越國襲擊吳國，吳王還手應戰，沒打贏，派大夫向越國求和，未被允許，吳王在將要死去的時候說：「我是因為不聽伍子胥的話才落到這地步的，若是死者無知倒還罷了，若是死者有知，我有什麼臉面見子胥喲！」於是用絲絮蒙上面孔自殺。

齊簡公有臣曰諸御鞅，諫簡公曰：「田常與宰予，此二人者甚相憎也，臣恐其相攻；相攻雖叛而危之❶，不可，願君去一人。」簡公曰：「非細人之所敢議也。」居無幾何，田常果攻宰予於庭，賊簡公於朝，簡公喟焉歎息曰：「余不用鞅之言，以至此患也。」故忠臣之言，不可不察也。

【章旨】本章講應該認真聽取忠臣的意見，盡力採納合理的主張。

【注釋】❶相攻雖叛而危之　此句有誤，譯文據大意為之。

【語譯】齊簡公有個臣子叫諸御鞅，勸簡公說：「田常和宰予，這二人相互仇視得非常厲害，我怕他們會打起來；打起來便形成叛亂而危及您的安全，這是不允許的，希望你除掉其中的一人。」簡公說：「這不是小人所敢議論的。」過了不久，田常果然在庭中襲擊宰予，又在朝堂上傷害簡公，簡公歎息說：「我沒採用諸御鞅的話才遭這禍患。」所以對忠臣的勸告，不可不認真思考。

魯襄公❶朝荊，至淮，聞荊康王卒，公欲還，叔仲昭伯曰：「君之來也，為其威也；今其王死，其威未去，何為還？」大夫皆欲還。子服景伯曰：「子之來也，為國家之利也，故不憚勞勤，不遠道塗。而聽於荊也，畏其威也！夫義人者，固將慶其喜而弔其憂，況畏而聘焉者乎！聞❷畏而往，聞喪而還，其誰曰非侮也。芈姓❸是嗣，王太子又長矣，執政未易，事君任政，求說其侮，以定嗣君，而示後人，其讎滋大，以戰小國，其誰能止之？若從君而致患，不若違君以避難。且君子計而後行，二三子其計乎？有御楚之術，有守國之備，則可；若未有也，不如行。」乃遂行。

【章旨】本章講做臣子的凡事要為國家利益作周密的考慮再付諸行動，不可一味順從君王。

【注釋】❶魯襄公　名午，在位三十一年，謚「襄」。❷聞　衍文。❸芈姓　楚王芈姓。

【語譯】魯襄公朝見楚王，走到淮水邊，聽到楚康王死了，襄公想要轉頭回去，叔仲昭伯說：「您到楚國去，是因為懾於楚國的威力，現在楚國的君王死了，但它的威風並未消失，為什麼要回去？」魯國的大夫都想轉去，子服景伯說：「你們這次到楚國，是為了國家的利益，所以不怕勞苦，不怕路遠。我們之所以聽命於楚，是因為害怕它的威力。如果對人講道義，本應慶祝別人的喜事，安撫別人的憂患，何況我們是因為畏懼別人而去朝拜呢？因為畏懼前往，聽到惡耗返回，誰說這不是對別人的侮辱。芈姓人繼承王位，太子又已成人，掌管朝政的大臣沒有更換，他們事奉新君管理政務，正在追究誰侮辱了他們的國家，借以鞏固新君的地位，擴大對後人的影響，（我們若中途返回），與他們結下的仇怨就會更大，他們若對我小國發動戰爭，誰能阻擋。如其順從君王的意思而招致禍患，不如違背君王的意思而逃避禍患。況且，君子凡事要考慮周到後才付諸行動，你們這些人考慮清楚了嗎？如果有了抵禦楚國的辦法，有了守衛魯國的措施，就可以不去楚國，如果沒有，不如前去的好。」於是繼續前往楚國。

孝景皇帝❶時，吳王濞❷反。梁孝王❸中郎枚乘❹字叔聞之，為書諫王，其辭曰：「君王之外臣乘，竊聞得全者全昌，失全者全亡。舜無立錐之地，以有天下，禹無十戶之聚，以王諸侯，湯、武之地，方不過百里，上不絕三光❺之明，下不傷百姓之心者，有王術也。故父子之道，天性也，忠臣不敢避誅以直諫，故事無廢業，而功流於萬世也。臣誠願披腹心而效愚忠，恐大王不能用之，臣誠願大王少加意念惻怛之心於臣乘之言。夫以一縷之任，係千鈞之重，上懸之無極之高，下垂不測之淵，雖甚愚之人，且猶知哀其將絕也。馬方駭而重驚之，係方絕而重鎮之，係絕於天，不可復結，墜入深淵，難以復出，其出不出，間不容髮。誠能用臣乘言，一舉必脫；必若所欲為，危如重卵，難於上天；變所欲為，易如反掌，安於太山。今欲極天命之壽，弊無窮之樂，保萬乘之勢，不出反掌之易，以居太山之安，乃欲乘重卵之危，走上天之難，此愚臣之所大惑也。人性有畏其影而惡其跡者，卻背而走，無益也；不如就陰而止，影滅跡絕。欲人勿聞，莫若勿言，欲人勿知，莫若勿為。欲湯之冷，令一人炊之，百人揚之，無益也，不如絕薪止火而已。不絕之於彼，而救之於此，譬猶抱薪而救火也。養由基，楚之善射者也，去楊葉百步，百發百中。楊葉之小，而加百中焉，可謂善射矣；所止乃百步之中耳，比於臣，未知操弓持矢也。福生有基，禍生有胎。納其基，絕其胎，禍何從來哉！泰山之溜穿石，引繩久之，乃以挈木。水非石之鑽，繩非木之鋸也，而漸靡使之然。夫銖[6]銖而稱之，至石必差，寸寸而度之，至丈必過，石稱丈量，徑而寡失。夫十圍之木，始生於蘗，可引而絕，可擢而拔，據其未生，先其未形。磨礱砥礪，不見其損，有時而盡；種樹畜長，不見其益，有時而大；積德修行，不知其善，有時而用；行惡為非，棄義背理，不知其惡，有時而亡。臣誠願大王孰計而身行之，此百王不易之道也。」吳王不聽，卒死丹徒❼。

【章　旨】本章記枚乘以各種道理勸阻吳王謀反，吳王不聽，終於敗亡。

【注　釋】❶孝景皇帝　即漢文帝之子劉啟，在位十六年，諡「景」。❷吳王濞　漢高祖劉邦兄劉仲之子，名濞，封吳王，景帝時，率吳楚等七國謀反，被太尉周亞夫平定。❸梁孝王　漢文帝之子，景帝之弟，名武。但枚乘上書吳王濞時，尚未仕梁，本篇「梁孝王」三字，疑為衍文。❹枚乘　字叔，淮陰人，著名辭賦家。先為吳王濞郎中，吳王謀反，上書諫阻，不為吳王採納，遂去吳之梁，梁孝王尊為上客，後景帝招拜為弘農都尉。❺三光　日、月、星。❻銖　古代重量單位，二十四銖為一兩。❼丹徒　在今江蘇省丹徒縣。

【語　譯】孝景皇帝時，吳王濞謀反，中郎枚乘（字叔）聽到此事後，上書吳王，書中說：「您的外臣枚乘，私下聽說辦事周到的人全面成功，辦事不周的人全面失敗。舜原無立錐之地，後來卻擁有天下，禹連十戶人家也沒有，最後卻對諸侯稱王。商湯、周武的地盤，原不過百里見方，但他們上不斷絕日月星的照耀，下不違背眾百姓的意願，其原因，就是掌握了在天下稱王的方法。父子之間的關係，出自自然，忠臣不敢迴避誅殺而以直言勸諫君王，因而使王事不被廢棄而功業流傳萬世。我實在希望說出心裡的話來表達我的忠誠，但又怕大王您不肯採納，我真希望您稍微留意並同情我所說的話。用一根細絲來懸千鈞重量，上掛在無頂之端，下垂在無底之淵，雖是非常愚蠢的人，也知道擔心它會斷絕。馬正受驚又重加威赫，繩正要斷又另加重量，繩從極高處斷絕，不能重新連接，物體掉進深淵，難以再弄出來，出與不出，只相差極小的一點點。您若能採納我的意見，一次便能擺脫干係，一定要按您所想的去做，就會像累卵一樣危險，像上天一樣艱難，改變您的想法，像把手掌翻過來一樣容易，您的地位也就因此像太山一樣穩固。現在您要盡享上天賜給您的壽命，嚐夠無窮無盡的歡樂，保住萬乘之國的勢力，不費反掌之功，就能得到太山一樣的安穩，但您卻要冒累卵之危，幹像上天一樣艱難的事，這是我大惑不解的。有人生性害怕自己的影子，討厭自己的腳印，倒退著走路，但並沒用處；不如在陰暗的地方停下來，影子和腳印便都消失了。要想別人聽不見，除非不說出來，要想別人不知道，除非不去做。要想開水變冷，叫一個人給竈裡添火，一百個人把開水澆起來冷卻也是沒用的，不如停止添柴，熄滅火焰就行了。不在彼處杜絕，而在此處補救，就像抱著柴火救火一樣。養由基，是楚國善於射箭的人，離楊樹葉百步遠，能百發百中。楊樹葉很小，卻能百發百中，可稱得上善射的了，但他的限度也只在百步之內，(百步之外)，就同我一樣，不懂得拉弓放箭。福的產生有根基，禍的產生也有根源，接受福的根基，斷絕禍的根源，禍患能從哪裡來？泰山上的水滴，可以穿透石頭，被繩子勒久了，木頭也會折斷。水不是鑽石頭的鑽子，繩子也不是木鋸，長期不斷便使木石變成那樣。一銖一銖的稱東西，稱到一石必有差錯，一寸一寸的量東西，量到一丈必有訛誤，以石為單位去稱，以丈為單位去量，既直接又少差錯。十人合抱的大樹，從小苗開始生長，可以把它拉斷，也可以把它拔起來，在它還未長大，在它還未成形的時候。磨礪一件東西，看不見它的損耗，但時間長了可以磨盡；種下樹苗加以培養，看不見它的增長，但時間長了可以長大；修養德行，不知道這樣做的好處，到一定的時候便派上用場；為非作歹，背棄義理，不知這樣做的惡果，到一定的時候便會敗亡。我確實希望大王您深思熟慮之後再去行動，這是歷代帝王都不改變的法則。」吳王不聽勸告，終於在丹徒身亡。

吳王欲從民飲酒，伍子胥諫曰：「不可。昔白龍下清冷之淵，化為魚，漁者豫且，射中其目，白龍上訴天帝，天帝曰：『當是之時，若安置而形？』白龍對曰：『我下清冷之淵，化為魚。』天帝曰：『魚固人之所射也，若是豫且何罪？』夫白龍，天帝貴畜也，豫且，宋國賤臣也，白龍不化，豫且不射。今君棄萬乘之位，而從布衣之士飲酒，臣恐其有豫且之患矣。」王乃止。

【章　旨】本章講尊者須自重，以免誤遭傷害。

【語　譯】吳王想同百姓一道飲酒，伍子胥勸阻說：「不行。從前白龍降落到清澈寒涼的深淵裡，變成一條魚，打魚人豫且，射中了牠的眼睛，白龍上天向天帝告狀，天帝問：「當時，你變成什麼形狀？」白龍回答說：「我降落到清澈寒涼的深淵，變成魚。」天帝說：「魚本來是要被人射的，這樣豫且有什麼罪？」白龍，是天帝的珍貴動物，豫且，是宋國微賤的臣民，白龍若不變化，豫且就不會射牠。現在您放棄萬乘國君的尊位，而同平民百姓一道飲酒，我怕您會遭到豫且這類人的禍患。」

孔子曰：「良藥苦於口利於病，忠言逆於耳利於行。故武王諤諤❶而昌，紂嘿嘿❷而亡。君無諤諤之臣，父無諤諤之子，兄無諤諤之弟，夫無諤諤之婦，士無諤諤之友，其亡可立而待。故曰：君失之，臣得之；父失之，子得之；兄失之，弟得之；夫失之，婦得之；士失之，友得之。故無亡國、破家、悖父、亂子、放兄、棄弟、狂夫、淫婦、絕交、敗友。」

【章旨】本章借孔子之口，講人人均需敢於直言的人相助。

【注釋】❶諤諤　直言貌。❷嘿嘿　通「默默」。寂靜無聲。

【語譯】孔子說：「好藥吃起來味道苦但對治病有利，好話聽起來不順耳但對行動有幫助。因此，武王因為手下有直言敢諫之臣而昌盛，紂王因為手下之臣緘默不敢言語而敗亡。君王若沒有敢於直言的大臣，父親若沒有敢於直言的兒子，哥哥若沒有敢於直言的弟弟，丈夫若沒有敢於直言的妻子，士人若沒有敢於直言的朋友，他們的敗亡馬上就會到來。所以說：君王沒顧到的，臣子來補救；父親沒顧到的，兒子來補救；哥哥沒顧到的，弟弟來補救；丈夫沒顧到的，妻子來補救；士人沒顧到的，朋友來補救。這樣一來，便沒有國家敗亡、家庭破落、父親違禮、兒子作亂、哥哥流放、弟弟遭棄、丈夫狂妄、婦人淫蕩、斷絕交游、損害朋友的事情發生。」

晏子復❶於景公曰：「朝居嚴乎？」公曰：「朝居嚴則曷❷害於治國家哉？」晏子對曰：「朝居嚴則下無言，下無言則上無聞矣。下無言則謂之喑，上無聞則謂之聾，聾喑則非害治國家如何也？且合菽❸粟之微，以滿倉廩；合疏縷之緯，以成幃幕。太山之高，非一石也，累卑然後高也。夫治天下者，非用一士之言也，固有受而不用，惡有距❹而不入者哉？」

【章旨】本章講應造成寬鬆氣氛，好讓別人敢於講話，治國者只有聽取各方面意見，才能把國家治理好。

【注釋】❶復　告訴。❷曷　同「何」。❸菽　豆類總稱。❹距　同「拒」。

【語譯】晏子對景公說：「朝廷上的氣氛太森嚴了吧。」景公說：「朝廷森嚴對治理國家有什麼妨害？」晏子回答說：「朝廷森嚴，在下的人就不敢說話，下面不敢說話，在上位的就了解不到情況。下面不敢說話叫做喑，上面聽不到情況叫做聾，聾喑不妨害治理國家會妨害什麼？況且，聚集粒粒豆子和穀物，可以裝滿倉庫；匯合縷縷絲線，可以織成幃幕。太山那樣高，並非一塊石頭堆成的，而是由低到高積累的。統治天下的人，不是專聽一個士人的話，有些意見本來就可以只聽而不用採納，但哪有拒而不聽的呢？」

卷一〇

敬慎

【題解】本篇闡明治國修身，均應持恭謙謹慎的態度。這樣可以遠禍，可以得福。

存亡禍福，其要在身。聖人重誡，敬慎所忽。《中庸》❶曰：「莫見乎隱，莫顯乎微，故君子能慎其獨也。」諺曰：「誡無垢，思無辱。」夫不誡不思，而以存身全國者，亦難矣。《詩》曰：「戰戰兢兢，如臨深淵，如履薄冰。」❷此之謂也。

【章旨】本章講存亡禍福的關鍵在於自身，而自身必須謹慎處事。

【注釋】❶中庸　原為《禮記》中的一篇，南宋朱熹把它和《大學》、《論語》、《孟子》合為《四書》。❷戰戰兢兢三句　見《詩經・小雅・小旻》。

【語譯】存亡禍福，關鍵在於自身。聖人注重警戒自己，謹慎對待容易被忽略的事物。《中庸》裡說：「不要讓過失出現在隱蔽之處，顯露在細微之處，所以有德之人能在獨處之時嚴格要求自己。」諺語說：「警戒自己不會遭非議，凡事多考慮不會受羞辱。」不警戒自己，不認真思考，想保全自己和國家，是很難的。《詩經》裡說：「要小心謹慎，就像面臨著深淵，腳踩著水上的薄冰一樣。」講的就是這個問題。

昔成王封周公，周公辭不受，乃封周公子伯禽於魯，將辭去，周公戒之曰：「去矣！子其勿以魯國驕士矣。我，文王之子也，武王之弟也，今王之叔父也；又相天子，吾於天下亦不輕矣。然嘗一沐而三握髮，一食而三吐哺，猶恐失天下之士。吾聞之曰：德行廣大而守以恭者榮，土地博裕而守以儉者安，祿位尊盛而守以卑者貴，人眾兵強而守以畏者勝，聰明睿智而守以愚者益，博聞多記而守以淺者廣；此六守者，皆謙德也。夫貴為天子，富有四海，不謙者，先天下，亡其身，桀紂是也，可不慎乎！故《易》曰：『有一道，大足以守天下，中足以守國家，小足以守其身，謙之謂也。夫天道毀滿而益謙，地道變滿而流謙，鬼神害滿而福謙，人道惡滿而好謙。是以衣成則缺衽，宮成則缺隅，屋成則加錯，示不成者，天道然也。』❶《易》曰：『謙亨，君子有終吉。』❷《詩》曰：『湯降不遲，聖敬日躋。』❸其戒之哉！子其無以魯國驕士矣。」

【章旨】本章借周公訓子的故事，說明保持謙虛謹慎的重要意義。

【注釋】❶天道然也　以上所引見《易經・謙卦・彖傳》，文字略有出入。❷謙亨二句　見《易經・謙卦》。❸湯降不遲二句　見《詩經・商頌・長發》。

【語譯】從前成王分封周公，周公謝絕不受，於是把魯國封給了周公的兒子伯禽，伯禽將要辭別周公，周公說：「去吧，你可不要仗著魯國傲視士人！我，是文王的兒子，武王的弟弟，當今君王的叔父，又輔佐天子，我在天下的地位可算不低，但我曾在洗頭時多次捏乾頭髮去迎接來賓，在吃飯時多次吐掉食物去接待客人，即使這樣，仍怕失去天下的士人。我聽說：品德高尚而保持恭敬的人昌盛，土地廣博富裕而保持儉省的人安寧，官高爵顯而保持謙遜的人尊貴，人多兵強而保持警惕的人不敗，聰明敏睿而裝糊塗的人得益，博聞強記而裝淺陋的人廣博。這六種操守，都是謙遜的美德。身為尊貴的天子，擁有天下的財富，由於不謙謹，喪失政權，丟掉性命，桀紂便是例子。難道可以不慎重嗎？因此《易經》上說：『有一種美德，具備它大可保住天下，中可保住國家，小可保住自身，這美德指的是謙遜。天道削減有餘而補充不足，地道改變有餘而送給不足，鬼神傷害有餘而保佑不足，人道厭惡有餘而同情不足。因此衣服做成後讓前襟裂開，宮殿建成後總缺一角，房屋建成後要加以粉刷，借以表示並未完全成功，這是上天的規律要求這樣做的。』《易經》說：『謙虛，萬事亨通，君子辦事有結果，大吉大利。』《詩經》中說：『湯降生得正當其時，他聰明謹慎，日日上進。』你要警惕啊，千萬不要仗著魯國而傲對士人！」

孔子讀《易》，至於「損益」，則喟然而歎。子夏避席而問曰：「夫子何為歎？」孔子曰：「夫自損者益，自益者缺，吾是以歎也。」子夏曰：「然則學者不可以益乎？」孔子曰：「否，天之道，成者未嘗得久也。夫學者以虛受之，故曰得。苟不知持滿，則天下之善言不得入其耳矣。昔堯履天子之位，猶允恭以持之，虛靜以待下，故百載以逾盛，迄今而益章。昆吾❶自臧而滿意，窮高而不衰，故當時而虧敗，迄今而逾惡。是非損益之徵與？吾故曰：『謙也者，致恭以存其位者也。』夫〈豐〉❷明而動，故能大；苟大，則虧矣。吾戒之，故曰：『天下之善言不得入其耳矣。』❸日中則昃，月盈則食❹，天地盈虛，與時消息。是以聖人不敢當盛，升輿而遇三人則下，二人則軾，調其盈虛，故能長久也。」子夏曰：「善！請終身誦之。」

【章　旨】本章論述損益之關係，說明謙虛者能夠得益。

【注　釋】❶昆吾　夏、商之間部落名，夏衰，昆吾為夏伯，後為商湯所滅。❷豐　指《易經》中的〈豐卦〉。自「明以動」至「與時消息」，有的是豐卦原文，有的是編者的話，故不用引號。❸天下之善言不得入其耳矣　此十一字為衍文。❹食同「蝕」。

【語　譯】孔子讀《周易》，讀到講「損益」的地方，就喟然而歎，子夏離開座位而問道：「您為什麼歎氣？」孔子說：「自謙者得益，自滿者遭損，我因此而感歎。」子夏說：「如此說來學習不可以獲益嗎？」孔子說：「不是這樣的。上天的規律，完滿不可能保持長久。好學的人虛心接受，所以有所得。假如不懂得滿則遭損的道理，那麼天下有益的話便聽不進去。從前堯作天子，仍舊保持誠懇恭敬的態度，謙遜沈靜地對待下人，所以過了百年而名聲愈大，到了現在更為顯赫。昆吾自以為很好，自滿起來，以為達到頂點而不會衰敗，所以當時便垮了臺，到了現在名聲更壞。這難道不是損益的實證嗎？因此我說：『謙遜，是導致態度恭敬，從而保全自己地位的美德。』〈豐卦〉說：憑藉正道行動，因而能夠發展。發展到了頂點，便會虧損。我對此十分警懼，所以說太陽當頂便開始偏西，月亮圓了便開始消蝕，天地間的滿和損，隨著時間消長。所以聰明人不敢處於極端，坐上車子遇到三人則下車，遇見兩人則扶軾行禮，調節過度和不足，因而能夠長久。」子夏說：「您說得正確！我一輩子都記得它。」

孔子觀於周廟，而有欹器❶焉。孔子問守廟者曰：「此為何器？」對曰：「蓋為右坐之器。」孔子曰：「吾聞右坐之器，滿則覆，虛則欹，中則正。有之乎？」對曰：「然。」孔子使子路取水而試之，滿則覆，中則正，虛則欹。孔子喟然嘆曰：「嗚呼！惡有滿而不覆者哉！」子路曰：「敢問持滿有道乎？」孔子曰：「持滿之道，挹❷而損之。」子路曰：「損之有道乎？」孔子曰：「高而能下，滿而能虛，富而能儉，貴而能卑，智而能愚，勇而能怯，辯而能訥，博而能淺，明而能闇；是謂損而不極，能行此道，唯至德者及之。《易》曰：不損而益之，故損，自損而終，故益。❸」

【章旨】本章借欹器加以發揮，闡明滿遭損的道理。

【注釋】❶欹器　傾斜易覆之器。❷挹　舀出來，引申為抑制。❸不損而益之三句　見《周易》〈損卦〉和〈序卦〉。

【語譯】孔子到周廟參觀，看見欹器放置在那裡，孔子問守廟人說：「這是什麼東西？」回答說：「大概是放在座位右邊作為鑒戒的器物。」孔子說：「我聽說座右之器，裝滿了就傾覆，空著就傾斜，裝得不多不少便處於正中，有這回事嗎？」回答說：「是這樣。」孔子叫子路拿水來試驗，滿了便倒出來，適中便處於正位，空了便傾斜。孔子感歎地說：「哎呀！哪有滿了還不倒出來的道理！」子路問：「請問對待盈滿有辦法嗎？」孔子說：「對待盈滿的辦法，便是拿一點出來減少它。」子路問：「怎樣拿一點出來？」孔子說：「太高的要降低一點，太滿的要虧空一點，太富有的要節省一點，太尊貴的要卑下一點，太聰明的要糊塗一點，太勇猛的要退縮一點，太會說話的要少說一點，學問太多的要顯得淺陋一點，精明過分的要裝得昏庸一點；這樣做叫做適當限制不使過度，能做到這一點的，唯有有德之人。《易經》上說：不加限制一味增加，所以會減少，自覺加以限制並堅持到底，因此能夠增加。」

常摐❶有疾，老子往問焉，曰：「先生疾甚矣，無遺教可以語諸弟子者乎？」常摐曰：「子雖不問，吾將語子。」常摐曰：「過故鄉而下車，子知之乎？」老子曰：「過故鄉而下車，非謂其不忘故耶？」常摐曰：「嘻！是已。」常摐曰：「過喬木而趨，子知之乎？」老子曰：「過喬木而趨，非謂其敬老耶？」常摐曰：「嘻！是已。」張其口而示老子曰：「吾舌存乎？」老子曰：「然！」「吾齒存乎？」老子曰：「亡！」常摐曰：「子知之乎？」老子曰：「夫舌之存也，豈非以其柔耶？齒之亡也，豈非以其剛耶？」常摐曰：「嘻！是已。天下之事已盡矣，無以復語子哉！」

【章　旨】本章主張念舊、尊老、懷柔。

【注　釋】❶常摐　老子師。「摐」本作「樅」。

【語　譯】常摐生了重病，老子前去探問，說：「您的病很嚴重了，沒有遺訓可以對眾弟子說嗎？」常摐說：「你即使不問，我也要對你說。」常摐說：「經過故鄉時要下車，你知道這是為什麼？」老子說：「經過故鄉時下車，不是表明他不忘故舊嗎？」常摐說：「嗯，對的。」又問：「經過喬木時快步上前，你知道這是為什麼？」老子說：「經過喬木時快步走，不是表明他尊敬老人嗎？」常摐說：「嗯，對的。」又張開口給老子看並問道：「我的舌頭在嗎？」老子說：「在。」「我的牙齒在嗎？」老子說：「不在。」常摐問：「你知道這是為什麼？」老子說：「舌頭存在，難道不是因為它柔軟嗎？牙齒不存在，難道不是因為它堅硬嗎？」常摐說：「嗯，對的。天下的事都說完了，沒有話再對你說了。」

韓平子問於叔向曰：「剛與柔孰堅？」對曰：「臣年八十矣，齒再墮而舌尚存。老聃有言曰：『天下之至柔，馳騁乎天下之至堅。』❶又曰：『人之生也柔弱，其死也剛強；萬物草木之生也柔脆，其死也枯槁。因此觀之，柔弱者生之徒也，剛強者死之徒也。』❷夫生者毀而必復，死者破而愈亡，吾是以知柔之堅於剛也。」平子曰：「善哉！然則子之行何從？」叔向曰：「臣亦柔耳，何以剛為。」平子曰：「柔無乃脆乎？」叔向：「柔者紐而不折，廉❸而不缺，何為脆也！天之道微者勝。是以兩軍相加，而柔者克之；兩仇爭利，而弱者得焉。《易》曰：『天道虧滿而益謙，地道變滿而流謙，鬼神害滿而福謙，人道惡滿而好謙。』❹夫懷謙不足之柔弱，而四道❺者助之，則安往而不得其志乎？」平子曰：「善！」

【章旨】本章講柔堅於剛，柔能克剛，從而主張修身治國行柔道。

【注釋】❶天下之至柔二句　見《老子》四十三章。❷人之生也柔弱等句　見《老子》七十六章。❸廉　直。❹天道虧滿而益謙等句　見《易經．謙卦．彖傳》。❺四道　天道、地道、鬼道、人道。

【語譯】韓平子問叔向說：「剛硬與柔軟哪一個更堅固？」回答說：「我八十歲了，牙齒掉了又掉而舌頭還存在，老聃說過：『天下最柔軟的，能在天下最堅硬的東西中自由活動。』又說：『人剛出生的時候柔弱，死的時候僵硬；各種各樣的草木剛長出來的時候柔弱脆嫩，死的時候乾枯。由此看來，柔弱是活著的一類，剛強是死了的一類。』活著的毀壞了一定復原，死了的毀壞了就會更加破損，我因此認為柔軟比堅硬更堅韌。」平子說：「說得好！但你是根據什麼行事？」叔向說：「我也是奉行柔韌的，為什麼要強硬呢？」平子說：「柔韌不嫌脆弱嗎？」叔向說：「柔韌折而不斷，直而不缺，怎麼是脆弱呢？上天的規律，微弱的勝過強大的，所以兩軍交戰柔者能夠克剛，兩個仇人爭利，弱者能夠得利。《易經》上說：「天道削減有餘而補充不足，地道改變有餘而送給不足，鬼神傷害有餘而保佑不足，人道厭惡有餘而同情不足。」態度謙遜虛心的柔弱者，得到前面所說四道的幫助，到哪裡不能實現自己的願望？」平子說：「說得正確。」

桓公曰：「金剛則折，革剛則裂，人君剛則國家滅，人臣剛則交友絕。」夫剛則不和，不和則不可用。是故四馬不和，取道不長；父子不和，其世破亡；兄弟不和，不能久同；夫妻不和，室家大凶。《易》曰：「二人同心，其利斷金。」❶由不剛也。

【章　旨】本章講過分強硬不利於和諧，不和諧則難以成事。

【注　釋】❶二人同心二句　見《易經·繫辭上》。

【語　譯】桓公說：「金屬堅硬便會折斷，皮革堅硬便會破裂，人君強硬國家便會滅亡，人臣強硬朋友便會絕交。」強硬便不能和諧，不和諧便不能辦事。因此，若是四匹馬配合不好，便不能走遠路；父子不和睦，這一代便會破亡；兄弟不和睦，便不能長期共處；夫妻不和睦，家中便大不吉利。《易經》說：「兩人同心同德，他們的力量可以把金屬割斷。」因為不剛硬的緣故。

老子曰：「得其所利，必慮其所害；樂其所成，必顧其所敗。人為善者，天報以福；人為不善者，天報以禍也。故曰：「禍兮福所倚，福兮禍所伏。」戒之慎之，君子不務，何以備之？夫上知天則不失時，下知地則不失財，日夜慎之則無害災。❶

【章　旨】本章講「禍兮福所倚，福兮禍所伏」，凡事必須顧及利害、得失。

【注　釋】❶福兮禍所伏二句　以上所引這段話除「禍兮福所倚，福兮禍所伏」出自《老子》五十八章外，其他不見於《道德經》故不加引號。

【語　譯】老子說：得到一件事的好處，一定要想到這件事帶來的害處；慶幸一件事的成功，一定要顧到這件事的失敗。人做好事，老天以福回報他；人做壞事，老天以禍回報他。所以說：「禍緊靠著福，福中藏著禍。」要謹慎，要警戒，君子不努力做到這一點，怎樣防止災禍？上知天意便不會錯過時機，下知地理便不會失掉財貨，日夜謹慎便沒有災害。

曾子❶有疾，曾元❷抱首，曾華❸抱足。曾子曰：「吾無顏氏❹之才，何以告汝。雖無能，君子務益❺。夫華多實少者，天也；言多行少者，人也。夫飛鳥以山為卑，而層巢其巔；魚鼈以淵為淺，而穿穴其中；然所以得者，餌也。君子苟能無以利害身，則辱安從至乎？」官怠於宦成，病加於少愈，禍生於懈惰，孝衰於妻子。察此四者，慎終如始。《詩》曰：「靡不有初，鮮克有終。」❻

【章　旨】本章講不要為謀利而害身，凡事要「慎終如始」。

【注　釋】❶曾子　指曾參，孔子弟子。❷曾元　曾參子。❸曾華　曾參子。❹顏氏　指顏淵，孔子弟子，德才兼備，早逝。❺君子務益　此句意思不明。《大戴禮記》作「然而君子之務，蓋有之矣。」較此為勝，譯文用之。❻靡不有初二句　見《詩經．大雅．蕩》。

【語　譯】曾子病重，曾元抱著他的頭，曾華抱著他的腳。曾子說：「我沒有顏淵那樣的才華，能對你們說什麼呢？

我雖無能，也做了一些君子該做的事。花開得多果結得少的，是天；話說得多事做得少的，是人。飛鳥認為山很低，而把巢做在山頂；魚鼈認為淵很淺，而把洞挖在淵內，但牠們得到的只是一點食物。君子假若能夠做到不為謀利而傷害自己，那麼恥辱會從哪裡來？」官員在做官順利以後懈怠，病人在剛剛痊癒的時候惡化，禍患因懈怠懶惰而產生，孝心因有了妻子兒女而衰減。鑒於以上四種情況，對結尾要像對開始一樣慎重。《詩經》上說：「不是沒有好的開端，只是少有能堅持到底的。」

單快❶曰：「國有五寒，而冰凍不與焉：一曰政外❷，二曰女厲❸，三曰謀泄，四曰不敬卿士而國家敗，五曰不能治內而務外。此五者一見，雖祠無福。除禍必得，致福則貸❹。」

【章旨】本章指出五種妨害治理國家的災禍，執政者應盡力消除之。

【注釋】❶單快　周大夫。❷政外　不專心政事。❸厲　害。❹貸　同「忒」。失誤。

【語譯】單快說：「國家有五寒，而冰凍不在其中：一是不專心治理國家，二是女人作怪，三是機密泄漏，四是不尊重臣子和士人而國家敗亡，五是不能把自己的事管好卻熱衷管別人的事。這五者有一種出現，雖然祭祀神靈也不能得福，想禳除災禍而災禍必來，想求福卻總不能如願。」

孔子曰：「存亡禍福皆在己而已，天災地妖，亦不能殺也。昔者殷王帝辛之時，爵❶生烏於城之隅。工人❷占之曰：『凡小以生巨，國家必祉，王名必倍。』帝辛喜爵之德，不治國家，亢❸暴無極，外寇乃至，遂亡殷國。此逆天之時，詭❹福反為禍也。至殷王武丁之時，先王道缺，刑法弛，桑穀俱生於朝，七日而大拱。工人占之曰：『桑穀者，野物也。野物生於朝，意朝亡乎？』武丁恐駭，側身修行，思昔先王之政，興滅國，繼絕世，舉逸民，明養老之道。三年之後，遠方之君重譯而朝者六國。此迎天之時，得禍反為福也。故妖孽者，天所以警天子諸侯也；惡夢者，所以警士大夫也。故妖孽不勝善政，惡夢不勝善行也。至治之極，禍反為福。故太甲曰：『天作孽，猶可違；自作孽，不可逭❺。』」

【章旨】本章以正反例證說明：「天作孽，猶可違；自作孽，不可逭。」

【注釋】❶爵 同「雀」。小鳥。❷工人 此指占卜之人。❸亢 別本作「凶」。❹詭 求。❺逭 逃避。

【語譯】孔子說：「存亡禍福，全在於自己，天降災禍地生妖孽，也不能傷害人。」從前殷王帝辛之時，小雀兒在城角生了一隻烏鴉，工人占卜說：『凡是以小生大的，國家必然得福，君王名聲必然更加顯赫。』帝辛陶醉在雀兒的吉兆裡，不治理國家，凶暴異常，外面武力相侵，便消滅了殷國。這是違離天時，求福反而招來災禍的例子。殷王武丁之時，由於前面的君王無道，刑法廢弛，桑樹穀子都在朝廷上長了出來，七天便粗得兩手合抱，工人占卜說：『桑樹和穀子，是野外的植物，野外植物長在朝廷，估計朝廷要衰亡了吧！』武丁感到懼怕，謹慎修養德行，反思先王行政，振興滅亡了的國家，續接斷絕了的世系，舉用隱居的士人，公布贍養老人的措施，三年之後，遠方的君王，輾轉翻譯來朝謁的有六個國家。這是符合天時，因禍反而得福的例子。因此說怪異現象，只是上天用以警戒天子諸侯的東西，惡夢，只是用以警戒士大夫的東西。所以怪異敵不過清明的政治，惡夢敵不過方正的行為。盡力為善，禍可轉化為福。因此太甲說：『天降怪異，還可以扭轉；自己作惡，則不能逃避懲罰。』」

石讎❶曰：「《春秋》有忽然而足以亡者，國君不可以不慎也：妃妾不一足以亡，公族不親足以亡，大臣不任足以亡，國爵不用足以亡，親佞近讒足以亡，舉百❷事不時足以亡，使民不節足以亡，刑罰不中足以亡，內失眾心足以亡，外嫚大國足以亡。」

【章　旨】本章從各個方面指出亡國的危險，提請人君謹慎從事。

【注　釋】❶石讎　可能是漢代人。❷百　此字疑衍。

【語　譯】石讎說：「《春秋》上記載有忽然間把國家斷送的，國君不可不謹慎：妻妾不和睦，可以亡國；公族不親善，可以亡國；大臣不被信任，可以亡國；國內爵位未封好，可以亡國；親近花言巧語、說別人壞話的人，可以亡國；做事不合時令，可以亡國；使用百姓不加節制，可以亡國；刑罰不適當，可以亡國；在國內失去民心，可以亡國；在外侮慢了大國，可以亡國。」

夫福生於隱約❶，而禍生於得意，齊頃公是也。齊頃公，桓公之子孫也，地廣民眾，兵強國富，又得霸者之餘尊，驕蹇怠傲，未嘗肯出會同諸侯，乃興師伐魯，反敗衛師於新築❷，輕小嫚大之行甚。俄而晉、魯往聘，以使者戲❸，二國怒，歸求黨與❹，得衛及曹，四國相輔，期戰於鞍❺，大敗齊師，獲齊頃公，斮逢丑父❻。於是懼❼然大恐。賴逢丑父之欺❽，奔逃得歸。弔死問疾，七年不飲酒、不食肉，外金石絲竹之聲，遠婦女之色，出會與盟，卑下諸侯。國家內得行義，聲問震乎諸侯。所亡之地，弗求而自為來，尊寵不武而得之。可謂能詘免❾變化以致之。故福生於隱約，而禍生於得意，此得失之效也。

【章　旨】本章以齊頃公的成敗為例，說明「福生於隱約，而禍生於得意」的道理。

【注釋】❶隱約　窘困。❷新築　衛邑，在今河北大名。❸以使者戲　據《公羊．成公二年．傳》載：晉國郤克與魯國臧孫許同時到齊國訪問，齊君之母在暗中窺視客人，看到來人一個是跛子，一個是獨眼睛，於是戲弄他們，派一個跛子去迎跛子，獨眼睛去迎獨眼睛。二使者出來後，相互交談了很久才離開齊國，齊國人都說：「齊國從此惹禍了。」❹黨與　同夥。❺鞍　齊地，在今山東省歷城縣。❻逢丑父　齊大夫。❼戄　疑「懼」之誤。❽逢丑父之欺　據《左傳．成公二年》載：鞍之戰，齊師大敗，逢丑父與齊頃公同車敗逃，乘敵將俯身未注意的機會，君臣交換位置，最後逢丑父被執，頃公脫逃。❾詘免　「免」疑「俛」之誤。詘俛即放下架子，卑恭待人之意。

【語譯】福生於窘困之中，禍起於得意之時，齊頃公即是這樣的。齊頃公，是桓公的孫子，齊國地廣人多，兵強國富，又有諸侯霸主的餘威，但他驕傲懈怠，不肯聯絡諸侯，竟出兵攻打魯國，又在新築打敗衛國的軍隊，輕蔑小國侮慢大國的行為十分嚴重。不久，晉、魯兩國使者到齊國訪問，遭到戲弄，二國惱怒，回去招集同夥，找到衛國和曹國，四國聯合起來，邀齊國在鞍決戰，大敗齊軍，（差一點）抓獲了齊頃公，要斬逢丑父。齊頃公大為恐懼。依賴逢丑父作替身蒙哄敵人，齊頃公才逃了回去。此後，齊頃公悼念死人，安撫活人，七年不飲酒，不吃肉，拒絕聽音樂演奏，不接近婦人美色，出國同諸侯會盟，以卑謙的態度對待各國君主。國內推行道義，名聲震懾諸侯。過去丟失的國土，不需索取而別國自動送來，崇高的地位，不使用武力便自行確立。這人可稱得上能曲己改過而取得成功的。因此說福生於窘困，禍生於得意，這便是得與失的效驗。

大功之效，在於用賢積道，浸❶章❷浸明；衰滅之過，在於得意而怠，浸蹇❸浸亡。晉文公是其效也：晉文公出亡，修道不休，得至于饗❹國。饗國之時，上無明天子，下無賢方伯，強楚主會，諸侯背畔❺，天子失道，出居於于鄭。文公於是憫中國之微，任咎犯、先軫、陽處父，畜愛百姓，厲養戎士。四年，政治內定，則舉兵而伐衛，執曹伯，還敗強楚，威震天下。明王法，率諸侯而朝天子，莫敢不聽，天下曠然平定，周室尊顯。故曰：大功之效，在於用賢積道，浸章浸明。文公於是霸功立，期至意得，湯、武之心作而忘其眾。一年三用師，且弗休息，遂進而圍許，兵亟弊，不能服，罷諸侯而歸。自此而怠政事，為狄泉之盟不親至，信衰誼缺，如羅不補，威武詘折不信，則諸侯不朝，鄭遂叛，夷、狄內侵，衛遷於商邱。故曰：衰滅之過，在於得意而怠，浸蹇浸亡。

【章旨】本章以晉文公成敗為例，說明「大功之效，在於用賢積道，浸章浸明；衰滅之過，在於得意而怠，浸蹇浸亡」。

【注釋】❶浸　同「漸」。❷章　同「彰」。❸蹇　難。❹饗　同「享」。❺畔　同「叛」。

【語譯】之所以建大功，在於任用賢人和積累善道，這樣便會逐漸昌明；之所以衰落破滅，在於心滿意得和鬆懈怠惰，這樣便會逐漸敗亡。晉文公便是這樣的例子：晉文公在流亡的時候，不斷修養自己的德行，直到最後當上君王。即位之時，上無聖明天子，下無賢良方伯，強大的楚國主持會盟，各國諸侯相互背叛，周天子無力統治，出奔到鄭國。晉文公哀憐中國衰弱，任用咎犯、先軫、陽處父，養育愛護百姓，訓練發展軍隊。過了四年，國內治理好了，便起兵攻打衛國，捉住曹國國君，還打敗楚國，威風震懾天下。昭明王法，率領諸侯朝拜周天子，無人敢不聽從，天下變得明朗安寧，周王室的地位崇高而顯赫。因此說，大功的建立，在於任用賢人和積累善道，使政治逐漸昌明。文公建立稱霸諸侯的功業之後，十分得意，產生了商湯、周武稱王的野心而把民眾棄擲腦後，一年之中三次用兵，不事休息，便進軍圍困許國，軍隊十分疲勞，不能攻下許國，只好解散諸侯回國。從此放鬆政事，約了在狄泉會盟而自己不親自到會，信用衰減，禮義不周，就像羅網破了未加修補，威風削減難以施展，諸侯不再朝謁，鄭國於是叛離，夷、狄向內侵略，衛國遷到商邱。因此說：衰落以至滅亡，在於心滿意足而鬆懈怠惰，這樣便逐漸敗亡。

田子方侍魏文侯坐，太子擊趨而入見，賓客群臣皆起，田子方獨不起。文侯有不悅之色，太子亦然。田子方稱曰：「為子起歟？無如禮何；不為子起歟？無如罪何。請為子誦──楚恭王之為太子也，將出之雲夢，遇大夫工尹❶，工尹遂趨避家人之門中；太子下車，從之家人之門中，曰：『子大夫，何為其若是？吾聞之：敬其父者不兼其子，兼其子者不祥莫大焉。子大夫，何為其若是！』工尹曰：『向吾望見子之面，今而後記子之心。審如此，汝❷將何之？』」文侯曰：「善！」太子擊前誦恭王之言，誦三遍而請習之。

【章　旨】本章借田子方不給魏太子擊起立行禮的故事，說明「敬其父者不兼其子」的道理。

【注　釋】❶大夫工尹　「大夫」二字疑衍，工尹即官名。❷汝　這裡以稱太子為「汝」，表示工尹照著太子的話，「敬其父不兼其子」，把太子當作一般平輩看待。

【語　譯】田子方陪魏文侯坐著，太子擊快步走進來見文侯，賓客、臣子都站了起來，唯有田子方坐著不動。文侯現出不高興的神色，太子也是一樣。田子方說道：「為您站起來吧，又不合禮；不為您站起來吧，又要招罪。請讓我為您講講楚恭王的事吧：楚恭王做太子的時候，將要到雲夢去，路上遇見了工尹，工尹迴避到一戶百姓的門內；太子下車，跟著走進這家的門中，說：『您為什麼要這樣做？我聽說：尊敬父親並不包括尊敬兒子，如果還要顧及兒子，就是最大的不吉祥了。大夫，您為什麼要這樣做？』工尹說：『以前我只遙望過您的臉，從今以後我會記住您的心，您的意思果真如此，那麼，你要到哪裡去？』」文侯說：「您說得好。」太子擊上前背誦恭王的話，連背了三遍然後表示願意照著去做。

子贛❶之承或❷，在塗，見道側巾弊布擁蒙而衣衰，其名曰丹綽。子贛問焉，曰：「此至承幾何？」嘿然不對。子贛曰：「人問乎己而不應，何也？」屏其擁蒙而言曰：「望而黷人者，仁乎？睹而不識者，智乎？輕侮人者，義乎？」子贛下車曰：「賜不仁，過聞三言，可復聞乎？」曰：「是足於子矣，吾不告子。」於是子贛三偶則式，五偶則下。

【章旨】本章講對人要注重禮儀，對衣衫襤褸者亦不例外。

【注釋】❶子贛　即子貢，姓端木，名賜，孔子弟子。❷或　「國」本字。

【語譯】子贛到承國去，在路上，看見一人歪戴頭巾破布遮面衣服破舊，他的名字叫丹綽。子贛問他說：「這裡到承國還有多遠？」閉口不答。子贛說：「別人問自己而不回答，這是為什麼？」此人去掉蒙著的破布回答說：「望著我並加以褻瀆，這算仁愛嗎？看見我卻認不出來，這算聰明嗎？對我態度輕慢，這算合禮嗎？」子贛下了車，說：「我確實不仁，聽到了三句責備的話，還可聽到一些嗎？」說：「這對你已經足夠了，我不再對你說了。」於是子贛以後見到三人便扶軾行禮，見到五人便下車。

孫叔敖為楚令尹，一國吏民皆來賀；有一老父，衣麤衣，冠白冠，後來弔。孫叔敖正衣冠而出見之，謂老父曰：「楚王不知臣不肖，使臣受吏民之垢，人盡來賀，子獨後來弔，豈有說乎？」父曰：「有說，身已貴而驕人者，民去之；位已高而擅權者，君惡之；祿已厚而不知足者，患處之。」孫叔敖再拜曰：「敬受命，願聞餘教。」父曰：「位已高而意益下，官益大而心益小，祿已厚而慎不敢取。君謹守此三者，足以治楚矣。」

【章　旨】本章講愈有高官厚祿者，愈需恭謙謹慎廉潔。

【語　譯】孫叔敖當上楚國令尹，全國的官員百姓都來祝賀；有一位老頭穿著粗布衣服，戴著白帽子，最後來慰問。孫叔敖整頓好衣帽出來相見，對老人說：「楚王不知我是個無用的人，使我去受官吏百姓的指責，別人都來祝賀我，唯有您來慰問我，難道有什麼講究嗎？」老頭說：「有講究。身分已經尊貴而傲視別人的人百姓便會拋棄他；爵位已經很高而獨攬大權的人君王厭惡他；俸祿已經很多而不知滿足的人禍患跟隨而來。」孫叔敖兩次拜謝後說：「衷心接受您的教誨，希望您再說一點。」老頭說：「地位已經很高了但態度卻要更謙卑，官做得更大了考慮卻要更細緻，俸祿已經夠多了越要謹慎不多拿。你認真遵守這三條，便足以治理楚國了。」

魏安釐王十一年，秦昭王謂左右曰：「今時韓、魏與秦孰強？」對曰：「不如秦強。」王曰：「今時如耳、魏齊與孟嘗、芒卯孰賢？」對曰：「不如孟嘗、芒卯之賢。」王曰：「以孟嘗、芒卯之賢，率強韓、魏以攻秦，猶無奈寡人何也；今以無能之如耳、魏齊，而率弱韓、魏以伐秦，其無奈寡人何亦明矣！」左右皆曰：「然！」申旗❶伏瑟而對曰：「王之料天下，過矣。當六晉❷之時，智氏最強，滅范、中行氏，又率韓、魏之兵以圍趙襄子於晉陽，決晉水以灌晉陽之城，不滿者三板。智伯行水，魏宣子御，韓康子為驂乘。智伯曰：『吾始不知水可以亡人國也，乃今知之！汾水可以灌安邑，絳水可以灌平陽。』魏宣子肘韓康子，康子履魏宣子之足，肘足接於車上，而智氏分，身死國亡，為天下笑。今秦雖強，不過智氏；韓、魏雖弱，尚賢其在晉陽之下也。此方其用肘足之時，願王之必勿是也！」於是秦王恐。

【章　旨】本章講不可過高估計自己的力量，過低估計別人的力量。

【注　釋】❶中旗　當作「中旗」或「中期」，秦之辯士，或以為即鍾子期。❷六晉　晉國有六家世卿：范氏、中行氏、智氏、韓氏、趙氏、魏氏，故名。

【語　譯】魏安釐王十一年，秦昭王問身邊人說：「現在韓、魏與秦國相比，哪個強大？」回答說：「不如秦國強大。」昭王又問：「現在的如耳、魏齊與孟嘗、芒卯相比，哪個賢能？」回答說：「不如孟嘗、芒卯賢能。」昭王說：「用孟嘗、芒卯那樣的賢人，率領強大的韓、魏軍隊來攻打秦國，也不能把我怎樣，現在用不如如耳、魏齊的人率領已經衰弱的韓、魏軍隊來攻打秦國，更不能把我怎樣，這是明擺著的。」身邊人都說：「對！」中期伏在瑟上回答說：「您對天下的事估計錯了。在晉國六卿都還在的時候，智氏最強大，滅了范氏和中行氏，又率領韓、魏的軍隊把趙襄子圍困在晉陽，決開晉水來淹晉陽城，水離城頭只差三塊築城的夾版高。智伯在水中經過，魏宣子給他駕車，韓康子在車上作陪，智伯說：『我原來不知道用水可以消滅別人的國家，現在才知道可以。汾水可以淹安邑，絳水可以淹平陽。』魏宣子用手肘碰韓康子，韓康子踩魏宣子的腳，肘和腳在車上一接觸，而智氏被分裂，身死國亡，成為天下人的笑柄。現在秦國雖然強大，但比不過智氏，韓、魏雖然弱小，但比當日趙襄子在晉陽城下強。現在正是他們用肘、足相接的時候，希望您一定不要輕視。」於是秦王感到畏懼。

魏公子牟東行，穰侯❶送之，曰：「先生將去冉之山東❷矣，獨無一言以教冉乎？」魏公子牟曰：「微君言之，牟幾忘語君。君知夫官不與勢期，而勢自至乎？勢不與富期，而富自至乎？富不與貴期，而貴自至乎？貴不與驕期，而驕自至乎？驕不與罪期，而罪自至乎？罪不與死期，而死自至乎？」穰侯曰：「善！敬受明教。」

【章　旨】本章講罪惡往往與權勢富貴相伴而生，為官者對此尤須謹慎。

【注　釋】❶穰侯　姓魏名冉，戰國秦相，其姊為秦昭王之母，封於穰，故名。❷山東　太行山以東。

【語　譯】魏公子牟要往東邊去，穰侯送他，說：「先生要離開魏冉到山東去了，難道連一句話也不肯對我說嗎？」魏公子牟說：「你如果不說，我差一點忘記對你講。你知道官職與權勢並未約會，而權勢自然來到嗎？權勢並未與財富約會，而財富自然來到嗎？財富與尊貴並未約會，而尊貴自然來到嗎？尊貴與驕慢並未約會，而驕慢自然來到嗎？驕慢與罪過並未約會，罪過自然來到嗎？罪過與死亡並未約會，而死亡自然來到嗎？」穰侯說：「說得正確！我衷心接受您高明的教誨。」

高尚尊貴，無以驕人；聰明聖智，無以窮人；資給❶疾速，無以先人；剛毅勇猛，無以勝人。不知則問，不能則學。雖智必質，然後辯之；雖能必讓，然後為之。故士雖聰明聖智，自守以愚；功被天下，自守以讓；勇力距❷世，自守以怯；富有天下，自守以廉。此所謂高而不危，滿而不溢者也。

【章　旨】本章從諸多方面，闡明明哲保身的道理。

【注　釋】❶資給　敏銳；反應迅速。❷距　同「拒」。

【語　譯】處於尊貴地位的人，不要傲慢對人；聰明多智的人，不要設陷阱坑人；反應迅速的人，不要事事走在人前；剛強勇猛的人，不要把別人壓在自己之下。不知道的就要請教，不會做的就要學習。雖然懂得但一定要先請教別人，然後再講出自己的道理；雖然會做但一定要謙讓一番，然後再去進行。所以，士人雖然聰明多智慧，總是以愚拙的恣態出現；功勞雖然非常大，總是以恭謙的態度對待；勇力雖然足以抗拒世人，總是顯出怯弱的樣子；擁有天下所有的財富，也總是注意節儉。這便是所說的處於高位而不危殆，已經盈滿而不漫溢出來。

齊桓公為大臣具酒，期以日中。管仲後至，桓公舉觴以飲之，管仲半棄酒。桓公曰：「期而後至，飲而棄酒，於禮可乎？」管仲對曰：「臣聞酒入者舌出，舌出者言失，言失者身棄。臣計棄身不如棄酒。」桓公笑曰：「仲父起就坐。」

【章　旨】本章講酒能誤事，應當節飲。

【語　譯】齊桓公為大臣準備下酒筵，約定正午開始。管仲遲到了，桓公舉起酒杯要管仲把酒喝下去，管仲喝了一半潑了一半，桓公說：「約定了時間卻遲到，酒喝一半潑一半，這合禮嗎？」管仲說：「我聽說酒喝進去舌頭就管不住了，舌頭管不住就會說一些不當說的話，說了不當說的話自己就會被拋棄（處死）。我考慮了一下，與其丟了自己，不如丟了酒。」桓公笑著說：「仲父起來就坐。」

楚恭王與晉厲公戰於鄢陵之時，司馬子反渴而求飲，豎穀陽❶持酒而進之。子反曰：「退！酒也。」穀陽曰：「非酒也。」子反又曰：「退！酒也。」穀陽又曰：「非酒也。」子反受而飲之，醉而寢。恭王欲復戰，使人召子反，子反辭以心疾。於是恭王駕往。入幄，聞酒臭，曰：「今日之戰，不穀親傷，所恃者司馬；司馬至醉如此，是亡❷吾國，而不恤吾眾也。吾無以復戰矣！」於是乃誅子反以為戮，還師。夫穀陽之進酒也，非以妒子反，忠愛之而適足以殺之。故曰：「小忠，大忠之賊也；小利，大利之殘也。」

【章　旨】本章說明了「小忠，大忠之賊也；小利，大利之殘也」的道理。

【注釋】❶豎穀陽　豎是家僮，豎穀陽又稱穀陽豎。❷亡　同「忘」。

【語譯】楚恭王與晉厲公在鄢陵交戰的時候，司馬子反口乾要水喝，小僮穀陽把酒送了進去。子反說：「拿走！這是酒。」穀陽說：「這不是酒。」子反又說：「拿走！這是酒。」穀陽又說：「這不是酒。」子反接下來喝了，醉倒睡下。恭王要再戰，派人去叫子反，子反推說心臟有病不肯去。於是恭王親自到子反帳中。進入幃帳，聞到酒氣，說：「今天的戰鬥，我受了傷，依靠的是司馬；司馬醉成這樣，說明他忘記了我們國家，也不憐憫我們眾將士。我無法再打了！」於是殺了子反，昭示罪狀，收兵回朝。那穀陽送酒給子反喝，並不是嫉妒子反，是忠於他愛護他，卻恰恰害死了他。所以說：「小忠是妨害大忠的；小利是損傷大利的。」

好戰之臣，不可不察也，羞小恥以構大怨，貪小利以亡大眾。《春秋》有其戒，晉先軫是也。先軫欲要❶功獲名，則以秦不假道之故，請要❷秦師。襄公曰：「不可！夫秦伯與吾先君有結。先君一日薨，而興師擊之，是孤之負吾先君，敗鄰國之交而失孝子之行也。」先軫曰：「先君薨而不弔贈，是無哀吾喪也；興師徑吾地而不假道，是弱吾孤也。且柩畢尚薄屋❸，無哀吾喪也與師。」卜曰：「大國師將至，請擊之。」則聽先軫興兵，要之殽，擊之，匹馬隻輪無脫者。大結怨構禍於秦。接刃流血，伏尸暴骸，糜爛國家，十有餘年，卒喪其師眾，禍及大夫，憂累後世。故好戰之臣，不可不察也。

【章旨】本章講「羞小恥以構大怨，貪小利以亡大眾」，特別提醒好戰之人注意這一點。

【注釋】❶要　求取。❷要　半路攔截。❸且柩畢尚薄屋　此句不通。譯文取其大意。

【語　譯】好戰的臣子，不可不懂得這一點：忍受不了小恥辱會結下大仇怨，貪圖小利會失去大眾。《春秋》對此有所警戒，晉國的先軫便是例子。先軫想取得功勞獲得名聲，便以秦國不向晉國借道行軍為由，請求攔截秦軍，襄公說：「不可。秦伯與我死去的父親有盟約，我父親剛去世便起兵襲擊秦軍，這使我辜負了我的父親，破壞了與鄰國的關係，失去了孝子應有的德行。」先軫說：「先王去世，他們不弔唁饋贈，這是對我國的喪事不表示同情；起兵直接通過我國地盤而不向我國借道，這是欺負我國孤弱。先君的靈柩尚未安葬，他們不僅不表哀悼，反而要興師動眾。」卜卦的結論是：「大國的軍隊將要到來，請迎擊。」於是聽從先軫起兵，在殽進行攔截，襲擊秦兵，使他們沒逃脫一匹馬一輛車，從此與秦國結下了深仇大恨。後來兩國交戰流血，屍橫遍野，國家慘遭破壞，一直持續了十多年，最後晉國喪失了軍隊，災禍延及大夫，憂患牽連到後世。所以說，好戰的大臣，不能不對此有所了解啊。

魯哀公問孔子曰：「予聞忘之甚者，徙而忘其妻，有諸乎？」孔子對曰：「此非忘之甚者也，忘之甚者忘其身。」哀公曰：「可得聞與？」對曰：「昔夏桀貴為天子，富有天下，不修禹之道，毀壞辟法，裂絕世祀，荒淫于樂，沈酗于酒。其臣有左師觸龍者，諂諛不正。湯誅桀，左師觸龍者身死，四肢不同壇而居：此忘其身者也。」哀公愀然變色，曰：「善！」

【章　旨】本章講貪于淫樂者是連自身也忘記了的人，這種人沒有好下場。

【語　譯】魯哀公問孔子說：「我聽說有個特別健忘的人，搬家的時候忘了把妻子帶走，有這回事嗎？」孔子回答說：「這不是最健忘的，最健忘的連自己也忘記了。」哀公說：「可以說給我聽聽嗎？」回答說：「從前夏桀身為尊貴的天子，擁有天下的財富，卻不按大禹的方法去做，毀壞法令，割斷傳統，縱情淫樂，酗酒貪杯，他的臣子左師觸龍，也一味奉承他而不行正道。商湯殺了夏桀，左師觸龍也死了，他的四肢被撕開葬埋在四個土壇中，這便是忘記了自己的人。」哀公臉色大變，說：「您說得好。」

孔子之周，觀於太廟❶。右陛之前，有金人焉，三緘其口，而銘其背曰：「古之慎言人也。戒之哉！戒之哉！無多言，多言多敗；無多事，多事多患。安樂必戒，無行所悔。勿謂何傷，其禍將長；勿謂何害，其禍將大；勿謂何殘，其禍將然；勿謂莫聞，天妖伺人。熒熒不滅，炎炎奈何；涓涓不壅，將成江河；綿綿不絕，將成網羅；青青不伐，將尋斧柯。誠不能慎之，禍之根也；曰是何傷，禍之門也。強梁者不得其死，好勝者必遇其敵，盜怨主人，民害其貴。君子知天下之不可蓋也，故後之、下之，使人慕之❷，執雌❸持下，莫能與之爭者。人皆趨彼，我獨守此；眾人惑惑，我獨不徙；內藏我知，不與人論技；我雖尊高，人莫害我。夫江河長百谷者，以其卑下也。天道無親，常與善人。戒之哉！戒之哉！」孔子顧謂弟子曰：「記之！此言雖鄙，而中事情。《詩》曰：『戰戰兢兢，如臨深淵，如履薄冰。』❹行身如此，豈以口遇禍哉！」

【章　旨】本章主張謹言慎行，小心處世。又主張對禍患要防微杜漸，勿使滋漫。

【注　釋】❶太廟　天子之祖廟。❷使人慕之　此句之前，《孔子家語》有「溫恭慎德」四字，於文意為長。❸執雌　居下位。❹戰戰兢兢三句　見《詩經．小雅．小旻》。

【語　譯】孔子到周王國去，參觀太廟。太廟的右臺階前，立著一個金屬鑄的人，它的口閉得緊緊的，背後刻有銘文說：「這是古代說話小心的人，要警惕啊！要警惕啊！不要多說話，多說話多壞事；不要多惹事，多惹事多禍患。享安樂的人必須警戒，不要做出後悔的事情。不要說這又有何傷，這樣禍患長又長；不要說這又有何害，這樣大禍便到來；不要說這又有何損，這樣禍患將發生；不要說做事無人聞，上天鬼怪窺伺人。熒熒小火不撲滅，燒成炎炎大火怎奈何；涓涓細流不堵住，將會匯成大江河；綿綿絲縷不割斷，多了可以織網羅；青青小樹不砍伐，長大就得用斧柯。不小心謹慎，確實是災禍的根苗；認為不要緊，便打開了災禍的大門。強暴的人不得好死，好勝的人必遇強敵。強盜怨恨主人，百姓仇視尊貴者。君子知道自己不可能勝過天下人，所以遇事向後一點，態度謙卑一點，自己溫和恭謹修養德行，使別人敬慕，甘居人下，便無人與自己相爭。別人都追求那，我獨自守住這；別人都迷迷糊糊，我獨自堅定不移；自己的智慧隱藏不露，不與別人比技藝。這樣，自己地位雖很高，別人也不會加害。江河之所以長於所有的峽谷，因為它勢處卑下。上天不偏親偏愛，常幫助行善的人。要警惕啊！要警惕啊！」孔子對弟子說：「這些話雖然粗鄙，但符合事理。《詩經》說：『戰戰兢兢，像面臨著深淵，像腳踏著水上的薄冰。』如果像這樣做人，難道會因口得禍嗎？」

魯哀侯棄國而走齊。齊侯曰：「君何年之少而棄國之蚤？」魯哀侯曰：「臣始為太子之時，人多諫臣，臣受而不用也；人多愛臣，臣愛而不近也。是則內無聞而外無輔也。是猶秋蓬惡於根本而美於枝葉，秋風一起，根且拔矣。」

【章　旨】本章講表面顯赫而失去人心的人，就像秋蓬一樣，惡於根本而美於枝葉，一旦秋風起，便會連根拔。

【語　譯】魯哀侯丟掉了君位而投奔齊國，齊侯問：「您為什麼這麼年輕便丟掉了國家？」魯哀侯說：「我當初作太子的時候，許多人規勸我，我雖然聽了卻未採用；許多人愛戴我，我卻愛他們而不親近他們。這樣一來，我在內得不到消息，在外得不到幫助。就好像秋天的蓬草一樣，根本壞了而枝葉還很茂盛，秋風一起，根就會拔出。」

孔子行遊，中路聞哭者聲，其音甚悲。孔子曰：「驅之！驅之！前有異人音。」少進，見之，丘吾子也。擁鐮帶索而哭。孔子辟車而下問曰：「夫子非有喪也，何哭之悲也？」丘吾子對曰：「吾有三失。」孔子曰：「願聞三失。」丘吾子曰：「吾少好學問，周遍天下，還後，吾親亡，是一失也；事君奢驕，諫不遂，是二失也；厚交友而後絕，是三失也。樹欲靜乎風不定，子欲養乎親不待。往而不來者，年也；不可得再見者，親也。請從此辭！」則自刎而死。孔子曰：「弟子記之，此足以為戒也。」於是弟子歸養親者十三人。

【章　旨】本章宣揚孝道。

【語　譯】孔子出遊，途中聽到有人啼哭，聲音十分悲痛。孔子說：「快趕車！快趕車！前面的哭聲不尋常。」車跑了不遠，看到一個人，叫丘吾子，他拿著鐮刀帶著繩子在哭。孔子離開座位下車問道：「你家中莫不是死了人吧，為什麼哭得這樣傷心？」丘吾子回答說：「我有三大損失。」孔子說：「希望聽聽這三大損失。」丘吾子說：「我從小喜歡學習，周遊天下，回來時，父母死了，這是一失；我事奉的君王驕縱奢侈，我勸阻沒有成功，這是二失；原來交了很多朋友而後來斷了往來，這是三失。樹想靜止不動但風不能停住，兒子想奉養雙親但雙親不能等待。去了不再回來的，是歲月；不能夠再見到的，是雙親。我就要從此離去了。」於是自刎而死。孔子說：「弟子們記住，此事足以作鑒戒。」於是有十三個弟子回家奉養雙親。

孔子論《詩》，至於〈正月〉❶之六章，戄然曰：「不逢時之君子，豈不殆哉！從上依世則廢道；違上離俗則危身；世不與善，己獨由之，則曰非妖則孽❷也。是以桀殺關龍逢，紂殺王子比干。故賢者不遇時，常恐不終焉。《詩》曰：『謂天蓋高，不敢不跼❸；謂地蓋厚，不敢不蹐❹。』此之謂也。」

【章旨】本章講正派君子難處昏暗之世。

【注釋】❶正月 是《詩經·小雅》中的一篇。❷非妖則孽 統言之，怪異邪惡之事皆稱妖孽。析言之，草木之類稱妖，蟲豸之類稱孽。❸跼 彎曲。❹蹐 小步走路。以上所引見《詩經·小雅·正月》。

【語譯】孔子評論《詩經》，評到〈正月〉的第六章時，驚歎說：「沒碰上好機會的君子，不是很為難嗎？順從在上位的，跟隨世俗，便要違犯正道；不順從在上位的，脫離世俗，便會損害自身；世人都不向善，自己一人做好事，別人就會說你不是妖便是孽。所以夏桀殺害關龍逢，商紂殺害王子比干。因此賢人若時運不好，就經常擔心不得善終。《詩經》說：『天雖然很高，但不敢不彎曲著腰身；地雖然很厚，但不敢不小步行走。』說的便是這種情況。」

孔子見羅者❶，其所得者，皆黃口❷也。孔子曰：「黃口盡得，大爵❸獨不得，何也？」羅者對曰：「黃口從大爵者，不得；大爵從黃口者，可得。」孔子顧謂弟子曰：「君子慎所從，不得其人，則有羅網之患。」

【章旨】本章講跟人要謹慎。

【注釋】❶羅者 捕鳥的人。❷黃口 幼小者。❸爵 同「雀」。

【語譯】孔子看到一個捕鳥的人，捉到的盡是小雀。孔子問：「盡捉的小雀，大雀卻捉不到，這是為什麼？」捕鳥人回答說：「小雀跟隨著大雀，捉不到，大雀若跟隨著小雀，可以捉到。」孔子回頭對弟子說：「君子跟人要慎重，若是跟錯了人就會遭進羅網的禍患。」

修身正行，不可以不慎。嗜欲使行虧，讒諛亂正心，眾口使意回。憂患生於所忽，禍起於細微，汙辱難湔灑，敗事不可復追，不深念遠慮，後悔當幾何。夫徼幸者，伐性之斧也；嗜欲者，逐禍之馬也；謾諛者，窮辱之舍也；取虐於人者，趨禍之路也。故曰：「去徼幸，務忠信，節嗜欲，無取虐於人，則稱為君子，名聲常存。」怨生於不報，禍生於多福，安危存於自處，不困在於早豫，存亡在於得人。慎終如始，乃能長久；能行此五者，可以全身。「己所不欲，勿施於人」，是謂要道也。

【章　旨】本章從多方面闡明修身正行的道理。

【語　譯】修養自身，端正行為，不可不謹慎。嗜好欲望能使行止虧損，吹吹拍拍能把人心引向邪路，你一言我一語能使人改變想法。憂患從被人輕忽之處產生，災禍在細小的地方釀成。有了汙點難以洗刷，事做錯了難以補救，不深思熟慮，後悔的事會有多少？求利不止，是砍伐理性的斧子；貪婪無厭，是追逐禍害的奔馬；欺騙奉承，是窘困羞辱的館舍；虐待別人，是通往災禍的大路。所以要去掉徼幸心理，講求忠誠信用，節制嗜好欲望，不虐待別人，這樣便可稱得上君子，好名聲常留人間。仇恨產生於不肯報恩，禍患產生於享福太多，是安是危決定於自己如何處世，不陷入困境在於早作準備，是存是亡在於是否得到別人的擁護和幫助。能始終如一謹慎行事，便能保持長久。能做到這五點的，可以保全自身。自己不要的，不要送給別人，這是重要的準則。

顏回將西遊，問於孔子曰：「何以為身？」孔子曰：「恭敬忠信，可以為身。恭則免於眾，敬則人愛之，忠則人與之，信則人恃之。人所愛、人所與、人所恃，必免於患矣，可以臨國家，何況於身乎！故不比數而比疏，不亦遠乎？不修中而修外，不亦反乎？不先慮事，臨難乃謀，不亦晚乎？」

【章旨】本章講「恭敬忠信」可以全身，並指出為人處事應當親親、修中、深謀遠慮。

【語譯】顏回將要到西邊去，問孔子說：「怎樣才能保全自己？」孔子說：「恭敬忠信，可以保全自己。對別人謙遜有禮，可免遭眾人之害；尊敬別人，別人就會愛戴你；為別人竭心盡力，別人便與你親近；講信用，就受別人信賴。被人愛戴，被人親近，被人信賴，就一定不會遭到災禍。這樣的人可以治理國家，何況保全自身呢？所以，不親近親密的而親近疏遠的，不是太遠了嗎？不整治內部而整治外部，不是搞反了嗎？不事先把事情想好，遇到危難才去設法，不是太晚了嗎？」

凡司其身，必慎五本：一曰柔以仁，二曰誠以信，三曰富而貴毋敢以驕人，四曰恭以敬，五曰寬以靜。思此五者，則無凶命，用能治敬以助天時，凶命不至而禍不來。敬人者，非敬人也，自敬也；貴人者，非貴人也，自貴也。昔者，吾嘗見天雨金、石與血；吾嘗見四月、十日並出，有與天滑❶；吾嘗見高山之崩，深谷之窒，大都王宮之破，大國之滅；吾嘗見高山之為裂，深淵之沙竭，貴人之車裂；吾嘗見稠林之無木，平原為谿谷，君子為御僕；吾嘗見江河乾為坑，正冬采榆桑，仲夏雨雪霜，千乘之君、萬乘之主，死而不葬。是故君子敬以成其名，小人敬以除其刑。奈何無戒而不慎五本哉！

【章旨】本章講持身慎「五本」，可以免災禍，可以成功名。

【注釋】❶有與天滑　語意不明。

【語譯】凡想管好自己的人，必須謹慎對待五項做人的根本：一是溫和仁愛，二是誠實講信用，三是富有尊貴而不傲視別人，四是恭謙謹慎，五是胸懷寬闊寧靜。考慮到這五點，便不會遭逢凶險的命運，發揮才能，辦事謹慎，借以輔助天時，厄運和災禍便不會到來。恭敬待人，所敬的並不是別人，而是自己；尊重別人，所尊的並不是別人，而是自己。從前，我曾經看見天上降下金、石和血；我曾經看見四個月亮、十個太陽同時出現；我曾經看到高山崩潰，深谷堵塞，大城王宮毀壞，大國覆滅；我曾經看見高山崩裂，深淵無水變成沙地；我曾經看見稠密的樹林沒有樹木，平原變為河谷，在上位的人成了僕人車夫；我曾經看見江河乾枯成了坑道，嚴冬採摘榆樹和桑樹的葉子，仲夏降下雪和霜，擁有千乘戰車的國君，擁有萬乘戰車的人主，死了得不到埋葬。所以在上的人持身謹慎可以成就功名，在下的人持身謹慎可以免遭刑罰，為什麼不警戒、不慎重對待五項根本呢？

魯有恭士名曰机氾，行年七十，其恭益甚，冬日行陰，夏日行陽，市次不敢不行❶；參行必隨，坐必危，一食之間三起不羞❷；見衣裘褐之士，則為之禮。魯君問曰：「机子年甚長矣，不可釋恭乎？」机氾對曰：「君子好恭，以成其名；小人學恭，以除其刑。對君之坐，豈不安哉，尚有差跌；一食之上，豈不美哉，尚有哽噎。今若氾所謂幸者也，固未能自必。」

鴻鵠飛沖天，豈不高哉，矰繳尚得而加之；虎豹為猛，人尚食其肉、席其皮。譽人者少，惡人者多。行年七十，常恐斧質之加於氾者，何釋恭為！」

【章旨】本章講恭謙可以使人「成其名」、「除其刑」，即使到老，也不可改變恭謙的態度。

【注釋】❶不行　意不明。譯文取大意。❷不羞　二字疑衍。

【語譯】魯國有位恭謙之士，名叫机氾，活到七十歲了，愈來愈謹慎。冬天揀陰冷的地方行走，夏天揀烈日曝曬的地方行走，在街市上不敢與人並肩而行，三人同行他必定尾隨在後，坐著的時候姿勢一定端正，吃一頓飯要多次站立起來，看到穿粗布衣的士人，也要行禮。魯君問他：「您的年紀已經很大了，不能改改這恭謹的態度嗎？」机氾回答說：「君子喜歡恭謙，借以成就功名；小人學習恭謙，借以避免刑罰。面對君王坐著，還不安穩嗎？但有時會跌倒；吃上一頓好飯，還不舒服嗎？但有時會哽噎。現在像我這樣的人，就是人們所說的幸運者了，但實在不能說這幸運一定能維持到底。大雁能衝破雲天，還不高嗎，但箭能射到牠；虎豹最為兇猛，人還可以吃牠的肉，把牠的皮革作墊席。稱贊人的人少，毀傷人的人多，我活了七十歲，常常擔心刑罰落到我身上，為什麼要丟掉恭謹呢？」

成回學於子路三年，回恭敬不已。子路問其故何也，回對曰：「臣聞之：行者比鳥，上畏鷹鸇❶，下畏網羅。夫人為善者少，為讒者多，若身不死，安知禍罪不施？行年七十，常恐行節之虧。回是以恭敬待大命❷。」子路稽首曰：「君子哉！」

【章旨】本章講做人自始至終要保持恭敬態度。

【注釋】❶鷹鸇　兩種兇猛的鳥。❷大命　壽命。

【語　譯】成回跟子路學習三年，態度始終非常恭敬，子路問他為什麼要這樣，成回回答說：「我聽說，做人就像鳥在天空飛行，上怕鷹鸇，下怕羅網。世上的人，做好事的少，說別人壞話的多，只要還活著，怎知罪禍不降臨到自己身上？人活到七十歲，還常常擔心自己的品行節操有缺失，因此我以恭敬的態度來渡過自己的生命。」子路叩拜說：「您真是位君子啊！」

卷一

善說

【題解】本篇論述了講究「談說之術」的重要性，介紹了巧妙使用語言說服別人的技巧和方法；記敘了各種能言善辯的故事。

孫卿❶曰：「夫談說之術，齊莊以立之，端誠以處之，堅強以持之，譬稱以諭之，分別以明之，歡欣憤滿❷以送之，寶之，珍之，貴之，神之。如是，則說常無不行矣。夫是之謂能貴其所貴。《傳》曰：『唯君子為能貴其所貴也。』❸《詩》云：『無易由言，無曰苟矣。』❹」

鬼谷子❺曰：「人之不善而能矯之者難矣。說之不行，言之不從者，其辯之不明也；既明而不行者，持之不固也；既固而不行者，未中其心之所善也。辯之，明之，持之，固之，又中其人之所善，其言神而珍，白而分，能入於人之心，如此而說不行者，天下未嘗聞也。此之謂善說。」子貢曰：「出言陳辭，身之得失，國之安危也。」《詩》云：「辭之繹矣，民之莫矣。」❻夫辭者，人之所以通也。主父偃❼曰：「人而無辭，安所用之？」昔子產修其辭而趙武致其敬❽，王孫滿明其言而楚莊以慚❾，蘇秦行其說而六國以安❿，蒯通陳其說而身得以全⓫。夫辭者，乃所以尊君、重身、安國、全性者也。故辭不可不修，而說不可不善。

【章旨】本章概述如何用好語言，並闡明使用好語言的重大意義。

【注釋】❶孫卿　即荀況。❷憤滿　即憤盈，充溢積滿。❸唯君子能貴其所貴也　見《韓詩外傳．五》。❹無易由言二句　見《詩經．大雅．抑》。❺鬼谷子　戰國時縱橫家。居鬼谷，故名。❻辭之繹矣二句　見《詩經．大雅．板》。❼主父偃　齊人，戰國時縱橫家。❽子產修其辭而趙武致其敬　據《左傳．襄公二十五年》載：鄭國戰勝陳國，鄭子產獻捷於晉，晉人多方責難，子產巧言答辯。晉執政趙武認為子產言之有理，遂承認鄭國伐陳之功。❾王孫滿明其言而楚莊以慚　據《左傳．宣公三年》載：楚莊王伐陸渾之戎，觀兵於周疆，周定王使王孫滿勞軍。楚莊王問象徵周天子權力的鼎的輕重大小，意欲偪周取天下。王孫滿義正辭嚴地指出，鼎之大小輕重在於君王之德，不在鼎本身。❿蘇秦行其說而六國以安　蘇秦曾聯合東方六國抗秦，使秦不能東侵。詳見《史記．蘇秦列傳》。⓫蒯通陳其說而身得以全　蒯通曾勸韓信反叛劉邦，未成，後韓信被殺，此事洩露，劉邦捕到蒯通，蒯通以各為其主為由替自己辯護，劉邦遂釋其罪。詳見《史記．淮陰侯列傳》。

【語譯】孫卿說：「說話的藝術，要嚴肅慎重地確立自己的觀點，端莊誠懇地與人打交道，堅定不移地堅持自己的看法，運用比喻來說明道理，條分縷析地陳說內容，歡快激昂地表達感情；要使聽的人把所說的話視為寶物，視為珍稀，視為貴重，視為神奇。像這樣，所說的話就無有不被採用的。這就叫做能發揮自己的特長。《韓詩外傳》上說：『唯有有德之人能發揮自己的特長』。《詩經》上說：『不要輕易說話，不要隨便議論』。」鬼谷子說：「一個人不好，想要把他糾正過來，是很難的。主張不被採用，說的話別人不聽，是因為道理未講清楚；道理講清了還不被採用，是因為持論不堅決；持論堅決仍不被採用，是因為未投合聽話人所好。反覆申辯，把道理說清楚，堅持自己的看法，不動搖自信心，又投合聽話人之所好，所說的話靈驗而珍貴，明白而有條理，能打動人心，像這樣還不被採納，天下沒聽說過。這就叫善說。」子貢說：「一個人說出的話，關係到個人的得失，國家的安危。」《詩經》上說：「君王講錯一句話，老百姓就會遭殃。」語言，是人類的交際工具。主父偃說：「人沒有語言，用什麼相溝通？」從前子產善於講話而趙武對他表示敬重，王孫滿講清了道理而楚莊王感到羞慚，蘇秦推行自己的主張而六國獲得安寧，蒯通擺出了理由而保全了自身。語言，是用來尊崇君王、抬高自己、安定國家、保全理性的工具。所以語言不可不講究，遊說的本領不可不完善。

趙使人謂魏王曰：「為我殺范痤❶，吾請獻七十里之地。」魏王曰：「諾！」使吏捕之，圍而未殺。痤自上屋騎危❷，謂使者曰：「與其以死痤市❸，不如以生痤市。有如痤死，趙不與王地，則王奈何？故不若與定割地，然後殺痤。」魏王曰：「善！」痤因上書信陵君曰：「痤故魏之免相也，趙以地殺痤而魏王聽之，有如強秦亦將襲趙之欲，則君且奈何？」信陵君言於王而出之。

【章　旨】本章記范痤以聰明智慧和有說服力的語言，保全了自己的性命。

【注　釋】❶為我殺范痤　趙王使人請魏王殺范痤事，詳見《戰國策．魏策》。❷危　屋頂最高處。❸市　交換。

【語　譯】趙王派人對魏王說：「為我把范痤殺掉，我將獻出七十里土地給魏國。」魏王說：「可以。」派官吏逮捕范痤，官吏圍住范痤尚未殺害。范痤爬上屋頂坐在屋脊上對抓他的人說：「與其把死范痤拿去交換，不如把活范痤拿去交換。如果我死了，趙國不把土地給君王，君王怎麼辦？所以不如先把土地割定，然後再殺我。」魏王說：「這樣辦好。」范痤於是給信陵君寫信說：「我是魏國免了職的相，趙王用割讓土地的方法請魏王殺我而魏王居然聽從，假如強大的秦國沿用趙王的辦法來殺您，您將怎麼辦？」信陵君勸魏王放了范痤。

吳人入荊，召陳懷公。懷公召國人曰：「欲與荊者左，欲與吳者右。」逢滑❶當公而進曰：「吳未有福，荊未有禍。」公曰：「國勝君出，非禍而奚！」對曰：「小國有是猶復，而況大國乎？楚雖無德，亦不斬艾❷其民。吳日弊兵，暴骨如莽，未見德焉。天其或者正訓荊也。禍之適吳，何日之有！」陳侯從之。

【章旨】本章記逢滑在陳國何去何從的關鍵時刻，以明確堅定的語言闡明自己的遠見卓識，使陳君作出正確的抉擇。

【注釋】❶逢滑　陳大夫。❷艾　割。

【語譯】吳人攻入楚國後，招陳懷公前去相見。懷公召集陳國人，說：「要與楚國結交的站到左邊，要與吳國結交的站到右邊。」逢滑對著懷公上前說：「吳國未必得福，楚國未必有禍。」懷公說：「國家被別人戰勝，君王出逃在外，不是禍是什麼？」回答說：「小國遇到這種情況尚可恢復，何況大國呢？楚王雖無德性，也沒宰割百姓。吳軍日益疲弊，骸骨暴露在草莽之中，看不出吳王有什麼好德性。上天或許有意糾正和教訓楚國。災禍降臨吳國，哪會很久！」陳懷公聽從了逢滑的話。

桓公立仲父，致大夫曰：「善吾者，入門而右；不善吾者，入門而左。」有中門而立者。桓公問焉。對曰：「管子之知，可與謀天下；其強，可與取天下。君恃其信乎，內政委焉，外事斷焉，驅民而歸之，是亦可奪也。」桓公曰：「善！」乃謂管仲：「政則卒歸於子矣。

政之所不及，唯子是匡。」管仲故築三歸❶之臺，以自傷於民。

【章旨】本章記一場全面的分析使管仲執政而不擅權。

【注釋】❶三歸　參見〈尊賢〉篇。

【語譯】桓公立管仲為仲父，對大夫說：「贊成我的做法的人，進門向右；不贊成我的做法的人，進門向左。」有一個人站立在門當中。桓公問他何故，回答說：「管子的智慧，可以治天下；他的能力，可以奪天下。您信得過他的誠信嗎？內政委託給他，外事由他處理，使老百姓歸向他，這樣他就可能奪取您的位置。」桓公說：「對！」於是對管仲說：「政事最終還是歸您管，你管不到的地方，我來幫助你。」管仲於是修建三歸之臺，借以鞭策自己為百姓操勞。

齊宣王出獵於社山，社山父老十三人相與勞王。王曰：「父老苦矣！」謂左右：「賜父老田不租。」父老皆拜，閭丘先生獨不拜。王曰：「父老以為少耶？」謂左右：「復賜父老無徭役❶。」父老皆拜，閭丘先生又不拜。王曰：「拜者去，不拜者前。」曰：「寡人今日來觀，父老幸而勞之，故賜父老田不租。父老皆拜，先生獨不拜，寡人自以為少，故賜父老無徭役。父老皆拜，先生又獨不拜，寡人得無有過乎？」閭丘先生對曰：「惟聞大王來遊，所以為勞大王，望得壽於大王，望得富於大王，望得貴於大王。」王曰：「夫殺生有時，非寡人所得與也，無以壽先生；倉廩雖實，以備菑❷害，無以富先生；大官無缺，小官卑賤，無以貴先生。」閭丘先生對曰：「此非人臣所敢望也。願大王選良富家子有修行者以為吏，平其法度，如此，臣少可以得壽焉；春秋冬夏，振之以時，無煩擾百姓，如是，臣可少得以富焉；願大王出令，令少者敬長，長者敬老，如是，臣可少得以貴焉。今大王幸賜臣田不租，然則倉廩將虛也；賜臣無徭役，然則官府無使焉：此固非人臣之所敢望也。」齊王曰：「善！願請先生為相。」

【章　旨】本章著重表現了先製造懸疑，然後再加說明的語言技巧。

【注　釋】❶徭役　勞役；力役。❷菑　通「災」。

【語　譯】齊宣王到社山打獵，社山十三位老人一起來慰勞君王，宣王說：「你們辛苦了！」對身邊人說：「賜他們以後不交地租。」來的人都拜謝，唯有閭邱先生不拜。宣王問：「你們認為我的賞賜少了嗎？」便又對身邊人說：「再賜他們以後不服勞役，」來的人都拜謝，閭邱先生還是不拜。宣王說：「拜過了的離開，不拜的上前來。」說：「我今天來遊覽，你們辛辛苦苦來慰問，所以賜你們田畝不交租。大伙都拜謝，唯有你一人不拜，我以為你嫌少，所以賜你們不服勞役。大伙都拜謝，又唯有你一人不拜，我莫非有什麼過錯嗎？」閭邱先生回答說：「聽說您來遊覽，之所以前來慰勞，是希望從您這裡得到壽命，從您這裡得到財富，從您這裡得到尊貴。」宣王說：「生死有一定的時限，這不是我能給你的，無法使你長壽；國庫雖然裝滿，是用以防備災害的，無法使你富有；大官不缺員，小官又太卑賤，無法使你尊貴。」閭邱先生回答說：「這些都不是我敢企求的。我只希望您挑選善良富有家庭出身的有修養的人做官吏，執法公允，這樣，我就可以活得稍微長一點；春秋冬夏四季，按時發號令，不攪擾百姓，這樣，我就可以過得稍微富裕一點；希望您發布命令，令年輕的尊敬年長的，年長的尊敬年老的，這樣，我的地位就稍微有所提高。現在您賜我田畝不交租，像這樣國庫便會空虛；賜我不服勞役，像這樣官府就無人可供使用。這本不是我所敢企求的。」齊王說：「說得好！請你作我的相。」

孝武皇帝時，汾陰❶得寶鼎而獻之於甘泉宮。群臣賀上壽❷曰：「陛下得周鼎。」侍中虞邱壽王❸獨曰：「非周鼎。」上聞之，召，而問曰：「朕得周鼎，群臣皆以為周鼎，而壽王獨以為非，何也？壽王有說則生，無說則死。」對曰：「臣壽王安敢無說。臣聞夫周德始產於后稷❹，長於公劉❺，大於太王❻，成於文、武，顯於周公。德澤上洞天，下漏泉，無所不通。上天報應，鼎為周出，故名曰周鼎。今漢自高祖繼周，亦昭德顯行，布恩施惠，六合❼和同，至陛下之身逾盛，天瑞竝❽至，徵祥畢見。昔始皇帝親出鼎於彭城❾而不能得；天昭有德，寶鼎自至，此天之所以予漢，乃漢鼎非周鼎也。」上曰：「善！」群臣皆稱萬歲。是日，賜虞邱壽王黃金十斤。

【章　旨】本章表現了一種先抑後揚的語言技巧。

【注　釋】❶汾陰　漢縣名。在今山西省榮河縣北。❷上壽　祝賀。❸虞邱壽王　虞邱是姓，又作「吾丘」，壽王是名。❹后稷　周始祖。❺公劉　后稷曾孫。❻太王　古公亶父，周文王祖父。❼六合　天地四方。❽竝　同「並」。❾彭城　在今江蘇省銅山縣。

【語　譯】漢武帝時，在汾陰縣得到一個銅鼎，把它送到了皇帝居住的甘泉宮。群臣都來祝賀說：「陛下得到了周鼎。」侍中虞邱壽王卻說：「這不是周鼎。」武帝聽到後，把他叫來問道：「我得到周鼎，群臣也都認為是周鼎，而你卻認為不是，是什麼原因？你講得出道理可以活著，講不出道理就殺死你。」回答說：「我哪敢無理瞎說。我聽說周朝盛德，從后稷開始產生，至公劉有所發展，到太王得以光大，直到文王和武王才最後完成，由周公加以發揮顯揚。恩澤上通於蒼天，下通於黃泉，沒有地方不達到。上天為了回報，使鼎出現在周朝，所以叫做周鼎。現在，漢朝自從高祖繼承周朝大業，也發揚盛德美行，散布恩德仁愛，天下團結統一，到陛下這一代更為昌盛，上天的祥瑞接連到來，吉利的預兆全都顯現。從前秦始皇親自到彭城求鼎而不能得到，上天幫助有德之人，寶鼎自然出現，這是上天賜給漢朝的，乃是漢鼎而不是周鼎。」武帝說：「說得好！」群臣都歡呼萬歲。當天，賜給虞邱壽王黃金十斤。

晉獻公❶之時，東郭民有祖朝者，上書獻公曰：「草茅臣東郭民祖朝，願請聞國家之計。」獻公使使出告之曰：「肉食者❷已慮之矣，藿食者❸尚何與焉？」祖朝對曰：「大王獨不聞古之將曰桓司馬者朝朝其君，舉❹而晏。御❺呼車，驂❻亦呼車。御肘其驂曰：『子何越云為乎？何為籍❼呼車？』驂謂其御曰：『當呼者呼，乃吾事也；子當御正子之轡銜耳。子今不正轡銜，使馬卒然驚，妄轢❽道中行人。必逢大敵，下車免劍，涉血履肝者，固吾事也，子寧能避子之轡，下佐我乎？其禍亦及吾身，與有深憂，吾安得無呼車哉！』今大王曰『食肉者已慮之矣，藿食者尚何與焉』，設使食肉者一旦失計於廟堂之上，若臣等之藿食者，寧得無肝膽塗地於中原之野與？其禍亦及臣之身，臣與有其憂深，臣安得無與國家之計乎？」獻公召而見之，三日，與語，無復憂者。乃立以為師。

【章　旨】本章所記東郭祖朝的議論，以彼喻此，有較強的說服力。

【注　釋】❶晉獻公　春秋時晉國國君，名詭諸。❷肉食者　當官的人。❸藿食者　百姓。❹舉　行動。此指上車。❺御　駕車人。❻驂　陪乘。古代乘車，尊者居左，御者居中，陪乘居右。❼籍　向宗魯《說苑校證》注：「籍」猶藉也，皆有重義。❽轢 碾軋。

【語譯】晉獻公時，有一個姓東郭名祖朝的百姓，上書給獻公說：「草野百姓東郭祖朝，希望知道國家大計。」獻公派人出去告訴他說：「當官的已經謀劃好了，老百姓何須參預？」祖朝回答說：「大王難道沒聽說古代有個將軍叫桓司馬的，早晨要朝見君王，可遲遲不上車。他的車夫催他上車，他的陪乘也催他上車。車夫用手肘碰撞陪乘說：『你為什麼要超越職守？為什麼跟著我催叫？』陪乘對車夫說：『當催叫就應該催叫，這也是我的事。您應當把你的轡頭韁繩弄正，您現在若不把轡頭韁繩弄正，假使馬突然受驚，就會胡亂軋傷路上的行人。遇上大敵當前，下車摘下身上的佩劍投入戰鬥，踏著鮮血屍體向前，本來就是我的事，你難道能丟下你的韁繩，下車幫助我嗎？見君遲到的禍患也會涉及到我，我怎能不催他快上車呢？』現在大王說『當官的已經策劃好了，老百姓何必參預』，假如當官的在朝中一旦失策，像我這樣的平民百姓，能夠不慘死在中原的荒野上嗎？這些災禍也會涉及到我身上，我同樣有很深的憂慮，怎能不參與國家大事的謀劃？」獻公召見了他，和他談論了三天，心中再也沒有要擔心的事了。於是拜他為老師。

客謂梁王曰：「惠子❶之言事也善譬，王使無譬，則不能言矣。」王曰：「諾！」明日見，謂惠子曰：「願先生言事則直言耳，無譬也。」惠子曰：「今有人於此而不知彈者，曰：『彈之狀若何？』應曰：『彈之狀如彈。』則諭乎？」王曰：「未諭也。」「於是，更應曰：『彈之狀如弓，而以竹為弦。』則知乎？」王曰：「可知矣。」惠子曰：「夫說者，固以其所知諭其所不知，而使人知之。今王曰無譬，則不可矣。」王曰：「善！」

【章旨】本章借惠子之口，說明比譬的作用。

【注釋】❶惠子　即惠施，戰國名家，善辯。

【語　譯】有賓客對梁王說：「惠子講話善於打比方，您若讓他不打比方，他就不能講話。」梁王說：「好吧。」第二天見到惠子，對他說：「希望您講話直接一點，不要打比方。」惠子說：「現有人在這裡而不知道彈是怎樣的東西，問道：『彈的形狀怎樣？』回答的人說：『彈的形狀像彈。』這樣講明白了嗎？」梁王說：「未講明白。」「於是，換一種回答：『彈的形狀像弓，而用竹做弦。』這樣可以聽懂嗎？」梁王說：「可以聽懂。」惠子說：「說話的人，就是要把自己知道的告訴那些不知道的人，使別人了解。現在您要我不打比方，這可不行啊！」梁王說：「說的有理。」

孟嘗君寄客於齊王，三年而不見用，故客反謂孟嘗君曰：「君之寄臣也，三年而不見用，不知臣之罪也？君之過也？」孟嘗君曰：「寡人聞之：縷因針而入，不因針而急；嫁女因媒而成，不因媒而親。夫子之才必薄矣，尚何怨乎寡人哉？」客曰：「不然！臣聞周氏之嚳❶，韓氏之盧❷，天下疾狗也。見兔而指屬，則無失兔矣；望見而放狗也，則累世不能得兔矣。狗非不能，屬之者罪也。」孟嘗君曰：「不然！昔華舟、杞梁戰而死，其妻悲之，向城而哭，隅為之崩，城為之阤。君子誠能刑於內，則物應於外矣。夫土壤且可為忠，況有食穀之君乎？」客曰：「不然！臣見鷦鷯❸巢於葦苕❹，著之以髮，建之，女工不能為也，可謂完堅矣。大風至，則苕折卵破子死者，何也？其所託者使然也。且夫狐者，人之所攻也；鼠者，人之所燻也。臣未嘗見稷狐見攻、社鼠見燻也，何則？所託者然也。」於是孟嘗君復屬之齊王，齊王使為相。

【章　旨】本章以生動比喻，說明用人者對被用者、所託者對託人者所起的重大作用。

【注　釋】❶礜　又作「獒」。犬名。❷盧　又作「獹」。黑色犬。❸鷦鷯　鳥名。❹葦苕　蘆葦。

【語　譯】孟嘗君把一個賓客託付給齊王，三年而不被起用，所以賓客返回對孟嘗君說：「您把我託給別人，三年而不被起用，不知這是我的過失，還是您的錯誤？」孟嘗君說：「我聽說：線依靠針才能穿進所縫的衣物，但不依靠針把縫口拉緊；嫁姑娘依靠媒人才能成功，但男女雙方不依靠媒人而相互親熱。你一定是才幹低下，這怎能抱怨我呢？」賓客說：「不是這樣！我聽說周氏的礜，韓氏的盧，是天下跑得很快的狗。獵人平時看見兔子指點給狗看，那麼沒有一隻兔子跑得脫；若看見兔子後才把狗放開，那就會幾輩子也捉不到一隻兔子。並不是狗無能，而是使喚狗的人有過錯。」孟嘗君說：「不是這樣！杞梁的妻子對著城牆痛哭，城角為此崩潰，城牆為此倒塌。有德之人若真能修養好自身，那麼外物也會作出反應。泥土尚且能為人所動，何況吃糧食的君王呢？」賓客說：「不是這樣！我看見鷦鷯在蘆葦上築巢，用毛髮將巢纏住，所築的巢，女人的巧手都做不出來，可稱得上完美堅固的了。大風吹來，蘆葦折斷，鳥蛋打破，小鳥摔死，這是為什麼？這是所依託的東西使牠這樣的。狐狸，是人人要打的；老鼠，是人人要燻的。我沒看見穀神廟裡的狐狸被攻打，土地廟裡的老鼠被煙燻，為什麼？也是因為牠所依託的地方使牠這樣。」於是孟嘗君又把此人託付給齊王，齊王讓他作了相。

•

陳子說梁王，梁王說而疑之曰：「子何為去陳侯之國，而教小國之孤於此乎？」陳子曰：「夫善亦有道，而遇亦有時。昔傅說衣褐帶劍❶，而築於秕傳之城，武丁夕夢旦得之，時王也；甯戚飯牛康衢，擊車輻而歌〈碩鼠〉❷，桓公得之，時霸也；百里奚自賣五羊之皮，為秦人虜，穆公得之，時強也。論若三子之行，未得為孔子駿徒也，今孔子經營天下，南有陳、蔡之阸，而北干景公，三坐而五立，未嘗離也，孔子之時不行，而景公之時怠也。以孔子之聖不能以時行說之怠。亦獨能如之何乎？」

【章　旨】本章正反舉例，說明「遇亦有時」的道理。

【注　釋】❶劍　疑「索」之誤。傅說當時為刑徒，不可能帶劍。《墨子・尚賢》中下篇、《帝王世紀》皆作「帶索」，是其證。❷碩鼠　《詩經・魏風》篇名。

【語　譯】陳子游說梁王，梁王既高興又懷疑，問道：「你為什麼離開陳國而在這裡教導一個小國的君王？」陳子說：「人與人相親善有一定的緣分，個人的遭際要靠時運。從前傅說穿著粗布衣帶著繩索，在秕傅築城，武丁夜間夢見他早晨便找到他，時運使武丁稱王；甯戚餵牛，在大路上敲著車輪的輻條唱歌，碰上桓公，得以重用，時運使桓公稱霸；百里奚被賣了五張羊皮，成為秦國的俘虜，穆公得到了他，時運使秦國變得強大。論這三人的德行，都不能做孔子的好學生，現在孔子周遊列國，在南方陳、蔡二國間遭到危困，在北方求見齊景公時，景公雖然多次站起來領教，兩人不忍分開，但孔子時運不濟，景公也是個背時的人。像孔子這樣聖明的人，都不能碰上好運氣，我的主張不被（陳侯）採用，我又能怎麼樣？」

林既衣韋衣❶，而朝齊景公。齊景公曰：「此君子之服也？小人之服也？」林既逡循而作色曰：「夫服事何足以端士行乎？昔者，荊為長劍危冠，令尹子西出焉；齊短衣而遂偞之冠❷，管仲、隰朋出焉；越文身鬋❸髮，范蠡、大夫種出焉；西戎左衽而椎結，由余❹亦出焉。即如君言，衣狗裘者當犬吠，衣羊裘者當羊鳴，且君衣狐裘而朝，意者得無為變乎？」

景公曰：「子真為勇悍矣！今未嘗見子之奇辯也，一鄰之鬥也？千乘之勝也？」林既曰：「不知君之所謂者何也。夫登高臨危，而目不眴❺，而足不陵❻者，此工匠之勇悍也；入深淵，刺蛟龍，抱黿鼉❼而出者，此漁夫之勇悍也；入深山，刺虎豹，抱熊羆❽而出者，此獵夫之勇悍也；不難斷頭裂腹，暴骨流血中野者，此武夫之勇悍也。今臣居廣廷，作色端辯以犯主君之怒，前雖有乘軒❾之賞，未為之動也；後雖有斧質❿之威，未為之恐也：此既之所以為勇悍也。」

【章　旨】本章以歸謬法駁斥以衣著取人的謬誤，以排比法論述「勇悍」的類型，雄辯有力。

【注　釋】❶韋衣　熟皮作的衣服。❷遂偞之冠　冠名，又作「遂溝之冠」。形制未詳。❸鬋　又作「翦」。❹由余　賢士，原仕西戎，後歸秦穆公。❺眴　眨眼。❻陵　衰頹。❼黿鼉　居於水中的兩種爬行動物。❽羆　熊的一種，亦稱馬熊。❾軒　大夫所乘之車。❿質　同「鑕」。殺人作墊用的砧板。

【語　譯】林既穿著皮衣朝見齊景公。齊景公問：「這是君子的服裝？還是小人的服裝？」林既徘徊不前，面帶怒色回答：「從穿著怎能推測士人的德行？從前，楚國時興佩長劍戴高帽子，令尹子西產生在那裡；齊國時興穿短衣戴遂偞之冠，管仲、隰朋產生在那裡；越國時興在身上刺花紋，把頭髮剪短，范蠡、大夫種產生在那裡；西戎的衣襟從左邊開岔，頭髮挽成錐形，由余也產生在那裡。假若按您所說，穿狗皮衣的就應當作狗叫，穿羊皮衣的就應當作羊叫，而您穿狐皮衣上朝，能夠料定您不會起變化嗎？」景公說：「你真是勇敢強悍啊！到現在為止，我還沒見過像你這樣會說話的，你的勇氣是只敢與鄰人相鬥呢？還是能在千乘戰車作戰時取勝呢？」林既說：「不知您說的勇敢強悍是指什麼？登上絕高之處而眼不眨，腿不軟，這是工匠的勇敢強悍；入深淵，殺蛟龍，把黿鼉抱出來，這是漁夫的勇敢強悍；入深山，殺虎豹，把熊羆抱出來，這是獵人的勇敢強悍；不怕砍頭、剖腹、暴露屍骨，這是武士的勇敢強悍。現在我在大廷之下，面帶怒色，嚴辭爭辯，干犯主君的威怒，前面雖有封為大夫的賞賜，我不為之動心；後面雖有斷腰砍頭的刑罰，我不感到恐懼，這就是我林既的勇敢強悍。」

魏文侯與大夫飲酒，使公乘不仁為觴政❶，曰：「飲不嚼❷者，浮❸以大白❹。」文侯飲而不嚼，公乘不仁舉白浮君，君視而不應。侍者曰：「不仁退！君已醉矣。」公乘不仁曰：「《周書》曰：『前車覆，後車戒。』蓋言其危。為人臣者不易，為君亦不易。今君已設令，令不行，可乎？」君曰：「善！」舉白而飲，飲畢，曰：「以公乘不仁為上客。」

【章旨】本章記公乘不仁把小事提到大原則上分析，警戒君王言必有信。

【注釋】❶觴政　酒令。❷嚼　飲盡。❸浮　同「罰」。❹白　同「杯」。

【語譯】魏文侯與大夫一道飲酒，讓公乘不仁執掌酒令，說：「每次不把杯中酒喝乾的，罰一大杯。」文侯沒把酒喝乾，公乘不仁舉杯罰酒，文侯看著他卻不理睬。侍者說：「不仁退下，君王已經醉了。」公乘不仁說：「《周書》上說：『前車的覆轍，是後車的鑒戒。』這是講事物的危險。做人臣的不可輕忽，做君王的也不可輕忽。現在君王已經設下酒令，有令不行，可以嗎？」文侯說：「說得好！」舉杯而飲，飲完之後，說：「請公乘不仁作上客。」

襄成君始封之日，衣翠衣，帶玉劍，履縞舄❶，立于流水之上。大夫擁鐘錘，縣令執桴❷號令，呼誰能渡王者。於是也，楚大夫莊辛過而說之，遂造託而拜謁起立曰：「臣願把君之手，其可乎？」襄成君忿然作色而不言。莊辛遷延盥手而稱曰：「君獨不聞夫鄂君子晳❸之汎舟於新波之中也？乘青翰之舟，極萵芘❹，張翠蓋，而揄犀尾，班麗袿衽❺，會鐘鼓之音畢，榜枻❻越人擁楫而歌，歌辭曰：『濫兮抃草濫予昌枑澤予昌州州𩜱州焉乎秦胥胥縵予乎昭澶秦踰滲惿隨河湖。』鄂君子晳曰：『吾不知越歌，子試為我楚說之。』於是乃召越譯，乃楚說之曰：「今夕何夕兮搴舟中流，今日何日兮與王子同舟，蒙羞被好兮不訾詬恥，心幾頑而不絕兮得知王子，山有木兮木有枝，心說君兮君不知。』於是鄂君子晳乃揄❼修袂行而擁之，舉繡被而覆之。鄂君子晳親楚王母弟也，官為令尹，爵為執珪❽，一榜枻越人猶得交歡盡意焉。今君何以踰於鄂君子晳？臣獨何以不若榜枻之人？願把君之手，其不可何也？」襄成君乃奉手而進之曰：「吾少之時，亦嘗以色稱於長者矣，未嘗遇僇如此之卒❾也。自今以後，願以壯少之禮謹受命。」

【章旨】本章記莊辛以對比的手法說理，使襄成君折服。

【注釋】❶縞舃　白色綢緞做的鞋。❷桴　鼓槌。❸鄂君子晳　楚恭王子，曾為令尹，封於鄂。❹極萵芘　向宗魯《說苑校證》引孫仲容說：「極」疑當為「插」。萵當讀為幔。「芘」「蔽」聲近，義同。❺袿衽　衣的後襟叫袿，前襟叫衽。❻榜枻　舟楫。❼揄　拉；引。❽執珪　楚國爵位名。❾卒　同「猝」。突然。

【語譯】襄成君剛受封的時候，穿著羽毛裝飾的衣服，帶著美玉裝飾的佩劍，腳踏白色綢緞做成的鞋子，站在河流岸邊。大夫們拿著鐘錘、鼓槌，發號施令，喝問誰能保君王渡河。此時，楚大夫莊辛路過這裡，看見襄成君，很高興，便上前拜見，拜後站起來說：「我希望牽著您的手過河，可以嗎？」襄成君面現怒色而不吭聲。莊辛退下洗手之後說：「您沒聽說鄂君子晳在新波中泛舟遊覽的事嗎？他乘著青翰之舟，舟上張起帷幔，撐開以羽毛作裝飾的傘蓋，覆蓋著犀牛尾巴上的長毛，服裝斑斕華麗，等鐘鼓演奏之後，駕船的越人抱著船槳唱歌，歌辭說：『濫兮抃草濫予昌枑澤予昌州州𩜱州焉乎秦胥胥縵予乎昭澶秦踰滲惿隨河湖。』鄂君子晳說：『我不懂越歌，你試為我用楚國話說出來。』於是請來越語翻譯，用楚語說道：『今夜是何夜，泛舟到中流？今日是何日，竟能與王子同舟？心懷羞慚，身蒙榮幸我不顧旁人辱罵恥笑，生性冥頑卻不絕向上之心，希望與王子接交。山上有樹啊樹上有枝，我喜歡君啊君卻不知。』於是鄂君子晳拉起長袖，上前抱住唱歌的越人，拿起繡了花的披風蓋在他身上。鄂君子晳是楚王的同母弟弟，官職是令尹，爵位是執珪，一個駕船搖槳的人還可以同他一起盡興歡樂。現在您怎比得上鄂君子晳？我又怎會不如駕船搖槳之人？希望拉拉您的手，這有什麼不可以的？」襄成君於是把手伸出，走向前說：「我小時候，也曾經在年長的人面前發脾氣，卻未嘗如此之快便受到羞辱。從今以後，我願意遵守青年人的禮節，恭謹地接受教導。」

雍門子周❶以琴見乎孟嘗君。孟嘗君曰：「先生鼓琴，亦能令文❷悲乎？」雍門子周曰：「臣何獨能令足下悲哉！臣之所能令悲者：有先貴而後賤，先富而後貧者也；不若❸身材高妙，適遭暴亂無道之主，妄加不道之理焉；不若處勢隱絕，不及四鄰，詘折儐厭❹，襲於窮巷，無所告愬❺；不若交歡相愛，無怨而生離，遠赴絕國，無復相見之時；不若少失二親，兄弟別離，家室不足，憂慼盈胸，當是之時也，固不可以聞飛鳥疾風之聲，窮窮焉固無樂已；凡若是者，臣一為之，徽膠援琴而長太息，則流涕沾衿矣。今若足下，千乘之君也，居則廣廈邃房，下羅帷，來清風，倡優侏儒處前迭進而諂諛，燕則鬥象棋而舞鄭女，激楚之切風，練❻色以淫目，流❼聲以虞耳；水遊則連方舟，載羽旗，鼓吹乎不測之淵；野遊則馳騁弋獵乎平原廣囿，格猛獸；入則撞鐘擊鼓乎深宮之中。方此之時，視天地曾不若一指，忘死與生，雖有善鼓琴者固未能令足下悲也。」孟嘗君曰：「否，否！文固以為不然。」雍門子周曰：「然臣之所為足下悲者一事也：夫聲敵帝而困秦者，君也；連五國之約南面而伐楚者，又君也。天下未嘗無事，不從則橫。從成則楚王，橫成則秦帝。楚王秦帝，必報讎於薛矣。夫以秦、楚之強而報讎於弱薛，譬之猶摩蕭斧❽而伐朝菌❾也，必不留行矣。天下有識之士，無不為足下寒心酸鼻者。千秋萬歲之後，廟堂必不血食矣。高臺既已壞，曲池既已塹，墳墓既已平，而青廷矣❿，嬰兒豎子樵採薪蕘者，躑躅其足而歌其上，眾人見之，無不愀焉為足下悲之，曰：『夫以孟嘗君尊貴，乃可使若此乎？』」於是孟嘗君泫然，泣涕承睫而未殞。雍門子周引琴而鼓之，徐動宮徵，微揮羽角⓫，切終而成曲。孟嘗君涕浪汗⓬增欷，下而就之曰：「先生之鼓琴，令文立若破國亡邑之人也。」

【章旨】本章旨在勸阻孟嘗君縱情逸樂，運用對比、渲染等手法表現，收到較好效果。

【注釋】❶雍門子周　據《淮南子·覽冥》高誘注：「雍門是姓，名周。此人善彈琴，居於齊都西城門（即雍門），因以為姓氏。❷文　孟嘗君名文。❸不若　相當於否則。❹詘折儐厭　「詘」同「屈」。「儐」同「擯」。「厭」同「壓」。這四字的意思是：遭遇屈折，受到擯棄和壓抑。❺愬　同「訴」。❻練　選擇。❼流　選擇。❽蕭斧　剛利之斧。❾朝菌　菌類植物，朝生暮死。❿而青廷矣　四字衍。⓫羽角　「羽角」和上文的「宮、徵」皆五音名稱。⓬浪汗　猶闌干。縱橫交錯貌。

【語譯】雍門子周帶著琴去見孟嘗君，孟嘗君問：「你彈琴，能使我悲傷嗎？」雍門子周說：「我怎能使您悲傷！

我能使之悲傷的是這樣一些人：先前顯貴而後來卑賤的，先前富有而後來貧困的；否則便是人才傑出，卻遇上暴虐昏亂不遵君道的君主，對他亂來、不講道理的；否則便是處於隱僻窘困的環境之中，不能同四周的人往來，遭遇屈折，受到摒棄壓抑，長期困於窮街陋巷之中，無處申訴的；否則便是原來相親相愛，無端而要分離，奔赴極遠的邦國，再無相見之時的；否則便是從小失去雙親，兄弟分離，家中財用不足，憂愁填滿胸懷的。人在這種時候，本來就聽不得飛鳥疾風的聲音，本來就走投無路、毫無樂趣。凡是像上敘的那幾種人，我只要一動手，拿過琴來把弦調定，長歎一聲，他們便會哭得把衣襟打濕。現在的您，是擁有千乘戰車的君主，住的是大廈深屋，綾羅帷幔一降下，清風徐徐吹來，戲子侏儒就會上前不停地對您加以奉承，休息的時候，下象棋，讓鄭國的美女跳舞，高聲演唱楚國的歌謠，選擇美色縱情地看，選擇美聲縱情地聽；在水上遊覽便併列舟船，插上以羽毛為飾的旌旗，在難以測量的深淵之上吹吹打打；在野外出遊便驅馬奔馳射箭打獵；回來後便在深宮之內擊鼓撞鐘。在這種時候，把天地看得沒有一根手指重要，忘記了自己是死了還是活著，雖然有善於彈琴的人在，根本不能使您悲傷。」孟嘗君說：「不！不！我認為不是這樣。」雍門子周說：「但我卻有一事為您感到悲傷：名聲與帝王相當而使秦國受困的，是您；聯合五國力量向南討伐楚國的，也是您。天下並不是太平無事，不合縱便連橫。結成合縱則楚國稱王，結成連橫則秦國稱帝。不論楚國稱王還是秦國稱帝，都一定會向您的封地薛邑進攻以報仇怨。以秦、楚的強大向弱小的薛邑進攻，就像用剛利的斧頭去砍伐朝菌，一定不會留下一人而讓他跑掉。世上有見識的人士，沒有不為您感到傷心的。千年萬載之後，您家的宗廟便無人祭祀。高臺將已毀壞，曲池將已填平，墳墓將已塌陷，兒童小孩和撿柴之人，在上面來回走動和唱歌，大家看到之後，無人不為您感到傷心。他們會說：『像孟嘗君那樣尊貴的人，能讓他落得這樣的下場嗎？』」於是孟嘗君很傷心，眼淚留在睫毛上未落下來。雍門子周拿過琴來彈奏，慢慢撥動宮、徵調，微微揮動羽、角調，奏完了一支曲子。孟嘗君眼淚縱橫，歎息不已，從座位上下來走到雍門子周跟前說：「你的演奏，使我立刻變成一個國破家亡的人。」

蘧伯玉❶使至楚，逢公子晳❷濮水之上。子晳接草❸而待，曰：「敢聞上客將何之？」蘧伯玉為之軾車。公子晳曰：「吾聞上士可以託色，中士可以託辭，下士可以託財。三者固可得而託耶？」蘧伯玉曰：「謹受命！」蘧伯玉見楚王，使事畢，坐談語，從容言至於士，楚王曰：「何國最多士？」蘧伯玉曰：「楚最多士。」楚王大說。蘧伯玉曰：「楚最多士，而楚不能用。」王造然❹曰：「是何言也？」蘧伯玉曰：「伍子胥生於楚，逃之吳，吳受而相之，發兵攻楚，墮平王之墓，伍子胥生於楚而吳善用之；釁蚠黃❺生於楚，走之晉，治七十二縣，道不拾遺，民不妄得，城郭不閉，國無盜賊，蚠黃生於楚而晉善用之。今者臣之來，逢公子晳濮水之上，辭言『上士可以託色，中士可以託辭，下士可以託財。以三言者，固可得而託身邪？』又不知公子晳將何治也？」於是楚王發使一駟、副使二乘，追公子晳濮水之上。子晳重於楚，蘧伯玉之力也。故《詩》曰：「誰能亨魚，溉之釜鬵❻，孰將西歸，懷之好音。」❼此之謂也。物之相得固微甚矣。

【章旨】本章記蘧伯玉勸說楚王任用公子晳。採用的方法是將公子晳與伍子胥、釁蚠黃作類比，曉以利害得失，終於說服楚王。

【注釋】❶蘧伯玉　春秋衛大夫。❷公子晳　人名，未詳。❸接草　義不可通。有人疑「接」為「捽」誤字。捽草即拔草。❹造然　變色之貌。❺釁蚠黃　春秋晉大夫。❻釜鬵　兩種烹飪器。❼誰能亨魚四句　見《詩經．檜風．匪風》。

【語譯】蘧伯玉出使楚國，在濮水邊遇到公子晳。公子晳拔掉路上的雜草等待蘧伯玉經過，問道：「尊貴的客人將要到何處去？」蘧伯玉站在車上扶軾向他敬禮。公子晳說：「我聽說人品最高的士人可以把美女託付他，次一等的士人可以把知心話託付他，再次一等的士人可以把財產託付他。這三者可以託付給您嗎？」蘧伯玉說：「我恭敬地接受您的命令。」蘧伯玉見到了楚王，辦完了公事，坐著閒談，慢慢談到士人的問題，楚王問：「哪國的士人最多？」蘧伯玉說：「楚國士人最多。」楚王非常高興。蘧伯玉又說：「楚國的士人雖多，但楚國不能任用他們。」楚王臉色大變說：「這是什麼話？」蘧伯玉說：「伍子胥生於楚國，逃到吳國，吳王接受了他並任他為相，他領兵進攻楚國，毀了平王的墳墓，伍子胥生在楚國卻是吳國善於用他；釁蚠黃生於楚國，跑到晉國，管理七十二縣，把那裡治得路上無人撿別人遺落的東西，百姓不取非分之財，城門夜間不關閉，城中無人偷竊和搶劫，釁蚠黃生在楚國卻是晉國善於用他。這次我來的時候，在濮水邊遇到公子晳，他對我說：『人品最高的士人可以託以美女，次一等的可以託以知心話，再次一等的可以託以財產。所說的三種，都可以託付予您嗎？』我不知公子晳又去治理何方了！」於是楚王派使者駕一輛四匹馬拉的車，又派副使駕兩輛車跟隨，向濮水邊追趕公子晳。公子晳回到楚國並被重用，是蘧伯玉出了力。所以《詩經》上說：「誰能烹調好鮮魚，需把鍋子洗乾淨，誰將從此回到西，給我帶個好消息。」說的就是這類事。事物間相輔相成的關係本是很微妙的。

叔向之弟羊舌虎善欒逞❶。逞有罪於晉，晉誅羊舌虎，叔向為之奴。既而，祁奚❷曰：「吾聞小人得位，不爭不義；君子在憂，不救不祥。」乃往見范桓子❸而說之曰：「聞善為國者，賞不過，刑不濫。賞過則懼及淫人❹，刑濫則懼及君子。與不幸而過，寧過而賞淫人，無過而刑君子。故堯之刑也，殛鯀於羽山而用禹；周之刑也，僇管、蔡而相周公。不濫刑也。」桓子乃命吏出叔向。救人之患者，行危苦而不避煩辱，猶不能免；今祁奚論先王之德，而叔向得免焉，學豈可已哉！

【章旨】本章記祈奚以古諭今，順利說服范桓子，解除了叔向的禍患。

【注釋】❶欒逞　晉大夫。❷祈奚　晉大夫。❸范桓子　晉六卿之一，分掌晉國大權。❹淫人　淫邪之人。

【語譯】叔向的弟弟羊舌虎與欒逞的關係親密，欒逞在晉國犯了罪，晉王殺了羊舌虎，讓叔向充當奴隸。事後，祈奚說：「我聽說小人得勢，不抗爭是不合道義的，君子遭難，不援救是不吉祥的。」於是去見范桓子並說服他：「聽說善於治理國家的人，獎賞不過度，刑罰不濫用。獎賞過度怕便利了壞人，刑罰濫用怕牽連到君子。與其不幸有了失誤，寧可誤賞壞人，不可誤罰君子。所以帝堯施用刑罰的時候，在羽山把鯀處死，卻任用鯀的兒子大禹；周朝施用刑罰的時候，殺了管叔、蔡叔，卻把他們的哥哥周公任用為相。這就是不濫用刑罰。」范桓子於是命令官吏釋放了叔向。有些為了解除別人禍患的人，自己遭受危險和痛苦，不怕麻煩和受侮辱，但仍然不能使別人免受禍患；現在祁奚一談論先王的德政，叔向便能從災難中解脫，學習難道可以停止嗎？

張祿掌門❶見孟嘗君曰：「衣新而不舊，倉庾盈而不虛，為之有道，君亦知之乎？」孟嘗君曰：「衣新而不舊，則是修也；倉庾盈而不虛，則是富也。為之奈何？其說可得聞乎？」張祿曰：「願君貴則舉賢，富則振貧，若是則衣新而不舊，倉庾盈而不虛矣。」孟嘗君以其言為然，說其意，辯其辭，明日使人奉黃金百斤，文織百純❷，進之張先生。先生辭而不受。後先生復見孟嘗君，孟嘗君曰：「前先生幸教文曰：『衣新而不舊，倉庾盈而不虛，為之有說❸，汝亦知之乎？』文竊說教，故使人奉黃金百斤，文織百純，進之先生，以補門內之不贍者，先生曷為辭而不受乎？」張祿曰：「君將掘君之偶❹錢、發君之庾粟以補士，則衣弊履穿而不贍耳，何暇衣新而不舊、倉庾盈而不虛乎？」孟嘗君曰：「然則為之奈何？」張祿曰：「夫秦者，四塞國也，遊宦者不得入焉；願君為吾為丈尺❺之書，寄我與秦王。我往而遇乎，固君之入也；往而不遇乎，雖人求間謀，固不遇臣矣。」孟嘗君曰：「敬聞命矣。」因為之書，寄之秦王。往而大遇。謂秦王曰：「自祿之來入大王之境，田疇益闢，吏民益治；然而大王有一不得者，大王知之乎？」王曰：「不知。」曰：「夫山東有相所謂孟嘗君者，其人賢人，天下無急則已，有急則能收天下英乂雄俊之士，與之合交連友者，疑獨此耳。然則大王胡不為我友之乎？」秦王曰：「敬受命。」奉千金以遺孟嘗君。孟嘗君輟食察之而寤曰：「此張生之所謂衣新而不舊，倉庾盈而不虛者也。」

【章　旨】本章記張祿以形象的語言告誡孟嘗君，治國安邦，要做到外援不絕、財源不斷。

【注　釋】❶掌門　其意不明，有人疑為「踵門」之誤。❷純　幅廣。❸說　「道」之誤字。❹偶　疑「府」之誤字。❺丈尺　當為「咫尺」之誤。古多言「咫尺之書」，是其證。

【語　譯】張祿上門對孟嘗君說：「衣服保持常新而不陳舊，倉庫保持常滿而不虧空，做到這樣是有辦法的，您知道嗎？」孟嘗君說：「要衣服常新而不舊，就需要修整；要倉庫常滿而不空，就需要補充。怎樣才能做到這樣，你可以說給我聽一聽嗎？」張祿說：「希望您身居上位時，舉用賢人，家中富有時，接濟窮人，像這樣就可以做到衣服常新而不舊，倉庫常滿而不空。」孟嘗君認為張祿的話有道理，投合自己的心意，語言也很動聽，第二天派人帶著黃金百斤，彩緞百匹，送給張祿。張祿拒不接受。後來張祿又見到孟嘗君，孟嘗君說：「前次您教導我說：『衣服常新而不舊，倉庫常滿而不空，做到這樣是有辦法的，您知道嗎？』我很贊賞您說的話，所以派人帶著黃金百斤，彩緞百匹，贈送給您，以彌補我家對您供給的不足，您為什麼拒而不受呢？」張祿說：「您挖出自己家中的錢財，散發自家倉庫的糧食來補助士人，士人衣破鞋穿，您將供給不贏，哪能做到衣服常新而不舊，倉庫常滿而不空呢？」

孟嘗君問：「這樣該怎麼辦呢？」張祿說：「秦國，是一個四面蔽塞的國家，求仕的人不能進入，希望您給我寫一封信，由我帶給秦王。我去後若被任用，是您的薦舉之功；若去後不被任用，即使有人要為我從中謀劃，我也不會為秦所用。」孟嘗君說：「一定照您說的辦。」於是寫了一封信，寄給秦王，張祿去後受到重用。張祿對秦王說：「自從我進入大王的國境以來，看到農田墾闢得越來越多，官吏百姓也越來越相安無事，但大王您還有一件事未做到，您知道嗎？」秦王說：「不知道。」張祿說：「山東有一位齊國的相叫孟嘗君，這是個賢人，天下沒有緊急之事則罷了，若有緊急之事，他能招集天下的英雄豪傑，世上人願意交往合作的，大概只有此人。像這樣，您為什麼不為我們秦國去與他交朋友呢？」秦王說：「我一定按你說的辦。」拿出千金送給孟嘗君。孟嘗君接到金子時正在吃飯，放下碗筷一想，猛然醒悟說：「這就是張祿所說的衣服常新而不舊，倉庫常滿而不空。」

莊周貧者，往貸粟於魏文侯。文侯曰：「待吾邑粟之來而獻之。」周曰：「乃今者周之來見，道傍牛蹄中有鮒魚❶焉，大息謂周曰：『我尚可活也。』周曰：『須我為汝南見楚王，決江、淮以溉汝。』鮒魚曰：『今吾命在盆甕之中耳；乃為我見楚王，決江、淮以溉我，汝即求我枯魚之肆矣。』今周以貧故來貸粟，而曰『須我邑粟來也而賜臣』，即來，亦求臣傭肆矣。」文侯於是乃發粟百鍾❷，送之莊周之室。

【章旨】本章記莊周借寓言闡明遠水不解近渴的道理。

【注釋】❶鮒魚　鯽魚。❷鍾　古六斛四斗為一鍾。

【語譯】莊周是個窮人，去向魏文侯借糧。文侯說：「等我國內的糧食收上來了再借給你。」莊周說：「今天我來見你，看見道旁牛腳踩成的泥坑中有鯽魚，牠歎息著對我說：『我還可以活下去。』我說：『等我到汝南去見楚王，讓他掘開長江和淮河來給你灌水。」鯽魚說：「我現在性命就像落入盆子和罈子之中一樣危殆，卻要為我去見楚王，掘開長江、淮河的水來灌我，你到乾魚市場上去找我吧！』現在我因為貧窮來向你借糧，卻說『等我國糧食交上來了再賜給你』，即使糧食來了，你也只好到傭工市場上去找我了。」文侯於是發給百鍾糧食，送到莊周家中。

晉平公問叔向曰：「歲饑民疫，翟❶人攻我，我將若何？」對曰：「歲饑，來年而反矣；疫起將止矣；翟人，不足患也。」公曰：「患有大於此者乎？」對曰：「夫大臣重祿而不極諫，近臣畏罪而不敢言，左右顧寵於小官而君不知❷，此誠患之大者也。」公曰：「善！」於是令國中曰：「欲有諫者為隱，左右言及國吏，罪。」

【章　旨】本章以對比手法，說明言路蔽塞是比饑荒、疾疫、外寇入侵危害更大的禍患。

【注　釋】❶翟　同「狄」。北方民族。❷左右顧寵於小官而君不知　《新序》作「下情不上通」，意思較明。

【語　譯】晉平公問叔向說：「收成不好，百姓遭瘟疫，翟人進犯，我將怎麼辦？」回答說：「收成不好，第二年可以補回；疾病瘟疫，將會停止流行；翟人，不值得擔心。」平公問：「還有比這更大的禍患嗎？」回答說：「大臣領取了許多俸祿卻不盡力規勸君王，君王親近的臣子怕擔罪名而不敢說話，下面的情況不能反映到上面來，這才是更大的禍患。」平公說：「說得對！」於是向國內下令說：「如果有人進諫被近臣阻擋隱瞞，近臣私意毀譽國家官員，對近臣處以刑罰。」

趙簡子攻陶，有二人先登，死於城上。簡子欲得之，陶君不與。承盆疽謂陶君曰：「簡子將掘君之墓以與君之百姓市，曰：『踰邑梯城者，將舍❶之；不者，將掘其墓，朽者揚其灰，未朽者辜❷其尸。』」陶君懼，請效二人之尸以為和。

【章旨】本章講使用武力達不到的目的，有時可以通過語言的威脅來達到。

【注釋】❶舍　別本作「赦」。❷辜　分裂肢體。

【語譯】趙簡子攻打陶城，有兩人先登上城牆，死在城上。簡子想要回兩人的屍體，陶君不給。承盆疸對陶君說：「簡子將要挖您的祖墳並與您的百姓講條件，他說：『翻越城牆出來的人，將免除罪過，不這樣做的，將挖他的祖墳，已經腐爛了的，散撒骨灰，沒有腐爛的，肢解屍體。』」陶君害怕，交出二人的屍體求和。

子貢見太宰嚭，太宰嚭問曰：「孔子何如？」對曰：「臣不足以知之。」太宰曰：「子不知，何以事之？」對曰：「惟不知，故事之。夫子其猶大山林也，百姓各足其材焉。」太宰嚭曰：「子增夫子乎？」對曰：「夫子不可增也。夫賜其猶一累壤也；以一累壤增大山，不益其高，且為不知。」太宰嚭曰：「然則子有所酌也？」對曰：「天下有大樽，而子獨不酌焉，不識誰之罪也？」

【章旨】本章記子貢運用比喻說明孔子的博大精深。

【語譯】子貢見太宰嚭，太宰嚭問：「孔子是怎樣一個人？」回答說：「我難以估量。」太宰嚭說：「你既不了解他，為什麼要侍奉他？」回答說：「正因為對他估不透，才去侍奉他。他就像一片大山林，老百姓各自可以從中取得足夠的木料。」太宰嚭問：「你為孔子增加了什麼嗎？」回答說：「孔子不可增加。我就像一堆土，用一堆土去增補大山，不能增加大山的高度，而且這樣做是不明智的。」太宰嚭問：「如此說來你是從孔子那裡舀取了什麼？」

回答說：「天下有這樣的大酒罎，而你卻偏不去舀酒，不知道是誰的過錯？」

趙簡子問子貢曰：「孔子為人如何？」子貢對曰：「賜不能識也。」簡子不悅曰：「夫子事孔子數十年，終業而去之，寡人問子，子曰：『不能識』，何也？」子貢曰：「賜譬渴者之飲江海，知足而已。孔子猶江海也，賜則奚足以識之？」簡子曰：「善哉，子貢之言也！」

【章旨】意思與前章同。

【語譯】趙簡子問子貢說：「孔子的為人怎麼樣？」子貢回答說：「我難以估量。」簡子不高興地說：「你事奉孔子幾十年，完成了學業才離開，我問你，你說難以估量，這是為什麼？」子貢說：「我就像一個口渴的人飲江河之水，喝夠就算了，孔子就好像江河，我怎能了解他呢？」簡子說：「說得妙啊，子貢的話！」

齊景公謂子貢曰：「子誰師？」曰：「臣師仲尼。」公曰：「仲尼賢乎？」對曰：「賢！」公曰：「其賢何若？」對曰：「不知也。」公曰：「子知其賢，而不知其奚若，可乎？」對曰：「今謂天高，無少長愚智皆知高。高幾何？皆曰不知也。是以知仲尼之賢而不知其奚若。」

【章旨】意同前章。

【語譯】齊景公問子貢說：「你拜誰為師？」回答說：「我拜仲尼為師。」景公問：「仲尼賢能嗎？」回答說：「賢能。」景公問：「他怎樣賢能？」回答說：「不知道。」景公說：「你知道他賢能而不知他怎樣賢能，可能嗎？」回答說：「現在說天很高，無論年少的年長的愚蠢的聰明的都知道它高，高多少，卻都說不知道。所以我只知道仲尼賢能而不知他怎樣賢能。」

趙襄子謂仲尼曰：「先生委質❶以見人主，七十君矣，而無所通，世無明君乎？意先生之道固不通乎？」仲尼不對。異日，襄子見子路，曰：「嘗問先生以道，先生不對。知而不對，則隱也，隱則安得為仁？若君不知，安得為聖？」子路曰：「建天下之鳴鐘而撞之以梃❷，豈能發其聲乎哉？君問先生，無乃猶以梃撞乎？」

【章旨】本章記子路用比喻說明孔子對兩難問題不予回答是有理的。

【注釋】❶質　身體。❷梃　同「莛」。草之莖。

【語譯】趙襄子問仲尼說：「你委屈自己去見各國君王，有七十個了，但都行不通，是世上沒有明君呢？還是你的主張本來就行不通呢？」仲尼不回答。另一天，襄子見到子路，說：「曾向仲尼先生請教道的問題，先生不回答。如果是知而不答，便是隱瞞，隱瞞道理，怎能算得上仁愛？如果確實不知道，怎能算得上聖人？」子路說：「豎起一口天下最響的鐘卻用草莖去撞擊它，難道能發出聲音嗎？你問先生，不正像用草莖撞大鐘嗎？」

衛將軍文子❶問子貢曰：「季文子❷三窮而三通，何也？」子貢曰：「其窮事賢，其通舉窮，其富分貧，其貴禮賤。窮以事賢則不侮，通而舉窮則忠於朋友，富而分貧則宗族親之，貴而禮賤則百姓戴之：其得之固道也，失之命也。」曰：「失而不得者，何也？」曰：「其窮不事賢，其通不舉窮，其富不分貧，其貴不禮賤：其得之命也，其失之固道也。」

【章旨】本章正反對舉，論述不同人的為人之道。

【注釋】❶將軍文子　名木，字彌牟，衛靈公之孫。❷季文子　名行父，相魯國三君。

【語　譯】衛將軍文子問子貢說：「季文子多次受困又多次顯達，這是為什麼？」子貢說：「一個人應在遭困的時候事奉賢德之人，在顯達的時候舉薦不遇之人，在富有的時候分財給貧困之人，在尊貴的時候禮待卑賤之人。受困時事奉賢人並未使自己的人格受侮辱，顯達時舉薦不遇之人表現了對朋友的忠心，富有時分財給窮人使宗族對你親近，尊貴時禮待卑賤者百姓便會擁戴你。這樣做如果有所得，本是按道而行的結果，若有所失，則是命運不濟。」將軍文子又問：「只有失沒有得，這是為什麼？」回答說：「遭困時不事奉賢德之人，顯達時不舉薦不遇之人，富有時不分財給貧困之人，尊貴時不禮待卑賤之人：這樣做若有所得，是他的命運好，若有所失，則符合道理。」

子路問於孔子曰：「管仲何如人也？」子曰：「大人也。」子路曰：「昔者管子說襄公，襄公不說，是不辯也；欲立公子糾而不能，是無能也；家殘於齊而無憂色，是不慈也；桎梏而居檻車中無慚色，是無愧也；事所射之君，是不貞也；召忽死之，管仲不死，是無仁也。夫子何以大之？」子曰：「管仲說襄公，襄公不說，管仲非不辯也，襄公不知說也；欲立公子糾而不能，非無能也，不遇時也；家殘於齊而無憂色，非不慈也，知命也；桎梏居檻車而無慚色，非無愧也，自裁也；事所射之君，非不貞也，知權也；召忽死之，管仲不死，非無仁也。召忽者，人臣之材也，不死則三軍之虜也；死之則聞名天下，夫何為不死哉？管仲者，天子之佐，諸侯之相也，死之則不免為溝中之瘠；不死則功復用於天下，夫何為死之哉？由！汝不知也。」

【章　旨】本章記孔子以針鋒相對的手法，駁斥了他的學生子路對管仲的錯誤評論。

【語　譯】子路向孔子問道：「管仲是怎樣一個人？」孔子說：「是個偉大的人。」子路說：「從前管子游說襄公，襄公不高興，這說明他不善於說話；想立公子糾為君而未辦到，這說明他無能；家庭在齊國破落而臉上無愁苦的表情，這說明他不仁慈；帶著刑具坐在囚車中而面無羞慚之色，這說明他無羞恥；事奉曾用箭射過的君王，說明他不忠貞；召忽為公子糾而死，管子卻不死，這說明他不仁德。您為什麼稱贊他？」孔子說：「管仲游說襄公，襄公感到不高興，不是因為管子不善於說話，而是襄公不懂得管子所說的道理；想立公子糾為君而未成功，不是管子無能，而是未遇上好時機；家庭在齊國破落而不帶憂愁的表情，不是不仁慈，而是他知天命；帶著刑具坐在囚車中而面無慚色，不是沒羞恥，而是在反省自己；事奉曾用箭射過的君王，不是不忠貞，而是懂得權變；召忽為公子糾而死，管子不死，不是沒仁德，而是因為：召忽是個做人臣的材料，不死便被三軍俘虜，死了則可以天下聞名，這樣為什麼不死？而管子卻是天子的輔臣，諸侯的宰相，死了便免不了成為填溝壑的枯屍，不死他的才幹還可重新為天下所用，他為什麼要去死呢？仲由，你不懂這些道理啊！」

晉平公問於師曠❶曰：「咎犯❷與趙衰❸孰賢？」對曰：「陽處父❹欲臣文公，因咎犯三年不達，因趙衰三日而達。智不知其士眾，不智也；知而不言，不忠也；欲言之而不敢，無勇也；言之而不聽，不賢也。」

【章　旨】本章記師曠抓住典型事例評估人物，有不容辯駁的力量。以排比的方法列舉論人標準，語言有氣勢並富於邏輯性。

【注　釋】❶師曠　晉國樂師。❷咎犯　晉文公舅父。❸趙衰　晉文公謀臣。❹陽處父　晉國太傅。

【語　譯】晉平公問師曠說：「咎犯與趙衰哪個更賢能一些？」回答說：「陽處父想做文公的臣子，託咎犯舉薦，三年沒辦通，託趙衰舉薦，三天便辦通了。一個人的才智不足以了解眾位士人，是沒智能的表現；知道而不說出來，是不忠誠的表現；想說而不敢說，是不勇敢的現；說的話別人不聽，是不能幹的表現。」

趙簡子問於成摶❶曰：「吾聞夫羊殖❷者，賢大夫也，是行奚然？」對曰：「臣摶不知也。」簡子曰：「吾聞之，子與友親。子而不知，何也？」摶曰：「其為人也數變，其年十五也，廉以不匿其過；其二十也，仁以喜義；其三十也，為晉中軍尉，勇以喜仁；其年五十也，為邊城將，遠者復親。今臣不見五年矣，恐其變，是以不敢知。」簡子曰：「果賢大夫也，每變益上矣。」

【章旨】本章記成摶以不知說知，力贊羊殖賢德。這種以退為進的表現方法，較之平直陳敘更能令人信服。

【注釋】❶成摶　晉大夫。❷羊殖　有人以為即晉大夫羊舌職。

【語譯】趙簡子問成摶說：「我聽說羊殖是位賢德的大夫，他的德行怎樣？」回答說：「我不知道。」簡子說：「我聽說，你與他很親密，你卻說不知道，為什麼？」成摶說：「他為人有幾次變化：他十五歲的時候，廉正而不隱瞞自己的過失；二十歲的時候，講仁愛而喜歡道義；三十歲的時候當晉國的中軍尉，勇敢而喜歡仁德；五十歲的時候，作邊城守將，使與晉國疏遠的人又來親近；現在我未看到他已經有五年了，怕他有變化，所以不敢說了解他。」簡子說：「果然是位賢德的大夫，每次變化人品都有所提高。」

卷一二

奉使

【題解】本篇闡明使臣在外的言行準則，記敘了各國使者善於應變、巧於辭令，終於不損國格、人格，不辱使命的故事。

《春秋》之辭，有相反者四：既曰大夫無遂事❶，不得擅生事矣；又曰出境可以安社稷、利國家者，則專之可也。既曰大夫以君命出，進退在大夫矣；又曰以君命出，聞喪徐行而不反者何也？曰此四者各止其科❷，不轉移也。不得擅生事者，謂平生常經也；專之可者，謂救危除患也；進退在大夫者，謂將帥用兵也；徐行而不反者，謂出使道聞君❸親之喪也。公子結擅生事❹，《春秋》不非，以為救莊公危也；公子遂擅生事❺，《春秋》譏之，以為僖公無危事也。故君有危而不專救，是不忠也；君無危而擅生事，是不臣也。傳曰：「《詩》無通故，《易》無通吉，《春秋》無通義。」此之謂也。

【章　旨】本章借解釋《春秋》辭義，闡明臣子在外，一切行為當以維護君王的利益為標準。

【注　釋】❶遂事　擅自行事。❷科　法令條文。❸君　衍文。❹公子結擅生事　據《春秋．莊公十九年》載：魯國大夫公子結送本國陪嫁之女到陳國，中途聽說齊、宋二國之君會盟，便臨時決定另派別人送嫁，自己代表魯國赴會，解除了魯君的危難。❺公子遂擅生事　據《公羊傳．僖公三十年》載：魯卿公子遂在朝謁周王室途中，橫生枝節，矯魯君之命訪問晉國，故《春秋》加以指責。

【語　譯】《春秋》上的話，意思相反的有四條：既說大夫不可擅自行事，又說離開國境之後凡是能夠安社稷、利國家的事，可以擅自辦理。既說大夫奉君王的命令出使在外，行動可由自己決定，又說奉君命外出，聽到父母的死信只可緩慢前行而不可轉身回家。這是為什麼？正確的回答是：這四種情況各有規定，不可相互借用。不可擅自行事，是指在正常的情況下；可以獨自辦理，是指解救危急消除禍患；行動可以自由，是指將帥指揮軍隊；慢慢向前走而不返回，是指在出使的路上得到雙親的死信。公子結擅自行事，《春秋》未加指責，因為他要解救莊公的危難；公子遂擅自行事，《春秋》加以非難，因為僖公沒有危難之事。所以君王有危難時不自行設法去救援，是對君王不忠誠的表現；若君王沒有危難，而自作主張辦事，是不合臣子身分的表現。經書的解釋說：「《詩經》沒有透徹的解釋，《易經》沒有全屬吉利的卦象，《春秋》沒有一成不變的義例。」指的便是這類事。

趙王遣使者之楚，方鼓瑟而遣之，誡之曰：「必如吾言。」使者曰：「王之鼓瑟，未嘗悲若此也。」王曰：「宮商❶固方調矣。」使者曰：「調則何不書其柱❷耶？」王曰：「天有燥濕，絃有緩急，宮商移徙不可知，是以不書。」使者曰：「臣聞明君之使人也，任之以事，不制以辭，遭吉則賀之，凶則弔之。今楚、趙相去千有餘里，吉凶憂患不可豫知，猶柱

之不可書也。」《詩》云：「莘莘征夫，每懷靡及。」❸

【章旨】本章講君王對外出的使臣，把任務委派給他即可，不必對他的行動作過多的規定。

【注釋】❶宮商　古代五音中的兩種音調。❷書其柱　在張琴弦的柱子上做記號。❸莘莘征夫二句　見《詩經・小雅・皇皇者華》。莘莘，又作「駪駪」。急急忙忙。

【語譯】趙王派使者到楚國去，正在彈琴為使者送行，告誡他說：「一定要照我說的做。」使者說：「您彈琴，從未彈出如此悲切的聲音。」趙王說：「音調本是剛才調定的。」使者問：「音調定了為什麼不在弦柱上做上記號？」趙王說：「天氣有乾燥潮濕，琴弦有鬆緩緊急，音調變化多端，所以不能做記號。」使者說：「我聽說聖明的君王派人出使，把事情委派給他，卻不用言語來限制他，使者遇到吉慶之事便前往祝賀，遇到不祥之事便去慰問。現在楚國和趙國相距一千多里，吉凶憂患難以預測，就像張琴弦的柱子上不能做記號一樣。」《詩經》上說：「來去匆匆的使者，每天都在擔心沒有完成任務。」

楚莊王舉兵伐宋，宋告急，晉景公欲發兵救宋，伯宗諫曰：「天方開楚，未可伐也。」乃求壯士，得霍❶人解揚，字子虎，往命宋毋降。道過鄭，鄭新與楚親，乃執解揚而獻之楚。楚王厚賜，與約，使反其言，令宋趣降。三要，解揚乃許。於是楚乘揚以樓車❷，令呼宋使降。遂倍❸楚約而致其晉君命曰：「晉方悉國兵以救宋，宋雖急，慎毋降楚，晉兵今至矣！」楚莊王大怒，將亨❹之。解揚曰：「君能制命為義，臣能承命為信。受吾君命以出，雖死無二。」王曰：「汝之許我，已而倍之，其信安在？」解揚曰：「所以許王，欲以成吾君命。」

臣不恨也。」顧謂楚軍曰：「為人臣無忘盡忠而得死者！」楚王諸弟皆諫王赦之，於是莊王卒赦解揚而歸之。晉爵之為上卿，故後世言「霍虎」。

【章旨】本章記解揚靈活應變，不辱使命。

【注釋】❶霍　春秋國名。❷樓車　設有瞭望樓的戰車。❸倍　同「背」。❹亨　同「烹」。

【語譯】楚莊王興兵討伐宋國，宋國告急，晉景公想出兵救宋，伯宗勸阻說：「上天正要使楚國強大，不可去打它。」於是尋求壯士，找到霍國人解揚，字子虎的，讓他去叫宋國不要投降。他路過鄭國，鄭國剛剛與楚國交好，便把解揚抓起來送到楚國。楚王重賞解揚，與他相約，要他把話反過來說，令宋人投降。經多次要求，解揚才答應。於是楚人請解揚登上樓車，讓他向宋人喊話，要宋人投降。解揚登上樓車便違背與楚人的約定而向宋人傳達晉君的命令說：「晉國正準備用全國的兵力援救宋國，宋國雖然危急，切切不要向楚國投降，晉兵馬上就要來了！」楚莊王大怒，將要把解揚煮死。解揚說：「君王能靠發布命令來施行大義，臣子能靠服從命令來確立信用。我接受了我的君王的命令出來，即使死了也不會改變。」莊王說：「你答應了我，一下子就變了卦，信用在哪裡？」解揚說：「之所以答應你，是為了完成我國君王的命令。我雖死不感到遺憾。」回頭對楚國將士說：「做人臣的不要忘了我這個為國盡忠而落得被殺的下場的人！」楚莊王的眾位弟弟都勸莊王赦免他，於是莊王最後釋放了解揚並讓他回去。晉君封他為上卿，所以後代稱他為「霍虎」。

秦王以五百里地易鄢陵❶，鄢陵君辭而不受，使唐且謝秦王。秦王曰：「秦破韓滅魏，鄢陵君獨以五十里地存者，吾豈畏其威哉？吾多其義耳！今寡人以十倍之地易之，鄢陵君辭而不受，是輕寡人也。」唐且避席對曰：「非如此也！夫不以利害為趣者，鄢陵也。夫鄢陵君受地於先君而守之，雖復千里不得當，豈獨五百里哉？」秦王怫然作色，怒曰：「公亦曾見天子之怒乎？」唐且曰：「主❷臣未曾見也。」秦王曰：「天子一怒，伏尸百萬，流血千里。」唐且曰：「大王亦嘗見夫布衣韋帶之士怒乎？」秦王曰：「布衣韋帶之士怒也，解冠徒跣以頭頓地耳，何難知者！」唐且曰：「此乃匹夫愚人之怒耳，非布衣韋帶之士怒也！夫專諸刺王僚❸，彗星襲月，奔星晝出；要離刺王子慶忌❹，蒼隼擊於臺上；聶政刺韓王之季父❺，白虹貫日。此三人皆夫布衣韋帶之士怒矣，與臣將四。士含怒未發，搢厲❻於天。士無怒即已，一怒伏尸二人，流血五步。」即案其匕首，起視秦王曰：「今將是矣！」秦王變色長跪曰：「先生就坐！寡人喻矣：秦破韓滅魏，鄢陵獨以五十里地存者，徒用先生之故耳！」

【章　旨】本章記唐且出使秦國，不懼秦王威赫，拼死逼迫秦王答應自己的要求，保全了鄢陵。

【注　釋】❶鄢陵　又作「安陵」。在今河南省鄢陵縣。❷主　似衍。《戰國策．魏策》此句作「臣未之聞也。」可證。❸專諸刺王僚　專諸是春秋時吳國刺客，王僚指吳王僚。王僚伯父之子公子光欲奪王僚之位，請專諸行刺王僚。專諸將匕首藏於魚腹之中，趁獻食之機殺了王僚。❹要離刺王子慶忌　要離亦吳刺客。公子光殺了吳王僚後，又派要離殺了王僚之子慶忌。❺聶政刺韓王之季父　聶政是戰國韓軹人，受韓卿嚴遂之託，刺殺韓相韓傀，自皮面抉目而死，暴屍於市。❻搢厲　未詳。

【語　譯】秦王想用五百里地換取鄢陵，鄢陵君不同意，派唐且去拒絕秦王。秦王說：「秦國攻破了韓國消滅了魏國，鄢陵君單憑五十里地存在，難道是我懼怕他的威力嗎？是因為我佩服他能行義！現在我用十倍的地盤與他交換，鄢陵君拒不接受，這是輕視我。」唐且離開座位回答說：「並不是這樣！不以利害決定行動的，是鄢陵。鄢陵君從先君那裡得到土地而加以守衛，雖另有千里之地也不會交換，難道單單是這五百里嗎？」秦王氣得變了臉色，憤怒地說：「你曾見過天子發怒嗎？」唐且說：「小臣未曾見過。」秦王說：「天子一發怒，有百萬屍體倒下，千里之地流血。」唐且說：「大王您見過穿粗布衣、繫牛皮帶的士人發怒嗎？」秦王說：「穿布衣、繫皮帶的士人發怒，不過是扯下帽子、打著赤腳，把頭在地上叩撞，這有什麼難以知道的！」唐且說：「這是粗笨之人發怒，並非穿布衣、繫皮帶的士人發怒！專諸刺殺王僚時，彗星侵襲月亮，流星白天出現；要離刺殺王子慶忌時，蒼鷹衝擊高臺；聶政刺殺韓王的叔父時，白虹橫貫太陽。這三人的行為都是穿布衣、繫皮帶的士人在發怒，連我在內將是四個人。士人含怒未發時，氣衝雲天。士人不怒則已，一怒，則連人帶己二人倒下，血流五步遠。」說罷立即拿出匕首，站起來逼視秦王說：「現在將要這樣辦了！」秦王赫得變了臉色，跪下來說：「先生坐下，我懂得了：秦國攻破了韓國消滅了魏國，鄢陵卻憑著五十里地保存下來，就是任用了先生的緣故！」

齊攻魯，子貢見哀公，請求救於吳。公曰：「奚先君寶之用？」子貢曰：「使吳責吾寶而與我師，是不可恃也。」於是以楊幹麻筋❶之弓六往。子貢謂吳王曰：「齊為無道，欲使周公之後不血食。且魯賦五百，邾賦三百，不識以此益齊，吳之利與？非與？」吳王懼，乃興師救魯。諸侯曰：「齊伐周公之後，而吳救之。」遂朝於吳。

【章　旨】本章記子貢不以行賄，而以說理的方式開展外交，解除魯國危難。

【注　釋】❶麻筋　向宗魯《說苑校證》引孫仲容曰：「古作弓無以麻代筋之法，『麻』當為『麋』形近而誤。」「筋」即「筋」字。

【語　譯】齊國進攻魯國，子貢去見哀公，請哀公向吳國求救。哀公說：「用先君的什麼寶物作禮物？」子貢說：「假如吳國要了我國的寶物才為我國發兵，這吳國就不可依靠。」於是拿了六隻用楊樹枝條彎成、纏上了麋筋的弓前往。子貢對吳王說：「齊國做了不講道義的事，想使周公的後代斷香火。況且，魯國每年賦稅五百，邾國賦稅三百，我不知把這些財富去充實齊國，是對吳國有利呢？還是不利？」吳王害怕，便出兵營救魯國。諸侯說：「齊國攻打周公的後代，而吳國救了他。」便去朝拜吳王。

魏文侯封太子擊於中山，三年，使不往來。舍人❶趙倉唐進稱曰：「為人子，三年不聞父問，不可謂孝；為人父，三年不問子，不可謂慈。君何不遣人使大國乎？」太子曰：「願之久矣，未得可使者。」倉唐曰：「臣願奉使。侯何嗜好？」太子曰：「侯嗜晨鳧❷，好北犬。」於是乃遣倉唐緤北犬、奉晨鳧，獻於文侯。倉唐至，上謁曰：「孽子擊之使者，不敢當大夫之朝，請以燕閒，奉晨鳧敬獻庖廚，緤北犬敬上涓人❸。」文侯悅曰：「擊愛我，知吾所嗜，知吾所好。」召倉唐而見之，曰：「擊無恙乎？」倉唐曰：「唯，唯！」如是者三，乃曰：「君出太子而封之國，君名之，非禮也。」文侯怵然為之變容，問曰：「子之君無恙乎？」倉唐曰：「臣來時拜送書於庭。」文侯顧指左右，曰：「子之君長孰與是？」倉唐曰：「禮，擬人必於其倫。諸侯無偶，無所擬之。」曰：「長大孰與寡人？」倉唐曰：「君賜之外府之裘，則能勝之；賜之斥帶，則不更其造。」文侯曰：「子之君何業？」倉唐曰：「業《詩》。」文侯曰：「於《詩》何好？」倉唐曰：「好〈晨風〉、〈黍離〉。」❹文侯自讀〈晨風〉曰：「鴥彼晨風，鬱彼北林，未見君子，憂心欽欽。如何如何，忘我實多。」文侯曰：「子之君以我忘之乎？」倉唐曰：「不敢，時思耳！」文侯復讀〈黍離〉曰：「彼黍離離，彼稷之苗，行邁靡靡，中心搖搖。知我者謂我心憂，不知我者謂我何求。悠悠蒼天，此何人哉！」文侯曰：「子之君怨乎？」倉唐曰：「不敢，時思耳！」文侯於是遣倉唐賜太子衣一襲，敕倉唐以雞鳴時至。太子迎拜受賜。發篋，視衣，盡顛倒。太子曰：「趣早駕，君侯召擊也。」倉唐曰：「臣來時不受命。」太子曰：「君侯賜擊衣，不以為寒也。欲召擊，無誰與謀，故敕子以雞鳴時至。《詩》曰：『東方未明，顛倒衣裳，顛之倒之，自公召之。』❺」遂西自謁文侯。大喜，乃置酒而稱曰：「夫遠賢而近所愛，非社稷之長策也。」乃出少子摯，封中山；而復太子擊。故曰：「欲知其子視其友，欲知其君視其所使。」趙倉唐一使，而文侯為慈父，而擊為孝子。太子乃稱《詩》曰：「鳳凰于❻飛，噦噦❼其羽，亦集爰❽止，藹藹❾王多吉士❿，維君子使，媚於天子。」⓫舍人之謂也。

【章　旨】本章記「趙倉唐一使而文侯為慈父，而擊為孝子」。

【注　釋】❶舍人　王公貴官的侍從賓客、左右親近，皆可稱舍人。❷晨鳧　鳥名。❸涓人　掌灑掃清潔之官。❹晨風黍離　二者皆《詩經》篇名。❺東方未明四句　見《詩經・齊風・東方未明》。❻于　在。❼噦噦　鳥飛聲。❽爰　相當「而」。❾藹藹　猶「濟濟」。眾多貌。❿吉士　善士。⓫鳳凰于飛等句　見《詩經・大雅・卷阿》。

【語　譯】魏文侯把中山國封給太子擊，三年，兩地互無使臣來往。舍人趙倉唐進言說：「作為兒子，三年聽不到父親的詢問，不能稱為孝；作為父親，三年不過問兒子，不能稱為慈。您為什麼不派人出使魏國呢？」太子說：「早就希望這樣做，但未找到可以出使的人。」倉唐說：「我願意奉命出使。魏王有什麼嗜好？」太子說：「魏王喜歡晨鳧和北犬。」於是派倉唐綑著北犬、帶著晨鳧，獻給魏文侯。倉唐到達後，上門求見說：「太子擊的使者，不敢以外國大夫的身分上朝，請君王在空閒的時候接見我，我帶來晨鳧敬獻給廚師，牽來北犬敬獻給涓人。」文侯高興地說：「我兒子愛我，知道我的口味，知道我的愛好。」召倉唐來相見，問：「擊沒生病吧？」倉唐回答：「嗯，嗯。」這樣問答進行了三次，倉唐才說：「您把太子派了出去並封他為國君，卻直呼其名，這是不合禮儀的。」文侯心裡一驚變了臉色，問道：「你的君王身體還好吧？」倉唐說：「我來的時候，他在宮廷中托我送信。」文侯回頭指著身邊的人問：「你的君王長得像哪個？」倉唐說：「按禮的規定，相比一定要找同類人。諸侯沒有第二個，沒法比較。」文侯又問：「長大以後與我相比，哪個強些？」倉唐說：「您賜給他外地的裘衣，就能超過您；賜給他短衣帶，便不能改變原來的模樣。」文侯問：「你的君王在幹什麼？」倉唐說：「攻讀《詩經》。」文侯問：「喜歡《詩經》中的哪些篇章？」倉唐說：「喜歡〈晨風〉、〈黍離〉。」文侯自己朗讀〈晨風〉：「那疾飛的晨風鳥啊，投入那茂密的北林裡。見不到君子啊，憂心不已。無可奈何啊，他把我完全忘記。」文侯問：「你的君王把我忘了嗎？」倉唐說：「不敢，他經常思念您！」文侯又朗讀〈黍離〉：「黍子多繁茂，稷苗遍地生。步子難邁開，心神不寧靜。了解我的知道我內心的憂愁，不了解我的以為我有什麼奢求，遙遠的青天啊，何人把事情弄得這樣糟透！」文侯問：「你的君王怨恨我嗎？」倉唐說：「不敢，他經常思念您！」文侯於是讓倉唐給太子帶去一件衣服，命倉唐在雞叫的時候送給太子。太子拜謝後接受了賞賜，打開箱子，察看衣服，全是倒放著。太子說：「趕快駕車，君王召我去。」倉唐說：「我回來時並沒得到讓你回去的命令。」太子說：「君王賜給我衣服，不是為了讓我防寒。想召我去，無人給他轉達，所以命你在雞叫時把衣服給我。《詩經》上說：『東方未發亮，顛顛倒倒穿衣裳，為何顛顛又倒倒，只因君王叫得忙。』」於是往西去拜見文侯。文侯非常高興，便擺酒相迎，說：「疏遠賢能的而親近寵愛的，不是治理國家的長遠之計。」於是把小兒子摯放出去，封到中山國；而重新把擊立為太子。因此有人說：「要了解自己的兒子看兒子的朋友，要弓解君王看君王的使臣。」趙倉唐一次出使，便使文侯成了慈父，擊成了孝子。太子於是朗頌《詩經》：「鳳凰在飛翔，翅膀扇起陣陣風聲，群鳥聚集跟隨，就像君王眾多的良臣，只有才德兼備的使者，才是天子喜歡的人。」這是對舍人趙倉唐而言的。

楚莊王欲伐晉，使豚尹❶觀焉。反，曰：「不可伐也！其憂在上，其樂在下。且賢臣在焉，曰沈駒。」明年，又使豚尹觀焉。反，曰：「可矣！初之賢人死矣，諂諛多在君之廬者，其君好樂而無禮，其下危處以怨上。上下離心，興師伐之，其民必先反。」莊王從之，果如其言矣。

【章旨】本章記豚尹出使晉國，全面了解情況，正確作出判斷，為楚莊王在適當的時候伐晉提供了依據。

【注釋】❶豚尹　據《本傳．襄公十八年》載：楚有揚豚邑。此豚尹當是主管揚豚邑的官員。

【語譯】楚莊王想攻打晉國，派豚尹去了解情況。豚尹回來說：「晉國不可攻打！在上位的人操心國事，在下的人享受歡樂。況且有賢臣在朝，此人叫沈駒。」第二年，又派豚尹去觀察，回來說：「可以進攻了！原來的賢人死了，吹吹拍拍的人都在君王的宮廷中，他們的君王喜歡逸樂而對人無禮，在下的人處於危難之中而抱怨在上位的人。上下不是一條心，如果發兵攻打，他們的百姓一定會首先反叛。」莊王聽了豚尹的話，結果果然像他所說的那樣。

梁王贅❶其群臣而議其過。任座進諫曰：「主君國廣以大，民堅而眾，國中無賢人辯士，奈何？」王曰：「寡人國小以狹，民弱臣少，寡人獨治之，安所用賢人辯士乎？」任座曰：「不然！昔者齊無故起兵攻魯，魯君患之，召其相曰：『為之奈何？』相對曰：『夫柳下惠❷少好學，長而嘉智，主君試召使於齊。』魯君曰：『吾千乘主也，身自使於齊，齊不聽，夫柳下惠特布衣韋帶之士也，使之又何益乎？』相對曰：『臣聞之：乞火不得，不望其炮❸

矣。今使柳下惠於齊，縱不解於齊兵，終不愈益攻於魯矣。』魯君乃曰：『然乎。』相即使人召柳下惠。來，入門，袪衣不趨。魯君避席而立曰：『寡人所謂饑而求黍稷，渴而穿井者，未嘗能以歡喜見子。今國事急，百姓恐懼，願藉大夫使齊。』柳下惠曰：『諾！』乃東見齊侯。齊侯曰：『魯君將懼乎？』柳下惠曰：『臣君不懼！』齊侯忿然怒曰：『吾望而魯城芒若❹類：「亡國，百姓發屋伐木以救城郭，吾視若魯君類吾國❺子，曰不懼」，何也？』柳下惠曰：『臣之君所以不懼者，以其先人出周，封於魯，君之先君亦出周，封於齊。相與出周南門，刳羊而約曰：「自後子孫敢有相攻者，令其罪若此刳羊矣。」臣之君固以刳羊不懼矣；不然，百姓非不急也。』齊侯乃解兵三百里。夫柳下惠特布衣韋帶之士，至解齊釋魯之難，奈何無賢士聖人乎？」

【章旨】本章以布衣之士柳下惠出使齊國，退齊兵、釋魯難為例，說明任賢舉能的重要性。

【注釋】❶贅 會聚。❷柳下惠 春秋時魯國賢士。❸炮 燒烤。❹芒若 有人疑為「芒芒」之誤。芒芒即茫茫。❺國 有人疑為衍文。

【語譯】梁王召集群臣議論失誤，任座進諫說：「您的國土廣大，人民堅強而眾多，但國內沒有賢能之人、善辯之士，怎麼辦？」梁王說：「我的國家狹小，人民虛弱，臣子很少，我一人管理就夠了，哪裡用得著賢能之人、善辯之士？」任座說：「不對！從前齊國無緣無故發兵進攻魯國，魯國君王害怕，召集輔臣問：『該怎麼辦？』輔臣回答：『柳下惠年輕時好學，長大後多智，您可把他召來，讓他到齊國去試一試。』魯國君王說：『我是一個擁有千乘戰車的君主，親自出使齊國，齊人尚且不依從，現在這柳下惠僅僅只是個普通的士人，派他去又有什麼益處？』

輔臣回答：「我聽說，即使求不到火，也不能讓火燒烤自己。現在派柳下惠出使齊國，縱然不能解散齊兵，總不會使齊兵對魯國的進攻變得更厲害。」魯國君王這才說：「照這樣做吧！」輔臣立即派人召柳下惠。柳下惠來了，進門，用手提起衣襟，緩步向前相見。魯國君王離開座位站著說：「我便是一個人們所說的肚子餓了才去找食物，口渴了才去掘水井的人，有好事的時候未曾找過您，現在國事危急，百姓恐懼，希望拜您作大夫出使齊國。」柳下惠說：「可以！」於是往東去見齊侯。齊侯問：「魯君害怕嗎？」柳下惠說：「我的君王不害怕。」齊侯怒氣沖沖地說：「我看你們魯國的城邑，荒荒亂亂，就像一個破亡了的國都，百姓們都在拆房屋砍樹木來搶救城牆，我視你們的君王就像我的小兒小女一般，你卻說不害怕，為什麼？」柳下惠說：「我的君王之所以不害怕，是因為他的祖先從周王室出來，分封到魯國；您的祖先也從周王室出來，分封到齊國。當時一道由周朝首都的南門出來，剖羊定約說：「以後我們的子孫若互相攻伐，讓有罪之人像這隻剖開的羊一樣。」我的君王就是仗著這隻剖開的羊而不感到害怕；否則，百姓是很焦急的。」齊侯於是退兵三百里。柳下惠僅是一個普通的士人，能做到解散齊國之兵消除魯國之難，國家能夠沒有賢士聖人嗎？」

陸賈❶從高祖定天下，名為有口辯士，居左右，常使諸侯。及高祖時，中國初定，尉佗❷平南越，因王之。高祖使陸賈賜尉佗印，為南越王。陸生至，尉佗椎結❸箕踞❹見陸生。陸生因說佗曰：「足下中國人，親戚昆弟墳墓在真定，今足下棄反天性，捐冠帶，欲以區區之越與天子抗衡為敵國，禍且及身矣！且夫秦失其政，諸侯豪傑並起，惟漢王先入關，據咸陽。項籍倍約，自立為西楚霸王，諸侯皆屬，可謂至彊。然漢王起巴蜀，鞭笞天下，劫諸侯，遂誅項羽滅之。五年之間，海內平定，此非人力，天之所建也。天子聞君王王南越，不助天下誅暴逆，將相欲移兵而誅王；天子憐百姓新勞苦，且休之，遣臣授君王印，剖符通使。君王宜郊迎北面稱臣。乃欲以新造未集之越，屈彊於此。漢誠聞之，掘燒君王先人冢墓，夷種宗族，使一偏將將十萬眾臨越，越則殺王以降漢，如反覆手耳。」於是尉佗乃蹶然起坐，謝陸生曰：「居蠻夷中久，殊失禮義。」因問陸生曰：「我孰與蕭何、曹參、韓信賢？」陸生曰：「王似賢。」復問：「我孰與皇帝賢？」陸生曰：「皇帝起豐、沛，討暴秦，誅強楚，為天下興利除害，繼五帝❺、三王❻之業，統理中國，中國之人以億計，地方萬里，居天下之膏腴，人眾車輿，萬物殷富，政由一家，自天地剖判，未嘗有也。今王眾不過數十萬，皆蠻夷踦𨇦山海之間，譬若漢一郡，何可乃比於漢王！」尉佗大笑曰：「吾不起中國，故王此；使我居中國，何遽不若漢！」乃大悅陸生，留與飲數月。曰：「越中無足與語，至生來，令我日聞所不聞。」賜陸生橐中裝直千金，佗送亦千金。陸生拜尉佗為南越王，令稱臣奉漢約。歸報，高祖大悅，拜為太中大夫。

【章　旨】本章記陸賈出使南越，對南越王尉佗曉以利害得失，終於使他放棄與劉邦抗衡的打算，臣服於漢朝。

【注　釋】❶陸賈　漢高祖劉邦的謀士。❷尉佗　姓趙，真定人，劉邦封為南越王。❸椎結　把頭髮挽在頭頂，其形如椎。❹箕踞　伸開兩腿而坐，其形似箕。❺五帝　說法不一，《史記》以黃帝、顓頊、帝嚳、唐堯、虞舜為五帝。《周易》以伏犧、神農、黃帝、唐堯、虞舜為五帝。此外，還另有說法，不詳舉。❻三王　夏禹、商湯、周文王。

【語　譯】陸賈跟隨漢高祖平定天下，是有名的善辯之士，侍候在高祖身邊，經常出使諸侯。中原剛平定時，尉佗征服了南越，趁機在南越稱王。高祖派陸賈給尉佗賜印，封他為南越王。陸賈到後，尉佗把頭髮挽成椎結、伸腿坐著接見他。陸賈便對尉佗說：「你是中原人，親戚、兄弟、祖墳在真定，現在你違失本性，丟下官職不做，想以小小的南越作漢朝的對頭，與天子抗衡，大禍就要臨頭了！秦王治國無道，諸侯豪傑並起反抗，惟有漢王先進函谷關，占領咸陽。項羽違反協定，自封為西楚霸王，諸侯都歸順他，可稱得上是最強大的了。但漢王在巴蜀崛起，攻打天下，削平諸侯，終於誅滅了項羽。五年之內，國內平定下來，這不是人力辦得到的，這是上天讓他建立的功勞。天子如果知道你要在南越獨立稱王，不幫助國家討伐暴亂和反叛，就會調動軍隊來討伐你；現在天子因為顧惜百姓近年十分勞苦，暫且讓他們休養生息，派我授給你王印，要我帶著符節來出使南越。你應該到郊外迎接，臉朝北面，以臣下自居。而你卻仗著這剛剛建立而並不集中統一的南越，在此倔強不服。漢朝若得到實信，將會挖掘焚燒你先人的墳墓，誅滅你的家族，派一個偏將率領十萬人馬到南越來，南越人就會把你殺掉去歸降漢朝，這就像把手掌翻過來一樣容易。」於是，尉佗急忙從座位上站起來，向陸賈道歉說：「在蠻夷中過久了，太失禮了。」便問陸賈說：「我與蕭何、曹參、韓信相比，哪個強些？」陸賈說：「你似乎強一些。」又問：「我與皇帝相比，哪個強些？」陸賈說：「皇帝在豐、沛起兵，討伐殘暴的秦王，誅滅強大的楚王，為天下做好事除弊端，繼承五帝、三王的功業，統一治理中國，中國的人口要以億為單位計算，土地方圓萬里，又處於天下肥沃地帶，人多車多，物產豐富，政令由一家發出，自天地開闢以來，還沒有過這樣的盛世。現在你的人口不過數十萬，都是未開化的少數民族，地勢崎嶇不平，處於山海之間，只相當於漢朝的一個郡，怎能與漢王相比！」尉佗大笑說：「我不在中國興起，所以只好在這裡稱王；假如我處在中國，怎會比不上漢朝！」因此特別喜歡陸賈，把他挽留下來，與他飲酒歡樂達數月之久。對他說：「南越沒有值得與我交談的人，自從你來後，使我每天都能聽到我以前聽不到的話。」賞給陸賈一個價值千金的包裹，另外又以千金相贈。陸賈任尉佗為南越王，命他臣服於漢，遵守漢朝的法規。陸賈回朝報告，高祖十分歡喜，任他為太中大夫。

晉、楚之君相與為好會於宛邱之上，宋使人往。晉、楚大夫曰：「趣以見天子禮見於吾君，我為見子焉。」使者曰：「冠雖敝，宜加其上；履雖新，宜居其下。周室雖微，諸侯未之能易也。師升宋城，臣猶不更臣之服也。」揖而去之。諸大夫懼然，遂以諸侯之禮見之。

【章旨】本章記宋使者斷然拒絕向楚王行見天子之禮，維護了宋國和本人的尊嚴。

【語譯】晉、楚兩國君王改善了關係在宛邱會盟，宋國派使者前去求見。楚大夫對宋使者說：「你細步快速走向前用見天子的禮節見我的君王，我便為你引見。」宋使者說：「帽子雖然破舊，還是應該戴在頭上，鞋子雖然是新的，還是應該穿在腳下。周天子雖然虛弱，諸侯卻不能代替他。即使軍隊登上了宋國的城牆，我仍然不改變我的做法。」拱手而要離去。眾大夫看了很驚懼，便讓他以見諸侯的禮節去見楚王。

越使諸發執一枝梅遺梁王。梁王之臣曰韓子，顧謂左右曰：「惡有以一枝梅乃遺列國之君者乎？請為二三子慚之。」出謂諸發曰：「大王有命：客冠，則以禮見；不冠，則否。」諸發曰：「彼越亦天子之封也。不得冀、兗之州，乃處海垂之際，屏外蕃以為居，而蛟龍又與我爭焉，是以剪髮文身，爛然成章，以像龍子者，將避水神也。今大國其命，冠則見以禮，不冠則否。假令大國之使，時過弊邑，弊邑之君，亦有命矣，曰：『客必剪髮文身，然後見之。』於大國何如？意而安之，願假冠以見；意如不安，願無變國俗。」梁王聞之，被衣出以見諸發，令逐韓子。《詩》云：「維君子使，媚於天子。」❶若此之謂也。

【章　旨】本章記諸發出使梁國，對梁國大夫韓子所施加的侮辱據理抗爭，終於不辱國格和人格。

【注　釋】❶維君子使二句　見《詩經・大雅・卷阿》。

【語　譯】越王派諸發拿來一枝梅花送給梁王，梁王的臣子有一個叫韓子的，轉頭對身邊的人說：「哪有用一枝梅花贈送各國君王的？讓我替你們去羞辱他。」出來對諸發說：「我們的大王有命令：你戴上帽子，就以禮相見；不戴帽子，就不見。」諸發說：「那越國也是周天子分封的國家：因得不到冀州和兗州，才居於海邊，我們把周室的外圍屏障地帶作為安身立命之所，而蛟龍又來與我們爭鬥，因此把頭髮剪斷，在身上刺上花紋，使身體色彩斑斕，像龍的子孫，為的是避免水神加害。現在你們大國下令，要我戴帽則以禮相見，不戴帽則不見。假如你國的使者，在某個時候路過我們國家，我國君王，也下個命令，說：『來人必須剪斷頭髮、把身上刺上花紋，然後才能相見。』這樣做你們會作何感想？你們若心甘情願，請借我一頂帽子去見君王；若不心甘情願，希望不要要求我改變自己的風俗習慣。」梁王得知此事，披著衣服出來會見諸發，下令把韓子趕走。《詩經》上說：「有德之人的使者，能得到天子的喜歡。」就像針對這件事說的。

晏子使吳，吳王謂行人❶曰：「吾聞晏嬰蓋北方之辯於辭、習於禮者也。」命儐者❷：「客見，則稱天子請見。」明日，晏子有事，行人曰：「天子請見。」晏子憱然❸者三，曰：「臣受命弊邑之君，將使於吳王之所，不佞❹而迷惑入於天子之朝，敢問吳王惡乎存？」然後吳王曰：「夫差請見。」見以諸侯之禮。

【章　旨】本章記晏子使吳之時，巧言應對，挫敗對方的無禮之舉。

【注　釋】❶行人　從事外交活動的官員。❷儐者　招待客人的人。❸憱然　憂愁貌。❹不佞　沒有才智，用作自謙之詞。

【語　譯】晏子出使吳國，吳王對管外交的官員說：「我聽說晏嬰是北方善於辭令、熟知禮節的人。告訴接待的人：若有客人求見，就說天子請他進去。」第二天，晏子求見，管外交的官員說：「天子請你相見。」晏子臉顯憂色，猶豫再三，說：「我奉我國君王的命令，要到吳王所在的地方去，我卻糊里糊塗走進了天子的朝廷，請問吳王在哪裡？」說完之後吳王說：「夫差請你相見。」晏子以見諸侯的禮節拜見了吳王。

晏子使吳，吳王曰：「寡人得寄僻陋蠻夷之鄉，希見教君子之行，請私而毋為罪。」晏子憱然避位。吳王曰：「吾聞齊君蓋賊以慢，野以暴，吾子容焉，何甚也？」晏子逡巡而對曰：「臣聞之：精事不通，麤事不能者，必勞；大事不得，小事不為者，必貧；大者不能致人，小者不能至人之門者，必困。此臣之所以仕也。如臣，豈能以道食人者哉！」晏子出，王笑曰：「今日吾譏晏子也，猶倮❶而訾❷高橛❸者。」

【章　旨】本章記晏子使吳之時，巧妙回答吳王帶挑釁性的提問，使吳王自討沒趣。

【注　釋】❶倮　裸體。❷訾　詆毀。❸高橛　指高揭其衣。「橛」為「撅」之誤，揭起之意。

【語　譯】晏子出使吳國，吳王說：「我寄身在偏僻簡陋的蠻夷之地，很少有人用君子的德行教導我，請你原諒而不要加罪於我。」晏子表情嚴肅地站起來離開座位。吳王說：「我聽說齊國君王凶殘而怠惰，粗野而暴躁，你卻能容忍他，為什麼做這種過分的事呢？」晏子徘徊一陣之後回答說：「我聽說：精細的事不懂得做，粗重的事不能夠做的人，一定很勞苦；大事不能做，小事不願做的人，一定很貧窮；身為大人物而不能招攬賢人，自身微賤又不能登門向別人求助，這樣的人，一定窘困。這就是我要做官的原因。像我這樣的人，哪能用人道去培養別人！」晏子出去後，吳王笑著說：「今天我譏諷晏子，就像一個赤裸著身體的人去嘲笑一個衣服被掀得很高的人。」

景公使晏子使於楚，楚王進橘置削❶，晏子不剖而并食之。楚王曰：「橘當去❷剖。」晏子對曰：「臣聞之，賜人主前者，瓜桃不削，橘柚不剖。今萬乘無教，臣不敢剖；不然，臣非不知也。」

【章旨】本章記晏子出使楚國，不受楚王捉弄，維護自己的尊嚴。

【注釋】❶削 此指供削皮的刀子。❷去 疑衍文。

【語譯】景公派晏子出使楚國，楚王叫人為他送來橘子並在旁擺上一把刀，晏子不用刀把橘子切開而將整個橘子吃下去。楚王說：「橘子應該分開。」晏子回答說：「我聽說，在人主面前接受賞賜，瓜桃不削皮，橘柚不分開。現在你這位萬乘之君沒教我，我就不敢分開；要不是這樣，我並不是不知道橘子要分開吃的。」

晏子將使荊，荊王聞之，謂左右曰：「晏子，賢人也，今方來，欲辱之，何以也？」左右對曰：「為❶其來也，臣請縛一人過王而行，王曰：『何為者？』對曰：『齊人也。』王曰：『何坐？』曰：『坐盜。』」於是荊王與晏子立語，有縛一人過王而行，王曰：「何為者也？」對曰：「齊人也。」王曰：「何坐？」曰：「坐盜。」王曰：「齊人固盜乎？」晏子反顧之曰：「江南有橘，齊王使人取之而樹之於江北，生不為橘乃為枳❷。所以然者何？其土地使之然也。今齊人居齊不盜，來之荊而盜，得無土地使之然乎？」荊王曰：「吾欲傷子，而反自中也。」

【章旨】本章記晏子使楚靈機應變，以橘、枳為喻，說明即使齊人在楚為盜，其罪責亦在楚而不在齊，使設計傷人的楚王反而自傷。

【注釋】❶為 相當「於」。❷枳 似橘而小的一種水果。

【語譯】晏子將要出使楚國，楚王聽到後，對身邊人說：「晏子，是一位很有才幹的人，現在就要到來，想羞辱他一番，該怎麼辦？」身邊人回答說：「在他到來的時候，請讓我綁著一個人從您身邊經過，您問：『是什麼人？』我回答：『是齊國人。』您問：『犯了什麼罪？』我回答：『犯了偷盜罪。』」於是在楚王與晏子站著說話的時候，有人綑著一個人從楚王身邊經過，楚王問：「什麼人？」回答：「齊國人。」楚王問：「犯了什麼罪？」回答：「犯了偷盜罪。」楚王問：「齊人的本性好偷盜嗎？」晏子回頭看了看，說：「江南有橘樹，齊王派人把它挖起來栽種在江北，長出的不是橘而是枳。這是什麼原因？這是因為土壤不同才使它有這樣的變化。人在齊國不偷盜，來到楚國卻偷盜，莫不是這裡的土壤使他變得這樣吧？」楚王說：「我想傷害您，反而擊中了自己。」

晏子使楚，晏子短，楚人為小門於大門之側而延晏子。晏子不入，曰：「使至狗國者，從狗門入。今臣使楚，不當從此門入。」儐者更道從大門入。見楚王，王曰：「齊無人耶？」晏子對曰：「齊之臨淄三百閭，張袂成帷，揮汗成雨，比肩繼踵而在，何為無人！」王曰：「然則何為使子？」晏子對曰：「齊命使各有所主，其賢者使賢主，不肖者使不肖主。嬰最不肖，故宜使楚耳。」

【章旨】本章記晏子使楚，針鋒相對，反辱相譏，有力回擊楚人對他人格的侮辱。

【語譯】晏子出使楚國，他身材矮小，楚國人在大門的側邊做了個小門請晏子進去。晏子不進，說：「假如到了狗國，就從狗洞進去。現在我出使的是楚國，不應當從此門進去。」接待人員領他改道走大門。見到楚王後，楚王說：「齊國沒有人嗎？」晏子回答說：「齊國的都城臨淄有三百條街，人們把衣袖張開可以變成帷幕，揮灑汗水可以變成雨，肩膀相並、腳跟相連，怎說沒有人？」楚王說：「既是這樣，為什麼派你當使者？」晏子回答說：「齊王派遣使者各有對象，有才幹的出使有才幹的君王，沒才幹的出使沒才幹的君王。我最無能，所以適合出使楚國。」

秦楚轂❶兵，秦王使人使楚，楚王使人戲之曰：「子來亦卜之乎？」對曰：「然。」「卜之謂何？」對曰：「吉。」楚人曰：「噫！甚矣，子之國無良龜也！王方殺子以釁鐘，其吉如何？」使者曰：「秦楚轂兵，吾王使我先窺。我死而不還，則吾王知警戒整齊兵以備楚，是吾所謂吉也。且使死者而無知也，又何釁於鐘？死者而有知也，吾豈錯秦相楚哉？我將使楚之鐘無聲，鐘鼓無聲則將無以整齊其士卒而理君軍。夫殺人之使，絕人之謀，非古之通議❷也，子大夫試孰計之。」使者以報楚王，楚王赦之。此之謂造命❸。

【章旨】本章記秦使者在秦、楚交兵之際出使楚國，不懼威脅，巧言辯答，終於使楚王釋放了自己。

【注釋】❶轂 同「構」。❷議 同「誼」。❸造命 改變命運。

【語譯】秦、楚交兵，秦王派人出使楚國，楚王叫人戲弄秦使者說：「你來的時候占卜過嗎？」回答說：「占卜過。」「占卜的結果如何？」回答說：「吉利。」楚人說：「唉，錯得太遠，你們國家沒有好烏龜！我們大王將要殺你，用你的血去祭鍾，怎麼會吉利？」使者說：「秦、楚交兵，我的君王派我先來看看。我若死了不能回去，我的君王就知道加強警戒、整頓軍隊來防備楚國，這就是我所說的吉利。況且，假如死而無知，又怎會害怕以血祭鐘？若死而有知，我難道會丟下秦國不管去幫助楚國？我將使楚國的鐘鼓發不出聲音，鐘鼓無聲就會使領軍之將無法統一指揮他的士兵、管理君王的軍隊。殺別國的來使，拒受別人的意見，不合自古以來的常規。你去盤算一下，看哪樣做好。」楚王派來的人向楚王報告，楚王赦免了秦國使者。這就叫轉禍為福。

楚使使聘於齊，齊王饗之梧宮。使者曰：「大哉梧乎！」王曰：「江漢之魚吞舟，大國之樹必巨，使何怪焉？」使者曰：「昔燕攻齊，遵雒路，渡濟橋，焚雍門，擊齊左而虛其右，王歜絕頸而死於杜山，公孫差格死於龍門，飲馬乎淄澠，定❶獲乎琅邪，王與太后奔於莒，逃於城陽之山。當此之時則梧之大何如乎？」王曰：「陳先生對之。」陳子曰：「臣不如刁教。」王曰：「刁先生應之。」刁教曰：「使者問梧之年耶？昔者，荊平王為無道加諸申氏❷，殺子胥父與其兄，子胥被髮乞食於吳，闔閭以為將相。三年，將吳兵，復讎乎楚，戰勝乎柏舉，級頭百萬。囊瓦奔鄭，王保於隨。引師入郢，軍雲行乎郢之都。子胥親射宮門，掘平王冢，笞其墳，數以其罪，曰：『吾先人無罪而子殺之！』士卒人加百焉，然後止。當若此時，梧可以為其柎❸矣。」

【章旨】本章記楚使者與齊大夫以梧桐為題，互揭對方國家之短，進行了一場舌戰。

【注釋】❶定　或疑為「疌」之誤字，「疌」即「捷」。❷申氏　「申氏」即「伍氏」。〈吳語〉屢稱子胥為申胥，韋昭注解說：申胥即楚大夫伍奢之子子胥，名員。魯昭公二十年，伍奢誅於楚，員奔吳，吳與之申地，故曰申胥。❸柎　同「弣」。弓把。

【語譯】楚國派使者出使齊國，齊王在梧宮宴請他。使者說：「好大的梧桐樹啊！」齊王說：「長江、漢水中的魚可以吞舟，大國的樹必然很大，使者何必驚異？」使者說：「從前燕國進攻齊國，沿著雒路，渡過濟橋，焚毀齊都的雍門，襲擊齊國的左邊而使右邊空虛，齊將王歜在杜山斷頸而死，公孫差在龍門格鬥而亡，燕軍在淄水、澠水飲馬，在琅邪奏捷，齊王與太后向莒縣逃命，逃到城陽山中。在那個時候，這梧桐有多大？」齊王說：「陳先生回答。」陳先生說：「我比不上刁教。」齊王說：「刁先生回答。」刁教說：「使者要問梧桐樹的年齡嗎？從前，楚平王無道，加罪於伍氏，殺了伍子胥的父親和哥哥，伍子胥披著頭髮沿路乞討到了吳國，吳王闔閭任他為相。過了三年，伍子胥率領吳兵，向楚國報讎，在楚地柏舉打了勝仗，砍下首級百萬。楚國大將囊瓦逃到鄭國，楚王躲到隨國才得以保全。伍子胥引兵進入楚都郢，吳軍在郢都行進如同雲湧一般。伍子胥親自張弓射楚王宮門，挖開平王的墳墓，用鞭子抽打，控訴他的罪狀說：『我的先人沒有罪你卻殺了他們！』每個士兵都鞭打平王一百下，這才住手。在那個時候，這梧桐已經可以做弓把了。」

蔡使師強、王堅使於楚，楚王聞之曰：「人名多章者，獨為師強、王堅乎？」趣見之，無次。視其人狀，疑其名，而醜其聲，又惡其形。楚王大怒曰：「今蔡無人乎？國可伐也。有人不遣乎？國可伐也。端以此人試寡人乎？國可伐也。」故發二使見三謀伐者，蔡也。

【章　旨】本章記蔡國遣使不當，招來被討伐的禍患。從反面說明使臣的重要作用。

【語　譯】蔡國派師強、王堅出使楚國，楚王聽到後說：「人可取許多響亮的名字，偏要叫師強、王堅嗎？」二人趨見楚王，行為不合禮節次序。楚王看了他們的樣子，對他們的名字感到懷疑，聽他們的聲音刺耳，看他們的形貌討厭。楚王大怒說：「現在蔡國是沒人了嗎？這國家可以討伐。是有人不派嗎？這國家可以討伐。竟用這樣的人來試探我嗎？這國家可以討伐。」派出兩個使者而招來三條被討伐的藉口的，是蔡國。

趙簡子將襲衛，使史黯往視之，期以一月，六月而後反。簡子曰：「何其久也？」黯曰：「謀利而得害，由不察也。今蘧伯玉為相，史鰌佐焉，孔子為客，子貢使令於君前甚聽。《易》曰：『渙其群，元吉。』❶渙者，賢也；群者，眾也；元者，吉之始也。『渙其群元吉』者，其佐多賢矣。」簡子按兵而不動耳。

【章旨】本章記趙簡子聽從使臣之諫，不輕舉妄動攻打衛國。

【注釋】❶渙其群二句　為群物消散險害，吉之始。見《易・渙・六四爻辭》。

【語譯】趙簡子將要襲擊衛國，派史黯前去察看虛實，史黯許定一個月，卻經過六個月才回來。簡子問：「為什麼這麼久？」史黯說：「想取利卻招來禍害，是因為不明底細的緣故。現在蘧伯玉作衛國的相，史鰌輔佐他，孔子在衛作客，子貢出謀劃策而衛君甚是聽從。《易經》上說：『為群物消散險害，是吉利的開端。』能消散險害的，是賢人；群，指眾人；元，是指吉的開始。『為群物消散險害，是吉利的開端。』這句話，是指君王的輔佐多為賢人。」簡子聽後，按兵而不敢妄動。

魏文侯使舍人毋擇獻鵠於齊侯，毋擇行道失之，徒獻空籠。見齊侯曰：「寡君使臣毋擇獻鵠，道饑渴，臣出而飲食之，而鵠飛沖天，遂不復反。念思非無錢以買鵠也，惡有為其君使輕易其幣者乎？念思非不能拔劍刎頸，腐肉暴骨於中野，為吾君貴鵠而賤士也。念思非不敢走陳蔡之間也，惡絕兩君之使。故不敢愛身逃死，來獻空籠，唯主君斧鑕之誅。」齊侯大悅曰：「寡人今者得茲言三，賢於鵠遠矣。寡人有都郊地百里，願獻子大夫以為湯沐邑❶。」

毋擇對曰：「惡有為其君使，而輕易其幣，而利諸侯之地乎？」遂出不反。

【章　旨】本章記魏使在齊侯面前，巧言彌補過失，持節不受封賞。

【注　釋】❶湯沐邑　天子賜給諸侯的封邑，邑內收入供諸侯作湯沐之用。

【語　譯】魏文侯派親信毋擇向齊侯進獻天鵠，毋擇在路上把天鵠丟失了，只好把空籠子獻上。他晉見齊侯時說：「我的君王派我獻天鵠，途中饑渴，我把牠捉出來餵食，牠朝天飛走了，便再沒回來。並不是沒錢再買一隻，考慮到作為君王的使者哪能輕易花費國家的錢財；並不是不敢拔劍自刎、讓自己的屍體暴露在野外，是為了讓我的君王不枉擔重天鵠而輕士人的壞名聲；不是不敢逃到陳國或蔡國去，是害怕從此斷絕魏王與這兩國君王的往來。因此我不敢顧惜自己、逃避死罪，前來進獻空籠，希望您對我處以極刑。」齊侯非常高興，說：「我今天得到這樣的三句話，比得到天鵠強多了。我有都城近郊的土地百里，希望送給您作湯沐邑。」毋擇回答說：「哪有為自己的君王出使，輕易地花費國家的錢財，卻去貪求別國君王的土地的呢？」便退出不再返回。

卷一三

權謀

【題解】本章闡明施用權謀的重要作用，指出知權達變的難能可貴之處在於準確地預測未來，列舉各種故事說明前人如何用計設謀。

聖王之舉事，必先諦之於謀慮，而後考之於蓍龜❶。白屋之士❷，皆關其謀；芻蕘之役❸，咸盡其心。故萬舉而無遺籌失策。傳曰：「眾人之智，可以測天。兼聽獨斷，惟在一人。」❹此大謀之術也。謀有二端：上謀知命，其次知事。知命者，預見存亡禍福之原，早知盛衰廢興之始；防事之未萌，避難於無形。若此人者，居亂世則不害於其身，在乎太平之世則必得天下之權。彼知事者亦尚矣，見事而知得失成敗之分，而究其所終極，故無敗業廢功。孔子曰：「可與適道，未可與權也。」❺夫非知命知事者，孰能行權謀之術？夫權謀有正有邪，君子之權謀正，小人之權謀邪。夫正者其權謀公，故其為百姓盡心也誠；彼邪者好私尚利，故其為百姓也詐。夫詐則亂，誠則平。是故堯之九臣❻誠而能興於朝，其四臣詐而誅於野❼。誠者隆至後世，詐者當身而滅。知命知事而能於權謀者，必察誠詐之原，而以處身焉。則是亦權謀之術也。夫智者舉事也，滿則慮謙，平則慮險，安則慮危，曲則慮直❽。由❾重其豫，惟恐不及，是以百舉而不陷也。

【章旨】闡明施用權謀的作用，指出權謀有上下、正邪之分，謀事貴在預知未來。

【注釋】❶蓍龜 古代用蓍草或龜甲占卜，以測吉凶。❷白屋之士 古代平民所居之屋不施彩，故稱白屋。白屋之士指未做官的士人。❸芻蕘之役 割草叫芻，打柴叫蕘。芻蕘之役指割草打柴之人。❹眾人之智四句 此傳未詳。❺可與適道二句 見《論語．子罕》。❻九臣 參見本書〈君道〉篇。❼四臣詐而誅於野 或以為指流共工於幽州，放驩兜於崇山，竄三苗於三危，殛鯀於羽山。❽曲則慮直 據前文，此「曲」「直」錯置。❾由 疑為「曲」字之誤。曲，無不；普遍。

【語譯】聖明的君王行事，一定事先策劃考慮清楚，然後通過卜筮加以驗證。沒做官的士人，都參與謀劃，割草砍柴的役夫，都貢獻自己智慧。因此辦任何事都不會有遺漏和失誤。經典的解釋說：「眾人的智慧，可以探測上天的奧祕。廣泛聽取意見而最後獨自作出決斷，做這事只需要一個人。」這是謀劃大事的方法。計謀有兩種：上等的計謀能知天命，次一等的計謀能知人事。知天命的，能預先看到存亡禍福的根源，事前知道盛衰興廢的開端；能在事情未發生時加以防備，在災禍未形成時避開。像這樣的人，若處於亂世便不會使自己受傷害，若處於太平之世就一定能得到國家的權力。那能知人事的人也很高明，他看到事情之後能分出得失成敗，並能推究出最後的結果，因此他們不會做失敗之事和無用之功。孔子說：「可以同他一道達到某種目的的人，未必可以與他通權達變。」不是知天命、知人事的人，誰能懂得隨機應變的謀略？隨機應變的謀略有正有邪，有德之人的謀略是正義的，奸慝之人的謀略是邪惡的。正義的人，他的謀略為公，所以他為百姓著想是真誠的；那奸慝之人，好為個人打算，崇尚私利，所以他名為百姓做事，實際藏有欺詐。欺詐會導致禍亂，真誠能換來平安。因此帝堯的九個臣子真誠辦事就能在朝中受重用，另外四人為人奸詐被殺在荒野。真誠的人興旺發達並延續到後代，奸詐的人當時就會滅亡。知天命知人事而又能知權達變的人，一定要弄明白真誠與偽詐的前因後果，來處世安身，這也是應變的方法。聰明的人行事，在完滿的時候要想到謙謹，在平穩的時候要想到艱險，在太平的時候要想到危難，在順利的時候要想到曲折。要時時注重預先防範，唯恐有不到之處，這樣就會辦任何事都不出現失誤。

楊子❶曰：「事之可以之貧，可以之富者，其傷行者也；事之可以之生，可以之死者，其傷勇者也。」僕子❷曰：「楊子智而不知命，故其智多疑。語曰：『知命者不惑。』晏嬰是也。」

【章　旨】本章講知天達命才是真正的智者。

【注　釋】❶楊子　名朱，字子居，戰國時人。主張為我，其書不傳，其說多為《列子》、《莊子》引用。❷僕子　未詳。

【語　譯】楊子說：「做了以後可能變得貧窮，也可能變得富有，如果做了，是不得當的行為；做了以後可能生存下來，也可能趨於死亡，如果做了，不是勇敢的舉動。」僕子說：「楊子聰明但不知天命，所以他的聰明多有可疑之處。俗話說：『知天命的人不迷惑。』晏嬰便是這樣的人。」

趙簡子曰：「晉有澤鳴、犢犨，魯有孔丘，吾殺此三人，則天下可圖也。」於是乃召澤鳴、犢犨，任之以政而殺之。使人聘孔子於魯。孔子至河，臨水而觀，曰：「美哉水，洋洋乎！丘之不濟於此，命也夫！」子路趨進曰：「敢問奚謂也？」孔子曰：「夫澤鳴、犢犨，晉國之賢大夫也。趙簡子之未得志也，與之同聞見；及其得志也，殺之而後從政。故丘聞之：刳胎焚夭❶，則麒麟不至；乾澤而漁，則蛟龍不遊；覆巢毀卵，則鳳凰不翔。丘聞之，君子重傷其類者也。」

【章旨】本章記孔子知命而不渡河，免遭趙簡子殺害。

【注釋】❶刳胎焚夭　剖腹取胎兒、焚燒初生的草木。

【語譯】趙簡子說：「晉國有澤鳴、犢犨，魯國有孔丘，我若殺掉這三個人，天下就可以謀為己有了。」於是召來澤鳴、犢犨，先把政事委派給他們然後找藉口把他們殺掉。又派人到魯國去聘請孔子。孔子來到黃河邊，面對河水觀看著，說：「多麼美啊河水，浩浩蕩蕩！我渡不過此河，是我的命啊！」子路快步走向前問道：「請問這話是什麼意思？」孔子說：「那澤鳴、犢犨，是晉國的賢大夫。趙簡子在沒發達的時候，與他們的見解是相同的；等到發達以後，把他們殺了然後行使權力。我聽說：從腹中剖取胎兒，把正在生長的草木燒掉，麒麟便不會來到這裡；把沼澤裡的水放乾去捉魚，蛟龍便不會再到澤中來遊；把鳥巢翻過來、把鳥蛋打破，鳳凰便不會再到此地飛翔。我聽說，有德之人特別痛惜他的同類。」

孔子與齊景公坐，左右白曰：「周使來，言周廟燔。」齊景公出，問曰：「何廟也？」孔子曰：「是釐王❶廟也。」景公曰：「何以知之？」孔子曰：「詩云：『皇皇上帝，其命不忒。天之與人，必報有德。』❷禍亦如之。夫釐王變文、武之制而作玄黃❸宮室，輿馬奢侈，不可振❹也，故天殃其廟。是以知之。」景公曰：「天何不殃其身？」曰：「天以文王之故也。若殃其身，文王之祀無乃絕乎？故殃其廟，以章其過也。」左右入報曰：「周釐王廟也。」景公大驚，起，再拜曰：「善哉！聖人之智，豈不大乎？」

【章　旨】本章記孔子因善知天命而正確地預測人事。

【注　釋】❶釐王　又作僖王，名胡。❷皇皇上帝四句　此為逸詩。❸玄黃　此指華麗之飾。❹振　救。

【語　譯】孔子與齊景公一起坐著，左右官員報告說：「周朝使者來了，說他們的宗廟遭了火災。」齊景公出來，問道：「會是誰的廟呢？」孔子說：「是釐王的廟。」景公問：「怎麼知道的？」孔子說：「詩歌中說：『偉大的上帝，它的命令不會有差錯。上天給人降福，一定會選擇有德的。』降禍也是這樣。那釐王改變文王和武王的制度而建造華麗的宮室，車馬也很奢侈，這是不可救藥的行為，所以上天把災禍降到他的宗廟上。」景公問：「上天為什麼不把災禍降到他本身？」孔子說：「這是上天因為文王的緣故。如果把災禍降到他本人身上，祭祀文王的香火不是斷絕了嗎？因此對他的宗廟降災，來顯示他的過惡。」左右官員進來報告：「被燒的是周釐王廟。」景公大為驚駭，站起來，向孔子莊重行禮，說：「妙啊！聖人的智慧，能不大嗎？」

齊桓公與管仲謀伐莒，謀未發而聞于國。桓公怪之，以問管仲。管仲曰：「國必有聖人也。」桓公歎曰：「歖！日之役者，有執柘杵❶以上視者，意其是邪？」乃令復役，無得相代。少焉，東郭垂至，管仲曰：「此必是也。」乃令儐者延而進之，分級而立。管仲曰：「子言伐莒者也？」對曰：「然。」管仲曰：「我不言伐莒，子何故言伐莒？」對曰：「臣聞君子善謀，小人善意。臣竊意之也。」管仲曰：「我不言伐莒，子何以意之？」對曰：「臣聞君子有三色：優然喜樂者，鐘鼓之色；愀然清靜者，縗絰❷之色；勃然充滿者，此兵革之色也。日者，臣望君之在臺上也，勃然充滿，此兵革之色。君吁而不吟，所言者莒也❸；君舉臂而指，所當者莒也。臣竊慮小諸侯之未服者，其惟莒乎？臣故言之。」君子曰：「凡耳之聞以聲也。今不聞其聲，而以其容與臂，是東郭垂不以耳聽而聞也。桓公、管仲雖善謀，不能隱。聖人之聽於無聲，視於無形，東郭垂有之矣。故桓公乃尊祿而禮之。」

【章旨】本章記東郭垂聽於無聲，視於無形，聯想豐富，判斷正確。

【注釋】❶柘杵　柘木所製的棒槌。❷縗絰　古代以麻布做的喪服，披在胸前的叫縗，繫在頭上或腰上的叫絰。❸君吁而不吟二句　這二句話各書異文較多，如《管子》作「口開而不闔」，《韓詩外傳》作「口張而不掩，舌舉而不下」，《論衡》作「君口垂不噞」，都表現了「莒」字發音的口形，本文借「吁」表示開口，借「吟」表示闔口。

【語譯】齊桓公與管仲策劃討伐莒國，策劃的結果尚未公布而消息傳到全國。桓公感到奇怪，便問管仲。管仲說：「國內一定有聰明人。」桓公歎息說：「嗯！當天做雜事的人中，有一個拿著柘木棒槌向上邊看的，估計就是他！」於是命令那些人再來服役，不可找人代替。過了不久，東郭垂到來。管仲說：「這人一定是的。」便命接待人員請他進去，倆人在不同的臺階上站著，管仲問：「你就是說我們要討伐莒國的人嗎？」回答說：「是的。」管仲問：「我沒說要討伐莒國，你為什麼說要討伐莒國？」回答說：「我聽說在上位的善於謀劃，在下位的善於猜測，我是私下估計的。」管子說：「我沒說討伐莒國，你憑什麼估計？」回答說：「我聽說大人物有三種表情：優閒歡樂，是聽鐘鼓演奏時的表情；痛苦肅穆，是理喪舉哀時的表情；興奮激動，這是要興兵打仗時的表情。那天，我望見君王在臺上，興奮激動，這是要用兵的樣子，君王的口開而不闔，所說的是『莒』字，君王的手臂所指的方向，正對著莒國，我私下考慮，小國沒臣服齊國的，只有莒國，因此我說要討伐莒國。」有見識的人說：「凡是耳朵聽到的，是聲音。現在沒聽到聲音而憑藉表情和手臂作判斷，這說明東郭垂不需用耳就能聽聞。桓公、管仲雖然善於謀劃，但瞞不過別人。聰明的人能從無聲中聽取，從無形中看到，東郭垂就有這種本領。因此桓公賜給他很高的俸祿，禮貌地待他。」

晉太史屠餘，見晉國之亂，見晉平公之驕而無德義也，以其圖法歸周。周威公見而問焉曰：「天下之國，其孰先亡？」對曰：「晉先亡。」威公問其說，對曰：「臣不敢直言，示晉公以天妖、日月星辰之行多不當。曰：『是何能然。』示以人事多不義，百姓多怨。曰：『是何傷。』示以鄰國不服，賢良不興。曰：『是何害。』是不知所以存，所以亡，故臣曰晉先亡。」居三年，晉果亡。威公又見屠餘而問焉曰：「孰次之？」對曰：「中山次之。」威公問其故，對曰：「天生民，令有辨。有辨，人之義也；所以異於禽獸麋鹿也，君臣上下所以立也。中山之俗，以晝為夜，以夜繼日，男女切踦❶，固無休息，淫昏康樂，歌謳好悲。其主弗知惡，此亡國之風也。臣故曰中山次之。」居二年，中山果亡。威公又見屠餘而問曰：「孰次之？」屠餘不對。威公固請，屠餘曰：「君次之。」威公懼，求國之長者，得錡疇、田邑而禮之，又得史理、趙巽以為諫臣，去苛令三十九物❷。以告屠餘。屠餘曰：「其尚終君之身。臣聞國之興也，天遺之賢人，與之極諫士；國之亡也，天與之亂人與善諛者。」威公薨，九月不得葬，周乃分為二。故有道者言，不可不重也。

【章　旨】本章記晉太史屠餘，富有遠見卓識，能以現實為依據，正確斷定國家的壽夭存亡。

【注　釋】❶切踦　「踦」同「倚」。切倚即切磨、倚近之意。❷物　事。

【語　譯】晉國太史屠餘，看到晉國混亂，晉平公驕橫而不講德義，就帶著晉國的典籍逃往周朝。周威公見到他問道：「天下的國家，哪個先滅亡？」回答說：「晉國先滅亡。」威公問理由，回答說：「我不敢直接講，把天降妖孽、日月星辰的運行多有不正常的話暗示晉公，晉公卻說：『這又能怎樣？』把人事處理不恰當，百姓中有許多人怨恨的話暗示晉公，晉公卻說：『這有什麼損傷？』把鄰國不歸服，賢良之士不被任用的話暗示晉公，晉公卻說：『這有什麼妨害？』這是不知道怎樣才能生存，為什麼會滅亡的道理，因此我說晉國會先滅亡。」過了三年，晉國果然滅亡了。周威公又見到屠餘，問他說：「哪國第二個滅亡？」回答說：「中山國第二個滅亡。」周威公問其中緣故，回答說：「上天生下百姓，讓他們有區別。有區別，才是做人的正理：這是與禽獸麋鹿不同的地方，君臣上下的等級也靠這來確立。中山國的風俗，把白天當黑夜，把夜晚來續接白天，男男女女，耳鬢廝磨，你挨我靠，從無休止。荒淫昏亂，恣情取樂，唱歌喜作悲涼之聲，而他們的君王不知這是不好的。這是亡國的風俗。因此我說中山國會第二個滅亡。」過了兩年，中山國果然滅亡了。周威公又見到屠餘，問他說：「哪國第三個滅亡？」屠餘不回答。威公一再請求，屠餘說：「您是第三個。」威公恐懼，在國內訪求年高德劭之人，找到錡疇、田邑，待之以禮，又找來史理、趙巽作諫官，取消三十九條煩苛的法令。威公把所做的事告訴屠餘，屠餘說：「這樣還可維持您一生。我聽說國家興旺之時，上天給它賢人，給它敢於冒死直言的人；國家敗亡之時，上天給它作亂的人和專會拍馬屁的人。」威公死後，九個月得不到安葬，周朝分裂為兩個。所以，對學識淵博之人的話，不能不尊重。

齊侯問於晏子曰：「當今之時，諸侯孰危？」對曰：「莒其亡乎！」公曰：「奚故？」

對曰：「地侵於齊，貨竭於晉，是以亡也。」

【章旨】本章記晏子的遠見。

【語譯】齊侯問晏子說：「現在這個時候，諸侯之中哪個最危險？」回答說：「莒國大概要滅亡了！」齊侯問：「什麼原因？」回答說：「土地被齊國侵占，財物被晉國榨乾，所以會滅亡。」

智伯從韓、魏之兵以攻趙，圍晉陽之城而溉之，城不沒者三板❶，絺疵❷謂智伯曰：「韓、魏之君必反矣。」智伯曰：「何以知之？」對曰：「夫勝趙而三分其地，今城未沒者三板，臼竈生鼃❸，人為相食，城降有日矣，而韓魏之君無喜志而有憂色，是非反何也？」明日，智伯謂韓、魏之君曰：「疵言君之反也。」韓、魏之君曰：「必勝趙而三分其地，今城將勝矣。夫二家雖愚，不棄美利而偝❹約為難不可成之事，其勢可見也。是疵為趙說君，且使君疑二主之心，而解於攻趙也。今君聽讒臣❺之言，而離二主之交，為君惜之。」智伯出，欲殺絺疵。絺疵逃，韓、魏之君果反。

【章旨】本章記絺疵善於觀察思考，對事物判斷準確。

【注釋】❶城不沒者三板　古代築牆，兩邊用木板夾土，中間加杵夯使之結實。城不沒者三板，謂大水離城牆頂端僅三條木板的寬度高。❷絺疵　智伯謀臣。❸鼃　同「蛙」。❹偝　同「背」。❺讒臣　說別人壞話的臣子。

【語譯】智伯率領韓、魏的軍隊攻打趙氏，圍住了晉陽城並引洪水來淹灌，水離城頭只有三塊築城木板的寬度高。絺疵對智伯說：「韓、魏的君主一定會反叛你。」智伯問：「怎麼知道的？」回答說：「戰勝了趙氏之後三家可以平分他的領地，現在水離城頭只有三板高，石臼土竈之中長出了青蛙，軍隊裡人吃人，這城裡人不久就要投降了。但韓、魏的君主臉上沒有歡喜的表情卻有憂愁的顏色，這不是要反叛是什麼？」第二天，智伯對韓、魏之君說：「絺疵說你們要反叛。」韓、魏的君主說：「只有戰勝了趙氏才能三家平分趙地，現在城將攻下了，我們兩家雖然愚笨，也不會放棄這樣的好處而違背協定去做難以做到的事，這情理是可想見的。這絺疵一定是為趙氏游說您，想使您對我們二人產生懷疑，從而放鬆對趙氏的進攻。現在您聽從讒臣的話而背棄與我二人的交情，為您感到可惜。」智伯出來，要殺絺疵，而絺疵逃走了。後來，韓、魏之君果然反叛智氏。

魯公索❶氏將祭而亡其牲。孔子聞之曰：「公索氏比及三年必亡矣。」後一年而亡。弟子問曰：「昔公索氏亡牲，夫子曰：『比及三年必亡矣。』今期年而亡。夫子何以知其將亡也？」孔子曰：「祭之為言索也。索也者，盡也，乃孝子所以自盡於親也。至祭而亡其牲，則餘亡者多矣。吾以此知其將亡也。」

【章旨】本章記孔子預知先機。

【注釋】❶公索　複姓。

【語譯】魯國的公索氏將要祭祀卻丟掉了犧牲。孔子聽到後說：「公索氏不到三年一定會滅亡。」後來一年就亡了。弟子問：「從前公索氏丟掉了犧牲，您說：『不過三年一定滅亡。』現在一年就亡了，您是怎樣知道它將要滅亡的？」孔子說：「祭的意思就是索，索的意思就是盡，就是孝子對雙親竭盡自己的全力。到祭祀的時候丟掉了犧牲，那麼其他的東西丟掉的就更多了。」

蔡侯、宋公、鄭伯朝於晉，蔡侯謂叔向曰：「子亦奚以語我？」對曰：「蔡言❶地計眾，不若宋、鄭，車馬衣裘，侈於二國。諸侯其有圖蔡者乎？」處期年，荊伐蔡而殘之。

【章　旨】本章記叔向對蔡國前途的正確預料。

【注　釋】❶言　「支」之誤字。支，測量。

【語　譯】蔡侯、宋公、鄭伯到晉國朝謁，蔡侯問叔向說：「你也有什麼話對我說嗎？」回答說：「測量土地，計算人口，蔡國比不上宋、鄭二國，但蔡國的車馬服裝，比二國奢侈。諸侯中大概有人要打蔡國的主意吧？」過了一年，楚國攻打蔡國，使它殘破不堪。

白圭之中山，中山王欲留之，固辭而去；又之齊，齊王亦留之，又辭而去。人問其辭，白圭曰：「二國將亡矣！所學者國有五盡：故莫之必忠，則言盡矣；莫之必譽，則名盡矣；莫之必愛，則親盡矣；行者無糧，居者無食，則財盡矣；不能用人，又不能自用，則功盡矣。國有此五者，毋幸必亡。中山與齊皆當此。」若使中山之與齊也，聞五盡而更之，則必不亡矣。其患在不聞也，雖聞又不信也。然則人主之務在乎善聽而已矣。

【章　旨】本章記白圭述國有「五盡」，「毋幸必亡」。

【語　譯】白圭到了中山國，中山國王要留下他，他堅決拒絕而離去。又到了齊國，齊王也要挽留他，又拒絕而離去。有人問他拒絕的原因，白圭說：「這兩個國家將要滅亡！根據我所學的，一個國家走上窮途末路有五種標誌：沒有人忠於它，言路就斷絕了；沒有人稱贊它，聲望就泯滅了；沒有人熱愛它，親信就喪失了；行路的人沒有糧草，居家的人沒有食物，財用就匱乏了；不能任用別人，又不能施展自己的才幹，事業就荒廢了。一個國家出現了這五種情況，不會有幸存的希望而一定會滅亡。」假如中山和齊國，聽到這「五盡」的議論而加以改進，就一定不會滅亡。它的要害在於不聽，或者雖然聽了卻不相信。由此看來，人主的責任，就在於善於聽取意見而已。

下蔡❶威公閉門而哭，三日三夜，泣盡而繼以血。旁鄰窺牆而問之曰：「子何故而哭悲若此乎？」對曰：「吾國且亡。」曰：「何以知也？」應之曰：「吾聞病之將死也，不可為良醫；國之將亡也，不可為計謀。吾數諫吾君，吾君不用，是以知國之將亡也。」於是窺牆者聞其言，則舉宗而去之於楚。居數年，楚王果舉兵伐蔡。窺牆者為司馬，將兵而往，東虜甚眾，問曰：「得無有昆弟故人乎？」見威公縛在虜中，問曰：「若何以至於此？」應曰：「吾何以不至於此！且吾聞之也：言之者，行之役也；行之者，言之主也。汝能行，我能言；汝為主，我為役。吾亦何以不至於此哉！」窺牆者乃言之於楚王，遂解其縛，與俱之楚。故曰：「能言者未必能行，能行者未必能言也。」

【章　旨】本章說明對世事不僅要有正確的估計和分析，而且還要有善於應變的行動。

【注　釋】❶下蔡　舊縣名，在今河南省。

【語　譯】下蔡威公關上門大哭了三天三夜，眼淚哭盡，眼裡流出了血。鄰居從牆外朝裡窺望，問他說：「你為什麼痛哭傷心得這樣？」回答說：「我們國家將要滅亡了。」問：「怎麼知道的？」回答說：「我聽說人病得快死的時候，沒人能當良醫；國家將要滅亡的時候，無法出謀劃策。我多次勸諫我們君王，我們君王不聽，所以我知道國家就要滅亡。」在牆外窺望的人聽了這些話，便把整個家族搬離蔡國遷往楚國。過了幾年，楚王果然發兵攻打蔡國。在牆外窺望的人當上了掌管軍中事務的司馬，帶著軍隊前來，捉到的俘虜很多，這人問：「不會有我的兄弟和老朋友在這裡面吧？」當他看到威公被綑著夾在俘虜中，問道：「你怎麼到了這種地步？」回答說：「我怎會不到這地步！我聽說：能說的是能做的的僕役，能做的是能說的的主人。你能做，我能說；你當主人，我當僕役。我怎能不落到這種地步！」在牆外窺望的人把此事報告楚王，便鬆了威公的綁，與他一同到了楚國。所以說：「能說的未必能做，能做的未必能說。」

管仲有疾，桓公往問之曰：「仲父若棄寡人，豎刁可使從政乎？」對曰：「不可！豎刁自刑以求入君。其身之忍，將何有於君。」公曰：「然則易牙可乎？」對曰：「易牙解其子以食君。其子之忍，將何有於君。君用之必為諸侯笑。」及桓公歿，豎刁、易牙乃作難，桓公死六十日，蟲出於戶而不收。

【章旨】本章記管仲善於根據人的外在表現看內在本質。

【語譯】管仲得了重病，桓公前往探望，問他說：「您若有不幸，豎刁可以用來掌管政事嗎？」回答說：「不行！豎刁自己殘傷自己以求來到您的身邊，他對自己都忍心傷害，對您將有什麼好心。」桓公問：「既是這樣，易牙可以嗎？」回答說：「易牙肢解自己的兒子供您食用，他對自己的兒子都忍心殺掉，對您將有什麼好心。您若用他一定被諸侯恥笑。」到了桓公死的時候，豎刁、易牙便作起亂來，桓公死了六十天，屍蟲爬出房門而無人裝殮。

石乞❶侍坐於屈建❷，屈建曰：「白公❸其為亂乎？」石乞曰：「是何言也？白公至於室無營，所下士者三人，與己相若臣者五人，所與同衣食者千❹人。白公之行若此，何故為亂？」屈建曰：「此建之所謂亂也。以君子行則可，於國家行過禮則國家疑之。且苟不難下其臣，必不難高其君矣。建是知夫子將為亂也。」處十月，白公果為亂。

【章　旨】本章記屈建的卓見。

【注　釋】❶石乞　楚國勇士。❷屈建　字子木，曾為楚國令尹。❸白公　名勝，楚平王太子建之子，封為白公。後作亂，事敗自縊而死。❹千　疑為「十」之誤字，《渚宮舊事》卷二作「十人」。

【語　譯】石乞陪著屈建坐著，屈建問：「白公大概要作亂了吧？」石乞說：「這是什麼話！白公做到了不與建居室，他禮待的士人只有三個，與他差不多的人他只交了五個，與他同衣共食的人十個。他的行為像這樣，為什麼會作亂？」屈建說：「這正是我說要作亂的緣故。君子像這樣做是可以的，對國家過分謹小慎微國家便會懷疑他。況且，假如一個人容易放下架子接近臣屬，也一定容易擺起架子凌駕在他的君王之上。我因此知道這人將要作亂。」過了十個月，白公果然作亂。

韓昭侯❶造作高門，屈宜咎❷曰：「昭侯不出此門。」曰：「何也？」曰：「不時！吾所謂不❸時者，非時日也。人固有利不利，昭侯嘗利矣，不作高門。往年秦拔宜陽❹，明年大旱民饑，不以此時恤民之急也，而顧反益奢，此所謂福不重至，禍必重來者也。」高門成，昭侯卒，竟不出此門。

【章　旨】本章記屈宜咎對韓昭侯造作高門的正確預言。

【注　釋】❶韓昭侯　戰國韓國君王，以申不害為相，國內以治，諸侯不敢相侵。在位二十六年，諡「昭」。❷屈宜咎　又作「屈宜臼」。楚大夫在魏者。❸不　衍文。❹宜陽　韓邑，在今河南省洛陽縣西南。

【語　譯】韓昭侯建造高大的宮門，屈宜咎說：「昭侯走不出此門。」有人問：「為什麼？」屈宜咎說：「不是時候！我所說的『時』，不是指時間。人本有順利和不順利的時候，昭侯曾經順利過，但未修高門。前年秦國攻破宜陽，第二年大旱，百姓鬧饑荒，不在此時救濟百姓的急難，卻反而更加奢侈，這便是所說的福不雙至，禍必重來。」高門修成了，昭侯卻死了，終究未出此門。

田子顏❶自大術❷至乎平陵❸城下，見人子問其父，見人父問其子。田子方❹曰：「其以平陵反乎？吾聞行於內，然後施於外。子顏欲使其眾甚矣。」後果以平陵叛。

【章　旨】本章記田子方的正確預見。

【注　釋】❶田子顏　戰國魏國大夫。❷大術　地名。❸平陵　魏邑。❹田子方　戰國魏文侯師。

【語　譯】田子顏從大術來到平陵城下，見到當兒子的就問候他的父親，見到當父親的就問候他的兒子。田子方說：「他要憑藉平陵造反嗎？我聽說凡事先在內部策劃，然後在外面施行。子顏是想使他的人更多啊。」後來田子顏果然在平陵造反。

晉人已勝智氏，歸以繕甲砥兵。楚王恐，召梁公弘❶曰：「晉人已勝智氏矣，歸而繕甲兵，其以我為事乎？」梁公曰：「不患！害其在吳乎？夫吳君恤民而同其勞，使其民重上之令，而人輕其死以從上使。如虜❷之戰，臣登山以望之，見其用百姓之信必也。勿已乎，其備之若何？」不聽。明年，闔廬襲郢。

【章　旨】本章記梁公弘預言楚患在吳不在晉。

【注　釋】❶梁公弘　楚大夫。❷如虜　疑為地名。

【語　譯】晉人戰勝智氏以後，回去修理戰甲，磨礪兵器。楚王恐懼，召來梁公弘問道：「晉人已經戰勝了智氏，回來卻修整戰甲兵器，它要以我為對象發動戰爭嗎？」梁公弘說：「不要擔心！我們的禍害可能在吳國。那吳國的君王體恤百姓，同他們共勞苦，使百姓尊重上級的命令，而百姓不惜一死來服從上級的驅遣。在如虜戰役中，我曾登山觀看他們作戰，看到他們確實是這樣使用百姓的。他們的野心是不會停止的，我們要防備他們，您以為如何？」楚王不聽。第二年，吳王闔廬進攻楚國郢都。

楚莊王欲伐陳，使人視之。使者曰：「陳不可伐也。」莊王曰：「何故？」對曰：「其城郭高，溝壑深，蓄積多，其國寧也。」王曰：「陳可伐也。夫陳，小國也，而蓄積多，蓄積多則賦斂重，賦斂重則民怨上矣；城郭高，溝壑深，則民力罷矣。」興兵伐之，遂取陳。

【章　旨】本章記楚莊王和使者對同一問題所持的截然相反的兩種看法，表現了莊王見解的獨到、深刻。

【語　譯】楚莊王要攻打陳國，派人窺探虛實。使者回來說：「陳國不可攻打。」莊王問：「為什麼？」回答說：「它的城牆很高，溝壑很深，積蓄很多，國家很安寧。」莊王說：「陳國可以攻打。那陳國，是個小國家，卻積蓄很多，積蓄多是因為賦稅收得多，賦稅收得多百姓便會怨恨統治者；城郭修得高、溝壑挖得深便使民力疲憊。」發兵攻打，便占領了陳國。

石益❶謂孫伯曰：「吳將亡矣，吾子亦知之乎？」孫伯曰：「晚矣，子之知之也！吾何為不知？」石益曰：「然則子何不以諫？」孫伯曰：「昔桀罪諫者，紂焚聖人，剖王子比干之心。袁氏之婦，絡❷而失其紀❸，其妾告之，怒棄之。夫亡者豈斯人知其過哉？」

【章　旨】本章講對一些勸之無益的人不加規勸也是一種正確抉擇。

【注　釋】❶石益　與下面的孫伯皆吳國大夫。❷絡　纏繞。❸紀　頭緒。

【語　譯】石益對孫伯說：「吳國將要亡了，你知道嗎？」孫伯說：「晚了，你知道得太晚了！我怎會不知道？」石益問：「既是這樣，你為什麼不勸諫？」孫伯說：「從前夏桀加罪於勸諫的人，商紂焚燒聰明的人，挖了王子比干的心；袁氏婦人，纏絲而搞亂了頭緒，侍妾告訴她，她大發脾氣，把侍妾趕走。那快要滅亡的人難道自己知道自己的過失嗎？」

孝宣皇帝❶之時，霍氏❷奢靡，茂陵徐先生曰：「霍氏必亡！夫在人之右❸而奢，亡之道也。孔子曰：『奢則不遜。』夫不遜者必侮上，侮上者，逆之道也。出人之右，人必害之。今霍氏秉權，天下之人，疾害之者多矣。夫天下害之，而又以逆道行之，不亡何待？」乃上書言：「霍氏奢靡，陛下即愛之，宜以時抑制，無使至於亡。」書三上，輒報聞。其後霍氏果滅。董忠❹等以其功封。人有為徐先生上書者曰：「臣聞客有過主人，見竈直堗❺，傍有積薪，客謂主人曰：『曲其堗，遠其積薪，不者，將有火患。』主人嘿然不應。居無幾何，家果失火，鄉聚里中人哀而救之，火幸息。於是殺牛置酒，燔髮灼爛者在上行，餘各用功次坐，而反不錄言曲突者。向使主人聽客之言，不費牛酒，終無火患。今茂陵徐福數上書言霍氏且有變，宜防絕之。向使福說得行，則無裂地出爵之費，而國安平❻自如今。往事既已，而福獨不得與其功。惟陛下察客徙薪曲突之策，而使居燔髮灼爛之右。」書奏，上使人賜徐福帛十匹，拜為郎。

【章　旨】本章講對禍患事前預加防範者比事後進行補救者的功勞更大。

【注　釋】❶孝宣皇帝　即漢宣帝劉詢。❷霍氏　指大將軍霍光，迎立宣帝有功，權傾朝野，死後滅族。❸右　古代以右為尊。❹董忠　宣帝臣，以告發霍氏有功，封侯。❺突　煙囪。❻自　疑為「至」之誤。

【語　譯】孝宣皇帝當政的時候，霍氏的生活奢侈靡爛，茂陵的徐先生說：「霍氏一定會滅亡。地位在別人之上而生活奢侈，這是要敗亡的表現。孔子說：『奢侈就不會謙遜。』不謙遜的人一定會輕慢長上，輕慢長上是忤逆不道的做法。超出別人之上，別人一定忌妒他。現在霍氏掌管政權，世上的人痛恨忌妒他的很多。天下人忌恨他而他又逆道而行，不滅亡還能有什麼別的結果？」於是給皇帝上書，說霍氏奢侈靡爛，皇上即使愛護他，也應該時時加以抑制，不要讓他走向敗亡。多次上書，皇帝才回答：知道了。後來霍氏果然滅亡。董忠等人因為告發有功受封賞。有人為徐先生上書皇帝說：「我聽說有個客人經過主人家，看到爐竈的煙囪是直的，竈旁堆著柴火。客人對主人說：『把煙囪做成彎的，柴火堆遠些，否則將有火災。』主人沈默不予理睬。沒過多久，這家果然失火。鄉里人可憐他而去撲救，幸而把火弄滅。於是殺牛擺酒，讓頭髮燒焦、皮肉烤爛的人坐上席，其餘各按功勞大小排座次，卻不邀請建議把煙囪改成彎曲的人。假若主人以前聽從客人的話，可以不花費牛酒，終究不遭受火災。現在茂陵徐福多次上書說霍氏將有事變，應加以防範杜絕。假若徐福的意見得到實行，就不會有割出土地分封爵位的耗費，而國家可以至今平安。現在往事已經過去，而惟有徐福不能分得功勞，希望皇上體察客人所獻的搬走柴火、弄彎煙囪的計謀，而使他居於燒焦頭髮、烤爛皮肉的人的上面。」書信上奏給皇帝，皇帝派人賜給徐福十匹綢緞，任徐福為郎官。

齊桓公將伐山戎❶、孤竹❷，使人請助於魯。魯君進群臣而謀，皆曰：「師行數千里，入蠻夷之地，必不反矣。」於是魯許助之而不行。齊已伐山戎、孤竹，而欲移兵於魯。管仲曰：「不可。諸侯未親，今又伐遠而還誅近鄰，鄰國不親，非霸王之道。君之所得山戎之寶器者，中國之所鮮也，不可以不進周公之廟乎❸。」桓公乃分山戎之寶，獻之周公之廟。明年，起兵伐莒，魯下令男丁悉發，五尺童子皆至。孔子曰：「聖人轉禍為福，報怨以德。」此之謂也。

【章　旨】本章記齊桓公用管仲之謀，以德報怨，贏得魯國的全力支持。

【注　釋】❶山戎　西北少數民族。❷孤竹　古國名。❸乎　衍文。

【語　譯】齊桓公將要攻打山戎和孤竹，派人到魯國請求幫助。魯君召來群臣商量，都說：「軍隊行數千里路，進入蠻夷之地，一定難以回還。」於是魯國口頭答應而不行動。齊國打過山戎、孤竹之後，要調兵攻打魯國。管仲說：「不行。諸侯未親附我們，現在討伐了遠國又回兵討伐近鄰，鄰國不親附，這不是行霸道和王道的做法。君王得到的山戎的寶物，是中國少有的，不可不進獻給周公的宗廟。」桓公便分出山戎的寶物，把它獻到周公廟中。第二年，齊國起兵攻打莒國，魯國下令男子全部出動，五尺高的小孩也都來了。孔子說：「聰明人能把禍變成福，將恩德回報仇怨。」講的就是這類事。

中行文子❶出亡至邊，從者曰：「為此嗇夫❷者，君人也，胡不休焉，且待後車者？」文子曰：「異日吾好音，此子遺吾琴；吾好佩，又遺吾玉。是不非吾過者也，自容於我者也，吾恐其以我求容也。」遂不入。後車入門，文子問嗇夫之所在，執而殺之❸。仲尼聞之曰：「中行文子背道失義以亡其國，然後得之，猶活其身，道不可遺也若此。」

【章旨】本章記一貫背道失義的中行文子，在逃亡過程中開始以道辨人，僥倖免遭殺害。從而說明「道不可遺」。

【注釋】❶中行文子　春秋晉國六卿之一，與范氏叛晉，為晉所滅。❷嗇夫　掌管田畝賦稅的官吏。❸文子問嗇夫之所在二句　此文有誤。據上下文意，當作「後車入門，問文子之所在，嗇夫執而殺之。」譯文據此。

【語譯】中行文子逃亡到邊界，跟隨他的人說：「在這裡做嗇夫的，是你的親信，為什麼不在這裡休息一下，等後面車上的人到來呢？」文子說：「從前我喜歡音樂，這人送給我琴；我喜歡佩帶飾物，又送給我玉珮。他是一個不批評我的過失，只求博取我的喜悅的人，我怕他用我來另求新寵。」便不進城到嗇夫那裡去。後面的車進入城門，向嗇夫打聽文子的去向，嗇夫把車上的人抓住殺了。孔子聽到此事說：「文子背棄道義而丟掉了國家，但後來一次做對了，竟能保全自己的性命。正道不可丟失的重要性就是如此明顯。」

衛靈公襜❶被以與婦人遊。子貢見公，公曰：「衛其亡乎？」對曰：「昔者夏桀、殷紂不任其過，故亡；成湯、文、武知任其過，故興。衛奚其亡也？」

【章旨】本章講知過能改便能全身保國。

【注釋】❶襜　短衣。

【語譯】衛靈公披著短衣與婦人一道出遊。子貢見到靈公，靈公問：「衛國要敗亡了嗎？」回答說：「從前夏桀、商紂不承認自己的過失，所以敗亡；商湯、周文王、周武王懂得改正過失，所以興盛。衛國為什麼要亡呢？」

智伯請地於魏宣子❶，宣子不與。任增❷曰：「何為不與？」宣子曰：「彼無故而請地，吾是以不與。」任增曰：「彼無故而請地者，無故而與之，是重欲無厭也。彼喜，必又請地於諸侯。諸侯不與，必怒而伐之。」宣子曰：「善！」遂與地。智伯喜，又請地於趙，趙不與，智伯怒，圍晉陽。韓、魏合趙而反智氏，智氏遂滅。

【章旨】本章記魏桓子用任增之計，對智伯欲擒故縱，助長其貪欲、野心，使其多方樹敵，最後合而殲之。

【注釋】❶魏宣子　當作「魏桓子」。❷任增　別本又作「任章」，魏桓子家臣。

【語譯】智伯向魏桓子要地，桓子不給。任增問：「為什麼不給？」桓子說：「他無緣無故來要地，我因此不給。」任增說：「他無故來要地，我們無故而給他，這樣更使他貪得無厭。他（為輕易得手而）高興，一定又會向別的諸侯要地，別人不給，他就會惱怒而去討伐別人。」桓子說：「說得對！」便把土地給了智伯。智伯高興，又向趙氏要地，趙氏不給，智伯惱怒，包圍了晉陽。韓、魏二家聯合趙氏反攻智氏，智氏於是滅亡。

楚莊王與晉戰，勝之。懼諸侯之畏己也，乃築為五仞❶之臺。臺成而觴諸侯。諸侯請約，莊王曰：「我薄德之人也。」諸侯請為觴，乃仰而曰：「將將❷之臺，窅窅❸其謀。我言而不當，諸侯伐之。」於是遠者來朝，近者入賓。

【章旨】本章記楚莊王以築臺為名，宴請諸侯，對眾人謙遜有禮，致使遠近賓服。

【注釋】❶仞　古以八尺或七尺為一仞。❷將將　高大貌。❸窅窅　深遠貌。

【語譯】楚莊王同晉國交戰，打勝了。怕諸侯懼怕自己，便修了一座五仞高的高臺。高臺修成後邀請諸侯來飲酒。諸侯要求楚莊王主盟訂約，楚莊王說：「我是一個德望不高的人。」諸侯要求為他敬酒，他仰面說：「這高高的樓臺啊，有著我深深的用心。我說的如有不妥的地方，請諸侯討伐我。」於是遠方的來朝謁，近處的來歸順。

吳王夫差破越，又將伐陳。楚大夫皆懼，曰：「昔闔廬能用其眾，故破我於柏舉。今聞夫差又甚焉。」子西曰：「二三子恤不相睦也，無患吳矣。昔闔廬食不貳味，處不重席，擇不取費。在國，天有災，親戚乏困而供之；在軍，食熟者半而後食，其所嘗者，卒乘必與焉。是以民不罷勞❶，死知不曠。今夫差，次有臺榭陂池❷焉，宿有妃嬙嬪❸御焉；一日之行，所欲必成，玩好必從，珍異是聚。夫差先自敗已，焉能敗我？」

【章旨】本章記子西全面分析敵情，免除國人不必要的擔憂。

【注釋】❶罷勞　同「疲勞」。❷臺榭陂池　用土築成的高臺稱臺，臺上的建築稱榭，水邊稱陂，池塘稱池。❸妃嬙嬪　古代帝王的妾和太子、王侯的妻稱妃。嬙、嬪，皆王宮女官名。

【語譯】吳王夫差打敗了越國，又要討伐陳國。楚國的大夫都很恐懼，說：「從前闔廬善於使用他的將士，所以在柏舉把我們打敗。聽說現在的夫差比他還厲害。」子西說：「你們這些人只需擔心彼此不團結，不要擔心吳國。

從前闔廬吃飯不用兩樣菜，睡覺不墊兩張席，辦任何事都不選擇花費大的。在國內，若有天災，寧可自己的親屬財用不足也要救濟災民；在軍內，有一半人吃到熟食，他所吃的東西士兵們一定共享。因此百姓不怕疲勞，為他的知遇之恩效死力的不乏其人。現在的夫差，住的是有臺榭陂池的優美之地；夜宿有妃子、嬙、嬪侍候在身邊；一天之內，凡想要的一定要辦到，供玩樂的東西一定伴隨在身邊，奇珍異寶都在他那裡匯集。夫差先把自己搞垮了，哪能打敗我們？」

越破吳，請師於楚以伐晉。楚王與大夫皆懼，將許之。左史倚相❶曰：「此恐吾攻己，故示我不病。請為長轂千乘，卒三萬，與分吳地也。」莊王聽之，遂取東國。

【章旨】本章記倚相識破越國色厲內荏、故示不病的假象，乘機奪取吳國的土地。

【注釋】❶倚相　春秋時，楚國著名的史官。

【語譯】越國攻破吳國後，向楚國借兵攻打晉國。楚王與眾大夫都很害怕，將要同意越國的要求。左史倚相說：「這是怕我們進攻他越國，故意向我們顯示他不虛弱。請準備好戰車千輛，士兵三萬，與越國一道瓜分吳國的土地。」莊王聽取了這一意見，便得到了東方吳國之地。

陽虎❶為難於魯，走之齊，請師攻魯。齊侯許之。鮑文子❷曰：「不可也！陽虎欲齊師破。齊師破，大臣必多死，於是欲奮其詐謀。夫虎有寵於季氏，而將殺季孫，以不利魯國而容其求焉❸。今君富於季氏，而大於魯國，茲陽虎所欲傾覆也。魯免其疾，而君又收之，毋乃害乎？」齊君乃執之，免而奔晉。

【章旨】本章記鮑文子識破陽虎陰謀。

【注釋】❶陽虎 字貨，為魯國季氏家臣，後叛魯出逃。❷鮑文子 齊國大夫。❸而容其求焉 句有訛誤。《左傳・定公九年》作「而求容焉」。

【語譯】陽虎在魯國作亂後，逃到齊國，請求派兵攻魯。齊侯同意了。鮑文子說：「不行！陽虎是要齊國的軍隊毀滅。齊軍毀滅，大臣一定會死去很多，此時陽虎的陰謀便能得逞。陽虎受季氏的寵信卻要謀殺季孫，因為季氏對魯國不利，陽虎殺他是為了博取魯君的喜悅。現在您比季氏富有，比魯國強大，這正是陽虎所要顛覆的。魯國免除了災難，而您卻又接納他，不是禍害嗎？」齊侯便要把陽虎抓起來，他脫逃到晉國。

湯欲伐桀，伊尹曰：「請阻乏貢職❶，以觀夏動。」桀怒，起九夷❷之師以伐之。伊尹曰：「未可！彼尚猶能起九夷之師，是罪在我也。」湯乃謝罪請服，復入貢職。明年，又不供貢職。桀怒，起九夷之師，九夷之師不起。伊尹曰：「可矣！」湯乃興師伐而殘之，遷桀南巢氏❸焉。

【章旨】本章記商湯用伊尹之謀，探定夏桀虛實，一舉奪取天下。

【注釋】❶貢職 臣子進獻給君王的物品。❷九夷 泛指東方各民族。❸南巢氏 南巢，地名。氏，衍文。

【語譯】商湯要討伐夏桀，伊尹說：「請先中斷進貢，看看夏桀的動靜。」夏桀惱怒，調動九夷的軍隊來攻打商湯。伊尹說：「夏桀不可攻！他還能調動九夷之兵，這樣罪名就該我方承擔。」商湯於是向夏桀請罪投降，重新納貢。第二年，又不交貢賦。夏桀憤怒，又調九夷之兵，九夷之兵不肯動。伊尹說：「可以行動了！」商湯於是發兵攻打並摧毀了夏朝，把夏桀流放到南巢去。

武王伐紂，晨舉脂燭。過隧❶斬岸，過水折❷舟，過谷發梁，過山焚萊，示民無返志也。至於有戎❸之隧，大風折旆❹，散宜生❺諫曰：「此其妖歟？」武王曰：「非也！天落兵也。」風霽而乘以大雨，水平地而嗇❻，散宜生又諫曰：「此其妖歟？」武王曰：「非也！天洒兵❼也。」卜而龜熸❽，散宜生又諫曰：「此其妖歟？」武王曰：「不利以禱祠，利以擊眾，是熸之已。」故武王順天地，犯三妖，而禽紂於牧野❾，其所獨見者精也。

【章旨】本章記周武王面對怪異而不驚，堅定不移地取得滅商的勝利。

【注釋】❶隧　通道。❷折　別本作「圻」。❸有戎　對西部民族的稱謂。❹旆　軍旗。❺散宜生　為文王四友之一，後助武王滅商。❻嗇　積滯而不流動。❼洒兵　洗濯武器。洒，古「洗」字。❽熸　火滅。❾牧野　地名，在今河南省淇縣南。

【語譯】武王討伐商紂王，淩晨舉起火把。路走過之後，把兩邊挖壞加以堵塞，過河之後，把舟船折毀，渡過了山谷，把橋梁掀掉，越過了山嶺，把蒿草燒光，向百姓顯示此去不回頭的決心。到了有戎轄區的路上，大風吹斷了軍旗，散宜生進諫說：「這是妖孽吧？」武王說：「不是！這是上天降下兵器。」風停了卻降下大雨，水把地面淹沒而不能排去，散宜生又進諫說：「這是妖孽吧？」武王說：「不是！這是上天洗濯兵器。」進行占卜而灼龜的火滅了，散宜生又進諫說：「這是妖孽吧？」武王說：「這暗示我們不利於祈禱祭祀，而利於消滅敵人，因此火滅了。」武王順從天地之意，頂住三種妖孽，而在牧野活捉商紂王，他獨到的見解是很精闢的。

晉文公與荊人戰於城濮，君問於咎犯。咎犯對曰：「服義之君，不足於信；服戰之君，不足於詐。詐之而已矣。」君問於雍季。雍季對曰：「焚林而田，得獸雖多，而明年無復也；乾澤而漁，得魚雖多，而明年無復也。詐猶可以偷利，而後無報。」遂與荊君戰，大敗之。及賞，先雍季而後咎犯。侍者曰：「城濮之戰，咎犯之謀也。」君曰：「雍季之言，百世之謀也；咎犯之言，一時之權也。寡人既行之矣。」

【章　旨】本章講權謀可獲一時之利，亦可獲百世之功，當以後者為重。

【語　譯】晉文公與楚國人在城濮作戰，文公向咎犯問計。咎犯回答說：「講究道義的君王，死守信義；好戰的君王，不善用詐謀。您用詐術便可以了。」文公向雍季問計。雍季回答說：「燒毀樹林來捕捉野獸，得到的野獸雖然多，但第二年再也沒有了；放乾湖水來捉魚，得到的魚雖然多，但第二年再也沒有了。行詐術可以暫且得利，但以後得不到好的報應。」於是與楚王展開了戰鬥，把楚王打得大敗。到行賞的時候，先賞雍季後賞咎犯。侍從說：「城濮之戰，靠的是咎犯的計謀。」文公說：「雍季說的話，是有利於百代的深謀遠慮；咎犯說的話，是一時的權宜之計。我就這樣做了。」

城濮之戰，文公謂咎犯曰：「吾卜戰而龜熸；我迎歲❶，彼背歲；彗星見，彼操其柄，我操其標；吾又夢與荊王搏，彼在上，我在下。吾欲無戰，子以為何如？」咎犯對曰：「卜戰龜熸，是荊人❷也；我迎歲，彼背歲，彼去我從之也；彗星見，彼操其柄，我操其標，以掃則彼利，以擊則我利；君夢與荊王搏，彼在上，君在下，則君見❸天而荊王伏其罪也。且吾以宋、衛為主，齊、秦輔我，我合❹天道，獨以人事，固將勝之矣。」文公從之，荊人大敗。

【章　旨】本章記咎犯重人事而輕天道，對種種所謂先兆故作有利於自己的解釋，鼓勵晉文公鬥志，終於在城濮之戰中戰勝楚國。

【注　釋】❶歲　指木星。❷人　或疑「火」之誤。❸見　疑為「㝵」之誤。「㝵」即「得」字。❹合　疑「舍」之誤。

【語　譯】城濮之戰時，文公對咎犯說：「我為戰爭進行占卜，而灼龜之火熄滅了；我方的地理位置是迎著歲星，敵方是背著歲星；掃帚星出現時，敵方對著掃帚星的把，我方對著掃帚星的末梢；我又夢見與楚王搏鬥，他在上面，我在下面。這仗我想不打了，你認為怎樣？」咎犯回答說：「占卜戰爭而灼龜之火滅了，這火代表楚國；我方面對歲星，敵方背對歲星，表示敵人逃走我方追趕；彗星出現，敵方對著掃帚把，我方對著掃帚的末梢，用來掃除則敵方有利，用來出擊則我方有利；您夢見與楚王搏鬥，楚王在上，您在下，則表明您得到上天支持而楚王俯首認罪。況且我們用宋、衛之兵為主力，齊、秦又幫助我們，我們即使捨棄天道，專以人的力量，原可戰勝敵人。」文公聽從了，楚國人大敗。

越饑，句踐懼。四水❶進諫曰：「夫饑，越之福也，而吳之禍也。夫吳國甚富而財有餘，其君好名而不思後患。若我卑辭重幣以請糴於吳，吳必與我。與我，則吳可取也。」越王從之。吳將與之，子胥諫曰：「不可！夫吳、越接地鄰境，道易通，仇讎敵戰之國也。非吳有越，越必有吳矣。夫齊、晉不能越三江五湖以亡吳。不如因而攻之，是吾先王闔廬之所以霸也。且夫饑，何也？亦猶淵也。敗伐❷之事，誰國無有？君若不攻，而輸之糴，則利去而凶至，財匱而民怨，悔無及也。」吳王曰：「吾聞義兵不攻服，仁者食饑餓。今服而攻之，雖得十越，吾不為也。」遂與糴。三年，吳亦饑，請糴於越，越王不與而攻之，遂破吳。

【章　旨】本章記吳王目光短淺好名貪利，不用良謀，助敵養仇，導致吳國滅亡。

【注　釋】❶四水　人名。❷伐　敗。見《說文・人部》。

【語　譯】越國發生饑荒，越王句踐感到恐懼。四水上前勸諫說：「鬧饑荒，是越國的福，吳國的禍。吳國非常富有，資財有多餘的，它的君王愛好虛名而不考慮以後的禍患。假如我們用卑謙的言辭和豐厚的錢財，向吳國請求購進糧食，吳國一定給我們。給了我們，吳國就可以攻取了。」越王聽了他的話。吳王將要給越國糧食，伍子胥勸阻說：「不行！吳、越土地相接，邊境相鄰，道路相通，是有仇怨的敵對國家，不是吳國占有越國，就是越國占有吳國。齊國、晉國不可能翻越三江五湖來消滅吳國。不如乘機進攻越國，不失時機向別人進攻便是我們的先王闔廬之所以稱霸的原因。況且，饑荒是什麼？饑荒就像洪水一樣，窘困之事，哪國沒有？您若不進攻，而向越國輸送糧食，那麼有利的時機便會失去，凶險便會到來，我國的財用便會匱乏，百姓便會抱怨，後悔也就來不及了。」吳王說：「我聽說講道義的軍隊不攻打歸順了的人，仁德的人給饑餓者食物。現在越國歸順我卻去進攻它，即使能得到十個越國，我也不幹。」於是賣給了越國糧食。過了三年，吳國也發生饑荒，向越國買糧，越王不給並向吳國進攻，便消滅了吳國。

趙簡子使成何、涉他❶與衛靈公盟於剸澤❷。靈公未喋血❸，成何、涉他捘❹靈公之手而撙❺之。靈公怒，欲反趙。王孫商曰：「君欲反趙，不如與百姓同惡之。」公曰：「若何？」對曰：「請命臣令於國曰：『有姑姊妹女者家一人質於趙。』百姓必怨，君因反之矣。」君曰：「善！」乃令之。三日遂徵之，五日而令畢。國人巷哭。君乃召國大夫而謀曰：「趙為無道，反之可乎？」大夫皆曰：「可！」乃出西門，閉東門。趙氏聞之，縛涉他而斬之，以謝於衛。成何走燕。子貢曰：「王孫商可謂善謀矣！憎人而能害之，有患而能處之，欲用民而能附之。一舉而三物俱至，可謂善謀矣。」

【章旨】本章記王孫商挑起民眾仇視敵人，以達到使敵人屈服的目的。

【注釋】❶成何、涉他　二者皆人名。《左傳．定公八年》「他」作「佗」。❷剸澤　地名。「剸」又作「鄟」、「軘」、「專」。❸喋血　即歃血。古代會盟，雙方口含牲血以表信誓。❹捘　推。❺撙　壓抑。

【語譯】趙簡子派成何、涉他與衛靈公在剸澤會盟。靈公沒有歃血，成河、涉他推著靈公的手並往下按。靈公惱怒，要同趙氏翻臉。王孫商說：「君王想與趙氏作對，不如聯合百姓共同仇視他。」靈公問：「應怎樣做？」回答說：「請您讓我對國人說：『凡是有姑姊妹等女子的家庭，出一人到趙氏那裡作人質。』百姓一定恨趙氏，您就可以乘機而反。」靈公說：「好！」便叫他這樣做。三天之內便加徵求，五天便徵求完畢。衛國人在大街小巷痛哭。靈公便召集衛國大夫商量說：「趙氏不講道義，反了可以嗎？」大夫都說：「可以！」於是走出西門，閉上東門。趙氏聽到此事，把涉他綑來殺了，向衛國道歉。成何逃到燕國。子貢說：「王孫商可稱得上善於謀劃！憎恨別人能使別人遭傷害，遇到禍患能夠應付，要利用百姓而能使百姓服從自己。做一件事而達到三個目的，稱得上善於謀劃。」

楚成王贅屬❶諸侯，使魯君為僕。魯君致大夫而謀曰：「我雖小，亦周之建國也。今成王以我為僕，可乎？」大夫皆曰：「不可！」公儀休曰：「不可不聽！楚王身死國亡，君之臣，乃君之有也，為民君也❷。」魯君遂為僕。

【章旨】本章記魯君用公儀休之謀，忍辱負重，以求生存。

【注釋】❶贅屬　二字義通，皆從屬之意。❷為民君也　語意不明。據上下文意翻譯。

【語譯】楚成王把諸侯視為自己的下屬，要魯君作他的臣僕。魯君找來大夫商量說：「我魯國雖小，也是周天子建起的國家。現在楚成王要我作臣僕，可以嗎？」大夫都說：「不可以！」公儀休說：「不能不服從！楚王身死國亡之後，您手下的臣子，仍歸您所有，您仍然作百姓的君王。」魯君於是臣服於楚。

齊景公以其子妻闔廬，送諸郊，泣曰：「余死不汝見矣！」高夢子❶曰：「齊負海而縣山，縱不能全收天下，誰干我君？愛則勿行。」公曰：「余有齊國之固，不能以令諸侯，又不能聽，是生亂也。寡人聞之，不能令則莫若從。且夫吳，若蜂蠆❷然，不棄毒於人則不靜，余恐棄毒於我也。」遂遣之。

【章旨】本章記齊景公深知「不能令則莫若從」的道理，捨愛女以保國全身。

【注釋】❶高夢子　人名。或作「高昭子」。❷蜂蠆　蜂是身尾帶刺的飛蟲，蠆為形似蠍子的毒蟲。

【語譯】齊景公把自己的女兒嫁給闔廬為妻，送到郊外，哭著說：「我到死也見不著你了！」高夢子說：「齊國靠海隔山，即使不能統領天下，誰人能冒犯我們的君王？您愛女兒就叫她不要走。」景公說：「我據有齊國這樣險固的地勢，卻不能以此號令諸侯，假如又不肯服從別人，這樣會發生禍亂的。我聽說，不能命令別人就不如聽從別人的命令。況且那吳國，就像蜂蠆一樣，不把毒施放給別人就不會安靜，我害怕它把毒施放給我。」於是把女兒送走。

齊欲妻鄭太子忽❶，太子忽辭。人問其故，太子曰：「人各有偶，齊大，非吾偶也。《詩》云：『自求多福。』❷在我而已矣。」後戎伐齊，齊請師於鄭，鄭太子忽率師而救齊，大敗戎師。齊又欲妻之，太子固辭。人問其故，對曰：「無事於齊，吾猶不敢，今以君命救齊之急，受室以歸，人其以我為師婚乎？」終辭之。

【章　旨】本章講「齊大非偶」，記鄭公子忽以門第不相當而拒絕齊國的求婚。

【注　釋】❶太子忽　鄭莊公子。❷自求多福　見《詩經・大雅・文王》。

【語　譯】齊君要把女兒嫁給鄭國太子忽為妻，太子忽拒絕了。有人問他原因，太子說：「各人有各人合適的對象，齊國很大，不是我合適的對象。《詩經》上說：『自己找幸福。』求福全靠我本身。」後來西戎攻打齊國，齊國向鄭國求救兵，鄭太子忽率領軍隊解救齊國，把西戎軍隊打得大敗。齊君又要把女兒嫁給他，太子忽堅決拒絕了。有人問他原因，回答說：「沒為齊國做事，我尚且不敢，現在奉君王命令解救齊國急難，娶妻回來，別人不認為我率兵娶親嗎？」最後還是謝絕了。

孔子問漆雕馬人❶曰：「子事臧文仲、武仲、孺子容❷，三大夫者孰為賢？」漆雕馬人對曰：「臧氏家有龜焉，名曰蔡❸。文仲立，三年為一兆焉；武仲立，三年為二兆焉；孺子容立，三年為三兆焉：馬人見之矣。若夫三大夫之賢不賢，馬人不識也。」孔子曰：「君子哉，漆雕氏之子！其言人之美也，隱而顯；其言人之過也，微而著。故智不能及，明不能見，得無數卜乎？」

【章　旨】本章記漆雕馬人不正面臧否人物，卻為評價人物提供客觀依據，使優劣自顯。

【注　釋】❶漆雕馬人　漆雕是氏，「馬」疑為「馮」字之誤，《孔子家語・好生》作「漆雕馮」。❷臧文仲、武仲、孺子容三人皆魯國大夫。文仲叫臧孫辰，武仲叫臧孫紇。文仲、武仲是諡號。孺子容可能是武仲之子。❸蔡　大龜名。或以為出產於蔡地，故名。

【語　譯】孔子問漆雕馬人說：「你事奉過臧文仲、武仲、孺子容，這三個大夫哪個賢能？」漆雕馬人回答說：「臧氏家中有一隻龜，名字叫蔡。文仲主事時，三年占卜一次；武仲主事時，三年占卜兩次；孺子容主事，三年占卜三次：這是我看見的。至於這三位大夫誰賢誰不賢，我不知道。」孔子說：「真是一位君子啊，這姓漆雕氏的人！他說別人的長處，既隱諱又明顯；他說別人的過失，既含蓄又清楚。智力不夠，眼力不足，能不多次占卜嗎？」

安陵纏❶以顏色美壯，得幸於楚共王。江乙❷往見安陵纏曰：「子之先人，豈有矢石之功於王乎？」曰：「無有。」江乙曰：「子之身豈亦有乎？」曰：「無有。」江乙曰：「子之貴何以至於此乎？」曰：「僕不知所以。」江乙曰：「吾聞之，以財事人者，財盡而交疏；以色事人者，華落而愛衰。今子之華，有時而落，子何以長幸無解於王乎？」安陵纏曰：「臣年少愚陋，願委質❸於先生。」江乙曰：「獨從為殉可耳。」安陵纏曰：「敬聞命矣。」江乙去。居期年，逢安陵纏，謂曰：「前日所諭子者，通之於王乎？」曰：「未可也。」居期年，江乙復見安陵纏曰：「子豈諭王乎？」安陵纏曰：「臣未得王之間也。」江乙曰：「子出與王同車，入與王同坐，居三年，言未得王之間乎？以吾之說未可耳。」不悅而去。其年，共王獵江渚之野，野火之起若雲蜺，虎狼之嘯若雷霆。有狂兕❹從南方來，正觸王左驂❺，王舉旌旄❻，而使善射者射之，一發，兕死車下。王大喜，拊掌而笑，顧謂安陵纏曰：「吾萬歲之後，子將誰與斯樂乎？」安陵纏乃逡巡而卻，泣下沾衿，抱王曰：「萬歲之後，臣將從為殉，安知樂此者誰！」於是共王乃封安陵纏於車下三百戶。故曰：「江乙善謀，安陵纏知時。」

【章旨】本章記「江乙善謀，安陵纏知時」。

【注釋】❶安陵纏　或以為為楚王妃，本文此人自稱「臣」，不稱「妾」，當是楚王男寵。❷江乙　春秋魏人，有智謀，曾在楚國為官。❸質　別本作「智」。❹兕　犀牛。❺驂　三馬或四馬駕車，中轅兩邊的馬叫驂。❻旌旄　用牦牛尾作裝飾的旗幟。

【語譯】安陵纏因為長得漂亮雄壯，受到楚共王寵愛。江乙去見安陵纏，問：「你的先人，是否為君王立了戰功？」說：「沒有。」江乙問：「你本人是否有功？」說：「沒有。」江乙問：「你為什麼能夠這樣顯貴？」說：「我不知道為什麼？」江乙說：「我聽說，用錢財侍奉別人的，錢財用完了交情也就疏遠了；靠姿色侍奉別人的，容顏凋謝了寵愛也就失去了。現在你的美貌，總有一天會失去，你怎能永遠得到君王的寵幸而不被疏遠呢？」安陵纏說：「我年輕愚笨淺薄，希望從您那裡討個好主意。」江乙說：「惟有表示願意陪葬才行。」安陵纏說：「一定聽您的教導。」江乙離去。過了一年，遇到安陵纏，問道：「以前告訴你的話，說給君王聽了嗎？」回答：「沒有。」又過了一年，江乙又見安陵纏，問：「你是否告訴了君王？」安陵纏說：「我沒遇到君王的空閒。」江乙說：「你出門與君王同車，進門與君王同坐，過了三年，能說沒遇到君王的空閒嗎？你是認為我說的話沒有用處。」不高興地離去。當年，楚共王在江邊的野地裡打獵，野火燒起來像彩霞，虎狼的叫聲像雷霆。有一隻狂奔的犀牛從南方跑來，正撞到共王車前左邊的馬身上，共王舉起旗幟，讓良弓手射箭，箭一發，犀牛死於車下。共王非常高興，拍手而笑，回頭問安陵纏說：「我死之後，你將同誰享受這種快樂？」安陵纏便徘徊後退，眼淚流得打濕衣襟，抱住共王說：「您去世之後，我將跟隨您去作您的殉葬品，哪裡知道享受這種歡樂的人是誰！」於是共王在車前把三百戶食邑封給安陵纏。因此有人說：「江乙善於謀劃，安陵纏懂得把握時機。」

太子商臣❶怨令尹子上也。楚攻陳，晉救之，夾泜水❷而軍。陽處父❸知商臣之怨子上也，因謂子上曰：「少卻，吾涉而從子。」子上卻。因令晉軍曰：「楚遁矣！」使人告商臣曰：「子上受晉賂而去之。」商臣訴之成王，成王遂殺之。

【章旨】本章記陽處父行反間之計，商臣借機報私仇。

【注釋】❶商臣　楚成王子。成王立為太子，令尹子上諫阻，成王不聽。後欲改立子職，商臣遂弒成王而自立，是為楚穆王。❷泜水　又作「滍水」，水名。❸陽處父　晉太傅。

【語譯】太子商臣怨恨令尹子上。楚國進攻陳國時，晉國前去救援，兩軍在泜水兩岸駐紮。陽處父知道商臣怨恨子上，於是對子上說：「你稍往後退，我們渡河跟隨你。」子上撤退。陽處父便對晉軍說：「楚兵逃走了。」派人告訴商臣說：「子上受了晉國的賄賂才離去的。」商臣把此事告訴成王，成王便殺了子上。

智伯欲襲衛，故遺之乘馬，先之一璧。衛君大悅，酌酒，諸大夫皆喜，南文子❶獨不喜，有憂色。衛君曰：「大國禮寡人，寡人故酌諸大夫酒。諸大夫皆喜，而子獨不喜，有憂色者，何也？」南文子曰：「無方❷之禮，無功之賞，禍之先也。我未有往，彼有以來，是以憂也。」於是衛君乃修津梁而擬邊城。智伯聞衛兵在境上，乃還。

【章旨】本章記南文子識破智伯的陰謀，使衛國預防智伯的襲擊。

【注釋】❶南文子　即公孫彌牟，衛大夫。❷方　《戰國策‧衛策》作「力」。力，勞也。

【語譯】智伯想襲擊衛國，所以送給衛君車輛、馬匹，先把一塊璧玉送去。衛國君王十分高興，擺下酒宴，眾大夫也都歡喜。唯有南文子不高興，臉上帶著憂色。衛君問：「大國禮待我，所以我請諸大夫飲酒，眾大夫都高興，而你一人不高興，臉帶憂色，這是為什麼？」南文子說：「沒出力而受到禮遇，沒立功而受到獎賞，是災禍的先兆。我方沒有前去，對方卻找來了，所以擔憂。」於是衛君修築橋梁、著手建邊境城牆。智伯聽到衛兵聚集在邊境上，便回去了。

智伯欲襲衛，乃佯亡其太子顏，使奔衛。南文子曰：「太子顏之為其君子也，甚愛。非有大罪也，而亡之，必有故。然人亡而不受，不祥。」使吏逆之，曰：「車過五乘，慎勿內也。」智伯聞之，乃止。

【章旨】本章記南文子再次識破並挫敗智伯襲衛的陰謀。

【語譯】智伯想襲擊衛國，便假裝讓太子顏逃亡，叫他逃到衛國。南文子說：「太子顏作為他父親的兒子，很受寵愛。他沒有犯大罪，卻要逃亡，這裡面一定有原因。但人家逃來我們不接受，是不吉利的。」派官員去迎接太子顏，對官員說：「來人的車輛若超過五乘，切切不要放進來。」智伯聽到後，停止了襲擊衛國的行動。

叔向❶之殺萇弘❷也，數見萇弘於周，因佯遺書曰：「萇弘謂叔向曰：『子起晉國之兵以攻周，吾廢劉氏❸而立單氏。』」劉氏請之君曰：「此萇弘也。」乃殺之。

【章旨】本章記叔向用借刀殺人之計殺萇弘。

【注　釋】❶叔向　晉大夫羊舌肸。❷萇弘　周大夫。❸劉氏　劉氏和下面的單氏都是周室卿大夫。

【語　譯】叔向為了殺萇弘，多次到周王室去見萇弘，趁機假裝遺失信件，信上說：「萇弘對叔向說：『你發動晉國的軍隊來進攻周王室，我就除掉劉氏而擁立單氏。』」劉氏報告君王說：「這是萇弘的話。」周王便把萇弘殺掉了。

楚公子午使於秦，秦囚之。其弟獻三百金於叔向。叔向謂平公曰：「何不城壺邱❶？秦、楚患壺邱之城。若秦恐而歸公子午，以止吾城也，君乃止，難亦未構，楚必德君。」平公曰：「善！」乃城之。秦恐，遂歸公子午，使之晉。晉人輟城。楚獻晉賦三百車。

【章　旨】本章記叔向用計救楚公子午，使楚人感晉君之德。

【注　釋】❶壺邱　古地名，在今河南省新蔡縣東南。

【語　譯】楚公子午出使秦國，秦國把他囚禁起來。公子午的弟弟給叔向送去三百金，叔向對晉平公說：「為什麼不在壺邱築城？秦、楚都怕我們在壺邱築城。如果秦國怕我們而放出了公子午，以此作為要我們停止築城的條件，您就停止。這樣，禍難未形成，楚國一定感戴您的恩德。」平公說：「好的！」便築起城來。秦國害怕，便放回了公子午，讓他到晉國來。晉人停止築城。楚國把收到的賦稅送給晉國三百車。

趙簡子使人以明白❶之乘六，先以一璧，為遺於衛。衛叔文子❷曰：「見不意可以生故，此小之所以事大也。今我未以往，而簡子先以來，必有故。」於是斬林除圍❸，聚斂蓄積，而後遣使者。簡子曰：「吾舉也，為不可知也。今既已知之矣，乃輟圍衛也。」

【章　旨】本章記叔文子洞察先機，加意防範，挫敗趙簡子襲衛陰謀。

【注　釋】❶明白　有人以為即光鮮明亮之意，另有人認為是善馬之名。❷叔文子　人名，未詳。❸圍　樊籬之類的圍障，供畜養牛馬等牲畜。

【語　譯】趙簡子派人把六輛好馬駕的車贈給衛國，先送去一塊美玉。衛國叔文子說：「看到意想不到的事要細想為什麼，這是小國對待大國的態度。現在我們沒有去，而簡子卻先來了，一定有原因。」於是砍掉樹林，拆除圍障，收集、儲蓄財物，然後才打發使者回去。簡子說：「我這次行動，以為他們不可能知道。現在既然已經知道了，便要停止圍困衛國。」

鄭桓公❶將欲襲鄶❷，先問鄶之辨智果敢之士，書其名姓，擇鄶之良臣❸而與之。為官爵之名而書之，因為設壇於門外而埋之，釁之以猳❹，若盟狀。鄶君以為內難也，盡殺其良臣。桓公因襲之，遂取鄶。

【章　旨】本章記鄭桓公採取先除枝葉、後取根幹的策略，逐步削弱鄶君實力，最後加以翦滅。

【注　釋】❶鄭桓公　名友，周厲王少子，封於鄭。❷鄶　又作檜，古國名。❸臣　當為「田」之誤字。別書作「擇鄶之良田賂之。」可證。❹猳　「豭」的異體字。即豬。

【語　譯】鄭桓公將要襲擊鄶國，先打聽鄶國有哪些是聰明勇敢的人，把他們的姓名記下來，選擇鄶國的好田地分給他們。又把在鄶國做官的人的名字記下來，便在門外設立壇臺而把所記的姓名埋於壇下，取猳血釁鼓，像作過盟誓的樣子。鄶國君王以為下面的人要發動內難，便把他的一些良臣殺光。桓公乘機襲擊，便把鄶國滅了。

鄭桓公東會封於鄭，暮舍於宋東之逆旅。逆旅之叟從外來，曰：「客將焉之？」曰：「會封於鄭。」逆旅之叟曰：「吾聞之，時難得而易失也，今客之寢安，殆非會封者也？」鄭桓公聞之，援轡自駕，其僕接淅❶而載之，行十日夜而至。釐何❷與之爭封，以鄭桓公之賢，微逆旅之叟，幾不會封也。

【章旨】本章借鄭桓公東封之事，說明凡事不可錯失時機。

【注釋】❶接淅　喻指行色匆忙。❷釐何　人名，未詳。

【語譯】鄭桓公被封到東方的鄭國，晚間住宿在宋國東面的旅店中。旅店的老頭從外面進來，問：「客人將到哪裡去？」回答說：「被封到鄭國。」旅店的老頭說：「我聽說，時機難以得到卻容易失去，現在你睡得很安穩，大概不是受封的人吧？」鄭桓公聽了這話，拉過馬的轡繩就要自己駕車，他的車夫匆匆忙忙載著他趕路，行了十日十夜才趕到。釐何正要與桓公爭奪封地，像鄭桓公這樣的賢人，若不遇到旅店的老頭，幾乎得不到封地。

晉文公伐衛，入郭，坐士令食，曰：「今日必傅❶大垣。」公子慮俛而笑之。文公曰：「奚笑？」對曰：「臣之妻歸，臣送之，反見桑者而助之。顧臣之妻，則亦有送之者矣。」文公懼，還師而歸。至國，而貉人❷攻其地。

【章旨】本章講貪取別人的人，也會被別人所取。

【注釋】❶傅　逼近。或以為「得」字之誤。❷貉人　古代對北方民族的稱呼。

【語譯】晉文公討伐衛國，攻進了城牆的外圍，讓士兵坐下吃飯，說：「今天一定要攻下大城牆。」公子慮彎下身子笑了起來。文公問：「為什麼發笑？」回答說：「我的妻子回娘家，我送她，回頭看見有個女子採桑葉便去幫助她。再回看我的妻子，也有一個送她的人。」文公恐懼，領軍回國。到了晉國，貉人正向晉國進攻。

卷一四

至公

【題解】本篇提倡大公無私。指出公有君王之公和人臣之公的區別，列舉了歷代君臣秉公行事的事跡。

《書》曰：「不偏不黨，王道蕩蕩。」❶言至公也。古有行大公者，帝堯是也。貴為天子，富有天下，得舜而傳之，不私於其子孫也。去天下若遺躧❷。於天下猶然，況其細於天下乎！非帝堯孰能行之？孔子曰：「巍巍乎！惟天為大，惟堯則之。」❸《易》曰：「無首吉。」❹此蓋人君之公也。夫以公與天下，其德大矣。推之於此，刑❺之於彼，萬姓之所載，後世之所則也。彼人臣之公，治官事則不營私家，在公門則不言貨利，當公法則不阿親戚，奉公舉賢則不避仇讎，忠於事君，仁於利下，推之以恕道，行之以不黨，伊、呂是也。故顯名存於今，是之謂公。《詩》云：「周道如砥，其直如矢。君子所履，小人所視。」❻此之謂也。夫公生明，偏生暗，端愨❼生達，詐偽生塞，誠信生神，夸誕生惑。此六者，君子之所慎也，而禹、桀之所以分也。《詩》云：「疾威上帝，其命多辟。」❽言不公也。

【章　旨】本章講公有帝王之公和人臣之公的分別，主張為人應該公正、誠信，而不可偏私、誇誕。

【注　釋】❶不偏不黨二句　見《尚書．洪範》。❷蹝　同「屣」。鞋子。❸巍巍乎三句　見《論語．泰伯》。❹無首吉　見《周易．乾卦》。❺刑　同「形」。顯現。❻周道如砥四句　見《詩經．小雅．大東》。❼端愨　正直；誠實。❽疾威上帝二句　見《詩經．大雅．蕩》。

【語　譯】《尚書》說：「不偏私，不結黨，君王的正道坦蕩蕩。」這是說所行之道極為公正。古代有能做到大公無私的人，帝堯便是的。他有尊貴的天子地位，天下的財富歸他所有，但找到了舜就把帝位讓給了他，而不私自傳給自己的子孫。丟掉天下就像丟掉一隻鞋。對天下尚且是這樣，何況小於天下的東西呢！不是帝堯誰能做到這樣？孔子說：「真高大呀！只有天最大，又只有堯能學習天。」《周易》說：「不作首領，吉利。」這是人君的大公。以大公對待天下，這樣的品德是偉大的，在此處推行，在彼處發生影響，千萬百姓獲得好處，後代的人們引為法則。那做人臣的公，表現在處理公家的事情時不謀取私家的利益，在做官的時候不談論錢財，按國家法令辦事時不偏袒親戚，以公事為重，舉用賢能時不迴避仇人，忠誠地事奉君王，仁慈地愛護下屬，推行寬恕之道，行動上不拉黨結派。伊尹、呂望便是這樣做的，因此他們顯耀的名聲至今流傳，這便叫做最大的公。《詩經》上說：「大道像磨石一樣平，像箭一樣直，有德之人在上面走，平民百姓都看得見。」講的就是這類事。秉公能產生明智，偏私會變得昏闇，公正誠實四通八達，狡詐虛偽寸步難行，精誠真純能引出神奇，浮誇虛妄會帶來迷惑。這六種情況，是有德之人必須慎重對待的，這也是大禹與夏桀的根本區別。《詩經》上說：「暴虐的上帝，他的命令有許多是邪偏的。」這是說不公正。

吳王壽夢❶有四子：長曰謁，次曰餘祭，次曰夷昧，次曰季札，號延陵季子，最賢，三兄皆知之。於是王壽夢薨，謁以位讓季子，季子終不肯當。謁乃為約曰：「季子賢，使國及季子，則吳可以興。乃兄弟相繼。」飲食必祝曰：「使吾早死，令國及季子。」謁死，餘祭立；餘祭死，夷昧立；夷昧死，次及季子。季子時使行，不在。庶兄僚❷曰：「我亦兄也。」乃自立為吳王。季子使還，復事如故。謁子光曰：「以吾父之意，則國當歸季子；以繼嗣之法，則我適也，當代之君。僚何為也！」於是乃使專諸刺僚，殺之，以位讓季子。季子曰：「爾殺吾君，吾受爾國，則吾與爾為共篡也。爾殺吾兄，吾又殺汝，則是昆弟父子相殺無已時也。」卒去之延陵，終身不入吳。君子以其不殺為仁，以其不取國為義。夫不以國私身，損千乘而不恨，棄尊位而無忿，可以庶❸幾矣。

【章旨】本章贊頌了延陵季子「不以國私身，損千乘而不恨，棄尊位而無忿」的仁行義舉。

【注釋】❶壽夢　又名乘，自他為君，吳始稱王，漸至強大。❷庶兄僚　庶指非正室所出。庶兄僚是指季札同父異母的哥哥王僚。❸庶幾　差不多。

【語譯】吳王壽夢有四個兒子：長子名謁，第二個名餘祭，第三個名夷昧，第四個名季札，號延陵季子，最能幹，三個哥哥都知道。於是，在吳王壽夢去世後，謁便把王位讓給季子，季子始終不肯承當。謁便立下一個規定：「季子賢能，假如國家給季子掌管，吳國便可能興盛。以後我們兄弟相繼掌權。」謁在飲食的時候常常祈禱說：「讓我快些死，使國家落到季子手中。」謁死後，餘祭為王；餘祭死後，夷昧為王；夷昧死後，輪到季子。季子當時出使，不在國內。季子的庶兄僚說：「我也是哥哥。」便自立為吳王。季子出使回來，對庶兄僚如對其他哥哥一樣。謁的兒子光說：「按我父親的意思，那麼國家應該歸季子；按繼位之法，則我是嫡子，應當代為國君，僚憑什麼稱王！」於是派專諸刺殺僚，殺了他以後，把君位讓給季子。季子說：「你殺了我的君王，我若接受你給我的國家，那麼我和你便是合夥篡位。你殺了我的哥哥，我若又去殺你，那麼兄弟父子相互殘殺就不可能停止。」最後離開公子光來到延陵，終身不回吳國。有德之人認為季子不殺公子光是仁慈的，不接受君位是符合大義的。不利用國家為私人謀利益，丟掉千乘之國而不感遺憾，拋棄尊貴的地位而不忿怒，可以說是接近「至公」了。

諸侯之義死社稷，太王❶委國而去何也？夫聖人不欲強暴侵陵百姓，故使諸侯死國，守其民。太王有至仁之恩，不忍戰百姓，故事勳育戎氏❷以犬馬珍幣，而伐不止。問其所欲者，土地也。於是屬其群臣耆老❸而告之曰：「土地者，所以養人也。不以所以養而害其養也，吾將去之。」遂居岐山❹下，邠❺人負幼扶老從之，如歸父母，三遷而民五倍其初者，皆興仁義，趣上之事。君子守國安民，非特鬭❻兵、罷殺士眾而已。不私其身，惟民足用保民，蓋所以去國之義也，是謂至公耳。

【章　旨】本章記太王去國，是為了保民，乃是「至公」的行為。

【注　釋】❶太王　即古公亶父，周文王之祖。初居豳，為戎狄所侵，乃遷於岐山之下。❷勳育戎氏　勳育是北方的游牧民族，戎是西方的游牧民族。❸耆老　老人。❹岐山　在今陝西省岐山縣東北。❺邠　古國名，又作「豳」。在今陝西省栒邑縣西。❻鬭　同「鬪」。

【語　譯】諸侯有為國家而死的義務，太王為什麼要丟下國家而離去呢？聖人不想讓強暴的人侵害百姓，所以要諸侯為國家而死，以保護百姓。太王有特別仁慈的心腸，不忍心百姓去作戰，所以用犬馬珍寶財貨向勳育戎氏進貢，但戎狄的侵伐仍不停止。問他們要什麼，他們說要土地。於是召集眾臣子及老人，告訴他們說：「土地，是用來養育人的。不能因為要保護養人的東西而妨害養人，我將離開此地。」便遷居到岐山之下。邠國人背著小孩、扶著老人跟隨他，就像回歸到父母那裡一樣。遷移了三次，人民卻增加了五倍，人們都動身追隨仁義，為君王之事奔忙。君子要守衛國家，安定百姓，並不只有帶兵打仗、消耗士兵的精力、葬送士兵的性命這一種辦法。不為自己謀私利，只為保養老百姓，這便是離開邠國的理由，這是稱得上大公無私的。

辛櫟❶見魯穆公❷曰：「周公不如太公之賢也。」穆公曰：「子何以言之？」辛櫟對曰：「周公擇地而封曲阜❸，太公擇地而封營丘❹。爵土等，其地不若營丘之美，人民不如營丘之眾。不徒若是，營丘又有天固。」穆公心慚，不能應也。辛櫟趨而出，南宮邊子❺入，穆公具以辛櫟之言語南宮邊子。南宮邊子曰：「昔周成王之卜居成周❻也，其命龜曰：『予一人兼有天下，辟就百姓，敢無中土乎？使予有罪，則四方伐之，無難得也。』周公卜居曲阜，其命龜曰：『作邑乎山之陽，賢則茂昌，不賢則速亡。』季孫行父❼之戒其子也，曰：『吾欲室之俠於兩社之間也，使吾後世有不能事上者，使其替之益速。』如是，則曰賢則茂昌，不賢則速亡，安在擇地而封哉？或示有天固也？辛櫟之言，小人也，子無復道也！」

【章旨】本章講即使王公貴族的後代，也應當「賢則茂昌，不賢則速亡」。表現了一種大公無私的思想。

【注釋】❶辛櫟　《呂氏春秋》作「辛寬」，魯穆公臣。❷魯穆公　戰國時魯國國君，名顯。以公儀休為政，尊禮子思。在位三十三年，諡「穆」，一作「繆」。❸曲阜　魯國國都，在今山東省。❹營丘　太公望受封於齊，建都於此。在今山東省昌樂縣東南。❺南宮邊子　即南宮适，魯國大夫。❻成周　即西周的東都洛邑，在今河南省洛陽市東郊。❼季孫行父　即季文子，春秋魯大夫，相宣、成、襄三君，卒諡「文」。

【語譯】 辛櫟見魯穆公說：「周公比不上太公賢能。」穆公問：「你為什麼這樣說？」辛櫟回答說：「周公挑選封地而選了曲阜，太公挑選封地而選了營丘。他們的爵位、封地是一樣大，但周公的土地沒有營丘好，人民沒有營丘多。不僅如此，營丘還有天然的險固地勢。」穆公心裡慚愧，不能回答。辛櫟出去了，南宮邊子進來，穆公把辛櫟的話全部說給南宮邊子聽。南宮邊子說：「從前周成王在遷居成周時進行占卜，他對著用來占卜的龜甲說：『我擁有天下，統治百姓，敢不居於中間地帶嗎？假如我犯了罪過，四方就可討伐我，找我就不會有困難。』周公選定曲阜作居地，他在占卜時說：『城邑作在山的南方，君主賢能則國家繁榮昌盛，不賢就快些滅亡。』季孫行父在告誡兒子時說：『我要把房屋建在兩座神社之間，假如我的後代有不能事奉君上的，就讓他的敗落加快。』由此看來，只能說賢能就繁榮昌盛，不賢就快些滅亡，哪裡在於選擇封地呢？又哪裡在於向人顯示天然險固呢？辛櫟說的話，是小人之言，您不要再提他了。」

秦始皇帝既吞天下，乃召群臣而議曰：「古者五帝❶禪賢，三王❷世繼，孰是？將為之。」博士七十人未對。鮑白令之對曰：「天下官，則禪賢是也；天下家，則世繼是也。故五帝以天下為官，三王以天下為家。」秦始皇帝仰天而歎曰：「吾德出於五帝，吾將官天下，誰可使代我後者？」鮑白令之對曰：「陛下行桀、紂之道，欲為五帝之禪，非陛下所能行也。」秦始皇帝大怒曰：「令之前！若何以言我行桀、紂之道也？趣說之，不解則死。」令之對曰：「臣請說之。陛下築臺干雲，宮殿五里，建千石之鐘，立萬石之虡❸，婦女連百，倡優累千。興作驪山❹宮室，至雍❺相繼不絕。所以自奉者，殫天下，竭民力。偏駮❻自私，不能以及人。陛下所謂自營僅存之主也。何暇比德五帝，欲官天下哉？」始皇闇然無以應，面有慚色，久之，曰：「令之之言，乃令眾醜我。」遂罷謀，無禪意也。

【章旨】本章記鮑白令之當面指出秦始皇是「自營僅存之主」，不可能以天下為公。

【注釋】❶五帝　說法不一：《周易》以伏犧、神農、黃帝、堯、舜為五帝；《世本》、《史記》以黃帝、顓頊、帝嚳、堯、舜為五帝；《帝王世紀》以少昊、顓頊、高辛、堯、舜為五帝。❷三王　夏禹、商湯、周武王。❸虡　同「鐻」。一種樂器。❹驪山　在陝西省臨潼縣東南。❺雍　秦都咸陽的城門名。❻偏駮　不周遍。

【語譯】秦始皇帝吞併天下以後，召集群臣來商議，他說：「從前五帝把帝位禪讓給賢人，三王的位置卻子孫相繼，哪是正確的？我將照著辦。」七十個博士沒回答。鮑白令之回答說：「以天下為公，讓位給賢人是正確的；以天下為私，傳位給子孫是正確的。五帝把天下看成是大家的，三王把天下看成是自家的。」秦始皇帝仰望天空歎息說：「我的天德來自五帝，我將以天下為公，以後誰能接替我呢？」鮑白令之回答說：「您行的是夏桀、商紂那一套，卻想搞五帝的禪讓，這不是您能辦得到的。」秦始皇帝大怒說：「你上前來！你憑什麼說我行的是桀、紂那一套？快快講，不說清楚就殺死你。」令之回答說：「我就是要說。您建的高臺聳入雲霄，宮殿有五里之大，造有千石重的鐘，萬石重的鐻，婦女上百人，戲子上千人，在驪山修宮室，一直抵達雍門而不斷絕。這些供您自己享受的東西，使天下的錢財用光，民力耗盡。您偏狹自私，不能把好處施給別人。您是一個人們所說的只為自己打算，只求保存自己的君王。您哪有空閒去效法五帝的大德，使天下為公呢？」始皇沈默無話可答，臉上現出慚愧的顏色。過了好久，說：「令之的話，是讓眾人憎惡我。」便中止了議論，沒有禪讓天下的意思。

齊景公嘗賞賜及後宮，文繡被臺榭，菽❶粟食鳧雁。出而見殣❷，謂晏子曰：「此何為死？」晏子對曰：「此餧❸而死。」公曰：「嘻！寡人之無德也何甚矣。」晏子對曰：「君之德著而彰，何為無德也。」景公曰：「何謂也？」對曰：「君之德及後宮與臺榭；君之玩物，衣以文繡；君之鳧雁，食以菽粟；君之營內自樂，延及後宮之族：何為其無德也！顧臣願有請於君：由君之意，自樂之心，推而與百姓同之，則何殣之有？君不推此，而苟營內好私，使財貨偏有所聚，菽粟幣帛，腐於囷❹府，惠不遍加於百姓，公心不周乎萬國，則桀、紂之所以亡也。夫士民之所以叛，由偏之也。君如察臣嬰之言，推君之盛德，公布之於天下，則湯、武可為之，一殣何足恤哉！」

【章旨】本章記晏子諫齊景公，要他恩惠遍加於百姓，公心周布於萬國。

【注釋】❶菽　豆類植物。文中與粟並舉，泛指糧食。❷殣　餓死和餓死的人都可稱殣。❸餧　同「餵」。饑餓。❹囷　圓形糧倉。

【語譯】齊景公曾把財物賞給後宮嬪妃，在歌臺舞榭上雕花施彩，用糧食飼養禽鳥。出外卻看到餓死的人，問晏子說：「這人為什麼死去？」晏子回答說：「這是餓死的。」景公說：「唉，我不施恩德的錯誤是多麼嚴重啊！」晏子回答說：「您的恩德顯著昭彰，怎麼是不施恩德呢？」景公問：「怎麼講？」回答說：「您的恩惠施到了後宮和臺榭身上；您的玩物，穿著繡花的衣裳；您的禽鳥，用糧食餵養；您經營內宮供自己取樂，享受者擴大到後宮中的許多人：怎能說沒施恩惠呢？但我請求您，把您的想法，把您追求享樂的心情，推想到百姓身上，想到他們也與您的想法相同，那時哪還有什麼饑餓？您若不作這樣的推想，卻苟且偷安地經營內宮、喜求私利，使財貨集中在您個人手中，糧食錢帛在倉庫裡腐爛，恩惠不普遍施加給百姓，公心不普及各國，這是桀、紂滅亡的原因。百姓之所以反叛君王，就是因為財富集中。您如果體察我晏嬰的話，推廣您的大德，把為公之心遍布天下，那麼可以成為商湯、周武，一人餓死又哪裡值得擔憂呢？」

楚共王出獵而遺其弓。左右請求之，共王曰：「止！楚人遺弓，楚人得之，又何求焉！」仲尼聞之曰：「惜乎其不大！亦曰『人遺弓人得之』而已，何必『楚』也。」仲尼所謂大公也。

【章旨】本章講公有大小之分，突破疆域界限，為天下的人和事著想才是大公。

【語譯】楚共王出外打獵而把弓遺失了。他身邊的人要去尋找，共王說：「不要去！楚國人丟了弓，楚國人撿到，又何必去找它！」孔子聽到後說：「可惜他的胸懷不大，只要說『有人丟了弓就有人得到弓』便行了，何必加個『楚』字呢。」仲尼所講的便是大公。

萬章❶問曰：「孔子於衛主癰疽❷，於齊主寺人瘠環❸，有諸？」孟子曰：「否！不然。好事者為之也。於衛主顏讎由❹。彌子❺之妻，與子路之妻，兄弟也。彌子謂子路曰：『孔子主我，衛卿可得也。』子路以告，孔子曰：『有命！』孔子進之以禮，退之以義，得之不得，曰有命；而主癰疽與寺人瘠環，是無命也。孔子不說於魯衛，將適宋，遭桓司馬❻，將要而殺之，微服過宋，是孔子當阨❼，主司城貞子❽，為陳侯周❾臣。吾聞之，觀近臣，以其所為之❿主；觀遠臣，以其所主。如孔子主癰疽與寺人瘠環，何以為孔子乎？」

【章旨】本章記孟子為孔子辨誣。

【注釋】❶萬章　孟子弟子。❷主癰疽　以癰疽為主人。癰疽是衛靈公之嬖人。❸瘠環　姓瘠名環，齊之奄人。❹顏讎由衛人。❺彌子 指衛靈公寵臣彌子瑕。❻桓司馬 宋國司馬桓魋。❼阨 災難。❽司城貞子 當是陳人，舊注以為宋卿，恐誤。❾陳侯周 據趙岐《孟子》注，此人是陳懷公的兒子。❿之 衍文。

【語譯】萬章問道：「孔子在衛國住在雍睢家裡，在齊國住在奄人瘠環家裡，有這回事嗎？」孟子說：「不！不是這樣的。好事的人揑造出來的。孔子在衛國住在顏讎由家中。彌子的妻子，與子路的妻子，是姊妹。彌子對子路說：『孔子若住在我家，衛國卿相的位置我便可得到。』子路把這話告訴了孔子，孔子說：『這要靠命運決定！』孔子依禮法而進，按道義而退，能否得到官職，他說靠命運決定；若住在雍睢與奄人瘠環家中，就是不聽命運安排了。孔子在魯國和衛國不受歡迎，將要到宋國去，遇到桓司馬要殺他，只好改裝悄悄通過宋國，這正是孔子遭難的時候。後來孔子住在司城貞子家裡，做陳侯周的臣子。我聽說，觀察在朝中的臣子，看他接待的客人；觀察遠方來的臣子，看他所寄宿的主人。如果孔子寄宿在雍睢與奄人瘠環家裡，那還是孔子嗎？」

夫子行說七十諸侯，無定處，意欲使天下之民各得其所，而道不行。退而修《春秋》❶，采毫毛之善，貶纖介之惡，人事浹，王道備，精和聖制，上通於天而麟至❷，此天之知夫子也。於是喟然而歎曰：「天以至明為不可蔽乎，日何為而食？地以至安為不可危乎，地何為而動？天地而尚有動蔽，是故聖賢說於世而不得行其道，故災異並作也。」夫子曰：「不怨天，不尤人，下學而上達，知我者其天乎。」

【章旨】本章講孔子修《春秋》，務於下學上達，以己制作為後王法。

【注釋】❶春秋 我國現存第一部編年體史書，傳為孔子所修。❷麟至 麟指麒麟，傳說中的仁獸。《春秋．哀公十四年》載：「西狩獲麟。」故曰「麟至」。

【語　譯】孔子遊說七十諸侯，行無定所，目的在於使天下的百姓各自能得到所需求的東西，但他的主張行不通。退居而修訂《春秋》，書中對那些細似毫毛的善行也加以肯定，對微絲小草一樣的過惡也加以貶斥，把人事設想得極為周到，王道安排得十分完備，這精妙和神聖融為一體的製作，上與天意相通而使麒麟到來，這表明上天是了解孔子的。於是孔子感歎地說：「上天最光明是不可蒙蔽的嗎？為什麼會有日蝕？大地最安穩是不會有危險的嗎？為什麼會有地震？天地尚且會受震動和蒙蔽，所以聖人賢人向當世遊說而他們的主張得不到實行，因此災害和怪異就一起出現。」孔子又說：「不要埋怨上天，不要歸咎別人，下學人事，上通天命，了解我的，大概只有上天吧。」

孔子生於亂世，莫之能容也，故言行於君，澤加於民，然後仕；言不行於君，澤不加於民，則處。孔子懷天覆❶之心，挾仁聖之德，憫時俗之汙泥，傷紀綱之廢壞，服重歷遠，周流應聘，乃俟幸施道，以子百姓，而當世諸侯，莫能任用。是以德積而不肆❷，大道曲而不伸，海內不蒙其化，群生不被其恩。故喟然歎曰：「而❸有用我者，則吾其為東周乎！」故孔子行說，非欲私身，運德於一城，將欲舒之於天下，而建之於群生者耳。

【章　旨】本章講孔子行說，非欲私身，亦非欲運德於一城，而是要將其大道「舒之於天下，建之於群生」。

【注　釋】❶天覆　像蒼天一樣覆蓋萬物。❷肆　擴充；發揮。❸而　如。

【語　譯】孔子出生在混亂之世，沒有人容納他，所以他只是在自己的言論被君王採用、自己對百姓有利的時候，才出來做官；若是言論不被君王採用，對百姓沒有好處，便居於家中。孔子有像上天覆蓋萬物一樣的廣闊胸懷，有仁慈明智的大德，痛惜當時風氣的汙濁，哀傷國家法度的敗壞，肩負重擔遊歷遠方，四處奔走探訪，以伺機推行自己的主張，以為百姓謀利益，但當時的諸侯，沒有誰能任用他。所以他的大德被積壓得不到發揮，主張受抑制得不到伸展，國內受不到他的教化，眾人得不到他的恩惠。所以他感歎地說：「假若有人用我，我將使文、武之道在東方復興。」孔子推行自己的學說，不是為自身謀利益，也不是只把自己的主張用於某一個城邑，是要擴展到普天之下，讓它生根在眾人之中。

秦、晉戰，交敵❶，秦使人謂晉將軍曰：「三軍之士皆未息，明日請復戰。」臾駢❷曰：「使者目動而言肆，懼我，將遁矣。迫之河，必敗之。」趙盾❸曰：「死傷未收而棄之，不惠也；不待期而迫人於險，無勇也。請待。」秦人夜遁。

【章旨】本章表現了趙盾在戰場上不棄死傷的仁慈心腸和不襲擊逃敵的宏大氣派。

【注釋】❶敵　不分勝負。《左傳·文公十二年》作「綏」。綏，臨陣退兵之意。❷臾駢　春秋晉國大夫。❸趙盾　春秋晉國大夫，曾為中軍統帥，掌晉國之政。

【語譯】秦、晉發生戰爭，臨陣不分勝負，秦軍派人對晉國將軍說：「兩邊部隊中的士兵都沒休息，到明天再戰吧。」臾駢說：「來使的眼睛四處溜轉而說話囉囉嗦嗦，這是懼怕我們的表現，他們將要逃跑了。把他們逼到河邊，一定能打敗他們。」趙盾說：「死屍和傷員沒收拾安排好，而把他們扔掉，這是不仁慈的；沒等到約定的日期而把別人逼向危險之地，這不是武勇的表現。請等待吧。」秦軍夜間逃跑了。

子胥將之吳，辭其友申包胥曰：「後三年，楚不亡，吾不見子矣。」申包胥曰：「子其勉之！吾未可以助子，助子是伐宗廟❶也；止子是無以為友。雖然，子亡之，我存之。」於是乎觀楚一存一亡也。後三年，吳師伐楚，昭王出走。申包胥不受命，西見秦伯曰：「吳無道，兵強人眾，將征天下，始於楚。寡君出走，居雲夢。使下臣告急。」哀公曰：「諾！固將圖之。」申包胥不罷朝，立於秦廷，晝夜哭，七日七夜不絕聲。哀公曰：「有臣如此，可不救乎？」興師救楚。吳人聞之，引兵而還。昭王反復，欲封申包胥。申包胥辭曰：「救亡，非為名也。功成受賜，是賣勇也。」辭不受。遂退隱，終身不見。《詩》云：「凡民有喪，匍匐救之。」❷

【章　旨】本章贊揚申包胥交友不變愛國之心，救國不受君王之賜的大公無私行為。

【注　釋】❶宗廟　本天子、諸侯祭祀祖先的處所。後代帝王把天下據為家有，故宗廟又成為國家的代稱。❷凡民有喪二句　見《詩經・邶風・谷風》。

【語　譯】伍子胥將要到吳國去，向他的朋友申包胥辭行時說：「再過三年，楚國不滅亡，我就不與你相見。」申包胥說：「你努力吧！我不能幫助你，幫了你便是進攻自己的國家；阻止你又不合做朋友的道義。但是即使如此，你若使楚國滅亡，我便要讓它保存下來。」於是人們便看到了楚國一次滅亡，一次復國的事變。此後三年，吳國軍隊攻打楚國，楚昭王外出逃亡。申包胥不等君王下令，往西去見秦國國君，說：「吳國不講道義，軍隊強大人口眾多，將要征服天下，攻楚只是開始。我的君王出逃，住在雲夢，派我前來告急。」秦哀公說：「嗯，我本來就要設法對付它的。」申包胥不肯離朝，站在秦國宮廷裡，日夜哭號，七天七夜哭聲不斷。秦哀公說：「有這樣的臣子，能不去救援他的國家嗎？」便派遣軍隊去救楚國。吳國人聽到後，領兵撤退。楚昭王回朝，要封賞申包胥。申包胥謝絕說：「拯救國家的危亡，不是為了得到好名聲。如果事情辦成了就接受賞賜，這是出售自己的勇敢。」堅決拒絕不肯接受。於是隱居起來，終身不與楚王相見。《詩經》說：「只要百姓有災難，爬著也要去救援。」

楚令尹虞丘子復於莊王曰：「臣聞奉公行法，可以得榮；能淺行薄，無望上位；不名仁智，無求顯榮；才之所不著，無當其處。臣為令尹十年矣，國不加治，獄訟不息，處士不升，淫禍不討，久踐高位，妨群賢路，尸祿素餐，貪欲無厭，臣之罪當稽於理。臣竊選國俊下里之士曰孫叔敖❶，秀羸❷多能，其性無欲，尹舉而授之政，則國可使治，而士民可使附。」莊王曰：「子輔寡人，寡人得以長於中國，令行於絕域，遂霸諸侯，非子如何！」虞丘子曰：「久固祿位者，貪也；不進賢達能者，誣也；不讓以位者，不廉也。不能三者，不忠也。為人臣不忠，君王又何以為忠？臣願固辭。」莊王從之，賜虞丘子菜❸地三百，號曰「國老」。以孫叔敖為令尹。少焉，虞丘子家干法，孫叔敖執而戮之。虞丘子憙，入見於王曰：「臣言孫叔敖，果可使持國政。奉國法而不黨，施刑戮而不骫❹，可謂公平。」莊王曰：「夫子之賜也已！」

【章旨】本章記虞丘子忠心為國，薦孫叔敖代替自己作楚國令尹。

【注釋】❶孫叔敖　楚國處士，莊王舉為令尹。❷秀羸　別本或作「秀才」。❸菜　同「采」。❹骫　古「委」字。枉曲之意。

【語譯】楚國令尹虞丘子報告楚莊王說：「我聽說，以公事為重，按法令辦事，可以獲得榮譽；能力低下，行為輕薄，就莫想得到高位；沒有仁德和才智，就不要企求顯赫的名聲；才能不突出，就不要占有官職。我當令尹已經十年了，國家沒得到治理，爭訟案件不斷發生，隱居之士沒被舉用，淫邪禍亂未被清除，長期占住重要的位置，空拿俸祿，白吃乾飯，貪心而無滿足，我的罪過應該按原則加以清算。我個人挑選了一位俊才，他便是隱居鄉下的孫叔敖，此人多才多能，本性不貪，您若任用他並把國家大權交給他，那麼可使國家得到治理，士民前來歸附。」莊王說：「因為有了你的輔佐，我才能在中國居於尊位，我的命令才能在遠方推行，終於稱霸諸侯，沒有你我怎麼辦？」虞邱子說：「長期自保祿位的，是貪婪的表現；不進賢舉能的，是欺君的表現；不以位讓人的，是不廉正的表現；不能做到這三點，是不忠的表現。做臣子的本身不忠，君王又何必認為他忠誠呢？我堅決要求辭職。」莊王答應了他，賜給他食邑三百戶，稱他為「國老」。用孫叔敖作令尹。過了不久，虞邱子家中有人犯法，孫叔敖抓來殺了。虞邱子很高興，進宮求見莊王說：「我推薦的孫叔敖，果然可以讓他掌國家大權。他奉行國法而不偏私，掌握刑戮而不枉曲，可稱得上公平了。」莊王說：「這是你的賜予啊！」

趙宣子❶言韓獻子❷於晉侯曰：「其為人不黨，治眾不亂，臨死不恐。」晉侯以為中軍尉。河曲之役❸，趙宣子之車干行，韓獻子戮其僕。人皆曰：「韓獻子必死矣！其主朝昇之，而暮戮其僕，誰能待之？」役罷，趙宣子觴大夫，爵三行，曰：「二三子可以賀我。」二三子曰：「不知所賀。」宣子曰：「我言韓厥於君。言之而不當，必受其刑。今吾車失次而戮之僕，可謂不黨矣。是吾言當也。」二三子再拜稽首曰：「不惟晉國適享之，乃唐叔❹是賴之，敢不再拜稽首乎。」

【章旨】本章贊韓獻子不偏私枉法、趙宣子能秉公舉人。

【注釋】❶趙宣子　即趙盾。❷韓獻子　名厥，晉六卿之一，曾掌晉國國政。❸河曲之役　指發生在山西省永濟縣南的一場秦、晉之戰，詳《左傳·文公十二年》。❹唐叔　晉之開國之君。

【語譯】趙宣子向晉侯推薦韓獻子說：「他為人不愛結黨營私，管理眾人不致混亂，面對死亡不感恐懼。」晉侯任韓獻子為中軍尉。河曲之戰時，趙宣子的車妨礙部隊行進，韓獻子殺了趙宣子的車夫。人們都說：「韓獻子一定會被殺死！車夫的主人早上提拔了他，他晚上就把車夫殺了，誰能忍受得了？」戰爭結束後，趙宣子請眾大夫飲酒，酒過三巡，趙宣子說：「你們可以祝賀我。」眾人說：「不知為什麼祝賀。」宣子說：「我向君王推薦韓厥，如果說得不恰當，是一定要受刑罰的。現在我的車走錯了道而車夫被殺，韓厥可稱得上不偏不黨了。這說明我的話是正確的。」眾人鄭重行禮拜賀說：「這不僅是晉國當前享有得人之福，便是唐叔的事業也有了依靠，我們能不隆重慶賀嗎？」

晉文公問於咎犯曰：「誰可使為西河❶守者？」咎犯對曰：「虞子羔可也。」公曰：「非汝之讎也？」對曰：「君問可為守者，非問臣之讎也。」子羔見咎犯而謝之曰：「辛赦臣之過，薦之於君，得為西河守。」咎犯曰：「薦子者，公也；怨子者，私也。吾不以私事害公義。子其去矣，顧吾射子也。」

【章旨】本章贊咎犯「不以私事害公義」。

【注釋】❶西河　陝西華陰、澄城一帶，地處黃河以西，故名。

【語譯】晉文公問咎犯說：「誰可以當西河的長官？」咎犯回答說：「虞子羔可以。」文公問：「這不是你的讎人嗎？」回答：「您問的是誰可以當長官，沒問我的讎人是誰。」子羔求見咎犯而向他道謝說：「多蒙你寬恕了我的過失，把我推薦給君王，使我當上了西河的長官。」咎犯說：「推薦你，是為公事；怨恨你，是為私事。我不能因為私事而妨害秉公行事的大義。你快走吧，否則我要用箭射你。」

楚文王伐鄧，使王子革、王子靈共捃❶菜。二子出採，見老丈人載畚❷，乞焉，不與；搏而奪之。王聞之，令皆拘二子，將殺之。大夫辭曰：「取畚信有罪，然殺之非其罪也，君若何殺之？」言卒，丈人造軍而言曰：「鄧為無道故伐之。今君公之子之搏而奪吾畚，無道甚於鄧。」呼天而號。君聞之，群臣恐。君見之，曰：「討有罪而橫奪，非所以禁暴也；恃力虐老，非所以教幼也；愛子棄法，非所以保國也；私二子，滅三行，非所以從政也。丈人舍之矣，謝之軍門之外耳。」

【章　旨】本章記楚文王斬子以正國法。

【注　釋】❶捃　拾取。❷畚　用蒲草編成的盛物工具。

【語　譯】楚文王討伐鄧國的時候，派王子革、王子靈一道去拾菜。二人外出採集，看見一個老頭揹著畚筐，便向他索要，老頭不給，便加以爭搶奪了過來。文王聽到此事，下令把二人都拘捕起來，將要處死。大夫們勸阻說：「奪取畚筐確實有罪，但殺頭卻不是這種罪過應該得到的懲罰，您為什麼要殺他們呢？」話剛說完，老頭來到軍營中，說：「鄧國做了不合道義的事，楚國因此討伐它。現在君王的公子搶奪我的畚筐，比鄧國更無道義。」一說完，大聲喊著老天爺哭號。文王聽到了哭喊聲，群臣都很恐懼。文王召見老頭，說：「在討伐有罪之國的時候強奪別人的東西，這不利於禁止暴行；依仗強力凌虐老人，這不利於教導青少年；愛惜兒子而廢棄法令，這不利於保全國家；偏護兩個兒子，毀掉三種善行，這不是執掌政權的人應有的行為。老頭你不要再哭鬧了，我將在軍營的門外殺二子以向你表示歉意。」

楚令尹子文之族，有干法者，廷理❶拘之，聞其令尹之族也，而釋之。子文召廷理而責之曰：「凡立廷理者，將以司❷犯王令，而察觸國法也。夫直士持法，柔而不撓，剛而不折。今棄法而❸背令，而釋犯法者，是為理不端，懷心不公也。豈吾有營私之意也❹？何廷理之駮❺於法也？吾在上位，以率士民，士民或怨，而吾不能免之於法。今吾族犯法甚明，而使廷理因緣吾心而釋之，是吾不公之心，明著於國也。執一國之柄，而以私聞，與吾生不以義，不若吾死也。」遂致其族人於廷理。曰：「不是刑也，吾將死。」廷理懼，遂刑其族人。成王聞之，不及履而至於子文之室，曰：「寡人幼少，置理失其人，以違夫子之意。」於是黜廷理而尊子文，使及內政。國人聞之曰：「若令尹之公也，吾黨何憂乎？」乃相與作歌曰：「子文之族，犯國法程。廷理釋之，子文不聽。恤顧怨萌❻，方正公平。」

【章旨】本章通過記敘令尹子文指責並糾正獄官礙於「令尹」的情面，對其族人干法而枉加庇護的行為，贊揚了子文的方正公平。

【注釋】❶廷理　掌訟獄之官。❷司　同「伺」。❸而　衍文。❹也　同「邪」。❺駮　混雜。❻萌　與「民」通。

【語譯】楚國令尹子文的族人有違犯國法的，法官拘捕了他，得知他是令尹的族人，便把他釋放了。子文召來法官責備他說：「之所以設置法官，就是要偵探違犯君王命令、督察觸犯國家法紀的人。正派人執掌法令，態度有時溫和但原則上不讓步，也有時十分強硬但決不武斷。現在廢棄法律、違背王令，把犯法者釋放了，這是為官不正、居心不公的表現。難道我有為自己謀求私利的想法嗎？為什麼你身為法官而要把法令搞亂呢？我居於上位，作士民的表率，士民中如果有人仇恨我，我不能逃脫法令的制裁。現在我的族人犯法十分明顯，卻讓你這位法官為迎合我內心想法而把他釋放了，這說明我的私心，在國內已公開暴露了。掌握著一國大權，卻以自私自利聞名於世，我與其以不義的名聲活著，不如死去。」於是把他的族人抓來送到法官那裡，說：「不對他施刑，我就去死。」法官害怕，便對他的族人進行了懲罰。成王聽到此事，來不及穿鞋子就趕到子文的居室，說：「我年紀輕，立法官用人不當，以致違背了您的意願。」於是罷免了法官的職務，抬高子文的地位，使他能管到王宮內部的事。楚國人聽到此事說：「像令尹這樣公正，我們有什麼憂慮呢？」於是相互歌唱說：「子文的族親，違犯了法令，法官放了他，子文不答應。體恤含怨的老百姓，方正又公平。」

楚莊王有茅門❶者❷法曰：「群臣大夫，諸公子入朝，馬蹄蹂❸霤❹者，斬其輈❺而戮其御❻。」太子入朝，馬蹄蹂霤，廷理斬其輈而戮其御。太子大怒，入為王泣曰：「為我誅廷理。」王曰：「法者，所以敬宗廟，尊社稷。故能立法從令，尊敬社稷者，社稷之臣也。安可以加誅？夫犯法廢令，不尊社稷，是臣棄君，下陵上也。臣棄君則主威失，下陵上則上位危。社稷不守，吾何以遺子？」太子乃還避舍❼，再拜請死。

【章　旨】本章通過楚莊王教誨太子的故事，闡明國家立法和王公大臣守法的重要性和必要性。

【注　釋】❶茅門　古代天子或諸侯的宮門名。❷者　別本作「之」，於文意為長。❸蹂　踐踏。❹霤　屋檐下滴水之處。❺輈　車轅。❻御　車夫。❼避舍　此為退避之意。

【語　譯】楚莊王立有進茅門的規定：「所有臣子、大夫，各位公子，在進朝的時候，如果馬蹄踩到屋檐滴水之處，要砍斷車轅，殺死車夫。」太子進朝，馬蹄踩到屋檐滴水處，執法的官員砍斷他的車車轅殺了他的車夫。太子非常氣憤，進去向楚王哭著要求說：「為我把法官殺掉。」莊王說：「法令，是用來敬奉祖先、加強國家權威的東西。

所以那些為國家立法，遵從國家律令，恭敬對待國家之事的人，是忠良之臣，怎能加以殺害？違犯法紀廢棄律令，不尊敬國家，這是臣子鄙棄君王，下屬陵越上司的表現。臣子鄙棄君王，君王便失去威嚴，下屬陵越上司，上司便地位危殆。政權保不住，我用什麼傳給你？」太子於是後退，叩頭請求處死。

楚莊王之時，太子車立於茅門之內，少師慶逐之。太子怒，入謁王曰：「少師慶逐臣之車。」王曰：「舍之。老君在前而不踰，少君在後而不豫，是國之寶臣也。」

【章旨】略同前章。

【語譯】楚莊王的時候，太子的車停在茅門之內，被少師慶趕走了。太子發怒，進去拜見莊王說：「少師慶驅趕我的車。」莊王說：「你算了吧。他先在老君王面前不超越禮法，後在小君王面前執法毫不猶豫，這是國家的寶貴臣子啊。」

吳王闔廬為伍子胥興師，復讎於楚。子胥諫曰：「諸侯不為匹夫興師。且事君猶事父也，虧君之義，復父之讎，臣不為也。」於是止。其後因事而後復其父讎也。如子胥可謂不以公事趨私矣。

【章旨】本章贊伍子胥「不以公事趨私」。

【語譯】吳王闔廬要為伍子胥發兵，向楚國報讎。伍子胥勸阻說：「諸侯不應為某一個人發兵。況且事奉君王就像事奉父親一樣，使君王在道義上遭受損失，來為自己的父親報讎，我不願意做。」便停止了。後來借別的事情為父親報了讎。像伍子胥這樣，可稱得上不以公事謀私利了。

孔子為魯司寇❶，聽獄必師❷斷，敦敦❸然皆立，然後君子❹進曰：「某子以為若何？」某子曰云云。辯❺矣，然後君子❻「幾當從某子云云乎？」以君子之知，豈必待某子之云云然後知所以斷獄哉？君子之敬讓也。文辭有可與人共之者，君子不獨有也。

【章　旨】本章贊孔子謙敬禮讓，不獨擅其美。

【注　釋】❶司寇　掌刑獄之官。❷師　眾。❸敦敦　聚集貌。又作「屯屯」。《春秋繁露・五行相生》：「為魯司寇，斷獄屯屯，不敢自專。」❹君子　此指孔子。❺辯　同「徧」。❻然後君子　下當有「曰」字。

【語　譯】孔子當魯國司寇時，處理訴訟案件一定請眾人裁決，眾人站在一起，然後孔子進來問：「你認為該怎樣？」被問的人就說該如何如何。每個人都問到之後，孔子才說：「應該按某某說的辦吧？」以孔子的智慧，難道一定要等別人說了之後才知道該怎樣斷案嗎？這是孔子在恭謙禮讓啊。所說的話與別人相同，孔子便不肯自己說出來。

子羔❶為衛政，刖人之足。衛之君臣亂，子羔走郭門，郭門閉，刖者守門，曰：「於彼有缺。」子羔曰：「君子不踰。」曰：「於彼有竇。」子羔曰：「君子不遂❷。」曰：「於此有室。」子羔入，追者罷。子羔將去，謂刖者曰：「吾不能虧損主之法令，而親刖子之足。吾在難中，此乃子之報怨時也，何故逃我？」刖者曰：「斷足固我罪也，無可奈何。君之治臣也，傾側❸法令，先後臣以法，欲臣之免於法也，臣知之。獄決罪定，臨當論刑，君愀然❹不樂，見於顏色，臣又知之。君豈私臣哉，天生仁人之心，其固然也。此臣所以脫君也。」

孔子聞之曰：「善為吏者樹德，不善為吏者樹怨，公行之也，其子羔之謂歟？」

【章　旨】本章記子羔仁心執法，使怨者報德。

【注　釋】❶子羔　孔子弟子。❷遂　同「隧」。此用為動詞。❸傾側　此為反覆推敲之意。❹愀然　憂愁貌。

【語　譯】子羔在衛國作官，曾對一人施了斷足之刑。後來衛國君臣間發生內亂，子羔從城門逃走，而城門關閉著，守門的正是那個被砍了腳的人，他說：「那裡有個缺口。」子羔說：「正派人是不翻牆的。」守門人又說：「那裡有個洞。」子羔說：「正派人不鑽洞。」守門人說：「這裡有間房。」子羔進去了，追他的人找他不著也就停止了。子羔將要離去時，對斷足之人說：「我因為不能對君王的法令打折扣，親手砍了你的腳。我現在在危難之中，這正是你報仇的時候，你為什麼放我逃走？」斷足之人說：「斷足本是我罪有應得，這是沒有辦法的。你在審理我的時候，反覆揣摩法令，先後多次把我的罪行與法令對照，想使我不受法律制裁，這些我都知道。案子審完、罪行判定之後，臨到量刑之時，你憂鬱痛苦，顯露在臉色之上，這些我也知道。你難道偏愛我嗎？這是你天生的愛人之心的自然流露。這便是我為什麼放你逃走的原因。」孔子聽到後說：「善於作官的樹立恩德，不善於作官的樹立仇怨，能秉公行事的，大概是子羔這樣的人吧。」

卷一五

指武

【題　解】本篇的「指」有揭示之意；「武」包含兩方面的內容：一是軍事，二是刑罰。通篇闡述的，即用兵打仗、施刑行罰的道理。

《司馬法》❶曰：「國雖大，好戰必亡。天下雖安，忘戰必危。」❷《易》曰：「君子以除戎器，戒不虞。」❸夫兵不可玩，玩則無威；兵不可廢，廢則召寇。昔吳王夫差好戰而亡，徐偃王❹無武亦滅。故明王之制國也，上不玩兵，下不廢武。《易》曰：「存不忘亡。」❺是以身安而國家可保也。

【章　旨】本章闡明不可玩兵、不可廢武的道理。

【注　釋】❶司馬法　春秋齊人司馬穰苴所撰的兵書。❷國雖大四句　見《司馬法·仁本》。❸君子以除戎器二句　見《易·

萃卦》。❹徐偃王　周穆王時人，治國行仁義，為楚文王所滅。❺存不忘亡　見《易．繫辭》。

【語　譯】《司馬法》說：「國家雖然很大，如果喜歡打仗，必定會滅亡。天下雖然安定，如果忘了戰備，必定會滅亡。」《易經》上說：「君子修整兵器，以防備意外。」兵事不可視為兒戲，視為兒戲便失去威嚴；兵事也不可荒廢，荒廢了便召來敵人的侵擾。從前吳王夫差因好戰而滅亡，徐偃王因為不尚武功也滅亡。所以明智的君王在治理國家的時候，讓在上的人不輕易用兵，在下的人不荒廢武備。《易經》上說：「存在之時不要忘記可能滅亡的危險。」這樣便可以使自身安全而國家穩固。

秦昭王❶中朝而歎曰：「夫楚劍利，倡優拙。夫劍利，則士多慓悍；倡優拙，則思慮遠也。吾恐楚之謀秦也。」此謂當吉念凶，而存不忘亡也，卒以成霸焉。

【章　旨】本章肯定秦昭王當吉念凶、存不忘亡的深謀遠慮。

【注　釋】❶秦昭王　又稱昭襄王，戰國秦國國君，名稷。以太后弟魏冉為相，白起為將，破諸侯之師，取周室九鼎，使秦強盛，天下賓服。在位五十六年，卒諡「昭襄」。

【語　譯】秦昭王在朝中歎息說：「楚國的寶劍鋒利，戲子拙劣。寶劍鋒利，戰士便勇猛頑強；戲子拙劣，則說明他們的謀慮深遠。我擔心楚國要打秦國的主意。」這便是所說的在順利的時候考慮到凶險，在存在的時候不忘記危亡，所以終於成就了霸業。

王孫厲❶謂楚文王曰：「徐偃王好行仁義之道，漢東諸侯三十二國盡服矣。王若不伐，楚必事徐。」王曰：「若信有道，不可伐也。」對曰：「大之伐小，強之伐弱，猶大魚之吞小魚也，若虎之食豚也，惡有其不得理？」文王遂興師伐徐，殘之。徐偃王將死，曰：「吾賴於文德而不明武備，好行仁義之道而不知詐人之心，以至於此。」夫古之王者，其有備乎！

【章旨】本章記徐偃王不明武備而亡。

【注釋】❶王孫厲　楚臣。

【語譯】王孫厲對楚文王說：「徐偃王喜好施行仁義之道，漢水東面的三十二國諸侯都歸服於他。您如果不討伐，楚國必定要事奉徐國。」文王說：「如果他確實有道義，是不能討伐的。」回答說：「大的討伐小的，強的討伐弱的，就像大魚吞小魚，老虎吃小豬一樣，哪有不成功的道理？」文王起兵討伐徐國，攻破了它。徐偃王臨死的時候，說：「我依靠文教德化卻不懂得軍事防備，喜愛施行仁義之道卻不了解奸詐之人的心理，才落得這個地步。」古代作君王的人，哪能不講武備呢？

吳起為苑❶守，行縣，適息❷，問屈宜臼❸曰：「王不知起不肖，以為苑守，先生將何以教之？」屈公不對。居一年，王以為令尹，行縣，適息，問屈宜臼曰：「起問先生，先生不教。今王不知起不肖，以為令尹，先生試觀起為之也。」屈公曰：「子將奈何？」吳起曰：「將均楚國之爵，而平其祿。損其有餘，而繼其不足。厲甲兵，以時爭於天下。」屈公曰：「吾聞昔善治國家者，不變故，不易常。今子將均楚國之爵而平其祿，損其有餘而繼其不足，是變其故而易其常也。且吾聞兵者，凶器也；爭者，逆德也。今子陰謀逆德，好用凶器，殆人所棄，逆之至也。淫佚之事也，行者不利。且子用魯兵，不宜得志於齊，而得志焉；

子用魏兵，不宜得志於秦，而得志焉。吾聞之曰：『非禍人不能成禍。』吾固怪吾王之數逆天道，至今無禍，嘻！且待夫子也。」吳起惕然曰：「尚可更乎？」屈公曰：「不可！」吳起曰：「起之為人謀。」屈公曰：「成刑❹之徒，不可更已。子不如敦處而篤行之。楚國無貴於舉賢❺。」

【章　旨】本章主張「不變故，不易常」，不亂用兵。

【注　釋】❶苑　同「宛」。地名，即河南省南陽縣。❷息　地名，在今河南省息縣境內。❸屈宜臼　楚國大夫。❹刑　同「形」。❺楚國無貴於舉賢　此句語意不明，據大意譯出。

【語　譯】吳起作宛守，到縣裡巡察，來到息縣，問屈宜臼說：「君王不知我無能，命我作宛守，您有什麼要教我嗎？」屈宜臼沒有回答。過了一年，楚王命吳起為令尹，到縣裡巡察，來到息縣，問屈宜臼說：「我問過您，您不肯教我。現在君王不知我無能，令我作令尹，您試著看看我的做法吧。」屈宜臼問：「你要幹什麼？」吳起說：「我將要均分楚國的爵位，扯平他們的俸祿，減少有餘之人的東西，去補充不足之人。修整軍備，等待時機在天下爭雄。」屈宜臼說：「我聽說從前善於治理國家的人，不更改舊章，不變易常規。現在你要均分楚國的爵位、扯平官員的俸祿，減少有餘之人的財富，用以補充不足之人，這便是更改舊章、變易常規。而且我聽說，武器是不吉利的東西；爭鬥是不道德的行為。你現在暗中策劃做不道德的事，喜歡使用凶器，這是人們厭棄的，是最嚴重的倒行逆施。做過分的事，做的人得不到好結果。況且你在魯國率兵，不應該打敗齊國，而你卻把齊國打敗了；你在魏國率兵，不應該打敗秦國，而你卻把齊國打敗了。我聽到說：『不害人的人不會遭禍害。』我本來為我們的君王多次違逆上天的意志行事，卻沒遭禍害而感到奇怪，啊，原來是等你來受禍哩。」吳起恐懼地說：「還可以改變嗎？」屈宜臼說：「不行！」吳起說：「我可是為別人打算的呀。」屈宜臼說：「定了形的人，是不能改變的。你不如安分守己做人吧，楚國不稀罕你這樣被舉薦來的賢人。」

《春秋》記國家存亡，以察來世：雖有廣土眾民，堅甲利兵，威猛之將，士卒不親附，不可以戰勝取功。晉侯獲於韓❶，楚子玉得臣敗於城濮❷，蔡不待敵而師潰❸。故語曰：「文王不能使不附之民，先軫❹不能戰不教之卒，造父、王良❺不能以弊車不作之馬趨疾而致遠，羿、逢蒙❻不能以枉矢弱弓射遠中微。故強弱成敗之要，在乎附士卒，教習之而已。」

【章　旨】本章指出戰勝取功，關鍵在於使士卒親附。

【注　釋】❶晉侯獲於韓　《左傳．僖公十五年》載：秦、晉戰於韓原，秦軍獲晉惠公以歸。❷楚子玉得臣敗於城濮　得臣字子玉，楚令尹，城濮之戰，為晉軍所敗。❸蔡不待敵而師潰　《左傳．僖公四年》載：四年春，齊侯以諸侯之師侵蔡，蔡潰。❹先軫　晉大夫，善用兵。❺造父王良　古之善御者。❻羿、逢蒙　古之善射者。

【語　譯】《春秋》記載各國的存亡之事，以作後世的借鑒：雖然有遼闊的國土、眾多的百姓，堅固的戰甲、銳利的武器，威武勇猛的將領，如果士兵不歸心，就難以打勝仗取得戰功。晉侯在韓原被俘，楚子玉（名得臣）在城濮戰敗，蔡國不等敵人來攻便崩潰了。所以有人說：「文王難以使用未歸服的百姓，先軫難以率未經訓練的士兵作戰，造父、王良難以用破車和不能馳騁的馬快速行遠道，后羿、逢蒙難以用彎箭劣弓射中遠方的小目標。因此力量的強弱和事情的成敗的關鍵，在於能否做到使士兵歸附、對士兵的教育訓練是否成功。」

內治未得，不可以正外；本惠未襲❶，不可以制末。是以《春秋》先京師而後諸夏❷，先諸華而後夷、狄。及周惠王以遭亂世。繼先王之體，而強楚稱王❸，諸侯背叛；欲申先王之命，一統天下，不先廣養京師以及諸夏，諸夏以及夷、狄。內治未得，忿則不料力、權得失，興兵而征強楚，師大敗，撙辱❹不行，大為天下戮笑。幸逢齊桓公，以得安尊。故內治未得，不可以正外；本惠未襲，不可以制末。

【章　旨】本章講「內治未得，不可以正外；本惠未襲，不可以制末」。

【注　釋】❶襲　普遍。❷諸夏　周天子分封的諸侯國。❸強楚稱王　春秋時期，楚國逐漸強大，楚熊通請周天子封自己為王，王室不聽，楚熊通便自立為武王。❹撙辱　挫折、侮辱。

【語　譯】內部沒治理好，不能夠整頓外部；最基本的利益未普施於人，不能夠做其他次要的事。所以《春秋》記事，把京城放在前面，把諸侯國放在後面，把中國放在前面，把少數民族放在後面。到了周惠王的時候，便遭到禍亂。本想繼承先王的體制，卻遇到強大的楚國要稱王，各國諸侯要背叛；本要重申先王遺命，統一天下，卻沒有先發展周王國然後影響諸侯國，最後控制四方的少數民族。內部未治理好，一氣之下，不自量力，沒權衡得失，發兵征伐強大的楚國，結果王師大敗，王室遭到挫折和侮辱，政令難以推行，被天下恥笑。幸虧遇到齊桓公，才保住了王室的安寧和尊榮。因此，內部未治理好，不能夠整頓外部；最基本的利益未普施於人，不能夠做其他次要的事。

將帥受命者，將率入，軍吏畢入，皆北面再拜稽首受命。天子南面而授之鉞❶，東行，西面而揖之，示弗御也。故受命而出忘其國，即戎忘其家，聞枹鼓❷之聲，唯恐不勝，忘其身，故必死。必死不如樂死，樂死不如甘死，甘死不如義死，義死不如視死如歸，此之謂也。故一人必死，十人弗能待也；十人必死，百人弗能待也；百人必死，千人弗能待也；千人必死，萬人弗能待也；萬人必死，橫行乎天下。令行禁止，王者之師也。

【章旨】本章先敘將帥受命之禮；次論受命出戰當捨生忘死、令行禁止的王者之師天下無敵。

【注釋】❶鉞 大斧。❷枹鼓 即以鼓槌擊鼓。枹，鼓槌。

【語譯】將帥受君命時，將帥率先進朝，部將全部跟進，都面向北方，行叩拜大禮，等候接受君令。天子面向南方，授給將帥大斧，朝東行走，然後朝西方作揖，表示不再干預軍事。因此將帥受命出征要忘掉朝廷，士兵參戰要忘掉家庭，將士聽到進軍戰鼓聲，唯恐戰之不勝，此時要忘掉自身。為此要下必死的決心。必死比不上樂於去死；樂於去死比不上甘心去死；甘心去死比不上認為應該去死；認為應該去死比不上視死如歸，講的就是這個道理。一個人不怕死，十個人擋不住；十個人不怕死，一百個人擋不住；一百個人不怕死，一千個人擋不住；一千個人不怕死，一萬個人擋不住；一萬個人不怕死，可以無敵於天下。聽到動令便行動，聽到禁令便停止，這是在天下稱王的人的軍隊。

田單❶為齊上將軍，興師十萬，將以攻翟❷。往見魯仲連子❸。仲連子曰：「將軍之攻翟，必不能下矣。」田將軍曰：「單以五里之城，十里之郭，復齊之國，何為攻翟不能下？」去，上車，不與言。決攻翟，三月而不能下。齊嬰兒謠之曰：「大冠如箕，長劍拄頤，攻翟不能下，壘於梧丘❹。」於是田將軍恐駭，往見仲連子曰：「先生何以知單之攻翟不能下也？」仲連子曰：「夫將軍在即墨❺之時，坐則織蕢❻，立則杖臿❼，為士卒倡，曰：『宗廟亡矣，魂魄喪矣，歸何黨❽矣。』故將有死之心，士卒無生之氣。今將軍東有掖邑❾之封，西有淄❿上之寶，黃金橫帶，騁乎淄、澠⓫之間，是以樂生而惡死也。」田將軍明日結髮徑立矢石之所，乃引枹而鼓之，翟人下之。故將者，士之心也；士者，將之肢體也。心猶與則肢體不用，田將軍之謂乎？

【章　旨】本章強調將帥對士兵的帶頭作用。

【注　釋】❶田單　齊國臨淄人。燕昭王以樂毅為將，攻克齊七十餘城，惟莒、即墨不下。即墨人推田單為將軍拒燕。適逢燕昭王死，其子燕惠王與樂毅有隙，田單行反間之計，使燕以騎劫代毅。田單見騎劫軍懈，夜用火牛攻之，燕師大敗，盡復齊城。後封安平君。❷翟　同「狄」。北方少數民族。❸魯仲連子　即魯仲連，戰國齊人，善謀劃而不願為官。❹梧丘　地名。❺即墨　齊邑，在今山東省平度縣東南。❻簣　盛土竹器。❼臿　挖土用的鍬。❽黨　處所。❾掖邑　齊邑，在今山東省平度縣北。❿淄　水名。⓫澠　水名。

【語　譯】田單作齊國上將軍，發兵十萬，將要攻打北狄。他去見魯仲連，魯仲連說：「您去攻北狄，一定不能攻下。」田單說：「我把方圓五里的小城和方圓十里的大城逐個奪回，恢復了齊國，為什麼攻北狄不下？」離去，上車，再不與魯仲連說話。下決心進攻北狄，三個月攻打不下。齊國幼兒唱歌謠說：「頭上的帽子有簸箕大，身佩的長劍拄著面頰，北方的狄人攻不下，只好在梧丘把營紮。」於是田單感到驚恐，前去見魯仲連，問：「您是怎樣知道我會攻不下北狄的？」魯仲連說：「您在即墨的時候，坐著要編筐子，站著要用鍬翻地，向士兵發號召，說：『國家滅亡了，國魂喪失了，我們將歸於何處啊！』因此將領有敢死之心，士卒無貪生之意。現在您東有封賞的掖邑，西有淄水之上的珍寶，橫身纏有金銀，淄水、澠水之間任您往來，所以貪生而怕死。」田單第二天便挽起頭髮，挺立兩軍矢石交射的陣前，拿過鼓槌擊鼓進兵，狄人被攻下了。所以說將領是士兵的主腦，士兵是將領的四肢。大腦猶豫不決，四肢就不會運動，說的便是田單這樣的事。

晉智伯伐鄭，齊田恆❶救之。有登蓋❷，必身立焉；車徒有不進者，必令助之。壘合而後敢處，井竈成而後敢食。智伯曰：「吾聞田恆新得國而愛其民，內同其財，外同其勤勞，治軍若此，其得眾也，不可待也。」乃去之耳❸。

【章旨】本章講將領與士兵同甘共苦，才能得到士兵的擁護。

【注釋】❶田恆　亦作「田常」、「陳恆」。春秋齊臣，弒齊簡公而立平公。❷登蓋　有人疑「登」即「簦」字。簦為竹笠，簦蓋即車上的頂蓋。❸耳　「耳」為衍文。

【語譯】智伯攻打鄭國，齊國田恆前往救援。在有頂篷的車上，他一定站著；戰車和戰士若有不能前進的，一定派人幫助。營房紮好了才敢休息，井、竈挖成了才敢吃飯。智伯說：「我聽說田恆剛剛得到國家，愛護自己的百姓，在內與百姓共享財富，在外與百姓共當勞苦，像這樣管理軍隊，是大得人心的，也是無法抵擋的。」於是把自己的軍隊撤走了。

《太公兵法》❶曰：「致慈愛之心，立威武之戰，以卑其眾；練其精銳，砥礪其節，以高其氣；分為五選❷，異其旗章，勿使冒亂；堅其行陣，連其什伍❸，以禁淫非。」壘陳❹之次，車騎之處，勒兵之勢，軍之法令，賞罰之數，使士赴火蹈刃，陷陣取將，死不旋踵者，多異於今之將也。

【章旨】本章摘錄《太公兵法》，指出治軍的幾個要點。

【注釋】❶太公兵法　傳為姜太公（呂尚）所著的兵書。❷五選　選指被選中的士兵。五選即把人選者分為五隊。❸什伍　古代軍隊編制：五人為伍；二五為什。❹陳　同「陣」。

【語　譯】《太公兵法》說：「注入仁慈的愛心，制定威嚴的軍令，以制服廣大士兵；訓練精悍勇銳，磨練氣節操守，以提高士兵的鬥志；分成五個部分，使用不同的旗幟，不讓隊伍發生混亂；鞏固部伍陣勢，實行什伍連坐，以防止士兵胡作非為。」陣勢的排列，車馬的安排，兵力的部署，軍隊的法令，賞罰的方法，都能使戰士下火海上刀山、衝鋒陷陣、攻取敵將、死不回頭。許多地方與現在治軍的方法不同。

孝昭皇帝❶時，北軍監御史為姦，穿北門垣以為賈區。胡建❷守北門軍尉，貧無車馬，常步與走卒起居，所以慰愛走卒甚厚。建欲誅監御史，乃約其走卒曰：「我欲與公有所誅，我言取之則取之，斬之則斬之。」於是當選士馬日，護軍諸校列坐堂皇❸上，監御史亦坐，建從走卒趨至堂下拜謁，因上堂，走卒皆上，建跪指監御史曰：「取彼。」走卒前拽下堂，建曰：「斬之。」遂斬監御史。護軍及諸校皆愕驚，不知所以。建亦已有成奏在其懷，遂上奏以聞曰：「臣聞軍法，立武以威眾，誅惡以禁邪。今北軍監御史，公穿軍垣以求賈利，買賣以與士市，不立剛武之心，勇猛之意，以率先士大夫，尤失理不公。臣聞《黃帝理法》❹曰：『壘壁已具，行不由路，謂之姦人。姦人者殺。』臣謹以斬之，昧死以聞。」制❺曰：「《司馬法》曰：『國容不入軍，軍容不入國也。』❻建有何疑焉！」建由是名興。後至渭城令死，至今渭城有其祠也。

【章　旨】本章記胡建對監御史先斬後奏，以正軍法。

【注　釋】❶孝昭皇帝　漢武帝子，名弗陵，在位十三年，諡「昭」。據《漢書》載，胡建在漢武帝天漢中守軍正丞，為渭城令在昭帝時。本書相涉致誤。❷胡建　字子孟，漢河東人。❸堂皇　室四周無壁叫皇。堂皇即只有頂蓋的敞廳。❹黃帝理法　傳為黃帝所著講刑罰的書。❺制　皇帝的命令。❻國容不入軍二句　見《司馬法．天子之義》。

【語譯】孝昭皇帝時，北軍監御史幹邪惡之事，他把北軍營壘的牆壁打通作為貿易市場。胡建任北軍尉，貧窮，沒有車馬，經常步行，與一般士兵生活一樣，因此，他對士兵的愛護和撫慰甚多。胡建要殺監御史，便與士兵相約說：「我要同你們去殺一個人，我說抓就抓，我說殺就殺。」於是在挑選兵馬的那一天，護軍和眾校官都分坐在大廳上，監御史也在座，胡建帶領士兵快步走到廳下拜見以後，趁便來到廳上，士兵也都跟上。胡建跪下指著監御史說：「抓住他。」士兵上前把監御史拽下廳堂，胡建說：「殺死他。」便把監御史殺了。護軍和眾校官都驚呆了，當時不知是怎麼回事。胡建早有寫成的奏章揣在懷裡，於是向皇帝上奏說：「我聽說軍法規定，要樹立軍威以懾服眾人，要誅殺罪犯以禁止邪惡。現有北軍監御史，公然打通軍營的牆壁經商謀利，與士兵做買賣，自己不樹立剛強武勇、凶猛慓悍的精神，以作士大夫的表率，這是嚴重的違法行為和棄公圖私的做法。我聽說《黃帝理法》說：『法令已經公布了，若不走正道，可稱之為壞人，壞人可殺。』我把他殺了，冒著死罪向您報告。」皇帝回答說：「《司馬法》上說：『社會上的做法不在軍隊裡施行，軍隊中的做法也不推行到社會上去。』胡建這樣做還有什麼可指責的？」胡建由此名聲大振。後來官做到渭城令才死，至今渭城有他的祠廟。

　　魯石公劍，迫則能應，感則能動，昒穆❶無窮，變無形像，復柔委從❷，如影如響，如厖❸之守戶，如輪之逐馬，響之應聲，影之像形也。閶❹不及鞈❺，呼不及吸，足舉不及集，相離若蟬翼，尚在肱北❻眉睫之微，曾不可以大息小，以小況大，用兵之道，其猶然乎！此善當敵者也，未及夫折衝❼於未形之前者。揖讓乎廟堂之上，而施惠乎百萬之民。故居則無變動，戰則不血刃，其湯、武之兵與！

【章旨】本章先以劍法論兵法，謂用兵之道，在於善變；次言善於用兵者，比不上善於息兵者，表現了作者「止戈為武」的思想。

【注釋】❶昒穆　當作「沕穆」。深微貌。❷復柔委從　當作「優柔委縱」。得心應手，運用自如的樣子。❸厖　犬。❹闐　同「鼙」。鼓聲。❺軨　鼓聲。❻北　同「背」。❼折衝　使敵人戰車後撤。即打敗敵人。

【語譯】魯石公舞劍，在受逼時能作出反應，心有所感則劍能動，深廣無窮，變化無形，運用自如，像影子與回響，像良犬看守門戶，像車輪追逐奔馬，像回響應和聲音，像影子逼肖形體。連續鼓聲中的停頓，呼氣與吸氣間的間隔，踢腳與收腳間的時間，都比不上舞劍動作的迅速。劍與被擊之人的距離薄若蟬的翅膀，還在對方的背膀眉睫之間移動。決不能用更大的武器來制止它，也不能用更小的武器來與它比試。用兵的道理，大概也是如此吧！這是善於抵禦敵人的做法，善於禦敵比不上退敵於戰爭發生之前，在朝廷上彬彬有禮、從容不迫，卻能向百萬百姓廣施恩惠，因而平日沒有變故，戰時用不著流血犧牲，這也許只有商湯、周武王的軍隊能做到吧！

孔子北遊，東上農山❶，子路、子貢、顏淵從焉，孔子喟然歎曰：「登高望下，使人心悲，二三子者，各言爾志，丘將聽之。」子路曰：「願得白羽❷若月，赤羽若日，鐘鼓之音，上聞於天，旌旗翩飜，下蟠於地，由且舉兵而擊之，必也攘地千里，獨由能耳，使夫二子為我從焉。」孔子曰：「勇哉士乎！憤憤❸者乎！」子貢曰：「賜也願齊、楚合戰於莽洋❹之野，兩壘相當，旌旗相望，塵埃相接，接戰搆兵，賜願著縞衣白冠❺，陳說白刃之間，解兩國之患，獨賜能耳，使夫二子者為我從焉。」孔子曰：「辯哉士乎！僊僊❻者乎！」顏淵獨不言，孔子曰：「回來，若獨何不願乎？」顏淵曰：「文武之事，二子已言之，回何敢與焉？」孔子曰：「若鄙心不與焉，第言之。」顏淵曰：「回聞鮑魚蘭芷不同篋而藏，堯舜桀紂不同國而治。二子之言，與回言異。回願得明王聖主而相之，使城郭不修，溝池不越，鍛劍戟以為農器，使天下千歲無戰鬥之患。如此，則由何憤憤而擊，賜又何僊僊而使乎？」孔子曰：「美哉德乎！姚姚❼者乎！」子路舉手問曰：「願聞夫子之意。」孔子曰：「吾所願者，顏氏之計，吾願負衣冠而從顏氏子也。」

【章旨】本章通過孔子師徒四人的對話，表現了儒家的反戰思想和從根本上消滅戰爭的願望。

【注釋】❶農山　又作「巙山」。齊國山名。❷羽　旌旗代稱。❸憤憤　憤怒不平貌。❹莽洋　廣闊無垠貌。❺縞衣白冠　戰爭為凶事，故白冠服。❻僊僊　舞貌。❼姚姚　美盛貌。

【語譯】孔子到北方遊覽，登上了東面的農山，子路、子貢、顏淵跟隨著他，孔子感慨地說：「登上高處朝下面看，使人產生悲愁之感，你們幾位，分別談談自己的志向吧，我將聽著。」子路說：「希望得到像月亮一樣的白色軍旗，像太陽一樣的紅色軍旗，鐘鼓的聲音，響徹雲霄，旌旗翻捲，在地上盤繞，我將要領兵出戰，一定能奪得千里土地。只有我能做到這樣，派他們兩個做我的隨從吧。」孔子說：「勇壯之士啊！激憤難平！」子貢說：「我希望在齊、楚戰於曠野、兩軍對壘，軍旗相望、塵土相連、兵刃相交之時，穿白衣戴白帽，在刀光劍影裡勸說他們，解除兩國的禍患。只有我能做到這樣，派他們兩個做我的隨從吧。」孔子說：「善辯之士啊！碌碌不停！」唯有顏淵不說話，孔子問：「顏回，你上前來，為什麼只有你一個人沒志向呢？」顏淵回答說：「文治武功，他倆已經說了，我哪敢參與議論？」孔子說：「你因鄙視才不參與，但還是說說吧。」顏淵說：「我聽說鮑魚和蘭芷不收藏在同一個箱子裡，堯、舜、桀、紂不同治一個國家。他二人的話，與我的話不一樣。我希望找一個聖明的君王而加以輔佐，使他不修築城牆，不加長護城河，把劍戟之類的兵器鍊成農具，使天下千年無戰爭禍患。這樣，仲由又何必憤憤不平地出戰，子貢又何必忙忙碌碌當使者呢？」孔子說：「這可是仁德呀！多麼美好啊！」子路舉手問道：「希望聽聽老師的意見。」孔子說：「我的願望，便是顏回的主張，我願意揹起衣帽跟隨著顏回。」

魯哀公問於仲尼曰：「吾欲小則守，大則攻，其道若何？」仲尼曰：「若朝廷有禮，上下有親❶，民之眾皆君之畜也，君將誰攻？若朝廷無禮，上下無親，民眾皆君之讎也，君將誰與守？」於是廢澤梁之禁，弛關市之徵，以為民惠也。

【章旨】本章提倡施仁政行王道，反對只以武力攻守。

【注釋】❶有　別本作「相」。

【語譯】魯哀公問仲尼說：「我想在力量弱小的時候就防守，在力量強大的時候就進攻，應該用什麼辦法呢？」仲尼說：「假如朝廷辦事合禮法，上上下下和睦親善，民眾都是君王養育的子女，您將去攻打誰？假如朝廷辦事不合禮法，上上下下不親善，民眾都是君王的讎人，您將與誰防守？」於是廢除湖澤魚梁的禁令，放寬市場的稅收，以此作為對百姓的恩惠。

文王曰：「吾欲用兵，誰可伐？」❶「密須氏❷疑於我，可先往伐。」管叔❸曰：「不可。其君天下之明君也，伐之不義。」太公望曰：「臣聞之，先王伐枉不伐順，伐嶮❹不伐易，伐過不伐不及。」文王曰：「善。」遂伐密須氏，滅之也。

【章旨】本章主張「伐枉不伐順，伐嶮不伐易，伐過不伐不及」。

【注　釋】❶誰可伐　此下當有主語，《帝王世紀》作「太公曰」。❷密須氏　古國名。❸管叔　文王第三個兒子，武王克商，封於管。後作亂，為周公所殺。❹嶮　同「險」。

【語　譯】文王問：「我要用兵，應該攻打誰？」太公望說：「密須氏對我國有猜忌之心，可以先行討伐。」管叔說：「不可，密須氏的君王是天下的明君，討伐他不合道義。」太公望說：「我聽說，前代君王討伐邪曲的不討伐順從的，討伐險峻難攻的，不討伐舉手易得的，討伐過度的，不討伐不足的。」文王說：「說得對。」便討伐密須氏，消滅了它。

武王將伐紂，召太公望而問之，曰：「吾欲不戰而知勝，不卜而知吉，使非其人，為之有道乎？」太公對曰：「有道。王得眾人之心以圖不道，則不戰而知勝矣；以賢伐不肖，則不卜而知吉矣；彼害之，我利之，雖非吾民可得而使也。」武王曰：「善。」乃召周公而問焉，曰：「天下之圖事者，皆以殷為天子，以周為諸侯，以諸侯攻天子，勝之有道乎？」周公對曰：「殷信天子，周信諸侯，則無勝之道矣，何可攻乎！」武王忿然曰：「汝言有說乎？」周公對曰：「臣聞之：攻禮者為賊，攻義者為殘，失其民制❶為匹夫。王攻其失民者也，何攻天子乎？」武王曰：「善。」乃起眾舉師，與殷戰於牧之野❷，大敗殷人，上堂見玉，曰：「誰之玉也？」曰：「諸侯之玉。」即取而歸之於諸侯，天下聞之曰：「武王廉於財矣。」入室見女，曰：「誰之女也？」曰：「諸侯之女也。」即取而歸之於諸侯，天下聞之，曰：「武王廉於色也。」於是發巨橋❸之粟，散鹿臺❹之金錢，以與士民，黜其戰車而不乘，弛其甲兵而弗用，縱馬華山，放牛桃林❺，示不復用。天下聞者，咸謂武王行義於天下，豈不大哉！

【章 旨】本章通過對武王伐紂故事的記敘，說明以得眾之師討伐無道，才能取得戰爭的勝利；行義施仁，才能鞏固戰勝的成果。

【注 釋】❶制 相當於「號」。❷牧之野 地名，在今河南省淇縣南。❸巨橋 殷代穀倉名。❹鹿臺 殷代積財之所。❺桃林 山寨名。

【語 譯】武王將要討伐商紂王，召來太公望，問道：「我想不通過戰爭就知道能獲勝利，不通過占卜就知道能得吉兆，任用一些非我管轄的百姓，有達到這一目的的辦法嗎？」太公望回答說：「有辦法。您如果能得到眾人的擁護，再去討伐無道之人，就可以不戰而知勝；用賢人去討伐不賢之人，就可以不卜而知吉；別人殘害百姓，我們為百姓謀利益，雖然不是我們管轄的百姓也能供我們使用。」武王說：「說得對。」又召周公來詢問，說：「天下謀事的人，都認為殷紂王是天子，我周武王是諸侯，以諸侯的身分去攻打天子，有取勝的方法嗎？」周公回答說：「如殷確實是天子，周確實是諸侯，就無法取勝，怎能攻打呢？」武王氣忿地說：「你的話有講究嗎？」周公回答說：「我聽說，進攻守禮者為暴虐，進攻行義者為凶殘，失去百姓的人稱為獨夫，您是向失去百姓的獨夫進攻，哪裡是攻天子呢？」武王說：「說得對。」於是興師動眾，與殷在牧野展開大戰，把殷人打得大敗。武王走上紂王宮殿的大堂，看見有寶玉，便問：「這是誰的寶玉？」有人回答：「諸侯的寶玉。」就立即拿去歸還諸侯，世人聽說此事，說：「武王不貪財貨。」走進紂王宮殿的後房，看見有婦女，便問：「這是誰的女兒？」有人回答：「諸侯的女兒。」就立即領去交還諸侯，世人聽說此事，說：「武王不貪女色。」武王於是把巨橋穀倉裡的糧食，鹿臺錢庫裡的金錢，散發給老百姓，廢棄戰車而不乘坐，丟下軍衣武器而不使用，把馬放往華山，把牛放到桃林，表示再不啟用。天下人聽到後，都說武王在天下行道義，真是偉大啊！

文王欲伐崇❶，先宣言曰：「余聞崇侯虎❷蔑侮父兄，不敬長老，聽獄不中，分財不均，百姓力盡，不得衣食。余將來征之，唯為民。」乃伐崇，令毋殺人，毋壞室，毋填井，毋伐樹木，毋動六畜；有不如令者，死無赦。

【章　旨】本章記文王替民伐罪，出軍而不擾民。

【注　釋】❶崇　古國名。❷崇侯虎　崇國國君名虎。

【語　譯】文王要討伐崇國，先發表公告說：「我聽說崇侯虎藐視輕慢父兄，不尊敬老人，處理訟獄不公正，分配財物不均平，老百姓力量耗盡，卻得不到衣食。我將要前來征討，完全是為了百姓。」於是攻打崇國，下令不要濫殺百姓，不要損壞房子，不要堵塞水井，不要砍伐樹木，不要搶劫牲畜；若有違犯軍令的，一定處死，決不輕饒。

楚莊王伐陳，吳救之。雨十日十夜，晴，左史倚相曰：「吳必夜至，甲列❶壘壞，彼必薄我，何不列行鼓出待之！」吳師至楚見成陳而還。左史倚相曰：「追之，吳行六十里而無功，王❷罷卒寢。」果擊之，大敗吳師。

【章　旨】本章記楚軍因有左史倚相對吳人的行動和力量作出正確的估計，所以能大敗吳軍。

【注　釋】❶列　同「裂」。❷王　「士」之誤字。

【語　譯】楚莊王討伐陳國，吳國出兵救陳。雨下了十天十夜天才放晴，楚左史倚相說：「吳軍夜裡一定會來，我軍的戰衣撕破了，營壘毀壞了，他們輕視我們，何不列隊播鼓出去等待他們呢！」吳軍來後看到楚軍已列成戰陣便往原處撤退。左史倚相說：「追！吳軍走了六十里路而沒有達到目的，士卒都疲乏欲睡。」楚軍追擊，果然把吳軍打得大敗。

齊桓公之時，霖雨十旬，桓公欲伐漅陵❶，其城之值雨也未合。管仲、隰朋以卒徒造於門，桓公問：「徒眾何以為？」管仲對曰：「臣聞之，雨則有事，夫漅陵不能雨，臣請攻之。」公曰：「善。」遂興師伐之。既至，天❷卒間❸外，士在內矣。桓公曰：「其有聖人乎？」乃還旗而去之。

【章旨】本章記漅陵外敞未合之城，內設有序之備，使領兵相侵的齊桓公望而卻步。

【注釋】❶漅陵　春秋衛國城邑，在今河南省睢陽縣南。❷天　疑為「夫」的誤字。❸間　掩蔽。

【語譯】齊桓公的時候，大雨連續下了三個多月，桓公想攻打漅陵，漅陵城牆碰上雨期未修好合攏，管仲、隰朋帶士兵來到桓公宮門口，桓公問：「你們這些人要幹什麼？」管仲回答說：「我聽說，下大雨就應該設防，漅陵在雨天未加防備，請讓我們去攻打。」桓公說：「好吧。」便起兵討伐漅陵。到達之後，發現漅陵的兵卒在外層掩護，士人處於其中。桓公說：「這裡大概有聖人吧？」便掉轉軍旗回去了。

宋圍曹，不拔，司馬子魚❶謂君曰：「文王伐崇，軍其城，三旬不降，退而修教，復伐之，因壘而降。今君德無乃有所闕乎？胡不退修德，無闕而後動？」

【章旨】本章講把德行修養好了，才能奪取戰爭的勝利。

【注釋】❶司馬子魚　宋襄公庶兄，名目夷，字子魚，任司馬之職，故名。

【語　譯】宋國圍攻曹國，攻不下，司馬子魚對宋君說：「文王攻打崇國的時候，在崇國城外駐軍，三十天不能使其投降，便退回去興修文教，再次討伐時，只紮下營壘崇人便投降了。現在您的德行是不是有些缺憾呢？為什麼不退回去修養德行，等克服了缺點再行動呢？」

吳王闔廬與荊人戰於柏舉❶，大勝之，至郢❷郊，五敗荊人。闔廬之臣五人進諫曰：「夫深入遠報❸，非王之利也，王其返乎！」五❹將鍥頭，闔廬未之應，五人之頭墜於馬前。闔廬懼，召伍子胥而問焉，子胥曰：「五臣者懼也。夫五敗之人者，其懼甚矣，王姑少進。」遂入郢，南至江，北至方城❺，方三千里，皆服於吳矣。

【章　旨】本章講有時要抓住戰機，乘勝進擊，奪取戰爭的最後勝利。

【注　釋】❶柏舉　春秋楚地名，在今湖北省麻城縣境。❷郢　楚都城，在今湖北省江陵縣北。❸報　同「赴」。❹五　五下脫「人」字。❺方城　楚地名，在今河南省南陽縣東北。

【語　譯】吳王闔廬與楚人在柏舉交戰，把楚人打得大敗，直到郢都的郊外，五次戰敗楚人。闔廬的五個臣子上前勸阻說：「深入敵境遠赴敵國，對您不利，您還是回去吧！」五人就要切斷自己的頭，闔廬卻未答應，五人的頭墜落在馬前，闔廬才感到驚懼，召伍子胥來詢問，伍子胥說：「這五個臣子是因為害怕。五次被打敗的人，恐懼心理是非常嚴重的，您姑且稍往前進。」於是攻入郢城，南邊打到長江、北邊打到方城，方圓三千里，都降服於吳國。

田成子常❶與宰我❷爭，宰我夜伏卒，將以攻田成子，令於卒中曰：「不見旌節毋起。」鴟夷子皮❸聞之，告田成子。田成子因為旌節以起宰我之卒以攻之，遂殘之也。

【章　旨】本章記田成子因獲宰我之祕而敗宰我之卒，從而說明保守軍事祕密的重要性。

【注　釋】❶田成子常　即田常。❷宰我　孔子弟子，仕於齊。❸鴟夷子皮　越王謀臣范蠡之號，但此處恐非其人。

【語　譯】田成子常與宰我相爭，宰我在夜間埋伏下士兵，準備攻打田成子，命令這些士兵說：「沒看見旗幟就不要動手。」鴟夷子皮聽說此事，報告了田成子。田成子於是用旗幟使宰我的伏兵暴露，然後加以反攻，便把宰我打敗了。

齊桓公北伐山戎氏，請兵於魯，魯不與，桓公怒，將攻之。管仲曰：「不可，我已刑北方諸侯矣，今又攻魯，無乃不可乎？魯必事楚，是我一舉而失兩也。」桓公曰：「善。」乃輟攻魯矣。

【章　旨】本章講要謹慎用兵，不可意氣用事，不可多方樹敵。

【語　譯】齊桓公討伐北戎，向魯國請求援兵，魯國不給，桓公很氣忿，要攻打魯國。管仲說：「不可。我們已同北方諸侯在廝殺，現在若又進攻魯國，不是不行嗎？魯國一定會服事楚國，這樣我們就一舉兩失了。」桓公說：「說得對。」於是打消攻魯的念頭。

聖人之治天下也，先文德而後武力。凡武之興，為不服也，文化不改，然後加誅。夫下愚不移，純德之所不能化，而後武力加焉。

【章　旨】本章主張對「文化不改」的頑固者，才訴諸武力。

【語　譯】聖人治理天下時，要先施文教德化，然後才使用武力。凡是動武，是因為對方不肯歸服，文教德化不能使他改過，最後才加以誅殺。只有那些愚頑不化，用純正的美德都不能教育好的人，才把武力用到他們身上。

昔堯誅四凶❶以懲惡，周公殺管蔡❷以弭亂，子產殺鄧析❸以威侈，孔子殺少正卯❹，以變眾。佞賊之人而不誅，亂之道也。《易》曰：「不威小，不懲大，此小人之福也。」❺

【章　旨】本章主張應對惡人施以必要的懲罰，以為眾人的警戒。

【注　釋】❶堯誅四凶　傳說帝堯曾誅殺驩兜、共工、鯀、三苗。❷周公殺管蔡　管即管叔鮮，蔡即蔡叔度，此二人皆文王之子，武王之弟，管、蔡是他們的封地名。武王克商後，使二人相商紂王子武庚祿父治商遺民。武王卒，周公旦輔武王幼子成王，管、蔡趁機挾武庚作亂，為周公所誅。❸子產殺鄧析　鄧析是鄭國大夫，研究名家之言，曾改鄭國刑書，別造竹刑。或以為被鄭相子產所殺。❹孔子殺少正卯　少正卯是魯國大夫，亂政。孔子攝行相事，認為他身兼五大罪惡，誅之。❺不威小三句　今《易・繫辭》作「小懲而大誡，此小人之福也。」

【語　譯】從前帝堯誅殺四大惡人以懲戒罪惡，周公誅殺管叔、蔡叔以消除禍亂，子產誅殺鄧析以威懾妄說淫行，孔子誅殺少正卯以正人心。對奸邪有害之人而不加誅殺，正道就會被擾亂。《易經》上說：「對小的過惡也加以懲罰就可警戒人們不犯大錯誤，這對修養不高的小人來說，是他們的福氣。」

五帝三王教以仁義，而天下變也，孔子亦教以仁義，而天下不從者，何也？昔明王有紱冕❶以尊賢，有斧鉞以誅惡，故其賞至重而刑至深，而天下變；孔子賢顏淵無以賞之，賤孺悲❷無以罰之，故天下不從。是故道非權不立，非勢不行，是道尊然後行。

【章旨】本章講「道非權不立，非勢不行」。

【注釋】❶紱冕　繫印的帶子叫紱；帽子叫冕。此代指官職爵位。❷孺悲　魯人，為人卑劣，為孔子所鄙視。

【語譯】五帝三王以仁義教天下，天下有所改變，孔子也以仁義教天下，但天下無人聽從，為什麼?過去，聖明的君王有官職爵位來提高賢人的地位，有武力來誅殺罪惡之人，能行重賞也能行重罰，所以天下有改變；孔子認為顏淵賢能卻無法獎賞，認為孺悲卑劣卻無法懲罰，所以天下人不聽從。因此說，大道不靠權力難以樹立，不靠勢位難以推行，大道是在取得統治地位之後才能流布的。

孔子為魯司寇，七日而誅少正卯於東觀之下。門人聞之，趨而進，至者不言，其意皆一也。子貢後至，趨而進曰：「夫少正卯者，魯國之聞人矣，夫子始為政，何以先誅之?」孔子曰：「賜也，非爾所及也。夫王者之誅有五，而盜竊不與焉：一曰心辨而險，二曰言偽而辯，三曰行辟而堅，四曰志愚而博，五曰順非而澤。此五者，皆有辨知聰達之名，而非其真也。苟行以偽，則其智足以移眾，強足以獨立，此姦人之雄也，不可不誅。夫有五者之一則不免於誅，今少正卯兼之，是以先誅之也。昔者，湯誅蠋沐❶，太公誅潘阯❷，管仲誅史附里❸，子產誅鄧析，此五子❹，未有不誅也。所謂誅之者，非謂其晝則攻盜，暮則穿窬也，皆傾覆之徒也。此固君子之所疑，愚者之所惑也。《詩》云：『憂心悄悄，慍於群小。』❺此之謂矣。」

【章旨】本章強調有五種罪行應該嚴懲。

【注　釋】❶蠋沐　又作「獨木」，人名。❷潘阯　又作「潘止」，人名。❸史附里　又作「付里乙」、「附乙」，人名。❹此五子　上文止四，尚少一，或以為應加上「周公誅管叔」。❺憂心悄悄二句　見《詩經・邶風・柏舟》。

【語　譯】孔子任魯國司寇才七天，便在東觀下面殺了少正卯。孔子的學生得知後，都趕到孔子那裡，口裡不問，心裡的疑惑卻是共有的。子貢後來才到，大步向前問道：「少正卯，是魯國的名人，先生您剛剛執政，為什麼要先殺他？」孔子說：「賜呀！這不是你能理解的。行王道的人要殺的惡人有五種，而搶劫盜竊不在其中：一是明知是非卻居心險惡，二是言語虛假而善於巧辯，三是行為邪辟而頑固不化，四是專記醜陋之事而且記得很多，五是跟著幹壞事並為之鼓吹。這五種人，都有明智通達的名聲，但不是真的。假如讓他們行詭詐，他們的智慧完全可以迷惑人心，他們的力量完全可以獨立於世，這是壞人中的雄傑，不能不誅殺。凡是犯有五種罪行之一的人都難免被殺，現在少正卯兼而有之，所以先殺他。從前，商湯殺蠋沐，姜太公殺潘阯，管仲殺史附里，子產殺鄧析。這五位聖賢，未嘗不殺人，他們所殺的，並不是白天公開搶劫，晚上穿牆偷盜的人，而是一些能顛覆國家的傢伙。我們這樣做，本來就會被君子猜疑，被愚人誤解。《詩經》說：『內心十分憂愁，對眾小人十分惱怒。』我的心情就是這樣的！」

齊人王滿生見周公，周公出見之，曰：「先生遠辱❶，何以教之？」王滿生曰：「言內事者於內，言外事者於外。今言內事乎？言外事乎？」周公導入。王滿生曰：「敬從布席。」周公不導坐，王滿生曰：「言大事者坐，言小事者倚。今言大事乎？言小事乎？」周公導坐，王滿生坐。周公曰：「先生何以教之？」王滿生曰：「臣聞聖人不言而知，非聖人者，雖言不知。今欲言乎？無言乎？」周公俛念有頃不對，王滿生藉筆牘書之曰：「社稷且危。」傅之於膺❷，周公仰視見書曰：「唯唯，謹聞命矣。」明日誅管、蔡。

【章　旨】本章記敘周公誅管、蔡時的一個小故事，表現了周公的睿智。

【注　釋】❶辱　謙詞，意為辱沒對方。❷傅之於膺　膺是胸部。將「社稷且危」附於胸前，意味著危社稷者乃貼身兄弟。

【語　譯】齊人王滿生求見周公，周公出來相見，問道：「先生遠道前來，對我有什麼指教？」王滿生說：「談內部的事在室內，談外部的事在室外。現在要我說內部的事呢？還是說外部的事呢？」周公引他進去，王滿生說：「麻煩僕人安排座位。」周公不請他入座，王滿生說：「講大事的人坐著，講小事的人站在你身邊。現在要我講大事呢？還是要我講小事呢？」周公讓座，王滿生入座，周公問：「先生對我有什麼指教？」王滿生說：「我聽說聰明人別人不說他就知道，不聰明的人，別人即使說了他也不明白。現在要我說呢？還是不說？」周公低頭思考了很久，不作回答，王滿生拿過筆和木板寫道：「國家將有危險。」把它掛在胸前，周公抬頭看見所寫的字，說：「嗯嗯，我一定照你說的辦。」第二天便殺了管叔和蔡叔。

卷一六

談叢

【題解】本篇亦名叢談。「叢」有眾多、繁雜之意，叢談即現在所謂的雜談。全篇語言簡短、靈活多變，屬語錄體式，內容多論及修身、治國等大問題。

王者知所以臨下而治眾，則群臣畏服矣；知所以聽言受事，則不蔽欺矣；知所以安利萬民，則海內必定矣；知所以忠孝事上，則臣子之行備矣。凡所以劫殺者，不知道術以御其臣下也。

【章旨】本章講王者若能以道術御下，則國家大治。

【語譯】君王如果懂得怎樣君臨臣下、管理眾人，那麼群臣就會敬畏服從；懂得怎樣聽取勸諫、受理事務，那麼就不會被虛假欺騙蒙蔽；懂得怎樣安撫百姓並給百姓謀利益，那麼國內一定會安寧；懂得怎樣盡忠行孝事奉尊長，那麼臣子的美好品德就會具備。凡是那些濫施刑罰的人，都是不懂得用美德和良法控制和指使臣下的人。

凡吏勝其職則事治，事治則利生；不勝其職則事亂，事亂則害成也。

【章　旨】本章講官員是否勝任其事，關係到國家的治亂利害。

【語　譯】凡是官員勝任他的工作事情就辦得好，事情辦得好就能產生利益；官員不勝任他的工作就會把事情弄糟，事情弄糟了就會釀成禍害。

百方之事，萬變鋒❶出；或欲持虛，或欲持實；或好浮游❷，或好誠必❸；或行安舒，或為飄疾。從此觀之，天下不可一，聖王臨天下而能一之。

【章　旨】本章講世事紛繁複雜，唯聖王能夠統一。

【注　釋】❶鋒　同「蜂」。❷浮游　虛浮。❸誠必　真誠不虛。

【語　譯】世上的各種事情，變化多端層出不窮；有人務虛，有人務實；有人喜歡虛浮，有人喜歡實在；有的行動舒緩，有的行動迅疾。由此看來，天下事難以一致，聖人統治天下才能整齊化一。

意不並銳，事不兩隆。盛於彼者必衰於此，長於左者必短於右，喜夜臥者不能蚤❶起也。

【章　旨】講凡事難以兩全。

【注　釋】❶蚤　同「早」。

【語　譯】思想不可能同時集中到兩個方面，辦事不可能同時把兩件事辦好。在那裡興盛一定會在這裡衰敗，左邊過長右邊一定過短，喜歡晚睡的人不能早起。

鸞❶設於鑣❷，和❸設於軾❹。馬動而鸞鳴，鸞鳴而和應，行之節也。

【章　旨】本章說鑾鳴和應，構成行車的節奏。

【注　釋】❶鸞　通「鑾」。一種小鈴鐺，繫在馬嚼子上，或以為掛在車衡木上。❷鑣　馬嚼子。❸和　也是一種小鈴鐺，繫在車前橫木上。❹軾　車前橫木，供乘車者倚扶。

【語　譯】鑾鈴掛在馬嚼子上，和鈴掛在車前橫木上，馬動鑾鈴響，鑾鈴響動和鈴應，這是前進的節奏。

不富無以為人❶，不予無以合親。親疏則害，失眾則敗。不教而誅謂之虐，不戒責❷成謂之暴。

【章　旨】本章講為什麼要施恩、施教的道理。

【注　釋】❶人　同「仁」。❷責　求。

【語　譯】不富有便不能施捨恩惠，不給予便不能籠絡親信。親信疏遠了就有危害，失去了眾人便會失敗。不加教導便行殺戮叫做殘虐，不加告戒而求其成功叫做凶暴。

夫水出於山而入於海，稼生於田而藏於廩。聖人見所生，則知所歸矣。

【章　旨】講事物由始至終有一定規律，聖人能夠掌握它。

【語　譯】水從山中流出而注入大海，莊稼在田地裡生長而果實在倉庫裡收藏。聰明人看到事物的產生，便知道它的歸宿。

天道布順❶，人事取予，多藏不用，是謂怨府❷。故物不可聚也。

【章　旨】說明「物不可聚」的道理。

【注　釋】❶順　疑「頒」字之誤。❷怨府　眾怨歸聚之所。

【語　譯】大自然將恩惠廣泛分布，人們也應該對社會有所給予，斂藏過多而不肯散發，眾人的讎怨便集中在此處。因此，財物不可一味收集。

一圍之木，持千鈞❶之屋，五寸之鍵❷，而制開闔。豈材足任哉，蓋所居要也。

【章　旨】本章講處關鍵的地位便能起關鍵的作用。

【注　釋】❶鈞　三十斤為一鈞。❷鍵　鎖簧。即舊式鎖中可以插入和拔出的部分。

【語　譯】一人可合抱的樹木，能撐起千鈞重的屋頂，五寸大的鎖簧，能控制門的開闔。哪裡是材料本身足以勝任，是因為它所處的位置非常重要。

夫小快害義，小慧害道，小辨❶害治，苟心❷傷德，大政不險。

【章　旨】本章提倡寬懷大度，不作苟小之事。

【注　釋】❶辨　同「辯」。治理之意。❷苟心　當作「苛心」。

【語　譯】為一時的痛快可能會妨害大義，耍小聰明可能會妨害大道，只顧做小事可能會妨害大治，在小處精明可能會傷害大德，辦大事不能一味冒險。

蛟龍雖神，不能以白日去其倫❶，飄風❷雖疾，不能以陰雨揚其塵。

【章旨】本章講萬事萬物的運動發展都需要一定的條件，也受一定條件的限制。

【注釋】❶倫　同類。❷飄風　暴風。

【語譯】蛟龍雖然神奇，不能在光天化日之下離開牠的同類，暴風雖然迅疾，不能在陰雨天揚起灰塵。

邑名勝母，曾子不入；水名盜泉，孔子不飲❶。醜其聲也。

【章旨】本章表現聖人非禮不為，守身自處的原則性。

【注釋】❶邑名勝母四句《淮南子．說山》：「曾子立孝，不過勝母之閭，……孔子立廉，不飲盜泉。」

【語譯】城邑名叫勝母，曾子不肯進入；泉水名叫盜泉，孔子不肯飲用。是因為厭惡它的名字。

婦人之口，可以出走；婦人之喙，可以死敗。

【章旨】本章講婦人以讒言為禍。

【語譯】婦人的口，可以使人外出奔走，婦人的嘴，可以使人身死業毀。

不修其身，求之於人，是謂失倫❶；不治其內，而修其外，是謂大廢。重載而危之，操策而隨之，非所以為全也。

【章旨】本章講凡事要靠自己切實地努力，對外物不可作苛刻要求。

【注　釋】❶倫　道理。

【語　譯】不修養自身，而向別人求取，這是沒有道理的；不治理根本，而修飾外表，這是丟了大頭。又要馬車裝得重、堆得高，又拿鞭子跟在後面趕，這不是完善的做法。

士橫道而偃，四肢不掩，非士之過，有土之羞也。

【章　旨】本章講國有賢士而不用，是有國者的恥辱。

【語　譯】士人橫睡在路上，四肢張開，這不是士人的過錯，是國家統治者的恥辱。

邦君將昌，天遺其道；大夫將昌，天遺之士；庶人將昌，必有良子。

【章　旨】本章講吉人天相。

【語　譯】國家要興盛起來，上天會指給正道；大夫要興盛起來，上天會送給他賢士；平民要興盛起來，上天會給他好兒子。

賢師良友在其側，詩書禮樂陳於前，棄而為不善者，鮮矣。

【章　旨】本章講在良好的環境中，很難做不善之事。

【語　譯】有良師益友在身邊，有詩書禮樂相薰陶，而拋棄這些去幹壞事的人，是很少的。

義士不欺心，仁人不害生。謀洩則無功，計不設則事不成。賢士不事所非，不非所事。愚者行間而益固❶，鄙人飾詐而益野。聲無細而不聞，行無隱而不明。至神無不化也，至賢無不移也。上不信，下不忠，上下不和，雖安必危。求以其道，則無不得；為以其時，則無不成。

【章　旨】本章從七個方面指明修身治國的道理。

【注　釋】❶間而益固　空闊為間，鄙陋為固。本句意為自以為廣博，實則非常淺陋。

【語　譯】行道義的人不瞞心昧己，講仁愛的人不殘害生靈。計謀洩露便難以成功，不加策劃便辦不成事。賢士不做他認為不對的事，不認為自己所做的事不對。愚昧的人自以為廣博則愈顯淺薄，鄙陋的人虛偽狡詐便更加粗野。聲音再細小也聽得到，形跡再隱蔽也看得見。最神奇的東西沒有不會變化的，最賢能的人沒有不能感化別人的。在上位的人不講信義，在下位的人就不會為他盡力，上下不和睦，即使尚還安定的國家也會有危險。用正確的方法求取，沒有得不到的東西；趁時機去進行，沒有做不成的事情。

時不至，不可強生也；事不究❶，不可強成也。

【章　旨】講凡事不可強求。

【注　釋】❶究　終究。此有成熟之意。

【語　譯】時機不到，不可勉強去做；事物不成熟，不可強求成功。

貞良而亡，先人餘殃；猖蹷而活，先人餘烈。權取重，澤❶取長。才賢任輕則有名；不肖任大，身死名廢。

【章旨】本章論及因果報應、任人任事等三方面的問題。

【注釋】❶澤 疑當作「擇」。

【語譯】忠貞賢良的人死了，這是他先人留給他的災禍；膽大妄為的人卻活著，這是他先人留給他的福分。權衡輕重時要注重重大之事，進行選擇時要拔取賢良。能力強擔子輕則名聲大顯，能力差擔子重，則會身敗名裂。

士不以利移，不為患改，孝敬忠信之事立，雖死而不悔。

【章旨】本章講士人當有堅定不移的立身處世原則。

【語譯】士人不因為財利而動搖意志，不因為禍患而改變主義，只要行孝、尊上、盡忠、講信之事做到了，就是死了也無悔恨。

智而用私，不如愚而用公，故曰巧偽不如拙誠。學問不倦，所以治己也；教誨不厭，所以治人也。所以貴虛無者，得以應變而合時也。冠雖故，必加於首；履雖新，必關於足。上下有分，不可相倍。一心可以事百君，百心不可事一君。故曰：正而心又少而言。

【章旨】本章論及貴公、為學、守分、事一等四方面問題。

【語譯】聰明而為私的人，比不上愚魯而為公的人，因此說巧妙的虛偽比不上笨拙的誠實。勤學好問，是培養自己的方法；誨人不倦，是培養別人的方法。之所以崇尚虛無，是因為可以隨機應變趨合時宜。帽子雖舊，一定戴在頭上，鞋子雖新，一定穿在腳上。上下有別，不可顛倒。用心專一，可以事奉百位君主，用心不一，難以事奉一位君王。所以說：你的心要正，你的話要少。

萬物得其本者生，百事得其道者成。道之所在，天下歸之；德之所在，天下貴之；仁之所在，天下愛之；義之所在，天下畏之。屋漏者，民去之；水淺者，魚逃之；樹高者，鳥宿之；德厚者，士趨之；有禮者，民畏之；忠信者，士死之。

【章　旨】本章講以仁義道德為本，則天下歸心。

【語　譯】萬物有了根本就能存活，百事合於正道便能成功。大道所在之處，天下人嚮往；大德所在之處，天下人尊敬；仁愛所在之處，天下人喜愛；道義所在之處，天下人敬畏。屋子漏雨，人要遷走；水兒太淺，魚要逃離；樹木高大，飛鳥投宿；德望高的，士人前去投奔；重禮法的，百姓心生敬畏；講忠信的，士人願意效命。

衣雖弊，行必修；頭雖亂，言必治。時在應之，為在因之。所伐而當，其福五之；所伐不當，其禍十之。

【章　旨】本章論及修行、應時、慎伐等三方面問題。

【語　譯】衣著縱使破弊，行為卻一定要端莊；頭髮縱使蓬亂，言語卻一定要文雅。做事要合時宜，要因勢利導。對別人的討伐做對了，有五分好處；對別人的討伐做錯了，有十分危害。

必貴以賤為本，必高以下為基。天將與之，必先苦之；天將毀之，必先累之。

【章　旨】本章指出事物往往朝反向發展。

【語　譯】貴一定以賤為起點，高一定以下為根基。上天要對人有所給予，一定使他先受勞苦；上天要使某人毀滅，一定使他先受傷害。

孝於父母，信於交友。十步之澤，必有香草；十室之邑，必有忠士。

【章　旨】提倡孝、信。

【語　譯】對父母要孝順，交朋友要講信義。十步遠的沼澤地，一定有香草生長；十戶人家的小集鎮，一定有忠義之人存在。

草木秋死，松柏獨在；水浮萬物，玉石留止。饑渴得食，誰能不喜？賑窮救急，何患無有。視其所以，觀其所使，斯可知已。乘輿馬不勞致千里，乘船楫不游絕江海。智莫大於闕疑，行莫大於無悔。制宅名子，足以觀士。利不兼，賞不倍。忽忽之謀，不可為也；惕惕❶之心，不可長也。

【章　旨】此章論及生活及為人的八個方面的問題。

【注　釋】❶惕惕　為「愓愓」之誤。愓愓，放蕩之意。

【語　譯】草木逢秋就會死去，唯有松柏存在；水能浮起萬物，玉石卻留在水下。在又饑又渴時得到食物，誰會不高與？能救濟別人的危困急難，怎擔心自己無人幫助？看他怎樣做，看他所使用的人，就知道他的為人怎樣。乘坐車馬，不費勞苦便能行千里路；利用船槳，不用游水便能渡過江海。對疑難問題不妄加解釋，沒有其他做法比這更聰明；做過之後無後悔之處，沒有其他行為比這更好。從所修的房屋、為孩子起的名字，足以觀察主人的為人。好處不給雙份，獎賞不要加倍。草率匆忙作決定，這事做不得；怠惰放任的情緒，不可滋長。

天與不取，反受其咎；時至不迎，反受其殃。

【章　旨】指出失去機會，不僅不能得利，反而會受其害。

【語　譯】上天要給予而不去領受，反而會遭禍患；時機來了而不去迎接，反而會遭災殃。

天地無親，常與善人。天道有常，不為堯存，不為桀亡。積善之家，必有餘慶；積惡之家，必有餘殃。一噎之故，絕穀不食；一蹶之故，卻足不行。心如天地者明，行如繩墨者章。

【章　旨】本章論及天人之際及如何為人的五方面問題。

【語　譯】天地無偏愛，常常幫助行善的人。天道不變，不因堯為君王就存在，不因為桀為君王就消失。多做好事的人家，吉慶之事多；盡幹壞事的人家，禍患之事多。往往因一次哽噎，便不吃飯了；因一次跌倒，便退步不行。心胸像天地一樣寬闊的人光明磊落，行為像繩墨一樣端正的人名聲昭著。

位高道大者從，事大道小者凶。言疑者無犯，行疑者無從。蠹蝝❶仆柱梁，蚊虻❷走牛羊。

【章　旨】指出職能要相稱，犯嫌者不可從，小可以危大。

【注　釋】❶蠹蝝　蛀蟲。❷蝱　蚊子一類的小蟲。

【語　譯】職位高德才也高的人百事順遂，任大事德才不高的人會遭凶險。言語可疑的人不可去招惹，行為可疑的人不可跟從。蠹蝝可蛀倒柱梁，蚊蝱可以趕走牛羊。

謁問析辭❶勿應，怪言虛說勿稱。謀先事則昌，事先謀則亡。

【章　旨】講如何應對，如何設謀。

【注　釋】❶謁問析辭　「謁問」疑當作「楛問」，《荀子・勸學》：「問楛者，勿告也。」楊倞注：「楛與苦同，謂惡也，麤也。」析辭，指支離之辭。

【語　譯】對粗野的、東一句西一句的問話不要回答，對荒誕虛妄的話不要稱贊。在事前策劃事情能做得好，在事後策劃則事情難以辦成。

無以淫泆棄業，無以貧賤自輕，無以所好害身，無以嗜欲妨生，無以奢侈為名，無以富貴驕盈。

【章　旨】對人從六方面提出告誡。

【語　譯】不要因為縱情享樂而拋棄功業，不要因為貧窮卑賤而輕視自己，不要因為有所偏好而危害自身，不要因為嗜好欲望而損傷性命，不要用奢侈浮華來搏取名聲，不要因為富有尊貴而驕傲自滿。

喜怒不當，是謂不明。暴虐不得，反受其賊。怨生不報，禍生於福。

【章旨】論及適當控制喜怒、不可橫施暴虐，以及受恩知報、有福防禍等道理。

【語譯】當喜不喜，當怒不怒，這叫做不明智。對別人施暴若不成功，就要反遭別人傷害。怨恨產生於未報答別人的好處，禍患產生於享福過多。

一言而非，四馬不能追；一言不急，四馬不能及。

【章旨】強調適當講話。

【語譯】一句話說錯了，四匹馬也不能追回影響；一句話說慢了，四匹馬也趕不上錯過的時機。

順風而飛，以助氣力；銜葭❶而翔，以備繒弋❷。

【章旨】說明假借外物的作用。

【注釋】❶葭　初生的蘆葦。❷繒弋　弓箭。

【語譯】大雁順著風向飛，為的是讓風增強牠的力量；銜著蘆葦飛，為的是防止弓箭射中牠。

鏡以精明，美惡自服；衡平無私，輕重自得。

【章旨】指出在客觀標準之前，美惡、輕重自顯。

【語譯】鏡子精確明亮，照得美的醜的各自信服；天平平正無私，稱得輕的重的分毫不差。

蓬生枲❶中，不扶自直；白沙入泥，與之皆黑。

【章旨】講不同的環境，對人或事有不同的影響。

【注釋】❶枲 麻。

【語譯】蓬草生在大麻叢中，不用扶持，它自會挺直；白沙混入汙泥，同汙泥一樣烏黑。

時乎時乎，間不及謀。至時之極，間不容息。

【章旨】謂時不我待。

【語譯】時光啊時光，快得不能讓人稍有躊躇。到了緊急時刻，簡直讓人不能喘息。

勞而不休，亦將自息；有而不施❶，亦將自得。

【章旨】謂物極必反。

【注釋】❶有而不施 不斷進行而不放鬆。「有」與「為」通。「施」與「弛」通。

【語譯】忙忙碌碌而不休息，終將自行停止；緊緊張張而不放鬆，終將自行鬆弛。

無不為者，無不❶能成也；無不欲者，無不能得也。

【章旨】謂貪多者難成一事。

【注釋】❶不 當作「一」。下同。

【語譯】什麼都想做的人，沒有一件事情能做成；什麼都想要的人，沒有一樣東西能得到。

眾正之積，福無不及也；眾邪之積，禍無不逮也。

【章旨】謂積正得福，積邪得禍。

【語譯】多幹正事，各種幸運都會到來；盡幹壞事，各種禍患都會到來。

力勝貧，謹勝禍，慎勝害，戒勝災。

【章旨】講通過主觀努力可以戰勝貧窮災禍。

【語譯】勤力可以克服貧窮，恭敬可以避免禍患，謹慎可以不受傷害，戒備可以防止災難。

為善者天報以德，為不善者天報以禍。

【章旨】講天人相通、善惡有報。

【語譯】做好事的上天以恩德相報，做壞事的上天以災禍相報。

君子得時如水，小人得時如火。

【章旨】君子、小人對舉，寫各自得時之情態。

【語譯】品德高尚的人交上好運，如水一樣淡泊寧靜；品德低下的人一旦得勢，像火一樣炙手可熱。

謗道己者，心之罪也；尊賢己者，心之力也❶。

【章　旨】講遭受毀譽的根源在於自身。

【注　釋】❶謗道己者四句　《淮南子・人間》：「使人高賢稱譽己者，心之力也；使人卑下誹謗己者，心之過也。」又見《文子・微明》。可見「謗道」、「尊賢」的施事者是別人而不是自己。

【語　譯】受別人誹謗的人，內心是有愧疚的；受別人稱譽的人，內心是堅強有力的。

心之得，萬物不足為也；心之失，獨心不能守也。子不孝，非吾子也；交不信，非吾友也。食其口而百節肥，灌其本而枝葉茂，本傷者枝槁，根深者末厚。為善者得道，為惡者失道。惡語不出口，苟言不留耳。務偽不長，喜虛不久。義士不欺心，廉士不妄取。以財為草，以身為寶。慈仁少小，恭敬耆老。犬吠不驚，命曰金城❶。常避危殆，命曰不悔。富必念貧，壯必念老，年雖幼少，慮之必早。夫有禮者相為死，無禮者亦相為死。貴不與驕期，驕自來；驕不與亡期，亡自至。踒❷人日夜願一起，盲人不忘視。知者始於悟❸，終於諧；愚者始於樂，終於哀。高山仰止，景行行止。力雖不能，心必務為。慎終如始，常以為戒。戰戰慄慄，日慎其事。聖人之正，莫如安靜；賢者之治，故與眾異。

【章　旨】論及十九個問題。

【注　釋】❶金城　堅固之城。此為沈著之意。❷踒　同「痿」。麻痺症。❸悟　同「忤」。

【語譯】有自信心，會認為世上萬事都值不得自己去做；沒有自信心，將會自己把握不住自己。兒子不孝順，就不是自己的兒子；所交不真誠，就不是自己的朋友。從口裡餵進去可以使各個部位得到營養，從根上澆灌可以使枝葉茂盛，根部受傷枝條會枯槁，根紮得深枝葉會繁密。做好事的有道義，做壞事的失道義。傷人的話不從口裡說出來，道聽塗說不留在耳朵裡。裝假不能長時間裝下去，對空幻不可能迷戀長久。講道義的人不瞞心昧己，守廉潔的人不亂收錢財。把錢財當作草芥，把自身視為珍寶。愛護幼小，敬重老人。狗咬來了而不驚慌，這叫沈著。能經常避免危險、困阨，這叫無悔恨。富有時一定要考慮到貧窮，強壯時一定要考慮衰老。年紀雖然幼小，處事一定要早。知禮之人（出於禮義）肯為別人而死，不知禮的人（出於意氣）也肯為別人而死。尊貴並未與驕縱相約，驕縱會自己到來；驕縱並未與毀滅相約，毀滅會自己到來。得了麻痺症的人日日夜夜盼望爬起來，瞎了眼的人總想有復明的一天。聰明人開頭會遇到阻隔，最後會得順遂；愚笨者開始耽享歡樂，最後會有悲哀。對高山一樣的崇高品德表示敬仰，對光明的行為加以效法。即使力量達不到，內心一定是想要這麼做。在快結束時也要像剛開始一樣小心，總是警戒自己，要兢兢業業，要日益謹慎地對待所作之事。聖人治國，以安靜為上策；賢人治國，本與眾人不同。

好稱人惡，人亦道其惡。好憎人者，亦為人所憎。

【章旨】謂惡以待人者，人亦惡之。

【語譯】喜歡說別人壞話，別人也會說他的壞話。喜歡憎恨別人的人，也被別人憎恨。

衣食足，知榮辱；倉廩實，知禮節。江河之溢，不過三日；飄風暴雨，須臾而畢。

【章旨】謂人得溫飽，才有羞恥之心。強暴勢力，瞬息就會過去。

【語譯】衣食充足了，人才懂得什麼是光榮，什麼是恥辱；糧倉裝滿了，人才懂得行禮的分寸和等級。江河漲水，不出三天便會退落；暴風暴雨，不一會兒便會停止。

福生於微❶，禍生於忽❷，日夜恐懼，惟恐不卒。

【章旨】謂禍福皆生於細微，人們不可不重視細小之事。

【注釋】❶微　極小的度量單位。❷忽　同「微」。

【語譯】福從極小處產生，禍也從極小處產生，日夜都要小心，唯恐落不到好結果。

已雕已琢，還反於樸。物之相反，復歸於本。循流而下易以至，倍風而馳易以遠。兵不豫定，無以待敵；計不先慮，無以應卒。中不方，名不章；外不圓，禍之門。直而不能枉，不可與大往；方而不能圓，不可與長存。慎之於身，無曰云云。狂夫之言，聖人擇焉。能忍恥者安，能忍辱者存。脣亡而齒寒，河水崩❶，其懷❷在山。毒智者莫甚於酒，留事者莫甚於樂，毀廉者莫甚於色，摧剛者反己於弱。富在知足，貴在求退。先憂事者後樂，先傲事者後憂。福在受諫，存之所由也。恭敬遜讓，精廉無謗，慈仁愛人，必受其賞。諫之不聽，後無與爭。舉事不當，為百姓謗。悔在於妄，患在於唱。

【章旨】論及十七個問題。

【注釋】❶崩　疑當為「深」字。❷懷　疑當為「壞」字。

【語譯】雖經雕琢，還是應返回質樸境地；事物朝反向發展，最後回到原來的地方。順著流水往下走容易達到目的，借助風力飛馳容易飛向遠方。打仗不先作準備，難以抵擋敵人，策略不先考慮好，難以應付倉促之事。模稜兩可而不方正，對別人的好處不彰顯；處世而不圓通，是災禍的根源。有的人只能直不能彎，不可與他多交攀；有的人只能方不能圓，不可與他長往還。立身要謹慎，不可人云亦云。狂人的話，聖人會選擇。能忍受羞恥的人得安寧，能忍受侮辱的人可存在。嘴唇沒有了牙齒會感到寒冷，河水太深岸邊的山會坍塌。妨害理智的，沒有什麼比酒更厲害；耽誤事情的，沒有什麼比佚樂更厲害；毀滅廉正的，沒有什麼比女色更厲害；摧折剛直的，是自身的軟弱。富有之人要知滿足，尊貴之人要找退路。先為事情擔心的人後有歡樂，先藐視事情的人後有憂患。恭敬謙遜禮讓，廉正不遭誹謗，仁慈施愛於人，必受別人報償。勸告不肯聽，不必再相爭。辦事不合理，會被百姓非議。後悔是因為狂妄，遭禍是因為領頭。

蒲且❶修繳，鳧雁悲鳴；逢蒙撫弓，虎豹晨嗥。河以委蛇故能遠，山以陵遲故能高，道以優遊故能化，德以純厚故能豪。言人之善，澤於膏沐，言人之惡，痛於柔❷戟。為善不直，必終其曲；為醜不釋，必終其惡。

【章　旨】論及四個問題。

【注　釋】❶蒲且　與下文之「逢蒙」，皆傳說中的善射者。❷柔　或以為當作「矛」。

【語　譯】蒲且理弓弦，水鳥、大雁悲慘鳴叫；逢蒙摸弓箭，老虎豹子早晨哀號。河因為蜿蜒曲折才能流向遠方，山因為起伏綿長才顯得高峻，道因為從容悠長才能化育萬物，德因為純正敦厚才博大精深。說別人的好處，別人會像擦油脂一樣舒服；說別人的壞處，別人會像挨了矛戟錐刺一樣痛楚。做好事不能堅持到底，必然以邪曲告終；做壞事而不能改惡從善，必然以罪惡告終。

一生一死，乃知交情；一貧一富，乃知交態；一貴一賤，交情乃現；一浮一沒，交情乃出。德義在前，用兵在後。初沐者必拭冠，新浴者必振衣。敗軍之將，不可言勇；亡國之臣，不可言智。

【章旨】先言交情須經考驗，再言先禮後兵，再言人性重視開始，最後指出失敗者不可強調自己的特長。

【語譯】經歷生死之後，才知道交情的深淺；經歷貧富之後，才知道交往的真相；經歷貴賤之後，交情才得以顯露；經歷沈浮之後，交情才表現出來。施德義在前，用武力在後。剛洗頭的人，一定把帽子拭乾淨，剛洗澡的人，必然把衣服整理好。打了敗仗的將軍，不能談自己的勇敢；亡了國的臣子，不能說自己的智慧。

坎井❶無黿鼉❷者，隘也；園中無修林者，小也。小忠，大忠之賊也；小利，大利之殘也。自請絕易，請人絕難。水激則悍，矢激則遠。人激於名，不毀為聲❸。下士得官以死，上士得官以生。禍福非從地中出，非從天上來，己自生之。

【章旨】提出小可害大、禍福由己等觀點。

【注釋】❶坎井　廢井。❷黿鼉　黿是大鱉，鼉是鱷魚。❸人激於名二句　此句意不明，疑有訛誤。

【語譯】廢井之中之所以沒有黿鼉，是因為這裡太狹隘了；果園之中之所以沒有森林，是因為這裡太窄小了。小忠會妨礙大忠，小利會損害大利。求自己非常容易，求別人非常困難。水激盪起來很凶猛，箭射得有力可飛向遠方。人的名聲大振，難免遭到譭毀。德才低下的人得到官職後促使他敗亡，德才高尚的人得到官職後促使他興旺。禍福不是從地下冒出來的，也不是從天上掉下來的，是由自己產生的。

窮鄉多曲學，小辯害大智，巧言使信廢，小惠妨大義。不困在於早慮，不窮在於早豫。欲人勿知，莫若勿為；欲人勿聞，莫若勿言。

【章　旨】論及三方面問題。

【語　譯】僻遠的地方多邪曲之學，小聰明會妨害大智慧，花言巧語會使誠意喪失，小恩小惠會妨礙大義。不受困是因為早有謀慮，不受窮是因為早作了準備。要想別人不知道，除非自己不做；要想別人不曉得，除非自己不說。

非所言勿言，以避其患；非所為勿為，以避其危；非所取勿取，以避其詭❶；非所爭勿爭，以避其聲。明者視於冥冥，智者謀於未形，聰者聽於無聲，慮者戒於未成。世之溷濁而我獨清，眾人皆醉而我獨醒。

【章　旨】論及三方面問題。

【注　釋】❶詭　指責。

【語　譯】不當說的不說，以免有禍；不當為的不為，以免遭危；不當得的不得，以免受指責；不當爭的不爭，以免壞名聲。明眼人在黑暗中看得見，聰明人設謀於事發之前，耳朵尖的於無聲中聽出聲息，善於思考的總是預防在先。世上人都溷濁唯我一人清白，所有人都沈醉唯我一人清醒。

乖離之咎，無不生也；毀敗之端，從此興也。江河大潰從蟻穴，山以小阤❶而大崩。淫亂之漸，其變為興，水火金木轉相勝。卑而正者可增，高而倚❷者且崩。直如矢者死，直如繩者稱。

【章　旨】論及乖離的危害、事變的規律、為人的原則等問題。

【注　釋】❶阤　崩塌。❷倚　傾斜。

【語　譯】相背離的災禍，無處不在；毀滅和敗落，就從這裡開始。江河的堤防就因為有蟻穴而潰決，山嶺的小坍方會導致大崩裂。淫亂由小至大逐步發展，五行中的水火金木，相剋相生。矮而正的可以增高，高而斜的將會倒塌。像箭一樣直的會敗亡，像繩一樣直的較合宜。

禍生於欲得，福生於自禁。聖人以心導耳目，小人以耳目導心。

【章　旨】本章反對貪欲，主張思考。

【語　譯】禍患因貪欲而產生，幸福因節制自己而獲得。聰明人以思想引導視聽，低能者以視聽引導思想。

為人上者患在不明，為人下者患在不忠。人知糞田，莫知糞心。端身正行，全以至今。見亡知存，見霜知冰。廣大在好利，恭敬在事親。因時易以為仁，因道易以達人。營利者多患，輕諾者寡信。

【章　旨】論及七方面問題。

【語　譯】統治者值得擔憂的是不明事理，被統治者值得擔憂的是不盡心盡力。人們都懂得給農田施肥料，卻不懂得給自己的思想增補營養。行為正派才能保全到現在。看到敗亡便知存在的艱難，看到寒霜便知冰雪的嚴厲。對財利心胸要開闊，對雙親事奉要恭敬。順應時機容易施仁愛，憑藉正道容易使人懂道理。鑽營財利的人多禍患，輕易許諾的人少信用。

欲賢者莫如下人，貪財者莫如全身。財不如義高，勢不如德尊。父不能愛無益之子，君不能愛不軌之民。君不能賞無功之臣，臣不能死無德之君。問善御者莫如馬，問善治者莫如民。以卑為尊，以屈為伸。聖人所因，上法於天。

【章旨】論及五個問題。

【語譯】與其想超過別人不如居於別人之下，與其貪求財利不如保全性命。財利沒有道義高尚，權勢沒有道德尊貴。做父親的不能愛沒用的兒子，做君王的不能愛不遵法度的百姓。君王不應獎勵沒有功勞的臣子，臣子不應為無道的君王賣命。想知道誰會駕車不如去問馬，想知道誰會行政不如去問百姓。視卑下為尊貴，以委曲求伸展。聖人的靠山，是效法上天。

君子行德以全其身，小人行貪以亡其身。相勸以禮，相強以仁。得道於身，得譽於人。

【章旨】提倡仁德，反對貪婪。

【語譯】君子講道德以保全自己，小人貪財利而遭來敗亡。以禮相勸勉，以仁相鼓勵。自己得了道，別人會稱贊。

知命者不怨天，知己者不怨人。

【章　旨】謂不可怨天尤人。

【語　譯】懂得天命的人不埋怨上天，了解自己的人不埋怨他人。

人而不愛，則不能仁；佞而不❶巧，則不能信。言善毋及身，言惡毋及人。上清而無欲，則下正而民樸。來事可追也，往事不可及。無思慮之心則不達，無談說之辭則不樂。

【章　旨】論及五個問題。

【注　釋】❶不　「不」字疑誤。

【語　譯】人沒愛心，就不能施仁愛；花言巧語，便不可相信。不要講自己的好話，不要講別人的壞話。居上位的人清廉無奢欲，下面的人便正派、百姓便質樸。未來的事可以從長計議，過去的事就來不及計較了。不通過思考則不可通曉，無語言交流則無快樂。

善不可以偽來，惡不可以辭去。近市無賈，在田無野，善不逆旅❶。非仁義剛武無以定天下。

【章　旨】論及三個問題。

【注　釋】❶近市無賈三句　《大戴禮記．曾子制言上》作「近市無賈，在田無野，行無據旅。」王聘珍解詁引盧辯注，釋「賈」為鄽邸。「野」為田廬。逆旅，客舍。此「賈」、「野」、「逆旅」均泛指住所。

【語　譯】善不因為裝假就到來，惡不因為善辯就離去。在城市沒有房屋，在鄉村沒有田舍，善就沒有安身之處（意為無安居之所的人難以行善事）。不是仁義剛武之人，難以平定天下。

水倍❶源則川竭，人倍信則名不達。義勝患則吉，患勝義則滅❷。五聖之謀，不如逢時；辨智明慧，不如遇世。有鄙心者，不可授便勢；有愚質者，不可予利器。多易多敗，多言多失。

【章旨】論及五個問題。

【注釋】❶倍 同「背」。❷義勝患則吉二句 「義」與「患」，詞義無內在聯繫。《大戴禮記．武王踐阼》作「敬勝怠者吉，怠勝敬者滅；義勝欲者從，欲勝義者凶。」《荀子．議兵》作「敬勝怠則吉，怠勝敬則滅；誼勝欲則從，欲勝義則凶。」本文之「患」乃「怠」之誤字，又揉合二句為一句，故語意欠明。譯文取大意。

【語譯】水離開源頭則河流乾涸，人不講信用則聲望不高。謹慎超過怠惰便吉利，怠惰超過謹慎便會敗亡。五個聰明人的計謀，比不上一個好時機；想得再周到，比不上遇到一個好世道。有野心的人，不可給他做壞事的方便；資質愚魯的人，不可給他鋒利武器。經常改變主意的人經常失敗，多說話的人多出紕謬。

冠履不同藏，賢不肖不同位。

【章旨】謂物以類聚，人以群分。

【語譯】帽子鞋子不收藏在同一地方，賢人和無用之人不處於同一位置上。

官尊者憂深，祿多者責大。積德無細，積怨無大，多少必報，固其勢也。

【章旨】先謂高官厚祿者責任重大，次言善惡必有報應。

【語譯】職位高的人操心多，俸祿厚的人責任大。積德無論巨細，積怨無論大小，都有報應，這是勢之必然。

梟❶逢鳩❷，鳩曰：「子將安之？」梟曰：「我將東徙。」鳩曰：「何故？」梟曰：「鄉人皆惡我鳴，以故東徙。」鳩曰：「子能更鳴，可矣；不能更鳴，東徙，猶惡子之聲。」

【章旨】謂不改過惡，到哪裡也不受歡迎。

【注釋】❶梟　猛禽。❷鳩　小鳥名。

【語譯】梟遇著鳩，鳩問：「你要到哪裡去？」梟說：「我將要到東邊去。」鳩問：「為什麼？」梟說：「鄉裡人都討厭我的叫聲，所以遷往東邊。」鳩說：「你若能改變叫聲是可以的；若不能改變，即使東遷，仍然討厭你的聲音。」

聖人之衣也，便體以安身；其食也，安於腹。適衣節食，不聽口目。

【章旨】主張適衣節食。

【語譯】聖人的衣服，只求遮蔽身體，穿起來合身；他們的飲食，只求填飽肚子。他們量體穿衣，節制飲食，不放縱口目嗜欲。

曾子曰：「鷹鷲以山為卑，而增巢其上，黿鼉魚鱉以淵為淺，而穿穴其中。卒其所以得者，餌也。君子苟不求利祿，則不害其身。」

【章　旨】謂不貪利則不受害。

【語　譯】曾子說：「鷹鷲認為山很低，而把窩做在山上面；黿鼉魚鱉認為淵太淺，而把洞打在淵下面。但終究會被人抓到，這是因為牠們貪食釣餌。君子假若不貪求利祿，則不會傷害自己。」

曾子曰：「狎甚則相簡也，莊甚則不親。是故君子之狎，足以交懽；莊，足以成禮而已。」

【章　旨】謂莊、狎須要適度。

【語　譯】曾子說：「親暱過度便會相互輕慢，嚴肅過度便會難以相親。所以君子間的親密程度，保持在彼此愉快；嚴肅程度，保持在遵循禮儀上。」

曾子曰：「入是國也，言信乎群臣，則留可也；忠行乎群臣，則仕可也；澤施乎百姓，則安可也。」

【章　旨】指出在一個國家立身、為官的條件。

【語　譯】曾子說：「進入一個國家，如果所說的話被群臣相信，留住下來是可以的；如果所做的事被群臣認為是忠誠的，做官是可以的；如果能施惠於百姓，才能在那個國家安居下去。」

口者關也，舌者機也，出言不當，四馬不能追也。口者關也，舌者兵也，出言不當，反自傷也。言出於己，不可止於人；行發於邇，不可止於遠。夫言行者君子之樞機，樞機之發，榮辱之本也，可不慎乎！故蒯子羽曰：「言猶射也，栝既離弦，雖有所悔焉，不可從而退已。」《詩》曰：「白珪之玷，尚可磨也；斯言之玷，不可為也。」❶

【章旨】論慎言的重要。

【注釋】❶白珪之玷四句　見《詩經・大雅・抑》。

【語譯】口像關鍵，舌像弩機，說出的話不恰當，四匹馬也追不回來；口像關塞，舌像兵刃，說出的話不恰當，反而會傷害自己。話從自己嘴裡說出來，別人聽到後就收不回了；行為從近處表現出來，傳到遠方後也挽不回影響。言行是君子的關鍵所在，這關鍵的表現，從根本上關係著君子的榮辱，能不慎重對待嗎！所以蒯子羽說：「說話就像射箭，箭已經離了弓弦，雖已後悔，想收回卻是不可能了。」《詩經》上說：「白玉上的斑痕，尚可磨去；話語中有缺失，可無法補救。」

蠋❶欲類蠶，鱓❷欲類蛇。人見蛇蠋，莫不身洒然❸。女工修蠶，漁者持鱓，不惡，何也？欲得錢也。逐魚者濡，逐獸者趨，非樂之也，事之權也。

【章旨】指出為了某種功利目的，人們往往會去做一些並不樂意去做的事。

【注釋】❶蠋　蛾蝶類的幼蟲。❷鱓　鱔。❸洒然　寒慄貌。

【語譯】蠋很像蠶，鱓很像蛇。人看到蛇蠋，沒有不恐懼的。但女工養蠶，打魚人捉鱓，不覺厭惡，這是為什麼？為的是想得到錢財。打魚的渾身被打濕，捕獸的要滿山奔走，並不是他們喜歡這樣做，而是他們為適應生存而採取的做法。

登高使人欲望，臨淵使人欲窺，何也？處地然也。御者使人恭，射者使人端，何也？其形便也。

【章　旨】講客觀環境和條件能造就人的特性。

【語　譯】登高使人想往遠處看，臨淵使人想往深處看，為什麼？因為所處的地方使人這樣做。駕車使人恭敬，射箭使人端正，為什麼？因為只有這種姿式才方便。

民有五死，聖人能去其三，不能除其二：饑渴死者，可去也；凍寒死者，可去也；罹五兵❶死者，可去也。壽命死者，不可去也；癰疽❷死者，不可去也。饑渴死者，中不充也；凍寒死者，外勝中也；罹五兵死者，德不忠也；壽命死者，歲數終也；癰疽死者，血氣窮也。故曰中不正，外淫作；外淫作者多怨怪，多怨怪者疾病生。故清淨無為，血氣乃平。

【章　旨】主張清淨無為，以保壽命。

【注　釋】❶五兵　本指五種兵器，此泛指兵災。❷癰疽　惡瘡名。

【語　譯】百姓有五種死亡，聖人能使其中三種避免，有兩種不能避免：因饑渴而死，可以避免；因凍寒而死，可以避免；遭兵災而死，可以避免；因命盡而死，不可避免；患癰疽而死，不可避免。饑渴而導致死亡，是因為體內空乏；凍寒而導致死亡，是因為體外的侵襲勝過體內的抵抗力；百姓遭兵災而死，是因為統治者未盡力為百姓謀利；因命盡而死亡，是因為壽命總有終止之時；患癰疽而死，是因為血氣已經枯竭。所以說內部不正，對外的嗜欲就會產生，對外有嗜欲的人往往有怨憤不平的情緒，有怨憤不平情緒的人會產生疾病。因此做到清淨無為，才能使血氣平和。

百行之本，一言也。一言而適，可以卻敵；一言而得，可以保國。響不能獨為聲，影不能倍曲為直，物必以其類及。故君子慎言出己。

【章旨】指出講話要符合情理。

【語譯】各種行動，出於一句話。一句話說得恰當，可以使敵人退兵；一句話說得合理，可以保全國家。單響不能成為音樂，影子不能把彎的變成直的，事物一定會與它的同類相關連。所以君子說話一定要謹慎。

負石赴淵，行之難者也，然申屠狄❶為之，君子不貴之也。盜跖❷凶貪，名如日月，與舜禹並傳而不息，而君子不貴。

【章旨】本章講君子不推崇不合禮義的異人異事。

【注釋】❶申屠狄　又作「申徒狄」，或以為殷時人，恨道不行，發憤而負石自沈於河。❷盜跖　傳為古之大盜。

【語譯】揹起石頭去投淵，是難以做到的行為，但申屠狄做到了，君子卻並不推崇他。盜跖凶狠而貪婪，像日月一樣有名，與舜、禹一樣不斷被世人傳說，但君子不推崇他。

君子有五恥：朝不坐，燕不議❶，君子恥之；居其位，無其言，君子恥之；有其言，無其行，君子恥之；既得之，又失之，君子恥之；地有餘而民不足，君子恥之。

【章旨】論君子「五恥」。

【注釋】❶朝不坐燕不議　《禮記・檀弓下》有「朝不坐，燕不與」之語，與「恥」無涉。《禮記・雜記下》有「三患五恥」之文，其末云「眾寡均而倍焉，君子恥之」。向宗魯《說苑校證》認為本文「五恥」本作「四恥」，漏抄〈雜記〉末條，後人又以〈檀弓〉語附益之。譯文據〈雜記〉。

【語譯】君子認為這五件事是可恥的：身居官位，該說的不說，是可恥的；只說不做，是可恥的；已經得到了，卻又丟掉，是可恥的；土地有多的，民眾因逃跑而顯不足，是可恥的；別人的實力與自己相當，而自己作出的成績卻只有別人的一半，是可恥的。

君子雖窮，不處亡國之勢；雖貧，不受亂君之祿。尊乎亂世，同乎暴君，君子恥之也。眾人以毀形為恥，君子以毀義為辱。眾人重利，廉士重名。

【章旨】論君子的操守。

【語譯】君子雖遭困阨，不在即將敗亡的國家做官；雖然貧乏，不接受昏亂君王的俸祿。在混亂之世居於顯貴，與殘暴之君沆瀣一氣，君子認為可恥。一般人認為外形被毀壞是羞恥，君子認為道義被毀壞才是恥辱。一般人重視財利，君子重視名聲。

明君之制：賞從重，罰從輕❶。食人以壯為量，事人以老為程❷。

【章旨】講明君以寬鬆治國。

【注釋】❶賞從重二句　向宗魯《說苑校證》：「闞曰：《書》云：『罪疑惟輕，功疑為重。與其殺不辜，寧失不經。』」承周案：《治要》引《新序》：子貢曰：「賞之疑者從重，罰之疑者從輕。」」語意較本文為長，譯文從之。❷程　法度。

【語譯】聖明君王的制度是：功勞大小未確定時按大功獎賞，罪行輕重未確定時按輕罪處罰。給人東西吃按壯年人的食量為標準，要人做事按老年人的能力定工作量。

君子之言寡而實，小人之言多而虛。君子之學也，入於耳，藏於心，行之以身。君子之治也，始於不足見，終於不可及也。君子慮福弗及，慮禍百之。君子擇人而取，不擇人而與。君子實如虛，有如無。

【章旨】從多角度描繪理想的君子形象。

【語譯】君子的話少卻實在，小人的話多但虛浮。君子學習，聽在耳裡，記在心裡，自己照著去行動。君子處理事務，開始讓人覺得不起眼，最後讓人感到比不上。君子對自身利益的考慮往往不夠，對禍患的考慮卻百倍於對利益的考慮。君子索取要選擇對象，給予不選擇對象。君子內在充實，外表謙虛，內在富有，外表了無。

君子有其備則無事。君子不以愧食，不以辱得。君子樂得其志，小人樂得其事。君子不以其所不愛及其所愛也。

【章旨】從與前章不同的角度描繪君子的形象。

【語譯】君子有防備所以無禍事。君子對所食不感羞愧才食，對所得不感恥辱才得。君子為實現自己的願望而高興，小人為辦成自己的事情而高興。君子不把對他所不愛的人的態度和做法，用到他所愛的人的身上。

君子有終身之憂，而無一朝之患。循道而行，循理而言，喜不加易，怒不加難。

【章　旨】論君子所當為。

【語　譯】君子有終身擔心的事，卻沒有一時的煩惱。按正道行動，按正理說話，高興時不輕率從事，憤怒時不責難別人。

君子之過，猶日月之蝕也，何害於明？小人可❶也，猶狗之吠盜，狸❷之夜見，何益於善？夫智者不妄為，勇者不妄殺。

【章　旨】謂君子的過失於事無礙，小人的能耐於事無益。

【注　釋】❶可　此為能耐之意。❷狸　野貓。

【語　譯】君子的過失，像日月的虧蝕，對光明有什麼妨害？小人的能耐，像狗對著強盜亂叫，野貓夜裡能瞧得見東西一樣，對好事有什麼補益？聰明的人不胡亂行動，勇敢的人不胡亂殺戮。

君子比義，農夫比穀。事君不得進其言，則辭其爵；不得行其義，則辭其祿。人皆知取之為取也，不知與之為取之。政有招寇，行有招恥。弗為而自至，天下未有。猛獸狐疑，不若蜂蠆之致毒也；高議而不可及，不若卑論之有功也。

【章　旨】論及六個問題。

【語　譯】君子與義相近，農夫與穀相近。事奉君王如果不能讓他聽自己的話，就應該辭去職務；如果不能做自己應當做的事，就應該拒受俸祿。人們都知道拿進來是獲取，不知道送出去也是為了獲取。有些行政措施恰恰會招來騷亂，有些行為恰恰會招來恥辱。不通過爭取而成果自己到來的事，天下沒有。猛獸如果猶豫不決，比不上蜂蠆給人的毒害；高談闊論若不能實施，比不上平實的意見所起的作用。

秦信同姓以王；至其衰也，非易同姓也，而身死國亡。故王者之治天下，在於行法，不在於信同姓。

【章　旨】指出「王者之治天下，在於行法，不在於信同姓」。

【語　譯】秦王信用同姓之人統治國家；到了衰敗的時候，並未更換同姓之人，卻落得身死國亡的下場。所以君王治理天下的關鍵，在於推行禮法，不在於相信同姓。

高山之顛無美木，傷於多陽也；大樹之下無美草，傷於多陰也。

【章　旨】謂過度於事物有傷。

【語　譯】高山頂上沒有好樹，因為被太強烈的陽光所傷害；大樹底下沒有好草，因為被太濃重的陰氣所傷害。

鍾子期死，而伯牙絕絃破琴，知世莫可為鼓也；惠施卒，而莊子深瞑不言，見世莫可與語也。

【章　旨】謂重知音。

【語　譯】鍾子期死後，伯牙把琴絃割斷，把琴摔破，因為他認為世上再沒有值得自己為之彈琴的人了；惠施死後，莊子黯然不語，因為他看到世上再沒有可同他說話的人。

修身者，智之府❶也；愛施者，仁之端也；取予者，義之符❷也；恥辱者，勇之決也；立名者，行之極也。

【章　旨】指出五種美德及其具體表現。

【注　釋】❶府　所聚之處。❷符　符信。

【語　譯】修身養性，是智慧的蓄積；好善樂施，是仁德的發端；取予有節，是合宜的憑信；以辱為恥，是勇敢的抉擇；顯聲揚名，是行為的極致。

進賢受上賞，蔽賢蒙顯戮❶，古之通義也；爵人於朝，論❷人於市，古之通法也。

【章　旨】論及古之「通義」和「通法」。

【注　釋】❶顯戮　明正典刑。❷論　定罪。

【語　譯】能推薦賢人的人受上等獎賞，壓制賢人的人受公開處罰，這是古代通行的道理；仕朝廷封官拜爵，在街市上罰罪行刑，這是古代通行的做法。

道微而明，淡而有功。非道而得，非時而生，是謂妄成，得而失之，定而復傾。

【章　旨】論「道」的特徵、作用。

【語譯】道很隱蔽又很顯露，很平淡卻很有作用。不按道的規律獲取的東西，不合時令生長的東西，都是謬種，即使得到了也會失去，成功了也會垮臺。

福者禍之門也，是者非之尊也，治者亂之先也。事無始終而患不及者，未之聞也。

【章旨】謂事物內部的矛盾對立。

【語譯】福是禍的門徑，是是非的同宗，治是亂的先導。無論在事情的開頭還是結尾，始終沒有禍患，這種情況尚未聽說有過。

枝無忘其根，德無忘其報，見利必念害身。故君子留精神寄心於三者，吉祥及子孫矣。

【章旨】指出勿忘根本，勿忘報恩，勿見利忘害。

【語譯】得枝葉莫忘記根本，受恩惠莫忘記報答，見好處莫忘記思量是否會危害自身。君子能留心這三點，所以吉祥延及子孫。

兩高不可重，兩大不可容，兩勢不可同，兩貴不可雙。夫重、容、同、雙，必爭其功。故君子節嗜欲，各守其足，乃能長久。夫節欲而聽諫，敬賢而勿慢，使能而勿賤。為人君能行此三者，其國必強大，而民不去散矣。

【章旨】先述勢均力敵的雙方不可並存，後論人君必須節欲聽諫，敬賢勿慢，使能勿賤。

【語譯】兩高不可並重，兩大不可並容，兩勢不可並同，兩貴不可並雙。若並重、並容、並同、並雙，一定會相互爭功。君子應該節制嗜欲，各知滿足，這樣才能長久。節制欲望並聽從勸告，敬重賢才而不輕慢，任用能人而不鄙視。做君王的如果能做到這三點，他的國家一定強大，他的百姓就不會離散。

默無過言，愨❶無過事。木馬不能行，亦不費食；騏驥日馳千里，鞭箠不去其背。

【章旨】謂唯有不言不行者無過，良材也會有缺失。

【注釋】❶愨　小心謹慎。

【語譯】保持沈默才不會說錯話，謹小慎微才不會做錯事。木馬不能行走，也不需花費飼料；儘管騏驥日行千里，背上也免不了鞭子的抽打。

寸而度之，至丈必差；銖❶而稱之，至石❷必過。石稱丈量，徑而寡失；簡❸絲數米，煩而不察。故大較❹易為智，曲辯❺難為慧。

【章旨】主張「大較」而反對「曲辯」。

【注釋】❶銖　古代重量單位，一兩的二十四分之一。❷石　一百斤為一石。❸簡　選擇。❹大較　大略；大概。❺曲辯　過於仔細的審辨。「曲」有小意。「辯」同「辨」。

【語譯】一寸一寸地細量，到了一丈一定會出現差錯；一銖一銖地細稱，到了一石一定會產生訛誤。以石為單位來稱，以丈為單位去量，既直接又很少有錯誤；一根根地挑絲，一顆顆地選米，既煩瑣又很難搞清楚。所以只顧大要的人容易顯示才智，審察過於苛細則難算是聰明。

吞舟之魚，蕩而失水，制於螻蟻者，離其居也；猿猴失木，禽於狐貉❶者，非其處也。騰❷蛇遊霧而升，騰龍乘雲而舉，猿得木而挺❸，魚得水而騖❹，處地宜也。

【章　旨】說明只有在相宜的條件下，萬物才能發揮各自的作用，表現各自的特長。

【注　釋】❶貉　一種野獸。❷騰　一作「螣」。傳為神蛇。❸挺　前進。一作「捷」。❹騖　縱橫奔跑。

【語　譯】能吞下舟船的大魚，若被波浪捲到岸上，就會被螻蟻制服，這是因為離開了自己的住所；猿猴失去了樹木，就會被狐貉擒獲，這是因為牠到了不該到的地方。神蛇在霧中遊弋升起，飛龍淩雲翱翔，猿猴在樹木上挺進，魚兒在水中遨遊，因為所處的地方適合牠們這樣做。

君子博學，患其不習。既習之，患其不能行之。既能行之，患其不能以讓也。

【章　旨】謂學後要練習，要把學得的知識加以運用，有了學問不能驕傲。

【語　譯】君子學到很多知識以後，就怕不加以練習。已經練習好了，就怕不能加以運用。已經能夠運用了，就怕不懂得謙讓。

君子不羞學，不羞問。問訊者，知之本；念慮者，知之道也。此言貴因人知而加❶知之，不貴獨自用其知而知之。

【章　旨】闡明了向別人求教的重要性。

【注　釋】❶加　疑為衍文。

【語譯】君子不羞於向別人學習，不羞於向別人請教。詢問，是獲得知識的基本方法；思索，是增進智慧的重要途徑。這就是說，要重視利用別人的智慧來了解事物，不提倡只靠個人的認識去看待問題。

天地之道，極則反，滿則損。五彩耀眼，有時而渝；茂木豐草，有時而落。物有盛衰，安得自若。

【章旨】謂事物不斷變，向反向發展。

【語譯】天地萬物的發展規律是：到了極點便走向反面，過於盈滿則會消滅。五彩雖然耀眼，到了一定的時候就會改變；草木雖然豐茂，到了一定的時候就會零落。事物有盛也有衰，哪能安然不變呢？

民苦則不仁，勞則詐生，安平則教，危則謀，極則反，滿則損。故君子弗滿弗極也。

【章旨】謂「君子弗滿弗極」。

【語譯】百姓困苦則難有仁愛之心，做事費力則產生欺騙，生活平安才可以行教化，形勢危殆則需要設法應付，到了極點就會走向反面，過於盈滿則會消滅。所以君子不走向極端，不處於完滿。

卷一七

雜言

【題解】雜言的特點便是「雜」。內容豐富，不拘一格，這與前篇〈談叢〉相類似。所不同者，前篇專收語錄，本篇雜以故事。

賢人君子者，通乎盛衰之時，明乎成敗之端，察乎治亂之紀，審乎人情，知所去就。故雖窮不處亡國之勢，雖貧不受汙君之祿。是以太公年七十而不自達，孫叔敖三去相而不自悔，何則？不強合非其人也。太公一合於周，而侯七百歲。孫叔敖一合於楚，而封十世。大夫種存亡越而霸句踐，賜死於前；李斯積功於秦，而卒被五刑❶。盡忠憂君，危身安國，其功一也，或以封侯而不絕，或以賜死而被刑，所慕所由異也。故箕子棄國而佯狂，范蠡去越而易名，智過去君弟而更姓，皆見遠識微，而仁能去富勢，以避萌生之禍者也。夫暴亂之君，孰能離縶❷以役其身，而與于患乎哉！故賢者非畏死避害而已也，為殺身無益，而明主之暴也。比干死紂而不能正其行，子胥死吳而不能存其國。二子者，強諫而死，適足明主之暴耳，未嘗有益如秋毫之端也。是以賢人閉其智，塞其能，待得其人然後合。故言無不聽，行無見疑，君臣兩與，終身無患。今非得其時，又無其人，直私意不能已，閔世之亂，憂主之危，以無貲❸之身，涉蔽塞之路，經乎讒人之前，造無量之主，犯不測之罪，傷其天性，豈不惑哉！故文信侯❹李斯，天下所謂賢也；為國計，揣微射隱，所謂無過策也；戰勝攻取，所謂無強敵也。積功甚大，勢利甚高。賢人不用，讒人用事。自知不用，其仁不能去。制敵積功，不失秋毫；避患去害，不見丘山。積其所欲，以至其所惡，豈不為勢利惑哉！《詩》云：「人知其一，莫知其他。」❺此之謂也。

【章　旨】論進退、去就之理。

【注　釋】❶五刑　五種刑法。各代內容不同。此指重刑。❷縶　囚繫。❸貲　同「資」。❹文信侯　指呂不韋。❺人知其一二句　見《詩經·小雅·小旻》。

【語　譯】賢人君子，要通曉盛衰的時機，明白成敗的事理，懂得治亂的規律，要通達人情，知道何時該去，何時該留。所以即使窘困也不在行將滅亡的國家為官，即使貧乏也不接受昏暴之君的俸祿。因此，姜子牙到了七十歲還不自求顯達，孫叔敖三次罷相也不自悔，為什麼？是為了不勉強與不相宜的人共事。姜子牙一次與周天子相遇合，被封為諸侯，子孫享國七百年，孫叔敖一次與楚王相遇合，十代子孫受封賞；大夫種使瀕於滅亡的越國保存下來，使句踐稱霸，卻被君王當面賜死，李斯在秦國建立了許多功勞，最後卻遭了極刑。盡力為君王操勞，冒著生命危險去定國安邦，在這方面，他們的功蹟是相同的，但有的人封侯，不斷承受王恩，有的人卻被賜死，遭受刑戮，這是由於他們所仰慕、追隨的人不同。因此，箕子拋棄國家假裝瘋癲，范蠡離開越國更換名字，智過不願做君王的弟弟而改變姓氏，他們都是些見識深遠、有仁愛之心、能拋棄富貴、從而避免即將發生的災禍的人。對於暴亂的君王，誰願意既受他的囚禁、奴役，又去同他共患難呢？賢人並不只是因為貪生怕死逃避禍害，而是因為死了沒有作用，反而暴露了君王的殘暴。比干死了紂王並沒有端正自己的行為，伍子胥死了吳國仍然不能存在下去。這兩人，都是因為強行規勸君王而被殺的，恰恰足以暴露君王的暴虐，對國家卻沒有絲毫的益處。所以賢人隱匿自己的智慧，掩藏自己的才幹，等有了適當的人才與他共同謀事。因此賢人的話無不被聽從，行動從不被懷疑，君臣兩相得，終身無禍患。現在有些人並未遇上時機，又沒碰到合適的人，只是個人不甘罷休，擔心世道的混亂，憂慮君王的危殆，以孤立無援的單身，去闖蔽塞的仕路，要通過奸讒小人所設的關卡，去造訪沒有器量的君王，落下意想不到的罪名，傷害自己的本性，這不是太糊塗了嗎？文信侯、李斯等，是天下所說的賢人，為國家出謀劃策，仔細周到，可以說沒出過錯主意，克敵用兵，可以說無對手，屢建大功，權重祿厚。但朝中賢人不被任用，讒人當權。他們明知君王不會再用自己，卻愛戀著不肯離去。他們禦敵立功之時，能明察秋毫；但在如何避禍遠害的問題上，卻看不見丘山。欲望不斷擴大，最後變成惡果，這難道不是受了財利和權勢的迷惑嗎？《詩經》說：「人們只知道其中一方面，而不知道其他方面。」說的就是這類情況。

子石❶登吳山而四望，喟然而歎息曰：「嗚呼，悲哉！世有明於事情，不合於人心者；有合於人心，不明於事情者。」弟子問曰：「何謂也？」子石曰：「昔者，吳王夫差不聽伍子胥盡忠極諫，抉目而辜❷。太宰嚭、公孫雒偷合苟容，以順夫差之志而伐齊，二子沈身江湖，頭懸越旗。昔者費仲、惡來革❸，長鼻決耳，崇侯虎❹順紂之心，欲以合於意。武王伐紂，四子❺身死牧之野，頭足異所。比干盡忠剖心而死。今欲明事情，恐有抉目剖心之禍；欲合人心，恐有頭足異所之患。由是觀之，君子道狹耳。誠不逢其明主，狹道之中，又將險危閉塞，無可從出者。」

【章旨】謂「事情」、「人心」往往難以兼顧，忠臣、奸臣都落不得好下場。

【注釋】❶子石　孔子弟子公孫龍，字子石。❷辜　分裂肢體。❸費仲惡來革　二人皆商紂王的臣子。❹崇侯虎　亦紂王臣。❺四子　上文僅有三人，或以為當於費仲下加上飛廉。

【語譯】子石登上吳山向四面瞭望，感慨地說：「哎呀，可悲呀！世上有的人懂得事理，卻不能迎合別人的心意；有的人能迎合別人的心意，卻不懂得事理。」弟子問：「這怎麼講？」子石說：「從前，吳王夫差不聽伍子胥竭忠盡力的勸告，挖了他的眼睛，分解了他的肢體。太宰嚭、公孫雒苟且奉承，順從夫差的意願，討伐齊國，結果二人被沈入江湖淹死，腦袋被掛在越人的旗杆上。從前，費仲、惡來革，長鼻大耳獻媚取寵於君前，崇侯虎也極力順從紂王的心意。武王伐紂之時，這四人都身死牧野，首足分離。而比干忠心耿耿為紂王，也落得被剜心而死的下場。現在要明事理，恐有挖眼剜心之禍；要合人心，恐有首足分離之患。由此看來，君子可行之路很狹窄。假若遇不到明君，在這狹窄的道路之中，又將有險阻和堵塞，沒有出路。」

祁射子❶見秦惠王，惠王說之，於是唐姑❷讒之。復見惠王，懷怒以待之。非其說異也，所聽者易也。故以徵為羽❸，非弦之罪也；以甘為苦，非味之過也。

【章旨】謂主觀意識不同，對客觀事物的感受不一樣。

【注釋】❶祁射子　《呂氏春秋》和《淮南子》作「謝子」，《呂氏》認為他是東方的墨家弟子。❷唐姑　《呂氏春秋》作

「唐姑果」，是秦國的墨家弟子。❸以徵為羽　古代分五音，徵、羽都是五音中的音調名。

【語　譯】祁射子拜見秦惠王，惠王很高興，於是遭到唐姑的讒毀。祁射子再次去見惠王，惠王便懷著怒氣等待他。並不是祁射子的主張前後有什麼不同，而是聽話人的好惡改變了。所以有人以徵為羽，這不是琴弦的罪責；有人以甘為苦，這不是味道的過錯。

彌子瑕愛於衛君。衛國之法，竊駕君車罪刖。彌子瑕之母疾。人聞，夜往告之。彌子瑕擅駕君車而出。君聞之，賢之，曰：「孝哉！為母之故，犯刖罪哉！」君遊果園，彌子瑕食桃而甘，不盡，而奉君。君曰：「愛我而忘其口味。」及彌子瑕色衰而愛弛，得罪於君，君曰：「是故嘗矯吾車，又嘗食我以餘桃。」故子瑕之行，未必變初也，前見賢，後獲罪者，愛憎之生變也。

【章　旨】謂因思想感情的變化，對同一事物有時會有截然不同的看法和態度。

【語　譯】彌子瑕受衛君寵愛。衛國的法令規定：偷駕國君所乘之車的人處以砍足之刑。彌子瑕的母親得了病，有人得知後，連夜去告訴彌子瑕。彌子瑕便擅自駕著君王的車出去了。衛君聽說後，認為彌子瑕是賢人，說：「真行孝啊！為了母親，竟敢犯砍足的罪行！」衛君遊果園，彌子瑕嚐了一個桃子覺得很甜，便不把桃子吃完，而把它獻給衛君。衛君說：「這是因為愛我，忘記了他自己嚐過。」到了彌子瑕容顏衰老，君王對他的寵愛廢弛的時候，他得罪了衛君，衛君說：「這人曾經假借我的命令駕駛我的車輛，又把吃剩的桃子送給我吃。」彌子瑕的行為，還同當初一樣，之所以開始被稱贊，後來得罪名，是因為衛君的愛憎發生了變化。

舜耕之時，不能利其鄰人；及為天子，天下戴之。故君子窮則善其身，達則利於天下。

【章旨】主張「君子窮則善其身，達則利於天下」。

【語譯】舜種田的時候，不能對鄰人有什麼幫助；到了他做天子的時候，天下人都受到他的恩惠。所以君子在窮困之時要保住自己，在顯達以後要有利於天下。

孔子曰：「自季孫之賜我千鍾，而友益親；自南宮頊叔之乘我車也，而道加行。故道，有時而後重，有勢而後行。微夫二子之賜，丘之道幾於廢也。」

【章旨】指出「道，有時而後重，有勢而後行」。

【語譯】孔子說：「自從季孫氏送給我千鍾糧食，朋友便對我更加親近；自從南宮頊叔送給我車輛，路便可以走得更遠。道，遇上時機才受尊重，有了勢力才能推行。沒有這二人的給予，我的道幾乎要廢掉了。」

太公田不足以償種，漁不足以償網，治天下有餘智。文公種米，曾子架羊❶，孫叔敖相楚三年，不知軛❷在衡❸後。務大者固忘小。智伯廚人亡炙簨❹而知之，韓、魏反而不知。邯鄲子陽❺園人亡桃而知之，其亡也不知。務小者亦忘大也。

【章旨】說明「務大者固忘小」、「務小者亦忘大」。

【注釋】❶文公種米二句　此二句見《淮南子・泰族》。「駕」，《淮南子》作「架」。據高誘注，晉文公曾把米當種籽播種，想讓它長成莊稼。「駕」、「架」均與「枷」同，「枷羊」即把羊用木枷鎖起來，以防逃逸。❷軛　駕車時，套在牲口脖子上的曲木。❸衡　車轅頭上的橫木。❹籩　竹篾編成的容器。❺邯鄲子陽　春秋晉大夫。

【語譯】姜太公種的糧食不夠做種籽，打的魚不夠買網，但他治理天下，才智卻綽綽有餘。晉文公把米做種籽，曾子把木枷套在羊身上，孫叔敖在楚國做了三年相，不知道車軛在車的衡木後面。幹大事的人本來就容易忽略小事。智伯對廚師丟失裝烤肉的竹筐了解得清清楚楚，對韓、魏兩家要反叛他卻不知道。邯鄲子陽對管果園的人丟失桃子了解得清清楚楚，對自己要滅亡卻不知道。只注意小事的人也會忘卻大事。

淳于髡謂孟子曰：「先名實者為人者也，後名實者自為者也❶。夫子在三卿❷之中，名實未加上下而去之，仁者固如此乎？」孟子曰：「居下位不以賢事不肖者，伯夷也；五就湯，五就桀者，伊尹也；不惡汙君，不辭小官者，柳下惠也。三子者不同道，其趣一也。一者何也？曰：仁也。君子亦仁而已，何必同？」曰：「魯穆公之時，公儀子為政，子思、子庚為臣，魯之削也滋甚。若是乎賢者之無益於國也。」曰：「虞不用百里奚而亡，秦穆公用之而霸。故不用賢則亡，削何可得也！」曰：「昔王豹❸處於淇❹，而河西善謳；綿駒❺處於高唐❻，而齊右❼善歌；華舟、杞梁之妻善哭其夫❽，而變國俗。有諸內必形於外。為其事，無其功，髡未睹也。是故無賢者也，有則髡必識之矣。」曰：「孔子為魯司寇而不用，從祭，膰肉不至❾，不脫冕而行。其不善者以為為肉也，其善者以為禮也。乃孔子欲以微罪行❿，不欲為苟去。故君子之所為，眾人固不得識也。」

【章旨】本章先講君子同守「仁」的原則，而行動可各有不同；次論國家不用賢人則會招致滅亡；最後出君子的行為往往不為眾人理解。

【注　釋】❶先名實者為人者也二句　這句話《孟子・告子下》作「先名實者，為人也；後名實者，自為也。」朱熹《集注》云：「名，聲譽也；實，事功也。言以名實為先而為之者，是有志於救民也；以名實為後而不為者，是欲獨善其身者也。」❷三卿　其說不一：或以為是上卿、亞卿、下卿；或以為是相、將、客卿。❸王豹　衛國的一個擅長唱歌的人。一說齊人。❹淇　淇水，在今河南省林縣東南。❺綿駒　齊人。❻高唐　齊邑，在今山東省禹城縣西南。❼齊右　齊國西部（面朝南方，左東右西）。❽華舟杞梁之妻善哭其夫　見本書〈善說〉。❾膰肉不至　膰肉即祭肉。古代祭祀之後，必分祭肉與有關之人。《史記・孔子世家》：「齊陳女樂，季桓子微服往觀，怠於政事。子路曰：『夫子可以行矣。』孔子曰：『魯今且郊，如致膰乎大夫，則吾猶可以止。』桓子卒受齊女樂，三日不聽政，郊又不致膰俎於大夫，孔子遂行。」❿以微罪行　關於這句話，前人有這樣的解釋：孔子去魯，實是因為魯國君相無禮。但忠臣去國，不能把過失全推在別人身上，自己也應分擔責任。孔子以「膰肉未至」為借口離開魯國。即自願承當負氣出走的小小罪名，故曰「以微罪行」。

【語　譯】淳于髡對孟子說：「重視名譽、功業的人是為別人著想的人，輕視名譽、功業的人是只顧自己的人。你的名位在三卿之中，上輔君王下濟蒼生的名譽和功業尚未建立就要離去，仁人原是這樣的嗎？」孟子說：「身居下位，不願以自己的才幹去服事不賢之人的，是伯夷；五次到商湯那裡，又五次到夏桀那裡的人，是伊尹；不厭惡昏亂之君，不嫌官卑職小的，是柳下惠。這三人的做法不同，他們的志趣卻是相同的。這相同之點是什麼？就是仁。君子能做到仁就行了，何必行為相同？」淳于髡說：「魯穆公的時候，公儀子執政，子思、子庚作臣子，但魯國越來越虛弱。由此看來，賢人對國家並無好處。」孟子說：「虞國不用百里奚而敗亡，秦穆公用了而稱霸。所以，不用賢人就敗亡，想維持日益削弱的局面都不可能。」淳于髡說：「從前王豹居於淇水，而河西的人們善於唱歌；綿駒居於高唐，齊國西部的人也善於唱歌；華舟、杞梁的妻子痛哭她們的丈夫，國家的風俗因而改變。裡面有什麼一定會從外面表現出來。做了事，卻沒有效果，我從未見過。所以說現在沒賢人，如果有，我一定會知道。」孟子說：「孔子當了魯國的司寇但並不被信任，他跟隨著去祭祀，祭肉也不分給他；於是等不及脫帽就離去了。那些不善知孔子的人認為他是為了祭肉，善知孔子的人才認為他是為了禮。孔子是為了帶點小罪名走，不想隨便離開。所以君子所做的事，一般人本來就不能理解。」

梁相死，惠子欲之梁，渡河而遽墮水中。船人救之，船人曰：「子欲何之，而遽也？」曰：「梁無相，吾欲往相之。」船人曰：「子居船楫之間而困，無我，則死矣，子何能相梁乎？」惠子曰：「子❶居艘楫之間，則吾不如子；至於安國家，全社稷，子之比我，蒙蒙如未視之狗耳。」

【章旨】講物各有長短，大才不一定能用於小處。

【注釋】❶子　衍文。

【語譯】梁國的相死了，惠子要到梁國去，在渡河時匆匆忙忙落入水中。駕船的人救了他，問他說：「你要到哪裡去，如此匆忙？」惠子說：「梁國無相，我要去作相。」駕船的人說：「你在船槳之間就顯得這樣狼狽，沒有我，你就會淹死，你怎能作梁國的相呢？」惠子說：「在船槳之間，我不如你；至於安定國家，保全社稷，與我相比，你就像一隻懵懵懂懂沒睜眼睛的小狗。」

西閭過東渡河，中流而溺。船人接而出之，問曰：「今者子欲安之？」西閭過曰：「欲東說諸侯王。」船人掩口而笑，曰：「子渡河中流而溺，不能自救，安能說諸侯乎？」西閭過曰：「無以子之所能相傷為也。子獨不聞和氏之璧❶乎？價重千金，然以之間紡，曾不如瓦塼❷。隨侯之珠❸，國之寶也，然用之彈，曾不如泥丸。騏驥騄駬❹，倚衡負軛❺而趨，一日千里，此至疾也，然使捕鼠，曾不如百錢之狸。干將鏌鋣❻，拂鐘不錚，試物不知，揚刃離金斬羽契鐵斧，此至利也，然以之補履，曾不如兩錢之錐。今子持楫乘扁舟，處廣水之中，當陽侯❼之波，而臨淵流，適子所能耳。若試與子東說諸侯王，見一國之主，子之蒙蒙，無異夫未視之狗耳！」

【章　旨】略同前章。

【注　釋】❶和氏之璧　和氏指楚人卞和，曾得璞玉，人們先以為是石頭，後來始知是難得的珍寶。❷瓦塼　紡錘。❸隨侯之珠　隨為周初小國。傳說隨國國君遇到一條受了傷的蛇，以藥敷治，蛇愈後銜一大珠前來報恩。❹騏驥、騄駬　二者皆駿馬名。❺倚衡負軛　指駕車。❻干將、鏌鋣　寶劍名。❼陽侯　傳說中的波神。高誘《淮南子・覽冥》注：「陽侯，陵陽國侯也。其國近水，休水而死，其神能為大波，有所傷害，因謂之陽侯之波。」

【語　譯】西閭過渡河往東去，在河當中落水。駕船的人把他拉了起來，問道：「你現在要到哪裡去？」西閭過說：「要到東方去遊說諸侯。」駕船的人掩著口笑，說：「你在河當中落水，自己救不了自己，哪能遊說諸侯呢？」西閭過說：「你不要認為自己有點特長就出口傷人。你難道沒聽說過和氏璧嗎？它價值千金，但把它放到紡織機上，竟不如泥做的紡錘。隨侯珠，是國家的珍寶，但用作彈丸，竟不如泥丸。騏驥、騄駬，駕車奔跑，一日可行千里，這是最快的速度，但讓牠們去捉老鼠，竟不如一隻用一百個錢買的貓。干將、鏌鋣，敲鐘鐘不響，切物物不痛，揮動起來，刃口可以砍開金屬、斬斷羽毛、刻削鐵製的斧頭，這是最鋒利的，但用它來補鞋子，竟不如用兩個錢買的錐子。現在你握著槳駕著小船，在廣闊的水面上，迎著洶湧的波濤，面對湍急的洄流，發揮了你的特長。假如讓我與你一道東去遊說諸侯，去朝見一國之主，你的懵懂無知，一定同那沒睜開眼的狗沒有兩樣。」

甘戊❶使於齊，渡大河。船人曰：「河水間耳❷，君不能自渡，能為王者之說乎？」甘戊曰：「不然，汝不知也。物各有短長，謹愿敦厚，可事主，不施用兵。騏驥騄駬，足及千里，置之宮室，使之捕鼠，曾不如小狸。干將為利，名聞天下，匠以治木，不如斤斧。今持楫而上下隨流，吾不如子；說千乘之君、萬乘之主，子亦不如戊矣。」

【章　旨】略同於前二章。

【注　釋】❶甘戊　《戰國策》作「甘茂」，戰國秦下蔡人，事武王為左相，後奔齊。❷河水間耳　《太平御覽》、《事類賦・注》皆作「河水猶澗耳」。

【語　譯】甘戊出使齊國，渡大河。駕船的人說：「這條河就像一條小澗溝，你尚且不能自己渡過，能作君王的說客嗎？」甘戊說：「不是這樣的，你不知道。事物各有短處和長處。老實忠厚的人，可以事奉君王，不宜於用兵打仗。騏驥騄駬之類的駿馬，足以達到千里之遠，若放到宮室之內，讓牠去捉老鼠，竟不如小貓。干將寶劍的鋒利，天下聞名，匠人若用它來砍削木頭，比不上斧子。現在握著槳在河流的上下追波逐浪，我比不上你；遊說有千乘戰車的君王、有萬乘戰車的人主，你卻比不上我甘戊。」

今夫世異則事變，事變則時移，時移則俗易。是以君子先相其土地而裁其器，觀其俗而和其風，總眾議而定其教。愚人有學遠射者，參矢❶而發，已射五步之內，又復參矢而發。世已易矣，不更其儀，譬如愚人之學遠射。目察秋毫之末者，視不能見太山；耳聽清濁之調者，不聞雷霆之聲。何也？唯其意有所移也。百人操觿❷，不可為固結；千人謗獄，不可為直辭；萬人比非，不可為顯士。

【章　旨】講治民之道應當隨時事的推移而變更。

【注　釋】❶參矢　「矢」乃「天」之誤字，《淮南子・說山》：「越人學遠射，參天而發，適在五步之內，不易儀也。」「參天」即「朝天」。❷觿　古代解結的用具，用骨、玉製作，形狀似錐。

【語　譯】現在與過去世代不同，事物也會發生變化，事物變了時尚也會轉移，時尚轉移會導致風俗的改變。所以君子要先察看土地再決定使用的工具，要了解民俗、和同風氣，要歸納眾人的意見來決定施教的方法。有個愚笨的人學習遠射，朝天發箭，結果射了五步遠，仍然朝天而射。世道已經變了，仍不改換方式方法，就會像那個笨人學射遠一樣。有的人能看清細微的毫毛，卻看不見太山；有的人能辨別清音和濁音，卻聽不見雷霆的轟鳴。為什麼？就是因為他的注意力已經移開了。百人拿著解結的錐子解結，不可能打成牢固的結子；千人蓄意誹謗，不可能作直言辯解；萬人附和錯誤的一方，就當不了堅持正義的名士。

麋鹿成群，虎豹避之；飛鳥成列，鷹鷲不擊；眾人成聚，聖人不犯。騰虹❶遊於霧露，乘於風雨而行，非千里不止，然則暮託宿於鰌鱣❷之穴。所以然者何也？用心不一也。夫蚯蚓內無筋骨之強，外無爪牙之利，然則下飲黃泉，上墾晞土❸，所以然者何也？用心一也。

【章　旨】講勢眾則力強；用心要專一。

【注　釋】❶騰虹　《爾雅翼》引此文，「騰虹」作「騰蛇」。❷鰌鱣　鰌是泥鰍，鱣即黃鱔。❸晞土　即乾土。

【語　譯】麋鹿成群，虎豹都會迴避；飛鳥成隊，鷹鷲不敢襲擊；眾人聚在一起，聰明人不去冒犯。能飛的蛇在霧露中遊弋，駕著風雨行走，不行千里遠不止息，但晚上只能在泥鰍鱔魚的洞穴裡借宿，為什麼會這樣？是因為用心不專一。蚯蚓內無強健的筋骨，外無鋒利的爪牙，但在下飲泉水，在上墾乾土，為什麼能這樣？是因為用心專一。

聰者耳聞，明者目見。聰明形則仁愛著、廉恥分矣。故非其道而行之，雖勞不至；非其有而求之，雖強不得。智者不為非其事，廉者不求非其有。是以遠容❶而名章也。《詩》云：「不忮不求，何用不臧！」❷此之謂也。

【章旨】主張不作辦不到的事，不求得不到的東西。

【注釋】❶容　容為「害」字之誤。❷不忮不求二句　見《詩經・邶風・雄雉》。

【語譯】聽力好的耳朵善聽，視力好的眼睛善視。善於視聽的人就具有仁愛之心，就分得清廉恥。所以，走的道路不正確，雖然勞苦，也達不到目的；追求不可能得到的東西，雖然費力，也不能獲得。聰明人不做不應該做的事情，廉正的人不求不應該得到的東西，因此能遠避禍患並顯揚名聲。《詩經》上說：「不嫉妒別人，不貪求財物，則何行不善呢？」講的就是這類事。

楚昭王召孔子，將使執政，而封以書社七百❶。子西❷謂楚王曰：「王之臣用兵有如子路者乎？使諸侯有如宰予者乎？長管五官❸有如子貢者乎？昔文王處酆❹，武王處鎬❺，酆、鎬之間，百乘❻之地，伐上殺主，立為天子，世皆曰聖王。今以孔子之賢，而有書社七百里之地，而三子佐之，非楚之利也。」楚王遂止。夫善惡之難分也，聖人獨❼見疑，而況於賢者乎？是以賢聖罕合，諂諛常興也。故有千歲之亂，而無百歲之治。孔子之見疑，豈不痛哉！

【章旨】講聖賢多被猜疑，故世上少治多亂。

【注釋】❶封以書社七百　《史記・孔子世家》「七百」下有「里」字，據司馬貞《索隱》，古代二十五家為里，里各立社。「書社」即將各社之人名登錄在戶籍簿上。本文的意思是以七百里書社之人封孔子。❷子西　楚令尹。❸五官　相傳殷制以司徒、司馬、司空、司士、司寇為五官。此泛指百官。❹豐　故址在今陝西省鄠縣東。❺鎬　西周京城，故址在今陝西省長安縣西。❻乘　古代地積單位。九夫為井，四井為邑，四邑為丘，四丘為乘。❼獨　疑「猶」字之誤。

【語譯】楚昭王請孔子去，將要讓他執掌政權，要把登有戶口的七百里土地分封給他。子西對楚王說：「您的臣子用兵的有比得上子路的嗎？出使諸侯的有比得上宰予的嗎？掌管百官的有比得上子貢的嗎？從前，周文王在豐，周武王在鎬，豐、鎬之間，只有百乘大的地盤，但他們攻打上國、殺死帝王，當上了天子，世人都稱之為「聖王」。現在像孔子這樣的能幹人，又有七百里在籍人口的地盤，加上三人輔佐他，這可對楚國不利啊！」楚王於是作罷。善惡是難以分清楚的，聖人尚且被猜疑，何況賢人呢？所以聖人賢人很少能與君主相投合，倒是阿諛迎奉之人經常得勢顯榮。因此，有千年的禍亂，無百年的安寧。孔子被猜疑，豈不令人痛心！

魯哀公問於孔子曰：「有智者壽乎？」孔子曰：「然。人有三死而非命也者，人自取之：夫寢處不時，飲食不節，佚勞過度者，疾共殺之；居下位而上忤其君，嗜欲無厭，而求不止者，刑共殺之；以少犯眾，弱以侮強，忿怒不量力者，兵共殺之。此三死者非命也，人自取之。」《詩》云：「人而無儀，不死何為？」❶此之謂也。

【章旨】謂「人有三死而非命」。

【注釋】❶人而無儀二句　見《詩經・鄘風・相鼠》。

【語譯】魯哀公問孔子說：「聰明人長壽嗎？」孔子說：「是的。人有三種死亡不是命中注定的，而是自找的：睡眠不按時，飲食不節制，淫佚、勞累過度，各種疾病就會使他致命。身處下位而違逆上面的君王，嗜欲沒個滿足，貪求不止，各種刑罰就會使他致命。以少數侵犯多數，以弱小欺侮強大，只顧一時激憤而不自量的人，會死於刀兵之下。這三種死亡都不是命中注定的，是人自找的。」《詩經》上說：「人不講禮儀，不死留作幹什麼？」講的就是這類事。

孔子遭難陳、蔡之境❶，絕糧，弟子皆有饑色，孔子歌兩柱之間❷。子路入見曰：「夫子之歌，禮乎？」孔子不應，曲終而曰：「由，君子好樂為無驕也，小人好樂為無懾也。其誰知之子不我知而從我者乎？」❸子路不悅，援干❹而舞，三終而出。及至七日，孔子脩樂不休，子路慍見曰：「夫子之脩樂時乎？」孔子不應，樂終而曰：「由，昔者齊桓霸心生于莒❺，句踐霸心生於會稽❻，晉文霸心生於驪氏❼，故居不幽則思不遠，身不約則智不廣，庸知而不遇之？」於是興。明日免於厄。子貢執轡曰：「二三子從夫子而遇此難也，其不可忘也！」孔子曰：「惡，是何言也？語不云乎？三折肱而成良醫。夫陳、蔡之間，丘之幸也。二三子從丘者皆幸人也。吾聞人君不困不成王，列士不困不成行。昔者湯困於呂❽，文王困於羑里❾，秦穆公困於殽❿，齊桓困於長勺⓫，句踐困於會稽，晉文困於驪氏。夫困之為道，從寒之及煖，煖之及寒也。唯賢者獨知而難言之也。《易》曰：『困，亨，貞大人吉，無咎。有言不信。』⓬聖人所與人難言，信也。」

【章　旨】記孔子身居絕境而能堅持修身養性，宣揚了有德之人可以濟困求道的思想。

【注　釋】❶陳蔡之境　陳、蔡是春秋時的兩個國家。陳、蔡之境在今河南、安徽二省交界處。❷兩柱之間　指房屋的兩根楹柱之間。❸其誰知之子不我知而從我者乎　這句話《孔子家語》作「其誰之子不我知而從我者乎?」少上「知」字，語意較明。❹干　盾牌。❺莒　地名，在齊國東邊。齊桓未立之時，曾避內亂於此。❻會稽　今浙江省紹興縣東南。句踐為吳所敗，曾在此地棲身。❼驪氏　驪氏即晉獻公寵姬驪姬，她為了使自己的兒子繼承君位，進讒言害死獻公的大兒子申生，逼走二兒子重耳和三兒子夷吾。重耳在外飄流十九年，後立為晉文公。❽呂　地名，不詳。❾羑里　地名，故址在今河南省湯陰縣北。商紂王囚禁周文王於此。❿殽　地名，在今河南省洛寧縣北。秦穆公時，秦軍被晉軍大敗於此。⓫長勺　春秋魯邑，魯曹劌曾在此大敗齊軍。⓬困亨等句　見《易．困卦》。

【語譯】孔子在陳、蔡之間遇到危難，斷了糧食，弟子臉上都現出饑餓的顏色，而孔子卻在兩根房柱之間唱歌。子路進來相見，說：「您現在唱歌，合禮嗎?」孔子不予回答，唱完了才說：「由，君子愛唱歌是為了不生驕縱之心，小人愛唱歌是為了不生懼怕之心。是哪個人不了解我卻又跟隨我呢?」子路不高興，拿過盾牌來舞動，舞了三套才出去。到了第七天，孔子仍然彈琴唱歌不止，子路惱怒地見孔子說：「您彈唱得合時嗎?」孔子不予回答，一曲終了才說：「由，從前齊桓公稱霸的雄心萌生於莒城，句踐稱霸的雄心萌生於會稽，晉文公稱霸的雄心萌生於驪氏。所以不被囚禁就不會有深遠的思考，不受約制就不會有廣博的智慧，誰能知我們就遇不上救星?」於是站了起來。第二天危難便解除了。子貢牽著馬的韁繩說：「我們這些人跟著先生遭此大難，可不要忘記啊!」孔子說：「唉!這是什麼話?不是有人說嗎，三次折斷了臂膀便可成為良醫。在陳、蔡之間遇難，這是我的幸運。你們這些跟隨我的人也都是有幸之人。我聽說人君不受困成不了君王，士人不受困進不了做官的行列。從前商湯被困在呂，文王被困在羑里，秦穆公被困在殽，齊桓公被困在長勺，句踐被困在會稽，晉文公被困於驪氏。被困的滋味，就好像由冷到熱，又由熱到冷。唯有賢人能夠體驗到卻難以言說。《易經》上說：『處於困頓，必可自通，履正體大之人必可濟困得吉，沒有凶險。但這些話難以被別人相信。』聖人難以對別人說，就是怕別人不信。」

孔子困於陳、蔡之間，居環堵❶之內，席三經之席❷，七日不食，藜羹不糝❸，弟子皆有饑色。讀《詩》、《書》治禮不休。子路進諫曰：「凡人為善者天報以福，為不善者天報以禍。今先生積德行，為善久矣，意者尚有遺行乎？奚居隱❹也！」孔子曰：「由，來，汝不知，坐，吾語汝。子以夫知者為無不知乎？則王子比干何為剖心而死？子以諫者為必聽耶？伍子胥何為抉目於吳東門？子以廉者為必用乎？伯夷、叔齊何為餓死於首陽山之下？子以忠者為必用乎？則鮑莊何為而肉枯❺？荊公子高終身不顯，鮑焦抱木而立枯❻，介子推登山焚死❼。故夫君子博學深謀不遇時者眾矣，豈獨丘哉？賢不肖者才也，為不為者人也，遇不遇者時也，死生者命也。有其才不遇其時，雖才不用，苟遇其時，何難之有？故舜耕歷山而逃於河畔❽，立為天子，則其遇堯也。傅說❾負壤土，釋板築，而立佐天子，則其遇武丁❿也，伊尹⓫，有莘氏⓬媵⓭臣也，負鼎俎，調五味，而佐天子，則其遇成湯也。呂望行年五十，賣食於棘津，行年七十屠牛朝歌，行年九十為天子師，則其遇文王也。管夷吾束縛膠目，居檻車中，自車中起為仲父，則其遇齊桓公也。百里奚自賣取五羊皮，伯氏牧羊⓮以為卿大夫，則其遇秦穆公也。沈尹⓯名聞天下，以為令尹，而讓孫叔敖，則其遇楚莊王也。伍子胥前多功，後戮死，非其智益衰也，前遇闔廬，後遇夫差也。夫驥厄罷鹽車，非無驥狀也，夫世莫能知也。使驥得王良、造父，驥無千里之足乎？芝蘭生深林，非為無人而不香。故學者非為通也，為窮而不困也，憂而不衰也，此知禍福之始而心不惑也。聖人之深念獨知獨見，舜亦賢聖矣，南面治天下，唯其遇堯也。使舜居桀紂之世，能自免於刑戮固可也，又何官得治乎？

夫桀殺關龍逢，而紂殺王子比干，當是時，豈關龍逢無知，而比干無惠哉？此桀紂無道之世然也。故君子疾學，修身端行，以須其時也。」

【章　旨】講君子苦學，在於修身端行；至於貧富窮通，還在於機遇。

【注　釋】❶環堵　四圍土牆。❷三經之席　經是織物的縱絲。三經之席喻席的粗劣。❸藜羹不糝　藜指蒺藜，野菜。糝指以米和羹。這句話的意思是煮野菜不加米粒。❹隱　矮牆。❺鮑莊何為而肉枯　鮑莊事不詳。❻荊公子高終身不顯二句　荊公子高終身不顯，《韓詩外傳》作「葉公子高終身不仕晉」，事跡不詳。鮑焦抱木而立枯，不詳。❼介子推登山焚死　介子推亦名介之推，「推」為其名，隨晉文公出亡十九年，及還，賞諸從亡者，介推不言祿，賞不及。介推與其母隱於綿山。文公求之不得，以為焚山能使之出。及焚山，竟不出而死。❽舜耕歷山而逃於河畔　傳說舜曾在歷山耕田、在河畔作陶。「逃」應作「陶」。❾傅說　殷高宗賢相。❿武丁　殷高宗。⓫伊尹　商湯賢相。⓬有莘氏　古國名。傳說商湯娶有莘氏之女。⓭媵　古代貴族婦女出嫁時陪嫁的人和物。⓮伯氏牧羊　《韓詩外傳》作「為秦伯牧羊」。⓯沈尹　《韓詩外傳》作「虞邱」。虞邱薦孫叔敖事可參見本書〈至公〉。

【語　譯】孔子被困在陳、蔡之間，住在只有四堵土牆的屋子裡，墊一條破席，七天沒吃的，野菜湯裡沒一粒米，弟子們臉上都現出饑餓之色。但孔子仍不停止攻讀《詩》《書》，研究禮法。子路進來勸阻說：「凡是做好事的上天以福報答，做壞事的上天以禍報答。現在您修養道德，積累善行已經很久了，我想大概還有沒做到的地方吧？為什麼會落得在這破壁之下棲身呢？」孔子說：「由，過來，你不明白，坐著，我說給你聽。你以為聰明人就什麼都知道嗎？那麼王子比干為什麼會被挖心而死？你以為凡是忠告就一定會被採納嗎？伍子胥為什麼會被剜去雙眼首級掛在吳國的東門？你以為廉正的人就一定被舉用嗎？伯夷、叔齊為什麼會餓死在首陽山下？你以為忠心的人就一定會被任用嗎？那麼鮑莊為什麼會肉枯、荊公子高為什麼會終身不得顯榮、鮑焦為什麼會抱樹而乾焦、介子推為什麼會上了山還被燒死？那些才德高尚的人學問淵博、謀略深廣，但遇不上好時機的多著哩，難道只有我一個？賢不賢是才幹問題，做不做是人的問題，遇不遇是時機問題，生與死是命的問題。有才能遇不上好時機，雖有才能也不被任用，若遇上好時機，治國安民又有何難？舜本在歷山種田，在河邊製陶，後來當了天子，那是他遇上了帝堯。傅說本是揹土築牆的，後來放下築牆的夾板去輔佐天子，那是他遇上了武丁。伊尹本是有莘氏陪嫁的奴隸，揹著食器，調和五味，後來輔佐君王，那是他遇上了商湯。呂望在五十歲的時候在棘津賣熟食，七十歲的時候在朝歌殺牛，在九十歲的時候成了天子的老師，那是他遇上了周文王。管夷吾被綑綁並蒙住了眼睛，囚禁在囚車中，從囚車裡出來成為了仲父，那是他遇上了齊桓公。百里奚的身價是五張羊皮，為秦伯放羊，後來作了卿大夫，那是他遇上了秦穆公。沈尹天下聞名，作了楚國的令尹，但他讓位給孫叔敖，孫叔敖是因為遇上了楚莊王。伍子胥前期立了許多功勞，後來被殺死，不是他的才智逐漸衰退，而是因為前期遇上闔廬，後來遇上夫差。騏驥之類的駿馬被鹽車拖累得十分困頓，不是牠沒有駿馬的雄姿，而是世人不知道牠是駿馬。假如牠遇上王良、造父這樣的好駕車把式，能不日行千里嗎？芝蘭生長在深林裡，不因為沒有人就不吐露芬芳。讀書不是為了求顯達，而是為了在困頓的時候不萎靡不振，在憂愁的時候不頹廢崩潰，能預知禍福而思想不致迷惑。聖人考慮得深遠，有獨到的認識和見解。舜也是聖賢，之所以能做君王治天下，是因為遇上了堯。假如舜處於桀、紂的時候，能躲脫刑罰殺戮固然可能，又怎能當官治國呢？夏桀殺了關龍逢，商紂殺了王子比干，在那個時候，難道是關龍逢沒有才能，比干沒有智慧嗎？這是因為桀紂之世不講道義的緣故。所以君子要努力學習，修養自身端正品行，以等待時機。」

孔子之宋❶，匡簡子❷將殺陽虎❸，孔子似之，甲士以圍孔子之舍。子路怒，奮戟將下鬥，孔子止之，曰：「何仁義之不免俗也？夫《詩》、《書》之不習，禮、樂之不脩也，是丘之過也；若似陽虎，則非丘之罪也，命也夫。由歌，予和汝。」子路歌，孔子和之，三終而甲罷。

【章旨】表現孔子注重修養而不違天命。

【注釋】❶宋 春秋國名，在今河南省商丘縣。❷匡簡子 人名，不詳。❸陽虎 字貨，春秋魯國季氏家臣，貌似孔子。

【語譯】孔子來到宋國，匡簡子正要殺陽虎，而孔子的像貌和陽虎相似，軍隊於是包圍了孔子的住處。子路很氣憤，拿起戟要和他們搏鬥，孔子制止了他，說：「講仁義的人怎麼也和世俗之人一樣呢？不學習《詩》、《書》，不研究禮、樂這是我的過失；若是我的像貌像陽虎，卻不是我的罪過，這是命運決定的。子由唱歌吧，我來和你。」子路唱歌，孔子伴唱，唱了三遍，圍兵撤走了。

孔子曰：「不觀於高岸，何以知顛墜之患；不臨於深淵，何以知沒溺之患；不觀於海上，何以知風波之患。失之者其不在此乎？士慎三者，無累於人。」

【章旨】講只有親臨險境才能感知危險的存在。

【語譯】孔子說：「不看到高聳的厓岸，怎知墜落的危險；不面對深淵，怎知沈沒的危險；不看到大海，怎知風波的危險。一些人犯錯誤不正是因為這個原因嗎？士人慎重對待這三個方面，禍患就不會牽累於人了。」

曾子曰：「響不辭聲，鑑不辭形，君子正一而萬物皆成。夫行非為影也，而影隨之；呼非為響也，而響和之。故君子功先成而名隨之。」

【章旨】講功成則名就。

【語譯】曾子說：「回響離不開聲音，鏡子離不開形貌，君子正身守道則萬事都能成功。行動並不是為了影子，而影子跟隨著行動；呼叫並不是為了回響，而回響伴和著呼叫。所以君子的功業若先有所成，名望也就隨之而來。」

子夏問仲尼曰：「顏淵之為人也，何若？」曰：「回之信，賢於丘也。」曰：「子貢之為人也，何若？」曰：「賜之敏，賢於丘也。」曰：「子路之為人也，何若？」曰：「由之勇，賢於丘也。」曰：「子張之為人也，何若？」曰：「師之莊，賢於丘也。」於是子夏避席而問曰：「然則四者❶何為事先生？」曰：「坐，吾語汝。回能信而不能反，賜能敏而不能屈，由能勇而不能怯，師能莊而不能同。兼此四子者❷，丘不為也。」夫所謂至聖之士，必見進退之利，屈伸之用者也。

【章　旨】主張為人要善於進退、屈伸。

【注　釋】❶四者　《列子》作「四子者」，《家語》作「四子」。❷兼此四子者　《列子》和《家語》均作「兼此四子者之有以易吾」，語意為長。

【語　譯】子夏問仲尼說：「顏淵的為人怎樣？」回答：「顏回的誠實，超過我。」問：「子貢的為人怎樣？」回答：「端木賜的機敏，超過我。」問：「子路的為人怎樣？」回答：「仲由的武勇，超過我。」問：「子張的為人怎樣？」回答：「顓孫師的莊嚴，超過我。」於是子夏離座站起來問道：「既然如此，這四人為什麼要事奉你？」孔子說：「坐下！我說給你聽。顏回講實在但不能從反面看問題，端木賜機敏但不能謙遜，仲由勇武但不知退讓，顓孫師嚴肅但不能隨和。把這四人的長處加起來與我的長處交換，我不幹。」所謂至聖之人，一定要看得清如何進退才有利，一定要懂得能屈能伸的作用。

東郭子惠❶問於子貢曰：「夫子之門何其雜也？」子貢曰：「夫隱括❷之旁多枉木，良醫之門多疾人，砥礪之旁多頑鈍。夫子脩道以俟天下，來者不止，是以雜也。《詩》云：『菀❸彼柳斯❹，鳴蜩嘒嘒❺；有漼❻者淵，萑葦淠淠❼。』❽言大者之旁，無所不容。」

【章旨】言「大者之旁，無所不容」。

【注釋】❶東郭子惠　人名，不詳。❷隱括　矯正竹木彎曲的器具。❸菀　茂盛貌。❹斯　語氣詞。❺鳴蜩嘒嘒　蜩即蟬。嘒嘒，蟬鳴聲。❻漼　水深貌。❼萑葦淠淠　萑葦是蘆葦一類的水邊植物。淠淠，茂盛貌。❽菀彼柳斯四句　見《詩經·小雅·小弁》。

【語譯】東郭子惠問子貢說：「孔子的門下怎麼那樣龐雜？」子貢說：「矯枉之器旁邊有許多彎木頭，良醫的門前有許多病人，磨刀石旁邊有許多鈍口之器。我的老師研究大道以待天下之人，來學習的源源不斷，所以龐雜。《詩經》說：『茂密的柳枝上，蟬叫個不停，深深的洄流邊，水草特別繁盛。』這是說廣大者的旁邊，什麼東西都可以包容。」

昔者南瑕子過程太子❶，太子為烹鯢魚❷。南瑕子曰：「吾聞君子不食鯢魚。」程太子曰：「乃君子否❸，子何事焉？」南瑕子曰：「吾聞君子上比所以廣德也，下比所以狹行也，比於善，自進之階也；比於惡，自退之原也。《詩》云：『高山仰止，景行行止。』❹吾豈敢自以為君子哉？志向之而已。」孔子曰：「見賢思齊焉，見不賢而內自省。」❺

【章旨】講在道德修養上，要從嚴要求自己。

【注釋】❶南瑕子、程太子　二人名，不詳。❷鯢魚　即人魚。又稱娃娃魚。似鮎，四腳，聲如小兒啼。❸乃君子否　此句《太平御覽》引作「乃君子不食」，文意較明。❹高山仰止二句　見《詩經·小雅·舝車》。❺見賢思齊焉二句　見《論語·

里仁》。

【語　譯】從前南瑕子過訪程太子，太子為他烹鯢魚，南瑕子說：「君子不吃，與你有何相干？」南瑕子說：「我聽說君子不吃鯢魚。」程太子說：「我聽說君子同勝過自己的人相比，是為了擴大自己的美德；同不如自己的人相比，是為了減少做錯事；同好的相比，是找向上的階梯；同壞的相比，是找免犯錯誤的借鑒。《詩經》上說：『高山供人瞻仰，高行供人效法。』我哪敢自以為君子，只是內心嚮往而已。」孔子說：「看見賢人，就應該向他看齊；看見不賢的人，便應該反省自己。」

孔子觀於呂梁❶，懸水四十仞，環流九十里，魚鱉不能過，黿鼉不敢居。有一丈夫方將涉之，孔子使人並❷崖而止之曰：「此懸水四十仞，圜流九十里，魚鱉不敢過，黿鼉不敢居，意者難可濟也！」丈夫不以錯意❸，遂渡而出。孔子問：「子巧乎？且有道術乎？所以能入而出者何也？」丈夫曰：「始吾入，先以忠信，吾之出也，又從以忠信；忠信錯吾軀於波流，而吾不敢用私。吾所以能入而復出也。」孔子謂弟子曰：「水而尚可以忠信義久而身親之，況於人乎？」❹

【章　旨】提倡「忠信」。但把「忠信」與渡水相連，十分牽強。

【注　釋】❶呂梁　水名，解者不一，或以為即西河離石，在黃河懸絕之處；或以為在龍門；或以為在彭城呂縣。多以後說為是。❷並　通「傍」。❸錯意　「錯」同「措」。錯意即置意。❹孔子觀於呂梁等句　這個故事，《列子》〈說符〉、〈黃帝〉、《莊子・達生》、《家語・致思》並有記載，但文異。〈黃帝〉和〈達生〉是這樣記載孔子與游水人對話的：「孔子從問之曰：『吾以子為鬼也，察子則人也。請問蹈水有道乎？』曰：『亡，吾無道。吾始乎故，長乎性，成乎命。與齎俱入，與汨偕出。

從水之道，而不為私焉。此吾所以道之也。」孔子曰：「何謂始乎故，長乎性，成乎命也？」曰：「吾生於陵，安於陵，故也。長於水而安於水，性也。不知吾所以然而然，命也。」」意思比本文明確。

【語譯】孔子在呂梁參觀，看到水從四十仞高的懸崖上奔騰而下，激起的漩渦有九十里長，魚鼈不能從此游過，黿鼉不敢在此停留。有一位男子正要下水渡河，孔子派人到懸崖旁邊制止他說：「這水高懸四十丈，下面的漩流有九十里，魚鼈不敢過，黿鼉不敢留，估計是難以渡過的。」這男子不把這些話放在心上，下水游了一通才出來。孔子問他說：「你有技巧嗎？有道術嗎？為什麼能出入這樣的漩流之中呢？」男子說：「我剛入水時，抱著忠信的信念，我出水時，仍然抱著忠信的信念。忠信使我置身於波濤之中，而我不敢存其他個人的雜念。這就是我敢進去又能出來的原因。」孔子對弟子說：「連水都可以讓人憑藉忠信在裡面呆很長時間，何況人呢？」

子路盛服而見孔子。孔子曰：「由，是襜襜❶者何也？昔者江水出於岷山，其始也，大足以濫觴❷，及至江之津也，不方舟，不避風，不可渡也。非唯下流眾川之多乎？今若衣服甚盛，顏色充盛，天下誰肯加若者哉？」子路趨而出，改服而入，蓋自如也。孔子曰：「由，記之，吾語若：賁❸於言者，華也，奮於行者，伐也。夫色智而有能者，小人也。故君子知之為知之，不知為不知，言之要也；能之為能，不能為不能，行之至也。言要則知，行要則仁；既知且仁，夫有何加矣哉？」由❹，《詩》曰：「湯降不遲，聖教日躋❺」❻。此之謂也。

【章旨】指出不可華而不實，更不可以辭色驕人。

【注釋】❶襜襜 搖動貌。此處形容服盛而氣傲的樣子。❷濫觴 指江河發源之處水極少，只能浮起酒杯。濫，水漫出；觴，酒杯。❸賁 別書作「奮」。❹由 衍文。❺躋 升。❻湯降不遲二句 見《詩經・商頌・長發》。

【語　譯】子路穿著盛裝去見孔子。孔子說：「由，搞得這樣神氣幹什麼？以前長江之水從岷山發源，開始的時候，水大的地方也只能浮起酒杯。到了大江渡口，不把船併在一起，不迴避大風，不可能渡江。這不是下游眾多的河流匯成的水勢嗎？現在你的衣服非常華麗，臉色非常傲慢，天下人誰肯幫助你？」子路快步走了出去，換了衣服進來，恢復了原來的樣子。孔子說：「由，記住，我說給你聽：誇誇其談的人浮華，矯揉造作的人傲慢，喜歡並善於表現自己的人是小人。所以君子知道就是知道，不知道就是不知道，這是講話時最重要的準則；會做就是會做，不會做就是不會做，這是行動時最重要的準則。掌握講話的準則就算有智慧，掌握行動的準則就算有仁心；既有智慧又有仁心，又需要何人的幫助？」《詩經》上說：「商湯降生得正是時候，明通的教化日益上升。」講的就是這些事。

子路問孔子曰：「君子亦有憂乎？」孔子曰：「無也。君子之脩其行，未得，則樂其意；既已得，又樂其知。是以有終身之樂，無一日之憂。小人則不然，其未之得則憂不得，既已得之又恐失之。是以有終身之憂，無一日之樂也。」

【章　旨】講君子有終身之樂，無一日之憂；小人有終身之憂，無一日之樂。

【語　譯】子路問孔子說：「君子也有憂愁嗎？」孔子說：「沒有。君子修養自己的德行，若未得功名，則為有修行的意願而高興；若得到了功名，又為自己有才智而高興。所以君子有終身的快樂，無一日的憂愁。小人卻不是這樣，在未得到功名的時候擔心得不到，已經得到了又擔心失去。所以小人有終身的憂愁，無一日的快樂。」

孔子見榮啟期[1]，衣鹿皮裘，鼓瑟而歌。孔子問曰：「先生何樂也？」對曰：「吾樂甚多。天生萬物唯人為貴，吾既已得為人，是一樂也。人以男為貴，吾既已得為男，是二樂也。

人生不免襁褓❷，吾年已九十五，是三樂也。夫貧者士之常也，死者民之終也，處常待終，當何憂乎？」

【章旨】表現了君子的曠達樂觀。

【注釋】❶榮啟期 一作「榮聲期」、「榮益期」，或以為當作「榮磬期」。春秋時高人。❷人生不免襁褓 《列子》作「人生有不見日月，不免襁褓者。」《太平御覽》引《新序》作「人生命有長傷」。

【語譯】孔子會見榮啟期，見他穿著鹿皮裘衣，鼓瑟唱歌。孔子問：「您因為什麼而高興？」回答說：「我高興的原因很多：天生萬物，其中人最尊貴，我生而為人，這是高興的原因之一。人群中以男性為尊貴，我身為男人，這是高興的原因之二。有的人在襁褓中就死了，我卻活到九十五歲，這是高興的原因之三。受貧是士人的常事，死亡是人類的終極，守著貧困，等待死亡，又有什麼可憂愁的？」

曾子曰：「吾聞夫子之三言，未之能行也。夫子見人之一善而忘其百非，是夫子之易事也。夫子見人有善若己有之，是夫子之不爭也。聞善必躬親行之，然後道之，是夫子之能勞也。夫子之能勞也，夫子之不爭也，夫子之易事也，吾學夫子之三言而未能行。」

【章旨】指出孔子有「易事」、「不爭」、「能勞」三樣優點，別人很難學到。

【語譯】曾子說：「我聽說我的老師孔子的行為可歸納為三句話，別人難以辦到。先生看到別人的一點好處就忘掉他的百種壞處，這樣別人就容易與先生相處。先生看到別人有優點就像自己有優點一樣，這表明先生與人無爭。聽到好事一定親自去做，然後才說出來，這說明先生能耐勞苦。先生的吃苦耐勞、與人無爭、平易近人，我學習了關於先生的這三句話卻未能實行。」

孔子曰：「回，若有君子之道四：強於行己，弱於受諫，怵於待❶祿，慎於持身。」

【章旨】贊顏回。

【注釋】❶待 王肅《家語》注：「待」宜為「得」。

【語譯】孔子說：「顏回，你有四種君子的美德：嚴格要求自己，虛心接受意見，害怕擔任官職，謹慎對待言行。」

仲尼曰：「史鰌❶有君子之道三：不仕而敬上，不祀而敬鬼，直能曲於人。」

【章旨】贊史鰌。

【注釋】❶史鰌 春秋衛大夫，字子魚，亦稱子魚。衛靈公不用賢臣蘧伯玉而用嬖臣彌子瑕，史鰌多次勸諫，靈公不聽。史鰌病將死，命其子曰：「吾生不能正君，死無以成禮，置屍牖下。」靈公弔喪，怪而問之，其子以告。靈公愕然，說：「寡人之過也。」於是進蘧伯玉而退彌子瑕。孔子聞之，曰：「直哉史魚！既死，猶以屍諫。」

【語譯】仲尼說：「史鰌有三種君子的美德：不做官而能敬重長上，不祭祀而能敬奉鬼神，自己正直卻能原諒別人。」

孔子曰：「丘死之後，商也日益，賜也日損；商也好與賢己者處，賜也好說不如己者。」

【章旨】指出與不同的人交往，將受到不同的影響。

【語譯】孔子說：「我死以後，卜商將日益進步，端木賜將日益退步；卜商好與勝過自己的人相處，端木賜喜歡不如自己的人。」

孔子將行，無蓋❶。弟子曰：「子夏有蓋，可以行。」孔子曰：「商之為人也，甚短於財。吾聞與人交者，推其長者，違其短者，故能久長矣。」

【章旨】主張與人交往，「推其長者，違其短者」。

【注釋】❶孔子將行二句　這二句話《家語・致思》作「孔子將行，雨而無蓋」。

【語譯】孔子將要出門，天下雨而沒有傘。弟子說：「子夏有傘，可以借了出去。」孔子說：「卜商為人，於財物十分吝嗇。我聽說與別人交往，要顯示別人的長處，回護別人的短處，因此才能長久。」

子路行❶，辭於仲尼曰：「敢問新交取親若何？言寡可行若何？長為善士而無犯若何？」仲尼曰：「新交取親，其忠乎！言寡可行，其信乎！長為善士而無犯，其禮乎！」

【章旨】說明「忠」、「信」、「禮」是交友、說話、做事的準則。

【注釋】❶子路行　《孔子家語・子路初見》作「子路將行」。

【語譯】子路將要出行，向孔子告辭，問：「請問，在新交的朋友中怎樣找可親近的人？怎樣才能做到少說話而說了就要兌現？怎樣才能永做好人而不干犯法紀？」孔子說：「在新交的朋友中找可以親近的人，靠的是為朋友盡心竭力這一條吧！少說話並把所說的兌現，靠的是誠實不欺這一條吧！永做好人而不犯法，靠的是遵守禮法這一條吧！」

子路將行，辭於仲尼，曰❶：「贈汝以車乎？以言乎？」子路曰：「請以言。」仲尼曰：「不強不遠❷，不勞無功，不忠無親，不信無復，不恭無禮。慎此五者，可以長久矣。」

【章旨】指明五種不當做的事不應該去做。

【注釋】❶曰 「曰」字上，《家語》有「子」字。❷遠 《家語》作「達」。

【語譯】子路將出行，向孔子告辭，孔子問：「我應該向你送車呢，還是贈言呢？」子路說：「請贈言。」孔子說：「自身不強大就甚要求顯達，沒有費心血就甚要求功勞，對不忠的人不要親近，對不講信義的人不要再來往，對不恭敬的人不要以禮相待。在這五個方面慎重的人，可以長久立於不敗之地。」

曾子從孔子於齊，齊景公以下卿禮聘曾子，曾子固辭。將行，晏子送之，曰：「吾聞君子贈人以財，不若以言。今夫蘭本三年，湛之以鹿醢❶，既成，則易以匹馬，非蘭本美也。願子詳其所湛。既得所湛，亦求所湛。吾聞君子居必擇處，遊必擇士。居必擇處，所以求士也；遊必擇士，所以脩道也。吾聞反常移性者欲也，故不可不慎也。」

【章旨】指出周圍環境對於人和物有巨大的陶染作用。

【注釋】❶湛之以鹿醢 「湛」同「漸」，浸、漬。「鹿醢」，從字面理解，當是用鹿肉做成的醬，向宗魯《說苑校證》：「盧曰：『《荀子．勸學》：「蘭槐之根是為芷，其漸之滫，君子不近，庶人不服。」是言質美而習惡，為人所棄也。此則言質本美而又加以陶染，為人之所貴重。然「鹿醢」、「匹馬」之說，亦殊難曉。』承周按：「鹿醢」《荀子．大略》作「蜜醴」，《晏子》作「麋醢」，《家語》與本書同。「鹿醢」「麋醢」一也。「匹馬」之說，《晏子》、《家語》並同，《荀子》作「一佩易之」。」少卿按：古人是否以鹿肉之醬養蘭花，存疑待考，譯文以「肥料」譯之。

【語譯】曾子跟隨孔子來到齊國，齊景公用下卿的禮儀聘請曾子，曾子堅決拒絕。臨行，晏子送曾子，說：「我聽說君子與其贈人以財物，不如贈人以話語。現有一株長了三年的蘭根，受到肥料的滋潤，養成之後，可以換回一匹馬。並不是蘭根有那麼好，請你考慮一下那肥料，蘭根既得益於肥料，我們也應去尋求那肥料。我聽說君子居住一定選擇住處，出遊一定選擇伴侶。居住一定要選住處，是為了找一個好鄰人；出遊一定要選伴侶，是為了共同切磋道義。我聽說使人違背常規、改變理性的，是嗜欲，所以不可不謹慎。」

孔子曰：「中人之情，有餘則侈，不足則儉，無禁則淫，無度則失❶，縱欲則敗。飲食有量，衣服有節，宮室有度，畜聚有數，車器有限，以❷防亂之源也。故夫度量不可不明也，善欲不可不聽也❸。」

【章旨】指出為人不可放縱，凡事要節制。

【注釋】❶失　讀為「佚」。《家語·六本》作「佚」。❷以　「以」上《家語》有「所」字。❸善欲不可不聽也　或以為「善欲」當作「善教」。

【語譯】孔子說：「一般人的常情，有多餘便奢侈，不充足便節省，不禁止便過度，不限制便放縱，聽任欲望便會敗亂。飲食應該有定量，衣服應該有節制，房屋應該有制度，儲積應該有限數，車馬器用應該有規定，這是防止混亂的基本措施。所以，對各種數量規定不可不弄清楚，對有益的教誨不可不聽從。」

孔子曰：「巧而好度必工，勇而好同必勝，知而好謀必成。愚者反是。夫處重擅寵，專事妒賢，愚者之情也。志驕傲而輕舊怨，是以尊位❶則必危，任重則必崩，擅寵則必辱。」

【章旨】指出智者善於把主觀和客觀的積極因素結合起來，故能取得成功；愚者反是，故遭敗亡。

【注釋】❶尊位　此二字倒置。《荀子‧仲尼》作「位尊」。

【語譯】孔子說：「技藝高超又注重度量的人做出的東西必然精巧，勇敢而喜歡團結別人的人必然能取得戰鬥的勝利，富於智慧又愛謀劃的人必然成功。愚人的做法與這相反。他們想身處重要位置，享有尊貴的名望，獨攬國事，嫉妒賢能，這便是愚人的意願。因為他們意氣驕橫傲慢而忽視昔日結下的讎怨，所以如果處於高位則必然危殆，身肩重任則必然崩潰，受到寵信則必然遭辱。」

孔子曰：「鞭扑之子，不從父之教；刑戮之民，不從君之政。言疾之難行。故君子不急斷，不意使，以為亂源。」

【章旨】主張「不急斷，不意使」。

【語譯】孔子說：「挨鞭子抽打的兒子，不會聽從父親的教訓；遭殺戮的百姓，不會順從君王的政令。這說明用過激的手段難以達到目的。所以君子不作苛刻的裁決，不以感情用事，以免導致禍亂。」

孔子曰：「終日言，不遺己之憂；終日行，不遺己之患，唯智者有之。故恐懼所以除患也，恭敬所以越難也。終身為之，一言敗之，可不慎乎！」

【章旨】主張時時刻刻警惕自己的言行。

【語譯】孔子說：「成天說話，不給自己增添麻煩，成天行事，不給自己帶來禍患，只有聰明人才有這種本領。因此說，小心戒懼是免除禍患的法寶，態度恭敬是超越災難的手段。一輩子做的事，可以敗在一句話上，能不謹慎嗎？」

孔子曰：「以富貴為人下者，何人不與？以富貴敬愛人者，何人不親？眾言不逆，可謂知言矣，眾嚮之，可謂知時矣。」

【章　旨】指出富貴而能下人，則被人親近；被人親近，便是智者。

【語　譯】孔子說：「以富貴之身而甘居人下，何人不願與他相處？以富貴之身去敬愛別人，何人不願與他親近？不違背眾人的話，可稱得上知言，使眾人都嚮往他，可稱得上知時。」

孔子曰：「夫富而能富人者，欲貧而不可得也；貴而能貴人者，欲賤而不可得也；達而能達人者，欲窮而不可得也。」

【章　旨】講富貴顯達之人若肯幫助別人，則不會失去原有的社會地位。

【語　譯】孔子說：「自己富有又能使別人富有的人，想貧窮都不可能；自己高貴又能使別人高貴的人，想卑賤都不可能；自己顯達又能使別人顯達的人，想困頓都不可能。」

仲尼曰：「非其地而樹之，不生也；非其人而語之，弗聽也。得其人如聚沙而雨之，非其人如聚聾而鼓之。」

【章　旨】講凡事要選擇對象。

【語　譯】仲尼說：「栽種得不是地方，不可能生長，講話選錯了對象，沒人聽從。選人得當，如同把沙堆在一起借雨淋澆，選人不當，如同把聾子集中起來擂鼓給他們聽。」

孔子曰：「船非水不可行，水入船中，則其沒也，故曰：君子不可不嚴也，小人不可不閉也。」

【章旨】講「君子不可不嚴」、「小人不可不閉」。

【語譯】孔子說：「船沒有水就不能行走，但水進入船中，船就會沈沒。所以說，君子不可不嚴謹，對小人不可不拒絕。」

孔子曰：「依賢固不困，依富固不窮，馬趼❶斬而復行者何？以輔足眾也。」

【章旨】有所恃、有所備，則無所患。

【注釋】❶馬趼　即「馬蚿」。百足蟲。

【語譯】孔子說：「依仗賢人本不會陷入困境，依仗富人本不會遭受貧窮，百足之蟲被從中斬斷為什麼依然爬行？因為助牠爬行的腳很多。」

孔子曰：「不知其子，視其所友；不知其君，視其所使。」又曰：「與善人居，如入蘭芷之室，久而不聞其香，則與之化矣；與惡人居，如入鮑魚之肆，久而不聞其臭，亦與之化矣。故曰：丹之所藏者赤，烏之所藏者黑。君子慎所藏。」

【章旨】講客觀環境對人的影響極大，要慎重擇友。

【語譯】孔子說：「不了解自己的兒子，可以看看他的朋友；不了解君王，可以看看他的使者。」又說：「與好人相處，如同進入有香草的房間，時間長了就聞不出香味，而自己與香草化而為一；與壞人相處，如同進入腌魚市場，時間長了就聞不出臭味，而自己也同腌魚化而為一。所以說，藏紅色東西的地方是紅的，藏黑色東西的地方是黑的，君子要慎重選擇藏身之所。」

子貢問曰：「君子見大水必觀焉，何也？」孔子曰：「夫水者，君子比德焉。遍予而無私，似德；所及者生，似仁；其流卑下句倨❶，皆循其理，似義；淺者流行，深者不測，似智；其赴百仞之谷不疑，似勇；綿弱而微達，似察；受惡不讓，似貞；包蒙不清以入，鮮潔以出，似善化；主❷量必平，似正；盈不求槩❸，似度；其萬折必東，似意。是以君子見大水觀焉爾也。」

【章　旨】本章賦於大水美好的德性，從而加以宣揚。

【注　釋】❶句倨　猶曲直。❷主　讀為注。❸槩　古代量穀物時刮平斗斛的器具。

【語　譯】子貢問：「君子見大水一定觀賞，為什麼？」孔子說：「水，君子賦於它美德：廣泛施捨而不偏私，像恩惠；所到之處萬物可以生長，像仁愛；流動時低下曲直，都依循地勢，像合理；淺水汩汩流淌，深水深沈莫測，像智慧；奔向百仞深谷而毫不遲疑，像勇敢；漸漸滲透細微之處，像精明；受汙穢而不辭讓，像貞節；讓物體滿身汙垢進去，鮮明光潔地出來，像善於教化；注入量器絕對平衡，像公正；盈滿不用刮平，像標準；千迴萬轉仍向東流，像對理想的追求。所以君子見到大水要觀賞。」

夫智者何以樂水也？曰：泉源潰潰❶，不釋晝夜，其似力者；循理而行，不遺小間，其似持平者；動而之下，其似有禮者；赴千仞之壑而不疑，其似勇者；障防而清，其似知命者；不清以入，鮮潔而出，其似善化者；眾人取乎品類，以正萬物，得之則生，失之則死，其似有德者；淑淑❷淵淵❸，深不可測，其似聖者。通潤天地之間，國家以成。是知之所以樂水也。《詩》云：「思樂泮水❹，薄採其茆❺；魯侯戾止❻，在泮飲酒。」❼樂水之謂也。夫仁者何以樂山也？曰：夫山巃嵸嵔嶵❽，萬民之所觀仰。草木生焉，眾物立焉，飛禽萃焉，走獸休焉，寶藏殖焉，奇夫息焉，育群物而不倦焉，四方並取而不限焉。出雲風，通氣于天地之間，國家以成，是仁者所以樂山也。《詩》曰：「太山巖巖，魯侯是瞻。」❾樂山之謂矣。

【章　旨】述智者樂水、仁者樂山之緣由。

【注　釋】❶潰潰　水流貌。❷淑淑　清澈。❸淵淵　水洄漩貌。❹思樂泮水　思，發語詞。泮水，古時學宮前的水池，狀如半月形。❺薄採其茆　薄，發語詞。茆，水草名，江南稱為蓴菜，嫩葉可食。❻魯侯戾止　戾，至也。止，語氣詞。❼思樂泮水四句　見《詩經．魯頌．泮水》。❽巃嵸嵔嶵　二詞均形容山勢的險峻。❾太山巖巖二句　見《詩經．魯頌．閟宮》。

【語　譯】有智慧的人為什麼喜歡水？回答說：流水源源不斷，日夜不停息，這像力量無窮；順地勢流淌，不遺漏任何一個小地方，這像秉持公正；朝低下之處流動，這像以禮下人；奔向千仞深的溝壑而毫不遲疑，這像勇猛果敢；遇上堤壩便停止並澄清，這像達天知命；汙穢之物進去，鮮明光潔地出來，這像善於教化。眾人多方求取它，借以扶持萬物，得到它便可以生存，失去它便會死亡，這像有德之人；有的清澈見底，有的深不可測，這像聰明之人；普遍滋潤天地萬物，使國家得以形成。這便是智者喜歡水的原因。《詩經》上說：「泮水真可愛，水裡可以採蓴菜，魯國君王來，飲酒樂開懷。」這是說喜歡水。有仁心的人為什麼喜歡山？回答說：山崇高險峻，是萬人觀賞瞻仰的地方。草木生長在那裡，萬物紮根在那裡，飛禽聚集在那裡，走獸休息在那裡，寶藏出產在那裡，高人隱居在那裡，山養育眾物而不怠倦，四方都來開採而不限制。風雲從山上產生，大氣貫通天地之間，使國家得以形成。這便是仁者喜歡山的原因。《詩經》上說：「太山高峻，魯侯瞻仰。」這是說喜歡山。

玉有六美，君子貴之：望之溫潤，近之栗理❶，聲近徐而聞遠，折而不撓❷，闕而不荏❸，廉❹而不劌❺，有瑕必示之於外，是以貴之。望之溫潤者，君子比德焉；近之栗理者，君子比智焉；聲近徐而聞遠者，君子比義焉；折而不撓，闕而不荏者，君子比勇焉；廉而不劌者，君子比仁焉；有瑕必見之於外者，君子比情❻焉。

【章旨】贊玉之「六美」。

【注釋】❶栗理　堅硬而有紋理。❷撓　通「橈」。彎曲。❸荏　怯弱。❹廉　端方。❺劌　刺傷。❻情　實。

【語譯】玉有六種美好的品質：遠看溫和柔潤，近知堅硬而有紋理，聲音悠揚能傳向遠方，可以折斷卻不能弄彎，可以破碎而不顯弱怯，端正、有楞有角，卻不傷人，有斑痕一定顯示在外，因此把它看得很貴重。望去溫潤這一點，君子把它與德相連；近知堅硬而有紋理這一點，君子把它與智相連；聲音悠揚能傳向遠方這一點，君子把它與義相連；可斷不可彎，可碎而不軟弱這一點，君子把它與勇相連；有楞角而不傷人這一點，君子把它與仁相連；有斑痕一定顯示出來這一點，君子把它與誠實相連。

道吾問之夫子：「多所知，無所知，其身孰善者乎？」對曰：「無知者，死人屬也；雖不死，累人者必眾甚矣。然多所知者，好其用心也；多所知者出於利人即善矣，出於害人即不善也。」道吾曰：「善哉！」

【章旨】指出為人不可無知，也不可多知而害人。多知而利人始為善。

【語譯】道吾問夫子說：「知道得多的和沒有知識的，這兩種人哪個好？」回答說：「無知的人，屬死人一類，雖沒斷氣，拖累別人的地方一定很多。但知識多的人，好用心機，知識多的人為利人而用心機是好的，為害人而用心機便是不好的。」道吾說：「對啊！」

越石父❶曰：「不肖人自賢也，愚者自多也，佞人者皆莫能相其心，口以出之，又謂人勿言也。譬之猶渴而穿井，臨難而後鑄兵，雖疾從而不及也。」

【章旨】前面講愚人皆過高估計自己，後面講事到臨頭才加以應付，無濟於事。前後似無關涉。

【注釋】❶越石父　晏子門客。

【語譯】越石父說：「不才之人自以為超群，愚魯之人自我欣賞，能說會道的人，沒人能看出他的真心，話從他口裡說出來，又要別人不要說出去。猶如口渴了才去掘井，兵亂暴發了才去鑄造武器，即使反應再快也來不及。」

夫臨財不忘貧，臨生不忘死，可以遠罪矣。夫君子愛口，孔雀愛羽，虎豹愛爪，此皆所以治身法也。上交者不失其祿，下交者不離於患，是以君子擇人與交，農人擇田而田。君子樹人，農夫樹田；田者擇種而種之，豐年必得粟；士擇人而樹之，豐時必得祿矣。

【章旨】論及「遠罪」、「治身」、「擇人」等問題。

【語譯】得到了財物不忘記貧窮之時，在活著的時候不忘記死亡的危險，可以遠離犯罪。君子愛惜口，孔雀愛惜羽，虎豹愛惜爪，這都是些保全自身的方法。交接勝過自己的人不會失去祿位，交接不如自己的人免不了遭禍患，所以君子要挑選人來結交，農民要挑選田來耕種。君子培養人，農民耕種田。耕者選擇種籽來播種，豐年必得糧食；士人選擇人才來培養，成功時必得祿位。

天下失道，而後仁義生焉；國家不治，而後孝子生焉；民爭不分❶，而後慈惠生焉；道逆時反，而後權謀生焉。凡善之生也，皆學之所由。一室之中，必有主道焉，父母之謂也。故君正則百姓治，父母正則子孫孝慈。是以孔子家兒不知罵，曾子家兒不知怒。所以然者，生而善教也。夫仁者好合人，不仁者好離人。故君子居人間則治，小人居人間則亂。君子欲和人，譬猶水火不相能然❷也，而鼎在其間，水火不亂，乃和百味。是以君子不可不慎擇人在其間。

【章　旨】先講禍亂發生之後即有制止禍亂的思想和方法產生；次言國家、家庭能否行善，君王、父母起主導作用；最後說明仁人君子能夠調和好人際關係。

【注　釋】❶分　同「忿」。❷然　同「燃」。

【語　譯】天下失去道義，然後仁義才產生；國家出現混亂，然後孝子才產生；人心忿忿不平、爭執不已，然後慈愛、恩惠才產生；背離正道、違反常規，然後權謀才產生。所有好事的產生，都是由於學習的結果。一家之內，一定有當家的人，這就是父母。所以君王正派百姓便會安分守己，父母正派子孫便會孝敬慈愛。因此孔子家裡的子女不知道怎樣罵人，曾子家裡的子女不知道怎樣發怒。之所以這樣，是因為一生下來就受到良好的教育。有仁心的人喜歡使人相處融洽，不仁的人喜歡挑撥離間。所以君子處於人與人之間則相安無事，小人處於人與人之間則紛爭不已。君子總想調合人際關係，就像火遇到水不能燃燒，並有鼎鑊隔在中間，水火各不相妨害，還可以調和出各種味道。所以君子不能不謹慎地挑選與自己交往的人並小心地處於他們之間。

齊景公問晏子曰：「寡人自坐地，二三子皆坐地，吾子獨搴❶草而坐之，何也？」晏子對曰：「嬰聞之：唯喪與獄坐於地。今不敢以喪獄之事侍於君矣。」

【章旨】本章講行事要合禮。

【注釋】❶搴 拔取。

【語譯】齊景公問晏子說：「我自己坐在地上，其他人也坐在地上，你卻一人拔草而坐，為什麼？」晏子回答說：「我聽說：只有死了人或蹲監獄的時候才坐在地上。現在我不敢以辦喪事或蹲監獄的模樣侍候在你身旁。」

齊高廷問於孔子曰：「廷不曠山❶，不直地❷，衣蓑，提執❸精氣以問事君❹之道，願夫子告之。」孔子曰：「貞以幹之，敬以輔之。待人無倦。見君子則舉之，見小人則退之。去爾惡心，而忠與之。敏其行，修其禮，千里之外，親如兄弟。若行不敏，禮不合，對門不通矣。」

【章旨】論述一些與人相交的原則。

【注釋】❶不曠山 《孔子家語・六本》王肅注：「曠，隔也。不以山為隔，踰山而來。」❷不直地 向宗魯《說苑校證》：「直」疑「脩」之誤。不以地為長遠也。❸執 與「贄」通。贈人的禮物。❹君 「君」下脫「子」字。

【語　譯】齊高廷向孔子求教說：「我不怕高山阻隔，不怕路途遙遠，穿著蓑衣，提著禮物，誠心向您請教事奉君子的方法，希望您告訴我。」孔子說：「公正理事，恭敬輔佐。與人打交道不可怠慢。遇到君子便加以薦舉，遇到小人便加以貶斥。去掉你的厭惡之心，忠誠與人相處。行為要靈敏，要講究禮法，這樣，千里之外的人也同你像兄弟一樣親密。如果行為不靈敏，做事不合禮法，對門的人也不與你往來。」

卷一八

辨物

【題解】本篇所辨之物十分廣泛，涉及天文、地理、鬼神、災祥、鳥獸、草木諸方面。於辨析之中，宣揚了天人感應、陰陽轉換、五行變化等思想。

顏淵問於仲尼曰：「成人❶之行何若？」子曰：「成人之行，達乎情性之理，通乎物類之變，知幽明❷之故，睹遊氣❸之源。若此而可謂成人。既知天道，行躬以仁義，飭身以禮樂，夫仁義禮樂，成人之行也。窮神知化，德之盛也。」

【章旨】論「成人之行」。

【注釋】❶成人　才德兼備的完人。❷幽明　有形之物和無形之物。❸遊氣　浮遊之氣。

【語譯】顏淵問仲尼說：「完人的表現應是怎樣的？」孔子說：「完人的表現應該是：懂得情性的道理，通曉事物的變化，了知幽明的原故，看透遊氣的本源。像這樣的人可稱為完人。能了解自然規律，以仁義指導行動，以禮樂約束自己，仁義禮樂，便是完人的表現。窮盡神妙，明白造化，是德行中的盛大者。」

《易》曰：「仰以觀於天文，俯以察於地理。是故知幽明之故。」❶夫天文地理人情之效存於心，則聖智之府。是故古者聖王既臨天下，必變四時，定律曆，考天文，揆時變，登靈臺以望氣氛。故堯曰：「咨爾舜，天之曆數在爾躬，允執其中，四海困窮。」❷《書》曰：「在璿璣玉衡，以齊七政。」❸璿璣，謂北辰句陳樞星也。以其魁杓❹之所指二十八宿為吉凶禍福。天文列舍，盈縮之占，各以類為驗。夫占變之道，二而已矣。二者，陰陽之數也。故《易》曰：「一陰一陽之謂道。」❺道也者，物之動莫不由道也。是故發於一，成於二，備於三，周於四，行於五。是故玄象著明，莫大於日月；察變之動，莫著於五星。天之五星，運氣於五行。其初猶發於陰陽，而化極萬一千五百二十，所謂二十八星者，東方曰角、亢、氐、房、心、尾、箕，北方曰斗、牛、須女、虛、危、營室、東壁，西方曰奎、婁、胃、昴、畢、觜、參，南方曰東井、輿鬼、柳、七星、張、翼、軫❻。所謂宿者，日月五星之所宿也。其宿運外內者，以官名別。其根荄皆發於地，而華形於天。所謂五星者，一曰歲星❼，二曰熒惑❽，三曰鎮星❾，四曰太白❿，五曰辰星⓫。欃槍、彗孛、旬始、枉矢、蚩尤之旗⓬，皆五星盈縮之所生也。五星之所犯，各以金木水火土為占。春秋冬夏，伏見有時。失其常，離其時，則為變異；得其時，居其常，是謂吉祥。古者有主四時者：主春者張昏而中，可以種穀。上告于天子，下布之民。主夏者大火昏而中，可以種黍菽。上告于天子，下布之民。主秋者虛昏而中，可以種麥。上告于天子，下布之民。主冬者昴昏而中，可以斬伐田獵蓋藏。上告于天子，下布之民。故天子南面視四星之中，知民之緩急。急則不賦籍，不舉力役。《書》曰：「敬授民時。」⑬《詩》曰：「物其有矣，維其時矣。」⑭物之所以有而不絕者，以其動之時也。

【章旨】本章簡介北斗七星、日月五星、二十八宿等天文常識，指出王者觀天象的作用。

【注釋】❶仰以觀於天文三句　見《周易．繫辭上》。❷咨爾舜四句　見《論語．堯曰》。但「四海困窮」下當有「天祿永終」一句，否則意思不完整。❸在璿璣玉衡二句　見《尚書．虞書》。璿璣玉衡是以美玉為裝飾的天體觀測儀器。據前人注釋，璿是玉的別稱，璣是旋轉裝置，衡是固定的平衡裝置。七政又稱七曜，指日、月和金、木、水、火、土五星。❹魁杓指北斗七星。北斗七星的名字是天樞、天璇、天璣、天權、玉衡、開陽、搖光。古人把這七星的排列想像為舀酒的斗形，由天樞至天權四星組成斗身，古稱魁；由玉衡、開陽、搖光三星組成斗柄，古稱杓。❺一陰一陽之謂道　見《周易．繫辭上》。❻東方曰角等句　所列皆星名。❼歲星　即木星。❽熒惑　即火星。❾鎮星　即土星。❿太白　即金星。⓫辰星　即水星。⓬欃槍彗孛旬始枉矢蚩尤之旗　皆星名。⓭敬授民時　見《尚書．堯典》。⓮物其有矣二句　見《詩經．小雅．魚麗》。

【語譯】《易經》說：「抬頭看天象，低頭看地理，所以能知有形無形的物象和生死、始終的定數。」天文、地理、人事的效應存於人心，便形成聰明才智的寶庫。所以古代聖明君王即位之後，必定改訂一年的四個節令，制訂樂律和曆法，考察天文，揣摩時變，借以觀望氣運。所以帝堯說：「嘿，你這位舜，上天的使命落在你身上，忠誠地把握正確方向吧，假若四海百姓陷入窮困，上天給你的祿位也將永遠終止。」《尚書》說：「在璿璣玉衡上，全面地觀察日月和五星。」璿璣，即北斗魁中的四星，它用魁杓指向二十八宿以顯示吉凶禍福。對天上眾星的排列、增減的占卜，各按類別檢驗。占卜變化的方法，只有兩種。這兩種是：陰和陽的規律。所以《易經》說：「一陰一陽便叫做道。」所謂道，是說事物的變化莫不與這一規律相符。道立於一，成於陰陽，備於天、地、人，周遍於東、南、西、北，表現於金、木、水、火、土。因此天象最明顯的，莫過於太陽和月亮；最能使人觀測變化的，莫過五星。天上的五星，按五行之氣運動。開始的時候還是起於陰陽，而變化出一萬一千五百二十種現象。所說的二十八宿，東方的叫角、亢、氐、房、心、尾、箕，北方的叫斗、牽牛、須女、虛、危、營室、東壁，西方的叫奎、婁、胃、昴、畢、觜觿、參，南方的叫東井、輿鬼、柳、七星、張、翼、軫。之所以叫宿，是因為它們是日月五星的停宿之處。日月五星在列宿內外運行，用宮名加以區別。它們的根都生長在地上，而花在天上開放。所說的五星，一是歲星，二是熒惑，三是鎮星，四是太白，五是辰星。欃槍、彗孛、旬始、枉矢、蚩尤之旗，都是五星消長變化時所產生的。五星所干犯的，各以金木水火土表現出來。五星在春夏秋冬四季，隱沒、顯現均遵照一定的時令。如果失去常規，違離時令，便有災異；合乎時令，遵守常規，便是吉祥。古代有掌管四時的人，春天張星初昏時出現，可以種穀。主管人便把此事向上報告天子，向下通知百姓。夏天大火星初昏時出現，可以種黍子豆類。主管人便把此事向上報告天子，向下通知百姓。秋天虛星初昏時出現，可以種麥子。主管人便把此事向上報告天子，向下通知百姓。冬天昴星初昏時出現，可以收割捕獵儲藏。主管人便把此事向上報告天子，向下通知百姓。所以南面稱王的天子只需看四星是否出現，便知道百姓的寬舒和緊迫。百姓日子過得緊，就不徵賦稅，不興徭役。《尚書》說：「謹慎地告訴老百姓時令。」《詩經》說：「若要物品應時而有，一定要掌握時令。」物品之所以源源不斷，就是因為按時生產。

《易》曰：「天垂象，見吉凶，聖人則之。」❶昔者高宗❷、成王❸感於雊雉❹暴風之變，脩身自改，而享豐昌之福也。逮秦皇帝即位，彗星四見，蝗蟲蔽天，冬雷夏凍，石隕東郡，大人出臨洮，妖孽並見，熒惑守心星，茀大角❺，大角以亡，終不能改。二世❻立，又重其惡。及即位，日月薄蝕，山林淪亡，辰星出於四孟❼，太白經天而行，無雲而雷，枉矢夜光，熒惑襲月，孽火燒宮，野禽戲庭，都門內崩。天變動於上，群臣昏於朝，百姓亂於下，遂不察，是以亡也。

【章旨】本章講天人相感應。人行善，天報之以吉；人行惡，天報之以凶。並正反舉例說明這一觀點。

【注釋】❶天垂象三句　見《周易・繫辭上》。❷高宗　即殷高宗武丁。《漢書・郊祀志》：「帝武丁得傅說為相，殷復興焉，稱高宗。有雉登鼎耳而雊，武丁懼。祖己曰：『修德。』武丁從之，位以永寧。」❸成王　周成王。❹雊雉　雊是野雞的鳴叫，雉是野雞。❺茀大角　茀本為古代車廂後面的遮蓋物。此用為動詞。意思是遮蔽。大角，星名。❻二世　指太子胡亥。❼四孟　四季的第一個月。

【語譯】《易經》說：「上天顯現跡象，表現吉凶，聖人取法於它。」從前殷高宗看到野雞在鼎耳鳴叫，周成王看到暴風驟起，便修德改過，於是享有昌隆的國運。到了秦始皇做皇帝，彗星四次出現，蝗蟲遮蔽天空，冬天打雷夏天結冰，運隕石落到東郡，長人出在臨洮，妖孽一起顯現，火星守住心星，遮蔽大角星，使大角星隱沒。而秦始皇終不知悔改。胡亥被立為太子，更加兇惡，到了他即位，日月虧蝕，山林毀滅，水星出現在四季的孟月，金星橫過天際，不起雲就下雨，枉矢星夜裡發光，火星侵襲月亮，怪火焚燒宮室，野鳥在朝廷裡嬉戲，城門從裡面坍塌。老天在上示以災異，群臣在朝昏潰無能，百姓在下反叛作亂，仍不覺醒，因而敗亡。

八荒❶之內有四海，四海之內有九州。天子處中州而制八方耳。兩河間曰冀州❷，河南曰豫州❸，河西曰雍州❹，漢南曰荊州❺，江南曰揚州❻，濟河間曰兗州❼，濟東曰徐州❽，燕曰幽州❾，齊曰青州❿。山川汙⓫澤，陵陸丘阜⓬，五土之宜，聖王就其勢，因其便，不失其性。高者黍⓭，中者稷⓮，下者秔⓯。蒲葦菅蒯⓰之用不乏，麻麥黍粱亦不盡，山林禽獸、川澤魚鼈滋殖，王者京師四通而致之。

【章旨】簡介中國古代的行政區劃。說王者因地制宜，使財用不乏。

【注釋】❶八荒　八方荒遠之地。❷兩河間曰冀州　兩河指清河、西河。冀州，今河北、山西、河南北部、遼寧西部一帶。❸豫州　約今河南省地。❹雍州　在今陝西北部和甘肅西北部以及青海額濟納一帶。❺荊州　包括今湖南、湖北、四川東南部。❻揚州　包括今安徽、江蘇、浙江、福建。❼兗州　約在今河北、山東西部交接處。❽徐州　今江蘇西北部和山東南部交接的一帶。❾燕曰幽州　燕是河北省別名。幽州，傳說舜分冀州東北為幽州。即今河北北部和遼寧一帶。❿齊曰青州　齊指山東。青州在今山東、遼寧的東面。⓫汙　不流動的水叫汙。⓬陵陸丘阜　大土山為陵，高平之地為陸，小土山為丘，丘陵為阜。⓭黍　黍子，碾成的米叫黏黃米。⓮稷　穀子。⓯秔　不黏的稻。⓰蒲葦菅蒯　蒲是水草，葦是蘆葦，菅是菅茅，蒯是一種莖可供編織的草。

【語譯】八荒之內有四大海，四海之內有九州，天子居於中間而控制八方。兩河之間稱冀州，河南稱豫州，河西稱雍州，漢南稱荊州，江南稱揚州，濟、河之間稱兗州，濟東稱徐州，燕稱幽州，齊稱青州。山川沼澤，丘陵高原，各有適宜於當地的出產，聖王按各地的形勢，就各地的方便，使水土不喪失本性。高地種黍，中間種稷，低地種秔。茅草之類的資源不短缺，大麻糧食源源不斷，山林裡的禽獸，河湖裡的魚鼈繁殖生長，君王所在的京城通向四方，可把各地的東西收集攏來。

周幽王❶二年，西周三川❷皆震。伯陽父曰：「周將亡矣！夫天地之氣，不失其序，若過其序，民亂之也。陽伏而不能出，陰迫而不能烝❸，於是有地震。今三川震，是陽失其所而填陰也。陽溢而壯陰，源必塞，國必亡。夫水土演❹而民用足也。土無所演，民乏財用，不亡何待？昔伊雒❺竭而夏亡，河竭而商亡，今周德如二代之季矣。其川源塞，塞必竭。夫國必依山川，山崩川竭，亡之徵也。川竭山必崩，若國亡不過十年，數之紀❻也。天之所棄不過紀。」是歲也，三川竭，岐山崩。十一年，幽王乃滅，周乃東遷。

【章　旨】說地震乃國亡的先兆。

【注　釋】❶周幽王　周宣王子，名宮湼。寵褒姒，廢太子宜臼而立褒姒子伯服，又廢太子母申后，申侯與犬戎攻殺幽王於驪山下。在位十一年，諡「幽」。❷三川　涇、渭、洛。❸烝　升。❹演　《國語・周語》韋昭注：「水土氣通為演，演猶潤也。」❺伊雒　伊水、雒水。❻紀　十二年為一紀。

【語　譯】周幽王二年，西周的三川流域都發生地震。伯陽父說：「周朝將要敗亡！天地間的氣候，不違反正常秩序，如果失去秩序，百姓就會生亂。陽氣潛伏著不能出來，陰氣被逼住不能升起，於是有地震發生。現在三川發生地震，是因為陽氣失去了地方而被陰氣填塞。陽氣漫溢而陰氣旺盛，源頭必被堵塞，國家必定滅亡，土有水的滋潤則百姓的衣食豐足。土無水的滋潤，百姓就缺少財用，不敗亡還等什麼？從前伊水、雒水乾涸而夏朝滅亡，黃河水枯而商朝滅亡，現在周朝的命運就像那兩代的末世。河水之源被堵，河流必枯。國都一定依山傍水，山崩水枯，這是要敗亡的徵兆。河乾山一定崩潰，這國的滅亡不會超過十年，這接近一紀之數。被上天拋棄的國家不會超過一紀便會滅亡。當年，三川枯竭，岐山崩塌。周幽王十一年，幽王就身亡了，周王室向東遷徙。

五嶽❶者何謂也？泰山❷，東嶽也。霍山❸，南嶽也。華山❹，西嶽也。常山❺，北嶽也。嵩高山❻，中嶽也。五嶽何以視三公❼？能大布雲雨焉，能大斂雲雨焉。雲，觸石而出，膚寸❽而合，不崇朝而雨天下。施德博大，故視三公也。

【章　旨】簡介五嶽並說明何以視之為「三公」。

【注釋】❶嶽　高峻的大山。❷泰山　橫貫山東省中部，主峰在泰安縣北部。❸霍山　在今安徽省霍山縣南部。❹華山　在今陝西省華陰縣南部。❺常山　又名「恆」山。跨山西、河北二省，主峰在河北省曲陽縣西北。❻嵩高山　在河南省登封縣北。❼五嶽何以視三公　《禮記・王制》：「天子祭名山大川，五嶽視三公，四瀆視諸侯。」視，比照。三公，輔助帝王掌管軍政大權的最高官員。三公的名稱各代不同，周之三公是太師、太傅、太保。西漢三公是大司馬、大司徒、大司空。❽膚寸　古代長度單位，鋪四指為扶（膚），一指為寸，形容甚小。

【語譯】五嶽指什麼？泰山，是東嶽。霍山，是南嶽。華山，是西嶽。常山，是北嶽。嵩高山，是中嶽。為什麼把五嶽視同三公？因為它們能廣布雲雨，也能廣收雲雨。雲緣著山石升起，一塊塊緊緊相連，不用一個早晨便使天下降雨。施予的恩惠十分廣大，所以把它們視為三公。

四瀆❶者何謂也？江、河、淮、濟❷也。四瀆何以視諸侯？能蕩滌垢濁焉，能通百川於海焉，能出雲雨千里焉。為施甚大，故視諸侯也。

【章旨】簡介四瀆並說明何以視之為「諸侯」。

【注釋】❶瀆　大河。❷江河淮濟　江即長江，河即黃河，淮即淮河，濟即濟水。

【語譯】四瀆指什麼？就是長江、黃河、淮河、濟水。為什麼把四瀆視同諸侯？因為它們能蕩滌汙泥濁水，能溝通百川流入大海，能形成千里雲雨。施予的恩惠很大，所以把它們視為諸侯。

山川何以視子男也❶？能出物焉，能潤澤物焉，能生雲雨，為恩多。然品類以百數，故視子男也。《書》曰：「禋于六宗，望秩于山川，遍于群神矣❷。」

【章旨】說明何以視山川為「子男」。

【注釋】❶山川何以視子男也 《尚書大傳．夏傳》：「其餘山川視伯，小者視子男。」《風俗通義．山澤》：「其餘或伯，或子男，大小為差。」古代分五等爵位，即公、侯、伯、子、男。此以大小不同的山川比喻大小不同的爵位。❷禋于六宗三句 見《尚書．舜典》。六宗：據孔安國《傳》，即四時、寒暑、日月、星、水旱。

【語譯】為什麼把山川視同子、男？因為山川能出產物品，能滋潤萬物，能形成雲雨，施予的恩惠多。但種類竟有上百種，所以視同子、男。《尚書》說：「精心祭祀六宗，祭祀山川，遍及諸神。」

齊景公為露寢之臺❶，成而不通❷焉。柏常騫❸曰：「為臺甚急，臺成君何為不通焉？」公曰：「然。梟昔❹者鳴，其聲無不為也。吾惡之甚，是以不通焉。」柏常騫曰：「臣請禳❺而去之。」公曰：「何具？」對曰：「築新室為置白茅焉。」公使為室，成，置白茅焉。柏常騫夜用事。明日，問公曰：「今昔聞梟聲乎？」公曰：「一鳴而不復聞。」使人往視之，梟當陛布翼，伏地而死。公曰：「子之道若此其明也，亦能益寡人壽乎？」對曰：「能。」公曰：「能益幾何？」對曰：「天子九，諸侯七，大夫五。」公曰：「亦有徵兆之見乎？」對曰：「得壽地且動。」公喜，今百官趣具騫之所求。柏常騫出，遭晏子於塗，拜馬前，辭曰：「騫為禳梟而殺之。君謂騫曰：『子之道若此其明也，亦能益寡人壽乎？』騫曰：『能。』今且大祭，為君請壽，故將往以聞。」晏子曰：「嘻！亦善矣，能為君請壽也。雖然，吾聞之，惟以政與德順乎神，為可以益壽。今徒祭可以益壽乎？然則福兆有見乎？」對曰：「得壽地將動。」晏子曰：「騫，昔吾見維星❻絕，樞星❼散，地其動，汝以是乎？」

柏常騫俯有間，仰而對曰：「然。」晏子曰：「為之無益，不為無損也。薄賦斂，無費民。且令君知之。」

【章　旨】指出祈、禳無助於得福除禍，唯齊政修德可以益壽延年。

【注　釋】❶露寢之臺　「露」同「路」。路寢即大堂。露寢之臺疑為上面建有大房屋的高臺。❷通　《晏子春秋》作「踊」。踊，上也；登也。❸柏常騫　《莊子・則陽》：「仲尼問於大史大弢、伯常騫、狶韋」。柏常騫當是周之大史。❹昔　王念孫《讀書雜誌・晏子春秋雜誌》：「古謂夜曰『昔』，或曰『昔者』。《莊子・田子方》曰：『昔者寡人夢見良人。』」是也。」❺禳　古代以祭禱消除災禍的一種迷信活動。❻維星　星宿名。《漢書・天文志》：「極後有四星，名曰句星。斗杓後有三星，名曰維星。」❼樞星　即北斗七星第一星。又稱天樞星。

【語　譯】齊景公建造露寢之臺，修成了卻不到上面去。柏常騫問：「造臺的時候趕得那樣急，臺造成了您為什麼不上去？」景公說：「是的。梟鳥夜裡鳴叫，聲音好可怕，我非常討厭牠，所以不上去。」柏常騫說：「讓我為您祝禱，除掉牠。」景公問：「需要準備什麼東西？」回答說：「建一間新房，裡面放置白茅草。」景公派人建房，做成之後，把白茅草放在裡面。柏常騫夜間祝禱。第二天，問景公說：「夜裡聽到梟鳥叫嗎？」景公說：「聽到叫一聲就再沒聽到了。」派人前去察看，梟鳥在臺階上張開翅膀，趴在地上死了。景公問：「你的法術如此靈驗，還能使我添壽嗎？」回答說：「能。」景公問：「能增加多少？」回答說：「天子九年，諸侯七年，大夫五年。」景公問：「有徵兆顯現嗎？」回答說：「增加了壽命大地就會震動。」景公十分高興，命令百官趕緊準備柏常騫所需要的東西。柏常騫出來後，在路上遇到晏子，在馬前拜見，告訴晏子說：「我為君王祝禱，除掉了梟鳥。君王問我說：『你的法術如此靈驗，還能使我添壽嗎？』我說：『能。』現在將舉行大型祭祀，為君王祈求長壽，所以要去告訴你。」晏子說：「嗯，這也是好事，能為君王祈求長壽。雖然如此，但我聽說，只有使政令和道德順從神靈，才可以增加壽命。現在光靠祭祀可以增加壽命嗎？而且有添福的預兆顯現嗎？」回答說：「增加了壽命大地將震動。」晏子說：「騫，夜間我看到維星滅絕，樞星消散，大地將要震動，你要用這個來騙人嗎？」柏常騫的頭低了很久，仰面回答說：「是。」晏子說：「祭了沒有好處，不祭沒有壞處。減輕賦稅，不浪費民力，要使這些道理讓君王知道。」

夫水旱俱天下❶陰陽所為也。大旱則雩祭❷而請雨，大水則鳴鼓而劫社❸，何也？曰：陽者，陰之長也。其在鳥，則雄為陽，雌為陰；其在獸，則牡為陽，而牝為陰；其在民，則夫為陽，而婦為陰；其在家，則父為陽，而子為陰；其在國，則君為陽，而臣為陰。故陽貴而陰賤，陽尊而陰卑，天之道也。今大旱者，陽氣太盛，以厭於陰。陰厭陽固，陽其填也。惟填厭之太甚，使陰不能起也，亦雩祭拜請而已，無敢加也。至於大水及日蝕者，皆陰氣太盛，而上減陽精。以賤乘貴，以卑陵尊，大逆不義，故鳴鼓而懾之，朱絲縈而劫之。由此觀之：《春秋》乃正天下之位，徵陰陽之失。直責逆者，不避其難。是亦《春秋》之不畏強禦也，故劫嚴社而不為驚靈❹，出天王而不為不尊上❺，辭蒯聵之命不為不聽其父❻，絕文姜之屬而不為不愛其母❼。其義之盡耶！其義之盡耶！

【章旨】本章講陰陽失調則會形成災害，而《春秋》一書可「正天地之位，徵陰陽之失」。

【注釋】❶下 疑「地」字之誤。後文「《春秋》乃正天下之位」中之「下」，亦同。❷雩祭 古代祈雨之祭祀。❸劫社 劫為攻討之意，社是土神。漢董仲舒《春秋繁露．精華》：「大旱雩祭而請雨，大水鳴鼓而攻社。」❹故劫嚴社而不為驚靈 《春秋繁露》「劫」作「脅」，「驚」作「不敬」。❺出天王而不為不尊上 《春秋．僖公二十四年》：「冬，天王出居于鄭。」天王指周襄王。「出」即逃亡之意。本句的意思是：記載周天子逃亡並不是不尊重天子。❻辭蒯聵之命不為不聽其父 蒯聵是春秋時衛國國君靈公的太子。據《左傳》記載，蒯聵因其庶母南子與人私通而感羞愧，要殺南子，南子受到靈公庇護，蒯聵出奔宋國。靈公死後，南子傳靈公遺命，欲立公子郢為君，公子郢因有靈公嫡孫、蒯聵之子輒在，拒不受命，後來仍立輒為君。本句的意思是：公子郢不接受廢蒯聵的父命不是不順從父親。❼絕文姜之屬不為不愛其母　文姜是魯桓公夫人，齊襄公妹妹。文姜與襄公通姦，受到桓公斥責，齊襄公便乘桓公夫婦在齊國之機害死桓公。桓公之子莊公慟父之被殺而絕母子之親。

【語譯】 水災和旱災都是天地間陰、陽二氣造成的。大旱便雩祭祈求降雨，大水便擊鼓脅迫土神。為什麼？回答是：陽是陰的尊長。在鳥類中雄的是陽，雌的是陰；在獸類中公的是陽，母的是陰；在人類中丈夫是陽，婦人是陰；在家庭中父親是陽，兒子是陰；在國家中君王是陽，臣子是陰。因此陽貴重而陰輕賤，陽高尚而陰卑下，這是上天的規定。現在發生大旱災，是因為陽氣太盛而壓住了陰氣。陰氣受壓陽氣堅固，陽氣便把陰氣堵塞了。由於堵塞、壓抑得太厲害，便使陰氣不能升起，此時只能舉行雩祭、進行祈禱，而不能再壓制陰氣。至於發生大水或日蝕，那都是因為陰氣太盛而吞滅了陽氣的精華。這是把賤置於貴之上，把卑置於尊之上，是嚴重的反常、非理行為，所以要擊鼓來威赫它，用紅線纏繞來脅迫它。由此看來，《春秋》乃是一本調整天地的位置、反映陰陽失調的書。它直言斥責悖逆之事，不害怕有人非難。《春秋》是不畏強暴的，所以它認為脅迫威嚴的土地神不算是不敬神靈，趕走天子不算是不尊長上，拒絕廢蒯聵為君不算是不順從父親，斷絕與文姜的關係不算是不愛母親。這真是合適到了極點！合適到了極點！

齊大旱之時，景公召群臣問曰：「天不雨久矣，民且有饑色。吾使人卜之，祟在高山廣水。寡人欲少賦斂以祠靈山，可乎？」群臣莫對。晏子進曰：「不可，祠此無益也。夫靈山固以石為身，以草木為髮，天久不雨，髮將焦，身將熱，彼獨不欲雨乎？祠之無益。」景公曰：「不然，吾欲祠河伯，可乎？」晏子曰：「不可，祠此無益也。夫河伯以水為國，以魚鼈為民，天久不雨，水泉將下，百川將竭，國將亡，民將滅矣，彼獨不用雨乎？祠之何益？」景公曰：「今為之奈何？」晏子曰：「君誠避宮殿暴露，與靈山、河伯共憂，其幸而雨乎。」於是景公出野暴露，三日，天果大雨，民盡得種樹。景公曰：「善哉！晏子之言，可無用乎？其惟有德也。」

【章旨】講惟有修德可抵禦災害，祭祀神靈無濟於事。

【語譯】齊國大旱的時候，景公召來眾臣子問道：「天不下雨已經很久了，百姓面有饑餓之色。我派人占卜，妖孽出在高山大河之中。我想少量徵收一些賦稅去祭祀那有神靈的高山，可以嗎？」眾臣子無人回答。晏子進諫說：「不可，祭這沒用處。有神靈的山本來以石頭為軀體，以草木為頭髮，天長期不下雨，頭髮將會枯焦，軀體將會燙熱，它難道不需要雨嗎？祭它沒有用。」景公問：「不這樣，我要祭祀河神，可以嗎？」晏子說：「不可，祭這沒用處。河神以水為國家，以魚鼈為百姓，天長期不下雨，水勢將下落，百川將枯竭，國家將要毀滅，百姓將要死亡，它難道不需用雨嗎？祭它有什麼用？」景公問：「現在該怎麼辦？」晏子說：「您若真能離開宮殿到野外去，與靈山、河伯共患難，或許僥倖而下雨。」於是景公來到野外，過了三天，天上果然降下大雨，百姓全都能夠栽種了。景公說：「好啊！晏子的話，能不聽嗎？因為他的話中有德啊。」

夫天地有德合❶，則生氣有精矣；陰陽消息，則變化有時矣。時得而治矣，時得而化矣❷，時失而亂矣。是故人生而不具者五：目無見，不能食，不能行，不能言，不能施化。故三月達眼而後能見。八月生齒而後能食。期年生臏而後能行。三年顋❸合而後能言。十六精通而後能施化。陰窮反陽，陽窮反陰，故陰以陽變，陽以陰變。故男八月而生齒，八歲而毀齒，二八十六而精小通。女七月而生齒，七歲而毀齒，二七十四而精化小通。不肖者精化始至矣，而生氣感動，觸情縱欲，故反施亂化。故《詩》云：「乃如之人，懷婚姻也，大無信也，不知命也。」❹賢者不然，精化填盈，後傷時之不可過也。不見道端，乃陳情欲以歌。《詩》曰：「靜女其姝，俟我乎城隅。愛而不見，搔首踟躕。」❺「瞻彼日月，遙遙我思。道之云遠，曷云能來！」❻急時之辭也。甚焉，故稱日月也。

【章旨】本章用陰陽相互轉化的觀點闡述人的生理現象，指出情慾是成熟的標誌，需加以節制。

【注釋】❶天地有德合　「德」字衍。合即偶。此句話的意思是：天地間的事物是相配合的。❷時得而化矣　此句疑衍文，《韓詩外傳》無。❸顖　頂門。❹乃如之人四句　見《詩經‧鄘風‧蝃蝀》。❺靜女其姝四句　見《詩經‧邶風‧靜女》。❻瞻彼日月四句　見《詩經‧邶風‧雄雉》。

【語譯】天地萬物相配，所以產生生機；陰陽消長，所以按時變化。合乎時機便能有安寧，不合時機便出現紛亂。所以人初生之時有五個方面的機能不具備：眼睛看不見，不能自己拿東西吃，不能走路，不能說話，不能生育。過三個月睜開了眼以後才能看得見東西。過了八個月長出了牙齒才能吃東西。過了一年腿長硬了才能走路。過了三年頂上的顖門合攏以後才會言語。到了十六歲有精液排洩才能生育。陰到極點向陽轉化，陽到極點向陰轉化，因此陰從陽變化而來，陽從陰變化而來。所以男孩出生八個月開始長牙齒，到了八歲換牙齒，二八一十六歲漸有生殖能力。女孩七個月長牙齒，七歲換牙齒，二七一十四歲漸有生殖能力。品德低下的人在剛有性慾的時候，精力旺盛，一觸發激情便放縱慾望，亂搞兩性關係。所以《詩經》上說：「有一個姑娘家，心裡想出嫁。年齡大了就任性，不知道這要聽父母之命。」品德高尚的人就不這樣，精力充沛之時便耽心錯過好年華。找不到對象，就把感情慾念用詩歌表達出來。《詩經》說：「文靜的姑娘美都都，在那城角把我候。躲了起來不相見，急得我撓頭來回走。」「看著那日移月遷，我心中有不盡的思念。道路那麼遙遠，(我心中的人兒)怎能來到我的身邊？」這是耽心好時光白白過去的話。因心情急切，所以說日月流逝太快。

度量權衡❶，以黍生之❷，為一分。十分為一寸，十寸為一尺，十尺為一丈。十六黍為一豆，六豆為一銖，二十四銖為一兩，十六兩為一斤，三十斤為一鈞，四鈞重一石。千二百黍為一龠，十龠為一合❸，十合為一升，十升為一斗，十斗為一石。

【章旨】簡介度量衡。

【注釋】❶度量權衡　測量長短的器具為度，計算多少的器具為量。稱量物體輕重的器具為權衡。權是秤錘，衡是秤杆。
❷以黍生之　《漢書·律曆志》：「以子穀秬黍中者。」顏師古注：「子穀，猶言穀子耳。秬即黑黍。中者，不大不小也。」
❸十龠為一合　「十」當作「二」。《廣雅·釋器》：「二龠曰合。」

【語譯】度量權衡，根據黍米產生，一顆不大不小的黍米的長度為一分。十分為一寸，十寸為一尺，十尺為一丈。十六顆黍米的重量為一豆，六豆為一銖，二十四銖為一兩，十六兩為一斤，三十斤為一鈞，四鈞重量為一石。一千二百顆黍米的體積為一龠，十龠為一合，十合為一升，十升為一斗，十斗為一石。

凡《六經》帝王之所著，莫不致四靈❶焉。德盛則以為畜，治平則時氣❷至矣。故麒麟麕❸身牛尾，圓頂一角。含仁懷義，音中律呂。行步中規，折旋中矩。擇土而踐，位平然後處。不群居，不旅行。紛兮❹其有質文也。幽閒則循循如也，動則有容儀。黃帝即位，惟聖恩承天，明道一脩，惟仁是行，宇內和平。未見鳳凰，維思影像，夙夜[5]晨興。於是乃問天老[6]曰：「鳳像何如？」天老曰：「夫鳳鴻前麟後，蛇頭魚尾，鶴植[7]鴛鴦思，麗化枯折所志[8]，龍文龜身，燕喙雞噣，駢翼而中注。首戴德，頂揭義，背負仁，心信[9]智。食則有質，飲則有儀，往則有文，來則有嘉。晨鳴曰『發明』，晝鳴曰『保長』，飛鳴曰『上翔』，集鳴曰『歸昌』。翼挾義，衷抱忠，足履正，尾繫武。小聲合金，大聲合鼓。延頸奮翼，五光備舉。光興八風，氣降時雨。此謂鳳像。夫惟鳳為能究萬物，隨[10]天祉，象百狀，達于道。去則有災，見則有福。覽九州，觀八極，備文武，正王國。嚴照四方，仁聖皆伏。故得鳳之像一者鳳過之，得二者鳳下之，得三者則春秋下之，得四者則四時下之，得五者則終身居之。」黃帝曰：「於戲，盛哉！」於是乃備黃冕，帶黃紳，齋于中宮。鳳乃蔽日而降。黃帝降自東階，西面啟首曰：「皇天降茲，敢不承命。」於是鳳乃遂集東囿，食帝竹實，棲帝梧樹，終身不去。《詩》云：「鳳皇鳴矣，于彼高岡。梧桐生矣，于彼朝陽。菶菶萋萋，雍雍喈喈。」[11]此之謂也。靈龜文五色，似金似玉，背陰向陽。上隆象天，下平法地，槃衍象山。四趾轉運應四時，文著象二十八宿。蛇頭龍翅。左精象日，右精象月。千歲之化，下氣上通。能知存亡吉凶之變。寧則信信如也，動則著矣。神龍能為高，能為下，能為大，能為小，能為幽，能為明，能為短，能為長。昭乎其高也，淵乎其下也，薄乎天光，高乎其著也。一有一亡，忽微哉，斐然成章。虛無則精以知，動作則靈以化。於戲，允哉！君子辟神也。觀彼威儀，遊燕幽閒，有似鳳也。《書》曰：「鳥獸鶬鶬，鳳凰來儀。」⑫此之謂也。

【章　旨】介紹「四靈」。

【注　釋】❶四靈　指麟、鳳、龜、龍。❷時氣　二字衍。《藝文類聚》九十八引文無此二字。❸麕　獐子。❹紛兮　當作「份份」。參雜搭配適當。❺夜　「夜」當作「寐」。❻天老　傳說為黃帝臣。❼鶴植　當作「鶴顙」。《說文・鳥部》引天老言，為「鸛顙鴛思」。❽麗化枯折所志　六字皆衍文。❾信　同「伸」。❿隨　別本作「通」。⓫鳳皇鳴矣等句　此詩見《詩經・大雅・卷阿》。菶菶萋萋，茂盛貌。雍雍喈喈，叫聲合諧。⓬鳥獸鶬鶬二句　見《尚書・益稷》。鶬鶬，鈴聲。

【語　譯】大凡帝王所著的六經，沒有不涉及四靈的。盛德的君王以四靈為牲畜，太平之世牠們便會到來。麒麟麕身牛尾，圓頂獨角。懷抱著仁義，聲音合音律，行走合規矩，旋轉合標準。選好土地才下腳，找到平地才停留。不合群居處，不結隊遷移。裡表相得，幽閒從容，行動有氣派、風度。黃帝即位之後，承天命施隆恩，推行仁愛，天下太平。他沒見過鳳凰，對鳳凰的樣子，日思夜想。於是問天老說：「鳳的樣子是怎樣的？」天老說：「鳳的身體前部像大雁，後部像麒麟，頸像蛇，尾像魚，額像鶴，腮像鴛鴦，花紋像龍，身軀像龜，嘴巴像燕和雞，雙翅並連從中間重合。頭上戴著德，頂上舉著義，背上揹著仁，心裡藏著智。吃食有禮貌，飲水有風度。飛走時顯現美麗的色彩，飛來時帶回美好的希望。早晨鳴叫稱為『發明』，白天鳴叫稱為『保長』，邊飛邊叫稱為『上翔』，停在樹上的鳴叫稱為『歸昌』。翅膀夾著義，內心懷著忠，腳踏著正道，尾帶著威風。小聲像敲鑼，大聲像打鼓。伸長頸子展開翅膀，各種色彩一起閃光，牠的光可以興起八面風，牠的氣可以喚來及時雨，這便是鳳的樣子。只有鳳能夠推究萬物，傳送上天所降之福，顯示各種形態，通於大道。鳳離去則有災禍，出現則有吉祥。牠眼觀九州，洞察八方，具備文韜武略，能匡扶國家和帝王，光芒遍照四方，仁君聖主都朝拜牠。人間帝王的品德若有一點像鳳，鳳凰便從這裡經過，有兩點像鳳，鳳凰便降落下來，有三點像鳳，鳳凰便在春秋兩季降落，有四點像鳳，鳳凰便四季降落，有五點像鳳，鳳凰便終身停留。」黃帝說：「啊呀，真偉大呀！」於是就準備下黃色的禮帽，繫上黃色的大帶，在內宮齋戒膜拜。鳳凰遮天蔽日而來。黃帝走下東面的臺階，向西方叩頭說：「老天爺降下這吉祥之物，我敢不遵天命嗎？」於是鳳凰停集在東邊的園林之中，吃黃帝的竹實，棲息在黃帝的梧桐樹上，終身不離去。《詩經》說：「鳳凰鳴叫，就在那高岡之上。梧桐樹長起來了，鳳凰在上面朝拜太陽。梧桐的枝葉多繁茂，鳳凰的叫聲多歡暢。」說的就是這種情形。神龜有五色花紋像金、玉，背陰朝陽。上面隆起效法天，下面平坦效法地，盤陀而向四方延伸效法山。四個腳趾爬行應合四季，明顯的花紋象徵二十八宿，頭像蛇，翅像龍，左眼像太陽，右眼像月亮。經歷千年的變化，下氣通達於上方。能知曉存亡吉凶的變化。安定時身體舒展，行動時顯示靈驗的徵兆。神龍能處於高處，也能處於低處，能變大，也能變小，能隱蔽，也能顯露，能變短，也能變長。可在天空露像，可在深淵藏身，可逼近天光，可附於高處。時現時隱，眨眼之間，牠還能放出五色光彩。隱沒之時牠憑靈性感知，運動之時牠靠神氣變幻。哎呀，真相似啊！君子效法神靈。看他的神態悠閒自得，就像鳳凰一樣。《尚書》說：「鳥獸的鳴叫鏗鏘悅耳，鳳凰風度翩翩地飛來。」說的便是這情形。

成王時有三苗貫桑而生，同為一秀，大幾盈車，民得而上之成王。成王問周公：「此何也？」周公曰：「三苗同秀為一，意天下其和而為一乎？」後三年，則越裳氏❶重譯而朝，曰：「道路悠遠，山川阻深，恐一使之不通，故重三譯而來朝也。」周公曰：「德澤不加，則君子不饗其質❷；政令不施，則君子不臣其人。」譯曰：「吾受命於吾國之黃髮❸：『久矣，天之無烈風淫雨，意中國有聖人耶？有則盍朝之？』」然後周公敬受其所以來矣。

【章旨】記三苗同為一秀，預示天下合而為一。

【注釋】❶越裳氏　南海國名。❷質　同「贄」。❸黃髮　年老之人。

【語譯】周成王時，有三株禾苗穿透桑樹長了出來，共結一個穗，幾乎可以裝滿一輛車，百姓得到後進獻給成王。成王問周公說：「這預示著什麼？」周公說：「三株苗同結一個穗，想是天下將合為一體吧？」過了三年，越裳氏派翻譯來朝覲，說：「道路遙遠，山高水深，怕此次出使語言不通，所以派三個翻譯來朝見。」周公說：「恩惠未施給你們，我們不應接受你們的禮物；政令未在你們那裡實行，我們不把你們視為臣屬。」翻譯說：「我們聽我國的老人說：『很長時間了，老天沒降暴風大雨，料想中國出了聖人。如果有，為何不去朝見？』」這樣周公才謙敬地迎接他們的來訪。

周惠王十五年，有神降於莘❶。王問於內史過曰：「是何故？有之乎？」對曰：「有之。國將興，其君齊明中正，精潔惠和，其德足以昭其馨香，其惠足以同其民人。神饗而民聽，民神無怨，故明神降焉，觀其政德而均布福焉。國將亡，其君貪冒淫僻，邪佚荒怠，蕪穢暴虐。其政腥臊，馨香不登。其刑矯誣，百姓攜貳。明神不蠲，而民有遠意。民神痛怨，無所依懷。故神亦往焉，觀其苛慝而降之禍。是以或見神而興，亦有以亡。昔夏之興也，祝融❷降于崇山❸；其亡也，回祿❹信於亭隧❺。商之興也，檮杌❻次於丕山❼；其亡也，夷羊❽在牧❾。周之興也，鸑鷟❿鳴於岐山⓫；其衰也，杜伯射宣王於鎬⓬。是皆明神之紀者也。」王曰：「今是何神也？」對曰：「昔昭王娶于房⓭，曰房后，是有爽德，協于丹朱，丹朱馮身以儀之，生穆王焉。是監燭⓮周之子孫而福禍之。夫一神⓯不遠徙遷，若由是觀之，其丹朱耶？」王曰：「其誰受之？」對曰：「在虢。」王曰：「然則何為？」對曰：「臣聞之，道而得神，是謂豐⑯福；淫而得神，是謂貪禍。今虢少荒，其亡也！」王曰：「吾其奈何？」對曰：「使太宰以祝史率狸姓⑰奉犧牲粢盛玉帛往獻焉，無有祈也。」王曰：「虢其幾何？」對曰：「昔堯臨民以五⑱，今其冑見。鬼神之見也，不失其物。若由是觀之，不過五年。」王使太宰己父率傅氏⑲、及祝奉犧牲玉觴往獻焉。內史過從至虢，虢公亦使祝史請土焉。內史過歸告王曰：「虢必亡矣。不禋於神，而求福焉，神必禍之；不親於民，而求用焉，民必違之。精意以享，禋也；慈保庶民，親也。今虢公動匱百姓，以盈其違。離民怒神怨⑳，而求利焉，不亦難乎？」十九年，晉取虢也。

【章旨】講鬼神顯靈是國家有事的預兆，是禍是福則決定於君王是否敬神保民。

【注釋】❶莘　地名。今陝西省郃陽縣東南有莘里。❷祝融　傳說中的火神。❸崇山　即嵩山。❹回祿　火神名。❺信於亭隧　再宿為信。亭隧，亦作「聆遂」、「黔隧」。地名。❻檮杌　傳說中的兇獸。❼丕山　地名。❽夷羊　神獸。或以為土神。❾牧　商朝首都的郊野。❿鸑鷟　鳳凰的一種。⓫岐山　在今陝西省岐山縣東北。⓬杜伯射宣王於鎬　據顏之推《還冤志》引《周春秋》載：周宣王之妾女鳩，欲與周大夫杜伯私通，杜伯不可，女鳩便誣陷杜伯，杜伯被宣王囚禁。杜伯之友左儒極力為杜伯辯解，宣王不聽。宣王派司工錡殺杜伯，左儒亦為杜伯而自殺。杜伯死後，其鬼魂向宣王質問自己有何罪過，宣王將此事告訴主管祝告的人，此人建議殺司工錡以謝杜伯。後來司工錡的鬼魂又來質問宣王，宣王又殺管祝告的人以向二人謝罪。過了三年，宣王到獵場行獵。日中之時，杜伯之魂乘白馬素車而來，司工錡居左，祝史居右，以朱弓朱矢射宣王，宣王被穿心而死。⓭房　堯子丹朱，被舜封為房邑侯。⓮監燭　《國語‧周語》作「臨照」。皆有監察、了解之意。⓯一神　《周語》作「神壹」。韋昭注：「神一心依憑於人。」⓰豐　同「逢」。⓱狸姓　丹朱之後。⓲臨民以五　即五年一巡狩。「臨民」是到民間察訪之意。⓳傅氏　亦唐堯之後。《潛夫論‧志姓氏》言帝堯之後有狸氏、傅氏。⓴怨　衍文。

【語譯】周惠王十五年，有神靈降臨在莘邑。惠王問一個名叫過的內史說：「這是什麼緣故？有講究嗎？」回答說：「有。國家將要興盛，這國的君王齋戒之時，內心清靜虔敬、祭品潔淨精緻，氣氛肅穆祥和，他的道德要像祭品一樣散發芬芳，他的恩惠要遍及百姓。神靈樂意享用而百姓樂意聽從，百姓、神靈都無怨恨之心，所以神靈下降，觀察君王的道德和國家的政治，從而廣施恩惠。國家將要敗亡，這國的君王貪婪嫉妒，淫佚邪亂，怠惰殘暴。他的行政散發腥臊之氣，祭祀時祭品的芬香不能上升。他的刑獄多冤假錯案，百姓懷有貳心。神靈不肯饒恕，百姓都想遠離。百姓神靈痛恨仇怨，無依無靠。此時神靈也來到人間，察看他殘暴邪僻的行為而降下災禍。因此，有的見到神靈而興盛，也有的見到神靈而敗亡。從前夏朝興起，祝融降落到崇山；它滅亡之時，回祿住在亭隧。商朝興起時，檮杌停留在丕山；它滅亡之時，夷羊出在牧野。周朝興起時，鸑鷟在岐山鳴叫；它衰敗之時，杜伯在鎬京箭射宣王。這都是神靈的記錄。」惠王問：「現在是什麼神靈？」回答說：「從前昭王娶妻於房，其妻稱房后，有背德的行為，與丹朱相好，丹朱以身作她的配偶，生下穆王。這是為了察看周朝子孫的行為然後決定是降禍還是降福。神靈一心依憑於人而不遠離，由此看來，這神靈大概是丹朱吧？」惠王問：「誰會遭報應？」回答說：「報應在虢國。」惠王問：「這樣會有什麼後果？」回答說：「我聽說，行道而遇到神靈，是遇到福氣；荒淫而遇到神靈，是找到禍害。現在虢國漸漸荒怠，它要敗亡了！」惠王問：「我應該怎麼辦？」回答說：「讓太宰率祝史以及狸姓之人拿著犧牲、稻粱、玉帛之類的祭品前去祭祀，但不要祈求什麼。」惠王問：「虢國還能存在多久？」回答說：「從前唐堯五載一巡狩，現在他的後裔顯靈。大凡鬼神出現，總會有事情發生。由此看來，不超過五年。」惠王派太宰己父率領傅氏、祝史，帶著犧牲、玉、酒前去祭祀。內史過跟隨著來到虢國。虢國之君也派祝史向神靈請賜田土。內史過回來報告惠王說：「虢國一定會滅亡。不精意祀神，卻向神靈求福，神靈一定加禍於它。不親近百姓，而要百姓為己所用，百姓一定會背離。精意祭神，叫做禋；仁慈保民，叫做親。現在虢公使百姓困乏，增加他們的叛離之心。遠離百姓、觸怒神靈，卻去祈求利益，不是很難嗎？」周惠王十九年，晉國消滅了虢國。

齊桓公北征孤竹，未至卑耳谿中十里，闟然而止，瞠然而視，有頃，奉矢未敢發也，喟然歎曰：「事其不濟乎？有人長尺，冠冕，大❶人物具焉。左袪衣，走馬前者。」管仲曰：「事必濟。此人，知道之神也。走馬前者，導也。左袪衣者，前有水也；從左方渡。」行十里，果有水曰遼水。表之，從左方渡至踝；從右方渡至膝。已渡，事果濟。桓公再拜管仲馬前曰：「仲父之聖至如是，寡人得罪久矣。」管仲曰：「夷吾聞之：聖人先知無形。今已有形乃知之，是夷吾善承教，非聖也。」

【章旨】記齊桓公北征之時遇神靈引路，而管仲見後能辨吉凶。

【注釋】❶大 或疑「而」之誤。

【語譯】齊桓公討伐北邊的孤竹國，離卑耳谿十里遠，停止不前，睜大眼睛看了很久，拿著箭不敢發射，歎息說：「這次出征難以成功吧？有個人長一尺，戴著帽子，五官四肢俱備，脫掉左臂的衣服，在馬前奔跑。」管仲說：「此事必成。這人，是熟悉道路的神靈，在馬前奔跑，是為您引路。脫掉左臂的衣服，表示前面有水，應從左邊渡過。」走了十里，果然有條河，名叫遼水。標記表明，從左邊渡水深至腳踝，從右邊渡水深至膝蓋。渡過之後，討伐果然成功。齊桓公在管仲馬前鄭重行禮，說：「仲父的聖明到如此地步，我得罪你太久了。」管仲說：「我聽說，聖人在無形之前先有所知。現在有了形跡才知道，說明我只不過善於領受教誨，並不是聖人。」

吳伐越，隳會稽❶，得骨專車❷，使使問孔子曰：「骨何者最大？」孔子曰：「禹致群臣會稽山，防風氏❸後至，禹殺而戮之，其骨節專車，此為大矣。」使者曰：「誰為神？」

孔子曰：「山川之靈足以紀綱天下者，其守為神，社稷為公侯❹，皆屬於王者。」曰：「防風氏何守？」孔子曰：「汪芒氏❺之君守封嵎之山❻者也。其神為釐姓，在虞夏為防風氏，商為汪芒氏，於周為長狄氏，今謂之大人。」使者曰：「人長幾何？」孔子曰：「僬僥氏❼三尺，短之至也；長者不過十，數之極也。」使者曰：「善哉，聖人也！」

【章旨】記孔子辨防風氏之骨並論及人的高度。

【注釋】❶會稽　山名。越之所都。❷骨專車　「骨」下當有「節」字。《史記・孔子世家・集解》引韋昭注：「骨一節，其長專車。專，擅也。」❸防風氏　夏時諸侯。❹山川之祀為諸侯　七字衍文。〈魯語〉、《史記》無。❺汪芒氏　亦作「汪罔氏」。古國名。❻封嵎之山　是封山、嵎山的合稱，在浙江省武康縣境內。❼僬僥氏　西南蠻之別名。

【語譯】吳國攻打越國，毀壞了會稽，得到一根有一輛車那麼長的骨頭，派人問孔子說：「骨頭哪個的最大？」孔子說：「夏禹召群臣會於會稽山，防風氏遲到了，夏禹殺了他並陳屍示眾，他的一根骨頭就有一輛車子長，這是最大的骨頭。」使者問：「誰是神？」孔子說：「有些山川足以興雲致雨，這些山川的主管者為神，只祭祀社稷不祭祀山川的為公侯，都屬於君王。」問：「防風氏主管什麼？」孔子說：「他是汪芒氏國君派去守封嵎之山的人。他的祖先為釐姓，虞舜、夏禹時代為防風氏，在商代為汪芒氏，在周代為長狄氏，現在稱為大人。」使者問：「人最長是多少？」孔子說：「僬僥氏高三尺，是最矮的；最長的不超過這高度的十倍，這是身高的極點。」使者說：「說得完全正確，真是一位聖人啊！」

仲尼在陳，有隼❶集于陳侯之廷而死，楛❷矢貫之，石砮❸，矢長尺有咫❹。陳侯使問孔子，孔子曰：「隼之來也遠矣，此肅慎氏❺之矢也。昔武王克商，通道九夷百蠻，使各以其方賄來貢，思❻無忘職業。於是肅慎氏貢楛矢，石砮，長尺有咫。先王欲昭其令德之致，故銘其栝曰：『肅慎氏貢楛矢。』以勞大姬❼，配虞胡公，而封諸陳。分同姓以珍玉，展❽親也；分別姓以遠方職貢，使無忘服也。故分陳以肅慎氏之矢。」試求之故府。果得焉。

【章旨】記孔子辨矢。

【注釋】❶隼　鷙鳥，又稱鶻。❷楛　木名。❸砮　箭頭。❹咫　八寸曰咫。❺肅慎氏　古國名，在今吉林省內。❻思　《國語·魯語》作「使」。❼以勞大姬　「勞」，《魯語》、《史記》、《家語》作「分」。大姬是周武王大女兒。❽展　《史記·孔子世家·集解》引韋昭注：「展，重也。」

【語譯】仲尼在陳國時，有隼停在陳侯的朝廷之下而死去，楛樹做的箭射中了牠們，箭頭是石頭做的，箭長一尺八寸。陳侯派人問孔子，孔子說：「隼來得可遠哩，這是肅慎氏的箭。從前武王消滅商朝後，與各方蠻夷相交往，要他們各以地方特產來進貢，使他們不忘自己應盡的義務。於是肅慎氏獻來楛樹做的箭，箭頭是石製的，箭長一尺八寸。先王為了顯示自己的美德已播及遠方，在箭尾刻上字：『肅慎氏進貢楛木作的箭。』把箭分給大姬，把大姬許配給虞胡公，又把箭分賜給陳國。以玉分給同姓，顯示親密；以遠方貢品分給異姓，使他們不忘服從。因此把肅慎氏之箭分給陳國之君。」陳國人從舊府庫中尋找，果然找到肅慎氏之箭。

季桓子穿井得土缶❶，中有羊。以問孔子，言得狗。孔子曰：「以吾所聞，非狗，乃羊也。木石之怪夔、罔兩❷，水之怪龍、罔象❸，土之怪羵羊❹也，非狗也。」桓子曰：「善哉！」

【章旨】記孔子辨羊。

【注　釋】❶缶　瓦器。❷夔罔兩　傳說夔是山精，獨足，好為人聲而迷惑人。罔兩，又作「魍魎」。山川之怪。❸罔象　水怪。❹羵羊　土中怪羊，雌雄不分。

【語　譯】季桓子掘井得到一個瓦罐，裡面有一隻羊。以此事問孔子，謊稱得到一隻狗。孔子說：「以我所知，不是狗，乃是一隻羊。山上的精怪是夔、罔兩，水中的精怪是龍、罔象，土裡的精怪是羵羊。」桓子說：「說得對！」

楚昭王渡江，有物大如斗，直觸王舟，止於舟中。昭王大怪之，使聘問孔子。孔子曰：「此名萍實，令❶剖而食之。惟霸者能獲之，此吉祥也。」其後齊有飛鳥，一足，來下，止于殿前，舒翅而跳。齊侯大怪之，又使聘問孔子。孔子曰：「此名商羊，急告民，趣治溝渠，天將大雨。」於是如之。天果大雨。諸國皆水，齊獨以安。孔子歸，弟子請問。孔子曰：「異哉！小兒謠曰：『楚王渡江，得萍實，大如拳❷，赤如日。剖而食之，美如蜜。』此楚之應也。兒又有兩兩相牽，屈一足而跳，曰：『天將大雨，商羊起舞。』今齊獲之，亦其應也。」夫謠之後，未嘗不有應隨者也。故聖人非獨守道而已也，睹物記也，即得其應矣。

【章　旨】記孔子憑童謠以辨異物，預料來事。

【注　釋】❶令　當從《家語》作「可」。❷拳　當如上文作「斗」。

【語　譯】楚昭王渡江之時，有一個東西大如斗，直撞昭王的船，停在船艙裡。昭王十分奇怪，派人向孔子詢問。孔子說：「這東西的名字叫萍實，可以剖開食用。惟有稱霸的人才能得到它，這是一種吉祥物。」後來，齊國有一種鳥，一隻腳，飛下來停在宮殿前，展開翅膀跳躍。齊侯十分奇怪，也派人向孔子詢問。孔子說：「這東西的名字叫商羊。趕緊告訴百姓，快快修築溝渠，天將下大雨。」於是照孔子所說的辦。天果然降下大雨。各國都受了水災，唯有齊國安然無事。孔子回去後，弟子向他請教。孔子說：「奇怪吧？小孩唱歌說：『楚王來過江，萍實進船艙。大得像個斗，紅得像太陽。剖開嚐一嚐，甜得像蜜糖。』這是應在楚國。又有小孩兩兩手牽手，彎曲著一隻腳跳躍，唱道：『天要下大雨，商羊在跳舞。』現在齊國獲得了商羊，也會應在那裡。」謠諺出現之後，未嘗沒有應驗。所以聖人不應單單遵守大原則，還應該廣聞博見，這樣用起來就左右逢源。

鄭簡公❶使公孫成子❷來聘於晉。平公❸有疾，韓宣子❹贊，授館客。客問君疾，對曰：「君之疾久矣，上下神祇，無不遍諭也，而無除。今夢黃熊入於寢門，不知人鬼耶？意厲鬼也？」子產曰：「君之明，子為政，其何厲之有？僑聞之，昔鯀違帝命，殛之于羽山❺，化為黃熊，以入于羽淵。是為夏郊❻，三代❼舉之。夫鬼神之所及，非其族類，則紹其同位。是故天子祠上帝，公侯祠百神，自卿已下，不過其族。今周室少卑，晉實繼之。其或者未舉夏郊也？」宣子以告；祀夏郊，董伯為尸❽，五日瘳。公見子產，賜之莒鼎。

【章旨】記鄭子產憑夢黃熊而辨識鬼神。

【注釋】❶鄭簡公　名嘉，在位三十六年，諡「簡」。❷公孫成子　即鄭大夫子產，名僑，「成子」是其諡號。❸平公　名彪，在位二十六年，諡「平」。❹韓宣子　即晉卿韓起。❺羽山　在江蘇省東海縣西北。一說在山東省蓬萊縣東南。❻郊　帝王祭天稱「郊」。❼三代　夏商周。❽尸　古代祭祀時代表死者受祭的人。

【語譯】鄭簡公派子產訪問晉國。晉平公有病，韓宣子輔政，給子產安排客舍。子產問平公病情，韓宣子回答說：「君王生病已經很久了，上下神靈，無不告求，但疾病總不能消除。現在夢見黃熊進入寢宮之門，不知是善鬼還是惡鬼？」子產說：「君王是賢明的，你又在執政，會有什麼惡鬼出現？我聽說，從前鯀違犯帝舜的命令，被殺死在羽山，變成黃熊，進入羽淵。這便是夏代所祭的神靈，這種祭祀夏、商、周三代都舉行。鬼神所涉及的，不是他們的同類人，便是他們的繼承人。因此，天子祭祀上帝，公侯祭祀各種鬼神，卿大夫以下，所祭不超越自己的親族。現在周王室逐漸卑弱，晉國實際上繼承了它的地位。或許是因為未像夏代那樣祭祀鯀的緣故吧？」宣子把此話報告平公，舉行了對鯀的祭祀，董伯代鯀受祭。過了五天，平公病愈。平公接見子產，將莒鼎賜給他。

虢公夢在廟，有神人面白毛虎爪，執鉞立在西阿。公懼而走。神曰：「無走！帝今日使晉襲于爾門。」公拜頓首。覺，召史嚚❶占之。嚚曰：「如君之言，則蓐收❷也，天之罰神也，天事官成。」公使囚之，且使國人賀夢。舟之僑❸告其諸族曰：「虢不久矣，吾乃今知之。君不度而嘉，大國之襲於己也，何瘳？吾聞之曰：大國道，小國襲❹焉，曰服；小國傲，大國襲焉，曰誅。民疾君之侈也，是以由❺於逆命。今嘉其夢，侈必展。是天奪之鑑，而益其疾也。民疾其態，天又誑之，大國來誅，出令而逆，宗國既卑，諸侯遠己，外內無親，其誰云救之！吾不忍俟，將行！」以其族適晉。三年，虢乃亡。

【章旨】 記蓐收托夢虢國之君，預示虢國將要滅亡。

【注釋】 ❶史嚚　春秋時虢國太史。❷蓐收　《國語·晉語》韋昭注：「蓐收，西方白虎金正之官也。」❸舟之僑　春秋虢大夫，後奔晉。❹襲　《晉語》韋昭注：「襲，入也。」❺由　《晉語》作「遂」。

【語譯】 虢公夢見廟裡有一個神人，面目與人相同，長著白毛虎爪，拿著大斧，站在西邊的屋角上。虢公嚇得轉身奔走。神人說：「不要跑！天帝現要派晉國人襲擊你的城門。」虢公叩頭拜謝。醒後，召來史嚚占卜。史嚚說：「照你所說，此神便是蓐收，這是天上主管處罰的神，天帝的事由他來完成。」虢公囚禁了史嚚，並讓虢國的人慶賀他所做的夢。舟之僑告訴同族諸人說：「虢國不會長久了，我現在才知道。君王不考慮大國襲擊我們會有什麼危害，卻認為所做的是好夢。我聽說，大國有道，小國歸向，叫做服從；小國驕橫，大國襲擊，叫做誅伐。百姓痛恨君王的奢侈，所以違抗君王的命令。現在君王認為自己的夢是好夢，奢侈之風必然發展。這是老天有意取消鑑戒，增加他的過失。百姓痛恨他的表現，上天又哄騙他，大國前來討伐，他發出的命令將無人聽從，國家卑弱，諸侯疏遠，裡裡外外無親近之人，誰會來救援！我不忍心等待滅亡，就要走了！」帶著他的家族來到晉國。過了三年，虢便滅亡了。

晉平公築虒祁❶之室，石有言者。平公問於師曠曰：「石何故言？」對曰：「石不能言，有神馮焉。不然，民聽之濫也。臣聞之，作事不時，怨讟❷動於民，則有非言之物而言。』今宮室崇侈，民力屈盡，百姓疾怨，莫安其性。石言不亦可乎？」

【章　旨】記晉平公勞民傷財修建宮室而招來石頭說話的怪異現象。

【注　釋】❶虒祈　宮室名。❷怨讟　怨憤。

【語　譯】晉平公在修築虒祈宮時，竟有石頭說話。平公問師曠說：「石頭為什麼會講話？」回答說：「石頭不能講話，是有神靈附在上面。不然，百姓都能聽到。我聽說，做事不合時宜，怨憤催動了老百姓，就會有不會說話的東西說話。現在宮殿做得又高又大，民力窮盡，百姓痛恨，無人可以忍受，石頭說話不是理所當然的嗎？」

晉平公出畋，見乳虎伏而不動，顧謂師曠曰：「吾聞之也，霸王之主出，則猛獸伏不敢起。今者寡人出見乳虎伏而不動，此其猛獸乎？」師曠曰：「鵲食猬❶，猬食鵔鸃❷，鵔鸃食豹，豹食駮❸，駮食虎。夫駮之狀有似駮馬❹。今者君之出，必驂駮馬而出畋乎？」公曰：「然。」師曠曰：「臣聞之，一自誣者窮，再自誣者辱，三自誣者死。今夫虎所以不動者，為駮馬也，固非主君之德義也。君奈何一自誣乎？」平公異日出朝，有鳥環平公不去。平公顧謂師曠曰：「吾聞之也，霸王之主鳳下之。今者出朝，有鳥環寡人，終朝不去，是其鳳鳥乎？」師曠曰：「東方有鳥名諫珂❺，其為鳥也，文身而朱足，憎鳥而愛狐。今者吾君必衣狐裘以出朝乎？」平公曰：「然。」師曠曰：「臣已嘗言之矣，一自誣者窮，再自誣者辱，三自誣者死。今鳥為狐裘之故，非吾君之德義也。君奈何而再自誣乎？」平公不說。異日，置酒虒祁之臺，使郎中馬章布蒺藜❻於階上，令人召師曠。師曠至，履而上堂。平公曰：「安有人臣履而上人主堂者乎？」師曠解履刺足，伏刺膝，仰天而歎。公起引之，曰：「今者與叟戲，叟遽憂乎？」對曰：「憂。夫肉自生蟲，而還自食也。木自生蠹，而還自刻也。人自興妖，而還自賊也。五鼎❼之具，不當生藜藿❽。人主堂廟，不當生蒺藜。」平公曰：「今為之奈何？」師曠曰：「妖已在前，無可奈何。入來月八日，修百官，立太子，君將死矣。」至來月八日平旦，謂師曠曰：「叟以今日為期，寡人如何？」師曠不樂，謁歸。歸未幾而平公死。乃知師曠神明矣！

【章旨】記師曠洞悉先機，預知平公將死。

【注　釋】❶猬　刺猬。❷鵕鸃　有文彩的赤雉。❸駮　猛獸名。《山海經・西山經》：「中曲之山有獸焉，其狀如馬而白身黑尾，一角，虎牙爪，音如鼓音，其名曰駮，是食虎豹。」❹駮馬　毛色青白相雜的馬。❺諫珂　鳥名。❻蒺藜　草名。其實表面突起如針狀。❼五鼎　本指大夫以上可用五鼎盛祭品祭祀。此指豪華的食器。❽藜藿　藜與藿都是野菜，可食。

【語　譯】晉平公出外打獵，看見一隻乳虎伏在地上不敢動彈，回頭問師曠說：「我聽說，稱王稱霸的君王外出，猛獸才會伏地不動。今天我出去見乳虎伏地不動，乳虎也是猛獸吧？」師曠說：「鵲吃刺猬，刺猬吃鵕鸃，鵕鸃吃豹，豹吃駮，駮吃虎。駮的樣子與駮馬相似。今天君王外出，一定是用三匹駮馬駕車去打獵吧？」平公說：「是的。」師曠說：「我聽說，一次自欺的人受窘困，二次自欺的人受羞辱，三次自欺的人會死。老虎今天之所以不動，是因為有駮馬的緣故，本非君王的德義威懾住牠。您為什麼自己欺騙自己呢？」平公另一天出朝，有鳥環繞著他不肯離去，平公回頭問師曠說：「我聽說，遇到稱王稱霸的君主鳳凰便會降落。今天出朝，有鳥環繞著我，終日不離開，這大概是鳳鳥吧？」師曠說：「東方有一種鳥名叫諫珂，這種鳥，身上有花紋，腳是紅的，牠痛恨其他的鳥卻喜歡狐狸。您今天一定是穿著狐皮衣出朝的吧？」平公說：「是的。」師曠說：「我曾經說過，一次自欺的人受窘，二次自欺的人受辱，三次自欺的人會死。現在鳥為狐皮衣的緣故不肯離去，並不是您的德義吸引了牠們。您為什麼再次自己欺騙自己呢？」平公不高興。又有一天，平公在虒祈臺擺酒宴，叫郎中馬章把蒺藜擺在臺階上，派人叫師曠前來。師曠來後，穿著鞋子往堂上走。平公說：「哪有作臣子的穿著鞋子上君王的大堂的？」師曠脫下鞋子，蒺藜刺了腳，跪下去又刺了膝蓋，他仰天歎息。平公起身拉他起來，說：「今天與你老人家開個玩笑，你老人家竟這樣不高興嗎？」回答說：「是不高興。肉裡長出蛆，蛆回過頭來吃肉。樹木裡長出蛀蟲，蛀蟲回過頭來蛀樹木。人自己招來妖孽，妖孽回過頭來傷害人。豪華的食器內，不應該有藜藿，人主的朝廷上，不應該生蒺藜。」平公問：「現在該怎麼辦？」師曠說：「妖孽已經出現，無法可想。到下月初八，您召來百官，讓太子繼位，您就要死了。」到了第二個月初八日的早晨，平公問師曠說：「你老人家說今天是我的死期，我現在怎麼樣？」師曠怏怏不樂，朝拜以後便回去了。回去不久，平公就死了。天下人這才知道師曠是神明的。

趙簡子問於翟封荼❶曰：「吾聞翟雨穀三日，信乎？」曰：「信。」「又聞雨血三日，信乎？」曰：「信。」「又聞馬生牛，牛生馬，信乎？」曰：「信。」簡子曰：「大哉，妖亦足以亡國矣！」對曰：「雨穀三日，䖟風❷之所飄也。雨血三日，鷙鳥擊於上也。馬生牛，牛生馬，雜牧也。此非翟之妖也。」簡子曰：「然則翟之妖奚也？」對曰：「其國數散，其君幼弱，其諸卿貨，其大夫比黨以求祿爵，其百官肆斷而無告，其政令不竟而數化，其士巧貪而有怨：此其妖也。」

【章旨】講真正的妖孽不是怪異的自然現象，而是統治者的昏亂行為。

【注釋】❶翟封荼　翟是國名。封荼，或作「封餘」。人名，不詳。❷䖟風　疾風。

【語譯】趙簡子問翟國的封荼說：「我聽說翟國下了三天穀雨，是真的嗎？」說：「真的。」「又聽說下了三天血雨，是真的嗎？」說：「真的。」「又聽說馬生牛，牛生馬，是真的嗎？」說：「真的。」簡子說：「好大的鬼啊！這妖怪足以使國家滅亡。」回答說：「下了三天穀雨，是因為大風把穀子吹上了天。下了三天血雨，是因為鷙鳥在上空搏擊。馬生出牛，牛生出馬，是因為牛馬在一起放牧。這些都不是翟國的妖孽。」簡子問：「那麼翟國的妖孽是什麼？」回答說：「國家多次分裂，君王年幼懦弱，眾卿相行賄受賄，眾大夫結黨以謀求俸祿爵位，各部門官員獨斷專行而百姓無處申告，政令還未貫徹就變了卦，士人巧偽貪鄙卻滿懷怨心。這便是妖孽。」

哀公射而中稷❶，其口疾，不肉食。祠稷而善，卜之巫官。巫官變❷曰：「稷負五種，託株而從天下，未至於地而株絕，獵谷❸之老人張衽以受之。何不告祀之？」公從之而疾去。

【章旨】記哀公射稷得禍，祀稷得免。純屬不經之語。

【注釋】❶稷 穀神。❷變 同「辨」。❸獵谷 當是地名，未詳。

【語譯】哀公射箭而射中了穀神，嘴巴疼得不能吃肉。祭祀穀神之後就好些，便請主管占卜的官員來卜筮。管占卜的官員解釋說：「穀神揹著五樣種籽，連同禾苗從天上降臨，還未落到地上禾苗就死了，獵谷裡的老人扯起衣襟接住了種籽。為什麼不向他祭祀祈禱？」哀公照著辦，病痛就解除了。

扁鵲❶過趙，趙王太子暴疾而死。鵲造宮門曰：「吾聞國中卒有壤土之事❷，得無有急乎？」中庶子之好方者❸應之曰：「然。王太子暴疾而死。」扁鵲曰：「入言鄭❹醫秦越人能活太子。」中庶子難之曰：「吾聞上古之為醫者曰苗父。苗父之為醫也，以菅為席，以芻為狗，北面而祝，發十言耳。諸扶而來者、舉而來者，皆平復如故。子之方能如此乎？」扁鵲曰：「不能。」又曰：「吾聞中古之為醫者曰俞柎。俞柎之為醫也，搦腦髓，束肓莫❺，炊灼九竅❻，而定經絡，死人復為生人，故曰俞柎❼。子之方能若是乎？」扁鵲曰：「不能。」中庶子曰：「子之方如此，譬若以管窺天，以錐刺地，所窺者甚大，所見者甚少。鈞❽若子之方，豈足以變駭❾童子哉？」扁鵲曰：「不然。物故有昧揥❿而中蚊頭，掩目而別白黑者。太子之疾，所謂尸厥者也。以為不然，入診之，太子股陰當溫耳，中焦焦如有嘯者聲，然者皆可治也。」中庶子入報趙王。趙王跣而趨出門，曰：「先生遠辱幸臨寡人，先生幸而有之，則糞土之息，得蒙天履地⑪，而長為人矣。先生不有之，則先犬馬，填溝壑矣。」言未已，涕泣沾襟。扁鵲遂為診之。先造軒光之竈，八成之湯。砥針礪石，取三陽五會。子容擣藥，子明吹耳，陽儀反神⑫，子越扶形，子游矯摩。太子遂得復生。天下聞之，皆曰：「扁鵲能生死人。」鵲辭曰：「予非能生死人也；特使夫當生者活耳。」夫死者猶不可藥而生也，悲夫，亂君之治不可藥而息也！《詩》曰：「多將熇熇，不可救藥。」⑬甚之之辭也。

【章旨】記扁鵲救活「屍厥」的趙太子。從而引出病重之人可以救藥，而昏亂之政不可救藥的感慨。

【注釋】❶扁鵲　戰國鄭縣人，姓秦，名越人，家於盧，又名盧醫。是著名的良醫。❷壤土之事　即掘地葬人。❸中庶子之好方者　中庶子是官職名稱。「方」指方技醫術。此句意為：一個任中庶子職務而又喜好醫術的人。❹鄭　當作「鄚」。❺肓莫　肓指心臟與膈膜之間的部位。莫同「膜」，薄膜。❻九竅　九孔。古人稱人身有九竅，陽七：眼、耳、鼻、口；陰二：大、小便處。❼故曰俞柎　四字疑衍。❽鈞　衡量。❾駭　疑衍，《韓詩外傳》無。❿昧揥　「揥」當為「擿」，投擲之意。昧擿即暗投。⓫蒙天履地　意同「天覆地載」。蒙，覆蓋。⓬子明吹耳二句　當作「子明炊湯，子儀脈神」。上文「子容」、下文「子越」、「子游」及子明、子儀，皆扁鵲弟子。⓭多將熇熇二句　見《詩經・大雅・板》。

【語譯】扁鵲路過趙國，正遇上趙王的太子得暴病而死。扁鵲來到王宮門前問：「我聽說國中突然有人死了，是不是死得非常快？」有一位喜歡醫術的中庶子回答說：「是的。王太子得暴病死了。」扁鵲說：「進去說有個鄭縣的醫生秦越人能救活太子。」中庶子詰問他說：「我聽說上古有個醫生叫苗父，苗父行醫時，以菅草做席子，以芻草紮成狗，朝北祝告，只需念十句咒語。扶著來的病人，抬著來的病人，都能恢復得像沒病時一樣。你的醫術能像這樣嗎？」扁鵲說：「不能。」又問：「我聽說中古有個醫生叫俞柎。俞柎行醫時，能拿出腦髓，抓住肓膜，燒灼九竅，定住經脈。你的醫術能像這樣嗎？」扁鵲說：「不能。」中庶子說：「你的醫術既然這樣低下，（去醫太子）就會像從管子中去看天，用錐子去錐地，所要窺望的東西很大，能看到的卻很少。衡量一下，像你這樣的醫術，能足以使太子起死回生嗎？」扁鵲說：「並非你說的那樣。事情往往有在黑暗中投擲而打中蚊子之頭的，也有蒙上眼睛而分出了黑白的。太子的死，就是人們說的休克。若認為我說的不對，可以進去診斷，太子的兩股至陰部應是溫熱的，耳內焦燥如有呼嘯聲，如果是這樣，都是可以救治的。」中庶子進去報告趙王。趙王赤著腳跑出門來，說：「辱沒先生遠道來到我這裡。幸虧有了先生，我這無用之人的兒子，才得到天覆地載之恩而長大為人。若沒有先生，我這兒子就要比我先死。」話未說完，鼻涕眼淚流得打濕了衣襟。扁鵲於是給太子診病。先造一口大竈，熬成八成之湯，磨好針石，針刺三陽、五會等穴位。子容擣藥材，子明燒湯水，子儀號經脈，子越扶身子，子游作按摩。太子便重新活了過來。天下人聽到此事，都說：「扁鵲能使死人復生。」扁鵲聲明說：「我不能使死人復生；我只能使應當活下去的人復活。」人死了尚且不能用藥物救活，可悲呀！昏亂之君的政治更不能用藥物治療而使它起死回生。《詩經》上說：「像火燄一樣熾熱酷虐，簡直不可救藥。」這是說太過分了。

孔子晨立堂上，聞哭者聲音甚悲。孔子援琴而鼓之，其音同也。孔子出，而弟子有吒者。問：「誰也？」曰：「回也。」孔子曰：「回為何而吒？」回曰：「今者有哭者，其音甚悲，非獨哭死，又哭生離者。」孔子曰：「何以知之？」回曰：「似完山之鳥。」孔子曰：「何如？」回曰：「完山之鳥生四子，羽翼已成，乃離四海，哀鳴送之，為是往而不復返也。」孔子使人問哭者。哭者曰：「父死家貧，賣子以葬父，將與其別也。」孔子曰：「善哉，聖人也！」

【章旨】記顏回辨音。

【語譯】孔子清早站在堂上，聽到有人哭得非常悲傷。孔子拿過琴來彈奏，聲音與哭聲相同。孔子走到外面，聽到有弟子在大聲歎息。孔子問：「是誰？」回答說：「是顏回。」孔子問：「你為什麼歎息？」顏回說：「剛才有人哭，聲音非常悲慘，不僅哭死人，而且哭離別。」孔子問：「你怎麼知道？」顏回說：「像完山的鳥叫。」孔子問：「完山之鳥怎麼樣？」顏回說：「完山之鳥生了四隻小鳥，羽毛翅膀已經長好，就要分飛到四海去，母鳥哀叫著送牠們，因為牠們走了就不再回來了。」孔子派人去問啼哭之人。啼哭的人說：「孩子的父親死了，家中貧窮，把兒子賣了來埋葬他父親，現在就要與孩子分別了。」孔子說：「好呀！顏回是一個聖人呀！」

景公畋於梧邱，夜猶蚤，公姑坐睡，而夢有五丈夫，北面倖盧❶，稱無罪焉。公覺，召晏子而告其所夢。公曰：「我其嘗殺不辜而誅無罪耶？」晏子對曰：「昔者先君靈公畋，五丈夫罟而駭獸，故殺之。斷其首而葬之，曰：『五丈夫之丘。』其此耶？」公令人掘而求之，則五頭同穴而存焉。公曰：「嘻！」令吏葬之。國人不知其夢也，曰：「君憫白骨，而況於生者乎？」不遺餘力矣，不釋餘智矣。故曰人君之為善易矣。

【章　旨】記晏子辨冤鬼，景公葬白骨，受到百姓的稱譽和擁戴。從而說明人君易於為善。

【注　釋】❶倖盧　《晏子春秋》作「韋盧」，蓬帳。

【語　譯】景公到梧邱打獵，離天亮還早，景公暫且坐著打瞌睡，夢見五個男子，臉朝北面的帳蓬，口裡喊著「無罪」。景公醒後，召來晏子把夢見的情形告訴了他。景公問：「我曾經殺過無罪的人嗎？」晏子回答說：「從前先王靈公打獵時，有五個男子撒網時把野獸驚跑了，所以殺了這五個人。割下他們的頭埋在一起，稱為『五丈夫之丘』。大概就在這裡罷？」景公派人挖找，發現五個頭同在一個坑裡。景公說：「可憐啊！」命令官員把他們安葬了。國內的人不知道景公做了那個夢，說：「君王連白骨都憐惜，何況活人呢？」於是為國家竭盡力量，竭盡智慧。所以說做君王的行善是很容易的。

子貢問孔子：「死人有知無知也？」孔子曰：「吾欲言死者有知也，恐孝子順孫妨生以送死也；欲言無知，恐不孝子孫棄不葬也。賜欲知死人有知將無知也，死徐自知之，猶未晚也。」

【章　旨】記孔子巧言論人死是否有知。

【語　譯】子貢問孔子說：「死人有知覺還是沒知覺？」孔子說：「我要說死者有知，恐怕孝子賢孫不願意活著而去陪送死人；要說無知，恐怕不孝子孫扔下父母不予安葬。你想知道死人是有知還是無知，你自己死了就慢慢知道，那時還不算晚。」

王子建❶出守於城父❷，與成公乾遇於疇❸中。問曰：「是何也？」成公乾曰：「疇也。」「疇也者何也？」曰：「所以為麻也。」「麻也者何也？」曰：「所以為衣也。」成公乾曰：「昔者莊王伐陳，舍於有蕭氏，謂路室之人曰：『巷其不善乎？何溝之不浚也？』莊王猶知巷之不善，溝之不浚；今吾子不知疇之為麻，麻之為衣；吾子其不主社稷乎？」王子果不立。

【章　旨】講不知稼穡、民情者，不能為王。

【注　釋】❶王子建　春秋楚平王子。❷城父　楚邑。在今河南省寶豐縣。❸疇　古稱麻田曰疇。

【語　譯】王子建為城父宰，與成公乾在麻田上相遇。王子建問：「這是什麼？」成公乾說：「是麻田。」問：「麻田有什麼用處？」回答：「麻田可以種麻。」問：「麻有什麼用處？」回答：「麻可以做衣裳。」成公乾說：「從前莊王討伐陳國，駐紮在有蕭氏那裡，問路邊人家的人說：『這條巷子不好吧？為什麼溝沒疏通呢？』莊王還知道巷道不好，溝渠不通；你現在竟不知麻田可以種麻，麻布可以作衣；你大概不主管國家吧？」後來王子建果然未立為君王。

卷一九

修文

【題解】本篇的「文」，是指禮樂儀制。介紹了宮室、車馬、飲食、服飾、婚喪嫁娶等方面的禮儀制度和音樂的起源，但論述最多的，是禮樂的重大作用。

天下有道，則禮樂征伐自天子出。夫功成制禮，治定作樂。禮樂者，行化之大者也。孔子曰：「移風易俗，莫善於樂；安上治民，莫善於禮。」是故聖王修禮文，設庠序❶，陳鐘鼓。天子辟雍❷，諸侯泮宮❸，所以行德化。《詩》云：「鎬京辟雍，自西自東，自南自北，無思不服。」❹此之謂也。

【章旨】論禮、樂的重要作用。

【注釋】❶庠序　古代地方所設的學校。殷曰序，周曰庠。❷辟雍　天子所設的大學。❸泮宮　諸侯所設的學校。❹鎬京

辟雍四句　見《詩經・大雅・文王有聲》。

【語譯】天下太平，制禮作樂和征伐之事由天子決定。功業完成之後制禮，國家安定之後作樂。禮和樂，是推行教化最重要的工具。孔子說：「改變風俗，沒有比用樂更好的了；安邦治民，沒有比用禮更好的了。」所以聖明的君王制定禮法條令，設立學校，陳設鐘鼓提倡音樂。天子要設辟雍，諸侯要設泮宮，借以推行德政和教化。《詩經》上說：「鎬京的高等學堂，名聲赫赫顯揚，無論東西南北，人人心服神往。」說的就是這事。

積恩為愛，積愛為仁，積仁為靈。靈臺❶之所以為靈者，積仁也。神靈者，天地之本，而為萬物之始也。是故文王始接民以仁，而天下莫不仁焉。文德之至也。德不至，則不能文。商者，常也。常者，質。質主天。夏者，大也。大者，文也。文主地。故王者一商一夏，再而復者也。正色，三而復者也❷。味尚甘，聲尚宮，一而復者。故三王術如循環。故夏后氏教以忠，而君子忠矣，小人之失野。救野莫如敬，故殷人教以敬，而君子敬矣，小人之失鬼。救鬼莫如文，故周人教以文，而君子文矣，小人之失薄。救薄莫如忠。故聖人之與聖也，如矩之三雜❸，規之三雜。周則又始，窮則反本也。《詩》曰：「雕琢其章，金玉其相。」❹言文質美也。

【章旨】先講仁德是安邦治民的根本。次言三代聖王治民之道各有不同，但三者可相互補充、交替使用。

【注釋】❶靈臺　《詩・大雅・靈臺》傳：「神之精明者稱靈，四方而高曰臺。」❷正色三而復者也　《白虎・通三正》：「夏以十三月為正，色尚黑，以平旦為朔。殷以十二月為正，色尚白，以雞鳴為朔。周以十一月為正，色尚赤，以夜半為朔。」

此句意為：正色有黑、白、赤三種，循環往復。❸雜：同「匝」。❹雕琢其章二句：見《詩經・大雅・棫樸》。

【語　譯】多施恩惠可以培養愛心，積累愛心可以形成仁德，積累仁德可以通向神靈。靈臺之所以有神靈，就是因為積累了仁愛的緣故。神靈，是天地的根本，是萬物的開端。因此，文王開始就以仁愛對待百姓，而天下人莫不講仁愛。這是文教德化的極致。沒有德，就沒有禮樂制度。商的意思就是恆常，恆常是質樸的，質樸象徵天。夏的意思就是廣大，廣大就是豐富多彩，多彩象徵地。所以作君王的人或主張質樸，或提倡文彩，二者交替運用。正色有三種，也是循環往復的。味道以甘美為好，音樂以宮調為佳，這一點是被公認而不可改變的。因此，夏、商、周三代君王治民之術是循環不已的。夏后氏對百姓提倡忠誠，君子都能盡忠，而小人卻變得粗野。糾正粗野的辦法沒有什麼比得上講恭敬，於是殷代統治者提倡恭敬，但君子是恭敬處世的，小人卻迷信鬼神。糾正迷信的辦法沒有什麼比得上講禮儀，於是周代統治者提倡禮儀，但君子是彬彬有禮的，小人卻輕浮狡詐。而糾正輕薄的辦法又沒有什麼比得上講忠誠。所以聖人與聖人之間，就像圓規畫出的圓周一樣，周而復始，到了盡頭又回到起點上來。《詩經》上說：「雕琢出花紋，使金玉顯得更美好。」這是說兼有文質之美。

傳曰：「觸情從欲，謂之禽獸。苟可而行，謂之野人。安故重遷，謂之眾庶。辨然否，通古今之道，謂之士。進賢達能，謂之大夫。敬上愛下，謂之諸侯。天覆地載，謂之天子。是故士服黻，大夫黼❶，諸侯火，天子山龍。德彌盛者文彌縟，中彌理者文彌章也。」《詩》曰：「左之左之，君子宜之。右之右之，君子有之。」❷傳曰：「君子者，無所不宜也。是故韠❸冕厲戒，立于廟堂之上，有司執事，無不敬者；斬衰裳，苴絰杖❹，立于喪次，賓客弔唁，無不哀者；被甲纓冑，立于桴鼓之間，士卒莫不勇者。故仁足以懷百姓，勇足以安危國，信足以結諸侯，強足以拒患難，威足以率三軍。故曰：為左亦宜，為右亦宜，為君子無不宜者，此之謂也。」

【章　旨】先講不同的人有不同的特點，著不同的服裝。次言君子無所不能，無所不宜。

【注　釋】❶士服黻大夫黼　黼、黻皆古代禮服上的花紋。黼，黑白相間如斧形。黻，黑青相間如亞形。❷左之左之四句　見《詩經．小雅．裳裳者華》。關於「左」、「右」，《毛傳》云：「左，陽道，朝祀之事。右，陰道，喪戎之事。」❸韠　古代朝覲或祭祀遮蔽在衣裳前的一種服飾。❹斬衰裳苴絰杖　斬衰裳是一種喪服，用粗麻布做成，左右和下邊都不縫邊。苴絰是服重喪者所束的麻帶，苴杖是居父母喪所用的竹杖。

【語　譯】有人說：「情慾一被激起就不加節制，這是禽獸。苟且行事，這是野人。安於現狀而輕易不肯改變，這是民眾。分得清是與非，了解古今的道理，這是士人。能舉薦賢能，這是大夫。尊敬天子愛護下屬，這是諸侯。受命於天，擁有四海，這是天子。因此，士穿黑青相間有亞形花紋的衣服，大夫穿黑白相間有斧形花紋的衣服，諸侯穿有火焰花紋的衣服，天子穿有山龍花紋的衣服。德行愈高的人所穿衣服的花紋愈繁雜，內心愈明事理的人，他的風采愈容易顯現。《詩經》上說：「理政祭祀，君子的能事。治喪打仗，君子擅長。」有人說：「君子是無所不能的人。他身著朝服，站在朝廷上，各部辦事官員，無不敬畏；身著喪服，站在靈柩旁，賓客前來弔唁，無不哀戚；身披盔甲，站在戰鼓邊，士卒無不勇往直前。他的仁愛足以安撫百姓，勇力足以安定危國，信譽足以交結諸侯，強大足以抵禦患難，威武足以統率三軍。所以說，他理政、祭祀也適合，治喪、打仗也適合，作為君子，沒有他做不適合的事。說的就是這意思。」

齊景公登射，晏子修禮而待。公曰：「選射之禮，寡人厭之矣。吾欲得天下勇士，與之圖國。」晏子對曰：「君子無禮，是庶人也。庶人無禮，是禽獸也。夫臣勇多則弒其君，子力多則弒其長。然而不敢者，惟禮之謂也。禮者，所以御民也；轡者，所以御馬也。無禮而能治國家者，嬰未之聞也。」景公曰：「善。」乃飭射更席，以為上客，終日問禮。

【章　旨】論講禮法乃治國御民的重要手段。

【語　譯】齊景公登臺舉行射禮，晏子有禮貌地陪侍著。景公說：「這選射的禮儀，我很討厭了。我只想得到天下的勇士，與他一起承擔國家大事。」晏子回答說：「君子不講禮法，就成了一般百姓。百姓不講禮法，就成了禽獸。臣子的膽子大就會殺君王，兒子的力氣大就會殺尊長。之所以不敢這麼做，就是因為受到禮法的約束。禮法，是用來制約百姓的東西；轡頭，是用來制約馬匹的東西。不講禮法而能把國家治理好的事，我未聽說有過。」景公說：「說得對。」便整頓射儀更換酒席，把晏子待為上賓，整日向他詢問禮法。

《書》曰：「五事：一曰貌。」❶貌者，男子之所以恭敬，婦人之所以姣好也。行步中矩，折旋中規。立則磬折，拱則抱鼓。其以入君朝，尊以嚴；其以入宗廟，敬以忠；其以入鄉曲，和以順；其以入州里族黨之中，和以親。《詩》曰：「溫溫恭人，惟德之基。」❷孔子曰：「恭近於禮，遠恥辱也。」❸

【章　旨】指出要重視容儀，尤其強調態度要恭敬。

【注　釋】❶五事二句　見《尚書・洪範》。❷溫溫恭人二句　見《詩經・大雅・抑》。❸恭近於禮二句　見《論語・學而》。

【語　譯】《尚書》說：「有五個方面的事，第一就是容儀。」男子要恭敬，婦人要姣美。走路、轉身要合規矩，站著腰要彎得像磬一樣，拱手行禮要像抱著鼓一樣。進入朝廷要尊貴莊嚴，進入宗廟要恭敬真誠，進入鄉下要溫雅和順，進入故里族人之間要和藹親切。」《詩經》上說：「溫和恭敬待人，是德行的根本。」孔子說：「恭敬近於禮，可避免羞辱。」

衣服容貌者，所以悅目也。聲音應對者，所以悅耳也。嗜欲好惡者，所以悅心也。君子衣服中，容貌得，則民之目悅矣。言語順，應對給，則民之耳悅矣。就仁去不仁，則民之心悅矣。三者存乎心，暢乎體，形乎動靜，雖不在位，謂之素行。故忠心好善，而日新之。獨居樂德，內悅而形。《詩》曰：「何其處也？必有與也。何其久也？必有以也。」❶惟有以者為能長生久視，而無累於物也。

【章　旨】主張為人要注重容儀，言語要溫和，心底要善良。

【注　釋】❶何其處也四句　見《詩經·邶風·旄丘》。其中「與」和「以」都是「原因」的意思。

【語　譯】衣服容貌，是為了讓眼睛看著舒服的。聲音答對，是為了讓耳朵聽著舒服的。嗜慾喜好，是為了讓內心得著舒服的。君子若是衣服合體，容貌合度，那麼別人就看著舒服。言語溫順，應對敏捷，那麼別人就聽著舒服。趨向仁愛，去掉不仁，那麼別人就心裡舒服。這三者若保留在心裡，貫通於體內，表現在行動上，即使不在官位，也是高貴的德行。所以忠誠而又喜歡做好事的人，天天有長進。獨處而以有德為樂的人，內心的愉悅之情會從外表顯露出來。《詩經》上說：「為何能安住？必然有原故。為何能長久？必然有理由。」惟有有上述原因的人能夠長生久活，而不受外物之累。

知天道者冠鉥❶，知地道者履蹻❷，能治煩決亂者佩觿❸，能射御者佩韘❹，能正三軍者搢笏❺，衣必荷規而承矩，負繩而準下。故君子衣服中而容貌得，接其服而象其德。故望五貌而行能有所定矣。《詩》曰：「芄蘭之枝，童子佩觿。」❻說行能者也。

【章旨】講不同的人有不同的穿戴。外表的穿著打扮要與身分、地位相合。

【注釋】❶鉥 同「鷸」。《說文・鳥部》：「鷸，知天將雨鳥也。《禮記》曰：『知天文者冠鷸。』」❷蹻 同「絇」。本指鞋頭上的飾物，兩端有帶，可繫在腳背上以固定鞋。此指有鞋帶的鞋子。❸觿 用以解結的錐，為成人之佩。❹韘 射者戴在右手大拇指上用以鉤弦的工具，俗稱扳指。❺搢笏 搢，插。笏，用以記事的手板，古代臣子朝見君王時用之。搢笏即把笏板插在腰帶上。❻芄蘭之枝二句 見《詩經・衛風・芄蘭》。詩中的「芄蘭」是一種多年生蔓草，質底柔弱、枝頭呈錐形。詩以芄蘭起興，說小孩佩成人之佩，借以諷喻內在的實質與外在的形式不相稱。

【語譯】懂天道的人戴鷸冠，懂地理的人穿絇履，能理清煩亂的人佩觿，能射箭駕車的人佩韘，能管好三軍的人把笏板插在腰間。衣服必須合規矩，經過準繩的測量。所以君子要衣服合體，容儀合度，要使外表的衣著與內在的德行相符。因此一看五樣佩戴就知道一個人的本領如何。《詩經》說：「芄蘭枝頭尖又尖，娃娃佩個小角錐。」這是說一個人能力、才幹與佩戴之物不相稱。

冠者，所以別成人也。修德束躬，以自申飭，所以檢其邪心，守其正意也。君子始冠必祝，成禮加冠，以厲其心。故君子成人必冠帶以行事，棄幼少嬉戲惰慢之心，而衎衎❶於進德修業之志。是故服不成象，而內心不變。內心修德，外被禮文，所以成顯令之名也。是故皮弁素積❷，百王不易。既以修德，又以正容。孔子曰：「正其衣冠，尊其瞻視，儼然人望而畏之，不亦威而不猛乎？」❸

【章　旨】講戴冠的意義。

【注　釋】❶衎衎　和樂貌。❷皮弁素積　即皮帽素裙。弁是帽子，積是衣裙的褶子。❸正其衣冠四句　見《論語・堯曰》。

【語　譯】戴上冠，就表示是成人了。這樣可以培養德行，約束自己，自己為自己提出警戒，以達到收斂邪心、保持正意的目的。君子開始戴冠時必加祝告，舉行加冠儀式，對加冠之人進行告戒勉勵。君子成人之後一定要穿戴整齊去行事，要拋棄幼少之時頑皮散漫的習慣，要培養樂於在品德、功業上求上進的志向。服飾若不改成成人的樣子，童心就不會改變。內心修養德性，外表就要穿戴合禮儀，這樣才能成就赫赫美名。因此皮帽素裳，歷代帝王不改變。這樣的衣帽，既宜於修養德性，又可以端正容儀。孔子說：「把衣冠穿戴整齊，目不邪視，態度莊重，使人望而生畏，這樣不是既威嚴又不太兇猛嗎？」

成王將冠，周公使祝雍祝王，曰：「達而勿多也。」祝雍曰：「使王近於民，遠於佞，嗇於時，惠於財，任賢使能。」於此始成之時，祝辭四加而後退。公冠，自以為主，卿為賓。饗之以三獻之禮。公始加玄端❶與皮弁，皆必朝服玄冕❷，四加❸。諸侯太子、庶子冠，公為主，其禮與士同。冠於祖廟，曰：「令月吉日，加子元服。去爾幼志，順爾成德。」冠禮：十九見正而冠，古之通禮也。

【章　旨】介紹天子、諸侯、諸侯太子及庶子行冠禮的禮儀。

【注　釋】❶玄端　緇布衣。古代諸侯、大夫、士之祭服。冠禮、婚禮亦用之。❷玄冕　玄服（衣無文，裳刺黻）而冕。是天子在小型祭祀活動中所用的冕服，大夫助祭亦服之。❸四加　行冠禮時，對士要加緇布冠、皮弁、爵弁。對諸侯要另加玄冕。對天子當五加兗冕。

【語譯】成王將要行冠禮，周公派祝雍為成王祝禱，說：「把意思表達清楚就行了，不要多說。」祝雍祝告說：「讓君王親近百姓，遠離奸佞，愛惜光陰，任用賢能。」在成王剛剛成人之際，說四句祝辭便退了下去。諸侯行冠禮，自己作主人，卿大夫為賓客，主人要向賓客三次敬酒。諸侯要穿戴玄端皮弁，其他賓客要穿朝服──玄冕。諸侯在行冠禮時要戴四種冠。諸侯的太子和其他兒子行冠禮，諸侯作主人，禮儀與士冠禮相同，行禮的地方在祖廟，祝辭是：「吉月吉日已到，給你戴上帽，你要去掉頑皮的童心，你要合於成人之道。」按冠禮規定：十九歲整加冠，這是古代通行的禮儀。

「夏，公❶如齊逆女。」「何以書？親迎，禮也。」其禮奈何？曰：諸侯以屨二兩❷加琮❸，大夫、庶人以屨二兩加束脩❹二。曰：「某國寡小君❺，使寡人奉不珍之琮，不珍之屨，禮夫人貞女。」夫人曰：「有幽室數辱之產，未諭於傅母之教，得承執衣裳之事，敢不敬拜祝。」祝答拜。夫人受琮，取一兩屨以屨女，正笄，衣裳，而命之曰：「往矣，善事爾舅姑❻，以順為宮室，無二爾心，無敢回也。」女拜，乃親引其手，授夫乎戶。夫引手出戶，夫行，女從。拜辭父于堂，拜諸母於大門。夫先升輿執轡，女乃升輿。轂三轉，然後夫下，先行。大夫、士、庶人，稱其父，曰：「某之父，某之師友，使某執不珍之屨，不珍之束脩，敢不敬禮某氏貞女。」母曰：「有草茅之產，未習於織紝紡績之事，得奉執箕箒之事，敢不敬拜？」

【章旨】介紹諸侯、大夫、士、庶人迎娶的禮儀。

【注釋】❶公　指魯莊公。見《春秋・莊公二十四年》。❷屨二兩　鞋二雙。❸琮　八角形的玉，中有圓孔。❹束脩　乾肉。❺寡小君　《論語・季氏》：「邦君之妻，君稱之曰夫人，夫人自稱曰小童，邦人稱之曰君夫人，稱諸異邦曰寡小君。」刑昺疏：「寡小君，謙言寡德之君，夫人對君為小，故曰寡小君。」❻舅姑　《爾雅・釋親》：「婦稱夫之父曰舅，稱夫之母曰姑。」

【語譯】夏季，魯莊公到齊國迎娶齊女。為什麼記載此事？因為親自迎娶，是合禮儀的。這禮儀是怎樣的？回答是：諸侯用兩雙鞋加上一塊八角形的玉作禮物，大夫、庶人用兩雙鞋和兩塊乾肉作禮物。去了之後說：「我國的寡小君，派我帶著菲薄的禮物琮和鞋，送給夫人的貞潔女兒。」夫人說：「我有個在深閨長大的女兒，未受師傅、母親的教誨，能為你漿衣洗裳，敢不拜送祝賀嗎？」祝拜之後，夫人接受八角玉，拿一雙鞋給女兒穿，讓女兒戴好髮簪，穿好衣裳，然後對女兒說：「去吧，好好事奉你的公公婆婆，理好家務，不要三心二意，老想著回來。」女兒下拜，夫人親自拉著女兒的手，在房門口交給女兒的丈夫。丈夫牽著妻子的手出門。丈夫在前面走，妻子在後面跟隨。在大堂上拜別父親，在大門口拜別庶母和眾嬸母。丈夫先上車拿起韁繩，妻子才上車。車輪轉了三圈，然後丈夫下車，先走。大夫、士、庶人娶親以受父命的名義前往，說：「我的父親，我的師友，派我帶著菲薄的禮物鞋子和乾肉，大膽敬獻給你貞潔的女兒。」作母親的說：「我有女兒出生在寒門，不會紡織，能供你灑掃之用，敢不拜送？」

《春秋》曰：「壬申，公薨于高寢。」❶傳❷曰：「高寢者何？正寢❸也。曷為或言高寢，或言路寢？曰：諸侯正寢三：一曰高寢，二曰左路寢，三曰右路寢。高寢者，始封君之寢也。二路寢者，繼體之君寢也。其二何？曰：子不居父之寢，故二寢。繼體君世世不可居高祖之寢，故有高寢。名曰高也。路寢其立奈何？高寢立中，路寢立左右。」《春秋》曰：

「天王入于成周。」《傳》曰：「成周者何？東周也。」❹然則天子之寢奈何？曰：亦三。承明繼體守文之君之寢，曰左右之路寢。謂之承明何？曰：承乎明堂❺之後者也。故天子諸侯三寢立而名實正，父子之義章，尊卑之事別，大小之德異矣。

【章旨】講天子、諸侯路寢的設置及其作用和意義。

【注釋】❶壬申二句　見《春秋・定公十五年》。❷傳　即注釋。❸正寢　天子、諸侯常居治事之所。又稱路寢。❹春秋曰等句　這兩句話與上下文不相關。見《春秋・昭公二十六年》及《公羊傳》。成周即西周的東都洛邑，傳說在今河南洛陽東郊。❺明堂　古代帝王宣明政教的地方。

【語譯】《春秋》說：「壬申這一天，魯定公死在高寢。」注釋說：「高寢是什麼？高寢就是正寢。為什麼有時稱高寢，有時稱路寢？諸侯的正寢有三個，一個稱高寢，一個稱左路寢，一個稱右路寢。高寢，是最先受封為諸侯的君王的居處。兩個路寢，是嗣位君王的居處。為什麼要有兩個？回答是：兒子不住父親的寢室，所以要有兩個。嗣位的君王世世代代不能住高祖的寢室，所以這個寢室名叫高寢。路寢是怎樣排列的？高寢立在中間，路寢立於高寢的左右。」《春秋》說：「天王進入成周。」《公羊傳》說：「成周是什麼地方？成周就是西周的東都。」那麼天子的寢居之處是怎樣的？回答說：也是三處。承明嗣位守禮君王的寢室，就是建在高寢左右兩邊的路寢。稱承明是什麼意思？回答是：是在明堂宣教先君的繼承人。因此天子諸侯三寢建立之後名實也就確立了，父子關係看得清，尊卑地位分得清，德行大小辨得清。

天子以鬯❶為贄❷。鬯者，百草之本也。上暢於天，下暢於地，無所不暢，故天子以鬯為贄。諸侯以圭❸為贄。圭者，玉也。薄而不撓，廉而不劌。有瑕於中，必見於外。故諸侯以玉為贄。卿以羔為贄。羔者，羊也。羊群而不黨，故卿以為贄。大夫以鴈為贄。鴈者，行列有長幼之禮，故大夫以為贄。士以雉為贄。雉者，不可指食籠狎而服之，故士以雉為贄。庶人以鶩❹為贄。鶩者，鶩鶩也。鶩鶩無他心，故庶人以鶩為贄。贄者，所以質也。

【章旨】講不同的人有不同的饋贈禮物，並闡明這些禮物的象徵意義。

【注釋】❶鬯 用鬱金香合黑黍釀成的香酒，古代用於祭祀。❷贄 古代初次拜見尊長時所送的禮物。❸圭 上圓下方的玉。❹鶩 鴨子。

【語譯】天子以鬯為見面禮。鬯裡有百草中的精華，香氣上通於天，下通於地，無所不通，所以天子以鬯為見面禮。諸侯以圭為見面禮。圭是玉的一種。質底薄但不彎曲，有楞角但不致傷人。內若有斑點，一定顯露出來。所以諸侯以玉為見面禮。卿以羔為見面禮。羔就是羊。羊合群但不結黨，所以卿以羔為見面禮。大夫以鴈為見面禮。鴈排列時有長幼之禮，所以大夫以鴈為見面禮。士以雉為見面禮，雉不是用手拿食物餵養或關在籠裡撩逗可以馴服的，所以士以雉為見面禮。平民以鴨為見面禮，鴨是純樸的，沒有二心，所以平民以鴨為見面禮。禮品，要體現本質。

諸侯三年一貢士。士，一適謂之好德，再適謂之尊賢，三適謂之有功。有功者天子一賜以輿服弓矢，再賜以鬯，三賜以虎賁❶百人，號曰命諸侯❷。命諸侯者，鄰國有臣弒其君，孽弒其宗，雖不請乎天子，而征之可也。已征而歸其地于天子。諸侯貢士，一不適謂之過，再不適謂之傲，三不適謂之誣。誣者，天子黜之。一黜以爵，再黜以地，三黜而地畢。諸侯有不貢士，謂之不率正。不率正者，天子黜之。一黜以爵，再黜以地，三黜而地畢。然後天子比年秩官之無文者而黜之，以諸侯之所貢士代之。《詩》云：「濟濟多士，文王以寧。」❸此之謂也。

【章旨】講向天子推薦士人是諸侯應盡的職責，天子可根據是否薦士和所薦人員的好壞來決定對諸侯的獎懲。

【注釋】❶虎賁　勇士的通稱。❷命諸侯　享有天子所授予的征伐之權的諸侯。❸濟濟多士二句　見《詩經・大雅・文王》。

【語譯】諸侯三年向天子推薦一次賢士。一次薦舉得人稱為好德，二次薦舉得人稱為尊賢，三次薦舉得人稱為有功。有功的諸侯，天子第一次賜給車輛衣服和弓箭，第二次賜給香酒，第三次賜給百名勇士，稱為命諸侯。身為命諸侯，在鄰國出現臣子殺君王，旁枝殺宗主的時候，雖未請示天子，而加以討伐是可以的。打完了仗把收繳的土地歸還給天子。諸侯推薦士人，一次不得當叫做過失，兩次不得當叫做輕慢，三次不得當叫做欺妄。犯了欺君之罪，天子要對他加以貶黜。第一次降低爵位，第二次減少封地，第三次收回全部國土。諸侯若有人不向天子推薦士人，這叫做不領導百姓走正道，不率領百姓走正道的人，天子也要貶黜。第一次降低爵位，第二次減少封地，第三次收回全部國土。另外，天子還要在每年序官賜爵時貶黜一些沒才幹的人，用諸侯推薦來的士去代替他們。《詩經》上說：「人才眾多，文王因此得安寧。」說的就是這情形。

古者必有命民。命民能敬長憐孤，取捨好讓，居事力者，命於其君。命然後得乘飾輿駢馬。未得命者不得乘，乘者皆有罰。故其民雖有餘財侈物，而無仁義功德，則無所用其餘財侈物。故其民皆興仁義而賤財利。賤財利則不爭，不爭則強不凌弱，眾不暴寡。是唐虞所以興象刑❶而民莫敢犯法，而亂斯止矣。《詩》云：「告爾人民，謹爾侯度，用戒不虞。」❷此之謂也。

【章　旨】講上古對輿馬之類的物資享受有嚴格的等級規定，多餘的財物無處花費，於是形成重仁義、輕財利、無紛爭的社會風尚。

【注　釋】❶象刑　有二說：㈠傳說堯舜時無肉刑，以特異的服裝象徵刑罰，以示恥辱。《尚書大傳》云：「唐虞之象刑，上刑赭衣不純，中刑雜屨，下刑墨幪以居州里，而民恥之。」又云：「唐虞象刑，犯墨者蒙皁巾，犯劓者赭其衣，犯臏者以墨幪其臏處而畫之，犯大辟者布衣無領。」㈡象天道以制刑法，公示於眾。❷告爾人民三句　見《詩經・大雅・抑》。

【語　譯】古代一定有享有君王所授特權的居民。這種人能夠敬奉老人憐惜孤兒，在取捨時懷謙讓之心，辦事得力，他們是由君王特命的。得到許可後他們可以乘坐由雙馬駕馭、裝飾著文彩的車。未得允許的人是不能乘坐這種車的，乘坐了就要受罰。當時的人雖有多餘的財物，若不講仁義，沒有功德，也無處使用這多餘的財物。所以百姓都重視仁義而輕視錢財。輕視錢財就不會有紛爭；無紛爭人多的就不會欺侮人少的，力強的就不會強迫力弱的。所以在唐虞之世雖只設了象刑而百姓無人敢犯法，紛亂因此止住了。《詩經》上說：「告誡你們百姓，謹慎對待君王的法度，防止意外之事發生。」說的就是這事。

天子曰巡狩❶，諸侯曰述職❷。巡狩者，巡其所守也。述職者，述其所職也。春省耕，助不給也；秋省斂，助不足也。天子五年一巡狩。歲二月，東巡狩，至于東嶽，柴而望祀山川❸，見諸侯，問百年者，命太師陳詩以觀民風，命市納賈以觀民之所好惡。志淫好僻者。命典禮，考時月，定日，同律、禮樂、制度、衣服，正之。山川神祇有不舉者為不敬，不敬者君黜以爵。宗廟有不順者為不孝，不孝者君削其地。有功澤於民者，然後加地。入其境，土地辟除，敬老尊賢，則有慶，益其地。入其境，土地荒穢，遺老失賢，掊克在位，則有讓，削其地。一不朝者黜其爵，再不朝者黜其地，三不朝者以六師移之。歲五月，南巡狩，至于南嶽，如東巡狩之禮。歲八月，西巡狩，至于西嶽，如南巡狩之禮。歲十一月，北巡狩，至于北嶽，如西巡狩之禮。歸格❹于祖禰❺用特❻。

【章旨】介紹天子巡狩的種種禮儀制度，闡明出巡的意義和作用。

【注釋】❶巡狩　帝王離開國都巡視境內。❷述職　諸侯向天子陳述職守。❸柴而望祀山川　燒柴祭天，並遙望山川依次奠祭。❹格　到。❺禰　父死之後，神主入廟供奉稱禰。❻特　公牛。

【語譯】天子出巡叫巡狩，諸侯匯報叫述職。巡狩，就是視察所管的人和事。述職就是陳述所守之職。春天檢查耕作情況，幫助力量不足的人；秋天檢查收斂情況，幫助收成不足的人。天子五年進行一次巡狩。當年二月，出巡到東方，來到泰山，燒柴祭天，依次祭祀山川，接見諸侯，詢問老年人，命令諸侯國的掌樂之官陳上本國的歌謠，借以察看本國的民情風俗；命令典市之官交納物價之書，借以察看百姓的好惡，看是否有內心淫邪而喜愛邪辟的人。命令典禮之官考定四時、月日、樂律、禮樂、制度、衣服，使它們合於規範。不祭祀山川神靈稱為不敬，對不敬的人，君王要貶除他的爵位。不敬奉宗廟的稱為不孝，對不孝的人，君王要削減他的封地。對百姓有功勞和恩惠的人，要加封土地。天子進入諸侯國境，若看到田土開墾，野草清除，尊敬老者，重視賢人，就加以封賞，增加土地。若進入國境，看到田地荒蕪，拋棄老人，失去賢者，搜刮民財的人當官掌權，就加以斥責，削減土地。諸侯一次不朝覲的要降低爵位，兩次不朝覲的要削減封地，三次不朝覲的要派軍隊來討伐。當年五月，出巡到南方，來到衡山，按東巡的禮儀進行。當年八月，出巡到西方，來到華山，按南巡的禮儀進行。當年十一月，出巡到北方，來到恆山，按西巡的禮儀進行。然後回到祖廟，用特牲祭祀祖先。

《春秋》曰：「正月，公狩于郎❶。」《傳》曰：「春曰苗，秋曰蒐，冬曰狩。」❷苗者奈何？曰：苗者，毛❸也。取之不圍澤，不揜群。取禽不麛卵❹，不殺孕重者。秋蒐者，不殺小麛及孕重者。冬狩皆取之。百姓皆出，不失其馳，不抵禽❺，不詭遇❻，逐不出防，此苗、蒐、狩之義也。故苗、蒐、狩之禮，簡其戎事也。故苗者，毛取之。蒐者，搜索之。狩者，守留之。夏不田何也？曰：天地陰陽盛長之時，猛獸不攫，鷙鳥不搏，蝮蠆不螫，鳥獸蟲蛇且知應天，而況人乎哉？是以古者必有豢牢。其謂之田何？聖人舉事必反本。五穀者，以奉宗廟，養萬民也。去禽獸害稼穡者，故以田言之。聖人作名號而事義可知也。

【章　旨】解釋春苗、秋蒐、冬狩的含義，說明為什麼要進行畋獵。

【注　釋】❶公狩于郎　見《春秋・桓公四年》。郎，魯地名。❷春曰苗三句　見《公羊傳・桓公四年》。❸毛　挑選牲畜、禽獸。❹麛卵　麛是幼鹿，卵是鳥蛋。麛卵泛指禽獸之未成長者。❺不抵禽　不面傷禽獸。古禮，面傷不獻。❻詭遇　指打獵時不按禮法規定攢射禽獸。

【語　譯】《春秋》說：「正月，桓公到一個名叫郎的地方打獵。」《公羊傳》說：「春天打獵叫苗，秋天叫蒐，冬天叫狩。」為什麼叫「苗」？回答是：苗的意思是毛，獵取時不包圍沼澤地，不把禽獸一網打盡。不獵取幼小的禽獸，不殺懷了孕的。秋天打獵，不殺小禽獸和懷孕的。冬天打獵，什麼都取。百姓都可出動，但不能亂跑，不傷禽獸的面部，不違禮攢射禽獸，追捕不超出圍獵的範圍。這便是苗、蒐、狩的意義。舉行苗、蒐、狩的演習，是為了檢查戰備情況。苗的意思就是擇取，蒐的意思是搜索，狩的意思是留守。夏天為什麼不打獵？回答是：夏天是天地間陰陽之氣旺盛的時候，猛獸不攫取，鷙鳥不搏鬥，蝮蛇蝎子不以毒傷人，鳥獸蟲蛇尚且懂得順應天命，何況人呢？所以古代一定有豢養禽獸的地方。為什麼把打獵叫做田？聖人辦事一定顧及根本。五穀，是用來祭祀宗廟，供養萬民的東西，除掉為害莊稼的禽獸，所以從保護田地的意思出發，以「田」來稱打獵。聖人為事物起了名號而事物的含義就可以知道了。

天子諸侯無事則歲三田，一為乾豆❶，二為賓客，三為充君之庖。無事而不田曰不敬。田不以禮曰暴天物。天子不合圍，諸侯不揜群。天子殺則下大綏❷，諸侯殺則下小綏，大夫殺則止佐轝❸。佐轝止則百姓畋獵。獺祭魚❹然後漁人入澤梁，鳩化為鷹❺，然後設罻❻羅，草木零落，然後入山林。昆蟲不蟄，不以火田。不麛，不卵，不殀夭，不覆巢。此皆聖人在上，君子在位，能者在職，大德之發者也。是故皋陶為大理，平民各服得其實。伯夷主禮，上下皆讓。倕為工師，百工致功。益主虞❼，山澤闢成。棄主稷，百穀時茂。契主司徒，百姓親和。龍❽主賓客，遠人至。十二牧行，而九州莫敢僻違。禹陂九澤，通九道，定九州，各以其職來貢，不失厥宜。方五千里，至于荒服。南撫交趾、大發❾，西析支、渠搜、氐、羌❿，北至山戎、肅慎⓫，東至長夷、鳥夷⓬。四海之內，皆戴帝舜之功。於是禹乃興九韶之樂⓭，致異物，鳳凰來翔，天下明德也。

【章旨】本章從介紹獵狩的種種規定入手，說明只有在聖主賢臣所制定的禮法制度的統治下，才能百業興旺、遠近歸服。

【注釋】❶乾豆　乾是乾肉，豆是祭器。乾豆即祭祀用品。❷綏　旌旗。❸佐輦　田獵時，助手所乘之車。❹獺祭魚　獺指水獺，是一種水獸。牠捕到魚之後，陳列在水邊，猶如祭祀，稱為獺祭魚。❺鳩化為鷹　古人以為鷹隼由鳩鳥變化而來。❻罻　小網。❼虞　山澤。❽龍　傳說為舜之臣。❾大發　《史記・五帝本紀》作「北發」。「北發」與上文之「交趾」皆地名。❿析支渠搜氐羌　析支，《大戴禮記・五帝德》作「鮮支」。以上四者皆西方民族名。⓫山戎肅慎　北方民族名。⓬長夷島夷　東方民族名。⓭禹乃與九韶之樂　九韶是古樂名。《史記・五帝本紀》：「咸戴帝舜之功，於是禹乃與九招之樂。」司馬貞《索隱》：「招，音韶，即舜樂簫韶。九成，故曰九招。」

【語譯】天子諸侯在沒有戰事的時候每年要舉行三次獵狩，一是為了備辦祭品，二是為了招待賓客，三是為了充實君王的食物。不打仗的時候不舉行田獵叫做不敬。打獵不遵禮法叫做虐殺天物。天子不四面設網，諸侯不把群獸殺盡。天子已獵時倒下大旗，諸侯已獵時倒下小旗，大夫已獵時助手停止追趕。助手停止追趕，百姓就可以去獵取了。水獺祭魚以後打魚人就可以到河邊捕魚了，鳩化為鷹以後就可以張網打獵了，草木凋零以後就可以進山伐木了。昆蟲沒躲藏起來，不可放火燒殺，不殺幼獸，不捕幼鳥，不滅幼蟲，不把鳥巢弄翻。這都是在上的明君聖主和在位的能人賢士大發慈悲作出的規定。因此，皋陶掌管刑法，百姓都口服心服，因為案子有公正的裁決。伯夷主管禮法，上上下下的人都恭謙禮讓。倕作主管工藝的官員，各類工匠都作出了貢獻。益主管山澤，山澤都得到開墾。棄主管農業，各種莊稼都按時令長得繁茂。契主管教化，百姓關係親密和睦。龍主管接待賓客，遠方的人都來投奔。十二位酋長執政，天下人無人敢違背。大禹填塞九澤，疏通九河，勘定九州，使各地的人都以當地的土產來進貢，不失去各自的特色。那時國土方五千里，直到荒遠之地。管轄的範圍，南至交趾、大發，西至析支、渠搜、氐、羌，北至山戎、肅慎，東至長夷、島夷。四海之內，都擁戴帝舜的統治。於是禹製作九韶之樂，招來珍奇之物，鳳凰也來到天空飛翔，使舜的大德昭顯天下。

射者必心平體正，持弓矢，審固，然後射者，能以中。《詩》云：「大侯既抗，弓矢斯張。」

射夫既同，獻爾發功。」❶此之謂也。弧之為言豫也❷。豫者，豫吾意也。故古者兒生三日，桑弧蓬矢六，射天地四方❸。天地四方者，男子之所有事也。必有意其所有事，然後敢食穀。故曰「不素飡兮」❹。此之謂也。

【章　旨】講射箭的要領和古代生兒以桑弓蓬矢射天地四方的寓意。

【注　釋】❶大侯既抗四句　見《詩經．小雅．賓之初筵》。侯，箭靶。同，齊也。此言射箭的人已排齊。獻，猶逞也。❷弧之為言豫也　「弧」當為「射」。射、豫音相通。❸桑弧蓬矢六一句　《禮記．內則》：「生子，男子設弧於門左，女子設帨於門右。三日，始負之。男射，女否。射人以桑弧蓬矢六，射天地四方。」❹不素飡兮　見《詩經．魏風．伐檀》。

【語　譯】射箭的人必須內心平靜身體端正，拿著弓箭，瞄準，然後發射，這樣才能射中。《詩經》說：「箭靶豎起來，弓箭已拉開，射手站一排，射箭顯能耐。」說的就是這情況。射的意思是豫。豫，即自己預先作設想。因此古代在生男孩的第三天，以桑木為弓、蓬草為矢，共六枝草箭，射天地和東南西北四方。天地四方，是男子建功立業的所在。一定要立下建功立業的志向，然後才能吃糧食。所以說「不白吃飯」。說的就是這個道理。

生而相與交通，故曰留賓。自天子至士，各有次。贈死不及柩尸，弔生不及悲哀，非禮也。故古者吉行五十里，奔喪百里。贈賵及事之謂時。時，禮之大者也。《春秋》曰：「天王使宰咺來歸惠公仲子之賵。」❶賵者何？喪事有賵者，蓋以乘馬束帛。輿馬曰賵，貨財曰賻，衣被曰襚，口實曰唅，玩好曰贈。知生者賻、賵，知死者贈、襚。贈、襚所以送死也，賻、賵所以佐生也。輿馬、束帛、貨財、衣被、玩好，其數奈何？曰：天子乘馬六匹，諸侯四匹，大夫三匹，元❷士二匹，下士一匹。天子束帛五匹，玄❸三、纁❹二，各五十尺；諸侯玄三、纁二，各三十尺；大夫玄一、纁二，各三十尺；元士玄一、纁一，各二丈；下士綵、縵❺各一匹；庶人布、帛各一匹。天子之賵，乘馬六匹，乘車；諸侯四匹，乘輿；大夫參輿；元士、下士不用輿。天子文繡衣各一襲，到地；諸侯覆跗❻；大夫到踝❼；士到髀❽。天子哈實以珠，諸侯以玉，大夫以璣❾，士以貝，庶人以穀實。位尊德厚及親者，賻、賵、哈、襚厚。貧富亦有差，二、三、四、五之數，本之天地而制奇偶，度人情而出節文，謂之有因，禮之大宗也。

【章旨】簡介贈財助喪之禮。

【注釋】❶天王使宰咺來歸惠公仲子之賵 見《春秋‧隱公元年》。天王指周平王。宰，官名，咺，人名。歸，同「饋」。贈送意。惠公，魯惠公。仲子，惠公夫人。❷元 上。❸玄 黑中帶紅。❹纁 淺紅色。❺綵縵 綵是有花紋的繒帛。縵是無花紋的繒帛。❻跗 腳背。❼踝 踝子骨，腳腕兩側突起的部分。❽髀 大腿。❾璣 不圓的珠子。

【語譯】活著的時候相互來往，可以請客人留宿，從天子到士，各有等級。向死者贈物不趕在屍體入棺之前，弔慰活人不顯出悲哀之情，是不合禮節的。因此，古代參加喜慶之事行五十里，奔喪行百里。在事情發生時進行饋贈叫適時。適時，是禮節中最重要的。《春秋》說：「天王派宰咺來贈送給惠公和仲子辦喪事的財物。」什麼叫賵？贈財物辦喪事叫賵，所贈的財物有車馬、束帛。車馬叫賵，錢財叫賻，衣被叫襚，供死者口中含的東西叫哈，玩物叫贈。送給活人給死者辦喪事的財物叫賻、賵，送給死人的東西叫贈、襚。贈、襚是用來發送死人的，賻、賵是用來幫助活人的。車馬、束帛、錢財、衣被、玩好，這些東西的數量應是怎樣的？回答是：乘馬：天子六匹，諸侯四匹，大夫三匹，上士二匹，下士一匹。束帛：天子五匹，玄色的三匹，纁色的二匹，各五十尺；諸侯玄色的三匹，纁色的二匹，各三十尺；大夫玄色的一匹，纁色的二匹，各三十尺；上士玄色的一匹，纁色的一匹，各二丈；下士有花和無花的帛各一匹；庶民布、帛各一匹。對天子的助喪之物，乘馬六匹，一車四馬；對諸侯的助喪之物，乘馬四匹，一車四馬；大夫用三馬一車；上士、下士不用車。對天子，用有花紋的衣服，衣長拖地；諸侯衣長及跗；大夫衣長及踝；士衣長及髀。天子口中含珠，諸侯含玉，大夫含璣，士含貝，庶人含米粒。對地位高、品德好及關係親的，所贈的助喪之物多。窮人和富人的饋贈也有差別。二、三、四、五的數目，是根據天地間的規律而確定的奇偶，是揣摸人情而制定的制度，是有來由的。這是禮法中的重要部分。

《春秋》曰：「庚戌，天王崩。」❶《傳》曰：「天王何以不書葬？天子記崩，不記葬，必其時也。諸侯記卒，記葬，有天子在，不必其時也。」❷必其時奈何？天子七日而殯，七月而葬。諸侯五日而殯，五月而葬。大夫三日而殯，三月而葬。士庶人二日而殯，二月而葬。皆何以然？曰：禮不豫凶事，死而後治凶服。衣衰飾❸，修棺槨，作穿窆宅兆❹，然後喪文成，外親畢至，葬墳集。孝子忠臣之恩厚備盡矣。故天子七月而葬，同軌❺畢至；諸侯五月而葬，同會畢至；大夫三月而葬，同朝畢至；士、庶人二月而葬，外姻畢至也。

【章旨】簡介殯葬之禮。

【注釋】❶庚戌天王崩　見《春秋・隱公三年》。天王指周平王。❷天王何以不書葬等句　見《公羊・隱公三年・傳》。❸衰飾　喪服。❹穿窆宅兆　窆是埋葬，兆指墓地的界域。此句意為修築墳墓。❺同軌　指華夏同文之國。

【語譯】《春秋》載：「庚戌這一天，周平王死了。」《公羊傳》說：「為什麼不記天子何時埋葬？對天子，只記何時死，不記何時埋，這是因為埋葬的時間有明確的規定。對諸侯，既要記何時死，又要記何時埋，因為有天子在。

埋葬的時間可能有變化。」規定的時間是怎樣的？天子死後七天裝入棺材停放，七個月後埋葬。諸侯死後五天裝入棺材停放，五個月後埋葬。大夫死後三天裝入棺材停放，三個月後埋葬。士和庶人死後兩天裝入棺材停放，兩個月後埋葬。為什麼都要這樣做？回答是：按禮法，不預先辦凶事，人死之後才治喪。穿戴喪服，製作棺槨，修建墳墓，這樣喪禮才算準備完畢，到時親戚朋友全都到來，死者入土下葬後，孝子忠臣對死者的厚恩才算作了報答。所以天子死後七月下葬，華夏同文之國的諸侯全都到來；諸侯死後五月下葬，曾與之結盟的諸侯全都到來；大夫死後三月下葬，同朝官員全都到來，士和庶人死後兩月下葬，外姓姻親全都到來。

延陵季子❶適齊，於其反也，其長子死於嬴、博❷之間，因葬焉。孔子聞之，曰：「延陵季子，吳之習於禮者也。」使子貢往而觀之。其穿，深不至泉。其斂，以時服。既葬封，壙墳揜坎，其高可隱❸也。既封，左袒❹右旋其封，且號者三，言曰：「骨肉歸於土，命也。若魂氣則無不之也，無不之也！」而遂行。孔子曰：「延陵季子於禮其合矣。」

【章　旨】記延陵季子按禮法埋葬兒子。

【注　釋】❶延陵季子　原名季扎，吳王壽夢少子，封於延陵。❷嬴、博　嬴，春秋齊邑，在今山東省萊蕪縣西北。博亦齊邑，在今山東省泰安縣東南。❸隱　憑據；倚靠。據《禮記・檀弓》鄭玄注：古代墳墓高四尺，伸手可倚憑。❹左袒　古禮，凡以禮事者，左袒；若請罪待刑，右袒。

【語　譯】延陵季子去齊國，在返回的途中，他的大兒子死在嬴、博之間的路上，就地埋葬了。孔子聽到此事，說：「延陵季子，是吳國懂得禮法的人。」派子貢前去弔唁。所挖的墳墓，深度以不見泉水為限。所裝殮的衣服，都是當時的時裝。封土以後，墳的四周只剛剛蒙住墓坑，高度僅夠人倚靠。封土完畢時，延陵季子袒露左臂從右繞墳走，哭了三聲，說道：「你的骨肉又回到土中去了，這是命中注定的。你的魂靈卻無所不適，無所不適！」說完便走了。

孔子說：「延陵季子的做法於禮相合。」

子生三年，然後免於父母之懷，故制喪三年，所以報父母之恩也。期年之喪通乎諸侯，三年之喪通乎天子，禮之經也。子夏三年之喪畢，見於孔子。孔子與之琴，使之弦。援琴而弦，衎衎而樂。作而曰：「先王制禮，不敢不及也。」子曰：「君子也。」閔子騫三年之喪畢，見於孔子。孔子與之琴，使之弦。援琴而弦，切切而悲。作而曰：「先王制禮，不敢過也。」孔子曰：「君子也。」子貢問曰：「閔子哀不盡，子曰『君子也』；子夏哀已盡，子曰『君子也』。賜也惑，敢問何謂？」孔子曰：「閔子哀未盡，能斷之以禮，故曰君子也；子夏哀已盡，能引而致之，故曰君子也。夫三年之喪，固優者之所屈，劣者之所勉。」

【章旨】闡明制定三年喪期的緣由和意義。

【語譯】小孩生下三年，才能脫離父母的懷抱，所以制定三年守喪，這是為了報答父母的恩情。諸侯死了百姓守一年喪，天子死了百姓守三年喪，這是禮法中不變的規定。子夏守完三年喪，去見孔子。孔子給他一張琴，讓他彈奏。子夏拿過琴彈了起來，琴聲和諧歡快。他站起來說：「先王制定了喪禮，我不敢不把喪守完。」孔子說：「你是一個君子。」閔子騫守完三年喪，去見孔子。孔子給他一張琴，讓他彈奏。閔子騫拿過琴彈了起來，琴聲悲悲切切。他站起來說：「先王制定了喪禮，我不敢延長喪期。」孔子說：「你是一個君子。」子貢問道：「閔子騫悲哀未盡，您說他是君子；子夏悲哀已盡，您說他是君子。我不理解，請問為什麼這樣說？」孔子說：「閔子騫悲哀未盡，能按禮法停止服喪，所以稱他為君子；子夏悲哀已盡，能按禮法延遲到喪期滿，所以稱他為君子。三年的喪期，本來就是讓那些孝敬的人能夠節哀，讓那些不孝敬的人努力盡孝的。」

齊宣王謂田過曰：「吾聞儒者喪親三年，喪君三年，君與父孰重？」田過對曰：「殆不如父重。」王忿然怒曰：「然則何為去親而事君？」田過對曰：「非君之土地，無以處吾親；非君之祿，無以養吾親；非君之爵位，無以尊顯吾親。受之君，致之親。凡事君，所以為親也。」宣王邑邑而無以應。

【章旨】本章講對臣子而言，父重於君。

【語譯】齊宣王問田過說：「我聽說儒家弟子為父母守喪三年，為君王守喪也是三年，君王與父親相比，哪個重要？」田過回答說：「君王可能不如父親重要。」宣王憤怒地說：「既然如此，為什麼要離開父母去事奉君王？」田過回答說：「沒有君王的土地，無處安置我的父母；沒有君王的俸祿，無物贍養我的父母；沒有君王的爵位，無法使父母的地位尊貴、名聲顯揚。從君王那裡獲得，送到父母那裡去。大凡事奉君王的人，都是為了雙親。」宣王悶悶不樂卻無話可答。

古有菑❶者謂之厲❷，君一時素服，使有司弔死問疾，憂❸以巫醫。匍匐❹以救之，湯粥以方❺之。善者必先乎鰥寡孤獨，及病不能相養，死無以埋葬，則埋葬之。有親喪者，不呼其門。有齊衰大功❻，五月不服力役之征。有小功❼之喪者，未葬，不服力役之征。其有重尸多死者急，則有聚眾童子，擊鼓苣❽火，入官宮里用之。各擊鼓苣火，逐官宮里。家之主人，冠，立於阼。事畢，出乎里門，出乎邑門，至野外。此匍匐救厲之道也。師大敗亦然。

【章旨】介紹古代發生瘟疫之後，君王和各級官員所採取的優撫措施和救治方法。

【注釋】❶菑　同「災」。❷厲　禍害。❸憂　疾病。❹匍匐　爬行。此為盡力之意。❺方　古稱醫術為方術，此為治療之意。❻齊衰大功　齊衰，喪服名，為五服之一。以粗麻布製孝衣，衣邊縫齊，故名。為繼母、慈母服齊衰三年，為祖父母、妻、庶母服齊衰一年，為曾祖父母服齊衰五月，為高祖父母服齊衰三月。大功亦喪服名。其服以熟麻布做成，較齊衰稍細，較功為粗，故名。堂兄弟、未婚的堂姊妹、已婚的姑、姊妹、姪女及眾孫、眾子媳、姪婦等之喪，都服大功；已婚女為伯父、叔父、兄弟、姪、未婚姑、姊妹、姪女等服喪，也服大功。❼小功　古代喪服名。用較粗熟麻布做成，服期五個月。祖之兄弟，父之從父兄弟，本人再從父兄弟之喪服之。❽苣　束葦燒火。

【語譯】古代發生了災疫稱為厲。此時君王要穿素淨的衣服，派官員去弔唁死人慰問病人，派巫醫去治療疾病。要盡力搶救，施湯粥賑濟。慈善之人一定要首先照顧鰥寡孤獨以及害了病而無人照管的，對死了無人埋葬的，要加以安葬。有死了父母親的，不在門前呼叫、打擾。有齊衰大功之喪的，五個月內，不服勞役。有小功之喪的，未埋葬之前，不服勞役。如果一家同時死了多人，就把許多小孩集中起來，打著鼓，舉著蘆葦做的火把，進入家中，驅逐厲鬼。這家的主人，要戴著帽子，站在臺階上。家中驅逐完畢，要趕到巷子口，趕到城門口，趕到荒郊外。這是盡力救厲的方法。軍隊打了大敗仗也用這種方法。

齋者，思其居處也，思其笑語也，思其所為也。齋三日乃見其所為齋者。祭之日，將入戶，僾然❶若有見乎其容。盤旋❷出戶，喟然若有聞乎歎息之聲。先人之色，不絕於目；聲音咳唾❸，不絕於耳；嗜欲好惡，不忘於心。是則孝子之齋也。

【章旨】講齋戒之時，要對死者有真誠的懷念。

【注釋】❶僾然　仿佛。❷盤旋　留連；盤桓。❸咳唾　喻言論。

【語譯】齋戒時，要回憶死者居處，回憶死者的笑語，回憶死者的作為。齋戒三天之後才去見所祭的亡靈。祭祀的那天，將要進入靈堂的門時，仿佛看到死者的容貌。留連不捨地出門時，耳邊好像聽到死者的歎息聲。先人的容貌，在眼中閃現；聲音言論，在耳邊迴響；嗜欲好惡，在心中牢記。這才是孝子在齋戒。

春祭曰祠，夏祭曰禴，秋祭曰嘗，冬祭曰烝。春薦韭卵，夏薦麥魚，秋薦黍豚，冬薦稻雁。三歲一祫，五年一禘。祫者，合也。禘者，諦也。祫者，大合祭於祖廟也。禘者，諦其德而差優劣也。聖主將祭，必潔齋精思，若親之在。方興未登，偶偶憧憧❶。專一想親之容貌仿佛。此孝子之誠也。四方之助祭，空而來者滿而反，虛而至者實而還。皆取法則焉。

【章旨】解釋幾種祭名，強調祭祀者要有誠心。

【注釋】❶偶偶憧憧 「偶」同「顒」。顒顒，仰慕貌。憧憧，搖曳不定貌。

【語譯】春祭叫祠，夏祭叫禴，秋祭叫嘗，冬祭叫烝。春祭進獻韭菜和禽蛋，夏祭進獻新麥和鮮魚，秋祭進獻黍子和小豬，冬天進獻稻穀和大雁。三年一祫祭，五年一禘祭。祫的意思是集合。禘的意思是審諦。祫祭，集合祖先神主祭於祖廟。禘祭，審視德行的優劣分級祭祀。聖王要舉行祭祀，一定整潔身心，好像死去的親人就在眼前。在正要起身登壇之前，內心無限景仰，身子搖搖晃晃，一心想著那仿佛可見的親人的容貌。這是孝子的精誠。各方來助祭的人，空手而來可以載滿而歸，都可效法這種做法。

韓褐子濟於河，津人告曰：「夫人過於此者，未有不快❶用者也。而子不用乎？」韓褐子曰：「天子祭海內之神，諸侯祭封域之內，大夫祭其親，士祭其祖禰，褐也未得事河伯也。」津人申楫，舟中水而運❷。津人曰：「向也役人固已告矣，夫子不聽役人之言也。今舟中水而運，甚殆。治裝衣而下游乎？」韓子曰：「吾不為人之惡我而改吾志，不為我將死而改吾義。」言未已，舟泆然❸行。韓褐子曰：「《詩》云：『莫莫葛藟，施于條枚。愷悌君子，求福不回。』❹鬼神且不回，況於人乎？」

【章　旨】記韓褐子不濫祀鬼神，以正氣壓住邪氣。從而宣揚了「求福不回」的主張。

【注　釋】❶快　當與「禬」同。會福之祭。❷運　此意為回旋。❸泆然　舒緩安閒貌。❹莫莫葛藟四句　見《詩經・大雅・旱麓》。莫莫，茂盛貌。葛藟，葛藤。施，蔓延。條，樹枝。枚，樹幹。回，邪僻。

【語　譯】韓褐子要渡河，擺渡人告訴他說：「凡是渡此河的人，沒有不祭祀求平安的。你不祭祀嗎？」韓褐子說：「天子祭四海之內的神靈，諸侯祭境內神靈，大夫祭他的親人，士祭祖先。我不能祭祀河伯。」擺渡人盪起槳，船在水中回旋。擺渡人說：「剛才我已經告訴過您，您不聽我的話。現在船在水中打旋，非常危險。快把衣服準備好，扔進水裡求平安吧。」韓褐子說：「我不能因為別人不喜歡我便改變我的意志，不因為我就要死去而改變我的原則。」話未說完，船平穩地向前行進。韓褐子說：「《詩經》上說：『茂盛的葛藤，爬上樹木的枝幹。平易近人的君子，求福不用邪僻的手段。』神鬼尚且不喜歡邪僻，何況人呢？」

孔子曰：「無體之禮，敬也；無服之喪，憂也；無聲之樂，懽也。不言而信，不動而威，不施而仁，志也。鐘鼓之聲，怒而擊之則武，憂而擊之則悲，喜而擊之則樂。其志變，其聲亦變。其志誠，通乎金石，而況人乎？」

【章　旨】本章講要注重內在的真實的思想感情，外在的形式不過是內在情感的表現。

【語　譯】孔子說：「沒有儀式的禮節，是敬意；沒穿喪服的服喪，是憂傷；沒有聲音的音樂，是歡悅。不需要說話便顯示出誠信，不需要行動便顯示出威武，不需要施捨便顯示出仁愛，這靠的是德行。鐘鼓的聲音，憤怒時敲出來是威武的，憂傷時敲出來是悲切的，愉快時敲出來是歡樂的。人的心情變了，鐘鼓的聲音也跟著變化。心意精誠，可以感動金石，何況人呢？」

公孟子高❶見顓孫子莫❷曰：「敢問君子之禮何如？」顓孫子莫曰：「去爾外厲，與爾內❸，色勝而心自取之。去此三者而可矣。」公孟不知，以告曾子。曾子愀然逡巡曰：「大哉言乎！夫外厲者必內折，色勝而心自取之者必為人役。是故君子德行成而容不知，聞識博而辭不爭，知慮微達而能不愚❹。」

【章　旨】講為人不可色厲內荏，不可「色勝而心自取之」。

【注　釋】❶公孟子高　或以為即《孟子·萬章上》之公明高，趙岐注謂公明高為曾子弟子。❷顓孫子莫　或以為即《孟子·盡心上》所云「子莫執中者。」趙岐注：「魯之賢人也。」❸與爾內　盧元駿《說苑今註今譯》注云：「或引作『與爾內折』。證諸下文，正是脫一『折』字。內折，猶言內荏，內心怯懦的意思。」❹知慮微達而能不愚　此句與整體文意不合，疑有訛誤。譯文取大意。

【語　譯】公孟子高見到顓孫子莫，問道：「請問君子該怎麼做才合於禮？」顓孫子莫說：「去掉表面的嚴厲，去掉內心的怯懦，別因為某人某事表面不錯就加以盲從。丟掉這三者便行了。」公孟不明白，把這話告訴曾子。曾子臉上變色、身子後退，說：「這話說得真好！表面嚴厲的人內心一定很怯懦，看到外表不錯就加以盲從的人一定被別人役使。因此君子德行修成而外表卻顯出無知的樣子，見多識廣卻不在言語中與別人爭辯，謀慮深遠卻大智若愚。」

曾子有疾，孟儀❶往問之。曾子曰：「鳥之將死，必有悲聲。君子集大辟❷，必有順辭。禮有三儀❸，知之乎？」對曰：「不識也。」曾子曰：「坐，吾語汝。君子修禮以立志，則貪欲之心不來。君子思禮以修身，則怠惰慢易之節不至。君子修禮以仁義，則忿爭暴亂之辭遠。若夫置罇俎，列籩豆❹，此有司之事也，君子雖勿能可也。」

【章旨】本章借曾子之口，指出修禮的主要作用在於培養崇高的德行。

【注釋】❶孟儀　又作「孟敬子」。魯大夫。❷集大辟　死亡之意。❸儀　《爾雅·釋詁上》：「儀，善也。」❹置罇俎列籩豆　罇是盛酒之器，俎是盛牛羊的祭器，籩是盛食物的竹器，豆是形如高腳盤的食器。全句意為主持祭祀。

【語譯】曾子有病，孟儀前去探問。曾子說：「鳥兒將死，一定會有悲慘的叫聲，君子將死，一定會有良好的遺言。禮有三種好處，你知道嗎？」回答說：「不知道。」曾子說：「坐下，我告訴你。君子學習禮法而樹立志向，貪欲就不會來。君子想到用禮法指導自己，懶惰輕慢之心就不會來。君子學習禮法講究仁義，與人爭執和兇暴狂妄的言辭就會遠離自己之口。至於陳列祭品、主持祭祀，那是有關官員的職責，君子即使不會也是可以的。」

孔子曰：「可也，簡。」簡者，易野也。易野者，無禮文也。孔子見子桑伯子❶，子桑伯子不衣冠而處。弟子曰：「夫子何為見此人乎？」曰：「其質美而無文，吾欲說而文之。」孔子去，子桑伯子門人不說，曰：「何為見孔子乎？」曰：「其質美而文繁，吾欲說而去其文。」故曰文質修者謂之君子；有質無文謂之易野。子桑伯子易野，欲同人道於牛馬。故仲弓❷曰太簡。上無明天子，下無賢方伯❸，天下為無道，臣弒其君，子弒其父，力能討之，討之可也。當孔子之時，上無明天子也。故言「雍也可使南面❹」，南面者，天子也。雍之所以得稱南面者，問子桑伯子於孔子，孔子曰：「可也，簡。」仲弓曰：「居敬而行簡，以道民，不亦可乎？居簡而行簡，無乃太簡乎？」子曰：「雍之言然。」仲弓通於化術，孔子明於王道，而無以加仲弓之言。

【章　旨】 主張既要保持完好的本質，又要注重禮節的修養。

【注　釋】 ❶子桑伯子　有人以為即《莊子．大宗師》中的桑戶，《楚辭．涉江》中的桑扈。❷仲弓　即冉雍，孔子弟子。❸方伯　一方諸侯。❹南面　坐北朝南，古人以此為尊位。

【語　譯】 孔子說：「（子桑伯子）人還不錯，可太簡了。」簡的意思是簡易粗野。簡易粗野是沒有禮節儀容的表現。孔子會見子桑伯子，子桑伯子不穿衣不戴帽與孔子相處。孔子的弟子問：「先生為什麼去見這樣的人？」孔子說：「此人本質好卻不講禮貌，我要說服他使他注重禮節。」孔子離去後，子桑伯子的門人不高興，問：「為什麼要見孔子？」子桑伯子說：「此人本質好卻太講究繁文縟禮，我要說服他使他丟掉禮文。」因此說，品德、禮文都講究的人才叫做君子，有好的品質而沒有禮貌的人是簡易粗野的人。子桑伯子簡易粗野，想把做人的原則與牛馬等同。所以冉雍說他太粗野。（若照子桑伯子的做法）在上無聖明天子，下無賢能諸侯的情況下，天下人做出無法無天之事，臣子殺君王，兒子殺老子，只要有強力就去攻打，這些都是可以的。在孔子那個時候，上無聖明天子。所以孔子說「冉雍可以讓他南面為尊」，南面為尊，就是做天子。冉雍之所以能南面稱尊，是因為他曾經以子桑伯子的事問孔子，孔子說：「這人還不錯，就是太簡易了。」冉雍說：「若存心恭敬而簡易行事，以此引導百姓，不也可以嗎？若存心不嚴肅而簡易行事，就是太輕率了。」孔子說：「你的話是對的。」冉雍精通變化之術，孔子懂得仁義之道，但對冉雍的話卻無言再作補充。

孔子至齊郭門之外，遇一嬰兒，挈一壺相與俱行。其視精，其心正，其行端。孔子謂御曰：「趣驅之，趣驅之！韶樂❶方作。」孔子至彼聞韶，三月不知肉味。故樂非獨以自樂也，又以樂人；非獨以自正也，又以正人。大矣哉！於此樂者，不圖為樂至於此。

【章旨】通過對孔子聞韶，三月不知肉味故事的記敘，說明音樂有巨大的感化、陶冶作用。

【注釋】❶韶樂　歌頌大舜的音樂。

【語譯】孔子來到齊國城門外，遇到一個小孩提著一把壺同他們一道走。這個小孩的眼睛明亮，天真無邪，行為端莊。孔子對駕車的人說：「快點趕！快點趕！韶樂剛開始演奏。」孔子到齊國聽到韶樂，三個月感覺不到肉味的鮮美。所以說音樂不僅可以使自己歡樂，而且可以使別人歡樂；不僅可以使自己品行端正，而且可以使別人品行端正。真了不起啊！這首樂曲竟有這樣大的作用。

黃帝詔泠倫❶作為音律。倫自大夏❷之西，乃之崑崙❸之陰，取竹於解谷❹。以生竅厚薄均者，斷兩節間，其長九寸，而吹之，以為黃鐘之宮❺，日含少。以崑崙之下，聽鳳之鳴，以別十二律❻。其雄鳴為六，雌鳴亦六，以比黃鐘之宮。適合黃鐘之宮，皆可生之。而律之本也。故曰：「黃鐘微而匀，鮮全而不傷。其為宮獨尊，象大聖之德。可以明至賢之功，故奉而薦之於宗廟，以歌迎功德，世世不忘。是故黃鐘生林鐘，林鐘生大呂，大呂生夷則，夷則生大簇，大簇生南呂，南呂生夾鐘，夾鐘生無射，無射生姑洗，姑洗生應鐘，應鐘生蕤賓。

三分所生益之一分以上生，三分所生去其一分以下生❼。黃鐘、大呂、太簇、夾鐘、姑洗、中呂、蕤賓為上生，林鐘、夷則、南呂、無射、應鐘為下生。大聖至治之世，天地之氣合以生風。日至則日行其風，以生十二律。故仲冬日短至，則生黃鐘，季冬生大呂，孟春生大簇，仲春生夾鐘，季春生姑洗，孟夏生中呂，仲夏生蕤賓，季夏生林鐘，孟秋生夷則，仲秋生南呂，季秋生無射，孟冬生應鐘。天地之風氣正，十二律至❽也。

【章　旨】介紹十二律。

【注　釋】❶泠倫　傳為黃帝樂官。❷大夏　地名。❸崑崙　山名。❹解谷　谷名。❺黃鐘之宮　黃鐘是古音十二律中的第一個標準音高。宮是古代五音音階中的第一音。❻十二律　律是定音的竹管。舊說古人用十二個長度不同的律管，吹出十二個高度不同的標準音，以確定樂音的高低。這十二個標準音稱十二律，它們的名稱是：黃鐘、大呂、太簇、夾鐘、姑洗、中呂、蕤賓、林鐘、夷則、南呂、無射、應鐘。十二律分為兩類：奇數六律為陽律，叫六律；偶數六律為陰律，叫六呂。❼三分所生益之一分以上生二句　十二律管的長度有一定的數的比例，有的律管由另一律管三分減一而成，有的由另一律管三分增一而成，還有的由另一律管先三分減一，後三分增一而成。此即三分損益法。❽至　《呂氏春秋》作「定」。

【語　譯】黃帝命令泠倫制作音律。泠倫從大夏的西邊，來到崑崙山的北邊，從解谷中取竹，選出中空而四壁厚薄均勻的，從兩個竹節之間截斷，共長九寸，以此吹出的聲音，作為黃鐘宮調，叫含少。又諦聽鳳鳥的鳴叫，辨明十二音律。其中雄鳥的叫聲有六種，雌鳥的叫聲也有六種，這些叫聲都與黃鐘宮調有關係。只要確定了黃鐘宮調，就可產生出其他的樂音。黃鐘宮調是音律的根本。所以說：黃鐘之音低微圓潤悠長而不刺耳。它作宮調，處於獨尊地位，象徵大聖人的大德。可以用它來表現賢人的功績，所以把它進獻給宗廟，用它來歌功頌德，讓世世代代不遺忘。黃鐘可以產生林鐘，林鐘產生大呂，大呂產生夷則，夷則產生太簇，太簇產生南呂，南呂產生夾鐘，夾鐘產生無射，無射產生姑洗，姑洗產生應鐘，應鐘產生蕤賓。律管三分增一產生的樂音為上生，律管三分減一產生的樂音為下生。

黃鐘、大呂、太簇、夾鐘、姑洗、中呂、蕤賓為上生，林鐘、夷則、南呂、無射、應鐘為下生。在大聖人的昌明盛世，天地之氣相合而生風，太陽的出現即帶來風，十二音律從而產生。所以仲冬的冬至日，產生黃鐘，季冬產生大呂，孟春產生太簇，仲春產生夾鐘，季春產生姑洗，孟夏產生中呂，仲夏產生蕤賓，季夏產生林鐘，孟秋產生夷則，仲秋產生南呂，季秋產生無射，孟冬產生應鐘。天地的風氣正，十二律也就確定了。

聖人作為鞉鼓椌楬塤篪❶，此六者德音之音。然後鐘磬竽瑟以和之，然後干戚旄狄❷以舞之。此所以祭先王之廟也，此所以獻酢酳酬❸也，所以官序貴賤各得其宜也，此可以示後世有尊卑長幼之序也。

【章旨】說明鞉鼓椌楬塤篪六種樂器的作用。

【注釋】❶鞉鼓椌楬塤篪　鞉，有柄小鼓，搖之作聲。椌楬即柷敔。樂開始時擊柷，樂終止時刷敔。塤，又作「壎」。土製樂器。篪，竹製樂器。❷干戚旄狄　干是盾牌，戚是斧，旄是牦牛尾，狄是羽毛。❸獻酢酳酬　獻、酳是敬酒，酢、酬是回敬。

【語譯】聖人製作鞉鼓椌楬塤篪，這六種樂器能發出美好的聲音，然後用鐘磬竽瑟作配合，然後持干戚旄狄跳舞。這是為在宗廟裡祭祀先王演奏的，這是為在筵席上獻酒酬酒演奏的，它可以使大小官員各得其宜，可以向後代顯示尊卑長幼各有次序。

鐘聲鏗，鏗以立號，號以立橫，橫以立武。君子聽鐘聲則思武臣。石聲磬❶，磬以立辯❷，辯以致死。君子聽磬聲則思死封疆之臣。絲聲哀，哀以立廉，廉以立志。君子聽琴瑟之聲則思志義之臣。竹聲濫❸，濫以立會，會以聚眾。君子聽竽笙簫管之聲則思畜聚之臣。鼓鞞之聲讙，讙以立動，動以進眾。君子聽鼓鞞之聲則思將帥之臣。君子之聽音，非聽鏗鏘而已，彼亦有所合之也。

【章旨】講君子聽音，非聽其鏗鏘而已，還另有豐富的聯想。

【注釋】❶磬　《史記・樂書》作「硜」。硜，聲音果勁有力。❷辯　《禮記・樂記》作「辨」。❸濫　《史記・樂書》裴駰集解引王肅曰：「濫，會諸音。」

【語譯】鐘聲鏗鏘，鏗鏘之音可以作為號令，號令可以使氣勢雄壯，氣勢雄壯便顯得威武。君子聽到鐘聲便想到武將。石聲果斷有力，果斷有力的聲音鼓勵人們盡節取義，明於節義的人不惜一死。君子聽到石頭撞擊聲便想到死在邊疆的臣子。絃聲哀婉，哀婉之音使人廉正，為人廉正才能有高遠的志向。君子聽到琴瑟之聲便想到大義凜然的臣子。竹聲有凝聚之力，凝聚就是匯集，匯集可以由少成多。君子聽到竽笙簫管之聲便想到為國家蓄積財富的臣子。鼓鞞之聲歡快，歡快激勵人們行動，眾人想動就可驅使向前。君子聽到鼓鞞之聲便想到作將帥的臣子。君子聽音，不僅僅聽鏗鏗鏘鏘的響聲，還要想到另一些與這聲音有聯繫的事情上去。

樂者，聖人之所樂也，而可以善民心，其感人深，其移風易俗❶。故先王著其教焉。夫民有血氣心知之性，無哀樂喜怒之常。應感起物而動，然後心術形焉❷。是故感激憔悴之音作，而民思憂。嘽諧❸慢易繁文簡節之音作，而民康樂。粗厲猛奮廣賁❹之音作，而民剛毅。廉直勁❺正莊誠之音作，而民肅敬。寬裕肉好❻順成和動之音作，而民慈愛。流僻邪散狄成滌濫❼之音作，而民淫亂。是故先王本之情性，稽之度數，制之禮義。合生氣之和，道五常❽之行。使陽而不散，陰而不密❾，剛氣不怒，柔氣不懾。四暢交於中，而發生於外。皆安其位，不相奪也。然後立之學等❿，廣其節奏，省⓫其文彩，以繩厚德。律小大之稱⓬，比始終之序⓭，以象事行，使親疏貴賤長幼男女之理，皆形見於樂。故曰：「樂觀其深矣。」土弊則草木不長，水煩則魚鼈不大，氣衰則生物不遂，世亂則禮慝而樂淫。是故其聲哀而不莊，樂而不安。慢易以犯節，流漫以忘本。廣則容姦，狹則思欲，感滌蕩之氣，而滅平和之德。是以君子賤之也。凡姦聲感人，而逆氣應之。逆氣成象，而淫樂興焉。正聲感人，而順氣應之。順氣成象，而和樂興焉。唱和有應，回邪曲直，各歸其分，而萬物之理，以類相動也。是故君子反情以和其志，比類以成其行。姦聲亂色，不習於聽⓮。淫樂慝禮，不接心術。惰慢邪辟之氣，不設於身體。使耳目鼻口心知百體，皆由順正，以行其義。然後發以聲音，文以琴瑟，動以干戚，飾以羽毛，從以簫管，奮至德之光，動四氣之和，以著萬物之理。是故清明象天，廣大象地，始終象四時，周旋象風雨。五色成文而不亂，八風從律而不姦，百度⓯得數而有常。大小相成，終始相生。唱和清濁，代相為經。故樂行而倫清。耳目聰明，血氣和平，移風易俗，天下皆寧。故曰：樂者，樂也。君子樂得其道，小人樂得其欲。以道制欲，則樂而不亂；以欲忘道，則惑而不樂。是故君子反情以合其意，廣樂以成其教。故樂行而民向方，可以觀德矣。德者，性之端也。樂者，德之華也。金石絲竹，樂之器也。詩言其志，歌詠其聲，舞動其容。三者本於心，然後樂器從之。是故情深而文明，氣盛而化神。和順積中，而英華發外。惟樂不可以為偽。樂者，心之動也。聲者，樂之象也。文彩節奏，聲之飾也。君子之動本，樂其象也，後治其飾。是故先鼓以警戒，三步以見方，再始以著往，復亂以飭歸⑯。奮疾而不拔，極幽而不隱。獨樂其志，不厭其道，不私其欲。是故情見而義立，樂終而德尊。君子以好善，小人以飭聽⑰過。故曰：生民之道，樂為大焉。

【章　旨】本章反覆說明樂教的重大意義和作用。指出樂有正邪之分，正樂使人明禮好善，邪樂使人淫邪昏亂。施樂教便是倡正聲，禁邪響。

【注　釋】❶俗　「俗」下當增「易」字。❷心術形焉　《史記·樂書》裴駰集解引鄭玄注：「術，所由也。形猶見也。」❸嘽諧　《史記·樂書》作「嘽緩」。和緩。❹廣賁　廣大。❺勁正　「勁」，《樂書》作「經」。集解引孫炎曰：「經，法也。」❻肉好　形容聲音洪潤。❼狄成滌濫　「狄成」即「誂越」。謂樂聲往來之疾。詳王引之《經義述聞》。「滌濫」即「慆濫」。紛亂貌。❽五常　即五行。❾密　《樂書》集解引鄭玄曰：「密之言閉也。」❿學等　學習的等差。⓫省　猶「審」。⓬律大小之稱　《樂書》集解引孫炎曰：「作樂器大小稱十二律也。」⓭比始終之序　《樂書》集解引鄭玄曰：「始於宮，終於羽。」⓮不習於聽　《樂書》作「不留於聰明。」⓯百度　百刻。⓰先鼓以警戒等句　有一舞樂表現武王伐紂故事：在擊鼓以示警戒之後舞蹈者先舉足三步向前，表示戰鬥將要開始；第一次討伐未成，第二次又去，故云再始著往；伐紂既勝，則鳴金整武以歸。⓱聽　衍文。

【語　譯】音樂，是聖人喜歡的，它可以使民心向善，它能深深感動人，可較容易地改變風俗習慣。所以先王用音樂教化人。人是有感情知覺的，但哀樂喜怒不定，受外界的影響而波動，然後產生各種情緒。因此，震撼人心的哀傷之音起，人們憂愁。和緩舒展優美通俗之音起，人們安樂。粗獷高昂洪大之音起，人們剛毅。剛正肅穆誠信之音起，人們恭敬。寬廣洪潤祥和之音起，人們慈愛。邪僻狂亂之音起，人們淫亂。所以先王根據人們的情感習性，稽考天地度數，制定禮義制度。配合陰陽，遵守五行，使陽氣不流散，陰氣不閉塞，剛氣不爆發，柔氣不微弱，使四者交流於人們的內心，並表露於外表。讓人們各安其位，不互相侵奪。然後讓人們各按自己的才性學習音樂，增加對音樂的了解，明白音樂的美好，最後使他們的言行合於大德。按十二律製作大小不同的樂器，按五音排列由始到終的順序，音樂就像世事一樣井然有序了。這樣，就可使親疏貴賤長幼男女的倫理關係，全都通過音樂表現出來。所以說：「音樂感人的作用是深遠的。」土壤貧瘠草木便生不起來，水經常攪動魚鼈便長不大，生氣衰微生物便不能長成，時世溷亂則禮法敗壞音樂淫邪。淫邪之樂哀傷而不莊敬，可使人自我陶醉但不能使人心理平恆，散漫而無節奏，靡靡無窮，不知終止。徐緩的聲音裡藏著姦僞，急促的聲音誘人思利欲，使人逆氣橫生，得不到平靜。所以君子鄙視這種音樂。只要受到姦邪之音的感染，逆亂之氣便相應產生。逆亂之氣形成物象，淫邪的音樂就流行於世。受到健康音樂的感染，正氣便相應產生，正氣形成物象，祥和的音樂就流行於世。有唱即有和，邪正曲直，各有所歸，而世間萬物各以善惡分別受到正聲邪響的感染。所以君子節制感情使之合於理智，比同善類養成好的品行。姦邪之聲，淫亂之色，不去聽也不去看。非禮之事，不放在心裡考慮。怠惰邪惡的習氣，不讓它沾身。使耳目鼻口心靈及身體其他各部分，都受正氣熏陶，從而使自己能秉行大義。然後以聲音表達感情，有的以琴瑟來彈奏，有的持干戚來舞蹈，有的以羽毛作裝飾，有的吹簫管作配合，頌揚天地的大德，表現四時的變化，以昭明萬物的性理。清澈明朗象徵天，遼闊博大象徵地，周而復始象徵四時，環繞回旋象徵風雨，各種顏色匯成文彩但不雜亂，八方之風合於音律而無姦邪，晝夜運行遵守時刻而合於常軌。大小樂器交互演奏，宮商角徵羽交互成聲，有唱有和有清有濁，迭起變換構成和諧的整體。所以健康的音樂流行，人類的等級關係便清楚了，人們耳聰目明，心氣平和，風移俗易，天下太平。所以說：音樂就是使人快樂。君子樂於從中獲得道理，小人樂於從中發洩欲望。以正道節制欲望，就會安樂而不淫亂；縱情欲而忘正道，就會迷惑而無歡樂。所以君子要節制感情使之合於理智，推廣音樂教化民眾。所以樂教流行而人民嚮往正道，可以由此產生美好的道德。德是人性的根本，樂是道德的外形。金石絲竹，是演奏音樂的器具。詩表達人的志向，歌唱出人的心聲，舞展現人的狀貌。三者都是因為心有所感，然後通過樂器表現出來。所以感情愈真切演奏愈精采，氣勢愈雄渾愈有感人的力量。平和敬順的思想感情蓄積於內心，優美動人的歌舞便表演出來。惟有音樂不可作假。歡樂震撼心靈，聲音表現歡樂；優美的旋律節奏，是聲音的裝飾。君子內心有所感動，用音樂表現出來，然後再加以修飾。於是先播鼓以作戒備，再邁出三步表示戰鬥開始，還表現了第一次討伐失敗後的第二次出征，第二次出征將士奮勇向前，最後表現取得戰爭勝利後振旅歸來。舞者動作迅猛但不傾倒，歌聲幽微而不模糊。歌舞表達了君子內心的歡悅，不厭其煩地宣揚正道，卻不表現個人的私欲。因此感情顯現出來時道義也得到鼓吹，演奏完畢後美德也受到推崇。君子受到樂教後一心向善，小人受到樂教後改正過失。所以說：教化百姓，樂最重要。

樂之可密者，琴最宜焉。君子以其可修德，故近之。凡音之起，由人心生也。人心之動，物使之然也。感於物而後動，故形於聲❶。聲相應，故生變。變成方❷，謂之音❸。比音而樂之，及干戚羽旄，謂之樂。樂者，音之所由生也。其本在人心之感於物。是故其哀心感者，其聲噍以殺；其樂心感者，其聲嘽以緩；其喜心感者，其聲發以散；其怒心感者，其聲壯以厲；其敬心感者，其聲直以廉；其愛心感者，其聲和以調。人之善惡，非性也，感於物而後動。是故先王慎所以感之。故禮以定其意，樂以和其性，政以一其行，刑以防其姦。禮樂刑政，其極一也，所以同民心而立治道也。

【章旨】本章闡述樂的起源，和它的社會功能。

【注釋】❶聲　單音。❷方　《史記·樂書》裴駰集解引鄭玄注：「方猶文章。」❸音　宮商角徵羽相合為音。

【語　譯】與樂最緊密相連的，是琴。君子因為琴可培養德行，所以與它相近。音從人心中產生。人心的感觸，是外物影響的結果。人受外物影響而心有所動，然後用聲表現出來。聲聲相應，即產生變化。變得繁複動聽，叫做音。匯合各種音加以演奏，配上持干戚飾羽旄的舞蹈，叫做樂。樂，是由音產生的。而它的根源還在於人心對外物的感觸。因此，若內心哀痛，發出的聲音便急速衰微；若內心歡樂，發出的聲音便緩慢舒展；若內心喜悅，發出的聲音便明亮激揚；若內心憤怒，發出的聲音便粗壯嚴厲；若內心恭敬，發出的聲音便剛直廉正；內心慈愛，發出的聲音便溫柔和諧。善和惡，不是人的本性，受到外物的影響然後才產生各種感情。所以先王特別重視那些能感染人心的東西，於是用禮法來約束人的思想，用音樂來陶冶人的感情，用政令來統一人的行動，用刑法來防止邪惡狡詐。禮、樂、刑、政，它們的最終目的是一樣的，都是為了統一人心和建立安定的統治秩序。

凡音生人心者也。情動於中，而形於聲。聲成文，謂之音。是故治世之音安以樂，其政和；亂世之音怨以怒，其政乖；亡國之音哀以思，其民困。聲音之道，與政通矣。宮為君，商為臣，角為民，徵為事，羽為物。五音亂則無法。無法之音：宮亂則荒，其君驕；商亂則陂，其官壞；角亂則憂，其民怨；徵亂則哀，其事勤；羽亂則危，其財匱。五者亂，代相凌，謂之慢。如此，則國之滅亡無日矣。鄭衛之音，亂世之音也，比於慢矣。桑間濮上❶之音，亡國之音也。其政散，其民流，誣上行私，而不可止也。

【章　旨】講音樂與朝政相通。

【注　釋】❶桑間濮上　濮是濮水，流經春秋衛國境內。桑間是濮水邊的地名。傳說商紂王樂師師延作靡靡之音，供紂王日夜淫樂，後武王伐紂，師延抱樂器投濮水而死。又傳說桑間為當時男女幽會之處，淫蕩的歌聲便產生於此。故古代有人認為鄭、衛之聲淫，又認為它是亡國之音。

【語譯】音是從人的內心產生的。情觸動心，便發出聲。聲與聲相配，成為音。所以，治世之音安泰歡樂，政治清和；亂世之音怨毒憤怒，政治乖戾；亡國之音哀傷纏綿，國民窘困。音樂的內容和形式，與政治相通。宮音象徵君，商音象徵臣，角音象徵民，徵音象徵事，羽音象徵物。五音淆亂就失去法則。無法則的音樂表現為：宮音亂則聲音流散，反映君王驕慢；商音亂則聲音不正，反映臣子敗壞；角音亂則聲音憂愁，反映百姓仇怨；徵音亂則聲音悲哀，反映勞役煩重；羽音亂則聲音危殆，反映財用匱乏。五音雜亂，相互侵擾，這是無節制的表現。這樣，國家馬上就要滅亡了。鄭國和衛國的音樂，是亂世的音樂，與無節制的音樂相同。桑間、濮上之音，是亡國之音，因為它反映朝政荒廢，人民流散，欺上營私，而不可遏止。

凡人之有禍患者，生於淫泆暴慢。淫泆暴慢之本，生於飲酒。故古者慎其飲酒之禮。使耳聽雅音，目視正儀，足行正容，心論正道，故終日飲酒而無過失。近者數日，遠者數月，皆人有德焉，以益善。《詩》云：「既醉以酒，既飽以德。」❶此之謂也。

【章旨】主張慎飲酒之禮。

【注釋】❶既醉以酒二句　見《詩經・大雅・既醉》。

【語譯】大凡人遭禍患，是因為淫樂暴虐怠惰。淫樂暴虐怠惰的根源，是因為飲酒。所以古代特別重視飲酒的禮儀。讓飲酒者耳聽文雅的聲音，眼看端正的容貌，腳行規範的步子，心明正確的道理，這樣即使整天飲酒也不會有過失。少則數日，多則數月，都可成為有德之人，並比原來更好。《詩經》上說：「既用美酒使人酣醉，又用美德使人飽受教育。」說的便是這事。

凡從外入者，莫深於聲音，變人最極。故聖人因而成之以德，曰樂。樂者，德之風。《詩》曰：「威儀抑抑，德音秩秩。」❶謂禮樂也。故君子以禮正外，以樂正內。內須臾離樂，則邪氣生矣；外須臾離禮，則慢行起矣。故古者天子諸侯聽鐘聲未嘗離於庭，卿大夫聽琴瑟未嘗離於前，所以養正心而滅淫氣也。樂之動於內，使人易道而好良；樂之動於外，使人溫恭而文雅。雅頌之聲動人，而正氣應之；和成容好之聲動人，而和氣應之；粗厲猛賁之聲動人，而怒氣應之；鄭衛之聲動人，而淫氣應之。是以君子慎其所以動人也。

【章　旨】講禮樂影響深遠，故為君子所重。

【注　釋】❶威儀抑抑二句　見《詩經・大雅・假樂》。「抑」借為「懿」，美好。

【語　譯】凡是從外界影響人心的，沒有什麼比聲音的作用更大的了，它改變人最容易。所以聖人把美德融於聲音之中，稱為樂。樂，是德的傳播媒介。《詩經》上說：「容儀美好，聲音清朗。」講禮樂俱全。所以君子用禮規範外表，用樂陶冶內心。內心一旦離開樂，邪惡之氣就會產生；外表一旦離開禮，無禮的舉動就會出現。所以古代天子、諸侯聽鐘聲不離開廳堂，卿大夫聽琴瑟彈奏不離開樂器邊，就是為了培養美好的道德情操而滅除淫邪之氣。樂感染內心，使人回歸正道熱衷於做好事；樂影響外表，使人溫和謙敬態度文雅。以中正贊美之聲熏陶人，剛正之氣與之相應；以舒適優雅之聲熏陶人，祥和之氣與之相應；以粗獷威猛之聲熏陶人，憤怒之氣與之相應；以鄭國衛國之聲熏陶人，淫邪之氣與之相應。因此君子特別重視能影響人的禮樂。

子路鼓瑟，有北鄙之音。孔子聞之曰：「信❶矣，由之不才也。」冉有侍，孔子曰：

「求，來，爾奚不謂由：夫先王之制音也，奏中聲為中節。流入於南，不歸於北。南者，生育之鄉；北者，殺伐之域。故君子執中以為本，務生以為基。故其音溫和而居中，以象❷生育之氣。憂哀悲痛之感不加乎心，暴厲淫荒之動不在乎體。夫然者，乃治存之風，安樂之為也。彼小人則不然，執末以論本，務剛以為基。故其音湫厲而微末，以象殺伐之氣。和節正中之感不加乎心，溫儼恭莊之動不存乎體。夫殺者，乃亂亡之風，奔北之為也。昔舜造〈南風〉之聲，其興也勃焉。至今王公述而不釋。紂為北鄙之聲，其廢也忽焉。至今王公以為笑。彼舜以匹夫，積正合仁，履中行善，而卒以興。紂以天子，好慢淫荒，剛厲暴賊，而卒以滅。今由也，匹夫之徒，布衣之醜也，既無意乎先王之制，而又有❸亡國之聲，豈能保七尺之身哉？」冉有以告子路。子路曰：「由之罪也！小人不能耳❹陷而入於斯。宜矣，夫子之言也。」遂自悔，不食，七日而骨立焉。孔子曰：「由之改過矣。」

【章旨】通過孔子斥責子路彈「北鄙之音」故事的記敘，說明正樂可以養性，邪樂可以亡身。

【注釋】❶信《孔子家語·辨樂》作「甚」。❷象《家語》作「養」。❸有《家語》作「習」。❹耳疑「自」之誤。

【語譯】子路彈瑟，奏出北方邊境的廝殺之聲。孔子聽到後說：「太過分了！子路真是不才。」冉有陪侍孔子，孔子說：「求，過來，你何不對仲由說：先王制定音樂，奏出的是中和之聲，表現的是中和之節。它只流傳到南方，不流傳到北方。南方是生殖繁衍的地方，北方是廝殺攻討的區域。君子要以保持中庸為根本，愛惜生靈為根基。君子的琴聲溫和而思想持中，保養生氣，憂愁悲痛的情感不放在心裡，殘暴荒淫的行為不出現在身上。像這樣，便是淡泊的風度，安樂的樣子。那些小人卻不是這樣，抓住一些微末之事當大事來談論，以為剛愎自用便是最好的行為。他們的琴聲狹隘冷酷卑瑣，露出殺氣。溫和中正的情感不放在心裡，和藹恭敬的態度不表現在身上。殺氣，是亂亡的表現，敗逃的行為。從前帝舜作樂曲〈南風〉，他的事業蓬勃興起，至今王公沿襲不棄。商紂王作表現北部邊境的殺伐之聲，他的敗亡十分迅速，至今王公以為笑柄。那大舜以普通人的身分，積正道循仁德，行中庸做好事，而終於興起。紂王的身分是天子，怠惰荒淫，剛愎殘暴，而終於滅亡。現在的仲由，只是個普通的百姓，既不鑽研先王的制度，又去學習亡國之音，哪能保住性命呢？」冉有把這些話告訴了子路。子路說：「這是我的錯！我不應自己陷進這裡面去。夫子的話，是對的。」於是非常後悔，不吃飯，過了七天，只剩一副骨架子，孔子說：「仲由能改過。」

卷二〇

反質

【題解】本篇「質」的含義是樸實、儉約、真率。通篇宗旨在於提倡返樸歸真，卻以大量篇幅闡明質樸的對立面——奢侈浮華的危害性。

孔子卦得賁❶，喟然仰而嘆息，意不平。子張進，舉手而問曰：「師聞賁者吉卦，而嘆之乎？」孔子曰：「賁非正色也，是以嘆之。吾思夫質素，白當正白，黑當正黑，夫質又何也❷。吾亦聞之：丹漆不文，白玉不雕，寶珠不飾。何也？質有餘者，不受飾也。」

【章旨】講「質有餘者，不受飾也」。

【注釋】❶賁 《周易》卦名，山下有火謂之賁，非正色之卦。❷夫質又何也 《呂氏春秋・壹行》作「夫賁又何好乎？」於文義為長。

【語譯】孔子卜得一個賁卦，感慨地仰天歎息，心中很不平靜。子張進來，舉起手問道：「我聽說賁是吉卦，為什麼反而歎息？」孔子說：「賁代表的顏色不正，所以慨歎。我希望質底純正，白就純白，黑就純黑，代表雜色的賁卦又有什麼好？我還聽說：丹漆不需要另加色彩，白玉不需要另加雕琢，寶珠不需另加裝飾。為什麼？本質好的東西，不需要修飾。」

信鬼神者失謀，信日者失時。何以知其然？夫賢聖周知，能不時日而事利。敬法令，貴功勞，不卜筮而身吉。謹仁義，順道理，不禱祠而福。故卜數擇日，潔齊戒，肥犧牲，飾珪璧，精祠祀，而終不能除悖逆之禍。以神明有知而事之，乃欲背道妄行，而以祠祀求福，神明必違之矣。天子祭天地、五嶽、四瀆，諸侯祭社稷，大夫祭五祀❶，士祭門戶，庶人祭其先祖。聖王承天心，制禮分也。凡古之卜日者，將以輔道稽疑，示有所先，而不敢自專也，非欲以顛倒之惡，而幸安之全。孔子曰：「非其鬼而祭之，諂也。」是以泰山終不享季氏之旅❷。《易》稱「東鄰殺牛，不如西鄰之禴祭。」❸蓋重禮不貴牲也，敬實而不貴華。誠有其德而推之，則安往而不可？是以聖人見人之文，必考其質。

【章旨】講鬼神不可迷信，不可濫祀。即使祭祀，也要「敬實而不貴華」。

【注釋】❶五祀 《禮記・祭法》：「諸侯為國立五祀：曰司命，曰中霤，曰國門，曰國行，曰公厲。」❷泰山終不享季氏之旅 旅是祭名。按規定，諸侯祭境內山川。季氏是陪臣，祭泰山非禮。❸東鄰殺牛二句 見《周易・既濟・九五爻辭》。禴，祭名，四時之祭。

【語譯】迷信鬼神的人會喪失計謀，迷信日辰禁忌的人會錯過時機。怎知是這樣？聖人賢人都懂得，可以不卜測時日把事情辦好。嚴守法令，重視功勞，不需要卜筮自可獲吉，謹行仁義，遵循道理，不需要祈禱自可得福。以卜筮選擇時日，沐浴齋戒，挑肥牛肥羊作犧牲，裝飾珪璧作祭品，精心祭祀，但是終究不能消除逆亂之禍。認為神靈有知而加以祭祀，卻背離道義而胡作非為，還想求得保祐，神靈一定不加理睬。天子應祭的是天地、五嶽、四瀆，諸侯應祭的是社稷，大夫應祭五祀，士應祭門戶，庶人應祭祖先。這是聖王稟承天意，在制訂的禮法中分別規定的。古人凡是進行占卜，都是為了請神鬼幫助自己行道或解答自己的疑難問題，表示請神鬼先有所示，自己不敢獨斷專行，而不是任由自己做壞事，反向神鬼求保護。孔子說：「不是該祭的鬼神而去祭祀，這是獻媚。」所以泰山之神始終不受季氏的祭祀。《周易》說：「東邊人家殺牛祭祀，比不上西邊人家的禴祭。」因為祭祀注重的是禮儀的周到而不是犧牲的肥大，是內心的虔敬而不是外表的好看。若真有德行推廣，到哪裡行不通？所以聖人看到一個人美好的外表，一定考察他的本質。

歷山❶之田者善侵畔，而舜耕焉。雷澤❷之漁者善爭陂，而舜漁焉。東夷❸之陶器窳，而舜陶焉。故耕漁與陶，非舜之事，而舜為之，以救敗也。民之性皆不勝其欲，去其實而歸之華，是以苦窳之器❹，爭鬥之患起。爭鬥之患起，則所以偷也。所以然者何也？由離誠就詐，棄樸而取偽也，追逐其末，而無所休止。聖人抑其文而抗其質，則天下反矣。

【章　旨】以舜為例，說明聖人可以使民去掉虛榮偽詐之心，返於誠樸。

【注　釋】❶歷山　在今山東省歷城縣南。❷雷澤　在今山東省濮縣東南。❸東夷　指東方。古稱東方民族為夷。❹是以苦窳之器　此句意不明，疑有脫文。據上下文意翻譯。

【語　譯】歷山的農夫愛侵占別人的田界，而舜到那裡去耕種。雷澤的漁民愛爭奪水塘，而舜到那裡去打魚。東夷的陶器粗劣，而舜到那裡去製陶。耕田打魚製陶，都不是舜的本職，而舜卻做了，這是為了糾正弊病。百姓的心性都是受不住欲望的誘惑的，丟掉樸實的本質而嚮往虛飾和榮耀，於是窳陋之器出現了，爭鬥之患發生了。爭鬥之患發生之後，社會風氣就變得澆薄。為什麼會這樣？由於背離誠實而趨向欺詐，丟掉淳樸撿起虛偽，大家追求微末之事，沒有休止。聖人抑制人們的虛榮之心使其突現樸質的本性，那麼，天下的風氣就會扭轉。

《詩》云：「鳲鳩在桑，其子七兮。淑人君子，其儀一兮。」❶傳曰：「鳲鳩之所以養七子者，一心也。君子之所以理萬物者，一儀也。以一儀理物，天心也。五者❷不離，合而為一，謂之天心。在我能因自深結其意於一。故一心可以事百君，百心不可以事一君。是故誠不遠也。夫誠者，一也。一者，質也。君子雖有外文，必不離內質矣。」

【章旨】講專誠的態度是本質美好的表現，君子的態度應該專誠。

【注釋】❶鳲鳩在桑四句 見《詩經・曹風・鳲鳩》。鳲鳩，即布穀鳥。❷五者 即金、木、水、火、土五行。

【語譯】《詩經》說：「鳲鳩在桑樹上，專心餵牠的七個孩子，賢人君子們，專誠地對待各種人和事。」解釋說：「鳲鳩之所以能養活七隻小鳥，是因為專心。君子之所以能辨好各種各樣的事，也是因為有專一的態度。用專誠的態度辦事，符合天意。五行相生相剋，構成一個大千世界，這也是天意。就個人而言，也要把心思用在專誠上。專誠可以事奉百位君王，三心二意，連一位君王也侍奉不了。誠實離每個人都不遙遠，誠實，就是一心一意。一心一意，就是淳樸。君子外表雖要有文彩，卻不可脫離本質的美好。」

衛有五丈夫，俱負缶而入井，灌韭，終日一區。鄧析❶過，下車為❷教之曰：「為機，重其後，輕其前，命曰橋❸。終日灌韭百區，不倦。」五丈夫曰：「吾師言曰：『有機知之巧，必有機知之敗。』我非不知也，不欲為也。子其往矣，我一心溉之，不知改已。」鄧析去，行數十里，顏色不悅懌，自病。弟子曰：「是何人也？而恨我君，請為君殺之。」鄧析曰：「釋之。是所謂真人者也，可令守國。」

【章　旨】本章意在否定巧慧，提倡本真。

【注　釋】❶鄧析　鄭國大夫，名家代表人物。❷為　衍文。❸橋　桔槔。

【語　譯】衛國有五個男子，都揹著瓦罐到井裡打水，澆灌韭菜，一整天只澆了一塊地。鄧析往這裡經過，下車教導他們說：「做一個機械，讓它後頭重，前頭輕，這機械名叫桔槔。一天可以灌一百塊地，人也不會累。」這五個男子說：「我們老師說過：『有智慧弄巧的人，也會因智慧而遭敗。』我們不是不知道那樣做，而是不想那樣做。您走吧，我們一心要這麼澆灌，不會改變的。」鄧析走開了，走了數十里，臉色仍不高興，自己責怪自己。弟子說：「這是些什麼人？使您惱恨。讓我們去為您把他們殺掉。」鄧析說：「饒了他們。這是一些人們所說的真率的人，可以讓他們去守衛國家。」

禽滑釐❶問於墨子曰：「錦繡絺紵❷，將安用之？」墨子曰：「惡！是非吾用務也！古有無文者，得之矣。夏禹是也。卑小宮室，損薄飲食，土階三等，衣裳細布。當此之時，黼黻❸無所用，而務在於完堅。殷之盤庚，大其先王之室，而改遷於殷。茅茨❹不翦，采椽不斲，以變天下之視。當此之時，文采之帛，將安所施？夫品庶非有心也，以人主為心。苟上不為，下惡用之？二王者以化❺身先於天下，故化隆於其時，成名於今世也。且夫錦繡絺紵，亂君之所造也。其本皆興於齊。景公喜奢而忘儉，幸有晏子，以儉鐫之。然猶幾不能勝。夫奢，安可窮哉？紂為鹿臺❻、糟丘、酒池、肉林，宮牆文畫，雕琢刻鏤，錦繡被堂，金玉珍瑋，婦女優倡，鐘鼓管弦，流漫不禁，而天下愈竭，故卒身死國亡，為天下戮，非為錦繡絺紵之用耶？今當凶年，有欲予子隋侯之珠❼者，曰：『不得賣也。珍寶而以為飾。』又欲予子一鍾粟者，得珠者不得粟，得粟者不得珠。子將何擇？」禽滑釐曰：「吾取粟耳，可以救窮。」墨子曰：「誠然，則惡在事夫奢也？長無用，好末淫，非聖人之所急也。故食必常飽，然後求美；衣必常暖，然後求麗；居必常安，然後求樂。為可長，行可久，先質而後文，此聖人之務。」禽滑釐曰：「善。」

【章　旨】講儉樸是傳統美德，而奢侈則可能導致身死國亡。最後指出：只有最基本的生存條件具備後，才能講善美。

【注　釋】❶禽滑釐　墨家之徒。一說是子夏的弟子。❷絺紵　葛纖維織成的細布叫絺。苧麻織成的布叫紵。❸黼黻　衣服上繪繡的花紋。❹茅茨　茅草屋頂。❺化　衍文。❻鹿臺　古臺名。故址在今河南省湯陰縣朝歌鎮南。傳為殷紂王所築。❼隋侯之珠　傳說隋侯救活一條蛇，蛇銜來一顆寶珠相報，故稱隋侯珠。

【語　譯】禽滑釐問墨子說：「刺有花紋的絺紵，將有什麼用處？」墨子說：「唉！這不是我用得著的。古代有不講究奢華的人，是正確的。夏禹便是這樣的人。他把宮室修得很小，節省飲食，臺階只用泥土砌三層，衣裳用細布縫製。那個時候，黼黻沒用處，人們只求完整結實。殷代的盤庚，擴大了先王的家族，把都城改遷到殷。他屋上的茅草不修剪，採來的椽子不砍削，以此改變天下人的看法。在那時，有花紋的縑帛，將在哪裡用得上？百姓並沒有嗜好，以人主的嗜好為嗜好。假如在上位的不做，百姓怎會去做？夏禹和盤庚以自身作天下人的表率，所以教化盛行於當時，美名流傳到現在。況且在絺紵上刺上錦繡，是昏亂的君王搞起來的。起源於齊國。齊景公喜歡奢侈而忘卻節儉，幸虧有晏子，以節儉的道理規勸他，但他幾乎不肯接受。奢侈的風氣一旦形成，哪會有休止？商紂王造鹿臺、槽丘、酒池、肉林，在宮牆上塗色繪畫，在梁柱上雕琢刻鏤，宮內掛滿錦繡和金玉珍寶，美女優倡充斥，鐘鼓管弦之聲不斷，而天下百姓卻日益窮困，因而身死國亡，成為天下的恥辱，這不是享用錦繡絺紵的下場嗎？現在正是災年，有人要給你一顆寶珠，對你說：『不能賣掉，要愛惜它，作你的裝飾品。』又有人要給你一鍾糧食，對你說，要珠就不要糧，要糧就不要珠，你將選擇什麼？」禽滑釐說：「我選取糧食，這可解救危困。」墨子說：「確實是這樣，那麼為何要講究奢華呢？重視無用的東西，提倡並不重要的娛樂，這可不是聖人急切要解決的問題。只有在吃飽肚子以後，才能追求美味；在穿暖身子以後，才能講究華麗；在有地方安身以後，才能謀求舒適。為長遠打算，先做必須做的事，然後才錦上添花，這便是聖人行事的步驟。」禽滑釐說：「說得對。」

秦始皇既兼天下，大侈靡。即位三十五年，猶不息。治大馳道，從九原❶抵雲陽❷，塹山堙谷，直通之。厭先王宮室之小，乃於豐、鎬❸之間，文、武之處，營作朝宮。渭、南山林苑中，作前殿阿房，東西五百步，南北五十丈。上可以坐萬人，下可建五丈旗。周為閣道❹，自殿直抵南山之嶺。以為闕，為複道，自阿房渡渭水，屬咸陽，以象天極閣道，絕漢抵營室也❺。又興驪山❻之役，錮三泉之底。關中離宮三百所，關外四百所，皆有鐘磬帷帳，婦女倡優。立石闕東海上朐山❼界中，以為秦東門。於是有方士韓客侯生、齊客盧生，相與謀曰：「當今時不可以居。上樂以刑殺為威，下畏罪持祿，莫敢盡忠。上不聞過而日驕，下懾伏以慢欺而取容。諫者不用，而失道滋甚。吾黨久居，且為所害。」乃相與亡去。始皇聞之，大怒，曰：「吾異日厚盧生，尊爵而事之，今乃誹謗我。吾聞諸生多為妖言，以亂黔首。」乃使御史悉上諸生。諸生傳相告，犯法者四百六十餘人，皆坑之。盧生不得，而侯生後得。始皇聞之，召而見之，升東阿之臺，臨四通之街，將數而車裂❽之。始皇望見侯生，大怒曰：「老虜不良，誹謗而主，迺敢復見我！」侯生至，仰臺而言曰：「臣聞知死必勇。陛下肯聽臣一言乎？」始皇曰：「若欲何言？言之！」侯生曰：「臣聞禹立誹謗之木，欲以知過也。今陛下奢侈失本，淫泆趨末。宮室臺閣，連屬增累；珠玉重寶，積襲成山；錦繡文采，滿府有餘；婦女倡優，數巨萬人；鐘鼓之樂，流漫無窮；酒食珍味，盤錯於前；衣服輕暖，輿馬文飾，所以自奉，麗靡爛漫，不可勝極。黔首匱竭，民力單❾盡。尚不自知。又急誹謗，嚴威克下。下喑上聾，臣等故去。臣等不惜臣之身，惜陛下國之亡耳。聞古之明王，食足以飽，衣足以暖，宮室足以處，輿馬足以行。故上不見棄於天，下不見棄於黔首。堯茅茨不翦，采椽不斲，土階三等，而樂終身者，以其文采之少，而質素之多也。丹朱❿傲虐，好慢淫，不修理化，遂以不升。今陛下之淫，萬丹朱而十昆吾⓫、桀、紂，臣恐陛下之十亡也，而曾不一存。」始皇默然久之，曰：「汝何不早言？」侯生曰：「陛下之意，方乘青雲，飄搖於文章之觀。自賢自健，上侮五帝，下凌三王。棄素樸，就末技。陛下亡徵見久矣。臣等恐言之無益也，而自取死。故逃而不敢言。今臣必死，故為陛下陳之。雖不能使陛下不亡，欲使陛下自知也。」始皇曰：「吾可以變乎？」侯生曰：「形已成矣，陛下坐而待亡耳。若陛下欲更之，能若堯與禹乎？不然，無冀也。陛下之佐又非也。臣恐變之不能存也。」始皇喟然而歎，遂釋不誅。後三年，始皇崩，二世即位，三年而秦亡。

【章旨】以秦始皇為例，說明奢侈靡費可以亡國。

【注釋】❶九原　郡名。秦置，漢更名五原。在今內蒙古五原縣。❷雲陽　在今陝西省淳化縣北。❸豐鎬　豐指豐邑，西周文王滅崇後，自岐遷都於此。地在今陝西省戶縣西。鎬指西周國都鎬京，武王滅商後，將都城自豐遷於此。地在今陝西省西安市西南。❹閣道　又稱複道，樓閣之間以木架起、懸於空中的通道。❺以象天極閣道二句　《史記．天官書》：「天極紫宮後十七星，絕漢抵營室，曰閣道。」漢指銀河。營室，星宿名。即二十八宿中的室宿。❻驪山　在今陝西省臨潼縣東南。❼朐山　在今江蘇省東海縣南。❽車裂　古代酷刑之一，將人體綁在車上撕裂。❾單　同「殫」。❿丹朱　傳為帝堯之子。⓫昆吾　夏商之間部落名，為商湯所滅。

【語譯】秦始皇併吞天下以後，非常奢侈靡費。登位三十五年，仍不停息。修了一條大道，從九原直達雲陽，挖山填谷，筆直相通。嫌先王的宮室窄小，便在豐都與鎬京之間，周文王、周武王建都之處，營建王宮。又在渭水邊的南山林苑中造前殿阿房宮，東西長五百步，南北寬五十丈。上面可以容坐萬人，下面可以扯起五丈高的旗幟。四周架閣道，自阿房殿直達南山山嶺。又建一座城樓，架複道，從阿房宮穿過渭水，連接咸陽，以模仿天極閣道橫跨銀河通往營室。還在驪山築陵墓，封閉三泉泉底。在關中建別宮三百所，關外建四百所，都設有鐘磬樂器和帷帳飾物，還置有美女倡優。又在東海郡朐山上立起雙石柱，作為秦朝的東門。這時，方術之士韓人侯生和齊人盧生商量說：「現在待不下去了。皇上喜歡以刑殺施威，臣下害怕獲罪，戰戰兢兢做作官，不敢進忠言。皇上聽不到自己的過失，日益驕橫，臣下因恐懼而用怠慢欺騙的辦法來求得安身。敢勸諫的人不被任用，而君王越來越昏暴無道。我們久居此處，將會被害。」於是一起逃走。始皇聽到後，大怒，說：「我往日厚待盧生，把高官委任給他，現在卻在背後說我的壞話。我聽說眾儒生都在製造妖言，迷惑百姓。」於是派御史把儒生全部抓來，眾儒生相互告發，查得犯法的四百六十餘人，全部活埋。盧生沒抓著，侯生後來被逮住了。始皇聽到後，召他相見。他登上東阿之臺，面向通往四方的大街，將要在列舉侯生的罪狀之後車裂他。始皇看見侯生，大怒說：「你這老奴才太壞，誹謗你的君主，竟敢還來見我！」侯生來到臺前，仰望著臺上說：「我聽說知道自己要死的人必定勇敢，陛下肯聽我說一句話嗎？」始皇說：「你要說什麼？說吧！」侯生說：「我聽說夏禹立下專記誹謗之言的木頭，想借以了解自己的過失。現在陛下奢侈而失去治國的根本，荒淫而追求享樂。宮室臺閣，連續增加；珠玉珍寶，堆積成山；錦繡綢緞，庫積有餘；美女倡優，多至萬人；鐘鼓之樂，四處飄散；美酒珍饈，交錯眼前；毛衣輕暖，車馬漂亮；凡是供自己享樂的東西，全都華麗多彩，好得無以復加。而百姓貧困至極，你自己卻不知道。又怕別人說你的壞話，用嚴酷的手段鎮壓在下之人。下面的人不敢說話成了啞巴，上面的人聽不到意見成了聾子，我們因此離開。我們不吝惜自己的性命，卻為陛下的國家敗亡而惋惜。聽說古代的明君，飯吃飽了就行，衣穿暖了就行，房屋足以安身就行，車馬足以趕路就行。因此上不被天帝拋棄，下不被百姓拋棄。帝堯屋頂的茅草不修剪，採來的屋椽不砍削，臺階用泥土砌三層，而終身以為樂，這是因為他很少追求奢侈華麗，而更多地注重淳樸約儉。丹朱傲慢暴虐，喜歡怠惰淫佚，不講道理，不受教化，終於不能繼帝堯之位。現在陛下的放縱荒淫，萬倍於丹朱，十倍於桀、紂，我恐怕陛下有十分的可能滅亡而無一分可能存在。」始皇沈默了很久，問：「你為什麼不早說？」侯生說：「陛下的意氣，正像在乘著青雲上天，飄遊在華麗的宮觀之中。自認為賢能剛健，上輕侮五帝，下藐視三王。拋擲質樸，追求末節。陛下敗亡的徵兆很早就顯現了。我們怕勸諫無益，卻自己找死，所以逃走而不敢說明。現在我必死無疑，所以向陛下陳述。雖然不能使陛下不亡，卻想讓陛下自知。」始皇問：「我可以改正嗎？」侯生說：「大勢已定，陛下只能坐以待斃了。如果陛下想改正，能像堯和禹那樣嗎？不能那樣，就不要抱希望。陛下的輔臣也不是堯、禹手下的那批人。我怕陛下改正了也不能倖存下去。」始皇感慨地歎著氣，便釋放了侯生不加誅殺。過了三年，始皇去世，秦二世即位，再過三年，秦朝就滅亡了。

魏文侯問李克曰：「刑罰之源安生？」李克曰：「生於奸邪淫佚之行。凡奸邪之心，饑寒而起。淫佚者，久饑之詭也。雕文刻鏤，害農事者也。錦繡纂組，傷女工者也。農事害，則饑之本也；女工傷，則寒之原也。饑寒並至，而能不為奸邪者，未之有也。男女飾美以相矜，而能無淫佚者，未嘗有也。故上不禁技巧則國貧民侈。國貧民侈則貧窮者為奸邪，而富足者為淫佚。則驅民而為邪也。民以❶為邪，因以法隨誅之，不赦其罪，則是為民設陷也。刑罰之起有原，人主不塞其本而替❷其末，傷國之道乎？」文侯曰：「善，以為法服也。」

【章旨】講奢侈靡費是奸邪淫佚的根源。

【注釋】❶以 同「已」。❷替 《群書治要》引作「督」。

【語譯】魏文侯問李克說：「刑罰是怎樣產生的？」李克說：「產生於奸邪淫佚的行為出現之後。大凡奸邪之心，因餓寒而起。淫佚的行為，是長期饑餓以後出現的反常現象。文飾雕刻，妨害農業生產。織錦繡花，耽誤女工勞作。農業生產受妨害，便是饑餓的起因，女工勞作被耽誤，便是寒冷的根源。饑寒一起到來，而能不作狡詐邪惡之事的，未曾有過。男男女女互以修飾打扮相炫耀，而能無縱欲放蕩行為的，未曾有過。所以君王不禁止奸巧就會使國家貧窮百姓奢侈。國貧民侈就會使貧窮者作奸邪之事，使富足者有淫佚之行。這是趕著百姓去幹壞事。百姓幹了壞事，又隨即用刑法加以誅殺，不肯赦免他們的罪過，這是對百姓設陷阱。刑罰的產生是有原因的，君王不堵塞犯罪的根源而緊緊盯住犯罪，恐怕是損害國家的做法吧？」文侯說：「說得好，我要以你的話為法則。」

秦穆公閑❶問由余❷曰：「古者明王聖帝，得國失國，當何以也。」由余曰：「臣聞之，當以儉得之，以奢失之。」穆公曰：「願聞奢儉之節。」由余曰：「臣聞堯有天下，飯於土簋❸，啜於土瓶❹。其地南至交阯，北至幽都，東西至日所出入，莫不賓服。堯釋天下，舜受之。作為食器，斬木而裁之。銷銅鐵，修其刃，猶漆黑之以為器。諸侯侈。國之不服者十有三。舜失天下，而禹受之。作為祭器，漆其外，而朱畫其內。縕帛為茵褥，觴勺有彩，為飾彌侈。而國之不服者三十有二。夏后氏以沒，殷、周受之。作為大器，而建九傲❺，食器雕琢，觴勺刻鏤。四壁四帷，茵席雕文，此彌侈矣。而國之不服者五十有二。君好文章，而服者彌侈。故曰，儉其道也。」由余出，穆公召內史廖而告之，曰：「寡人聞鄰國有聖人，敵國之憂也。今由余聖人也，寡人患之。吾將奈何？」內史廖曰：「夫戎辟而遼遠，未聞中國之聲也。君其遺之女樂，以亂其政。而厚❻為由余請期，以疏其間。彼君臣有間，然後可圖。」君曰：「諾。」乃以女樂三九❼遺戎王，因為由余請期。戎王果見女樂而好之，設酒聽樂，終年不遷，馬牛羊半死。由余歸諫，諫不聽，遂去入秦。穆公迎而拜為上卿，問其兵埶❽，與其地利，既得之矣，舉兵而伐之，兼國十二，開地千里。穆公奢主，能聽納諫，故霸西戎。西戎淫於樂，誘於利，以亡其國，由離質樸也。

【章旨】借秦穆公得由余、吞西戎故事，說明儉可得國，奢可失國的道理。

【注釋】❶閑　衍文。❷由余　本晉人，亡入西戎，後為秦穆公大夫。❸簋　圓形食器。❹瓶　同「鉶」。盛湯的器皿。

❺九傲　《韓非子・十過》作「九旒」。旒是旗幟上懸垂的飾物。九旒是天子之旗。❻厚　同「後」。❼三九　《史記・秦本紀》、《韓非子》、《呂氏春秋》皆作「三八」。古舞皆以八為列。❽埶　同「勢」。

【語譯】秦穆公問由余說：「古代的君王，有的得國，有的失國，是什麼原因？」由余說：「我聽說，當因約儉得國，因奢侈失國。」穆公說：「希望聽聽關於奢儉的詳細情況。」由余說：「我聽說帝堯統治天下時，用土簋吃飯，用土鉶喝湯。他的疆域南至交阯，北至幽都，東至日出之地，西至日落之處，無人不服從。堯禪讓天下，舜繼承過來。砍樹木製作食器，鎔鑄銅鐵，磨礪鋒刃，並在器物上塗上黑色。諸侯奢侈之風漸長，有十三個國家不願歸服。舜禪讓天下，禹繼承下來。他製作祭器，外面塗漆，裡面用紅色繪畫。用繒帛作被褥，酒杯上有花紋，他的裝飾較為奢侈，有三十二個國家不願歸服。夏后氏滅亡後，殷、周繼位。製造大型器物，樹立九旒之旗，食器雕琢，飲具刻鏤。四壁掛帷帳，墊褥繡花紋，這就更加侈靡了，有五十二個國家不願歸服。君王喜歡華麗，他手下人就會更奢侈，所以說，儉約是得國的原因。」由余出去後，穆公召來內史廖，把由余說的話告訴他，說：「我聽說鄰國出了聖明之人，是它對手的禍患。現在由余就是一個聖明之人，我對他很擔心。我該怎麼辦？」內史廖說：「西戎地方偏僻遙遠，沒聽過中原的音樂。您可送他一支女樂，借此擾亂他的朝政。然後為由余請求延長留秦的期限，借此疏遠他們的關係。他們君臣有了隔閡，就有辦法可想了。」穆公說：「可以。」於是把兩隊女樂贈送給西戎君王，趁機為由余請求延長留秦的限期。西戎君王見到女樂果然喜歡，置酒聽樂，終年不遷徙，馬牛羊死了一半。由余回去規勸，戎王不聽，於是離開西戎投奔秦國。秦穆公迎接他並任他為上卿，向他詢問西戎的軍事、地理情況，了解清楚之後，興兵攻打，吞併了十二國，擴大疆土上千里。秦穆公是個奢侈的君王，由於能聽從賢人的勸諫，所以稱霸西戎。西戎君王放縱於佚樂，受財利誘惑，喪失了國家，這是因為丟掉了質樸。

經侯往適魏太子，左帶羽玉具劍❶，右帶環佩。左光照右，右光照左。坐有頃，太子不視也，又不問也。經侯曰：「魏國亦有寶乎？」太子曰：「有。」經侯曰：「其寶何如？」

太子曰：「主信臣忠，百姓戴上，此魏國之寶也。」經侯曰：「吾所問者，非是之謂也，乃問其器而已。」太子曰：「有司徒沼治魏，而市無預賈。郄辛治陽，而道不拾遺。芒卯在朝，而四鄰賢士無不相因而見。此三大夫，乃魏國之大寶。」於是經侯默然不應，左解玉具，右解環佩，委之坐，愆然❷而起，默然不謝，趨而出，上車驅去。魏太子使騎操劍佩逐與經侯，使告經侯曰：「吾無德所寶，不能為珠玉所守。此寒不可衣，饑不可食，無為遺我賊。」於是經侯杜門不出，傳死❸。

【章旨】記魏公子重德行，輕珠玉，使以珠寶相炫耀的經侯抱愧而死。

【注釋】❶羽玉具劍　「羽」字衍。玉具劍是以寶玉裝飾的劍。❷愆然　別本作「僁然」。待罪貌。❸傳死　別本作「愧死」。

【語譯】經侯到魏太子那裡去，身左掛著以玉為飾的寶劍，身右帶著玉環玉佩。左邊的光芒映照右邊，右邊的光芒映照左邊。坐了一陣，太子不看他，也不問他。經侯問：「魏國也有珍寶嗎？」太子說：「有。」經侯問：「是什麼珍寶？」太子說：「君王有信，臣子盡忠，百姓擁護君王，這便是魏國的珍寶。」經侯說：「我所問的，不是指的這些，而只是指器物。」太子說：「有司徒沼治理魏國，市上無人囤積居奇。有郄辛治理陽邑，道上無人撿遺失的東西。有芒卯在朝中，四方鄰國的賢人無不相繼來朝見。這三位大夫，乃是魏國最大的珍寶。」於是經侯默默不作回答，左手解寶劍，右手解環珮，扔到座位上，像犯了罪過一樣站立起來，也不說聲告辭，快步出門，登車而去。魏太子派人騎馬拿著劍和環珮追去交給經侯，派去的人告訴經侯說：「我們無德要你的珍寶，也不能為你守住珠玉。這東西天寒不能穿，腹饑不能吃，不要為我們留下禍害。」於是經侯閉門不出，抱愧而死。

晉平公為馳逐之車，龍旌眾色，掛之以犀象，錯之以羽芝❶。車成，題金千鎰❷，立之於殿下，令群臣得觀焉。田差三過而不一顧。平公作色大怒，問田差：「爾三過而不一顧，何為也？」田差對曰：「臣聞說天子者以天下，說諸侯者以國，說大夫者以官，說士者以事，說農夫者以食，說婦姑者以織。桀以奢亡，紂以淫敗。是以不敢顧也。」平公曰：「善。」乃命左右曰：「去車！」

【章旨】借晉平公造馳逐之車，田差三過而不一顧的故事，宣傳反對奢侈的主張。

【注釋】❶芝　指車蓋。❷鎰　古代重量單位。合二十兩。

【語譯】晉平公造了一輛輕車，上插各色龍紋旗幟，懸掛著犀牛角和象牙，以羽毛交錯為頂蓋。車做成以後，標明價值黃金千鎰，停放在宮殿下面，命令群臣都去參觀。田差三次從車邊走過卻不朝車看一眼。平公臉上變色，大發脾氣，責問田差說：「你三次打車邊走過卻不看一眼，是為什麼？」田差回答說：「我聽說使天子感興趣的是天下，使諸侯感興趣的是國家，使大夫感興趣的是官職，使士人感興趣的是事務，使農夫感興趣的是糧食，使婦女感興趣的是紡織。夏桀因奢侈而滅亡，商紂因淫佚而失敗。所以不敢看望。」平公說：「說得對。」便對身邊人下令：「把車拉走！」

魏文侯御廩災。文侯素服辟正殿五日，群臣皆素服而弔。公子成父獨不弔。文侯復殿，公子成父趨而入賀，曰：「甚大善矣，夫御廩之災也。」文侯作色不悅曰：「夫御廩者，寡人寶之所藏也。今火災，寡人素服辟正殿，群臣皆素服而弔，至於子大夫而不弔。今已復辟矣，猶入賀，何為？」公子成父曰：「臣聞之，天子藏於四海之內，諸侯藏於境內，大夫藏於其家，士、庶人藏於篋櫝。非其所藏者，不有天災，必有人患。今幸無人患，乃有天災，不亦善乎？」文侯喟然歎曰：「善。」

【章旨】本章意在說明財富應用於該用的地方，多餘財富的毀滅，對持有者來說，可能是好事。

【語譯】魏文侯的內庫失了火。文侯身穿素服，五天不上正殿，群臣也穿著素服表示痛惜，惟有公子成父一人不惋惜。文侯回正殿後，公子成父快步走進來祝賀，說：「這是特大好事，內庫被火燒掉。」文侯臉上變色，不高興地說：「內庫是我藏寶的地方。現在遭了火災，我穿素服避離正殿，群臣都穿素服以表示痛惜。今天我已回到正殿，你竟來祝賀，您究竟想幹什麼？」公子成父說：「我聽說：天子的財富藏於四海之內，諸侯的財富藏於國境之內，大夫的財富藏於采邑之內，士和庶人的財富藏於箱子之內。藏得不是地方，沒有天災，也會有人禍。現在幸好沒有人禍，只有天災，不是好事嗎？」文侯感慨地歎息說：「說得對。」

齊桓公謂管仲曰：「吾國甚小，而財用甚少，而群臣衣服輿馬甚汰。吾欲禁之，可乎？」管仲曰：「臣聞之，君嘗之，臣食之；君好之，臣服之。今君之食也，必桂之漿；衣練❶紫之衣，狐白之裘。此群臣之所奢大也。《詩》云：『不躬不親，庶民不信。』❷君欲禁之，胡不自親乎？」桓公曰：「善。」於是更製練白之衣，大白之冠。一年而齊國儉也。

【章旨】講要使風氣趨於儉樸，在上者不僅要口頭提倡，而且要身體力行。

【注釋】❶練　把絲煮熟曰練。❷不躬不親二句　見《詩經·小雅·節南山》。今本《詩經》「不」作「弗」。

【語　譯】齊桓公對管仲說：「我們國家很小，而且財用匱乏，但眾臣子的衣服車馬太靡費，我要加以禁止，可以嗎？」管仲說：「我聽說，君只嚐一嚐，臣便吃下去；君只表示喜歡，臣便照著辦。現在您吃的，一定要像桂漿一樣香甜可口；您穿的，是熟絲做的紫衣和白狐皮做的輕裘。這便是群臣奢侈浪費的原因。《詩經》上說：『不身體力行，百姓不相信。』您想加以禁止，何不從自己做起？」桓公說：「說得好。」於是改為白衣、白冠。過了一年，齊國趨向儉樸。

季文子相魯，妾不衣帛，馬不食粟。仲孫它諫曰：「子為魯上卿，妾不衣帛，馬不食粟，人其以子為愛，且不華國也。」文子曰：「然乎？吾觀國人之父母衣麤食蔬，吾是以不敢。且吾聞君子以德華國，不聞以妾與馬。夫德者，得於我，又得於彼，故可行。若淫於奢侈，沈於文章，不能自反，何以守國？」仲孫它慚而退。

【章　旨】說明儉樸並不可羞，奢華只會誤國。

【語　譯】季文子在魯國為相，姬妾不穿綢緞，馬不餵糧食。仲孫它勸他說：「您是魯國的上卿，姬妾不穿綢緞，馬不餵糧食，別人會認為您吝嗇，而且這樣做對國家也不光彩。」文子說：「是這樣嗎？我看到國內百姓的父母穿粗衣吃粗食，所以不敢奢侈。況且我聽說君子以德為國爭光，沒聽說用妾和馬的。德，就是自己有所得，又使別人有所得，因此可以推行。如果縱情於奢侈，沈緬於豪華，而不能回頭，怎能保住國家？」仲孫它慚愧地退下。

趙簡子乘弊車瘦馬，衣羖羊裘。其宰進諫曰：「車新則安，馬肥則往來疾，狐白之裘溫且輕。」簡子曰：「吾非不知也。吾聞之：君子服善則益恭，細人服善則益倨。我以自備，恐有細人之心也。傳曰：『周公位尊愈卑，勝敵愈懼，家富愈儉。』故周氏八百餘年，此之謂也。」

【章旨】講奢侈豪華會養成惡習，應加以防範。

【語譯】趙簡子乘舊車瘦馬，穿公羊皮衣。他手下官員勸告說：「車新坐著舒服，馬肥往來迅速，白狐皮衣又輕又暖。」簡子說：「我不是不知道。我聽說：君子穿得華麗會更恭敬，小人穿得華麗會更傲慢。我要自作防備，怕染上小人的習氣。人們說：『周公地位愈高而態度愈卑謙，愈是打勝仗愈是小心謹慎，家中愈富有愈是節儉。』所以周朝延續了八百餘年，說的就是這個道理。」

魯築郎圃❶，季平子❷欲速成，叔孫昭子❸曰：「安用其速成也。以虐其民，其可乎？無圃尚可乎？惡聞嬉戲之遊，罷其所治之民乎？」

【章旨】本章講不可為「嬉戲之遊，罷其所治之民」。

【注釋】❶郎圃 郎是魯邑名。圃即苑。養禽獸植樹木的地方，也是帝王遊獵之所。❷季平子 魯大夫。❸叔孫昭子 魯相。

【語譯】魯國在郎邑修遊獵場，季平子要快些做成。叔孫昭子說：「哪裡用得著加快。這樣會虐害百姓，應該嗎？沒有遊獵的林園還是可以的，哪裡聽說過為了嬉戲遊樂，而使所管轄的老百姓疲憊不堪呢？」

衛叔孫文子問於王孫夏曰：「吾先君之廟小，吾欲更之，可乎？」對曰：「古之君子，以儉為禮。今之君子，以汰易之。夫衛國雖貧，豈無文履一奇，以易十稯之繡❶哉？以為非禮也。」文子乃止。

【章 旨】講古代以儉為禮，後世不應更改。

【注 釋】❶豈無文履一奇二句 此二句意不甚明白，或以為「十稯」為「十總」之誤，十總為粗布之名。譯文取大意。

【語 譯】衛國的叔孫文子問王孫夏說：「我國宗廟小，我想另建一座，可以嗎？」回答說：「古代的君子，認為儉約才合於禮。現在的人，卻要以奢侈來更換。衛國雖然貧窮，難道真不能用一隻繡花鞋去換一隻粗布鞋嗎？只是認為換了就不合於禮罷了。」文子便再不提了。

晉文公合諸侯而盟曰：「吾聞國之昏，不由聲色，必由姦利。好樂聲色者，淫也。貪姦者，惑也。夫淫惑之國，不亡必殘。自今以來，無以美妾疑妻，無以樂聲妨正❶，無以姦情害公，無以貨利示下。其有之者，是謂伐其根素，流於華葉。若此者，有患無憂，有寇勿弭。不如言者，盟示之。」於是君子聞之曰：「文公其知道乎，其不王者，猶❷無佐也。」

【章 旨】借晉文公誓言，指出昏亂之政，皆因沈溺聲色、貪利行姦所致。

【注 釋】❶正 同「政」。❷猶 同「由」。

【語 譯】晉文公召集諸侯而約誓說：「我聽說國家昏亂，不是因為沈緬於聲色，就是因為行姦貪利。沈緬於聲色的人，會縱情享樂。行姦詐貪財利的人，會陷入迷亂。從今以後，不可因美妾而懷疑妻子，不可因聲樂而妨害政事，不可因姦詐而損傷公正，不可用財利引導下屬。如果有上述情況發生，那就是斬斷了根本，保住了花葉。對於這種人，即使有患難也不必替他分憂，有敵人侵擾也不必替他除禍。若不照說的辦，我們便按照誓言加以懲處。」於是君子聽後說：「文公是個知王道的人吧，他之所以不能稱王，是因為無人輔佐他。」

晏子飲景公酒，日暮，公呼具火。晏子辭曰：「《詩》曰❶：『側弁之俄』❷，言失德也；『屢舞傞傞』❸，言失容也；『既醉以酒，既飽以德』❹；『既醉而出，並受其福』，賓主之禮也；『醉而不出，是謂伐德』，賓主之罪也。嬰已卜其日，未卜其夜。」公曰：「善。」舉酒而祭之，再拜而出，曰：「豈過我哉❺？吾託國於晏子也。以其家貧善寡人，不欲其淫侈也，而況與寡人謀國乎。」

【章旨】借晏子請景公飲酒，卜日不卜夜的故事，說明娛樂當有節制，不可淫侈。

【注釋】❶詩曰　晏子話中所引《詩經》除「既醉以酒，既飽以德」二句外，均出自〈小雅・賓之初筵〉。❷側弁之俄　弁是古代的一種帽子。俄，傾斜。這句話的意思是歪戴著帽子。❸傞傞　醉舞不止貌。❹既醉以酒二句　此二句於上下文意不屬，係後人增入，清人王念孫於《讀書雜誌》論之甚詳。譯文捨之。❺豈過我哉　當作「我豈過哉」。

【語譯】晏子請景公飲酒，到了黃昏，景公叫點上燈來。晏子拒絕說：「《詩經》上說過：『歪戴著帽子』，這是講酒醉失德；『不停地跳舞』，這是講酒醉失態；『喝醉了就走，大家都好』，這是講賓客主人都盡了禮；『喝醉了不走，叫做損德』，這是講賓客主人都有過失。我只是選定白天請您飲酒，沒選晚上。」景公說：「說得對。」舉酒奠祭已畢，行過禮後走了出來，說：「我豈不有錯嗎？把國家託付給晏子。他利用他家貧儉的事例來教導我，使我不縱情淫樂奢侈，（在小事上他都嚴格要求我，）何況與我共謀國事呢。」

楊王孫❶病且死，令其子曰：「吾死欲倮葬，以反吾真。必無易吾意。」祁侯❷聞之，往諫曰：「竊聞王孫令葬必倮而入地。必若所聞，愚以為不可。令死人無知則已矣；若死而有知，是戮尸於地下也。將何以見先人？愚以為不可。」王孫曰：「吾將以矯世也。夫厚葬誠無益於死者，而世競以相高，靡財殫幣，而腐之於地下。或乃今日入而明日出，此真與暴骸於中野何異？且夫死者，終身之化，而物之歸者。歸者得至，而化者得變，是物各反其真。其真冥冥，視之無形，聽之無聲，乃合道之情。夫飾外以誇眾，厚葬以矯❸真，使歸者不得至，化者不得變，是使物各失其然也。且吾聞之：精神者，天之有也；形骸者，地之有也。精神離形，而各歸其真，故謂之鬼。鬼之為言歸也。其尸塊然獨處，豈有知哉？厚裹之以幣帛，多送之以財貨，以奪生者財用。古聖人緣人情不忍其親，故為之制禮。今則越之。吾是以欲倮葬以矯之也。昔堯之葬者，空木為櫝，葛藟為緘。其穿地也，下不亂泉，上不泄臭。故聖人生易尚，死易葬。不加於無用，不損於無益。謂❹今費財而厚葬，死者不知，生者不得用，繆哉！可謂重惑矣。」祁侯曰：「善。」遂倮葬也。

【章旨】記楊王孫裸葬以矯俗，從而提出節葬的主張。

【注釋】❶楊王孫　漢武帝時人，家業富有，學黃老之術。❷祁侯　楊王孫之友。❸矯　當作「隔」。❹謂　衍文。

【語譯】楊王孫病得快要死了，囑咐他的兒子說：「我死後要裸體入葬，以使我反樸歸真。一定不要違背我的意願。」祁侯聽到後，來家勸告說：「我聽說你要求埋葬時裸體入地，若真是這樣，我認為是不行的。如果死人無知倒還罷了，如果死而有知，這是讓屍體在地下受羞辱。將怎樣見先人？我認為不行。」楊王孫說：「我是為了糾正世上的不良風氣。厚葬實在對死者毫無益處，而世人卻爭相攀比，耗盡錢財，而讓它爛在地下。有的今天埋進去明天被挖出來，這與拋屍荒野有何差別？況且死亡是人生的大化，是物類的回歸。歸者回去了，化者轉變了，此乃萬物各返本真。本真之境昏昏暗暗，看不見形，聽不見聲，這是合於大道的。借偽飾以向眾人矜誇，用厚葬使死者與真境隔絕，這便使歸真者不能回去，大化者難以轉變，使各物不能安於其所。何況我聽說：精神，歸天所有；形骸，歸地所有。精神和形骸分離，各返本真，叫做鬼。鬼的意思是歸。屍體單獨在一處，哪會有知覺？用絲帛層層裝殮，用財物豐厚地發葬，只會占用活人的財用。古代聖人按照不忍心父母離去的人之常情，制訂了喪禮，現在卻超越了這一禮儀，我因此要裸葬以作糾正。從前帝堯人葬，挖空一段木頭作匣子，用葛藤綑束棺木，所挖的墓穴，下不擾動泉水，上不使屍臭冒出即可。所以聖人活著的時候容易侍奉，死了容易安葬。不做無用之事，不費無益之財。現在的人浪費財物舉行厚葬，死者不得知，活人不得用，真荒謬啊！可稱得上糊塗到頂。」祁侯說：「說得有理。」於是裸葬了楊王孫。

魯有儉者，瓦鬲❶煮食，食之而美，盛之土鉶❷之器，以進孔子。孔子受之，歡然而悅，如受太牢之饋。弟子曰：「瓦甂❸，陋器也；煮食，薄膳也。而先生何喜如此乎？」孔子曰：「吾聞好諫者思其君，食美者念其親。吾非以饌為厚也，以其美食而思我親❹也。」

【章　旨】講饋贈食物的意義，主要不在食物的美好，而在情意的深厚。

【注　釋】❶瓦鬲　土製烹飪器，似鼎。❷土鉶　土製食器，似碗。❸瓦甂　土製食器，似盆。❹親　疑衍。

【語　譯】魯國有個儉樸的人，用瓦鬲煮了食物，吃後覺得味美，便用土碗盛了，送給孔子。孔子接到後，非常高興，就像得到大祭的肉一般。學生問：「土碗，是粗劣的器皿；水煮的食物，味道也不會好。先生為何喜得這樣？」

孔子說：「我聽說喜歡勸諫的人時刻想到他的君王，吃到好的東西的人會想到他的雙親。我並不認為這食物有多好，只是高興他在吃到可口的東西時想到了我。」

晏子病，將死，斷楹內❶書焉。謂其妻曰：「楹也語❷，子壯而視之。」及壯發書，書之言曰：「布帛不窮❸，窮不可飾；牛馬不窮，窮不可服；士不可窮，窮不可任。窮乎窮乎窮也。」

【章旨】講人生在世，要注意創造最基本的生存條件。

【注釋】❶斷楹內　楹，柱。內，同「納」。《晏子春秋・內篇・雜下》作「鑿楹」。❷楹也語　《晏子春秋》作「楹語也」。❸布帛不窮　《晏子春秋》作「布帛不可窮」。下「牛馬不窮」同。

【語譯】晏子病得將要死去，鑿開屋裡的柱子，把遺書放進裡面。對他妻子說：「柱子裡面的話，等兒子長大了讓他看。」他兒子長大後拆開遺書，遺書上說：「布帛不可沒有，沒有就無以遮體；牛馬不可沒有，沒有就無以供驅使；士人不可沒有，沒有就無人可用。如果上面說的那些都沒有，那才叫真窮呢！」

仲尼問老聃曰：「甚矣，道之於今難行也。吾比執道委質以當世之君❶，而不我受也。道之於今難行也。」老子曰：「夫說者流於聽，言者亂於辭❷。如此二者，則道不可委矣。」

【章旨】指出光靠巧妙的言辭難以推行正道。

【注釋】❶吾比執道委質以當世之君　當作「吾比執道委質以求當世之君。」❷說者流於聽二句　《孔子家語・觀周》作「說者流於辯，聽者亂於辭」。文意較明。

【語譯】仲尼對老聃說：「真是啊！正道在今天實在難以推行，我不斷用正道親自上門去干求當代的君王，可他們都不肯接受。正道在今天實在難以推行。」老子說：「說的人只注重口才，聽的人被說得莫名其妙，有這兩種原因，正道是無法推行的。」

子貢問子石❶：「子不學《詩》乎？」子石曰：「吾暇乎哉？父母求吾孝，兄弟求吾悌，朋友求吾信。吾暇乎哉？」子貢曰：「請投吾《詩》，以學於子。」

【章旨】講德義比文學更重要。

【注釋】❶子石　即公孫龍，孔子弟子。

【語譯】子貢問子石說：「你為什麼不學《詩》？」子石說：「我有空閒嗎？父母要我孝順，兄弟要我友愛，朋友要我誠信。我有空閒嗎？」子貢說：「讓我丟下《詩》，跟你學習。」

公明宣❶學於曾子，三年，不讀書。曾子曰：「宣而居參之門，三年不學，何也？」公明宣曰：「安敢不學？宣見夫子居宮庭，親在，叱吒之聲未嘗至於牛馬；宣說之，學而未能。宣見夫子之應賓客，恭儉而不懈惰；宣說之，學而未能。宣見夫子之居朝廷，嚴臨下而不毀傷；宣說之，學而未能。宣說此三者，學而未能。宣安敢不學，而居夫子之門乎？」曾子避席謝之，曰：「參不及宣，其學而已。」

【章旨】講從實踐中學習，以人為師，比讀書、以書本為師更重要。

【注　釋】❶公明宣　即公明儀，曾子弟子。

【語　譯】公明宣做曾子的學生，三年，未曾讀書。曾子問：「你在我的門下，三年不學習，是為什麼？」公明宣說：「哪敢不學習？我看見您在家中，有雙親在場，對牛馬也不大聲吆喝，我很羨慕這樣的修養，正在學，卻未學到。我看見您接待賓客，恭敬儉樸而不懈怠，我很羨慕這樣的態度，正在學，卻未學到。我看見您在朝廷，嚴格對待下屬卻不毀傷別人，我很羨慕這樣的品質，正在學，卻未學到。我敬慕這三點，正在學，卻未學到。我哪敢不學習而忝居您的門下呢？」曾子離開座位，道歉說：「我不如你，我只看到讀書一方面。」

魯人身善織屨❶，妻善織縞❷，而徙於越。或謂之曰：「子必窮。」魯人曰：「何也？」曰：「屨為屨，縞為冠也。而越人徒跣❸翦髮。遊不用之國，欲無窮，可得乎？」

【章　旨】講不得其所，有特長也難以發揮。

【注　釋】❶屨　以麻、葛製成的鞋。❷縞　白絹。❸跣　赤足。

【語　譯】有個魯國人本身善於製鞋子，他的妻子善於織白絹，他們要遷到越國去。有人對他們說：「你們一定會遭受窮困。」魯國人問：「為什麼？」回答說：「鞋子是用來穿在腳上的，白絹是用來挽頭髮的。而越國人卻習慣於打赤腳和把頭髮剪短。前往用不著你們的地方，想不窮困，能行嗎？」

古籍今注新譯叢書書目

中國人的第一次——
絕無僅有的知識豐收、視覺享受
集兩岸學者智慧菁華
推陳出新　字字珠璣　案頭最佳讀物

【哲學類】

書名	注譯	校閱
新譯尹文子	徐忠良	黃俊郎
新譯淮南子	熊禮匯	侯迺慧
新譯潛夫論	彭丙成	

書名	注譯	校閱
新譯鄧析子	徐忠良	
新譯韓非子	賴炎元 傅武光	
新譯尸子讀本	水渭松	陳滿銘

書名	注譯	校閱
新譯四書讀本	謝冰瑩	
	邱燮友	
	李鍌	
	劉正浩	
	賴炎元	
	陳滿銘	
新譯申鑒讀本	林家驪	周鳳五
	周明初	
新譯老子讀本	余培林	
新譯列子讀本	莊萬壽	
新譯孝經讀本	賴炎元	
	黃俊郎	
新譯易經讀本	郭建勳	黃俊郎
新譯荀子讀本	王忠林	
新譯莊子讀本	黃錦鋐	
新譯新書讀本	饒東原	黃沛榮

書名	注譯	校閱
新譯新語讀本	王毅	黃俊郎
新譯管子讀本	湯孝純	李振興
新譯墨子讀本	李生龍	李振興
新譯論衡讀本	蔡鎮楚	周鳳五
新譯禮記讀本	姜義華	黃俊郎
新譯孔子家語	羊春秋	周鳳五
新譯公孫龍子	丁成泉	黃志民
新譯老子解義	吳怡	
新譯呂氏春秋	朱永嘉	黃志民
	蕭木	
新譯春秋繁露	姜昆武	
新譯晏子春秋	陶梅生	
新譯明夷待訪錄	李廣柏	李振興

【文學類】

書名	注譯	校閱
新譯千家詩	邱燮友	
	劉正浩	
新譯花間集	朱恒夫	
新譯幽夢影	馮保善	
新譯菜根譚	吳家駒	
新譯搜神記	黃鈞	陳滿銘
新譯薑齋集	平慧善	
新譯詩品讀本	程章燦	
新譯詩經讀本	滕志賢	
新譯楚辭讀本	傅錫壬	
新譯漢賦讀本	簡宗梧	
新譯人間詞話	馬自毅	高桂惠
新譯文心雕龍	羅立乾	李振興
新譯世說新語	邱燮友	
	劉正浩	

書名	注譯	校閱
	陳滿銘	
	許錟輝	
	黃俊郎	
新譯古文觀止	謝冰瑩	
	邱燮友	
	林明波	
	左松超	
	應裕康	
	黃俊郎	
	傅武光	
	黃志民	
新譯江文通集	羅立乾	
	劉良明	
新譯阮步兵集	林家驪	
新譯明散文選	周明初	
新譯明傳奇選	張宏生	

書名	注譯	校閱
新譯昭明文選	崔富章	劉正浩
	朱宏達	陳滿銘
	周啟成	沈秋雄
	張金泉	黃俊郎
	水渭松	黃志民
	伍方南	周鳳五
		高桂惠
新譯唐傳奇選	束　忱	
	張宏生	
新譯曹子建集	曹海東	
新譯陸士衡集	王雲路	
新譯陶淵明集	溫洪隆	
新譯陶庵夢憶	李廣柏	
新譯揚子雲集	葉幼明	周鳳五
新譯嵇中散集	崔富章	
新譯賈長沙集	林家驪	陳滿銘

書名	注譯	校閱
新譯橫渠文存	張金泉	
新譯顧亭林集	劉九洲	
新譯元曲三百首	賴橋本	
	林玫儀	
新譯宋元傳奇選	姚　松	
新譯宋詞三百首	汪　中	
新譯唐人絕句選	卞孝萱	
	朱崇才	
新譯唐詩三百首	邱燮友	
新譯諸葛丞相集	盧烈紅	
新譯駱賓王文集	黃清泉	
新譯昌黎先生文集	周啟成	
	周維德	
新譯范文正公文集	王興華	
	沈松勤	

歷史類

書名	注譯	校閱
新譯公羊傳	雪　克	
新譯列女傳	黃清泉	陳滿銘
新譯越絕書	劉建國	
新譯燕丹子	曹海東	李振興
新譯戰國策	溫洪隆	陳滿銘
新譯左傳讀本	武秀成	
新譯尚書讀本	吳　璵	
新譯尚書讀本	張持平	
新譯國語讀本	易中天	侯迺慧
新譯新序讀本	葉幼明	黃沛榮
新譯說苑讀本	左松超	
新譯說苑讀本	羅少卿	周鳳五
新譯西京雜記	曹海東	李振興
新譯吳越春秋	黃仁生	李振興
新譯東萊博議	李振興	
	簡宗梧	

宗教類

書名	注釋	校閱
新譯山海經	楊錫彭	
新譯列仙傳	張金嶺	陳滿銘
新譯抱朴子	李中華	黃志民
新譯金剛經	徐興無	
新譯神仙傳	徐志嘯	
新譯高僧傳	趙　益	
新譯六祖壇經	李中華	
新譯老子想爾注	顧寶田	傅武光
	張忠利	
新譯周易參同契	劉國樑	
新譯黃帝陰符經	劉連朋	
新譯道門觀心經	王　卡	
新譯養性延命錄	曾召南	
新譯冲虛至德真經	張松輝	周鳳五

教育類

書名	注譯	校閱
新譯三字經	黃沛榮	
新譯幼學瓊林	馬自毅	陳滿銘
新譯顏氏家訓	李振興 黃沛榮 賴明德	

地志類

書名	注譯	校閱
新譯水經注	鞏本棟 王一涓	
新譯大唐西域記	陳飛	
新譯洛陽伽藍記	劉九洲	侯迺慧
新譯徐霞客遊記	黃珅	

軍事類

書名	注譯	校閱
新譯司馬法	王雲路	
新譯尉繚子	張金泉	
新譯三略讀本	傅傑	
新譯六韜讀本	鄔錫非	
新譯吳子讀本	王雲路	
新譯孫子讀本	吳仁傑	
新譯李衛公問對	鄔錫非	

政事類

書名	注譯	校閱
新譯唐六典	朱永嘉	
新譯商君書	貝遠辰	陳滿銘
新譯鹽鐵論	盧烈紅	黃志民
新譯貞觀政要	許道勳	陳滿銘

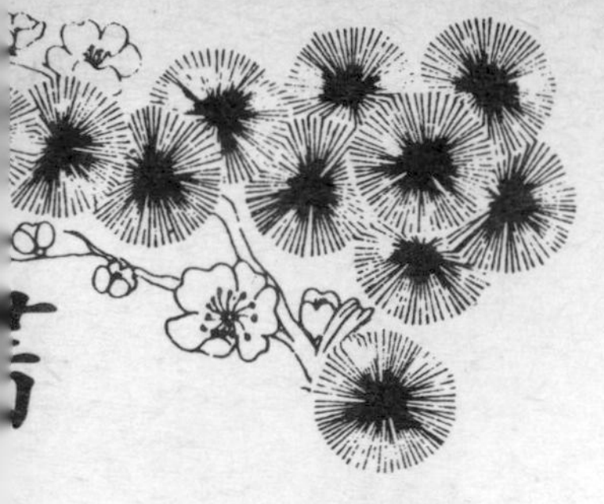

◎新譯孝經讀本／賴炎元 黃俊郎注譯
◎新譯呂氏春秋／朱永嘉 蕭木注譯／黃志民校閱
◎新譯李衛公問對／鄔錫非注譯
◎新譯尚書讀本／吳璵注譯
◎新譯抱朴子／李中華注譯／黃志民校閱
◎新譯易經讀本／郭建勳注譯／黃俊郎校閱
◎新譯明夷待訪錄／李廣柏注譯／李振興校閱
◎新譯東萊博議／李振興 簡宗梧注譯
◎新譯昌黎先生文集／周啓成 周維德注譯
◎新譯范文正公文集／王興華 沈松勤注譯
◎新譯昭明文選／崔富章 朱宏達 周啓成 張金泉 水渭松 伍方南注譯／陳滿銘 沈秋雄 黃俊郎 黃志民 周鳳五 高桂惠校閱
◎新譯春秋繁露／姜昆武注譯
◎新譯貞觀政要／許道勳注譯／陳滿銘校閱
◎新譯洛陽伽藍記／劉九洲注譯／侯迺慧校閱
◎新譯晏子春秋／陶梅生注譯
◎新譯唐詩三百首／邱燮友注譯
◎新譯孫子讀本／吳仁傑注譯
◎新譯商君書／貝遠辰注譯
◎新譯尉繚子／張金泉注譯
◎新譯曹子建集／曹海東注譯
◎新譯陸士衡集／王雲路注譯
◎新譯陶淵明集／温洪隆注譯
◎新譯淮南子／熊禮滙注譯／侯迺慧校閱
◎新譯國語讀本／易中天注譯／侯迺慧校閱
◎新譯荀子讀本／王忠林注譯
◎新譯越絕書／劉建國注譯
◎新譯揚子雲集／葉幼明注譯
◎新譯嵇中散集／崔富章注譯
◎新譯賈長沙集／林家驪注譯
◎新譯搜神記／黃鈞注譯／陳滿銘校閱
◎新譯莊子讀本／黃錦鋐注譯
◎新譯楚辭讀本／傅錫壬注譯
◎新譯新語讀本／王毅注譯／黃俊郎校閱
◎新譯新序讀本／葉幼明注譯／黃沛榮校閱
◎新譯新書讀本／饒東原注譯
◎新譯説苑讀本／羅少卿注譯／周鳳五校閱
◎新譯説苑讀本／左松超注譯
◎新譯管子讀本／湯孝純注譯／李振興校閱
◎新譯墨子讀本／李生龍注譯／李振興校閱
◎新譯橫渠文存／張金泉注譯
◎新譯漢賦讀本／簡宗梧注譯
◎新譯鄧析子／徐忠良注譯
◎新譯諸葛丞相集／盧烈紅注譯
◎新譯論衡讀本／蔡鎮楚注譯／周鳳五校閱
◎新譯潛夫論／彭丙成注譯
◎新譯燕丹子／曹海東注譯／李振興校閱
◎新譯駱賓王文集／黃清泉注譯
◎新譯戰國策／温洪隆注譯／陳滿銘校閱
◎新譯韓非子／賴炎元 傅武光注譯
◎新譯禮記讀本／姜義華注譯
◎新譯薑齋集／平慧善注譯
◎新譯顧亭林集／劉九洲注譯
◎新譯鹽鐵論／盧烈紅注譯／黃志民校閱
◎新譯顏氏家訓／李振興 黃沛榮 賴明德注譯